见识城邦

更新知识地图　拓展认知边界

交换之物

全球史译丛

MATTERS OF EXCHANGE
COMMERCE, MEDICINE, AND SCIENCE IN THE DUTCH GOLDEN AGE

大航海时代的商业与科学革命

[美] 柯浩德 著　徐晓东 译

中信出版集团 | 北京

《全球史译丛》

主编

刘新成

执行主编

岳秀坤

编辑委员会

李伯重　李庆新

梁占军　刘北成

刘家峰　刘文明

刘新成　施　诚

王立新　夏继果

向　荣　岳秀坤

"全球史译丛"总序

全球史（global history）也称"新世界史"（new world history），20世纪下半叶兴起于美国，起初只是在历史教育改革中出现的一门从新角度讲述世界史的课程，之后演变为一种编纂世界通史的方法论，近年来已发展成为一个新的史学流派。

一般认为，1963年麦克尼尔出版《西方的兴起》一书是全球史诞生的标志。40多年来，全球史在西方史学界蓬勃发展。在美国，2000年全美已有59%的公立大学开设了全球史课程，5年后又提高了10个百分点；加利福尼亚州政府甚至以法律形式要求所有中学讲授全球史。在加拿大，全国26所研究型大学中已有14所开设了名为"全球史导论"的研究生课程；2005年有些大学把全球史列入了本科生教学计划；在不列颠哥伦比亚和魁北克两省，75%以上的中小学校开设了全球史课程。在德国，世界史教育已有上百年历史，但近来出现了有关如何讲授世界史问题的热烈讨论，不少教师和学者主张用"全球史观"改造乃至取代传统的世界史教育体系；2005年在德国召开的"欧洲全球史学大会"更把这一讨论推向高潮，年轻一代史学家多数是全球史的积极拥护者。在意大利，2001年全球史课程进入中学；在2002年意大利历史学家大会上，虽然仍有许多史学家坚持认为世界历史只能是国别史和地区史的总和，不可能存在全球一体的历史，但同时他们也承认，进行国别史和地区史研究也应该具有全球视野。在哥伦比亚，虽然全球史尚未列入正式课程，但全球史的理念和方法已被史学界广泛接受；许多历史学家主张，由于拉丁美洲的历史与印第安人的历史，与欧洲史、非洲史以及其他许多民族和地区的历史都有密切关系，因此应当将拉美各国、各个地区的历史放在全球史的宏观背景之下重新进行审视和描述。

全球史的魅力在于其学术取向，也即"把全球化历史化，把历史学全球化"。

所谓"把全球化历史化"，是要追溯全球化的发展历程。当今全球经济一体化的趋势使得人们，首先是西方人，越来越热切地想要了解世界一体化的起源与过程，这种热切的要求促使史学家从一体化的角度对世界历史进行新的观察与思考。西方国家的学校课程设置一向注重适应和满足社会需求，因此全球史首先被当作"教学内容"，然后才逐渐发展为一个学术研究领域。这个过程就表明，全球史是时代和社会需求的产物。

所谓"把历史学全球化"，体现了全球史的学术立场。如果说历史学家追溯全球化的发展历程是由于时代的使命和社会的要求，那么怎样追溯这一历程则是当代学术思潮决定的。后现代主义思潮构成了全球史产生的最重要的学术背景。后现代主义从批判现代社会的弊端出发，颠覆了现代主义"神话"，进而对以解释"现代主义神话"为己任的西方人文社会学科进行反思。深受后现代主义影响的全球史学者指出，当前学术的任务不是"解释"，而是"重新理解和认识"人类历史，因为"解释"是从既定的理论框架出发，戴着有色眼镜来看历史，而"重新理解和认识"则意味着突破旧框架，还原历史的"本来面目"。西方人类学家对文化因素的高度重视和平等对待异质文化的主张对全球史学者也有重要影响。近半个世纪以来，东西方之间学术交流扩大，西方学者对非西方世界历史文化的认识明显加深，这为他们破除成见、将非西方历史文化纳入研究视野提供了条件。基于以上背景，全球史学者将自己的学术任务确定为：在阐述全球史的同时，建立"全球普适性的历史话语系统"，"使历史学本身全球化"。

经过40余年努力，全球史在以下四个方面获得了令人瞩目的突破和进展。

第一，否定了"国家本位"，以"社会空间"而不是"国家"作为审视历史的基本单元。现代人文社会学科形成于19世纪的德国，当时的德国内忧外患，内部四分五裂，外部强敌环伺，在这种形势下，增进民族认同、促进国家统一就成为包括历史学在内的人文社会学科的使命之一。同时，当时德国盛行科学崇拜，历史学也追求"绝对客观"，主张"让史料自己说话"，档案特别是国家档案成为描述历史的唯一可靠依据。这样的结果就是，历史学刚一问世即成为以国家为本位的政治史学。后来先后出现的经济史、社会史、文化史、国际关系史等历史学分支学科，同样都以国家作为基本分析单元。

在西方史学中，最早突破"国家本位"的是20世纪七八十年代兴起于意大利的"微观史学"。"微观派"认为，人们的日常生活是最值得关注的研究对象，而与日常生活关系最密切的并非国家，而是一个个具有内聚力的生活圈子，这个生活圈子就是"社会空间"。

全球史接受了"社会空间"概念，但将其从微观放大到宏观。全球史学者认为，在描述人类历史进程时，以国家为单元存在两个明显缺陷：一是物种（包括农作物、动物等）传播、疾病蔓延、气候变化等"超越国家"的现象被忽略，而这些现象对全球历史发展曾经产生过重要影响；二是每个社会都是全球的组成部分，但每个社会都不是孤立存在，社会与社会之间互为发展条件，相互之间的竞争、交融、碰撞以及力量对比关系都是推动全球发展的重要动力，但是由于这些动力不发生在国家政治框架之内，因而长期被忽视。全球史学者认为，世界历史的基本叙述单元应该是具有相互依存关系的"社会空间"，这个"社会空间"可能覆盖一个局部地区，也可能覆盖整块大陆、整个大洋、半球，乃至全球。

第二，关注大范围、长时段的整体运动，开拓新的研究领域。全球史学者认为，社会空间是因不同原因、以不同方式、不断进行重组的统一体；决定其统一性的因素既可能是自然地理环境，也可能是人类自身的组织行为；无论由哪种因素决定，"社会空间"的不断重组都使世界日益成为一个彼此密切关联的人类生存空间。基于这一认识，全球史学者的视野空前开阔，他们所关注的不仅是跨越国家和种族的经济互动、技术转移和帝国扩张，而且包括影响各个文明之间互动的自然环境变化、移民潮流、疾病传播、观念和信仰的演变等，许多被传统史学研究所忽略的重要现象因而被揭示出来。在公元600年以后的上千年时间里将中国、印度、波斯、阿拉伯、印度尼西亚甚至东非等文明区连为一体的"环印度洋网络"，以及从生态变化和物种交流角度重估地理大发现意义的"哥伦布交流说"，就是由全球史学者提出并震动世界史坛的"新发现"和新见解。

第三，重估人类活动与社会结构之间的关系。在西方史学史上，20世纪是科学化的世纪，强调客观社会结构对社会发展的决定性作用，认为人类主观行为在社会结构的"铁律"面前无能为力。布罗代尔高度宏观的"大结构、大过程、大比较"叙事是结构主义史学的代表，而后现代主义总体而言是反对结构主义的，认为所有结构框架都是启蒙运动以来理性主义话语系统编织的神话，是约束人类行动、剥夺人类选择权的欺人之谈。全球史学者虽然深受后现代主义影响，但他们并未彻底否定"结构说"，而是对这一理论进行丰富和补充。比如关于地理大发现，全球史学者指出，由于欧洲殖民者带来的病毒造成印第安人大量死亡，而殖民者从非洲贩来充当劳动力的黑人奴隶具有适应热带气候的天然优势，这一点在很大程度上使得欧洲殖民者对美洲的征服获得了成功，而由于欧洲殖民者成功地征服了美洲，玉米、马铃薯等美洲作物品种才能在世界各地广泛种植，从而造成全球的粮食产量和人口数量显著增加；由此可见，地理大发现之后的全球巨变并不是社会经济结构运动的必然结果。但是全球史学者也提出，社会经济结构运动也并非对这一历史巨变毫无影响，因为地理大发现毕竟始于哥伦布等人的冒险远航，而这些人之所以冒险远航，也是由于各种利益和愿望驱动，是当时欧洲的社会经济条件决定的。由此全球史学者得出结论：人类活动虽然具有多向性，虽然有着选择的余地，但选择并非凭空进行，也不是绝对自由的，而是由既定条件决定的，因此，既不能认为社会经济结构决定一切，也不能忽视社会经济条件的决定作用，而应当把自然生态变化、人类主观活动以及自由选择余地等因素与社会经济结构放在一起，综合考虑人类历史的发展进程，从而避免片面性。

第四，从学理上破除"欧洲中心论"。对"欧洲中心论"的批评由来已久，既包括意识形态层面的批判，也包括在学术实践层面上对非西方世界给予更多关注。但这样是否就意味着摆脱了"欧洲中心论"呢？自20世纪末以来，已经有越来越多的学者对此表示怀疑。他们认为，仅仅宣称抵制西方立场，或仅仅在历史著述中增加非西方世界的比重，并不能真正超越"欧洲中心论"，因为"欧洲中心论"本质上是学术话语权的问题，是现代话语系统的一种表现形式，只要无法改变欧洲国家在当代世界的强势地位，只要资本、市场、帝国等一系列与现代性相关的概念依然是欧洲乃至全世界知识界感知、解释和评价世界的基本出发点，那么就不可能彻底摆脱"欧洲中心论"。所以美国学者迪佩什·查克拉巴蒂（Dipish Chakrabarty）悲观地预言，既然整个现代知识体系都是欧洲人确定的，并且已经被全世界所接受，那么彻底改造历史学中的欧洲中心主义就是无法想象的。

全球史学者却不像查克拉巴蒂那样悲观。作为西方学者，他们承认跳出自身的局限是很困难的，但他们并不愿意因此而无所作为。在学术实践中，全球史学者为从学理上颠覆"欧洲中心论"的确做出了很多努力，这主要表现在两个方面。一是他们自觉地抵制"从现实反推历史"的思辨逻辑，即反对从欧美国家处于强势地位的现实出发，苦心孤诣地在欧洲国家内部寻找其"兴起"原因，围绕"西方有什么而东方没有什么"的问题兜圈子，不遗余力地挖掘"欧洲文化的优秀传统"，为其贴上理性、科学、民主、进取精神、宗教伦理等光彩的标签，直至将欧洲树立为全球的榜样。全球史学者通过宏观综合分析指出，所谓"欧洲兴起"，只是人类历史上特定时期的特定产物，从中挖掘"普世性"的"文化特质"只能是制造神话。二是他们自觉地突破强调社会特殊性、文化排他性、经验地方性的史学传统，转而强调各社会之间发展的相关性和互动性，突出影响各个社会的共同因素，将每个地区的发展都视为更为宏大的自然与社会结构运动的一部分，淡化单一地区或国家的个性和特殊性，这样也就淡化了欧洲国家的榜样作用。

作为时代的产物，全球史反射出当今世界的七色光。尤其值得注意的是，这一纯粹学术现象透射出的明显的政治色彩。在意大利，在21世纪初中左派政府当政期间，全球史教育在中学和大学全面启动，而中右派在大选中获胜以后，全球史教育普及的趋势戛然而止。在美国，全球史的积极鼓吹者和推动者大多属于左翼知识分子。由于全球史试图纠正西方人在认识人类文明史，特别是世界近代史方面存在的傲慢和偏见，带有消解西方传统价值观的倾向，所以它在西方的影响力超出了史学界，乃至学术界，逐渐变成一种政治态度，以至出现"全球史信仰"之说。全球史略显激进的政治倾向也导致了学术上的得与失，这是我们在评价全球史时需要注意的。

作为一种建构世界历史的新方法和新理论，全球史观目前还不能说完全成熟，还存在明显的理论缺陷，举其要者，至少有两点。其一，忽略社会内部发展的作用。虽然全球史学者承认，无论是对社会自身的发展而言，还是从推动全球发展的角度来看，各社会内部的发展即内因的作用都是重要的，但也许是考虑到前人的研究已经比较充分的缘故，他们对这一方面的关注显然还很不够。其二，作为深受后现代主义思潮影响的史学流派，全球史学者从解构现代主义出发，否认"终极真理"的存在，但是与此同时，他们又对探讨自然与社会相结合的整体结构影响人类历史的规律孜孜以求；两者之间，岂非矛盾？

如何构建世界历史体系，是我国史学界一个历久不衰的话题。20世纪80年代吴于廑先生曾经指出，对世界各地之间横向联系的研究不足，是我国世界史学科的薄弱环节。吴先生此说在史学界同人中得到广泛的认同。但是四分之一个世纪过去了，对横向联系的研究仍然没有明显起色。由此可见，借鉴全球史观，在全球整体视野下着重审视各个地区、各个社会、各个民族和各个国家之间的横向互动关系，这对于我国世界历史学科的发展来说，的确是很有意义的。但是我们也不能全盘照搬全球史观，中国学者对于人类历史进程应该有自己独特的理解和表达。目前世界各国的全球史学者正在共同努力搭建世界史学科平等对话的平台，我们应当利用这种有利条件，发出我们自己的声音。

刘新成
2006 年 5 月

纪念
杰玛·伯凯尔
献给所有热情接待我们的荷兰朋友

我的主题是自然，它就是生活
——普林尼《自然史》

目 录

序　i

第一章　商业全球化和对客观世界的重视
　　贸易的受益者　007
　　认知——实实在在感受世俗世界　016
　　搜集标本　025
　　解剖学和医学中的客观性　043

第二章　信息经济
　　史无前例的体验：交换与旅行　054
　　商业与科学实验　064
　　商人的国度　074
　　利己的智慧　089

第三章　调和变革：追求自然真相
　　博学的人文主义与自然史　110
　　宗教战争——植物学的成功　120
　　新型大学的创立与自然研究的开启　134
　　园圃与解剖学　142

来自东印度群岛的自然史　156

第四章　阿姆斯特丹的商业和医学

　　医药市场、知识与商业利益　174
　　重构阿姆斯特丹的医学景象　198
　　解剖学课程　211

第五章　印度群岛上的真相与假象

　　生命、痛苦与荷兰东印度公司的医生们　229
　　争夺班达群岛　233
　　荷属东印度群岛上的一名内科医生　247
　　印度群岛的医药和自然史　251
　　如何获取自然史知识　259
　　自然史知识的传播　268
　　来自西印度群岛的新闻　271

第六章　医学与唯物主义：笛卡尔在荷兰共和国

　　笛卡尔在荷兰共和国　293
　　在自然中寻找真理　306
　　医学争论　315
　　激情是什么　320
　　灵魂的激情　326
　　"笛卡尔主义"：身体与政治自由　336

第七章　产业与思辨

　　如何制作标本　347
　　解剖学新方法　359

放大，再放大　374
颜色指示剂　379
突破知识的界限　389

第八章　把印度群岛的花园搬回荷兰
在亚洲寻找药物　395
范·里德与马拉巴尔的植物　402
荷兰的珍奇屋市场　412
驯化　423
卢菲斯和梅里安　428

第九章　东亚医药学的翻译与传播
东亚的医药　442
日本人对欧洲医学的认识　443
荷兰医生在日本　455
亚洲医学出版物在欧洲的传播　473

第十章　实践出真知
新哲学的困境　495
赫尔曼·布尔哈弗的教育　501
基于医学唯物主义的伦理秩序　518

第十一章　结论与比较

参考文献　544

索　引　607

序

人们之所以求助历史以寻求慰藉,是因为他们知道历史产生的所有结果。只有这样,人们才能轻松自在地开启旅途;以其他方式进入历史这片充满着意料之外的危险和欢乐的领域,即便是航海家,有时也会无所适从。50多年前,哈特利(L. P. Hartly)写过一句名言:"历史即异邦,古今大不同。"差异常常令人吃惊。没有一本指南能帮助历史的旅行者做好充分准备来应对在历史中遇到的人和事。人们对许多事物的第一印象似乎很熟悉,但之后这些事物频繁出现,带来的却是陌生感。这种感觉撕裂了预期中的社会秩序结构,仅留下一丝曙光供人们解释。这一切都表明,世界是由某些力量组成的,而这些力量在我们已经习惯的舒适生活中很少被注意到。

引导这本书出现的想象之旅始于我的学生时代。出于某种原因,当时我萌生了一种将知识史与社会政治史及经济史结合起来的雄心。如果不是把近代早期的变化描述为一种"思想"史与"社会"史相互影响的身心二元论,而是将其描述为一个代表所有融合起来的生活的整体,那么这些变化在我们的视野中将会呈现出怎样的面貌?这是我试图了解的情况。利用17世纪英国的出版物以及手稿,我开始了第一次尝试,试图探讨在"科学革命"时期,医学的发展是如何与经济、政治和知识生活的变革联系在一起的。我把研究的重点放在了医疗市场上,目的不在于夸赞市场,而是试图表明正因为市场的内在价值与古代学术的价值相抵触,才极大地促成了医学观念和实践的改变。在结论中,我大胆地提出了一些比较性的评论,指出整个欧洲大陆和英国都经历了同样的变化，并暗暗发誓要进一步探索这些变化。为此我接触了大量用于比较研究的法国资料，但我又想起了詹姆斯·艾伦·范恩（James Allen Vann）教授说过的一句话，他提醒了我，当时从事研究工作的历史学家，几乎没有机会突破论文限定的研究视野，除非他们能够尝试一些新的东西。在我关于伦敦的研究中，我曾多次接触到关于英、荷两国之间交流的文献，我隐约察觉到两国之间这种跨越海峡构建起来的联系的重要性。于是，我决定把与法国进行比较的研究推迟，把学习荷兰语以及近代早期荷兰共和国的历史作为自己的首要任务，并在此基础上完成了对一位受过良好教育的荷兰医生的研究。这位医生在搬到伦敦后取得了成功，但后来由于他使用了自己发明的一种新疗法而被指控失职。

在研究另一个国家的历史时，我对近代早期历史模式的假设也发生了改变。近代早期的荷兰是一个不寻常的地方。众所周知，近代早期的荷兰迥异于其邻国，这个国家无法依靠自己的资源发展。每个人都能清楚地看到，荷兰的国力依赖航运和贸易，这也是它与众不同之处。我遇到了当时所称的"发现史"，近些年又遇到了支撑它的全球史和经济史，这使我的想法发生了进一步的改变。然而，把世界划分为概念与非概念的两部分并没有撕裂我一直以来撰写一部历史著作的雄心。观察这段历史如何运作的一个关键术语，即近代早期的人们说的"激情"，他们认为这是创造变化的力量，不仅精神中存在，而且身体中也存在；不是体现在个体上，而是体现在所有的事情上。

我仅希望，这一混合的历史议题所产生的结果对其他人能有所帮助。我希望，即使是对这本书观点持有异议的人，依然能够发现它所依据的一些描述性材料是有所裨益的。我的这项研究依赖的大部分是荷兰语文献，尽管在过去的20年里，大多数最好的作品是用英文出版的，但很少有英文读者能够接触到这些荷兰文作品。

请读者再容许我给出最后一条个人想法。对这一时期的历史解释，很大程度上建立在"对商品的热情如何塑造集体行为和信仰"这一问题的理解上，而不是建立在对良善的道德追求的基础上。但这并不意味着我认为人们的行动或思考都是经济利益驱使的结果。远非如此！我的目的在于强调一些特定的生活方式塑造了特定群体的文化价值观，这些价值观反过来又形成了一个有意义的问题；一旦（不断变化的）游戏规则固定下来，人们就会创造性地利用这些规则，不仅是为了物质或政治进步，同时也是为了娱乐、熏陶和休闲；不仅是出于功利，也是为了探索未知事物。我并非试图探索人们这样行动、写作、讲话或思考的多重因素。但是，对人类的物质限制是真实存在的，这种限制不单单是经济生活方面的抑制或者枷锁。尽管柏林墙已于几十年前倒塌，但这项研究在唯物主义层面仍将吸引许多人将其视为一种观点，即经济力量决定人的观念。这一想法是一种冒险，但我愿意冒险。

这本书已经酝酿了很长一段时间，事实上，超过了20年。学习一种新语言以及新历史是导致拖延的最大因素；此外也有一些其他原因，特别是大学日常工作和教务行政占用了我很大一部分时间，先是在威斯康星的麦迪逊，然后在英国的伦敦，这使我远离了图书馆和档案馆，并远远超出了我的设想。但与此同时，这些工作给了我许多关于世界的经验，极大地影响了本书中论点的形成。

这也是一项集体研究的结晶。刚开始我根本无法想象，这项研究会受到世界上如此深刻、有时令人不安的变化的影响，特别是受到了来自许多不同地方、愿意慷慨分享知识的人的影响，我与他们虽不期而遇，但他们十分友好，让我对人类的社交能力和智慧保持信心。最重要的是，我从荷兰的朋友和同事那里得到了莫大的帮助和鼓励，尤其是安东尼·卢因迪克-埃尔斯豪特（Antonie Luyendijk-Elshout）、哈尔姆（Harm）、杰米（Gemmie）、萨斯基亚·伯凯尔（Saskia Beukers），以及图恩（Toon）和蒂普·克尔克霍夫（Tip Kerkhoff），他们都耐心地教授我关于荷兰以及荷兰历史的大量知识，同时对我以及我的妻子费伊（Faye）表达了最热情的欢迎。栗山久（Hisa Kuriyama）帮助我了解了关于近代早期日本的历史，而我的许多新朋友则向我介绍了亚洲和欧洲其他地方的知识。我在威斯康星大学麦迪逊分校的同事和学生，以及威斯康星大学医学和公共卫生学院院长菲尔·法雷尔（Phil Farrell）对我的研究给予了鼓励。1989—1990学年居住在荷兰期间，我在富布赖特委员会和荷-美教育交流基金会、美国国家人文基金会、国家医学图书馆和威斯康星大学麦迪逊分校研究生院的联合支持下开展研究，罗布·豪厄尔（Rob Howell）和约兰达·泰勒（Jolanda Taylor）也在此期间教我荷兰语。在我观点的形成过程中，我有幸得到了不同的学术听众的建议和批评，在此向他们表示感谢；其中一些讲座也以论文的形式公开发表，因此，我也感谢自1990年以来我的论文的编辑、出版商和评审（已包括在参考文献中）。

　　自从我来到伦敦，伦敦大学学院惠康信托医学史中心的同事和学者就一直是我对话和灵感的源泉。我特别感谢：迈克尔·尼夫（Michael Neve），他阅读并评论了早期的草稿；安德鲁·韦尔（Andrew Wear），他对其中一个章节做出了详细的回应；早期医学阅读小组的成员就另一个章节发表了评论；克里斯托弗·劳伦斯（Christopher Lawrence）和凯伦·巴克尔（Karen Buckle）通读全文并评论了倒数第二稿；其他人，尤其是帕特里克·沃利斯（Patrick Wallis），仔细阅读了两个章节；以及耶鲁大学出版社的匿名评审。我还要感谢莎伦·梅辛杰（Sharon Messenger）和卡洛琳·奥弗里（Caroline Overy）在搜集文献和插图、安排查阅许可以及校阅文献方面提供的帮助。安妮·哈迪（Anne Hardy）、艾伦·希尔（Alan Shiel）和德布拉·斯卡伦（Debra Scallan）在我忙于其他事情时，耐心地协助我处理行政事务。丽莎·贾丁（Lisa Jardine）一直给予我鼓励和建议。惠康信托图书馆的工作人员对医学史的理解一如既往地为我提供帮助；伦敦大学学院和惠康信托医学史中心的支持是这本书得以完成的重要保证。让·汤姆森·布莱克（Jean Thomson Black）一贯的编辑指导让我看到了出版的希望，劳拉·琼斯·杜利

（Laura Jones Dooley）的编辑使我的表达能力得到了极大的提高。还有盖布（Gabe），他经常陪我散步，让我想起了其他世界，以及最应感谢的费伊，她为此牺牲了太多。她鼓励我们继续前进，我向她表示最诚挚的谢意。

第一章

商业全球化和对客观世界的重视

> 将近代科学的兴起看成人对理性的诉求，这是一个巨大的错误。相反，它是一场彻头彻尾的反智主义运动。
>
> ——A. N. 怀特海《科学与近代世界》
> （Alfred North Whitehead, *Science and the Modern World*）

像绝大多数历史学著作一样，本书讲述了我们如何成为现在的我们。同时，本书也试图分享一种认知，即意识到某些认识论在被运用时是想当然的或者欠考虑的——尤其是用于翔实而精确地描述自然物体。这种认知在16世纪与17世纪发展为所谓的"新哲学"。在有关近代世界的各议题中，"近代科学的兴起"或者"科学革命"被研究得最为充分及彻底。它发生于商业全球化的第一个阶段。为了给本书的研究确定一个地理焦点，书中所用的大多数例子都来自西北欧那个俗称"荷兰共和国"（Dutch Republic）的地区。这些案例强调了今日我们称之为生命科学和医学（而非物理学和数学）的根本意义。虽然一个更加完备的论述需要尽可能包含更多的所谓"技术"的东西，但是本书显然没法做到这一点。换句话说，本书提出了一些方法，通过这些方法，那些对客观世界的"真实"深信不疑的人开始认为，他们对真理的判断标准具有更广泛的适用性，因为某种知识经济不断增长产生的主导性对科学的内容产生了重要影响。[1]以这种方法研究科学的兴起，我们可以清晰地看到，就像许多同时代的人所承认的，新哲学并非源于不切实际的、空洞的想法，而是源于心灵与身体合二为一产生的热情和兴趣。通过观察自然知识在某个地方变化的方式，我们能够瞥见，在一块更大的画布上，我们这个时代的人类经验仍然呈现出与第一个全球化时代的恐怖和悲剧、欲望和成功等相关的元素。从克里斯托弗·哥伦布（Christopher Columbus）发现新大陆和瓦斯科·达·伽马（Vasco da Gama）航行至印度的15世纪90年代，到阿姆斯特丹-伦敦商业轴心日益巩固的17世纪90年代，长距离全球海上贸易几乎全部处于大西洋海岸欧洲商人的掌控之下。他们反过来又资助了各民族国家来保障其安全。在某些地方，例如荷兰共和国，这些商人甚至依赖其自身力量在海外发动战争。随着这些商人以及与他们相关的人在自己的世界中获得主导地位，他们所给予最高评价的事物，无论是物质财产、社会态度、文化符号还是知识追求，都开始主导其他人的生活。但不管在本国还是异国，交换经济的文化并不是唯一争夺影响力的文化。这也给与这些事物相关的绝大多数人，甚至包括大学教授，带来了巨大影响。他们开始逐渐理解自然界运行的方式与方法，因为自然界的运行改变了知识研究的方式与方法。如同商业一样，科学并不是从世界中解放思想而兴起的，而是在与世界密切接触从而对世界产生浓厚兴趣的过程中诞生的。

在下文出现的一些人物中，有些是他们那个年代最杰出的自然研究者，虽然时至今日他们于荷兰语国家之外仍鲜为人知：植物学家如伯纳德斯·帕鲁达努斯（Bernardus Paludanus）、卡罗勒斯·克鲁修斯（Carolus Clusius）、保罗·赫尔曼（Paulus Hermann）以及伊萨克·科默林（Isaac Commelin）与让·科默林（Jan Commelin）

---

[1] 虽然我承认"科学"是一个时代错误的术语，但在这里我把这个词语用作"自然知识"的简略表达方式。自然知识涉及了很多主题，例如自然哲学、自然史、医学和技术等。

兄弟；在东印度群岛从事研究工作的博物学家和内科医生，如雅各布斯·邦修斯（Jacobus Bontius）、乔治乌斯·埃弗哈德斯·卢菲斯（Georgius Everhardus Rumphius）、亨德里克·阿德里安·范·里德（Hendrik Adriaan van Reede）和威廉·坦恩·赖恩（Willem ten Rhijne），还有那些居住在荷兰的诸如"茶博士"柯奈利斯·庞德谷（Cornelis Bontekoe）；医学教授如彼得·波夫（Pieter Pauw）、弗朗索瓦·德勒·博埃·西尔维乌斯（François dele Boë Sylvius）以及赫尔曼·布尔哈弗（Herman Boerhaave）；哲学家如尤斯图斯·利普修斯（Justus Lipsius）、勒内·笛卡尔（René Descartes）以及本尼迪克特·斯宾诺莎（Benedict Spinoza）；解剖学家如尼古拉斯·杜尔医生（Drs. Nicolaes Tulp）、雷尼尔·德·格拉夫（Regnier de Graaf）、扬·斯瓦默丹（Jan Swammerdam）以及弗雷德里克·鲁谢（Frederik Ruysch）。对世界的发现并没有发生在图书馆或者课堂中，也没有发生在我们今日称之为"知识分子"这一群体中。船长、职员、水手以及外科医生详细报告了他们的经历和系统搜集的各种信息和物品。身处他国的外交家、商人以及旅行者详细记录了他们的观察，并把标本寄回本国。药商急切地收集着进出他们商店的所有商品的信息，陈列、展览小部分神奇的自然生物以吸引顾客，同时展示他们对世界信息的掌握，有的甚至还开垦花园种植植物。一些重要的大人物也频频向种植草药的妇女请教，这些聪慧的妇女很少拒绝，慷慨地向提问者传授关于这些植物的知识。各类医生制造并售卖药物，有时候还包括一些化学合成药，或者根据他们对自然的认识提供保健或医疗建议。醉心于园艺的人售卖各种各样美艳的外来植物，许多人在自己家里收藏新奇有趣的物品，公民领袖经常出现在公共解剖示范的现场，穷人进入医院后也得以接受各类实验性的治疗和手术，几乎每个人都是各种优质香料的消费者，如肉豆蔻、肉桂以及糖，甚至一些出于医学需要刚刚引进的货物也迅速成为大众消费品，如来自南北美洲的烟草和可可豆，来自阿拉伯半岛南部的咖啡以及远东地区的茶叶。

就像上段例子指出的，如果想知道在荷兰正在发生什么，就非常有必要去了解广义的荷兰世界正在发生什么。至17世纪中期，荷兰已经成为世界上扩张范围最大的海洋帝国，同时荷兰也被公认为医学以及自然科学相关领域的领导者，这部分归因于荷兰人在亚洲建立的联系。在由海军支持的荷兰商业公司的帮助下，荷兰迅速占领了亚洲、非洲以及南美洲原属于葡萄牙的大部分地区，并且把北美洲和东南亚其他一些新的港口列入预备占领的名单。与此同时，为了达成目标，荷兰人极度依赖当地知识，这就意味着全世界的人都为被称为"科学"的发展做出了贡献，有的是通过彼此受益的互动，有的则是通过非法占有或者胁迫。遗憾的是，荷兰历史常常被英语世界忽略，尽管在我们自己的语言中也存在有关荷兰独立战争引人入胜的历史叙事，尤其以150多年前约翰·洛思罗普·莫特利（John Lothrop Motley）的著名研究为代表。[1] 为了尽可能包罗这些奇妙的事物，本书计划从一些人的生活出发来撰写历史，这些人与最有意义的事件相关，但同时需要注意的是，这些人的生活虽然丰富多彩，却并不"典型"。这样的研究方法产生的结果是把研究的重点落在了那些有足够资料支撑的人身上，同时本书也认为，各年龄、各阶层以及来自世界各地区的人都对本书的研究内容做出了贡献，而其他研究方法只会使整体叙述复杂化或者导致没有生气的泛化研究。因此，本书固然是由一系列片段组成的，但依然可以通过某些特别的人物最大限度地反映更大世界范围内的变动。这些人有着自己的特点，跟其他人一样也存在善恶之分，但这并不影响本书的观点。虽然生活是错综复杂的，但一个叙事性的框架能够极大地限制这些复杂因素的干扰。

本书的第一章阐述了商业全球化第一阶段的经济转型让人们开始重视对客观世界详尽而真实的描述，以及这种重视又如何影响了认知自然的先后顺序；第二章深入探究了荷兰商人信息经济的知识价值。

---

[1] Motley, *Rise of the Dutch Republic*; Motley, *History of the United Netherlands*.

第三章通过描述博物学家诸如克鲁修斯和帕鲁达努斯的创新性工作、莱顿大学及其医学院和植物园的建立，说明为何援引宗教或者启蒙运动来解释科学的兴起这一常见做法是不完善的。第四章特别关注了阿姆斯特丹，描述了商业影响医学实践和知识，甚至影响了解剖学研究的方式。第五章关注的是关于荷属东印度群岛、荷属西印度群岛的医学和自然史的重要研究，尤其以内科医生邦修斯的工作为中心，阐述了知识作为全球贸易网的一部分是如何被搜集、转换和交换的。用新方法解释人类的身体及其特征自然引发了新观点的产生，因此第六章回顾了"哲学家"笛卡尔长居荷兰共和国时观点发生的变化，其间他对解剖学进行了大量研究，兴趣点也开始转移到对激情的分析上；还有一些其他人的例子，比如彼得·德·拉·库尔特（Pieter De la Court）和约翰·德·拉·库尔特（Johan De la Court）兄弟以及斯宾诺莎借鉴笛卡尔的研究进行政治学和伦理学分析，揭示了在那个充满知识辩论的时代这些研究引发的结果。接下来的几章展示了对动物和人体新的理解在多大程度上依赖于操控和处理物体的精准方法，这些方法通常是从其他技术活动中借鉴而来。研究者们对东印度群岛、西印度群岛的医学和自然史旺盛又持久的兴趣在随后到来的17世纪极为明显，这可以从大量的书籍以及植物园的各类标本中反映出来。这是本书第八章要讨论的主题。接下来的第九章描述了一位荷兰内科医生——威廉·坦恩·赖恩，与他在日本的同事一起开展欧洲最早的针灸和艾灸实践，并翻译了一些有关中医诊脉的中文文献；这一章强调了跨越文化壁垒传播某些特定种类知识的难度，当然，其他类型的信息流动则相对容易。第十章主要关注了赫尔曼·布尔哈弗和伯纳德·曼德维尔（Bernard Mandeville）的工作，集中讨论客观性如何促进医学和自然史的研究，与此同时，客观性也为哲学唯物主义提供了知识基础，这对政治和宗教制度构成了严重威胁。本书在最后基于比较视角的一些观点论述了荷兰的一些案例，将其做一概述后能够解释欧洲新科学的兴起。

强调近代早期商业史和科学史之间的联系是对一些已经陈旧的历

史文献的回应。在这些陈旧的文献中，16 世纪与 17 世纪的海上冒险与知识变革时常被认为是共同"发现"世界的一部分。[1] 例如，科学史的奠基人之一——乔治·萨顿（George Sarton）把科学史定义为"客观真相的发现"。荷兰著名科学史学家赖耶·霍伊卡（Reijer Hooykaas）最新的观点指出："无论在理论上还是实践中，科学家们都必然会认识到经验的至关重要性，这并不偶然。由航海大发现引起的态度转变是一个里程碑，影响的不仅是地理学和地图学，还是整个'自然史'。这引发了所有科学学科（不仅是数理科学）的变革——因为它影响了所有科学学科的研究方法，无论它们的数学化过程会迟到多久。"[2]

回溯历史，很显然，萨顿以及和他志同道合的人（常被称为"实证主义者"）想当然地认为，"发现"或多或少是一种不言而喻的过程，因此只要有人不辞辛劳地仔细观察，有关世界的新信息必定会浮出水面。这是一个简单的"走出去、照着做"的问题。但出于各种各样的原因，这些观点在最近一代的历史学家中常常被视而不见、避而不谈，这些史学家更关注从社会学、语言学以及文化方面构建科学知识。到了 20 世纪中期，格式塔心理学、艺术史学、语言学、人类学以及其他各种学科都清楚地表明，人们通常按照预期的方法解释世界，这些方法并非直接来自自然，而是借鉴、吸收自我们周围的人。换句话说，许多伟大的人认为，观念和文化对我们与周围世界的互动方式有巨大的影响。很快，历史学家与哲学家把这种现代主义美学重新解读为 16 世纪与 17 世纪科学革命的起源，强调了由纯粹的思想引发的精神革命有时候可以被称为一种"形而上学"的转变。[3] 自 19 世纪 60 年代晚期，托马斯·库恩（Thomas Khun）等学者的举世名作问世以来，这些观点已经被社会学、人类学以及文化研究的各种论点修正。这些学科的相关论点已经开始被历史学家用来解释为什么一种竞争性的理论而不

---

[1] 最近的例子可参见 Boorstin, *Discoverers*。
[2] Sarton, *History of Science*; Hooykaas, "Rise of Modern Science," pp. 471–472.
[3] 有关这个方法存在的问题可参见 Hatfield, "Metaphysics and the New Science."

是其他理论能够催生大量的研究，这些研究现在有时会被归入社会建构的范畴。[1]事实上，绝大多数此类研究的目的仍然是探讨思想和观念的起源。[2]

本书认为，"发现"是科学革命起源的核心，或者更准确地说，致力于调查研究事物真相是对自然进行概括的基础工作。但是这并不意味着"发现"是自然而然、显而易见的。更重要的是，本书讨论的一个重要议题是，对智慧的探索转变为对知识的探索，换句话说，理解自然"为什么"是这样的转变为理解自然机制是"如何运作"的。从技术层面来讲，新科学的提倡者排斥目的论——认为试图理解自然或者上帝的目的不会有任何结果——他们非常重视对自然事物的精确描述，因为这些自然事物能够被感官捕获，人们能够对它们进行比较、改变以及用于物质改良。概念性的知识成为一种"思辨"；确定性，或者至少很大程度上确定的知识与真实物体和标本有着密切的联系。本书将继续回答萨顿和他的同事没有回答的两个重要问题：为什么投入如此多的时间、精力、金钱以及其他资源去寻找和获取有关自然事物的精准的描述性信息？商业活动，包括曾被称为"航海发现"的贸易探险在对这个问题的解释中发挥了重要作用。为什么这些调查研究处于"自然哲学"的中心地位？深嵌于商业活动中的各种价值观能够提供一些补充解释。甚至，大学教授必须开始关注这些价值转变的潜在含义。

贸易的受益者

低地国家或者"尼德兰"因少海岬、多宽阔滩涂及沼泽的地貌而得名，在地理上包括从查理曼帝国（Charlemagne's empire）分割出来的

---

[1] 相关研究可参见 Golinski, *Making Natural Knowledge*。
[2] 试图探讨"科学知识"被赋予可信度的方式，参见 Shapin, *Social History of Truth*, xvi。

中法兰克王国（Middle Kingdom）的北部地区。虽然当地有密集高效的水利管理系统，包括河道疏浚、河道开挖、堤坝修筑等，但很多地方还是常常受到周期性的洪涝影响。这些土地形成了一大片楔形地带，从索姆河（Somme）河口的北部开始，向东越过沼泽、湿地及牧场，一直到达阿尔贡（Argonne）的山脉和丛林，北部直达埃姆斯河（Ems）河口，然后转向西南，沿着海岸的山丘和沙滩一直延伸。也就是说，这块区域从今日的法国北部，延伸至当今的德国，还包括比利时、荷兰以及卢森堡的部分地区。频繁的降雨以及雪山融水给两条大河——莱茵河（Rhine）与马斯河（Maas 或者 Meuse）带来了充沛的水量，它们由东南向西北流经低地国家，最终汇入北海。

这一地区并非没有优势。在南部省份，例如佛兰德斯（Flanders），土地肥沃、牧草丰美，能够饲养战马和驮马。在西北部，沙土混合的低地三角洲地区虽然遍布着无数的湖泊、池塘和沼泽，但生产的泥煤能够满足家庭和商业的各种需求，湿润的草原滋养着各类家畜，生产出大量可供出口的肉类和奶酪。甚至燕麦和大麦（虽然小麦和黑麦不太多）也能在这里的土壤中生长，满足生活需要之后，余粮被酿制成啤酒和麦芽酒，并用于出口。与巴斯克人（Basques）一起，这些来自海边的尼德兰人（Netherlanders）在中世纪晚期就成为从事深海捕鱼的先锋，主要海产品有鲱鱼、鳕鱼和黑线鳕。他们甚至在北海以及冰岛附近捕鲸。[1]17世纪早期的一位英国冒险家约翰·史密斯（John Smith）船长就直率地指出，这些"贫穷的荷兰人"终日风雨无阻地在"自己的窝"里捕捞他们称为"银色飘带"的海鱼，他们已经变成勇敢、勤奋并且富裕的群体。[2]在海边生活也给他们带来了独特的政治法律遗产，使他们无须屈从于庄园式的生产生活，也就意味着这里的人无须对各领主承担太多的义务，使得渔民职业的多样化成为可能。尤其是南方

---

[1] Kranenburg, *Zeevisscherij*; Bloch, "Whaling"; Bruijn, "Fisheries".
[2] Smith, *Complete Works*, 1: 330–331; 感谢安德鲁·韦尔为本条注释提供的参考。

一些城市，当地人从西班牙及不列颠诸岛进口羊毛原料生产布料和挂毯，其数量及质量都驰名欧洲。通过各种方法，低地国家成为当时欧洲人口最稠密的地区之一，并且像意大利北部一样具有较高的城市化水平以及高度的商业依赖性。

使当地社会繁荣、居民富裕的商业是一个特别的因素。来自地中海的商品常常经由这个地区被运至北海或者波罗的海。在沿海地区，来自内陆河流的货物能够通过海船被运往不列颠各岛、斯堪的纳维亚半岛、波罗的海地区以及伊比利亚半岛。回程中，谷物、焦油、木材、皮革以及其他必需品则从波罗的海与斯堪的纳维亚地区被带回尼德兰，或是供应低地国家所需，或是再次出口到其他地方用以交换来自伊比利亚的葡萄酒和盐，以及来自其他地方的奶酪、啤酒、腌鱼甚至奢侈品。为了运输这些货物，尼德兰人发明了一种名为福禄特帆船（fluyt）的小商船。这种船底部宽阔，吃水较浅，能够装载和运输大体积的货物，同时由于利用了滑轮系统，操纵船只并不太费人力。所有这些赋予了当地商人从事贸易的优势。他们勉力经营，最终成为西北欧地区最重要的商人。

他们同时也是与亚洲进行直接贸易的受益者。1497—1498年，瓦斯科·达·伽马成功绕过非洲好望角到达印度，紧接着佩德罗·阿尔瓦雷斯·卡布拉尔（Pedro Álvares Cabral）率领一支大型船队满载香料回到里斯本。卡布拉尔在航行中一共损失了13艘船，约半支船队，即便如此，他仍然给欧洲带回了令人惊叹的经济回报。欧洲与亚洲的贸易由此兴起。数个世纪以来，欧洲人只知道香料原产于遥远的东方、中国之南的土地，这块传说中的广袤地区被称为"印度"，根据某些记录，当时的印度被一个神奇而又强大的基督教祭司王约翰（Prester John）统治。在这片土地上，生活着各种各样奇怪的人、动物和植物：站在灼热的沙地里的牧师们整日注视着太阳，注视着那些仅靠花香生活的森林里的居住者。[1] 更往南部的一些小岛，即"印度群岛"（Indies），遍布更多的神奇以及惊人的财富。马可·波罗（Marco Polo）从未到过那里，虽然他的报告提到一些可靠的领航员和水手说"印度群岛"包含7748个岛屿，"并且我向你们保证，这些岛屿上的每一棵树都散发着强烈又宜人的香味，对身心都有益"。此外，"这里还出产各种珍贵的香料"，包括白胡椒和黑胡椒。[2]

一长串的根茎、种子、花、树汁、树皮、果实以及木材的名称组成了芳香类物质的目录，它们被认为是香料，其中最受欢迎的来自东南亚：胡椒、姜、肉桂、丁香、肉豆蔻（包括肉豆蔻仁和肉豆蔻衣）。黑胡椒是一种爬藤植物被晒干后的未成熟的果实，这种植物生长在印度次大陆的马拉巴尔海岸（今喀拉拉邦）、印度尼西亚的苏门答腊岛以及南亚和东南亚的其他若干地方；白胡椒则是成熟果实里面的种子。姜来自一种植物的地下茎，由于主要产自印度地区，所以有时候也被认为是胡椒树的根。肉桂是一种灌木的树皮，主要产自锡兰（Ceylon，今斯里兰卡）。[人们常常把肉桂与桂皮（cassia）相混淆——桂皮是北美进口的一种最常见的"肉桂"，它产自中国南方地区。]剩余的几种奇异香料是欧洲制药和烹饪极度依赖的材料，它们甚至来自更遥远的地区：带刺的丁香，其名字来自拉丁语"clavus"（指甲），它是由一种树的花苞晒干后得到的，这种树只生长在被称为"香料群岛"的印度尼西亚的马鲁古群岛（Moluccas或者Malukus）；生产豆蔻仁和肉豆蔻衣的果树只能生长在班达群岛（Banda）的6个小岛上，它们位于香料群岛的最南端。（豆蔻核仁来自这种植物的种子，肉豆蔻衣则是晒干后包裹种子的红色果肉。）这些香料依次从东南亚被运到南亚，然后穿越陆路或者海路经由波斯湾和幼发拉底河被转运到阿勒颇（Aleppo）和贝鲁特（Beirut），或者经由红海至开罗和亚历山大港；在地中海东缘

---

[1] Steele, *Mediaeval Lore*, 94–96. 关于东方神奇事物的古代传统文献，可参见 Campbell, *Witness and the Other World*; RossiReder, "Wonders of the Beast."

[2] *Travels*, 248.

肉豆蔻，以及内部的种子

C. 罗森堡（C. Rosenberg）的平版印刷画，约1850年
惠康信托图书馆（Wellcome Library）供图，伦敦

的一些城市、加泰罗尼亚、热那亚，尤其是威尼斯，商人收购这些香料并将它们出售到欧洲其他地区。[1] 这些商人被称为"批发商人"（处理大宗货物）、"药商"［该词来自 apotheke 或者 storehouse（仓库）］，或者最普通也是最简单的称呼方式，"spezieri"，即香料商人（英语 spicer，荷兰语 specyer 或者 kruidenier）。

起初，香料商人交易的是来自亚洲的另一种调味品：糖。甘蔗最早是在古代由西南太平洋地区的一种野生品种驯化后得到的，之后由嗜食甘蔗的波利尼西亚人传播出去。到了公元前1—2世纪时，甘蔗开

---

[1] Fischel, "Spice Trade"; Lane, "Pepper Prices"; Wake, "Volume of European Spice Imports"; Keay, *Spice Route*.

始在中国和印度种植。其中在印度河流域（Indus Valley），亚历山大大帝（Alexander the Great）的追随者们偶然遇到了这种植物。[1]对于古罗马的百科全书式的作家老普林尼（Pliny the Elder）而言，糖比胡椒更稀有，因此自然而然地被排除在日常烹调之外。蔗糖（或者糖）"是一种搜集自芦苇类植物的蜜，它像树胶一样洁白，口感又极脆，只能作为药品使用"[2]。老普林尼说的这种芦苇——甘蔗——在7—8世纪的伊斯兰征服之后被引进地中海世界种植。12世纪的十字军战士在叙利亚和巴勒斯坦发现了种植的甘蔗以及提取后的汁液，并将这些蔗糖出口至威尼斯等西方港口，从而迅速获利。当圣地（the Holy Land）的基督教堡垒在13世纪晚期再次被占领时，面向欧洲市场的主要蔗糖产地转移到了塞浦路斯、克里特以及西西里，另一小部分则转移到了西班牙和葡萄牙。大约一个世纪之后，甘蔗被热那亚人带到了位于热带大西洋的马德拉岛和加纳利群岛，并在当地的大种植园中大规模种植。[3]1449年，西西里人发明了一种新的榨甘蔗提取糖的方法，从而带来了更丰厚的利润。到了15世纪晚期，出现了一种更为高效的蔗糖生产与销售体系。生甘蔗被进口至威尼斯，在一些大型工厂中提炼成粗糖，再放入水中煮沸，直至析出圆锥状的糖块，同时还生产了一些副产品，如糖浆。糖块、糖浆和其他香料一起出口、销售，为这座城市带来了额外的财富。

旧大陆（Old World）的许多人渴求香料的味道。他们的狂热促成了维持几个世纪的长距离贸易。当葡萄牙人率先到达"印度"的时候，他们进入了一个很久之前就已经建立了贸易路线的区域。这里的商路不仅通往欧洲，而且经过大海从东非通向南亚乃至更远的香料群岛、中国以及日本，将桑给巴尔（Zanzibar）与巴士拉（Basra）同科罗曼德尔海岸、爪哇、班达群岛、印度支那以及中国东海联结在一起。

---

[1] Deerr, *History of Sugar*, 12–72.
[2] 引自 Brothwell and Brothwell, *Food in Antiquity*, 83。
[3] Deerr, *History of Sugar*, 73–95.

瓦斯科·达·伽马利用北非商人做中介，但他送给卡利卡特的扎莫林（Zamorin of Calicut）的礼物却极为尴尬（12条条纹布、12件带兜帽的大衣、2桶油和蜂蜜），这使得达·伽马被当地人狠狠嘲笑了一番，"看到这些礼物的人都笑了，'麦加最穷的商人都看不上这些礼物'"[1]。但不管怎样，葡萄牙人在强行介入亚洲内部贸易之后迅速变得富有，破坏了已经建立起的各种关系，同时指派他人介入，把一部分亚洲商品带回了欧洲。[2]他们介入香料贸易，并威胁切断经由黎凡特（Levant）和地中海，尤其是通过亚历山大港和阿勒颇至威尼斯的香料供应。就像威尼斯人吉罗拉莫·普留利（Girolamo Priuli）在1501年收到这一信息后所担忧的："现在这条新的商路被发现了，葡萄牙国王势必将所有的香料带到里斯本。"[3]葡萄牙人只需以威尼斯人在亚历山大港购买香料价格的几分之一，就能在印度购得大量香料。因此即使廉价出售，葡萄牙人也能够获得巨大的利润。当然，葡萄牙国王也必须保护在亚洲的葡萄牙香料商人，并强行打开原本对他们关闭的市场，这也就意味着，葡萄牙必须将其很大一部分利润投入在亚洲的军事部署上，以保证其商业活动顺利进行。但是国王自己拿走了这些商品的很大一部分利润，并以军事保护开支为名向颁给许可证的商人征税，国王因此获利丰厚。[4]虽然葡萄牙人直达欧洲的商路并没有完全占领那些依赖东地中海香料的市场——事实上这一后果直到一个多世纪以后荷兰垄断了香料贸易之后才发生——但普留利准确地觉察到了新的商路严重威胁了传统的欧洲香料贸易，同样，印度洋的传统商人也开始日渐忧虑。[5]

但是，正如事实证明，葡萄牙人经手的香料贸易以及市场的发展给北欧带来了巨大变化，尤其是对安特卫普以及之后的阿姆斯特丹。

---

[1] Lombard, "Questions," 180.
[2] Subrahmanyam and Thomaz, "Evolution of Empire." 相关最新叙述可参见 Corn, *Scents of Eden*, 3–106, 以及 Keay, *Spice Route*。
[3] 引自 Jardine, *Worldly Goods*, 290。
[4] 有关葡萄牙的海外事业的文献较多，其中最扼要的是 Lach, *Asia in the Making of Europe*, 1: 91–103。
[5] Lane, *Venice*, 286–294; Lane, "Mediterranean Spice Trade"; Magalhães Godinho, "Le Repli"; Wake, "Changing Pattern"; Wee, "Structural Changes"; Chaudhuri, *Asia before Europe*.

普留利再次抓住了问题的关键："毫无疑问，匈牙利人、德意志人、佛兰德斯人以及法国人，他们之前都到威尼斯购买香料，现在必定会转向里斯本，因为对于他们而言，里斯本更近并且更容易到达。"[1]香料贸易的主要市场转到安特卫普后，这些西北欧消费者的影响进一步发酵。在进行了几次最好、最有效的香料销售试验后，葡萄牙国王发现，依靠商会分配来自亚洲的商品再带回里斯本是最佳方法。商人将商品运到安特卫普，在这里，商会能够控制香料的销售价格。安特卫普虽然早已是西北欧的商品转运港口，但是新的贸易使它从葡萄牙的商业增长中获得了更多益处。[2]与此同时，安特卫普也成为许多犹太人和新教徒的庇护所。这些被西班牙和葡萄牙驱逐出来的人把他们的知识、资本和人脉一起带了过来。葡萄牙财团进一步巩固了安特卫普作为来自环波罗的海、北海、大西洋以及地中海地区国家商人最重要的集会之地的地位。[3]1515年，查理五世（Charles V）被选为神圣罗马帝国皇帝，巩固了这个新体系的重要地位，因为查理五世最终得以登基有赖于德意志几个比较大的商业家族的金融支持，这些家族都被深深地卷入了这种新型贸易中。而皇帝反过来又推动安特卫普发展，成为他所管辖的北方境内的主要贸易中心。

此外，众所周知，在继续向西航行到达香料群岛的尝试中，哥伦布与一片新大陆不期而遇，这也给像安特卫普这样的城市带来了新的财富。虽然在这里发现的一些新的物种，如烟草，之后也逐渐成为重要的大宗商品，但是在早期真正使欧洲获利最大的是蔗糖贸易。蔗糖种植园很早就散布在非洲西海岸之外的各个岛屿，此后甘蔗又逐渐在加勒比海地区生根发芽：早在哥伦布的第二次航行时甘蔗就被带到了圣多明各。[4]此后不久的1515年，当地一位名叫贡萨洛·德·韦洛萨

---

[1] 引自 Jardine, *Worldly Goods*, 290。
[2] Wee, *Growth of Antwerp Market*, 2: 124–140. 有关葡萄牙的香料贸易，参见 Lach, *Asia in the Making of Europe*, 1: 119–126。
[3] 如 Ramsay, *City of London*, 7–32。作者认为伦敦是安特卫普的"卫星城市"（第 33–80 页）。
[4] Verlinden, *Beginning of Colonization*, 17–32; Deerr, *History of Sugar*, 19.

（Gonzalo de Vellosa）的外科医生从加纳利群岛招来了几名制糖熟练工，并在圣多明各建了一家制糖厂。[1] 接下来的数十年中，以强迫劳役制度为特点的各种植园，包括蔗糖种植园在内，都开始使用当地人作为主要劳动力，从而导致当地所有种族被迫害甚至灭绝，劳动力的短缺遂导致之后出现了从非洲引进劳动力的严酷的奴隶制度，当地所产的蔗糖才得以满足欧洲的需求，蔗糖不仅被用作药品以及甜味素，而且可以被加工成任何形状类似黏土的物质。1565年亚历山大·法尔内塞（Alexander Farnese）和葡萄牙的玛利亚（Maria）公主的婚礼庆典，使用了超过3000件由优质蔗糖制成的器物，不仅包括各类杯盘器皿，还包括各种用以装饰的小雕像，其中有一些马匹和人的雕像，每件重量可达9~10磅。此次宴会上使用的蔗糖总重量可能超过了6000磅，价值大约3000杜卡特（ducats）。[2] 制糖业转移到大西洋和加勒比海地区产生的另一个影响是使安特卫普再次受益，它成为优质蔗糖的主要精炼中心，1556年时全城共有19家制糖厂。[3]

随着商业的发展，16世纪的低地国家形成了极其丰富且多样化的文化。15世纪的文艺复兴属于意大利北部，16世纪的文明则属于低地国家。除了意大利北部，欧洲没有任何地方能够有这么多的城镇。到了16世纪中期，安特卫普已经发展为继威尼斯之后欧洲最重要的商业城市，其人口规模已达10万。[4] 城中的印刷工、艺术家以及其他从事奢侈品贸易的人因为各自的工作而得到国际承认。故此，城市的领袖们可以吹嘘安特卫普已经"不仅是整个欧洲第一个以及最主要的商业城市，也是所有商品的仓库，同时还是各类美德的庇护所和孕育地"[5]。

---

[1] Mintz, *Sweetness and Power*, 31–33.
[2] Stols, "Expansion of the Sugar Market", 237–238.
[3] Deerr, *History of Sugar*, 453; Bulbeck et al., *Southeast Asian Exports*, 107–141.
[4] De Vries, *European Urbanization*, 158–160.
[5] 引自 Marnef，*Antwerp*，3。

认知——实实在在感受世俗世界

这里有必要指出所谓引以为荣的"商品的仓库"和"美德的孕育地"之间的联系。这种联系强调了文艺复兴时期显露出来的基本价值。随着覆盖欧亚大陆西部人口最稠密地区的城市商业网络的不断扩张，当时最有钱的群体经历了可支配收入的迅速增加，这一变化有时候也被称为消费革命。[1]当然，大部分财富被用于消费，人们食用了大量从海外进口的糖和香料，同时这些财富也支撑着当时葡萄牙和西班牙的海外事业。据测算，从哥伦布时代至 18 世纪末期的 300 多年间，欧洲每人每年消费的来自亚洲的商品大约为 1 磅——需要说明的是，这些商品大多数是食品。[2]其他方面也显示出了这一地区的富有。到 15 世纪末，富裕家庭的室内都布置着各类奢侈品。领主和商人不仅需要承担精美的圣坛以及公开举行宗教仪式的费用，购买骏马、精美的盔甲、奢华的服饰、华丽的挂毯，同时也要购买制作精良的家具、亚麻织品、古董、绘画雕像、书籍手稿、光怪陆离的自然物品以及其他精美稀见的物品。尤其是许多极其富裕的意大利人，处处模仿他们的古罗马祖先，并将祖先们的遗物布置在他们周围，同时搜集各种古董（尤其是钱币和勋章）、古代艺术和文学作品，并在其家中为研究古董的学生提供解释和研究这些物品的职位。[3]在意大利文艺复兴的全盛年代，博学的莱昂·巴蒂斯塔·阿尔伯蒂（Leon Battista Alberti）认为，包括令人瞩目的建筑和精美的书籍在内，财产对任何一个家庭的快乐幸福都是很重要的，财富就像友情和赞誉、名声和权力的源泉，甚至对国家的繁荣昌盛也是必不可少的。有价值的物品成为个人品德操行的附属"商品"。就像研究艺术和社会的历史学家理查德·戈德思韦特（Richard

---

[1] 如 Goldthwaite, *Wealth*; Jardine, *Worldly Goods*; Brotton, *Renaissance Bazaar*; Welch, "Art of Expenditure"; Hollingsworth, *Cardinal's Hat*。
[2] De Vries, "Connecting Europe and Asia," 82.
[3] Momigliano, "Ancient History."

Goldthwaite)说的,有可能是"第一次""财产成为自我的对象化"。[1]

新的商品因此逐渐附加上了道德品质,同时,这些新的商品也能够被当作人类进步的案例进行讨论。拥有这样的商品常常被他人认为是一种"比财富更引人注目的品位的展示"[2]。在使用词语"品位"之时,尤其要注意人和事物的属性在这之前是如何被移植到奢侈品上的,无论这些奢侈品已经被消费还是被收藏,因为拥有一种与众不同的品位将意味着拥有独特的个人鉴赏能力。[3]这种品位源自某种辨别的能力,例如能够准确辨认出菜肴中所含有的香料的能力或者准确辨认葡萄酒产地的能力。但是,这种能力逐渐大众化后,也意味着对任何来自感官印象的鉴别能力也将变得普遍化,因此,人们都能够轻易说出某一种东西或行为,例如一块布料的编织、绘画过程中刷子的使用,或者音乐中不同部分的组合等。具有良好品位的人反之也只会利用有细微差别的话语及动作来表明他们优秀的鉴赏能力,这一过程有助于使他们从不具有这种能力的群体中脱颖而出。有些人的能力可能是与生俱来的,就像童话中的年轻公主能够察觉到自己睡得不舒服仅仅是因为几块床垫下面有一颗豌豆。大多数人则是从实践中学习到这些能力。然而,不得不承认仍然有一部分人的能力来自教育:所谓的人文主义者认为,真正的人能够通过教育以及对世界的认识得到升华。但无论是武士、贵族、追逐商业财富的男男女女,还是教堂的牧师、城市的领主、他们博学的同事及仆从,都能在一件事上找到共同点,那就是以良好的品位为代表的共同敏感性。就像汉斯-格奥尔格·伽达默尔(Hans-Georg Gadamer)指出的:"品位最初更多的是一种道德概念,而不是美学概念。"[4]

---

[1] Goldthwaite, *Wealth*, 255.
[2] Goldthwaite, *Wealth*, 248.
[3] 我承认这个词语在此处的使用是探索性的而非历史性的,因为在英文中,至少"taste"这个词语到了17世纪晚期以及18世纪早期才开始逐渐变得常用。但不可否认的是,"good taste"这个词组所蕴含的社会价值在15世纪时就已经很明显了。
[4] Gadamer, *Truth and Method*, 35. 原文为斜体。亦可参见 Bourdieu, *Distinction*。

但是，我们所知道的知识是通过感官直接获取的。"品位因此就像一种感觉。在它发挥作用的时候，它不带有任何理性的意味。品位表达了对某一事物负面的反应，也没有办法解释为什么会这样。然而这一过程却具有最强的确定性。"[1] 因此感知带来的知识非常真实，但是认知者仅仅知道获得了知识这个事实，他们无法解释为什么能够获得知识。比较或者类推能够帮助理解认知，不过他们没有办法教会那些没有认知经验的人去理解这一过程。例如，有些人对食物有着敏锐的鉴赏力，他们能够训练或者指导其他人注意到这种或者那种味道，此种味道可能与某些其他东西很"像"："李子的味道"或者桂皮的香味，甚至是音乐中的感情色彩。这种类型的知识通过经验（例如模仿）传承，它没有办法通过某种理性逻辑来习得。除了英语之外，许多现代欧洲语言中都有词汇来描述这种类型的知识，例如德语和荷兰语中的"kennen"而非"wiseen"或者"weten"，再如法语中的"connaître"（18世纪中期，这一词语被英语吸收，变成"connoisseur"）而非"savoir"，这些例子都表明，知识是通过熟悉度而不是通过理性逻辑获取的。换句话说，某人获得某一事物的知识来源于经过品位和经验筛选过的感官，这一过程与某些特定的例子密切相关，但不具有普适性。如果你之前曾经遇到过某个人或者某种声音，于是你就对这个人或者这种声音有了一些了解，甚至这种了解并不是建立在理性的解释之上。有品位的收藏家因此能够传授感性的知识。这种知识一旦获得后，便能够被确认、呈现并可能被使用。但是它不能通过某些基本原理被预测或者解释。因此，商业产品不仅包含了某些道德属性，而且包含了某些特殊的知识，让这个客观世界的知识占据首要地位。

于是，对安特卫普的夸耀持续了很长一段时间，人们认为安特卫普是"所有艺术和科学以及美德的庇护所和孕育地"。但是已经在安特卫普得到发展的艺术和科学，就像根源于商品的品格美德，给学校

---

[1] Gadamer, *Truth and Method*, 36.

所教授的传统知识（这种知识的传授，拉丁语中被称为"scientia"，在方言中被称为"weten"或者其他相似的词语）带来了很大的挑战。大学是教授们的大本营，他们长期在这里研究、争论，并且通过授课与讨论将知识传授给他们的学生。他们认为可论证的确定性胜于其他任何东西，致力于能够从必要性出发得出一些结论。这种可论证的确定性来自理性逻辑，它能够经过一步步清晰而明确的推导得到验证。典型的例子可以用辩证法进行证明。在辩证法中，一个命题（正面的）往往又是矛盾的（反面的）。这一命题能够通过同时包含正反两面真相的命题或者通过三段论（syllogism）来解决。在三段论中，某一命题被认为包含普适的正确性，将其与另外一个新的前提联系，从而得出又一个新的正确结论（如"所有人终有一死，苏格拉底是人，因此苏格拉底也终有一死"）。这些方法能够被解释得很清楚，不仅能够被记录的事情所验证，同时也能通过对手的辩论来验证。因为这些方法能够产生可论证的确定性，这种类型的知识能够用于建构一些范围极广、适用性极强的哲学体系。这些体系能够通过解释将知识传递给其他人。总而言之，这些方法有助于推理出引起变化的因素，探究物质的本源。[1]

与认知的方法相联系的一个词语是"好奇"。好奇与理解事情的理性因素没有任何联系。它是一个复杂的词语，与罪（sin）有关，但是有积极的含义。[2] 与品位、品德以及诸如此类的其他词语一样，它与世界经验的联系实在过于密切，因此很难给出一个精确的定义。最近一项有关其在近代早期的德意志使用的研究表明，"人们谈论和记录'好奇'出于一些相互冲突的目的。之所以会发生这样的情况，是因为长期以来人们对'好奇'究竟是什么缺乏共识"。这个词语"通常不仅包括人们对知晓或者占有的渴望，并且还包括渴望知晓或者占

---

[1] 关于这些方法之于医学的意义，参见 Bylebyl, "De Motu Cordis"; Cunningham, "Fabricius and the 'Aristotle Project'"; French, "Languages of Harvey."
[2] Daston, "Marvelous Facts"; Daston, "Baconian Facts"; Harrison, "Curiosity."

有的具体东西是什么"；更精确点说，因为它与渴望相联系，它不仅是一个观念想法，而且是可以用日常语言来表述的生活感受。换句话说，这个词语"通常是一个'情节总结'，是对一些与家庭相似性等有关的例子的汇总，这些例子通常能够被提出来，但是没有办法得到解释"。这句话的作者尼尔·肯尼（Neil Kenny）总结道："如果近代早期'好奇'的案例是已经过去的东西，那么这些'观念'在通常的意义上而言，在历史的流动中无法存在……一旦有人不再试图去发现这些观念以及它们在过去'空缺的一致性'，那么近代早期在使用'好奇'的过程中的创造性、活力以及不可逆的特殊主义就变得更加突出。"[1] 换句话说，近代早期的好奇指的不是人们的"思维"，而是他们寻找围绕在他们周围的各种事物的经历。

对某些特殊事物的好奇又引出了另外一个新词："事实"（fact）或者"客观事实"（a matter of fact）。这个词语［我们知道这个词语来自芭芭拉·夏皮罗（Barbara Shapiro）的研究］借自法律。从法学术语来讲，"事实"这个词语指的是一种行为，在拉丁语中"factum"的意思是已经完成的事情，荷兰语中用的词语是"feit"，法语中是"fait"，英语则同时衍生出了"feat"和"fact"。通常情况下，这个词语在法学领域中是指"已经发生的事情"，指用以做出某一审判裁决的笔录。一般而言，直到 16 世纪晚期，这个词语才开始有一个新的用法，表示某些事情"真实发生了……因此某一特殊的真相能够通过实际观察或者真实的证据得以了解，而不是靠推断"。[2] 客观事实能够很好地帮助传递从经验中提炼的信息，但是只能产生概率性的知识，就像在一起法律案件中，只能最大程度地去了解事实，甚至只能通过道德来定性，从来不可能完全绝对地确定。[3] 对很多种世俗决定来说，比如裁定一桩

---

[1] Kenny, *Uses of Curiosity*, 2, 5, 15, 8, 432. 相关"基于概念的研究"，参见 Whitaker, "Culture of Curiosity"; Bynum, "Wonder"; Daston and Park, Wonders; and Benedict, *Curiosity*.
[2] 这些定义摘自 *Oxford English Dictionary*。
[3] Shapiro, "Law and Science"; Shapiro, *Probability and Certainty*; Shapiro, *Culture of Fact*.

法律案件，或者判断某一财务决策是好是坏，或者记录针对某一种特殊发烧症状的治疗方案，或者判断某种葡萄酒的质量，关于事实的知识——从某一事情了解得到的知识——不仅需要，而且必要。许多人受益于新的交换经济，因此他们不仅注重物质商品，而且非常重视客观事实。

自然有人看到了近代早期绘画中关于知识的刻画越来越多。这些绘画详细地描绘了生活的细节。这种"现实"艺术成为16—17世纪低地国家的一种荣耀。就像当时最著名的评论家卡勒尔·范·曼德尔（Karel van Mander）所说的，这些绘画"来自生活"（naer 't leven）而非"来自想象"（uyt de gheest）。[1]画家们用最好的技艺创作能够详细展现事物最直观面貌的画作。从中世纪特别是15世纪开始，具象派艺术得到了惊人的发展，这与中世纪后期雕像和手稿中的图案所展示出来的艺术家对物品的自然刻画的兴趣是一致的。[2]这些图案的绘制者在手稿（如《日课经》《每日祈祷书》等）的页边等处绘上了各种可辨识的植物和昆虫的图案。尼德兰画家如扬·凡·艾克（Jan van Eyck）等不断地在他们的作品中加入自然元素作为背景，欺骗观赏者的眼睛，使其感觉看到了真实的自然；之后的画家愈发被德意志艺术家阿尔布雷希特·丢勒（Albrecht Dürer）所影响。丢勒是最早致力于将作品完全集中在自然题材上面的艺术家，例如他著名的素描写生作品《兔子》（*Hare*）、水粉画《锹甲虫》（*Stag beetle*）以及1503年的画作《草丛》（*The great piece of turf*）。[3]至16世纪，艺术家们对面部表情、织物的皱褶、建筑样式、地貌背景、工具、花朵以及其他事物等细节的描绘

---

[1] 参见 Alpers, *Art of Describing*; Melion, *Shaping the Netherlandish Canon*; Swan, *Art, Science, and Witchcraft*, 36–40.
[2] Kaufmann, *Mastery of Nature*; Smith, *Body of the Artisan*. 有关中世纪的先例，参见 Hutchinson, "Attitudes toward Nature." 中世纪的牧师对鲜活的案例缺乏足够兴趣，相关概述可参见 Stannard, "Natural History," 与 Clark and McMunn, *Beasts and Birds*. 相关更为正面的评价，参见 Salisbury, *Medieval World of Nature*, 以及 Salisbury, *Beast Within*。
[3] Silver and Smith, "Splendor in the Grass."

圣卡塔琳娜、蝴蝶与花（包括玫瑰、紫罗兰、雏菊与耧斗菜）

摘自《迈尔·范·登·贝赫祈祷书》（*Mayer van den Bergh Breviary*），布鲁日，约1550年
迈尔·范·登·贝赫博物馆藏，安特卫普，布鲁塞尔皇家文化遗产研究所（IRPA-KIK）版权所有

阿尔布雷希特·丢勒创作的水彩画《草丛》，1503年

阿尔贝蒂娜博物馆（Albertina Museum）允准复制，维也纳

更为详细，并开始逐渐得到整个欧洲的关注。[1]

因此，出于对具体事物的熟悉，讨论"客观性"成为近代早期知识生产的一种方式。但是也有人认为客观性只能与"主观性"一起理解，作者当然也同意这种观点，"获得真实的自然画面"的观念早在1800年之前就存在。[2] 17世纪早期保罗·萨尔皮（Paolo Sarpi）指出了这个词语的正确用法。他在叙述有关宗教遗迹时写道："除了倾慕（adoration）之外，礼拜（worship）也属于它们，因为圣徒礼拜它们，

---

[1] 佛兰德斯和荷兰大量杰出的艺术作品强调了自然主义或者现实主义。详见 Smith, *Body of the Artisan*; Kiers and Tissink, *Golden Age of Dutch Art*; Brown, *Dutch Paintings*; Alpers, *Art of Describing*。有关强调象征性内容的观点，参见 Jongh, *Questions of Meaning*。

[2] Daston and Galison, "Image of Objectivity"; Galison, "Judgement against Objectivity," 328.

汉斯·布朗热（Hans Boulenger），《花瓶中的郁金香》，1639 年
荷兰国家博物馆允准复制，阿姆斯特丹

这种礼拜便是相对的，而倾慕是客观的。"[1] 即使这个词语在这一阶段还未被广泛使用，尽管没有已有知识做参考，我们在言及有关物体的知识时依然可以使用"客观性"，事物的有形知识能够被身体感官所感受，来自这种知识的信息因此可以被交换。[2] "客观性"因此意指知识来自身体感官经验，不能与身体感觉分开。简单来说，我们可以这么讲，近代早期的许多人已经为了获取最高级的知识而研究自然事物。

---

[1] Paolo Sarpi, *History of the Council of Trent*, trans. Brent (1620), 8: 799.
[2] Solomon, *Objectivity*. 同时注意对时代错误的反驳，参见 Zagorin, "Bacon's Concept of Objectivity."

搜集标本

对知识的高度重视来自对物体的了解（kennen）而非推演（weten），这一现象从文艺复兴时起就开始主导自然哲学。其中"kennen"解决的最重要的一个问题是破解古代手稿中的手写文字。古董般的手稿是最先能够被大量搜集的物品。即便是简单地接触古人搜集整理的文物文献也能产生一种与他们建立精神联系后的激动心情，而阅读他们的文字似乎是直接从他们的年代向读者传递相应的意思。很多接受过良好教育的、富裕的以及政治上比较活跃的人因此会感觉搜集整理这些古人的著作是非常令人兴奋的事情。但是试图去辨认和破解书中包含的内容并不是一项简单的任务，因此手稿的搜集者同时在他们的家中"收藏"了一些学者的手稿以帮助理解。学习阅读这些手写文字（手迹）是首先面临的大难题。词语被破译后，判断词语的意思也是一个非常困难的步骤。就像感知其他事物一样，判断一个词语的意思，无论这是一个新词还是一个新语境下的旧词，都只能通过类似的方法来获得：记录和总结已有案例，研究一个词语在不同背景下的用法，然后在辩证判断的基础上进行适当推理。在一个命题中发现而不是找到一个恰当的含义是其需要解决的问题。文献语言学和文字学展示了特殊的问题，但没有提供具有一般意义的理性逻辑，因此出现难题时只有不断尝试，直到发现合适的意思。

知晓某些特殊词语的意思是尤其困难的，特别是与各种各样的自然事物（res aturae）相关的大量词汇。这一破解的过程被称为"自然史"。这一词语借自希腊语中的"historia"，意思是"通过调查（或问询）来学习"或者"获得的知识或信息"。[1] 因此自然史是有关自然的记录，这一记录建立在对自然事物进行调查而获取的信息之上。自

---

[1] *Greek–English Lexicon*；以及 Pomata and Siraisi, *Historia*。有关经验主义中的价值观来自史学研究的观点，参见 Seifert, *Cognitio Historica*.

然史最著名的文献是公元 1 世纪罗马的百科全书，即老普林尼的《自然史》（Historia naturalis）。这一部皇皇巨著，卷帙浩繁，传达有关自然的知识，主张既存事物的多样化表达，而不是强调它们之间的一致性，主张搜集"自然界的多种事物"，而不是搜集简单的"自然"。老普林尼本人无疑是一个多神论者，因此其著作涵盖了对天地间一切事物的描述，囊括宇宙、天文、地理、地势、矿物、气象等学科；包含地球上的生物及它们的用途意义，包括鱼类、鸟类、昆虫以及其他的动物、草本、灌木，还有它们对人类的经济价值和药用价值；还有对陌生人群的调查，有关其使用的工具、衣着打扮、习俗信仰等。[1] 对于中世纪百科全书、动物寓言集、本草书以及其他许多著作的作者而言，老普林尼的著作仍有很大的探索和研究空间，极少有作者能够在此基础上加入自己最新的发现。[2] 至 15 世纪中期，老普林尼的《自然史》大约共有 200 个版本存世。最早的版本出现于 1469 年，在接下来的 20 年中，又出现了 22 个版本以及超过 40 种评注本，说明它受关注的程度"是很难比拟的"。因此，对老普林尼的评论成为"文艺复兴时期一个典型的科学流派"[3]。

随着语言文献学的发展以及对老普林尼著作多个版本的搜集，人们开始试图重构老普林尼的原始版本，以期理解他著作的最初含义。由于 15 世纪末希腊研究的兴起，一大批学者，特别是乔治·瓦拉（Giorgio Valla）、亚历山德罗·贝内代蒂（Alessandro Benedetti）以及尼科洛·莱奥尼西诺（Niccolò Leoniceno）等人开始研究老普林尼本人所依赖的史料，试图找出老普林尼在使用某些词语时想表达的意思。[4] 其中最重要的史料来自老普林尼的同时代人（生活于公元 65 年前后）

---

[1] Thorndike, *History of Magic*, 1: 41–99; Beagon, *Roman Nature*; French, *Ancient Natural History*.
[2] Albertus Magnus, *On Animals*.
[3] Grafton, "Availability," 787.
[4] Nutton, "Prisci Dissectionum Professores," esp. 113. 同时参见 Bylebyl, "Medicine, Philosophy, and Humanism," 以及 Nutton, "Hellenism Postponed." 即便在今日，识别希腊文的植物名称依然存在许多困难，参见 Lloyd, *Ambitions of Curiosity*, 110–111.

狄奥斯科里迪斯（Dioscorides），他曾游历地中海东部诸国，用希腊文撰写了广为人知的《药物志》(Materia medica)，描述了植物、动物、矿物以及它们的医药用途。著名的出版商威尼斯的阿尔杜斯·马努提乌斯（Aldus Manutius）于1499年印刷出版了希腊文版的狄奥斯科里迪斯的著作，之后法国医学人文主义者让·德·拉·吕埃尔（Jean de la Ruelle）出版了可信的拉丁文译本，并对狄奥斯科里迪斯的原著进行了补充和勘误。西班牙人埃里奥·安东尼奥·德·内布里哈［Elio Antonio de Lebrija(或 Nebrija）］在意大利北部游历期间转变为一个人文主义者，并且在吕埃尔版本的基础上撰写了一部重要评注，还将狄奥斯科里迪斯著作中出现的名字译成西班牙语，对总计约2000条术语按字母顺序排序。其中最重要的一位是彼得罗·安德里亚·格雷戈里奥·马蒂奥利（Pietro Andrea Gregorio Mattioli），他在16世纪中期对狄奥斯科里迪斯的原著进行编辑和评注，虽然跟他持相反意见的专家们一直都不认同他的研究。他大部分时间在意大利的阿尔卑斯山区的特伦托（Trent）地区工作。对老普林尼、狄奥斯科里迪斯以及其他史料的研究著作表明，老普林尼的手稿在时间的流逝中已残损且存在一些错误，而且老普林尼本人有时在鉴别他提到的自然事物时也存在不少错误。[1]

　　但是，如果这些古代的学者自己都无法正确地使用词语，那么比较同一文献的不同版本自然也无法精准确认这些词语要表达或者必须表达的意思。换句话说，不仅词语之间的比较很重要，词语与物体之间的比较也同样重要。寻找与世界有关的信息通常可以用拉丁词语"venatio"［"搜寻"（to hunt）］来形容。[2] "搜寻"不仅是带着学术目的悠闲从容地翻阅古书，更是对自然事物本身进行的刻不容缓的调查。举个现实中的例子，药剂师和内科医生希望能够在现实中重新找到古人使用的具有极强疗效的药物。他们使用的一个最简单的例子就是大

---

[1] Nauert, "Humanists"; French, "Pliny and Renaissance"; Grafton, *Bring Out Your Dead*, 2–10; Ogilvie, *Science of Describing*, 30–34, 121–133.
[2] Eamon, *Science and Secrets*, 269–300.

黄的根（rhubarb root）。仔细调研后发现，真正的大黄来自"中国"的某个地方，主要经俄国和奥斯曼帝国到达欧洲市场。研究者们通过比较两种大黄不同的药效从而把这种大黄与其他来自近东地区的普通大黄区分开来。真正的大黄据说能够通过温和通便净化人体体液，具有止血和利泻的效果，但是寻常可见的普通大黄的药效既不温和也不明显。尽管大黄在市场上很常见，商人对大黄的了解也很多，但是直到19世纪依然很难精确描述这种植物以及确定它在亚洲的来源地。[1]针对南北美洲植物的类似研究也在开展。一位在加勒比海地区从业的西班牙人在圣多明各岛上发现了一种出产香脂的树，他断言这种植物跟已知的香脂树相比，有着同等甚至更高的医学价值。他自然想从事这种植物的贸易。西班牙国王也试图评估这位西班牙人的想法是否可行。[2]

这种获取知识的方法能够从弗朗索瓦·拉伯雷的作品中体现出来。虽然拉伯雷最著名的是他的讽刺小说《巨人传》（Gargantua and Pantagruel），但是他的专业能力得以让他成为首位以拉丁语翻译希波克拉底的《箴言集》（Hippocratic aphorisms），并被认为是第一个用希腊语讲授希波克拉底著作的人。[3]从这个意义上来讲，他的《巨人传》可被认为是以驳斥已有教条、挑战陈旧落伍的学者为乐。世界不是建立在人类的思维之上的，不能仅仅通过逻辑思维来认识世界。拉伯雷因此从各种简单而又陌生的事物中找到真相，而不是从单一的隐藏意思中去猜测。尽管沉迷于生活中各种无尽复杂而又难以预测的事件中，但是拉伯雷并没有陷入疯狂，对他而言，各式各样的事件和事物比词语更能揭示隐藏在表象之下的真相。就像一位评论家最令人印象深刻的一条评论所说："我不认可为了某些清晰明确的理论而去探究拉伯雷的隐含意思；在他作品中隐藏着一种东西，能够用1000种方式来表达传递，那就是理智的态度，他自己称之为'巨人主义'

---

[1] Foust, *Rhubard*.
[2] Barrera, "Local and Global."
[3] 1537年，他讲授了希波克拉底的预后论。

（pantagruelism）；那是一种对生命的把握，是对精神和肉体的同步理解，它使得生命没有任何逃脱的可能。"[1]

同样严谨的态度也反映在对待植物和自然史中的其他物体上，内科医生在描述疾病时也采取了这种态度。当然，内科医生向来关注的是他们所见病人的症状。但是中世纪的内科医生常常试图将这些内容纳入对病人的描述中，有时候他们还根据自身所知讨论病人的病因，并给出一些建议，例如如何改变他们的作息与饮食习惯才能活得更久、更健康。这些医案（consilia）给出的建议与牧师或者律师在某人就某事进行咨询后给出的建议很相似，只是描述性信息的重要性比不上对这些信息衍生出的对病因的分析与提供的建议。[2] 但是到了 16 世纪中期，医学人文主义者开始复原希腊文献中"真实的"希波克拉底，发现他是一位细心的临床医生［尤其是在《流行病论》（*Epidemics*）一书中］。他仔细描述疾病的迹象和症状，有时虽然还会给出可能会出现的预后，但是不会对相关原因加以评论。[3] 只有像希波克拉底那样直接参阅关于疾病全面而精准的描述，人们才能够获得相应的真正的知识。

由此产生的结果是，内科医生开始详细记录他们所看到的情况（"医案"），通常彼此通过信件互相传阅，有时候还将这些记录全部搜集起来并出版，形成所谓的《观察记录》（*Observations*）。通常每 100 本《观察记录》就会结集出版，取名叫《百章》（*Centuries*）。例如德意志外科医生威廉·法布里（Wilhelm Pabry，Guilelhmus Fabricius Hildanus）就是 17—18 世纪结集出版《观察记录百章》（*Centuries of Observations*）的作者之一。在 16 世纪 80 年代早期，他还是一个年轻人的时候，就可能从一位具有人文主义精神的年长同事赖内什·索

---

[1] Auerbach, *Mimesis*, 281. 同时参见 Bakhtin, *Rabelais*。
[2] 给出这些医案的实践据说始自塔代奥·阿尔德勒蒂（Taddeo Alderotti），他以各种方式来模仿律师，参见 Siraisi, *Taddeo*, 270–302. 同时参见 Cook, "Good Advice."
[3] 详见 Lonie, "Paris Hippocratics"；同时参见 Smith, *Hippocratic Tradition*。

莱安德（松德尔曼）[Reinerus Soleander（Sondermann）]那里开始了这种实践。[1] 来自临近的低地国家的彼得·范·福雷斯特[Pieter van Foreest（Forestus）]因为其出版的《观察记录》的数量和质量而闻名整个欧洲。[2] 就像一位历史学家所记录的："治疗和观察记录的搜集是近代早期医学信息传播和交流的首要媒介。"[3]

对复方药的调查也是如此。解毒药就是一个例子。这种黑色的黏稠物质的成分最复杂，被认为是一种非常有效的、用以应对所有毒药的解药，同时也是一种能够应对大多数疾病的普通预防药。许多古代的作者都非常推荐这种药，小部分人还列出了其成分，从真正的大黄，到蛇皮、牛黄、木乃伊粉、琥珀，等等。有一些药方甚至记录了多达81种成分。由此可见，解毒药的配制需要花费大量的时间和金钱。在像威尼斯和佛罗伦萨这样的大城市中，每年都会盛大而隆重地举行一次制备这种药的官方庆典。庆典由内科医生和地方长官共同主持，庆典过后，这些通过认证的药品将被送到药房和药商手里进入各地市场。[4] 威尼斯的解毒药因为质量极佳而受到特别重视，它的价格也相当不菲。通常威尼斯的解毒药是全欧洲内科医生药方的指定药。因而学者们尤其想要了解文献中这种药的成分及其配比，进而精准鉴别它所使用的草药。这种积极寻找古代真正治疗方法的行为促发了"一场平静的草药革命"[5]。这种方式的寻找不可能仅仅通过思考和讨论来完成，而是需要积极的搜索和探寻。

私人花园也是如此，这是由消费革命的另一种热情而引发的知识的诞生。在建筑物众多的城市，如威尼斯，甚至连休闲花园都非常盛行。[6] 拉丁语中通常用"hortus"来表示这样的空间，这个词语最早用

---

[1]　Jones, "Life and Works of Fabricius."
[2]　Bosman–Jelgersma, *Forest*; Nutton, "Pieter van Foreest"; Bosman–Jelgersma, *Petrus Forestus Medicus*.
[3]　Pomata, "Menstruating Men," 114.
[4]　Tribby, "Cooking (with) Clio and Cleo"; Watson, *Theriac and Mithridatium*.
[5]　Palmer, "Pharmacy in Venice," 110; Palmer, "Medical Botany"; Bylebyl, "Schoolof Padua."
[6]　Hunt, "Garden in Venice."

来形容罗马农场中的菜园，它们通常被围墙或者藩篱围住来阻止害虫害鸟进入，同时保护植物的嫩茎嫩芽。[1]但是在罗马共和国后期以及罗马帝国阶段，罗马人开始模仿他们的东方邻居建造休闲花园。世界七大奇迹之一的古巴比伦"空中花园"建造在人造山坡之上。这个花园是尼布甲尼撒二世（Nebuchadnezzar Ⅱ）为他的妻子建造的，她来自东方一个郁郁葱葱、绿树满地的波斯城市。波斯的城市更是因为各种美丽的花园而闻名于世，当地的一个词语也进入了生活在波斯边境的民族的词汇中，即被希腊语采用的"天堂"（paradise）。"天堂"是指居住之外的空间，由墙包围，墙上安装了坚固的大门以防止不速之客闯入，同时也防止突如其来的大风以及窃贼伤害院子里种植的珍贵花果。院子的主人能够在"天堂"里宴请招待受邀的客人。溪流和喷泉将流水带到园中，棕榈叶下有大片的绿荫，因此整个园子在正午时分仍然凉快舒适；在这里工作和娱乐能够免受他人的打扰；数不清的奇花异果生长在此，无不使人身心愉悦。欧洲传奇小说中大量出现的中世纪最著名的花园，仍然保存在伊斯兰世界中，例如波斯像伊斯法罕（Isfahan）这样的城市，或者伊比利亚的科尔多瓦（Cordova）和格拉纳达（Granada），或者攻占君士坦丁堡之后的奥斯曼帝国。苏丹穆罕默德二世（Mehmed Ⅱ）在君士坦丁堡的7座山中的一座上建造了"幸福居所"（Abode of Bliss），即托普卡帕皇宫（Topkapi Sarayi）。这座令人叹为观止的宫殿包含12个花园，由数百个花匠（bostangi，他们同时也是苏丹最信任的警卫人员以及行刑者）值守。[2]

在试图与伊斯兰邻居保持一致的同时，文艺复兴时期的意大利人也发展出对希腊和罗马事物的兴趣。他们对大宅院里能拥有一座古典

---

[1] 北欧语言吸收了日耳曼语系的变体来描述"封闭的空间"，于是有了哥特语中的"gart"，法兰克语中的"jardin"，之后英语中的"garden"和"yard"，以及荷兰语中的"gaard"。同时，在荷兰语中"tuin"这个词语发生了变异，这个词语很可能来自小品词"dún"，因此它当它出现在地名中时，意为一个被加固过的空间。参见 De Vries, *Nederlands etymologisch woordenboek*。

[2] Ergun and Iskender, "Gardens of the Topkapi Palace"；Garcia Sánchez and López y López, "Botanic Gardens in Muslim Spain"；Hobhouse, *Plants in Garden History*。

式样的花园这种事有着强烈的兴趣。意大利人文主义的奠基者彼特拉克（Petrarch）将很多文学对话的场景设置在了花园中，而乔万尼·薄伽丘（Giovanni Boccaccio）则在古堡帕尔米耶里别墅（Villa Palmieri）的贵族花园中写出了《十日谈》（Decameron）。在这个中世纪的古堡中，年轻人上午玩乐，中午静静地休息，傍晚时分开始讲故事。阿尔伯蒂在他1452年出版的关于建筑的著作中提到了石窟和花园。不久之后，佛罗伦萨的美第奇（Medici）家族重建了位于卡雷吉（Careggi）的别墅。这座别墅摒弃了之前中世纪城堡的风格，依据一座古典庄园的风格进行设计。别墅里面还建造了一座花园，人们可以从花园上方的复式凉廊上俯瞰整个园子。这一设计很快被大规模效仿。其他有关花园设计的建筑理论也纷纷涌现，这些理论都强调建造对称的几何形状的花坛。这些花坛被砖墙或者藩篱围着，里面有流水、绿树、鲜花以及其他草本植物。[1]

意大利的花园注重一定形状的大片绿地与水石相结合的设计，但16世纪早期出现的一种风靡趋势，尤其在意大利更北的地区更为盛行，即炫耀花园内各式植物的形态和颜色。许久以来，只有一小部分鲜花在诗歌和散文中被提及：随处可见的玫瑰和百合、紫罗兰、耧斗草，以及偶尔才被说起的（白）鸢尾、天芥菜和曼德拉草。十字军东征后带回欧洲的康乃馨也随之被列了进来。至16世纪早期，花园中命名的和书中描绘的植物的名目迅速增加。随着欧洲的花匠开始驯化、培育外来植物，成排成列的新植物从遥远的地方，尤其是近东的奥斯曼帝国被带回欧洲，越来越多的植物被写入诗歌与散文。[2]

研究植物的兴趣逐渐升温，大学的医学院开始为药物学设置教授职位，并为被任命的教授建造植物园用于教学。第一位药物学教授应该是1514年在罗马的教皇大学被任命的，这位教授利用花园来展示相

---

[1] 相关概述参见 Masson, *Italian Gardens*。
[2] 相关概述参见 Stuart, *Plants*, 11–25。

帕多瓦植物园规划图

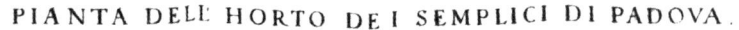

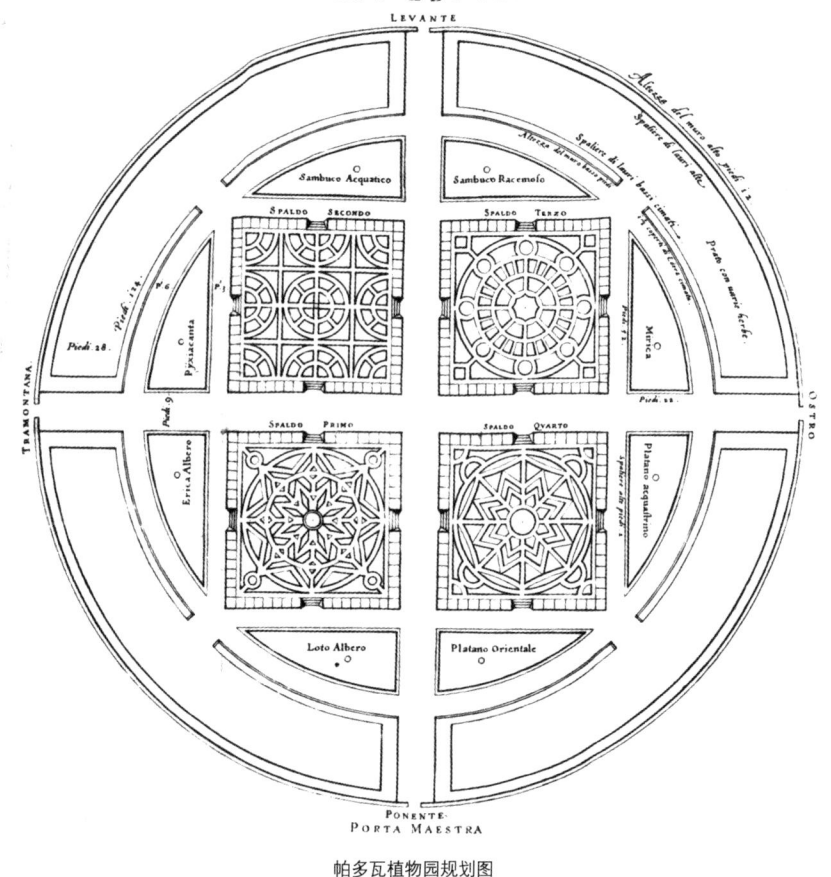

摘自吉罗拉莫·波罗《帕多瓦植物园标本》
(Girolamo Porro, *L'horto de i semplici di Padoua*), 1591 年，大英图书馆供图

关的药用植物。[1] 数年后，卢卡·吉尼（Luca Ghini）成为博洛尼亚大学第一位标本学教授，并担任了比萨植物园（约 1544 年建成）的首任园长。帕多瓦（Padua）大学也随之建造了自己的植物园，[2] 紧接着是 1567 年的博洛尼亚大学植物园，随后欧洲其他地区也开始建造植物园。为

---

[1] Heniger, "Eerste Reis," 30.
[2] Terwen–Dionisius, "Date and Design."

便于研究，各植物园开始收藏植物标本以补充和拓展植物园的功能，还编撰了《植物志》(Herbarius)，这可能是由卢卡·吉尼在16世纪30—40年代开创的。《植物志》有时候也被称为"植物标本室"(hortus siccus)。吉尼发现，经过重压脱水处理之后的植物的叶、花以及其他较薄的部分可以夹放在书页之中。[1]这些经过正确的方法干燥处理后的植物标本某种程度上永恒记录了活着的植物，虽然其颜色会逐渐褪去，但还是能够留下关于形状和结构等的清晰信息，同时在附随标本的书页上可以记录一些笔记以供日后参考。

但是这个著名的帕多瓦植物园清晰地表明，它的兴起不仅是因为医学上的用途，还包括贵族们对花园休闲功能的兴趣。威尼斯人花费巨资建立了规模宏大的帕多瓦植物园，用以培育、传播外来植物以及讲授医药植物学课程。一座巨大的圆形土城墙将花园与其他（形状不规则的）地面隔离开来，这是根据当时最新的军事建筑修建的，共有4条地道穿墙而过连接内外。来访者可以登上城墙在上面行走并俯瞰底下的花坛苗圃。封闭的花园分为4个正方形，设计成极其复杂的几何图案，这些图案在16世纪40年代由知识渊博的威尼斯牧师达尼埃莱·巴尔巴罗（Daniele Barbaro）根据最可靠的建筑和数学原理规划。巴尔巴罗采用圆形、方形以及三角形处理了化圆为方的问题，并采用了维特鲁威（Vitruvius）的"魔法数"（Magic number）[2]。这种令人印象深刻的精妙的花园布局展示了威尼斯共和国统治者精致讲究的品位。但是它并不特别适用于教学。后来由于最有价值的标本消失，帕多瓦植物园被迫于1552年拆除围栏，修建了更为传统的砖墙，同时精美的花坛破坏了植物简单有序的排列，给学生记住相应的标本制造了更多困难。因此，在16世纪90年代早期，当利用植物园进行医学教学逐渐兴起时，贾科莫·安东尼奥·科图索（Giacomo Antonio Cortuso）制

---

[1] 有关吉尼（35–36）以及文艺复兴中的医学院和植物学研究，参见 Reeds, *Botany*; Engelhardt, "Luca Ghini."
[2] 黄金比例。

订了雄心勃勃的计划，按照功利实用的原则重新设计院落布局。[1]

一些有品位的新贵族也搜集了其他自然标本。其中部分物品新奇又漂亮，但是很多无法通过留存的古代史料进行辨认，因此只能把它们归入陌生、外来或者"奇特"的类目里。[2] 作为曾经到访异国的象征，旅行者们带回一些稀奇瑰丽的东西，无论是人工制作的，还是来自自然的物品，欧洲的收藏者们都一一购买。[3] 在大多数情况下，这些稀见之物可能会被放置在图书馆中，或与其他宗教及美术的物品布置在一起。[4] 但是到了16世纪60年代，很明显出现了一些新的现象，随着搜集、积累的自然物品（naturalia）的数量不断增加，出现了将这些物品与其他东西区分开来、归置到属于它们自己的小屋（cabinets，珍奇屋）中的做法。[5] 人们所知的早期的"珍奇屋"之一即由托斯卡纳大公（Grand Duke of Tuscany）弗朗切斯科一世·德·美第奇（Francesco I de' Medici）建立。他布置了一间单独的屋子，里面放满了各式各样奇特的自然物品和人工制品，通过奇妙而宏大的整齐陈列显示其家族的荣耀。[6] 大约与此同时，奥格斯堡的汉斯·雅各布·富格尔（Hans Jacob Fugger）也建立了一间相似的"奇妙小屋"（wunderkammer，即珍奇屋）。[7] 美第奇与富格尔家族都经营家族式商业公司，对长距离贸易（美第奇家族建立了东地中海的织物及香料贸易，富格尔家族与西班牙人、葡萄牙人主导的南北美洲的金银和香料贸易联系密切）极其依赖，他们都雄心勃勃地想成为当地的统治者（美第奇成了大公，而富格尔家族中的一支成了伯爵）。这些外来物品的陈设展示了他们与广阔世界的联系以及有关世界的知识。不久，一些王室贵族纷纷效仿，比

---

[1] Terwen–Dionisius, "Date and Design."
[2] 这个观点来自曾经的一位博士生斯蒂芬·厄德利（Stephen Eardley）。同时参见 Peitz, "Problem of the Fetish," 以及 Daston, "Speechless."
[3] Honour, *European Vision*.
[4] 有关搜集行为发源于宗教兴趣的观点，参见 Pomian, *Collectors and Curiosities*; 以及 Lugli, *Naturalia et mirabilia*, 93–121。
[5] 相关概述参见 MacGregor, "Collectors and Collections"; Kaufmann, *Mastery of Nature*, 174–194; Bredekamp, *Lure of Antiquity*; Daston and Park, *Wonders*; Findlen, *Possessing Nature*。
[6] Olmi, "Science–Honour–Metaphor"; Olmi, "From the Marvellous to the Commonplace."
[7] Meadow, "Merchants and Marvels"; Evans, *Rudolph*, 247; MacGregor, "Collectors and Collections," 74.

弗朗切斯科·卡佐拉里的博物馆

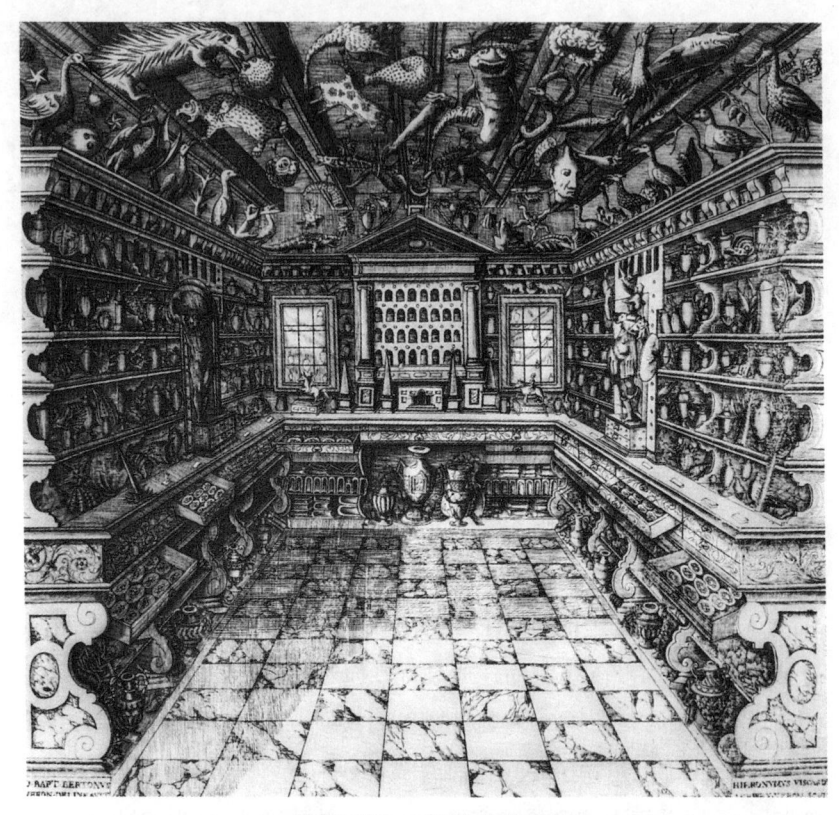

摘自贝内德托·切鲁蒂《维罗纳弗朗切斯科·卡佐拉里的博物馆》
（Benedetto Ceruti, *Musaeum Francisci Calceolarii junioris Veronensis*），1622 年
普利茅斯城市博物馆和艺术画廊，卡顿收藏（Cottonian Collection），29

如邻近的巴伐利亚公爵（Dukes of Bavaria，其宫廷靠近奥格斯堡）以及黑森-卡塞尔（Hessen-Kassel）的威廉四世（William Ⅳ）。[1]

但是就像图书馆和花园一样，搜集自然物品也需要专业的知识和技术。某种现有的或者供出售的自然物品是稀见还是普通、平凡还是出众，这种鉴定能力对珍奇屋是非常重要的。为了指导自己的珍奇屋中自然物品的收藏，汉斯·雅各布·富格尔聘请了来自安特卫普、受

---

[1] MacGregor, "Collectors and Collections," 76; Helms, "Essay on Objects."

教于巴塞尔的内科医生塞缪尔·奎奇伯格［Samuel Quickelberg（或Quiccheberg）］担任顾问。[1] 从事医务职业的人甚至也开始进行个人收藏。

1548 年，苏黎世的内科医生康拉德·格斯纳（Conrad Gesner）收到了来自约翰·雅各布·富格尔（Johann Jakob Fugger）的来信，邀请他担任富格尔家族的家庭教师和图书管理员，格斯纳立刻动身前往拜访富格尔，并查看了相关情况。但最终格斯纳选择留在苏黎世，拒绝了这个邀请。在富格尔收藏想法的启发下，格斯纳开始着手建立自己的自然物品收藏。[2] 当时其他一些知名人士也开始整理各自的收藏，如罗马的内科医生兼植物学家米凯莱·梅尔卡蒂（Michele Mercati）、博洛尼亚的内科医生兼植物学家乌利塞·阿尔德罗万迪（Ulisse Aldrovandi）、那不勒斯的药商费兰特·伊佩拉托（Ferrante Imperato）、维罗纳的药商弗朗切斯科·卡佐拉里［Francesco Calceolari（或 Calzolari）］。[3] 卡佐拉里三间屋子收藏品的目录清晰地展示了他的搜集方式，他排除了枯萎死去并且不适合他的花园的外来植物。[4] 药剂师与自然史之间的联系是传奇性的，在一些描绘他们商店的画作中，前景部分往往是鳄鱼以及其他的自然物。以卡佐拉里为例，作为一个出售外来物品（包括他的生意所依赖的药品）的专家，他的收藏无疑帮助他提升了名声。至少这能够吸引许多卓越的绅士和学者来到他的商店，留下的记录显示了这些顾客所感兴趣的东西，这对吸引其他人前来参观商店也有着重要的意义。

随着自然物品贸易的稳步增长，一些经纪人甚至在码头就把自然物品全部购买，转而将它们出售给收藏家。在大部分船上，不同身份的人可以根据分配给他们的空间进行一定数量的"私人贸易"。除了被褥和衣物外，普通的水手和士兵能带回他们的行李袋所能装下的任

---

[1] Meadow, "Merchants and Marvels," 190–195; Bredekamp, *Lure of Antiquity*, 28–31; 有关奎奇伯格，参见 Lindeboom, *Dutch Medical Biography*, 1579–1580。
[2] MacGregor, "Collectors and Collections," 73.
[3] 有关阿尔德罗万迪更多的信息，参见 Findlen, *Possessing Nature*, 17–31。
[4] 详见 Olmi, "Science–Honour–Metaphor," 6–7; 以及 Daston and Park, *Wonders*, 154–158。

何东西。级别、地位更高一些的人,例如外科医生,则可以携带行李箱。[1] 船长和高级商人甚至拥有一间小屋子,可以在里面装满任何他们想要的东西。很明显,重量轻、体积小、价格高的物品能够带来最大的利润。高级雇员有更多的方法和手段从事贵金属和珠宝贸易,水手们也能带回一些奇特的外来的自然物品或者少量的药品和香料,利润通常也相当可观。

人们参观这些收藏某种程度上也是因为这些收藏品所具有的意义。但是与其他"品位"之物一样,在陈列的标本上发现的意义既没有被全面推论,也没有被充分论述,而是存在某些意义之间的关系。例如,玫瑰长期以来被认为是真爱或者其他品质的象征。或者,玫瑰可能不代表爱情,但是向我们表达了爱情的意思。所有被创造的东西都被认为是互相联系的,因此任何一个物品都通过感性与其他物品相联系。就像插图冒险传奇如《寻爱绮梦》(*Hypnerotomachia Poliphili*)之类的神秘学著作里写的,花园的布局方式能够创造出某种强大的力量。宇宙的宏观世界能够通过花园的微观世界表现出来。因此,通过某些特定的方法搜集、布置一定的物品,花园就能体现或者包含宇宙的某些力量。珍奇屋中的自然物品积累的客观知识也有很重要的意义。奎奇伯格于1565年印刷出版了关于富格尔珍奇屋的说明书,很好地证实了这一点。这部说明书是世界上第一部已知的有关收藏的自然物品目录。奎奇伯格展示富格尔珍奇屋中的收藏,暗示每一件物品都是与宏观世界相联系的。在5组收藏品中,第一组是各类宗教与世俗的碑刻铭文,第二组收藏品则是利用自然物品生产的东西(各种构思精巧的物品,如贵金属、玻璃、陶器、木头、石头等诸如此类的东西),第三组收藏品来源于自然本身,并根据它们的质地(泥土、水、空气)进一步细分。[2] 对卡佐拉里商店的描述也反映了一些类似的特点:它陈列了一系

---

[1] 有关荷兰东印度公司外科医生的私人贸易,参见 Bruijn, "Ship's Surgeons," 243–248, 278–285。
[2] Schulz, "Notes on the History of Collecting," 206–209.

列标本以及合成药、各类矿石及宝石、稀见兽类和鱼类的残骸、各种各样的土壤、植物的根茎。简言之,这个商店拥有所有"最漂亮、最稀见、最好的东西",它们都被收藏进了那个时代最精致、最奇特的"环球剧院"(Universal Theater)中。[1]

卡佐拉里和伊佩拉托居然都是处理自然物品的专家,这用不着大惊小怪,因为作为药剂师,他们同时也是商人,处理着来自他国各种昂贵的东西。在处理这一系列受人追捧的昂贵且奇特的商品的过程中,药商成为意大利城市中最富有以及最有影响力的群体。随着糖的用途开始从病房转向餐桌,其进口量开始快速增长,擅长利用糖以及用糖烹饪的"糖果师"开始把糖从药品中区分出来。[2] 药商开始分化为两个群体,一部分人依然从事长距离贸易,其他人则负责将商品直接出售给公众。后者逐渐成为从事配药的药剂师,开始专门处理包括从药品到燃料在内的各种自然物品,他们放弃了制作蜡质宗教物品等类似的其他活动。[3] 随着交易物品逐渐集中到高价药品以及其他自然物品,药店的店员也需要具备相关知识,如药品的鉴别和用途。他们成为所经手的植物、动物以及矿石等物品的专家,熟知其精准细节、用途、制备(包括新的化学方法)。此外,他们也通过自己的途径收藏其他外来物品。

许多药剂师也成为专业的花匠。他们在院子里种植常见的或者被驯化的医药植物。但是就像他们收藏自然物一样,他们也开始对其他植物产生兴趣。此外,随着人们逐渐重视与植物相关的知识,内科医生也受到激励,试图在这方面领先于药剂师和其他人。就像16世纪中期著名的巴黎医生让·费内尔(Jean Fernel)所说:"知识、收藏、选

---

[1] 参见博加鲁蒂奥·博尔加鲁奇(Borganrutio Borgarucci)的书信,报告了有关卡佐拉里的收藏,引自 Orta, *Dell'historia de i semplici aromati*, 348–352。
[2] 例如在低地国家,药商垄断了中世纪时期糖的销售,但他们在15世纪失去垄断地位,参见 Backer, *Farmacie te Gent*, 25。
[3] Laughran, "Medicating with 'Scruples," 96–97; Bénézet, *Pharmacie et medicament*, esp. 351; DeLancey, "Dragonsblood."

择、筛选、保存、制备、更正以及标本的混合等各种任务都属于药剂师，但是医生也有必要成为这些事物的专家。事实上，如果一位医生想要维护他在技术专家群体中的尊严和权威，他就必须教给他们这些东西。"[1] 瓦勒里乌斯·科达斯（Valerius Cordus）持有同样的观点。在创作《纽伦堡药典》（Dispensatorium）时——这可能是同类书中最先被再版甚至再版次数最多的一部著作——他把药店出售的多种方剂限制为仅得到医生认可的几种。[2]

因此，到了16世纪中期，已处处都能感受到人们对自然史和医学的热情。在植物学领域，最早的5部"地方本草书"之一于1814年在鲁汶出版，即约翰·费尔德纳（John Veldener）的《本草写生图谱》（Herbarius in Dietsche），并且在接下来的几十年中这部书被频繁地再版。[3] 德意志各国则出版了一批崭新的、插画精美的植物学图书：奥托·布伦费尔斯（Otho Brunfels）的《草本植物图志》（Herbarum vivae icones）于1530—1536年间在斯特拉斯堡出版，以及更引人瞩目的莱昂哈特·福克斯（Leonhard Fuchs）于1542年出版的插图著作《植物志》（De historia stirpium）。福克斯的书首次出版之后又陆续再版，其中几个精简版尤其适合植物学领域参考。同样是在1542年，苏黎世的内科医生康拉德·格斯纳出版了《植物目录》（Catalogus plantarum）。不久之后，他又于1548年在约翰·雅各布·富格尔的图书馆里遇见了克劳狄乌斯·埃里亚努斯（Claudius Aelianus）的自然史著作，并受此影响转向编纂有关动物和矿石的百科全书，以补充他在植物方面的工作。[4] 在法国，纪尧姆·朗德勒（Guillaume Rondelet），早期著名的植物学家之一，为建立蒙彼利埃大学植物园做出了巨大贡献，他孜孜不倦地从事解剖学研究，撰写了有关医学诊断和药物的著

---

[1] Jean Fernel, *Methodo medendi*, 引自 Reeds, *Botany*, 25–26。
[2] 有关科达斯的内容，参见 Dannenfeldt, "Wittenberg Botanists," 229–236。
[3] 第二年出版的有关德意志本草的书（Peter Schoeffer, *Gart der Gesundheit*）就是一种模仿。
[4] Wellisch, "Conrad Gessner: A Bio–Bibliography," 159–160.

作，不过他最著名的作品是有关鱼类的《海洋鱼类全志》(*Libri de piscibus marinis*, 1554—1555)。在英格兰，同样在 16 世纪中期，威廉·特纳（William Turner）出版了一部有关植物学的名著，到了 17 世纪初，老约翰·特拉德斯坎特（John Tradescant the Elder）和小约翰·特拉德斯坎特（John Tradescant the Younger）都成了知名的花匠及自然收藏家。[1] 西班牙人尼古拉斯·莫纳德斯（Nicolás Monardes）与弗朗西斯科·埃尔南德斯（Francisco Hernández）在自然史方面的工作也十分出众，即便埃尔南德斯的很多著作当时还没有出版；加西亚·达·奥尔塔（Garcia da Orta）出版的葡萄牙文著作研究了东印度的草药，具有重要意义；[2] 在低地国家，16 世纪中期涌现出的 3 位植物学家尤其出名：伦贝特·多东斯［Dodonaeus（Rembert Dodoens）］、马蒂亚斯·德·洛比留斯［Lobelius（Matthias de l'Obel）］与卡罗勒斯·克鲁修斯；意大利的学者更是星光熠熠，不胜其数。

在对精彩世界的好奇之下也存在一些神学上的问题，但是这些问题大多已经被解决。对自然细节与特性简单而陶醉的欣赏回应了老普林尼以及跟他类似的人持有的古典泛神论的观点。老普林尼等人认为，自然的各个方面都充满天生的力量（品德）。[3] 但是，对一个良善的基督教徒而言，拥有许多力量的不是自然而是上帝，上帝创造了自然而不是依附于自然，并且他的力量是隐匿的而不是显露出来的。"天空诉说上帝的荣耀；苍穹宣扬他的手段"，《诗篇》第 19 篇如此开头［《钦定版《圣经》(*King James Version*)］。但是使徒保罗反对泛神论异教徒，因为他们"将不能朽坏之神的荣耀变为偶像，仿佛必朽坏的人，和飞禽走兽昆虫的样式"［罗（Rom），1:23］。为了反击异端与泛神论，4 世纪的主教希波的奥古斯丁（Hippo Augustine）意识到有必要编写两本书，从书中可以找出上帝的证据：启示之书——书中上帝通过文字

---

[1] MacGregor, *Tradescant's Rarities*; Jones, *Turner*.
[2] Boxer, *Two Pioneers*; Varey, Chabrán and Weiner, *Searching for the Secrets*.
[3] Beagon, *Roman Nature*.

（logos）来表现自己，以及自然之书——书中上帝通过他创造的东西来表现自己。例如，为了反驳摩尼教徒（Manicheans），他编著图书讨论如何让具备识文断字能力的饱学之士了解经文，从而使自然之书得以被众人知晓。[1] 被创造的事物因而能够表达上帝的本质，就像他的话语一样；而即使正确阅读也不能像上帝更深层的存在那样揭示出事物和力量的多样性。[2]

中世纪有一些大学教授因此认为，被委派去研究自然事物是一条通往神的知识的道路，于是他们将这些信息包罗收录到百科全书、寓言集、本草书等著作中。[3] 至 15 世纪末，"自然神学"（natural theology）这一术语开始出现，并认为对基督教信仰的辩护只能建立在创世之神（God the Creator）的证据之上。有一个源于神创之物的观点似乎在教化犹太人和穆斯林时很有作用，尤其是当仅建立在理性逻辑上的观点不起作用时——后者被认为在 14 世纪晚期已经完成了其使命。[4] 例如，一部题为《自然神学》（*Theologia naturalis*，1480 年）的早期印刷书籍，源自图卢兹的一位教授雷蒙·塞邦（Raimundo Sibiuda，更为人熟知的名字是 Raymond Sebond）于 1436 年完成的一部作品。《自然神学》这部书的出版就有上述目的，同时也意在鼓励他的基督教教友，因为他们缺少本应有的坚定信仰。最初，塞邦给书定的书名是《造物或者自然之书》或《人类之书》[*Liber creaturarum* (*seu Naturae*) *seu Liber de homine*]，他认为自然之书和启示之书的本质是一样的。他接受了前辈雷蒙德·勒尔（Raymond Lull）的观点，解释了从矿石与低级生物到人类，从人类到上帝这个一步步的造物路径，这些都是基督教真理的证据。塞邦的观点建立在"被创造的万物的知识如何与信仰一起提供了一个更为坚实的基础而不是一个理性的

---

[1] Augustine, *Ennaratio in Psalmum XLV*, 6–7, 引自 Jorink, "Het boeck der na–tuere," 21; 同时参见 Berkel, *Citaten uit het boek*。
[2] 详见 Bono, *Word of God*, 48–84。
[3] Stannard, "Natural History"; Steneck, *Science and Creation*.
[4] Shank, "Unless You Believe," 139–200.

结论"这个基础之上。[他同时也通过这种方法反对阿维罗伊主义学说（Averroism）"双重真理"的观点，该观点认为自然和宗教的真理必须根据不同的标准来衡量。]塞邦的书以及相应的观点在 16 世纪非常流行。米歇尔·德·蒙田（Michel de Montaigne）的法语译本（*Théologie naturelle*，1569 年）由于译者的名声而被认为是最好的版本，但可能其他人也对塞邦的著作进行了编辑和翻译。[1] 在这些著作中，自然之书与启示之书取得了一定的地位，且不存在泛神论的危险。自然之书对所有的宗教信仰都持开放态度，它的解释源远流长而又令人尊敬，当时所有的基督教神学家对此都表示认可。

解剖学和医学中的客观性

蒙田对于自然神学陷入哲学困境中的观点还是过于乐观，因为这些观点依赖于可能具有误导性的感官证据。他于 1576 年为塞邦的自然神学撰写的《论交谈艺术》（*Apologie*）是他的《随笔集》（*Essays*）中篇幅最长且阐释最明晰的一部分。他同意基督教精神依赖于信仰和恩惠而不是理性的观点。为此他列举了大量有关缺乏这种信仰的基督教教徒伪善的证据。人类并不比动物高贵，我们的知识既不能使我们快乐，也不能使我们优越，在任何情况下，我们凡人都无法掌握关于事物的真实知识。"对于人类，并不存在第一原理，除非神去揭示它们；其他的——开头、中间、结尾——除了梦和烟，什么都不是。"[2] 如果思维不足以获得确定性的话，感官也一样："为了判断物体的表面迹象，我们需要一个裁决工具；为了验证这个工具，我们需要证明；为了证明，我们又需要工具：所以我们陷入了一个循环。既然感官不能够解决我们的争议，并且它们本身充满着各种不确定性，那么只有理性逻

---

[1] Carreras y Artau and Carreras y Artau, *Historia de la filosofia*, 2: 104–5, 107, 109, 114, 118, 120, 151, 157–159.
[2] Montaigne, *Complete Works*, 404.

辑才能完成。但是没有一个理性推理在缺少另一个推理的时候可以成立：我们只能退回到无穷边界。"[1] 对蒙田和塞邦来说，除非有信仰和恩典的宗教仪式支撑，否则人类的理解什么都不是，但是蒙田同时也怀疑，由于我们感官的感受并不充分，我们是否能够从自然之书中学习到确定的东西。

这些在他的著述中并没有提及太多。但在某些其他场合，蒙田提出了一种建议：简单的东西能够说明真理。例如，他在一篇关于食人者的著名论文中，描写了他是如何从他的一名在巴西生活了10~12年的仆人那里获得了绝大部分信息："我的这个仆人是一个简单、纯粹的家伙——这种性格适合容纳各种真实的见证；对聪明的人来说，他们有更强烈的好奇心，能够观察到更多的东西，但是他们会去解释这些东西；为了给予他们的解释以更多的篇幅以及更高的可信度，他们不得不改变历史……我们需要一个非常诚实或者简单的人，他没有能力虚构一个东西并赋予其合理性，也不执迷于任何理论。我的仆人就是这样一个人。"[2] 在其他一些地方，就像在他之前的拉伯雷一样，提到了苏格拉底的智慧是如何存在于他的日常讲演以及补鞋匠和牧羊人的简单语言之中。甚至在拉伯雷和蒙田之前，伊拉斯谟（Erasmus）就提到了真理是如此奇怪，以至于可以通过傻瓜的嘴最好地被表达出来，而那些按照"严肃"的人教给他们的信条活着的人竟然连最重要的东西是什么都不知道。[3] 在这些论述中，这些作者清楚地强调了基督教派的虔诚，将救世的最大希望寄托于基督与之交谈的贫困的人和普通人身上，而不是寄托于在政治和社会上都具有一定地位的人身上。16世纪肆虐整个欧洲的战争带来了巨大的痛苦和破坏。这些战争的根源很多是出于对哲学和神学原理的不满。这些痛苦和破坏很显然让作者们怀疑凡人是否能够真正理解真理。但是也有一种说法，即使没有教义，

---

[1] Montaigne, *Complete Works*, 454.
[2] Montaigne, *Complete Works*, 151–152.
[3] Erasmus, Praise of Folly.

简单的事实几乎也能够为它们以及它们的创造者辩护。

与此同时，公开解剖课在很多城市和大学成为令人兴奋的事件。公开解剖课是要告诉人们，人类的身躯是能够被观察的。拥有一定社会地位的人，甚至有影响力的宗教权威，有些时候自然深信在身体中存在重要的真理。掌握着生杀大权的地方行政官与王室成员强烈地想在做决定之前了解事情的真相，数量不断增加的、受过法律教育的市政官员尤其如此。至少从13世纪开始，在某些地方，尸体解剖被用来查明死因，尤其是涉及暴力——包括投毒——的时候。[1] 负责任的医生从尸身寻找异常的迹象，比如器官的变色和腐烂、凝血或者异物（心肺中的物块）。至16世纪，检查国王、王后、其他高等级贵族和有影响力的宗教人物的遗体已经成为惯例。这些检查完成后，王室医生才对遗体进行防腐处理以保存死后躯体的状态。为了判断病故的宗教领袖是否是圣徒，其遗体也会被打开来查看是不是存在一定的迹象（包括器官会散发芳香而不是腐烂的味道），以确认这个人是否具有神性。这类检查也逐渐成为一种普遍现象。[2] 此外，雕塑和绘画中的自然主义也越来越受到关注，艺术家如莱昂纳多（Leonardo）开始利用自己的人脉来获得接近遗体的机会，研究身体肌肉；至16世纪中期，画家协会经常邀请内科医生来教授解剖课程。[3] 很有可能因为外科医生也常常被邀请来讲课，因此医生的协会章程中也包括了每年有权公开解剖一具或者多具被处以死刑的罪犯的尸体。

近代早期的普通人可能不像我们认为的那样会对公开解剖刚病故的人类身体产生厌恶。宗教苛责必然存在，部分是因为担忧人的完整性以及与之相关的复活问题。用基督教的术语来讲，人是充满着生机（anima，或者"灵魂"）的活着的身体，有能力理解上帝。

---

[1] 进一步阅读可参见 Carlino, *Books of the Body*, 178–180; 以及 Burney, "Viewing Bodies."
[2] 详见 Park, "Criminal and the Saintly Body"; Park, "Relics of a Fertile Heart"; Brownstein, "Cultures of Anatomy"; Park, *Visible Women: Gender, Generation and the Origins of Human Dissection*（即将出版）。
[3] 相关概述，参见 Keele, "Leonardo da Vinci"; Galluzzi, "Art and Artifice"; Schultz, *Art and Anatomy*; Carlino, *Books of the Body*, 64–65; 以及参考关于尼德兰北部地区的文献 Heckscher, *Rembrandt's Anatomy*。

人类不只是等待逃离尘世身体禁锢的灵魂。古代的新柏拉图主义者（Neoplatonists）、诺斯替主义者（Gnostics）、摩尼教徒、其他的哲学和宗教流派认为灵魂是神圣的，而身体是会腐朽甚至是邪恶的，因此，良善的灵魂总是试图离开身体。但正统的基督教神学家却不这么认为。确实，灵魂在复活时必须与身体重新组合在一起，一个人不可能脱离有活力的身体而存在，甚至在天堂中等待审判日（Judgement Day）的灵魂在身体复活前也依然是不完整的。此外，基督教最重要的信仰是，上帝以耶稣基督身体形态的方式来完整地经历、呈现他的造物过程以及人类状况，最终决定被钉死在十字架上，通过这样的牺牲以及对未来生活的承诺来救赎堕落的人性。[1]甚至就像洛伦佐·瓦拉（Lorenzo Valla）在他的《论快乐》（De voluptate，1431年）中提及的，上帝通过化身为人类向世界（caritas）宣扬了他的爱，教导人类重视生命的奇迹；如果人类能平等地看待所有生命，我们彼此及与其他被创造之物就能一起生活在和谐之中。[2]身体是神圣的，蔑视身体是一种亵渎。因此大多数解剖规章建议，公开的演示只能在被处决的犯人的遗体上进行，这些人出身低微，往往来自城市之外，他们的亲属作为公民不会因此感到被冒犯。[3]事实上，对切割动物尸体的人来说，有一颗具有攻击性的残忍的心似乎是必要的特质，对解剖人类遗体而言就更不用说了。解剖学家因此有时也赢得了"屠夫"或者比这更恶劣的称呼。[4]

但是事情远非如此简单。因为生死之间不像现在这样天人永隔，几乎每个人都曾目睹过死亡，甚至处理过尸体。此外，遗体也有治愈的力量。至少对旧宗教的追随者而言，许多圣人的躯体以及遗物都具有治疗的功效。不过，撇开圣物的力量，与死亡有关的事物有时确实具有巨大的永恒效力。例如，许多近代早期的医疗收据簿上记录了长

---

[1] 详见 Bynum, *Resurrection*, 以及 Vidal, "Brains, Bodies, Selves, and Science."
[2] Lorch, "Epicurean in Valla's On Pleasure."
[3] Rupp, "Matters of Life and Death," 268–269；关于18世纪英格兰公开仇视解剖学家的重要例子，参见 Linebaugh, "Tyburn Riot against the Surgeons."
[4] Carlino, *Books of the Body*, 213–225.

在人类头骨上的苔藓粉末的用法。[1]一个刚被处决的人的手触摸了淋巴结核的伤口、遭受癫痫折磨的儿童的头部或者其他部位，都被认为可以起到治愈作用，就像在某种场合中他们的穿戴能起的作用一样。[2]由于被处决的人与这些东西有关，他们可能被认为拥有某种特殊的能力来治疗各种疾病。[3]

因此，就像种植花木的热情与植物学研究之间的关系一样，16世纪中期的内科医生发挥他们的影响力来追求学术方法指导下的解剖学研究，从而了解学术界之外最新最快的进展以及与之相关的知识。如果内科医生与他们的学生想像外科医生一样具备相应的技能的话，他们需要接受解剖学的训练。此外，很多古典医学文献把解剖案例作为知识论述的一部分。著名医生如盖伦（Galen）认为，人类身体的正常功能以及它的异常或者疾病会表现在身体的各个部位上，因此认识身体的各部位非常重要，这样就能掌握正常和异常的生理状况。解剖使得观察并理解各个部位的功能成为可能，以此来判断各个部位之间的关系，再加上理性思维的补充，从而能够探明病因。但这在治疗疾病方面没有直接的实际作用（一些外科医生除外）；它的用途是间接的，能够帮助解释为什么身体会呈现某种状况。但是从14世纪开始，通过解剖（anatomia）来教学在某些医学院系已成为可能。[4]因此，外科医生以严格解释真相而闻名，无论在哪里，他们都必须检查身体，他们甚至还涉及一些隐密的残忍的实验。

这些实验不仅仅是功利性的，它们是由公众对新的解剖学研究日益高涨的热情推动的。安德雷亚斯·维萨里（Andreas Vesalius）无疑是其中最著名的一位。他是布鲁塞尔一位宫廷药剂师的儿子，在1543

---

[1] 相关的治疗方法，参见 Brockbank, "Sovereign Remedies."
[2] Black, *Folk–Medicine*.
[3] 最早让我关注行刑者和医学的是凯西·斯图尔特（Cathy Stewart），她曾经研究了这一群体拥有的、广泛存在于近代早期日耳曼世界中的"魔力"。有关荷兰，参见 Spierenburg, *Spectacle of Suffering*, 30–32; 以及 Huberts, *Beul en z'n werk*, 172–177。
[4] 相关的最新研究，参见 French, *Dissection and Vivisection*; Carlino, *Books of the Body*; Brownstein, "Cultures of Anatomy."

年出版了《人体的构造》(*De fabrica humani corporis*)一书。像其他人文主义者一样，他认为古代的作者需要被批评、更正，维萨里还证明，即使是伟大的盖伦也传递了一些错误的信息，因为盖伦把解剖动物得到的信息当作人类身体的知识。[1]维萨里在鲁汶开始接受教育，随后他又旅行至巴黎，在那里，他开始钻研新希波克拉底医学（new Hippocratism）。希波克拉底呼吁的"眼睛与解剖之间的联系"仍然能够在现在的文字中找到，比如英语中的"autopsy"（验尸），这在17世纪中期被普遍应用到遗体解剖中，但是在希波克拉底的时代，拉丁语"autopsia"（衍生自希腊语中表示目击的词语）是一个修辞术语，用来表示有人基于在某一事件的现场证明向当局提出申诉。这一诉求不可避免地使用第一人称单数："我看见"或者其他相似的结构。[2]这些被重塑的个人经历成为知识的合法来源：当代外科医生如杰罗尼莫·卡尔达诺（Geronimo Cardano）的著作提到，"非个人的学术或者科学讨论与个人历史"之间的界限开始被"定期且持续地"破坏。[3]目击者可以采取公正的官方语言记录他们从个人印象到普遍性描述的林林总总。[4]维萨里因此有时也被认为属于希波克拉底医派。[5]

强调对身体的精确描述有助于将好奇转变为一种对解剖以及其他相关事物的热情。在《人体的构造》中，维萨里重新考虑了他的读者——如果他们愿意对他表示敬佩的话——他曾经在午夜时分守在鲁汶大学紧闭的校门口，以便能够安静地切割并偷藏一个罪犯的骨架和韧带。

这个罪犯被吊死在牢里并被暴尸在风雨中，次日维萨里便将尸首一块一块地盗回至他的房间用以研究。[6]（但这里必须补充，他的行为

---

[1] Bylebyl, "School of Padua"; French, "Berengario"; Nutton, "Prisci Dissectionum Professores"; Cunningham, *Anatomical Renaissance*，第一部分。
[2] Pagden, *European Encounters*, 51–87; Sawday, *Body Emblazoned*, 1–15.
[3] Siraisi, *Clock and Mirror*, 9.
[4] Carrillo, "Voyages and Visions."
[5] Carlino, *Books of the Body*, 204–205.
[6] 关于这个故事的详情，参见 O'Malley, *Vesalius*, 64。

第一章 商业全球化和对客观世界的重视 049

安德雷亚斯·维萨里《人体的构造》书名页版刻画，1555 年
惠康信托图书馆供图，伦敦

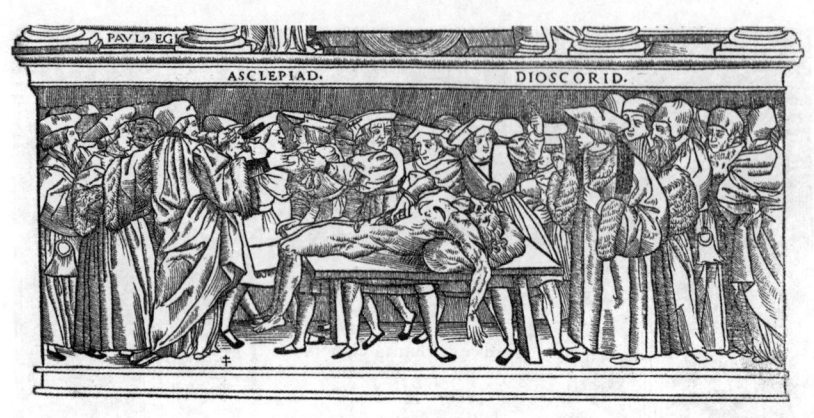

约翰·温特·冯·安德纳赫《解剖技术》
（Johann Winter von Andernach, *De anatomicis administronibus*）书名页底部镶嵌画，1531 年
惠康信托图书馆供图，伦敦

在解剖学学生中并非没有先例：早在 1319 年，博洛尼亚的解剖学家和他们的学生就被指控偷偷摸摸地掘墓盗走刚刚下葬的尸体以供个人研究。[1] 安德烈亚·卡利诺（Andrea Carlino）注意到，维萨里在巴黎学习的同时，有一幅木刻画描绘了他对身体的一种好奇和兴奋：1531 年约翰内斯·金瑟（Johannes Guinther[2]）的《解剖技术》（*De anatomicis administrationibus*）出版，这是盖伦医派解剖学的全新著作，其书名页上的图片描绘了人们环绕着一张解剖桌展开热烈讨论的场景。图片没有对讲师（lector）、解剖者（sector）及演示者（demonstrator）进行区分。反而，"一位年轻学生的右手……专注于尸体的内脏，这个学生的左手举起，似乎是在对一位穿着庄严的教授法医的人强调他的论述"。[3] 甚至年轻的学生们都不怕弄脏他们的手，兴奋地寻找脏腑中的真理；维萨里等人的著作给他带来了如此声誉，似乎每一个人都想去参观一下。

自从文艺复兴时期消费革命开始出现，就兴起了一股重视对世界

---

[1] Carlino, *Books of the Body*, 172–175.
[2] 也被称为约翰·温特·冯·安德纳赫（Johann Winter von Andernach）。
[3] Carlino, *Books of the Body*, 27–32. 引文在第 30 页。

的客观认识的风潮。多样的生活方式鼓励人们关注更多的、可以通过身体感官知道的事物。具有鉴赏力的客观性源于对事实的描述，其可靠性由个人信用、信息共享以及建立在精准的描述性语言之上的集体决策来保证。这些知识可能也会引出一些概括性的推论，甚至一些数字，从而试图在这些事物中归纳出一些类型，有助于对未来的物质生活抱有最大的希望。就像城市以及城市带来的金融资本对更大的政治体系来说已经更为重要，城市和资本也成为这个体系的一部分。城市商人，包括他们的知识价值不断得到整个社会的认可。对处理或制造物体还有使用它们来威胁其他人的人来说，客观性在很久以来一直是了解世界的最普遍的方法；另一方面，哲学家一直以来关注的是一般自然原理，分析其中的变与不变。但是，在近代早期欧洲的部分地区，连做学术研究的哲学家们都开始逐渐对自然物体的描述性知识产生了兴趣，包括这些物体的材料构造以及与其他物体之间的空间关系等。在医学领域，客观性为解剖学、医学、药物学以及疾病史的研究提供了便利。许多事物可以从这些分析中浮现出来，但是这并不是对事物本因的理解。人们知道的东西最好用"kennen"而不是"weten"来描述，虽然其他一些词汇也还在被用来理解事物。我们称之为"科学的知识活动"来自欧洲城市地区商人的认识，这也是他们最为重视的了解事物的方式。

在那些认为自然知识的客观性最为重要的人中，弗朗西斯·培根爵士（Sir Francis Bacon）是最著名的一位，也是当时仅有的一位。在被提拔为英格兰上院的大法官，同时受够了"毫无意义的"哲学与毫无思想的经验主义的折磨后，培根提倡一种折中但有效的方法，他把这种工作方法称为蜜蜂酿蜜。蜜蜂"从花园里采集原材料，然后通过自己的力量消化和转化这些原材料。哲学的真正意涵与它非常相似，因为哲学不仅或者不主要依靠思维与心智的力量，也不依赖搜集自然历史以及通过机械实验提供材料并把它们完整地保存在记忆中，而是源于对变化以及提炼后的东西的理解，即实验和理性推理更紧密、更纯粹的结合，我们有理由对获得更多东西充满希望"[1]。对"知识蜂蜜"的期待因此不仅来自脑力，这甚至是脑力的主要部分：它"不仅或者不主要依靠思维与心智的力量"，但这条道路通向的仅仅对智慧和知识的自豪，以及以真理形式传递出去的虚幻想象。相反，培根声称，真正的知识来自户外，在户外搜集相关的事物及信息，并对它们进行思考、消化、检查、精炼，然后去户外寻找更多的知识。

虽然人们逐渐习惯于根据客观性的敏感程度对自然事物进行判断，但首先导致与此相关的盖然论几乎消失。就像英国博物学家以及之后的伦敦皇家学会（Royal Society of London）会长与伦敦皇家内科医学院（Royal College of Physicians of London）院长汉斯·斯隆（Hans Sloane）在1700年左右所说："对客观世界的观察比对其他事物的观察更为确定，以我的浅见，这相较于理性推理、假设以及演绎，受错误的影响更小。这些是我们能够确定的东西，因为目前我们的感官也容易犯错误；自创世以来，它们就一直存在，直到世界末日，在这样的条件下，现在我们发现了它们。"[2] 斯隆因此认为，知识是一种包含真理的东西，无论人们如何改变它们，无论它们来自怎样不同的地方，又会前往何方。用现代更具哲学意味的表示方法来说，存在一些能够被识别的自然物品，如黄金，它们被"构成"的方式与身体的微量化合物的知识的"构成"方式是不一样的。[3] 换句话说，有一些科学事实是已经被接受的概念，其他则是对物体以及与物体相关事件的描述。转化为近代早期的话语：可以从这些事物上找到确定性，但是，从这些事物上总结出的有意义的结论则与这种确定性不同，这是知识和推测之间的本质区别。知识在近代早期逐渐获得了关注。当然，即使是最细心的观察依然是有区别的、有选择性的，但是这种区别并不必然是对真理的扭曲，因为很多东西仅通过集中注意就能建立正确的观点。

---

[1] Francis Bacon, *Novum organum*, bk. 1, aphorism 70.
[2] Sloane, *Voyage to Madera*, Etc., sig. Bv.
[3] Hacking, "Participant Irrealist," 283, 回应见 Latour and Woolgar, *Laboratory Life*。

因此，通过感官来感知的物质世界的细节成为获取知识的新方法的基础。反过来，这很大程度上归因于精准信息的获得与传播。就各种不同的自然知识转变方式而言，通过与自然以及自然物品的接触者以及有着同样思维方式的其他人所达成的转变，要远多于通过在俗世间为达到出类拔萃而做出的努力，通过愿望和兴趣所达成的转变要远多于通过知识教育，通过对物质进步与成果的美好期望所达成的转变要远多于通过超脱尘世的唯美主义（aestheticism）。无数的人卷入了商业依赖的自然知识的生产、积累与交换之中，他们极为重视的对被创造世界的精确描述，即那些在任何环境下都是真理的"知识"，成为他们用来判断其他形式知识的测量尺度。衡量这种类型的自然知识建立在物品交换而不是建立在寻找良善之上，因为这种知识经济的根源存在道德经济，后者通过身体的愉悦与疼痛来衡量。这一现象的出现似乎并没有让人等太久。

第二章

信息经济

> 在这个问题上,许多哲学家坚持认为,无论是谁,要想不虚此生,要想获得知识,就必须从走向远方的旅行开始。
> ——卡罗勒斯·克鲁修斯《论香料与几种药物样本》
> (Carolus Clusius, *Aromatum et simplicium aliquot medicamentorum*)

这个世界虽然一直处于变化之中,但了解客观事物的方法必须建立在可信度极高的知识之上。这种对客观世界及其描述的欣赏以社会交流互动为基础,并为感官文化和客观性提供了事实根据。就像品位与消费的价值一样,交换来源于对事物的精确认知,这种认知依赖于个人经验,与此同时,交换也能将一种价值转化为另一种价值。因此交换的方法对于了解信息、将信息转化为知识具有重要的意义。

史无前例的体验:交换与旅行

物体本身被认为具有稳定且持久的特性,至少在抵制其腐败的过程时是这样。不过它们同时也能在人们进行交换时发生某些转变。一个世纪以前的社会分析家格奥尔格·西美尔(Georg Simmel)就强调了由交换过程导致的变化。他认为,所有的人际关系都同人与人之间的交换有关。在交换中,有人通过付出某种东西来获得另一种东西,从而改变了他在这个过程中的状态。当一个词语、手势或者物体之间发生交换时，双方所知道的、经历的或者拥有的东西就可能发生了改变。由于交换，每一方都付出了一些东西，同时也获得了一些东西，这就是价值之源。"当我们假设两种行为或者变化的条件"在交换的双方之间发生，"很自然地会引导人们去思考，在交换的过程中，除了来自交换双方之间的一些东西外，某些其他的东西也会随之产生。这就像被'接吻'这个实质性的概念所误导……认为接吻发生于嘴唇的活动和感知之外"。换句话说，价值表达的是一种人内部的状态，而不是抽象的、超脱于人或者与人分离的东西，尽管我们常常把价值与物体联系在一起使其结果具体化。或者换个方式说，"获得的价值并不来源于价值本身，也非现成之物，而是部分地或者完全地通过衡量需付出的代价，在被期望的物体上不断累积而成"[1]。价值附属于物体，但是最终归于个人状态的变化，这是人际交换的结果。

西美尔驳斥古典主义的说法。后者认为，交换仅仅是一种必要性，它使某些被搜集或者产生的东西到达某人或某处，从而被利用。[2] 早期的政治经济学家发展了一些理论，认为货币价值根源于劳动力、效用或者稀缺性，而不是交换本身。例如，把价格看作所有生产关系的具体化，而不是附着于交换之上的价值。在这些记录中，从事交换的"中间商"不仅把运输和处理商品的成本附加于商品的自然价格之上，还附加了组织和从事这些活动的人期望获得的利润。除此之外的其他东西似乎都是不公正或者不道德的，因为那是对本应是生产者和消费者之间简单关系的一种利用。亚里士多德也表达了类似的观点，但也有一些神学家认为，中间商定的价格是为了攫取高利润，因此是罪恶的；普通人有时也起来闹事反对商人的定价，因为这不利于道德经济；因此分析家如卡尔·马克思（Karl Marx）写道，"贸易的不道德"是显而

---

[1] Simmel, *On Individuality*, 45–46, 51. 这些段落翻译自他的《货币哲学》(*Philosophie des Geldes*)。
[2] Kaye, *Economy and Nature*, 37–55.

易见的。[1]

但是，西美尔不仅驳斥了贸易不道德的观点，甚至更进一步，把最痛苦的禁欲苦行、牺牲与有美感的物品的根源归结于交换："交换与价值一样具有生产性及创造性，就像所谓的生产过程一样。"从这一点展开，他认为"价值和交换构成了我们实际生活的基础"。具体来说，他认为"交换是所有人类互动中最纯粹、最专注的形式，在这些活动中，利益是至关重要的"[2]。也有人再三强调"经济和文化依赖的概念基础与价值观念密切相关"[3]，特别是当审美、品位、社会声望、愉悦、嬉戏等因素影响了附着于物体以及它们所处集群之上的价值的时候，这个观点尤其突出。[4] 交换甚至能够把人类与其他灵长类动物区别开来：灵长类动物能够制作和使用工具、交流、进行群体生活等，但是只有人类能够开展交换活动。[5] 此外，根据这个观点，需求与生产同样重要。就像阿尔琼·阿帕迪亚里（Arjun Appadurai）认为的，需求不是"人类需求的神秘散发，（也不是）对社会操纵的机械回应"，而是"作为各种社会实践和分类的功能而出现的"。[6] 或者，就像现代艺术家博格斯（J. S. C. Boggs）发现可以通过图画交易谋生后，他在一段文字中这样写道："面对如此多成功以及有趣的交易，我开始意识到，这些交易记录本身除了是简单的图画之外，还可能变成真实的审美对象。"[7]

由交换引发的转变因此在不同方面令人满意，但前提条件是这些转变只发生在彼此基本平等的双方间，就像西美尔有关接吻的交换分析指出的那样，当双方之间发生一些其他事情时，比如强吻，甚至比

---

[1] 关于马克思的观点引自 Proctor, "Anti–Agate," 381。关于对货币与道德问题的争议和思考，参见 Parry and Block, *Money and Morality*, 1–32; Le Goff, "Merchant's Time"；以及 Kaye, *Economy and Nature*, 80–87; 同时参见一篇经典论文 Thompson, "Moral Economy of the English Crowd." 同时，古代思想家也称赞了交换的美德，参见 Vivenza, "Renaissance Cicero."
[2] Simmel, *On Individuality*, 47, 43.
[3] Throsby, *Economics and Culture*, 14. 关于这个观点的标准，参见 Sahlins, *Culture and Practical Reason*。
[4] Mukerji, *From Graven Images*; Gadamer, *Truth and Method*, 35–42; Bourdieu, *Distinction*; Reddy, *Money and Liberty*; Thomas, *Entangled Objects*; Hoskins, *Biographical Objects*.
[5] Ofek, *Second Nature*.
[6] Appadurai, *Social Life of Things*, 29.
[7] Weschler, *Boggs*, 22.

这恶劣的方式，或是诡计，或胁迫导致的糟糕谈判，或是擅自挪用、偷窃甚至破坏，也都可能引发个人之间的交换，虽然这与提升生活品质的交换相差甚远。不过从严谨的学术层面看，糟糕的互动也许不能被认为是交换关系，尽管它们确实涉及了物体活动引起的互换。很显然，获得物体，甚至是获得关于它们的精确信息，有时——事实上是过于频繁——既可以以不平等且破坏性的方式发生，也能通过平等且互益的交换来实现。

因此，变化的因素源于个人本身。近代早期的人把这种因素称为"激情"（passions）。[1] 它们不是现代世界中被冲淡了的"情感"，却又常常在当今的对话中含蓄地出现。对近代早期的分析家来说，激情是同时来自身体和头脑的活动，是对系统的和谐的生命的表达，是在人的全身各处活动的力量。它促进了行动和思考的统一。其含义衍生于希腊词语"pathos"，意思是降临到某个人身上的东西，某个人经历或者遭受的东西，后变化为拉丁语词汇"passio"。这个词语有3个意思：当用来描述一个人是"病人"或者其身处"基督的热情"中时，指的是身体上的痛苦；[2] 遵循、暗示顺从或者允许；从这点引申开来，由某种力量引起的生命（anima）的活动（例如"埃利亚斯是一个像我们一样喜欢激情的人"）。[3] 激情甚至能够被用来表示所有自然行为背后的力量：弗朗西斯·培根爵士称"原理、喷泉、原因以及运动形式，即对每一种事物的爱好和热情，都是正确的哲学对象"[4]。因此"遭受激情的折磨"是指允许自己被理性之外的能力控制。反之，这些是发生在特别敏感的灵魂或者（柏拉图定义的）中间灵魂（middle soul）中运

---

[1] 最近几年，大量关于"激情"历史的重要著作不断涌现。例如参见 Levi, *French Moralists*; Hirschman, *Passions and the Interests*; Stearns and Stearns, *Emotion and Social Change*; Chartier, *Passions of the Renaissance*; MacDonald, "Fearefull Estate of Francis Spira"; Ruggiero, *Binding Passions*; James, *Passion and Action*; 以及 Reddy, *Navigation of Feeling*。
[2] Acts 1: 3, KJV: "To whom also he shewed himself alive after his passion by many infallible proofs."
[3] James 5: 17.
[4] Francis Bacon, *Thoughts on Natural Things*, in *Works* 10: 296–297（引自 Wilson, *Invisible World*, 52）。同时，在他早期的《光学》一书的草稿中，牛顿使用了词汇"fits"或者"passions"来描述行为的原因。参见 Shapiro, *Fits, Passions and Paroxysms*, 180, 182。

动的结果。敏感的灵魂的运动被束缚于精神（spiritus）、能力以及身体器官内。[1] 所以，人的灵魂和身体之间的关系是亲密的、复杂的、动态的。古代一条著名的格言"认识你自己"（nosce teipsum）准确地描述了这种关系。[2]

与激情相关的是兴趣。但奇怪的是，最近许多叙述都开始质疑已经提出的一些假设，并且继续为科学知识的公正无私辩护。就如同史蒂文·夏平（Steven Shapin）在一段有关科学革命的简短文字中所写的，自然知识（至少）被认为是"温和的、强大的，尤其是公正的"[3]。为了给出一个类似的观点，洛兰·达斯顿（Lorraine Daston）撰写了有关"科学的道德机制"的文章。这个短语被英国著名的工人阶级历史学家汤普森（E. P. Thompson）引用。汤普森用其谈论存在于当地社团中未商品化的人际关系。这种关系经常能把人们联合在一起反对那些金钱至上的人。[4] 达斯顿对这个短语进行了修改，用来描述"影响饱和的价值网络。这些价值存在于明确的关系之中，并且发挥着作用。这些价值指的并不是金钱、市场、劳动力、生产以及物质资源的分配，而是一个能展示一定规律的有组织的体系"[5]。她使用这个概念批评社会学家罗伯特·默顿（Robert K. Merton）描述的科学界"规范"（norm）的概念。像默顿一样，达斯顿希望能够解释科学界的价值，包括为什么它是双方都愿意的，但是她也要考虑冲突和变化。为此，她恰当地关注了情感。但是，她认为最能影响近代早期科学发展的激情是"奇迹"，奇迹"因为其无私性而令人瞩目"。[6] 至少从这一点来讲，这些观点令人想起柏拉图、伊曼努尔·康德（Immanuel Kant）以及他的继承者们，他们认为把对精神的淬炼混入世俗的追求分散了对培养知识美德

---

[1] Park, "Organic Soul". 当代准确描述灵魂及其存在激情的部分的研究，参见 Burton, *Anatomy of Melancholy*, "The Anatomy of the Soul": 1.1.2.5–11。
[2] 相关的重要概述，参见 Park and Kessler, "Psychology."
[3] Shapin, *Scientific Revolution*, 13; 原文中的强调内容。
[4] Thompson, "Moral Economy of the English Crowd."
[5] Daston, "Moral Economy," 4.
[6] Daston, "Baconian Facts," 357–358. 同时参见 Daston and Park, *Wonders*。

（bildung）的注意力，而知识美德是一种除了专注自身之外没有其他目标的生活方式。[1]

但是，如果有人审视那些与探寻自然物体和自然事件相关的人，会发现他们也是非常具有吸引力的。事实上，在描述现代世界的兴起时，历史学家阿尔伯特·赫希曼（Albert O. Hirschman）注意到像"利益"（interest）这样的词语从18世纪开始出现正面的含义。[2]"利益"一词在英语中有着极其多样的含义（就像荷兰语中与"interesse"相关的词语一样）。这是一个有力且丰富的词语，有时甚至与个人的态度，如对经济和社会关系的好奇有关联。根据《牛津英语词典》（Oxford English Dictionary）："这个词语的历史中有很多模糊的东西。"从15世纪后期开始，作为一个名词，这个词语本用来指明一些问题，例如，因为与某物有着法律上的、精神上的或者金融上的关系，因此"有权利提出要求或者分享从而与某物建立客观联系"；对某种关系有所损益；还有着细微差别的其他12种主要解释。有人可以运用他的"利益"获得一份工作，或者通过银行借贷等手段赚取钱财，或者追逐个人的欲望，或者在某个企业中获得股份，等等。作为动词，它的最后5个意思衍生出了现代最通常的用法："以一种关切的感觉来影响人；激发一种同情、和善的感觉；激发好奇心或者注意力。"换句话说，人们对自然产生兴趣有数不清的方法。所以，那些从了解世界中获得或者失去最多的人——他们也是最有利益关系（interested）的人——通常描述得最可信。

如果说对世界的认识依赖于由激情和兴趣引发的交换带来的转变，那么它自然也依赖于交换的推动。近代早期欧洲人的生活不仅在社会事件、思想变革以及激情的大海上浮沉，他们也时常试图前往其

---

[1] Gadamer, *Truth and Method*, 9–19. 对于我而言，我可能会认为公平、公共精神和慷慨的性格对科学家以及公务员来说都是非常重要的属性，无论他们是在追求知识还是在提供建议；相反，缺乏兴趣可能导致的可怕后果是对世俗事务的回避。

[2] Hirschman, *Passions and the Interests*.

他地方。大多数男女在各地间来来往往，因为他们必须按照天气的指令从高地牧场前往庇护之所，或者寻找工作和快乐，逃离疾病和饥荒，参军或者逃避兵役，寻找爱情或者为了获取异国货物在大海上劈波斩浪。根据工作的季节性，大批居民从一个农村移居至另一个农村，或者从农村移居至城市。他们从事农耕或者水手的工作，也有可能返乡之前是仆人或者学徒，甚至可能继续留在城市建立、供养家庭，当然也有人只是单纯等待他们的生命草率地终结，不经意地造成城市的高死亡率。[1] 也有一些人会遭受挫折，于是他们拜访远亲，或者加入朝圣的人群中，或以教会及君主之名占据偏远的哨所。[2] 在欧洲的部分地区，人们甚至希望工匠能在不同的地区间移居，与不同的雇主、师傅一起工作来提高他们的手艺。与此相似的是参加学术朝圣之旅（perigrinatio academica）的学生，他们从一个大学前往另一个大学寻找他们知识的导师。此外，商人也必须从一个地方到另一个地方交易他们的货物。

当然，每个人都知道，一旦踏上旅途，旅行者常常被改变。无论人们是为了哪种目的而旅行——生活必需品、教育或者贸易，旅行者在他们不断与新的人、地以及习俗接触的过程中，旧的生活习惯被打破。流传在世界上的很多古老传说都描述了改变人生的旅程。在所谓的西方传统中有一个著名的例子，荷马的《奥德赛》描述了奥德修斯（Odysseus）从一个优秀的战士兼王子转变为一个伟大的人——有耐心、谨慎、机敏、身体灵活、意志坚强的典范，这得益于他自战场返乡的长途旅程中的遭遇。之后，希腊人和罗马人也开始留心亚历山大大帝的经历。他随心所至，到达当时所能了解的世界的边缘，为他的老师亚里士多德送回有关人、地等事物的知识。到了近代早期，欧洲仍然充满着各种各样有关旅行者的奇幻故事，无论是一些小说的主人

---

[1] 关于这一时期移民重要性的文献，参见 Wrigley, "Simple Model of London's Importance"; De Vries, *European Urbanization*, 175–249; Lucassen, *Migrant Labour*; 以及 Moch, *Moving Europeans*, 22–60。

[2] Elsner and Rubiés, "Voyages and Visions," esp. 8–20.

公，例如骑士兼冒险旅行家约翰·曼德维尔爵士（Sir John Mandeville）以及圆桌骑士，还是历史传奇中的人物，如马可·波罗。这种转变的重要性也同样在近代早期欧洲极为流行的奥维德（Ovid）《变形记》（*Metamorphosis*）中表现出来。来自东西方的陌生地区和人们的新奇故事给人们带来许多额外的兴奋。但是，旅行家在旅途中必然被转变为像奥德修斯那样的人，甚至在家里也能够从过往的行人那里听来各种故事，习得各种知识。

有些旅行让人从根深蒂固的政府治理体系中解脱了出来，但这同时也带来了社会秩序的混乱。至16世纪，宗教权威常常想尽办法说服普通人反对朝圣，因为他们认为这些普通人仅仅是把朝圣作为沉浸于世俗的激情和浮华的机会，而不是虔诚的行为。他们同时也把道德相对主义（moral relativism）和享乐主义（libertinism），甚至是无神论的兴起归因于旅行。[1]旅行鼓励人们把他们遇到的各种不同的宗教仅视为当地的一种风俗，就像其他风俗习惯一样，彼此有区别，但地位平等。17世纪早期的两个例子很好地反映了这一点。法国著名贵族兼作家勒内·笛卡尔在他年轻之时曾游历欧洲，他成年之后的生活基本也都在法国之外。他写道："我承认，通过旅行我才知道，与我们的观点相矛盾的人并不总是野蛮人，他们中的相当一部分能够像我们一样进行推理，甚至处理得更为得心应手。"[2]同样，在游历了法国北面的低地国家之后，与笛卡尔保持通信联系的马兰·梅森（Marin Mersenne）才第一次意识到与他自己信仰不同的哲学家也是值得聆听的。[3]

为了尽可能从旅行中获益并减少其中的问题，相关人士都敦促年轻人在接受专门的训练后再开始旅行，效仿一些值得尊敬的商业家族

---

[1] Gregory, "Charron," 91.
[2] 引文来自笛卡尔的《谈谈方法》，参见 Descartes, CSM, 1: 119；有关他对理性的定义，参见 Descartes, CSM, 1: 119。
[3] Sassen, "Reis van Mersenne."

成员的旅行——通常需要在一位导师的指导下进行。[1] 例如，知识渊博的托马斯·埃利奥特爵士（Sir Thomas Elyot）在他 1531 年出版的《统治者》（*The Governour*）一书中推荐把旅行作为英国绅士教育的一部分。几十年之后，曾经在玛丽女王（Queen Mary）统治期间逃居欧洲大陆多年的沃尔辛厄姆勋爵（Lord Walsingham）曾给他的一位侄子写信说，书籍"仅仅是没有生命的书信，人们的声音和讨论才赋予了它们生命，并且才能够给你带来真正的知识"。因为这个原因，他的侄子必须旅行。[2] 在另外一个场合，男爵（Baron，指沃尔辛厄姆）以同样的口吻写道："年轻时候的旅行是教育的一部分；年长之时则是一种经验。"[3] 事实上，在伊丽莎白时期的英格兰，旅行成了一种"艺术"，一个接受过良好教育的年轻人经历旅行后才能够完成他的学业。[4] 同样在法国，伟大的反传统哲学家彼特吕斯·拉米斯（Petrus Ramus，法语写作 Pierre de la Rameé）在他 16 世纪 60 年代至 70 年代的一些著作里就把旅行当成发现真理的必要过程。同样在 1579 年前后，著名的米歇尔·德·蒙田认为应当把旅行作为影响判断（judgement）和悟性（endtendement）的依据。[5] 在低地国家，菲利普·马尼斯（Philip Marnix）——一位受过良好教育的政治领袖，强烈建议年轻人在完成语言学习，接受系统的宗教和物理学训练之后去游历。他的观点得到了著名学者尤斯图斯·利普修斯的响应。利普修斯在 1578 年给菲利普·拉努瓦（Philippe Lannoy）的一封信（此后不久被出版）里面，明确而详细地以荷马的《奥德赛》为例，阐述了他的观点，认为旅行能够构建风俗习惯迥异的人们之间的联系，从而丰富旅行者的知识，开拓旅行者的研究，塑造旅行者的性格。尼德兰北部地区的人常常引用

---

[1] 有关 "16 世纪旅行组织" 的概述，参见 Stagl, *History of Curiosity*, 47–94; 更宽泛的概述，参见 Maczak, *Travel in Early Modern Europe*。
[2] 有关他的建议的抄本，参见 Read, *Mr. Secretary Walsingham*, 18–20。
[3] Francis Bacon, "Of Travel," in Warhaft, *Bacon*, 90.
[4] Stoye, *English Travellers*, 13.
[5] Williams, "Voyages and Visions."

利普修斯关于旅行的观点。16世纪晚期，乌特勒支一个居民就曾数次旅行，他的日记即以利普修斯以及一些其他人文主义学者的箴言开始。这些箴言都强调了旅行在拓展思维以及增长知识中的重要性。这本日记的作者认为，他的灵魂在尘世间只是一个"旅客"。这用不着惊讶。这个观点比约翰·班扬（John Bunyan）在其《天路历程》（*The Pilgrim's Progress*）一书中为英国读者准备的那些"心灵鸡汤"还要早数十年。[1] 到了17世纪中期，这些常规的具有教诲和启迪性质的旅行也被称为壮游（Grand Tour）[2]。教区管理制度（parochialism）——仅待在自己所处的教区——此时成为一个贬义词。

因此，关注有关知识"运动"的短语的转变也不是什么令人惊异的事，因为知识的内容和框架也自然会在与陌生人的接触过程中发生改变。社会语言学家们构建的模型在这里就十分有用：他们注意到，新的词语和信息常常被引入紧密结合的社会群体中，而且引入它们的多是一些泛泛之交而非亲密的朋友或者亲戚。群体中的核心成员有他们自己为人处事的方法，彼此模仿，至少是模仿这个群体里居于领导地位的人。但是非核心成员，比如朋友的子女，则倾向于在这个群里引入新事物，例如新的语言表述或者穿衣时尚。通过对某一纺织工厂中"歇斯底里的传染"（hysterical contagion）的研究，马克·格兰诺维特（Mark Granovetter）总结认为，最具有影响力的革新者是仅有着"微弱联系的个体"，因为他们最适合扩散和传播他们的想法。换种说法，"微弱联系与强大联系相比，更能够将不同的小群体之间的成员联系在一起，而这些强大的联系可能更集中在一些特殊的群体之中"。但矛盾的是，"微弱联系，常常被谴责为异化的产物……这里却被看作个体机会以及个体融入群体必不可缺的因素；孕育社会凝聚力的强大联系

---

[1] Pollmann, *Religious Choice*, 14–15; Lindeman, Scherf and Dekker, *Reisverslagen*; Dekker, "Dutch Travel Journals."
[2] Chaney, *Grand Tour*; Black, *British and the Grand Tour*; Stoye, *English Travellers*; Black, *British Abroad*; Chaney, *Evolution of the Grand Tour*; Dolan, *Exploring*; Dolan, *Ladies*.

则导致整体的分裂和破碎"[1]。紧随其后的费城和北爱尔兰的社会语言学家的发现"强调了松散纽带在促进语言革新中的重要性"。[2] 把这一概念应用于历史语言中，可能是指知识运动，比如语言的变化，根植于旅行者的活动中，他们可能彼此并不认识，但是可以在旅途中相遇、交谈、交换词语和观念，甚至误解（如果我们想得更富有创造性一点的话）。在相遇之后，人们有时会决定在未来继续保持联系，于是看起来彼此相距遥远、相识较浅的人，能通过书信或者其他礼物的交换构建联系网。联系网最先通过个人会面建立，因此，在这背后是一些抽象的东西，例如"文艺复兴""科学革命""启蒙运动"等。旅行恰恰证明了是松散的社群引导了知识活动。[3]

商业与科学实验

往来于世界各地、彼此交换物品是商人最基础的工作。近代早期的商业始于将人和物一起带至某个临近地区。中世纪的商人已经开始了类似于一对一的贸易活动：他们把自己认为值钱的东西装上船，行至某个地方，与其他货物交换或者直接出售，之后可能带着新的货物返回，或者前往一个新的地方继续交换他们认为更值钱的东西。在任何一个城市的定期集市上，这样的交易一年之中可能会发生一两次，少数情况下3次甚至更多。在某些极少数的地方，商人能够一起开展有规律的贸易。到了16世纪30年代，安特卫普对来自各地的商人而言是极富吸引力的。他们只需把商品运送到这个港口并放进仓库，随后就可以在这里方便地交换不同的货物，因为他们知道在这里很容易找到一个合适的买家。为了方便开展这种贸易，1531—1532年，安特

---

[1] Granovetter, "Strength of Weak Ties," 1366, 1367–1368, 1376, 1378.
[2] Milroy and Milroy, "Social Network and Social Class," 1; Milroy and Margrain, "Vernacular Language Loyalty"; Milroy and Milroy, "Linguistic Change"; Milroy, *Language and Social Networks*.
[3] Cook and Lux, "Closed Circles?"; Goldgar, *Impolite Learning*; Stegeman, "How to Set Up a Correspondence."

17 世纪的阿姆斯特丹交易中心

纽伦堡博物馆匿名木版画，玛丽·埃文斯图片库（Mary Evans Picture Library）供图

卫普建造了新市场（Nieuwe Beurs）。这个有着顶棚遮盖的地方除了周日和重要宗教节日外，每天都开放，便于商人在此会谈。（在 17 世纪早期，阿姆斯特丹效仿安特卫普建造了自己的市场。[1]）换句话说，安特卫普成了一个永久性的主要市场，以及西北欧的主要转口港。

一旦某地的商品目录清单开始不断增加，一些具有通用价值的东西就会出现，这个奇怪的东西被称为"货币"。[2] 至少从 13 世纪开始，欧洲大多数城市地区已经实现了货币化，也就是说，人们通常使用货币来支付税收或者其他账目。但是货币化也会带来一些其他问题，比如如何在不同的硬币之间进行兑换。硬币是由各主权国家和地区铸造的，其成分含有贵金属，其价值当然也会随着时间发生改变。有人把这称为可公度性的问题：如何找到不同硬币之间的共同标准，从而可

---

[1] 关于安特卫普和阿姆斯特丹市场（Beurs）的记载，参见 Calabi, *Market and the City*, 64–75。
[2] 详见 Buchan, *Frozen Desire*。

以比较它们的价格。[1]专业的货币汇兑商和银行家在解决兑换问题的过程中开始出现，使人们得以使用不同的货币来处理他们的账目。[2]他们的方法也可能推动了这一时期的哲学家们试图将具有相同品质的不同东西（比如不同药用植物的热冷特性）进行量化，从而寻找度量它们的方法。[3]农业或者小手工业的例子可能无法帮助人们理解这里究竟发生了什么：某人并没有播下能够"生长"的种子，甚至没有在一个产品中投入劳力和生产材料。但是，进行货币交易的人通过一系列方法变得富有，他们找到各种不同商品之间最相似的特点然后进行交换，生产看上去只有极少共同点的物品，通过认可共同点获得利润。一旦经纪人找到交换相对价值的媒介，硬币本身的价值甚至也会增加。至少从15世纪末开始，吉罗拉莫·布蒂杰拉（Girolamo Butigella）等法学家已经意识到了硬币的价值会高于其金属成分的价值，因为货币易于交换从而拥有某种附加价值。至16世纪中期，法国法学家查理·杜摩兰（Charles Dumoulin）已经宣称，硬币的价值能够简单地通过交换价值来衡量（立遗嘱过程中存在一个特别的问题，即之前的欠贷必须以货币偿还，而这些货币的价值也会因时间的变化而改变）。[4]因此，货币此时的价值并无意义，它的真正价值在于提供了不同的事物协商、比较的价值标准。根据这个价值标准，其他不具有可比性的事物的价值也能够转换为数字，并进行计算。

交易所的首要作用是为信息交换提供场所，这是一个尤其能提供高价值精确信息的地方。作为一个公共讨论场所，交易所为贸易的各方提供商品的最新价格信息——确实，最新的价格信息通常会被记录下来以供其他经纪人使用，商人也会彼此交流这些信息。搜集商品价

---

[1] 近几十年来，能够把一种理论用另一种理论来"测度"的能力，对科学史和科学哲学的研究都变得至关重要。详见 Kuhn, *Structure of Scientific Revolutions*. 同时参见 Feyerabend, *Science in a Free Society*; Hacking, Historical *Ontology*; Hadden, *On the Shoulders*; Kaye, *Economy and Nature*.
[2] Mueller, *Venetian Money Market*; Munro, "Bullionism"; Swetz, *Capitalism and Arithmetic*, 257–297.
[3] Kaye, *Economy and Nature*.
[4] Sargent and Velde, *Big Problem of Small Change*, 102–108.

格以及交换比率信息成为中世纪后期意大利银行业务必不可少的一部分。意大利人可能是最先开始印刷出版这些信息的人，不过商品的"现价"首先于1540年在安特卫普印刷出版，而汇率也正是在那个时候开始出现。这些信息的出版为整个商人群体（而非某个公司或商业家族）服务，保证了有关商品以及汇率信息的远距离公开流通。商人和出版商互相依赖，确保了所有商品信息的准确性，使得当时出版的"最新"数据相当可靠。[1] 随着商品价格信息的传播，可能会影响生意的某些信息也随之传播，这些信息促成了最早的报纸印刷发行。在交易所，一些相关的讨论也开始出现，例如商品质量、交易的地点、商品的价格，以及在另一个地方交易时可能换回的其他东西。交易所因此成为世界范围内商品和交换的"偶然过剩生产的集中地，以及各种信息的汇聚场所"，帮助商人就资本的配置做出集体决策。[2]

获得精准以及有时效的信息依然是商业活动的基础。[3] 1568年，阿姆斯特丹与安特卫普建立了直接的邮政交换机构，便利了商业信息的交换，短短数十年后又建立了4个邮政中心，分别负责与4个地区的通信。第一个地区包括尼德兰南部、法国、西班牙和葡萄牙，第二个地区包括汉堡与波罗的海地区，第三个地区指"兹沃勒以外"地区（包括科隆、上莱茵以及德意志境内的"国家邮政中心"），第四个地区指尼德兰境内的其他荷兰城市。通过这一邮政体系，某些作家得以搜集相关信息、发布新闻；1592年，大议长甚至能够与在科隆的亨德里克·范·比尔德贝克（Hendrik van Bilderbeeke）签订合同，每月支付200镑的薪酬来获取相关新闻。之后比尔德贝克的薪酬提高至每月300镑，他收集的信息被源源不断地传送至海牙，并被抄送至荷兰其他城市。到了16世纪90年代以及17世纪早期，经纪人行业日益兴盛，他

---

[1] McCusker and Gravesteijn, *Beginnings of Commercial and Financial Journalism*, 23–24, 29.
[2] De Vries and Van der Woude, *First Modern Economy*, 691–692.
[3] 有关经济体系中信息重要性的清晰论述，参见 Mokyr, *Gifts of Athena*；关于东南亚地区，参见 Bayly, *Empire and Information*；以及重要的普遍性的研究，Vermeij, *Nature*。

们为客户搜集和寄送时事通讯。自17世纪20年代起，开始出现定期出版的报纸。[1] 邮局、时事通讯以及报纸最初以商人作为主要的客户群体，因此新闻内容聚焦在价格、商品、战事以及其他可能影响到商业的事件。

但是，商业不仅依赖商品与信息的交换，还包括承诺。有一种承诺类似于纸币——给持票人的一种期票，1507年，安特卫普的法院首先认可了这种期票（1537年得到整个低地国家的承认）。之前，商人以借据（IOU）作为一种信用形式，借款人保证他将在确定的期限内归还出借人确定数量的借款。但是期票能够像其他商品一样进行交易，也就是说，不需要直接向出借方支付，而是可以对所有的持票人进行支付。因此，期票本身能够在信用环境中进行交换或者出售以筹集现金。有资料表明，1536年出现了最早的贴现（即以低于面值的价格出售一张应支付的票据，新的持票人则需要承担由领款人支付款额的风险）。之后出现了一些相似的现象，随着汇票的发展，除了纸币之外，货物也能以同样的方式进行交易。至1541年，出现了一种具有法律效力的承诺，能将某些特殊的商品移交给任何一个持票人。期票和汇票都能够在交易所交易。不久，商人也能够通过交易"纸质证券"在市场上筹集资金，反映了商业关系中的"利息"收入。纸质票据本身因此也成为商品。换句话说，至16世纪中期，商人能够将商品、货币或者仅仅是手写的承诺带至安特卫普，在那里，全年都能与任何人交易这些东西，商人能够处理任何商品，并通过交易纸质票据将剩余的资本或信用投入商业中。[2] 这将越来越多的商人从必须随身携带商品或者现金才能进行商业活动的限制中解放出来，使他们更好地投身于金融。

商业背后还有一个最重要的评估标准，这一评估标准被认为是科学知识发展过程中的另一个重要特点——诚信，比如来自拉丁语

---

[1] Schneider, *Nederlandse krant*, 18–45.
[2] Hunt and Murray, *History of Business*, 207–213.

"credo"（我相信）的"可信度"以及"信用"。对一个伟大的商人来说，最诚实的商业往来与商业信誉是他生活的基础。"他是讲信用的"，这句话用来形容商人比形容绅士更合适。当然，个人信用在这一时期的许多小村庄里还隐藏在物质交换的背后。[1]但是，宗教人士可能依然只会信任与他们有着共同宗教信仰的人，或者相识甚久的村民，因此商人必须寻找其他的方法在时而极其多样，时而又极为简单的关系中权衡信任。在交易所的世界中，信任"来自推荐、保证和信用。信任有时可能比资本更重要。资本的一个主要功能，不只是曾经，而是现在依然是产生信任，然后产生信用"。换句话说，钱生钱的过程中一个极其重要的因素就是信誉：钱产生信用，信用聚集财富。[2]

因此最杰出的商人拥有，或者说必须拥有良好的声誉，这来自他经年累月、持续不断的诚信和对责任的履行。加入他们圈子的人都热衷于以行为、言语或者穿着来表现他们的诚信。在公共场合的谦虚以及言行一致比行为守则甚至奢靡的行为更为重要。后者常常被认为是利己主义者或者生性奢侈浪费之人，这些人被认为更倾向于将金钱挥霍于过度的个人享乐与炫富而非投资（投资对其他商人也有利）。诚信当然不是用于买卖良驹、打猎或者决斗之中。商人也不喜欢赌博和嫖娼。他们认为，家庭关系愉悦、在民兵公会或者其他公民协会大厅的集会、共同庆祝合同的签订或者庆祝某人的纪念日，都更加重要。在这些场合，他们可能同享海陆大餐，品尝各种风味的美酒、香料以及烟草。同时他们也可能拿出一些搞怪的高脚杯，故意把酒泼洒在不注意的客人身上以展示他们的幽默。这些活动后来逐渐成为中下阶级的发泄行为，而富豪们也不再用来开玩笑。[3]此外，相比用华服艳装、金丝银线、翠玉珠宝打扮得像孔雀一样——就像奉承者们来吸引他们的注意一样，商人以及他们的妻子常常穿着用漂白浆洗过的亚麻布料装

---

[1] 详见 Muldrew, *Economy of Obligation*。
[2] Klein and Veluwenkamp, "Role of the Entrepreneur," 41.
[3] Dekker, *Lachen*; Dekker, *Humour*.

饰的黑色衣服。若更仔细地观察，衣服的纤维织料则可能是昂贵的丝绸或者是华贵精美的织锦，但是人们需要凑近细看衣服的质地和纹理，而不是从远处看闪闪发光的珠宝，才能发现他们投资在衣服上的财富（尽管这些富人的子女们有时根本没机会炫耀他们的锦衣华服）。

引领城市生活的男女们也因此认为，真正的价值并不源自高高在上的王权，而是源于外表平凡但是分布广泛、名声不大却很重要的思想者，就像他们自己一样。荷兰剧作家 G. A. 布雷德罗（G. A. Bredero）最受欢迎的戏剧——1617 年首演的一出社会滑稽戏《西班牙式的布拉邦特人》（*The Spanish Brabanter*）——包含了许多以诚实又现实的阿姆斯特丹人为原型的可爱人物，他们经常取笑、作弄南方贵族装模作样的文雅。来自布拉邦特贵族世家的花花公子耶罗利莫（Jerolimo）衣着光鲜，但实际上一文不名，他呼喊："这座城市煊赫荣耀，但这里的人肮脏不已！/ 在布拉邦特，我们的生活讲究精致 / 衣着举止遵循西班牙的风格样式——就像年轻的国王，俗世中的上帝。"但是，外表显然是具有欺骗性的。耶罗利莫曾经一度非常自豪并且善于掩饰自己，他甚至能够欺骗路边精明的妓女，使她们相信他腰缠万贯，但其实反而是看起来落魄潦倒、不声不响的阿姆斯特丹人手里才有真金白银。[1] 马克斯·韦伯（Max Weber）在分析荷兰乞丐后，认为他们具有超凡的禁欲主义，韦伯显然是没能涉及这一点；西蒙·沙玛（Simon Schama）意识到他们的富有使他们窘迫——在某种意义上是因为他们没有去夸耀他们的财富——这一情况更加接近事实。[2] 要求公众保持一贯的谦虚行为，以表明他们在个人生活中不是高风险承担者，也不是对金钱漫不经心，这让他们看上去可靠、值得信赖，这反过来又有助于建立他们的信誉。

同样，科学家也是在必要的时候寻求"信用"的一群人。布鲁

---

[1] Bredero, *Spanish Brabanter*, 47, 78.
[2] Schama, *Embarrassment of Riches*. 但是据说几乎不存在荷兰人因为财富而为难的事实。

诺·拉图尔（Bruno Latour）和史蒂夫·伍尔加（Steve Woolgar）讨论了科学家的某种信用意识成为一种可以用于交换的商品的过程。这些发现引导他们如此评论："科学的投资不存在最终目的，它只是对各种累积的资源进行持续的重新部署。在这种意义上，我们把科学家的信誉（credibility）比作资本的一种循环。"因此，他们试图以近代科学兴起的观点展现可信性被"物质化"为知识的过程。[1] 用同样的方法，帕梅拉·史密斯（Pamela Smith）认为近代早期的炼金师和探险家约翰·约阿希姆·贝歇尔（Johann Joachim Becher）把符号转变成了货币，最重要的就是信用（Kredit）的使用，它通常可以通过不同的甚至是冲突的方式作为贵族荣耀或者金融声誉的一个条件。此外，贝歇尔似乎意识到消费再生的"悖论"包含了深刻的炼金分析。[2] 史蒂文·夏平则持有不同的观点。他试图淡化信用的本质，认为它只是一种信任，这种信任取决于社会权威。他认为，能够拥有足够的权威来仲裁近代早期主张自然知识的人只能是绅士。[3] 其他人，比如王室成员，则是真相的仲裁人。[4] 但是在荷兰，至少绅士、贵族以及王室成员在他们的行为方面存在易变的坏名声。他们可能觉得能够清偿债务是一种荣耀，但同时又觉得金融债务不太一样，似乎无须承担相同的责任。

此外，承诺不仅基于个人信任，还可以通过强制手段保证各种强有力的仪式得到增强。换句话说，它们根源于合同的效力。合同——承诺以一样东西来交换另一样东西的书面协议，用公证人和律师更为精准的语言来说，对不履行或者不服从的行为实行强制处罚——成为低地国家的社会根基。除了对土地投资之外，对企业的投资尤其取决于习俗，需要依赖书面的以及可执行的协议来支撑承诺。例如，哈布斯堡王朝皇帝查理五世颁布的《1540年永久敕令》（*The Perpetual*

---

[1] Latour and Woolgar, *Laboratory Life*, 192, 198, 240.
[2] Smith, *Business of Alchemy*, 20–22, 25, 28, 101–2, 131–140.
[3] Shapin, *Social History of Truth*. 更普遍性的思考，参见 O'Neill, *Question of Trust*。
[4] 详见 Biagioli, *Galileo Courtier*。

Edict of 1540），不仅提到了检查异端邪说，也提及了必要的良好秩序以及公平正直等，例如，如何防止人们逃避他们的债权人。赖账潜逃将被视为盗窃，帮助或者教唆这些逃亡者的人（如当事人妻子）将对这些债务负责，但是如果一旦盗贼被抓住，他们将被集中审讯并被处以绞刑。这份敕令还允许支付债务的利息，但是禁止垄断，因为这会威胁到自由签订合同的企业赚钱的能力。[1] 所有经济活动，包括合作事业如贸易企业，只有当"财产权"通过这些方法从不动产（例如，土地、建筑）中被分离出来，通过法律细化以及地区和国家机构执行后才能繁荣起来。[2] 到了 16 世纪 70 年代，在低地国家，合同规定的义务深深地植入了城市几乎全部的社会关系中。荷兰八十年战争也经常被描述为破坏契约的行为——据说国王的行为没有考虑契约章程约定的自古就有的自由。同样，甚至神圣关系也可以这样看，在此期间经历的是从有关七宗罪的古老思想向对十诫（Ten Commandments）的一系列新焦虑的转变，但是"圣约神学"（covenant theology）发展了一个理论，认为上帝和人类通过彼此的承诺和义务联系在一起——这个理论早已存在，即便直到 17 世纪 40 年代莱顿的神学教授约翰内斯·科齐乌斯（Johannes Cocceius）才给予它最明晰的定义。[3]

　　据说整个商业体系也同样依赖于一种类似宗教期望的东西，希望未来会更好。当然，它并不是源于死后被带到永恒的天国的期望，而是期望在时间上存在一个"世俗"的未来（例如年纪）。大多数有关时间变迁观念的历史讨论都集中在对其一致性的认识发展上。尤其著名的是机械计时装置的发明传播了"时间是一致的"这样的观点。其意义在于，时间变迁，例如四季、人的年龄、和平或者战争，以及某一时段内紧张或者喜悦，都与人的感觉一致。然而机械钟的运行是稳定的、不变的（除了机械故障），将一天均分为数小时。现在，白天或

---

[1] Wessels, *Roman–Dutch Law*, 218–219.
[2] 详见 North and Thomas, *Rise of the Western World*, esp. 132–145。
[3] Bossy, "Moral Arithmetic."

者黑夜的变化是根据时刻来衡量的，而不是根据天色判断。不久，时钟就出现在市政厅以及其他市政建筑的塔楼上，鸣钟计时使得商业以及其他大规模人群的活动更加条理化——至少从 14 世纪开始，低地国家的工人就常常抱怨"必须按照时钟显示的时间工作"[1]。到了伽利略（Galileo Galilei）和笛卡尔的时代，无论是自然哲学家还是音乐家都理所当然地接受了时间的一致性，根据有规律的钟声计时。[2] 就像诺贝特·埃利亚斯（Norbert Elias）所说，"脱胎于'社会时间'这个母体的'物理时间'，其出现的意义几乎没有得到重视"[3]。在同一时期，有关时间和人类生活的另一种关系的认识也得到了发展：新的使用时间的方法能够带来物质商品。资本主义经济不仅关注迅速流逝的时间，也关注时间使工作更有规律和条理。荷兰的金融王国也依赖能够延伸时间的新的商业方法：长期的规划安排，需要个人承诺在未来约定好的某个时间能够正常运作，即被专门称为类似'投资'的某种东西。确实，就同经济史学家所指出的，"资本的本质是时间"[4]。商业的繁荣建立在世俗化之上。

在信用与合同的世界中，根据承诺的结果诚实地生活，是信誉的一个重要标志；这种生活的特征之一与言谈的准确性有关。律师和公证人必须使用各自的行话，对了解这些语言的人而言，这能带来更多的精确性。再者，与欧洲上层阶级的差异也同样明显：贵族和妇女在吩咐比他们地位低的人时可能直截了当，讲得比较清楚，但当他们与自己地位相同或比自己地位高的人交谈时，以及在各种复杂的关系中，则可能使用暗示性以及隐喻性的文雅言辞。然而，在商业中，清晰真实一直是可信的标志。一个人为了建立信誉，精准而朴素的言辞或者"坦率"是十分受欢迎的。如果说低地国家的商业世界非常注重直言直

---

[1] Landes, *Revolution in Time*, 72–76.
[2] 关于音乐测时法，参见 Gouk, *Music*, 202–204。
[3] Elias, *Time*, 115. 同时参见 Iliffe, "Masculine Birth of Time."
[4] North and Thomas, *Rise of the Western World*, 139.

语的话，那么新科学同样如此。在当时，直白的语言对于描述性的表达和分析都非常重要。例如，内科医生柯奈利斯·庞德谷在他的书中介绍了饮茶的好处，并有这样的体会："我习惯于花费更多的精力关注这个话题，关注我所说的真相，而不是关注词语的选择以及修辞形式；既然用来衡量说与写的唯一标准是便于理解，既然我能够很好地表达我自己，那我相信我的口才已经足够好。"[1] 之前的历史学家们一直试图从清教徒式的说教布道中寻找这种新哲学的起源。[2] 从那时起，新哲学开始与"虚拟见证"（virtual witnessing）的修辞技巧密切相关，"虚拟见证"也标志着新哲学的出现。[3] 但是，还没有人深入探讨过城市商业鼓励坦率直白的言谈方式。

简言之，商人与我们现在可能称之为科学家的一群人分享了很多价值观，包括旅行游学、探访新事物、交换、可公度性、信誉、世俗活动中所蕴含的对未来物质世界的期待，以及对直白又精准的语言的偏爱。总的来说，在科学和商业共有的价值观中存在一种特定的有趣的约束关系，即倾向于客观知识与建立在撷取对象信息基础上的总论。交换价值建立在热情和计算之上，突出强调了理解物体甚至是活着的生物的特定方式。当这些价值观开始转向自然哲学史，诸如近代科学之类的东西就浮现了。

商人的国度

率先在安特卫普等地流行的现代商业方法成为 16 世纪晚期低地地区北方各省新的民族国家兴起的基础之一。荷兰八十年战争期间，战争彻底摧毁了南方各省，西北欧商业贸易中心从安特卫普向北转移到

---

[1] Bontekoe, *Thee*, 127.
[2] Jones, *Ancients and Moderns*.
[3] Shapin, "House of Experiment."

了米德尔堡、代尔夫特、鹿特丹、恩克赫伊森，尤其是阿姆斯特丹。[1]像其他北方城市一样，来自安特卫普和其他南方城市的难民们给阿姆斯特丹带来了财富和知识。在 16 世纪 80 年代中期，七省联合共和国建立，北方七省结成紧密同盟对抗哈布斯堡家族的不合理征税，富有的城市商人携带他们的资本以及掌握的全球贸易信息，成群结队地涌到了尼德兰北部寻求庇护，同时带来的还有各自的政治观点和期望、社会价值观以及商业技能，某种程度上使荷兰共和国成为 "最早的现代经济" 中心。[2]例如，阿姆斯特丹的商业团体数量，在 1585—1620 年间增长了 3 倍（约从 500 个增加至 1500 个），仅仅是来自安特卫普的难民们带来的城市资本就增长了大约 50%。[3]许多移民对组织前往波罗的海地区以及黎凡特开展贸易富有经验，有少部分人去过西非和加勒比海地区冒险，甚至有些移民的贸易范围远至俄国（Muscovy），满载着银、香料、丝绸、地中海商品、鲱鱼、葡萄酒以及盐的船只一路往北绕过挪威直到阿尔汉格尔斯克（Archangel），返航的船只则装载了皮毛、鱼子酱、大黄以及其他名贵商品，其中很多来自中亚。[4]之前的安特卫普人也把炼制蔗糖的技术带到了荷兰城市，特别是阿姆斯特丹。[5]随着他们的集体介入，葡萄牙的香料经由阿姆斯特丹转运到欧洲其他地区，这一事业在 1594—1597 年间得到了极大的扩张，阿姆斯特丹事实上控制了整个欧洲殖民地产品的贸易。[6]

联省共和国或多或少由城市商人寡头集团控制，在当时的专制民族国家中，这是最大的例外。总的来说，这个国家既不存在一个

---

[1] 详见 De Vries and Van der Woude, *Nederland, 1500–1815*（后被编辑并翻译为 De Vries and Van der Woude, *First Modern Economy*），以及 Israel, *Dutch Primacy*。关于城市专业化，参见 Lesger, "Intraregional Trade and the Port System in Holland, 1400–1700."
[2] De Vries, "On the Modernity of the Dutch Republic"; De Vries and Van der Woude, *First Modern Economy*.
[3] Gelderboom and Jonker, "Completing a Financial Revolution," 20. 需要指出的是，这一地区的其他商业城市，如汉堡、科隆、伦敦、鲁昂以及拉罗歇尔，与阿姆斯特丹一样，都极大地受益于从安特卫普离开的大批难民。
[4] Israel, *Dutch Primacy*, 43–48.
[5] Deerr, *History of Sugar*, 453.
[6] Israel, *Dutch Republic*, 319.

强有力的中央政府，也没有强权的君主，更没有强大的行政机构，甚至没有一个发展成熟的集体国家意识。[1] 在这里，既没有国家最高法院，也没有统一的国家财政，七省中每一个省份都有自己的各级法院和财政制度，各省按一定比例将财政收入上缴联省共和国财政。国家主权因此保留在各省的不同群体中，尤其是各个城市的重要人物手中，他们各自运用各种手段攫取权力，并且时刻关注其他人。来自各利益阶层的代表密切关注彼此的活动，因此行政机构并不庞大，他们始终服务于所属的办公部门。因此这些外来居民中最具有影响力的是大商人以及他们的妻子。如果同时担任政界职务，他们就被称为摄政（regenten）。他们通常把政体看成一个大家庭，在这个家庭中，父亲和母亲有责任照顾那些难以照顾自己的家庭成员，他们在政府任职（男性）或者在慈善机构（女性摄政通常负责的机构，机构成员也主要为女性）担任职务。[2] 因此，无论摄政拥有何种权力，其来源并不是个人，而是在会议或者委员会中的集体。这种极其复杂的政治制度之所以能够运转，唯一的原因就是它像商业一样，利益是可以协商的，因为最终他们会发现有些利益是可以共享的。

与联省共和国的人关联最紧密的利益是被称为国债的经济魔法。这种形式的债务最明确地体现了荷兰的集体自信，国债被用来支付保护这个国家所需的军队、武器、防御工事、船只等，但它同时也与每一个人紧密联系，即使个人对这个信用和利息制度的贡献极其微小。或者换个说法，群体生活的特定部分依赖于集体共同财产的投入，用以消除和解决社会问题、降低集体风险，从而使盈利活动更加安全并降低其成本。新式战争要求在造船、防御工事、枪炮、军火弹药等方

---

[1] 这里我选择了极具说服力的材料，即 't Hart, *Making of a Bourgeois State*, esp. 187–215, 以及 't Hart, "Freedom and Restrictions,"。作者强调了荷兰政府分权化的特点而不是其"强硬"的特征。后一观点参见 Schama, *Embarrassment of Riches*, 以及 Israel, *Dutch Primacy*。同时参见 Glete, *War and the State*, 140–173, 认为荷兰政府的权力在于其维持"复杂组织"的能力的观点，参见 Lachmann, *Capitalists*, 158–170。

[2] Bonfield, "Affective Families"；MacFarlane, *Culture of Capitalism*；Haks, "Family Structure"；Demaitre, "Domesticity."

面投入昂贵的新技术，同时要求正规军进行无休止的操练以能够使用新式武器，这些都需要大量金钱。[1] 源于荷兰联省共和国这种特定形式的财政制度不仅能维持国家防御，还能促进荷兰繁荣。[2] 城市、省份甚至整个共和国得以用现金来支付必要的开支，这些现金主要来自低息借贷。并且贷款能以税收的形式进行长期的分期支付，每期需支付的数额较小但支付时间比较规律。

不仅大商人，连小投资者也参与到了将财富转给国家以换取稳定收入的方式之中。事实上，几乎每个有点小钱的人都能将钱贷给政府以换取有保障的、长期的收入（这种收入风险较低，其收益也低于商业投资）。许多贷款都以年金的方式偿还，部分贷款的偿还期限可能是出借人的一生，其他则按固定的年份持续偿还，并且这种借贷能够被继承或者出售，其结果是，这些交易工具开始在二级市场上逐步发展。[3]（大众彩票以及年金的计算由摄政负责并且取决于公共财政，还为数学概率论的发展奠定了基础。[4]）在贷款期间，出借人也能投资社会资本，看好并且支持国家的偿付能力。由于很多人都以这种方式投资社会和金融资本，并且直接受益于国家偿付，因此，在生活上，他们也能接受相对于欧洲其他国家来说更高的税收——虽然有牢骚，但是不会反对——因为他们觉得收益还是高于成本。由于借贷的偿还方式是通过税收的分期小额支付，同时税收尤其是消费税的来源又比较多样化，国家得以避免债务危机及拖欠，从而防止其君主制政府受到威胁。通过个人信用可以获得稳定收入，这样的经验让国家管理者在财政政策的制定和实施上信心倍增，这意味着他们随后能够以较低的利息借款，平均利率大概只有 4%。这个利率比西班牙国王的税率低了好几倍。虽然工资水平在 17 世纪上半叶保持稳定，但是人均收入实际

---

[1] Roberts, *Military Revolution*; Oestreich, *Neostoicism*, 76–89; Parker, *Military Revolution*; 't Hart, *Making of a Bourgeois State*, 34–39. 此外，关于另一种见解，参见 Black, *Military Revolution?*
[2] Tracy, *Financial Revolution*.
[3] Hunt and Murray, *History of Business*, 208.
[4] Hacking, *Emergence of Probability*, 92–98, 111–118.

上得到了真正的增长，因为这部分收入并非来源于雇佣劳动，而是来源于投资，商业利润中很可观的一部分需要从风险投资中撤出来，投入更为安全的政府国债中去，这对许多个人小投资者是比较有利的。[1] 因此，荷兰八十年战争成功的秘密在于广泛分担、合理处理国家债务。

当然极少有人能免于被征税。甚至是资本家，也同样被征税：1621年在荷兰对土地、房屋、债权、庄园、杂项以及办公室开征了某种临时税，物权总值超过 2000 荷兰盾的产业所有者则被称为"资本家"［1625 年，出现了"准资本家"（half-capitalists），其财产为 1000 荷兰盾］。[2] 税收来源稳定也意味着人们对国家财政收入的预期逐年提高，这也为各方提供了协商的要点，有助于起草国家预算草案。所有这些都意味着共和国财政的稳定性得到了认可，允许互相竞争的各群体达成协议，结为联盟，这得以让一个相对弱小的国家尽可能地调动资源对抗强大的西班牙以及之后的法国。在一个充满着制约和平衡的、管理得当的政体中，通过鼓励追求个人财富，统治者能够在保证他们集体安全的同时，享受奢侈的物质生活。金融和政治形成的联盟体现在集体的价值观。这就是后来亚当·斯密（Adam Smith）所说的"国民财富"。

到了 17 世纪 30 年代，荷兰商人事实上已经建立了一个国家，类似一个极具扩张性的商业公司——"共和国公司"（Republic, Inc.）。他们把各种商业金融和国家政策结合在一起，因此某种程度上得以挤进世界各地最重要的商业市场中，甚至能够垄断绝大部分的亚洲贸易——从原产地到市场。他们得以建立政权并发动战争，得以产生能够获得最大商业利益的工具——荷兰东印度公司（Verenigde Oostindische Compagnie，即 VOC，或简称为"公司"）。荷兰东印度公司是世界历

---

[1] De Vries, *Dutch Rural Economy*; Zanden, "Economic Growth in the Golden Age"; Soltow and Zanden, *Income and Wealth Inequality*.
[2] 't Hart, *Making of a Bourgeois State,* 122–123.

史上首次出现的合作方式。[1] 在早期前往亚洲的航行中，荷兰人面对已经有其他国家商人长期掌控的贸易时万分无力。此前一个世纪，葡萄牙人强行打破了地区早已建立的关系，并且与其他人合作，从亚洲区域内贸易中获利。[2] 起初，荷兰人试图避开更为强大的葡萄牙舰队，这些舰队往往从好望角出发向东北方前进，直达他们在果阿（Goa）的贸易与航路中心。荷兰人因此向南航行，不经印度次大陆，直接前往东南亚群岛。他们也必须避开葡萄牙人控制的马六甲。马六甲扼守马六甲海峡，为来自东、西亚洲不同肤色、不同种族的人群来此进行交易提供了一个基地。

荷兰人必须进入的区域主要是遍布整个东南亚的沿海城市。形形色色的种族、拥有复杂文化的人群聚居于此。在这里，他们通常遵循"爪哇人"的规则，无论这些"爪哇人"来自哪个岛屿。大多数当地人都是商业上的老手，根据贸易所得财富划定社会等级，拥有奴隶，经常按照伊斯兰教义进行宗教活动，在商业交流中使用马来语，建造大型商船（与中国船只有关的词语，指中国帆船"junk"，这个词语源自爪哇语"jong"，至少可以追溯到 9 世纪），并有按需生产物品的熟练工艺技术。在内陆地区，通常是有茂密森林覆盖的岛屿内陆山区，分布着一些由充满魅力的领导人统治的小国家，这些统治者通常信奉印度教或佛教。香料贸易是亚洲区域内贸易的基础，许多国家的财富和权力也都依赖亚洲区域内的贸易。从地理上讲，最关键的地区临近巽他海峡（Sunda Straits），即苏门答腊岛和爪哇之间的通道。来往于中国和南亚之间以及香料群岛和西部的印度、锡兰、阿拉伯、非洲和欧洲等地的大部分航运必须通过巽他海峡。印度本身消费的香料与欧洲一样多，是东南亚地区生产香料总量的两倍，中国消费的胡椒大概

---

[1] 有经济史学家认为，荷兰东印度公司以及后来类似的贸易公司都具有"独特的西方性"，虽然这些学者也认为这些公司在金融及财政上给予欧洲经济上较大的影响，使得欧洲的经济发展超过亚洲，但这种影响的重要作用也仅持续了数个世纪，参见 Pomeranz, *Great Divergence*, 198。
[2] Subrahmanyam and Thomaz, "Evolution of Empire." 相关的最新叙述，参见 Corn, *Scents of Eden*, 3–106, 以及 Keay, *Spice Route*。

占苏门答腊以及亚洲其他地区产量总和的四分之三。[1]作为交换，来自印度次大陆的棉纺织品和银饰珠宝，来自中国的丝绸和其他奢侈品等流入东南亚群岛。[2]

在荷兰人最初的冒险活动中，荷兰商人和船长依靠公平的贸易行为以及良好的政治关系，获得他们想要的香料。当荷兰人第一次来到该地区时，他们经常被视为葡萄牙人的竞争者和对抗者，因而受到当地人的欢迎。因此，许多当地的王子抓住机会，试图利用一个欧洲集团来对抗另一个集团，以此获得自己的利益和权力。例如，当亚齐（苏门答腊岛北部）王子于1600年向所在地区的葡萄牙人宣战时，他成功地寻求并利用了荷兰作为盟友。

然而，在16世纪90年代末最初成功的贸易活动之后，组织方面存在的各种问题也开始暴露。由于每一次航行的合作伙伴都不同，因此在亚洲，每一支荷兰船队都彼此竞争，不管对手是否是他的同胞。这些临时成立的公司按照惯例合同安排行事：合作伙伴投资某一次或一组航行，当船舶返回、货物销售后获得投资回报，然后可以自行决定是否终止投资关系还是继续投资下一次活动。在印度群岛，每一家公司都必须参与竞标来获得产品（增加投资成本），而返回欧洲后，每一个公司又必须以比对方更低的价格出售产品（减少收入），由此导致的结果是投资者的回报也相应减少。此外，公司之间的对抗使得处于竞争关系中的商人和船长很难协调他们的力量来应对共同的威胁。因此，一个针对东方贸易的单一管理体系能带来新的优势，不仅可以提升贸易公司利润，而且使公司有足够的军事力量直接应付葡萄牙。因此，共和国的大议长（States General）强烈推动各从事东方贸易的公司彼此谈判以达成一个共同的策略。1600—1602年，在荷兰联省共和国大议长约翰·范·奥尔登巴内费尔特（Johan van Oldenbarnevelt）的密

---

[1] Pearson, *Spices*, xxiii.
[2] 有关中国商人的记载，参见 Gungwu, "Merchants."

切关注下，荷兰执政莫里斯亲王（Prince Maurits）亲自干预，各方进行了数轮紧张的讨论，荷兰东印度公司最终于1602年3月成立。此前从事东方贸易的各公司转变为各自总部所在城市（阿姆斯特丹、米德尔堡、霍恩、恩克赫伊森、代尔夫特和鹿特丹）的"商会"。每一个商会可以推举一定名额的代表成为董事会成员，他们被称为"十七绅士"或"十七人董事会"（Heren XVII）。与其他荷兰机构一样，最大的阿姆斯特丹商会拥有8名董事，在董事会中起主导作用，但是没有多数投票权。荷兰东印度公司的职员必须宣誓效忠于大议长，并承诺随时向联省共和国通报亚洲发生的事件。在紧急战时状态，他们必须以极为优厚的条件向共和国输送资金、船只、人力和设备。作为回报，他们在好望角以东被赋予了缔结条约、修筑军事设施、征召士兵以及其他类似一个主权国家行为的权力。[1]荷兰东印度公司因此成为荷兰一个以盈利为导向的半独立的国家机构。

随着荷兰东印度公司的建立，荷兰人拥有了在亚洲同心协力应对事件的能力，同时可以更有效地独立行动。[2]1603年12月，荷兰东印度公司派出了一支由10艘全副武装的船只组成的舰队，试图攻击葡萄牙在莫桑比克和果阿的城堡，但是此次行动未能成功，之后荷兰人又几次远征葡萄牙在印度或马六甲的权力中心，但仍以失败告终。因此，十七人董事会重新制定了他们的努力方向，放弃直接攻击葡萄牙主要据点，而是试图将香料生产地掌握在自己手中。1605年，荷兰东印度公司的一支舰队占领了安汶岛上的葡萄牙城堡。这座城堡是葡萄牙人建造用来防御特尔纳特（Ternate）苏丹的攻击劫掠以巩固自身地位的。16世纪时，安汶岛上曾大规模种植丁香，当地的种植者用丁香交换大米、纺织品、乐器、金银珠宝以及其他进口商品。然而，葡萄牙人试图将这种贸易全部控制在自己手里，引发了他们与岛上大多数岛

---

[1] 有关荷兰东印度公司早期的法律框架，参见 Wessels, *Roman–Dutch Law*, 227–228。
[2] 更多内容，参见 Gaastra, *Geschiedenis van de VOC*, 以及 Zandvliet, *Dutch Encounter*。

民之间的争端，岛上越来越多的本地居民转为皈依伊斯兰教从而反对信奉天主教的葡萄牙人和当地少数民族（Uli Siva）。因此当1605年史蒂文·范·德·哈根（Steven van der Hagen）率领一支舰队到达安汶岛时，荷兰人受到了当地大多数岛民的欢迎。当地人认为荷兰人是葡萄牙人的敌人，他们威胁葡萄牙人要发动一场血腥暴动，以此来支持荷兰人袭击要塞。受此威胁，葡萄牙总督一枪未发就交出了城堡，连同城堡中的83门大炮以及600名驻军，这也意味着葡萄牙人对丁香贸易有效控制权的终结。荷兰人将这个葡萄牙城堡改名为维多利亚堡（Fort Victoria）。1607年，荷兰人与特尔纳特岛上的相关政权签订了丁香垄断合同，作为交换，荷兰人将保护这些国家对抗其他欧洲势力。

葡萄牙人在维多利亚堡投降的同年，另一艘帆船到达受葡萄牙影响较小的印度东海岸（科罗曼德尔），这标志着荷兰东印度公司开始直接与印度次大陆开展贸易。荷兰东印度公司在该地区业务的指挥中心位于布利格德市（Pulicat）的赫尔德里亚堡（Fort Geldria）。印度西部（马拉巴尔）海岸的贸易多年来一直被葡萄牙人封锁，但是在1616年，彼得·范·登·布勒克（Pieter van den Broecke）成功获得了莫卧儿帝国给予的特权，荷兰东印度公司被允许在苏拉特开展活动。1624年，公司从苏拉特进入波斯，在阿巴斯港（Gamron, Bandar Abbas）建立了商馆，从而进入了黎凡特贸易（Levantine trade）的南方部分。大约在同一时间，荷兰人在红海入口处的莫卡（Mocca）设立了贸易站，在从苏拉特到莫卡这块"西部区域"（western quarter）完成了公司港口群的建设。[1] 英国人分别于1611年和1616年在马苏利帕特南（Masulipatnam）和阿尔马冈（Armagon）建立商馆，丹麦东印度公司（Danish East India Company）于1616年在特兰奎巴（Tranquebar）和塞兰坡（Serampore）建立商馆，但这并没有对荷兰人造成直接威胁。[2]

---

[1] Terpstra, *Opkomst der westerkwartieren*.
[2] Gøbel, "Danish Companies."

荷兰东印度公司在科罗曼德尔海岸以及西部区域的活动为其提供了棉纺织品以及其他能够在亚洲内部用来交换香料和其他商品的货物。控制大规模的亚洲内部海上贸易成为荷兰东印度公司长期盈利的关键所在。为了获得产量极其丰裕的日本白银,荷兰东印度公司还于1609年在日本建立了一个商馆,与葡萄牙人和西班牙人展开直接竞争。[1]

荷兰东印度公司早期的成功很大程度得益于它的内部组织——这在当时是独一无二的,给予了它能够执行中长期规划的新能力。作为一家股份制公司,与合伙企业和受监管的公司相比,它最不寻常之处在于,荷兰东印度公司积累了一个永久性的基金来负担其运营费用。[2] 也就是说,投资一艘船或者一次航行的资金在航程完成后不再连本带利地偿付。相反,人们对公司的各商会进行投资,投资人根据投资的金额获得公司相应比例的股份。在国家议会的支持下,十七人董事会在获得收益后并不直接给投资者分红,而是将收益重新投资到公司中来建立资本储备,以便在荷兰和亚洲建造各种设施,为军事行动提供资金资助以及保障贸易的持续进行。直到1610年,股东才获得股息,其股息税后被确定为75%,不过是以豆蔻这种实物形式折算;其他实物支付也陆续发放,1612年,股东还得到了一些以现金支付的股息。在极少数情况下,公司会进行账目结算,给股东一个变现退出的机会。但是,除了原始投资者以外,很少有人能够获得新的股份,这意味着,当原始投资者出售股份时,其价格往往很高,因此几乎所有的荷兰东印度公司的成员都会继续投资公司以换取股息。公司最大的投资者一般也是各商会的管理者,并能够当选为十七人董事会中的一员。与此同时,许多其他投资者也在各省市或国家议会任职,将商业和政治权力结合在一起。换句话说,这也许是历史上第一次出现特许贸易公司,

---

[1] 日本商馆的建立有赖于著名的威廉·亚当斯,他是一位为荷兰东印度公司服务的英国领航员,后来成为将军最信赖的随从之一。相关内容参见 Milton, *Samurai William*。
[2] 本节和下一节的内容,详见 Bruijn et al., *Dutch–Asiatic Shipping*, 5-11, 以及 Gelderboom and Jonker, "Completing a Financial Revolution."

保证了董事们有能力积累长期资本以及建造他们认为有必要的相关的物质基础设施，同时通过其他商业与民事活动相结合，荷兰东印度公司的投资者能够通过共和国来实现他们的利益。在公司内部，各类信息被搜集、汇总给委员会，用于评估当前的形势和将来的活动。伴随协调管理和不断增加的人力、物力资源，十七人董事会抓住机会同国家协商，雄心勃勃地制定公司的扩张计划。

当然，这并不是一件容易的事：十七人董事会必须规划每年派出船只的建造、装配、食物供应和人员配备等，出售返航船只运回荷兰的货物，统筹在东方的商馆的各种需求，包括人力、武器、防御设施、船只、商人以及公司职员等。在公司的平底宽腹船穿过变化无常的咆哮海风之时，他们必须根据为期两年的周期来制订计划：装配好一艘完工的商船并把它送到它的亚洲目的地需要将近一年的高强度劳动，还需要另外近一年的时间在亚洲适当的地方装载货物再返回荷兰；建造新的船只和其他必要设施则需要提前更长的时间制订计划。正式信函和其他文件可能会缩短返程时间——不到一年时间——因为它们能够以最快的方式传递，但一旦了解东方的事态发展后，召集必要的人员和资源做出反应，并将其运送到目的地，通常又需要数年令人筋疲力尽的工作。[1] 为了顺利开展如此复杂的业务，当地各个商会的管理者必须定期会面，他们的代表——十七人董事会轮流在某个商会举办会议讨论协调他们的活动，这样的会议每年会举行 3 次。最初，十七人董事会由阿姆斯特丹商会的秘书协助，1614 年后公司安排了一名常设顾问（advocaat）进行协助，1621 年后顾问人数增加到两名；1606 年后，各商会又任命了一些常设委员会。在亚洲，从 1609 年开始，十七人董事会任命了一位总督执行他们的指令并管理日常事务，同时，又成立了一个地方委员会给总督提供帮助和咨询。[2]

---

[1] Leupe, "Letter Transport Overland."
[2] 有关英国东印度公司在亚洲和欧洲之间的信息编纂和传播方法，参见 Ogborn, "Streynsham Master."

这种商业模式很快固定成形。一年当中的主要会议在船只从亚洲返回后的秋季举行，并持续3—4周。在这次会议上，十七人董事会决定下一季前往亚洲船只的装备、运往亚洲购买商品的贵金属数量、所需要的亚洲商品以及拍卖进口商品以获得最高价格的方式。春季，十七人董事会根据上次拍卖的结果制订财务计划。夏季的会议则审查来自亚洲的信件，起草十七人董事会提出的冗长的指令。这些指令将随第一批船只前往亚洲。在每次会议上，董事们还会核检每个商会的财务状况。每个商会也需要承担建造其所使用的船只的任务。商会的船坞，特别是阿姆斯特丹的船厂，成了建造、维修以及装配各类型船只的场所。其中最大的是一种被称为东印度人（East Indiamen）的船只，专门设计为回程船（retourship），即在公海上航行、多次往返东印度群岛的船只：这种船很高，有方形的船尾，船体宽敞，能够携带大炮，类似于共和国的舰队，但航速没有战舰那么快，也没有全副武装。其他更小型的船最初只服务于亚洲区域内的贸易，但数年之后也用于荷兰和亚洲之间的往返服务，然而有些船只则仅仅为服务于亚洲区域的贸易而建造。[1]

在荷兰，十七人董事会也会估算他们手头的货物，记录当前以及预测的价格，安排在亚洲的商人订购新的货物。从现代的视角看，通常被认为仅能用于烹饪的香料是最引人注目的。1617年的一单订购记录显示了用于医药的进口数量：

胡椒，7—100万"包"（袋子；用于医药和烹饪）
丁香，"越多越好"（用于医药和烹饪）
肉豆蔻仁，1000"桶"（用于医药和烹饪）
干肉豆蔻衣，300桶（bhaar；用于医药和烹饪）
荜拨（long pepper，长胡椒），5000磅（用于医药和烹饪）

---

[1]　Bruijn et al., *Dutch–Asiatic Shipping*, 11–55.

高良姜（galleguen；一种具有姜辣味的根茎；用于医药和烹饪），6000磅

姜和肉桂，"空间允许的话越多越好"（用于医药和烹饪）

沉香（一种有香味的树脂），最好的品种6000磅（用于医药和烹饪）

印度橡胶（gommelack），3万磅

婆罗洲樟脑，6000磅（用于医药和烹饪）

土茯苓（一种药物），3万磅，但"新鲜无味"

安息香（benjamn，药用），所能找到的最好品种2万磅

麝香，"0"

龙血竭（苏门答腊岛以及邻近地区所产的一种古树上的红色树脂，通常被用作药物）"无，等待新的订单"

蜡，20万磅

阿勃勒木（肉桂科中价值较低的一种；用于医药和烹饪），3000磅

甘松香（一种产自印度、广受喜爱的油脂，用于医药和烹饪），5000盎司

胡椒（cubebe，另一种长胡椒，用于医药和烹饪），"适量"

生硼砂（用于肥皂、搪瓷和陶瓷），5000磅[1]

当时的另一些订单也显示了对小豆蔻和糖（用于医药和烹饪）、琥珀、靛青以及胃石（取自某种山羊胃里的结石，用于解毒以及治疗其他较为猛烈的疾病）的需求。1622年，荷兰东印度公司拨出了30万荷兰盾的贸易资金，用来购买"科罗曼德尔海岸的布料以及其他各种珍稀物品、医药品以及瓷器"。当然也包括大量其他物品，如药用和烹饪用的草药、根茎、特殊药物以及各种新奇的外来物品。[2]

---

[1] Wittop Koning, *Handel in geneesmiddelen*, 21, 30–31.
[2] Glamann, *Dutch–Asiatic Trade*, 15–22. 引文在第22页。

第二章 信息经济 087

这幅画表示，四个大陆供养着阿姆斯特丹，后者持杖携盾护卫城市

雅各布·范·莫伊尔斯《阿姆斯特丹历史概览》
(Jacob van Meurs, *Historische beschrijvinghe van Amsterdam*)扉页插图，1663年
阿姆斯特丹皇家博物馆允准复制

其他产品在欧洲的销售也逐渐变得重要。1651—1652 年，茶叶（来自日本和中国）开始在拍卖会上出现，1661—1662 年，咖啡（corwa de Mocha）也出现在拍卖会上，大约 1651—1652 年，它们开始被少量地带回欧洲。[1]

茶叶和咖啡最初都是因为其药用价值而被引入各地，直到后来才逐渐成为常见食品，并成为重要的贸易商品。来自科罗曼德尔海岸的盐，来自科罗曼德尔和马拉巴尔海岸的糖和棉纺织品，来自日本的铜，来自波斯、孟加拉和中国的生丝，来自波斯等地的毛毯以及来自中国的精美瓷器，都在荷兰东印度公司的贸易中扮演着重要角色，但它们都没有被公司垄断。这些进口商品带来的财富可以从英国海军部一位官员的日记中看出些许端倪。第二次英荷战争期间，这位英国官员登上了一艘被俘的荷兰东印度公司船只。1665 年 11 月 16 日，塞缪尔·佩皮斯（Samuel Pepys）写道，布龙克尔勋爵（Lord Brouncker）和埃德蒙·普利爵士（Sir Edmond Pooly）"把我带到了这艘荷兰东印度公司的船上，我看到了世界上最多的财富，乱七八糟地堆叠在那里——胡椒满地散落，让人根本没有立足之处；所有的房间里都堆满了丁香和肉豆蔻仁，我不得不跪着走；成捆的丝绸以及一箱箱的铜版，其中有一箱我看到已经被打开了"。佩皮斯只注意到还存放在船上的主要物品，然而银器、珠宝和其他价值最高的物品早已被转移走。即便如此，这仍然是"我一生中所见过的最令人叹为观止的景象"[2]。另一艘1697 年的荷属东印度船只所载货物清单如下：货舱底部放了 400 箱日本铜，134 件暹罗锡器，25 吨苏木，580281 磅黑胡椒，1400 包硝石；在这之上是包装好的"蜜糖姜、肉豆蔻仁、丁香、小豆蔻、人参、白胡椒、安息香、棉布、棉纱、生丝、药品、各种纺织品，包括孟加拉、波斯和中国的丝绸、肉桂、靛青、麝猫香、茶叶和两小箱燕窝（用于

---

[1] Glamann, *Dutch–Asiatic Trade*, 18. 关于咖啡，参见 Bulbeck et al., *Southeast Asian Exports*, 142–178.
[2] Latham and Matthews, *Diary of Pepys*, 6 : 300.

炖汤）。[1] 最近一项权威估算表明，自17世纪20年代起，经由好望角的海上航运（大多数属于荷兰东印度公司）几乎完全削弱了陆上贸易。[2]

利己的智慧

商业世界固有的价值观被当代人明确而自觉地认为是新科学的根源。其中最有思想的分析来自卡斯帕·巴莱乌斯（Casparus Barlaeus），他被誉为他那个时代最聪明的人之一。1632年初，他在阿姆斯特丹一所高级学校的落成典礼上发表了就任演说。作为阿姆斯特丹市民自豪感的一个标志，新的"雅典学院"（Athenaeum）除了名字之外，各方面都将成为一所真正的大学，卡斯帕·巴莱乌斯被任命为其最早的两位教授之一。身居新职位，他理所当然赞扬学术。巴莱乌斯也认为探寻智慧对任何一位校长来说都是非常重要的。事实上，这已是老生常谈，科内利斯·彼得森·霍夫特（Cornelis Pietersz. Hooft）作为上一代中最有影响力的、具有自由主义精神的阿姆斯特丹人，他宣称，只有兼具教育和财富的人才能拥有政治权力。[3] 阿姆斯特丹建立雅典学院这一事实清楚地体现了这些价值观的延续。阿姆斯特丹还合并了市里的高级拉丁语学校，从而能提供更高品质的教学。因为在阿姆斯特丹，近20岁的年轻人中约有7%进入大学，打算从事教会、法律、医学或公共事务方面的工作——这在当时的比例很高——在阿姆斯特丹建立新的学校也有实际原因：如果他们在家乡学习就能节省一大笔费用。[4]

正是在充分认识到荷兰世界的物质利益的情况下，巴莱乌斯提出了智慧与商业相结合的想法，并以此庆祝一所新学校的成立。当着荷

---

[1] Parker, *World for a Marketplace*, 57.
[2] De Vries, "Connecting Europe and Asia," 62.
[3] Haitsma Mulier, "Language of Seventeenth-Century Republicanism," 182. 以及更普遍性的研究 Kossmann, *Politieke theorie in Nederland*; Haitsma Mulier, *Myth of Venice*; Gelderen, "Machiavellian Moment and the Dutch Revolt"；以及 Gelderen, *Political Thought*。
[4] Frijhoff, "Amsterdamse Athenaeum," 40–41.

兰共和国这个最富有、最强大的城市的社会、经济和政治领导人的面，他发表了一番讲话。面对曾经也是学校学生的现场观众，他选择了一部耳熟能详的经典作品，即马提亚努斯·卡佩拉（Martianus Capella）的《菲洛罗吉和墨丘里的婚姻》（*Marriage of Mercury and Philology*）为主题并进行新的演绎。在原始版本中，凡人菲洛罗吉——一位通宵读书的年轻女子——通过与商业之神墨丘里（Mercury）的婚姻获得了永生。巴莱乌斯以墨卡图拉（Mercatura，贸易）的活动替代了墨丘里神，以萨皮安提亚（Sapientia，智慧）的努力替代了凡人菲洛罗吉，重新把神话改造为一个隐喻，用来为阿姆斯特丹骄傲的新世界辩护。[1]

尽管如此，巴莱乌斯仍然必须面对一项艰巨的挑战。他试图让其他正在学习的人深信，创造财富不会伤害，反而会增强"头脑的反思"。对那些一生致力于追求学习或研究上帝的人来说，关注世俗，说轻一点是一种分心，往最坏的程度说就是一种犯罪。例如，《新约》的许多段落里提到财富不利于救赎，最著名的要数《马可福音》（*Gospel According to Mark*），其中有如下叙述："骆驼穿过针眼比财主进入天国还容易。"（10：25）一些最著名的古典哲学家也提出了类似的观点。柏拉图《理想国》（*Republic*）的第八卷指出："当一个国家尊重钱财、尊重有钱财的人，善德与善人便不受尊重了。"[2]亚里士多德的《政治学》（*Politics*）对此稍加调和，认为获得财富是家庭管理的一个自然而重要的部分。但对他来说，搜集商品与德行是一致的，商品的搜集活动必须仅限于提供生活必需品，否则财富就会被腐蚀。[3]换句话说，许多最权威的人士在工作（negotium）和闲适（otium）、商务与平静生活、工作和沉思的价值观念上存在分歧。

因此，巴莱乌斯大胆地驳斥了一个常见说法，即商业与美德以及对智慧的追求是对立的。一些博学的荷兰评论家已经朝着两者之间

---

[1] 有关同时代的其他事例，参见 Barlaeus, *Marchand philosophe*, 41–56。
[2] Plato, *Dialogues*, 3: 256.
[3] *Politica* 1.7–13, in Aristotle, *Works*, 1255b–1260b.

调和的方向迈进了一步。例如，德克·沃尔克特茨·科恩赫特（Dirk Volckertsz. Coornhert），一个提倡宗教宽容和自由的人，一个教条主义的批评者，于1580年写了一部荷兰语的对话体作品《商人》（*Coopman*）。在书中，他探讨了一个商人怎样才能像一个好的基督教徒那样生活。他认为，如果追求利益的目的不是为了积累财富，而是为了大众的利益，那么具备德行的商人将有正当的事业或者理由（如慈善事业，或者支持革命）慷慨地放弃他的所得，那么财富和美德得以兼容。[1] 从这个意义上来讲，科恩赫特从根本上采取了一条由归正教会（Reformed church）提出的路线。至于高利贷问题，他们争辩说，只要他们的利润用于慈善事业，公共银行和货币兑换都是被允许的。甚至从技术上讲，虽然牵涉私人借贷的人是被禁止参加圣餐的，但通常也是被容忍的，因为这对于创造财富用以支持与西班牙的斗争是必要的。[2]

但科恩赫特的核心思想里存在一个根本问题。他书中的一位对话者这样说："商人如何做到只寻求财富而不拥有财富？"[3] 也就是说，如果商人只有通过放弃财富才能成为有道德的人，那么他们为什么又要去寻找财富呢？当然，这个问题也是强加给别人的。例如，信奉新教的荷兰官员，同时也是赞成在西印度群岛向西班牙人宣战的威廉·乌塞林克（Willem Usselincx），把荷兰西印度公司（WIC）早期的许多问题归咎于贪婪的商人。他希望人们为了上帝的荣耀，为了对他们共同的敌人西班牙人造成伤害，为了给共和国带来利益，来支持荷兰西印度公司。但最终，他不得不承认，"吸引投资者的原则以及最强

---

[1] 相关分析，参见 Barlaeus, *Marchand philosophe*, 81–90, 在文中塞克雷坦认为斯多葛主义对科恩赫特产生了影响，但在我看来起主导作用的是亚里士多德主义。
[2] De Vries and Van der Woude, *First Modern Economy*, 137. 有关科恩赫特更普遍性的研究，包括他1587年出版的荷兰文的《道德艺术》[*Zedekunst*，这部著作是他对利普修斯《论恒常》(*De constantia*) 的回应，因为后者支持的是个人美德而不是宗教教规]，参见 Israel, *Dutch Republic*, esp. 567; Ten Brink, *Coornhert*; 以及 Hamilton, *Family of Love*, 102–107。
[3] Barlaeus, *Marchand philosophe*, 91–95.

大的诱惑力,是每个人都能为自己创造利润"[1]。因此,甚至对一个牧师来说,当追求私利能够驱使人们努力划桨时,国家之船也将向善而行,即使这与个人救赎没有任何关系。大众的共同利益可能来源于贪得无厌的精神,甚至是像贪婪这种不道德行为的刺激。

但是巴莱乌斯想得更远。为了理解共同利益,他并没有简单地忽略个人过失。当然,大众的利益也有可能来源于个人的努力:努力赚钱事实上可以解决一些严重的问题,例如促使商人把粮食从仓储地运送到可以高价出售的地方,从而解决饥荒问题,这是西塞罗(Cicero)举的一个例子。但是对巴莱乌斯来说,商人维护自己的利益,也能使大众受益,因此无须放弃他的个人财富;商业本身可能是人类最美好的追求之一。其他人也认为存在类似的现象。例如,在法国,一股强大的道德写作新潮流集中关注自爱(amour-propre),认为自爱正是大多数人行为的动机。[2] 同样,荷兰法学家胡果·格劳秀斯(Hugo Grotius)与巴莱乌斯有许多相同观点,他认为法律的本质是自我保护,最基本的权利是自利。他的论点集中在自然法而不是政府的特殊权利(通常被认为得自神法),他的《海洋自由论》(*Mare liberum*, 1609年)——国际法的开山之作,立说于自由贸易之上。这引发了一个来自民间社会的观点,正如理查德·塔克(Richard Tuck)所说,"这是一个个人行使权利或者维护产权的构想",政府仅拥有个体所拥有的权利。[3] 追求这种自利无可厚非,巴莱乌斯也同样暗示这是自然的。他和格劳秀斯一样,也认为自利使人善于交际,通过交往,彼此获得各自所需要的东西。因此,商业也通过相互学习的方式把人聚集在一起。通过登上无所不能、无所不知的上帝为我们每个人所安排的世界舞台,各自的意愿就能够实现。因此,上帝就像一个商人。事实上,如果把

---

[1] 引自 Schmidt, *Innocence Abroad*, 196。有关贪婪被认为是巴西早期问题之原因的分析,参见同书第284页。
[2] Levi, *French Moralists*, 225–233; Keohane, *Philosophy and the State*, 183–202.
[3] 引自 Tuck, "Grotius and Selden," 509; 同时参见 Tuck, "'Modern' Theory of Natural Law," 以及 Tuck, *Philosophy and Government*。

巴莱乌斯的讲话用现代荷兰语翻译出来，他在其中甚至使用了"大代理商"（指一个贸易站的管理人）来指代上帝。[1]

在讨论商业和智慧之间的关系时，巴莱乌斯首先谈到了大众的共同利益。他指出，在这个伟大的时代，学问和财富已经紧密结合在了一起。他还加上个人见解，认为这是阿姆斯特丹的荣耀。[2] 环顾四周，任何人都可以看到一座由港口和码头、运河、船闸和其他水利设施组成的城市，来自世界各地的船队满载着商品，驶向这座城市。随之而来的成就从壮丽大厦的每一个角度以及阿姆斯特丹市民的富裕生活中都可见一斑。此外，这里人们的行为表明他们是谨慎、顺从、谦逊、恭敬和合法的人，总而言之，他们具有所有良好的公共道德。在这个由充满智慧的高贵的领导人管理的城市中，墨丘里和普卢托（Pluto，智慧和财富之神）得以找到家园，在这个商业中心，智慧也得以留存。

在这一部分论述中，巴莱乌斯把关于美德和富丽是如何从学问和世俗活动的结合中产生的论证建立在两条论点上。第一条是既成立场，即积极的生活（vita activa）比冥想的生活（vita contemplativa）更道德。文艺复兴时期意大利城邦的公民人文主义早已将男性公民参与政治、军事和经济事务的义务转变为新的美德（或者更确切点说，Virtú）。[3] 巴莱乌斯毫不费力地将实干家的道德品质转变成商人的道德品质，因为商业与世界上勇敢的行为是如此紧密地联系在一起。巴莱乌斯论点的第二部分借鉴了对历史的新的解释。许多地方的诗人、剧作家和哲学家都声称，现代的物质进步推进了艺术和科学的繁荣，甚至比罗马时期还要伟大。[4] 例如，1576 年，巴黎皇家学院（Collège Royal）[5] 的希腊教授路易斯·勒·卢阿（Louis Le Roy）撰写了一部普世史，指出

---

[1] Barlaeus, *Marchand philosophe*, 96–98.
[2] 此处以及下文中我对巴莱乌斯的讨论依据的文献主要是 Barlaeus, *Marchand philosophe*。
[3] 有关这一议题的重要研究，详见 Baron, *Crisis of the Early Italian Renaissance*, 以及 Pocock, *Machiavellian Moment*。
[4] Bury, *Idea of Progress*; Martines, *Power and Imagination*, 197–199.
[5] 即后来的法兰西公学院。

"权力与智慧的结合",或者"武力与文字的结合",创造了世界上最伟大的国家。但是过去的很多经验表明,即便是上帝的眷顾也没能让这些强大的国家活跃起来。他认为,如果学者们努力工作,"就像保护其他生活中的必需品一样小心地保存艺术和科学",就可以把命运的车辙重新打造成一条不断进步的轨迹。[1]在英国,就在巴莱乌斯发表讲话的几年前,弗朗西斯·培根爵士提出了类似的论点,认为哲学和世俗效用的结合能够建立一个公正和强大的国家。因此,可以预料的是,巴莱乌斯的听众几乎不需被说服就会同意,在他们的城市里,世俗事业和学识的结合已使这个地方成为历史上最崇高的地方之一,并且它的地位将延续很长时间。

巴莱乌斯将这一论点向前推进了一大步。他指出,知识和商业不只是彼此联系,它们还有共同的源头:人类精神——一种产生了知识和商业的爱。他引用古人的话来说明这一点,并介绍了道德行为的例子。为了达到他们的真正目的,智者和商人都必须按照自然美德的要求行事:节制个人欲望,在所有事情中培养诚实的品行,重视一切能帮助他们达到目的的事情。确切地说,这些美德和知识之间的联系在巴莱乌斯时代的一系列新术语中得到了强调。意大利语中,"virtuoso"(大师)一词形容能够把感知到的知识与自然美德结合起来的人。[2]英语也采用了这个词。在荷兰语中,"liefhebber"(或者德语"liebhaber")也表达了类似的意思:一个对显示内在美德的事物有着真诚的爱和鉴别力的人。[3]出于类似的目的,法国人后来从拉丁语"amare"(去爱)中创造出了"amateur"。的确,这种涉及个人品质和物质商品之间深层联系的词语很快就用来意指一个搜集物品的人,不管这些物品是由优秀的工匠和艺术家制作的,还是由大自然创造的。这些人认为,那

---

[1] 引自英文译著 Le Roy, *of the Interchangeable Course*, from title of 第四章主题, 130v。
[2] Stimson, "Amateurs of Science"; Houghton, "English Virtuoso."
[3] Henry Peacham, *Compleat Gentleman* 第二版(1637 年),解释了英文中的新词(virtuoso)对应于荷兰文中的"liefhebber"。参见 Woodall, "Pursuit of Virtue," 14。

些珍贵的物品已见证了人类精神或上帝创造的最好部分，他们感觉自己被这些物品所鼓舞。作为赞助人和收藏家，他们有能力来认定和树立善与美的持久的榜样，而不管人类的罪孽和死亡。巴莱乌斯似乎把这些具有美德的信息搜集者看作现代智慧的最佳化身，因为在接下来的研究中，他指出，商业促进了"思辨哲学"（speculative philosophy）的研究并给出了一系列相关的证据。这与神学或者经典哲学无关，甚至不包括自然哲学，当然也不包括神秘哲学。相反，他提醒听众注意地理、自然史、天文学、语言以及具备不同民族特点的研究。在我们看来，他描述的不是思辨哲学，而是基于信息的有关自然和人类的论题。

最后，在结论部分，巴莱乌斯又回来举例说明古代城市清楚地显示了巨大的财富和哲学的优点是共同发展起来的，两者相辅相成。言下之意，那些提倡冥想而不是实际行动的哲学家都犯了错误。同样，那些在理性下试图指导社群按照上帝的计划来生活的人也是如此：他们只会转移商人和哲学家在探索世界的真实道路过程中的注意力。谦逊、诚实以及自然真理并非来自教义，而是来自买卖中的互动，以及对知识的追求，这是交换的另一个方面。所以，对自然的客观调查可以反映荷兰政治经济依赖的生活方式，巴莱乌斯称这种调查为"思辨哲学"，我们称之为自然史。

因此，统治者看重的不仅是大宗商品，他们还高度重视特别珍稀或者具有美丽的外观以及深邃知识的个体。时尚服装、家具、绘画和书籍的高雅文化提供了许多例子，但荷兰最鲜明的例子可能就是所谓的郁金香热（tulip mania），它在巴莱乌斯发表演讲的3年后达到了顶峰。

许多新的开花植物从奥斯曼的土地来到低地国家。土耳其人在君士坦丁堡苏丹的花园里种植了成千上万株郁金香，经常把鲜花插在头巾上［欧洲名词"郁金香"（tulip）就是从这里（turban）来的］。16世纪下半叶在奥斯曼世界中建立起来的自然主义艺术中，郁金香成为常见的绘画主题。[1] 因此，16世纪40年代后期，皮埃尔·贝隆（Pierre Belon）在黎凡特旅行时首先为欧洲人描绘了郁金香。[2] 并且，它还得到了当时最有影响力的致力于寻求园艺新品种的奥吉尔·吉斯林·德·布斯贝克（Ogier Ghiselin de Busbecq）的进一步关注。布斯贝克来自佛兰德斯，是一位老练能干的外交家，他担任了神圣罗马皇帝派驻君士坦丁堡大使这一非常敏感的职务，其目的是与苏莱曼大帝（Suleiman the Magnificent）谈判协商和平条约。为达成此任务，在1555—1562年间的大部分时间里，他都住在奥斯曼帝国。[3] 当时陪同他履行外交事业的还有一名出生在低地国家的医生，这位医生也是一位非常优秀的植物学家，即威廉·夸克贝恩（Willem Quackelbeen）。[4] 布斯贝克和夸克贝恩鉴别了许多在欧洲不为人知或者仅能通过狄奥斯科里迪斯的古老记录得以了解的植物，他们给意大利著名的植物学家马蒂奥利等人送去了许多种子和枝条，马蒂奥利对此还表示了诚挚而深切的感谢。

正是来自奥斯曼花园里的植物使欧洲园艺发生了革命性的变化。布斯贝克和夸克贝恩也带了许多植物回到欧洲。[5] 例如，他和夸克贝恩被认为是欧洲七叶树（horse chestnut）的引进者，他们还至少为欧洲引进了一种唐菖蒲、"真正的"鸢尾［可能是"荷兰鸢尾"（Dutch Iris）］、菖蒲、多刺的金雀花（spiny broom）、紫丁香、悬铃木、麝香兰以及其他植物品种。[6] 布斯贝克还说服皇帝从一位在奥斯曼宫廷的犹太医生那里购买了古老而又精美的狄奥斯科里迪斯的手稿，这部手稿现在被称为《药典》（Codex Vindobonensis），至今仍保存在维也纳。[7] 布斯贝克在一封寄自土耳其的信（后来被出版）中指出，土耳其人"对

---

[1] Demiriz, "Tulips in Ottoman," 57.
[2] Deschamps, "Belon"; Delaunay, "Belon."
[3] 16世纪初期，苏莱曼占领了贝尔格莱德，甚至一度包围了维也纳；布斯贝克试图通过斡旋与谈判来终结匈牙利境内的恐怖冲突，并最终促成了1562年和平条约的签订。有关布斯贝克，参见布斯贝克相关论文及介绍，*Life and Letters of Busbecq*。
[4] Opsomer, "Quackelbeen."
[5] Wijnands, "Commercium botanicum," 75; Stuart, *Plants*, 11–25.
[6] Opsomer, "Plantes envoyées par Quackelbeen."
[7] Dumon, "Betekenis van de Busbecq"; Busbecq, *Life and Letters of Busbecq*, 1: 417–418.

土耳其伊兹尼克（Iznik）瓷碟，上面绘有郁金香、风信子以及康乃馨，约1560—1565年
考陶尔德学院艺廊允准复制，伦敦

鲜花极其迷恋，虽然在其他事情上很吝啬，但如能选择让植物开花，他们会毫不犹豫地付出数个阿斯皮尔（aspers）[1]"。他还评论说，在从阿德里安堡到君士坦丁堡的途中，"我们看到了许多鲜花，有水仙、风信子和郁金香（土耳其人如此称呼）……郁金香味道极淡，甚至没有味道；我建议欣赏它颜色的多样和绚丽"[2]。

有关欧洲郁金香生长的第一个记录是在1559年，当时的自然史学

---

[1] 土耳其货币。
[2] Busbecq, *Life and Letters of Busbecq*, 1: 108, 107.

家康拉德·格斯纳参观了奥格斯堡议员约翰内斯·海因里希·赫尔瓦特（Johannes Heinrich Herwart）的花园并在那里看到了一株郁金香。[1] 短短数年后，即将成名的博物学家卡罗勒斯·克鲁修斯也亲眼看到过一株。1569 年，克鲁修斯从当时正居住在土耳其的布斯贝克处获得了郁金香种子。[2] 克鲁修斯迷恋上了郁金香花朵多样的形态和颜色。他在传播热情的同时还培育了许多新品种，并且给熟人送了许多。郁金香成了 16 世纪后期欧洲花园最广受欢迎的开花植物，荷兰人与郁金香培养种植的关系尤为密切。

郁金香种类繁多，大小不同，颜色形态各异，让人着迷，并且新的品种有意无意地、持续不断地涌现。郁金香有很多品种，既包括东亚荒野山区的穗状小花品种，也包括花园中栽培的高大的盛开圆形花朵的植株；有些花瓣重叠在一起把花朵塑造成一个深杯，另有一些花瓣边缘彼此相依，看起来像是浅平的碟子；几乎所有的郁金香都亭亭玉立，仰望苍穹。从初春到初夏，它们都可以盛开出各种各样鲜艳的花朵。花的颜色也很多，从白色到黄色再到红色，甚至深紫色，只是没有纯黑色。大多数花瓣从茎秆到边缘都呈现出纯色，但有些是"破碎的"，意思是在纯色的花瓣上有彩色条纹。这些颜色的碎裂似乎是偶然发生的。例如，一株鲜红色的郁金香，次年盛开时花瓣上会出现黄色的条纹。但是，突变一旦发生，接下来的数年中这种变化通常会继续存在，并且有时还会蔓延到附近的植株，这表明异变的郁金香在突变发生处的土壤里释放了一些不寻常的东西。（在 20 世纪，这些突变被解释为病毒感染的结果。）黄色和红色品种出现突变的情况最多，白色品种中出现这样的现象则比较罕见。

最珍贵的郁金香是这样的：淡淡的蓝色暗藏在白色的花瓣里，鲜艳的绯红色如火焰般冲向顶部。作为 1625 年郁金香的鉴定人之一，尼

---

[1] Segal, "Tulip Portrayed," 10.
[2] Hunger, *De L'Escluse*, 108; Dumon, "Betekenis van de Busbecq," 34.

郁金香，左上方的品种被称为"带紫色条纹的白色郁金香"

摘自约翰·杰勒德《植物志》（John Gerard, *Herball*），1633 年
惠康信托图书馆供图，伦敦

古拉斯·瓦塞纳（Nicolas Wassenaer）认为，"永恒的奥古斯都"（Semper Augustus）绝对是最好的品种。1624年，它的一个球茎价值为1200弗罗林（约为当时一个熟练工人一年工资的4倍），但到了第二年，有人愿意为它们出双倍价钱，尽管这些球茎的数量已经增长了好几倍。球茎的所有者以2000弗罗林的价格将一株球茎卖给了他的密友，但是倒卖球茎是有限制的，购买者未经出售者允许不能把球茎转售给其他任何人。1636—1637年，"郁金香热"达到顶峰，据说每个"永恒的奥古斯都"的球茎价值1万弗罗林。[1]

拥有这种最名贵的郁金香的人是阿德里安·波夫（Adriaan Pauw），他来自阿姆斯特丹一个有实力而又保守的加尔文教政商家族（这个家族中的一些政治家是荷兰东印度公司的早期投资人）。波夫自己也是一个杰出的温和派加尔文主义者，他的堂兄弟彼得·波夫是莱顿植物园的教授，也是克鲁修斯的同事。[2]他拥有的"永恒的奥古斯都"就种植在他在海姆斯泰德（Heemstede）庄园的花园里。像他那个时代的其他城市法官一样，他把个人地产改变成了乡村里的静养之处，如果没有花园，这个庄园是不完整的。[3]1621年，波夫最终以3.6万荷兰盾的价格购买了地产，在大型排水工程的支持下，附近被称为哈勒姆湖（Harleemermeer）的内陆湖被改造成耕地，波夫很可能投资了这个工程。这次收购让他获得了海姆斯泰德领主（Heer van Heemstede）的贵族头衔。[4]1624年，全荷兰共有12个"永恒的奥古斯都"球茎，它们都在波夫的手里（价值大约为当时海姆斯泰德庄园价格的三分之一）。为了营造这一打郁金香春季开花时绚烂、壮观的效果，同时制造出手里还有更多"永恒的奥古斯都"的印象，波夫建造了一个铺满镜子的

---

[1] Pavord, *Tulip*, 6, 141–143, 173–174.
[2] 彼得·波夫和阿德里安·波夫的祖父都是老阿德里安·波夫。在老阿德里安的子女中，年长的是彼得·波夫，也是波夫教授的父亲；年幼的是赖尼尔·波夫（Reinier Pauw），即阿德里安·波夫的父亲。参见自传条目 Aa, *Biographisch woordenboek*。
[3] Jong, "Netherlandish Hesperidies," 15, 25.
[4] Tjessinga, *Adriaan Pauw*, 15.

凉亭。他把土地、财产、雇工、个人精力和其他值钱的东西都用来打理花园,波夫对这种塑造自然的方式表示认同,并且认为这种方式可以与其他有类似感觉的人共享,这是一种与知识和品位相关的精神层面的认同。[1]

波夫的"永恒的奥古斯都"价值极高,因为当时人们看到它的时候,他们体验到了,或者被引导着体验到了,或者被引导着假装体验到了一种感觉——视觉景象引起的谈话以及冥想。或者更准确地说,郁金香的爱好者能够通过手势和言语的交流与其他人分享对鲜花的欣赏,这种交流与其他文化想象密切相关,比如对自然之美的赞叹。有机会进入花园的爱好者,以及经手过许多不同种类郁金香的商人,编撰出一本郁金香名册,他们实际上充当了具有品位和鉴赏力的专家。有一些名册被扩充为带插图的小册子,小册子里有手绘的花朵,为了满足更多的读者,还做成了木刻(上色通常是手工进行的,以获得额外的收益)。1612年,伊曼纽尔·斯维尔斯(Emanuel Sweerts)出版了第一本这样的插图指南——《图谱》(*The Florilegium*)。紧随其后的是克里斯潘恩·范·德·帕斯(Chrispijn van de Passe)的《花园》(*Hortus floridus*,1614年),此后许多类似作品陆续出版。[2]当时以绘图为生的女性只有一人为大众所知,即朱迪思·莱斯特(Judith Leyster),她为郁金香交易创作插图,就像伦勃朗的老师雅各布·范·斯旺伯格(Jacob von Swanenburch)一样。[3]这些作品的流传有助于人们就某一品种的郁金香相较于其他品种品质更优达成共识。有些人可能对某一品种被赋予的高价值持有异议,但是区分不同品种、评估细微的意见分歧等能力也为交易创造了机会。

因此,像其他种类一样,"永恒的奥古斯都"的价值不仅在于它开花时的美丽,而且在于它的商业潜力。郁金香花朵可爱,但花期却很

---

[1] 关于对鲜花的喜爱是一种文化的而非"自然"属性的研究,参见 Goody, *Culture of Flowers*。
[2] 参见 Goldgar, "Nature as Art," 及她即将出版的关于郁金香狂热的研究。
[3] Dash, *Tulipomania*, 89–91.

短暂，所有这些都源于它们适应力极强的球茎。特殊品种的球茎象征着永恒，它们将在下一个春季到来的时候突然绽放出可以预见的壮丽。就像洋葱一样，球茎挖出来后可以存放很长时间，郁金香球茎也易于保存和交易。繁殖力强的种子大约需要 7 年时间才生出成熟的球茎和花朵，并且这些结果还是不可预测的，从球茎中可能培育出新品种。品种繁多的郁金香花彼此交叉授粉，而且它们的种子也不一定会继承突变，不一定会出现可爱而且珍贵的条纹。想要在下一年获得同样的或者突变的花朵，唯一的方法是从球茎上繁殖新的子球。为了做到这一点，花瓣落下来后，花匠剪下花头，郁金香的叶子则任其自行逐渐枯萎，从而产生一个相对大的球茎，上面通常还会附着小的子球，在夏天把它们从土壤中挖出并储藏在阴凉干燥的地方直到秋天栽种。球茎与多叶植物相比更具优势，因为它们不需要太多的照料，并且一旦被挖出来，就直接可以运输，这也表示它们容易被赠送、出售甚至偷窃。它们总会在下一个季节开花，就像前一年盛开一样，同时它们的子球也会长成新的球茎。因此，郁金香球茎有点像贝壳或者货币，它们可以被当作一般等价物来交换其他东西。[1] 换句话说，郁金香是一个很好的例子来说明共享价值是如何被提炼、抽象为"货币"的，它们具有被认可的可交换其他物品的价值。以郁金香为例，由于能够盛开花朵的球茎是一种实物，其道德以及审美价值很容易被转化为价格。对郁金香球茎的需求更多地来自其极高的文化价值，这些价值附着在花园、鲜花以及这些郁金香自身的特性之上。

利润的机会来自交换的欲望。波夫是在这个世界中成长起来的人，他有自然的某方面体验，包括种植植物带来的愉悦，同时他也是一个受过教育的人，他拥有解释植物形态的专业技能，因此波夫对"永恒的奥古斯都"的价值有一种独到的认识，并获得了这种价值。然而，不是只有富有的爱好者才重视郁金香。在荷兰存在这样一个值得注意

---

[1] Hingston Quiggin, *Survey of Primitive Money*.

的现象：即使是普通的工匠也可能在作坊和家里悬挂郁金香的画；正因如此，寻常百姓也可以因为地位较高的人讨论欣赏郁金香，从中学习到一些东西。许多人可以参与郁金香的种植与交易，即使他们并不特别富有。随着早期引进的品种数量越来越多，不管是通过礼赠、出售还是偷窃，郁金香球茎从最初的种植者这个小团体开始流入很多人手中。特别是随着园艺得到肯定并不断扩张，园艺植物市场也随之迅速扩大，不仅出现在低地国家，也出现在法国、德国等地；郁金香成为种植者和商人早期的主要产品之一。球茎可以被命名、测量、称重并储存。通过这种方法，买卖双方都知道他们在处理什么。对于那些被一致认为特别美丽及珍贵的品种，球茎经销商可以把它的价格定得很高。种植郁金香无须特殊的园艺经验，甚至种植技术相对普通的人都可以参与，因为所需要的仅仅是一点泥土。他们培育郁金香球茎，期望花瓣上能够出现条纹以及随之可能带来的财富。随着需求的增加，球茎价格也上涨。物价上涨之后，开始进入球茎市场的人也不断增加。他们不是为了个人或社交的乐趣，而是把这看作一种投资方式。即使是沉睡中的棕色球茎也可以与一幅它们开出的彩色的花的图片联系起来，可以与其他的球茎进行对比，可以被称重并评估其子球的成熟度以及数量；此外，由于球茎经常被公开拍卖，一个精明的投资人可以把当前价格与预期价格进行比较，给出一个合理的期望值来衡量哪个种类的球茎具有最高的价值，甚至可以根据拍卖价格所显示出来的公众品位的变化来预测未来的价值。

  基于这样一种共识——球茎市场会一直处于繁荣状态，一个投机性的市场开始腾飞。近代早期发展起来的巧妙的财务方法使即使没有种植球茎这种个人兴趣的投资者也能获利；事实上，交易者甚至都无须触碰到郁金香球茎。就跟其他的昂贵商品一样，球茎可以在纸上交易：一个球茎的所有者可以从某人那里拿走一笔钱，然后写下一个承诺，例如在未来把球茎从泥土里安全地挖出来后即可交付。到了约定的日期，郁金香球茎将交付给持有写着承诺的纸（期票）的人。这也意味着，除了球茎之外，这些约定交付的纸也可以被赠送或交易。如果市场上的人注意到对某种郁金香的需求在上升，那么期票的交易价格也将上升；反之，如果持有的期票对应的郁金香品种需求不断疲软，那么持票人也可以在价格继续下跌之前提前出货。原始的所有者获得了属于他的收益；最终接收郁金香的人也能赚钱，前提是球茎的价格超过了他用来支付期票的钱；与此同时，其他人可能通过处理、出售期票而获利。

那时的球茎市场与其他类型的交易并没有很大不同。这些交易通常发生在当时最伟大的商人中间，交易场所包括阿姆斯特丹证券交易所（Beurs）。主要的不同之处在于，球茎交易对资金的需求要少得多，至少在一开始对普通郁金香来说是这样的。球茎、合约以及投机性期货的交易吸引了大量并且不断增多的人，这些交易在酒馆、旅店或任何相关投资人聚会的地方都可以进行，给人留下了永不停止的印象。随着普通人对这种交易的投资越来越大，评论家们开始称它为"风中交易"（windhandel），或者毫不留情地将其形容为一种经济泡沫。一句改编自有关愚人和他们钱财的俗语常常用来讽刺这种交易，这种讽刺竟然被交易中的人所赞赏，只要他们可以继续变得富有——至少纸面上如此。1634—1637年间郁金香球茎价格猛涨，达到了前所未闻的水平。1637年2月5日，在阿尔克马尔（Alkmaar）为孤儿院筹钱的拍卖会上，单个球茎的平均价格蹿升到了1.6万斯托伊弗（stuivers，约8000荷兰盾），相当于在富裕的亚洲市场上一个荷兰东印度公司初级商人一年所能赚的钱；从这个角度讲，阿姆斯特丹的贵族庄园也并不比几颗最受欢迎的球茎贵多少。但对球茎不断增长的需求最终还是归于破灭。出于某种原因，需求下降，可能是因为即使对富有的投资者来说，市场价也太昂贵了，泡沫破裂。2月中旬，就在阿尔克马尔拍卖会上以巨额价格成交的短短几天后，一次拍卖流拍了，原因是已经没有太多的买家吹捧价格。市场迅速崩盘，价格暴跌，不计其数的老百姓失去了他们大部分或全部的投资。律师和治安法官已提前数年试图整顿交易，确保球茎种植者至少可以获得他们被承诺的一小部分款项。[1]

因此，一些最先进的社会和经济交易形式支撑了球茎市场。其中包括以期票为基础的期货市场交易。也就是说，人们签订了购买球茎的合同，约定一个交付的日期和价格，同时希望在约定到来的那天球茎可以更加值钱，当然也存在价格下跌的风险——但是直到约定日期到来之前，种植者和投资人之间不会有任何金钱上的往来。这不仅表示，买卖商品无须将商品运输至一个特定的地方交易，同时意味着人们可根据对未来发展的预期进行金融活动。同样，种植者也不得不冒着投资者在约定日期之前可能失败的风险，对赌最佳的出售时机就是约定日期前。也就是说，一个人用当前已有的资源获得收入，并支付购买资源所需的钱，或者以低利率购买可能会更值钱的期货商品，从而使借贷双方都能获益。只要对郁金香的需求持续上升，每个人都能赚钱，包括起草合同的公证人。这一切都取决于人们对未来的信心以及——至少对处于市场核心的人来说——对所处理的事物的属性特点有清晰的理解。

所谓的科学革命来自世界以及个人的活动，引导人们投入了无数精力去发现有关自然事物的真相，并确定相关信息是准确的、可公度的。这个世界的发现——它的地理、民族、动植物以及占星术和炼金术之间的联系，标本的积累、品种的分类与编目以及对结构的细化——激发出非比寻常的公众热情，同时带来了很多意想不到的后果。"事实"就像物体一样，紧随为交换商品和信息不断奔走的人一起移动。在这个过程中，当地的知识往往被转变为普遍的真理。信任和信誉源于谦虚和工作，又得到各类直白的演讲和法律法规的支撑，致力于寻找和积累这个物质世界具体的知识并相应地交换知识：这些活动构成了精明能干的商人及其旅伴的价值观。博物学家和外科医生也大

---

[1] Dash, *Tulipomania*, 162–174; Pavord, *Tulip*, 137–177.

体如此。这些观念支撑了荷兰共和国的构建，使它成为抵御敌人的安全堡垒和庇护所，庇护那些知道如何最好地把世界上的东西转变为值钱的、具有消费品位和生活品质的个人。客观性能激起欲望，甚至改变感觉、观念和道德约束。它不是漂浮在世界之上，而是深深地卷入其中。

第三章

调和变革：追求自然真相

> 在我们之间，我总是观察到有两样东西彼此间存在着离奇的巧合：天意与人情。
>
> ——蒙田《随笔集·论阅历》
> （Montaigne, "Of Experience," *Essays*）

宗教改革与反宗教改革的悲剧无疑是十分可怕的，因为神学家和哲学家确信他们知道上帝之道，知道上帝想从人类那里得到什么；他们中的许多人同样极不赞成把注意力放在描述客观世界上。许多神学理性主义者（theological rationalist），无论是信奉新教的还是信奉天主教的，都在培养更多像他们一样的人，说服政治领导人支持他们的实际行为。另一方面，对像德西德里乌斯·伊拉斯谟、拉伯雷、蒙田以及许多其他极力主张以新方式认识文艺复兴的人来说，神学家的信念仅仅证明了他们引以为豪的才智。凡人充其量能够知道上帝造物的表象，能够偶然间捕获上帝工作时的手影。只有过于自负的人才会确信自己掌握上帝给全人类或者个人的指示，或者上帝的道德准则的细微差别，他们更不会思考他们的观点是否应该影响别人的行为。这种对教条主义的冷漠以自由为名，在北方低地国家的政府中以及这个地区的一座大城市——莱顿的一所大学里寻求到了庇护。神职人员几乎掌管了这片土地和这片土地上的大学，但对自由的探寻仍然存在。

新教，特别是加尔文教主宰了荷兰共和国，因此联省共和国的一些历史学家很想看到新科学的兴起是由于宗教，但是很显然，更重要的是能够摆脱很多宗教人物都希望强加给每个人的知识的限制。例如，在伽利略受谴责的年代，就像地球围绕太阳运行的观点被批判一样，加尔文教的神职人员也被置于教皇及其随从的对立面。[1] 在思考自己国家新科学的出现时，荷兰的历史学家也倾向于强调学术批评的根本性——通常与伊拉斯谟的人文主义有关——而不是任何宗教教义。他们有时会考虑把人文主义与非教条的加尔文主义相结合，以此帮助自然科学的发展。[2] 但即使是那些对科学的宗教动机怀有最大同情的荷兰历史学家也认为，其他方面的变化更为重要，比如对事实与信息的日益重视，以及消除自然和人工之间的典型差别。[3]

然而，在英语世界里，"新教伦理"被认为是近代世界社会政治体系理性化的起源，与之相关的所谓的"韦伯命题"（Weber thesis）也经常被用来解释近代科学的兴起。[4] 简单来说，韦伯认为，从旧世界舒适的社群主义向"不抱幻想的"、需要奋斗和算计的、官僚制度化的近代世界的转变，在很大程度上是由禁欲苦行的新教（在英语中常与"清教主义"联系在一起）的兴起推动的。这个老生常谈的观点在韦伯写这些之前就存在了。例如，卡尔·马克思和弗里德里希·恩格斯把职业道德和资本积累与加尔文教联系在一起。[5] 韦伯认为他有办法判断加尔文教义是如何发挥作用的，他教导说，人类中只有被选中的少数人会得到救赎，从一开始他们就注定是被上帝所拯救的。韦伯认为，这导致人们都在焦急地探索他们的生命和内心以寻找得到被拯救的迹象。救赎的最佳征兆来自物质上的成功，暗示着上帝的恩典帮助了在救赎

---

[1] Vermij, *Calvinist Copernicans*.
[2] Hooykaas, *Humanisme, scienc, et reforme*; Hooykaas, *Religion*; Vermij, *Secularisering en natuurwetenschap*; Jorink, "Boeck der natuere". 有关对加尔文教义的同情立场，参见 Knoeff, *Boerhaave*。
[3] Hooykaas, "Rise of Modern Science."
[4] Weber, *Protestant Ethic*.
[5] Feuer, "Science and the Ethic," 18–19; Borkenau, "Sociology of the Mechanistic."

路上的人，这反过来又促使加尔文教徒拒绝世俗的快乐而赞成艰苦的工作和积累。信仰坚定的新教徒——尤其是加尔文教徒和清教徒——厌恶肉体享乐，因此规定了信仰体系，把对物质的兴趣转化为社会价值。在 19 世纪 30 年代，多若茜·斯汀逊（Dorothy Stimson）用韦伯的理论来解释科学的兴起。[1] 不久之后，相关有影响力的成果是罗伯特·默顿在哈佛大学的博士论文，论文讨论了近代早期新教和资本主义是如何为近代科学奠定基础的。默顿的观点后来也成为美国学术界一个强有力的声音。他把韦伯的新教伦理与英国的马克思主义结合起来，论证了近代科学起源于对物质财富的现实追求，并且认为这种追求受到了清教徒禁欲主义的推动。[2] 在他之后，涌现出了致力于研究"清教与科学"的大量著作。其中查尔斯·韦伯斯特（Charles Webster）提出最重要的意见，他把研究的大背景从清教徒的禁欲主义转向末世论，认为清教徒致力于用功利主义的方式研究自然世界，以此为耶稣再临（Christ's Second Coming）做出贡献。[3] 然而，大多数历史学家已经忘记或者忽视了默顿观点中仅支持宗教方面的唯物主义。这个问题可以被理解为"怎样的宗教观点最能够促进科学的兴起"。有人强调是英国国教，或是放任主义或者路德教；还有一些人指出，天主教为科学的兴起做出了贡献，尤其是耶稣会士的贡献。一个更为普遍的观点认为，基督教或一神论推动了科学的兴起。[4]

但是，正如许多人指出的那样，韦伯的命题本身就存在致命缺陷。仅举一个例子，荷兰经济历史学家范·斯托伊芬伯格（J. H. van

---

[1] Stimson, "Puritanism and the New Philosophy."
[2] Merton, *Science, Technology and Society*. 有关默顿对英国马克思主义者的感激之情的论述，参见 Merton, "Science and the Economy"；在 1970 年再版的引言中，默顿对他的理论被用"清教主义和科学"观点的方式来解读表示困惑，因为他自己"更倾向于"经济和军事影响（详见该书 xii-xiii）。
[3] Webster, *Great Instauration*.
[4] 例如 Ashworth, "Habsburg Circle"；Baldwin, "Alchemy and the Society of Jesus"；Harris, "Confession-Building"；Dear, "Miracles"；Grell, "Caspar Bartholin"；Kusukawa, *Transformation of Natural Philosophy*; Shapiro, "Latitudinarianism and Science"；Jacob, "The Church"；Jacob, *Newtonians*；Jacob and Jacob, "Anglican Origins"；Hooykaas, *Religion*；Jaki, *Origin of Science*；Funkenstein, *Theology and the Scientific Imagination*；Brooke, *Science and Religion*, 以及 Brooke, Osler, and Meer, *Science in Theistic Contexts*。

Stuijvenberg）指出，韦伯关于宗教教义和经济态度的观点是试探性的、前后矛盾的，从历史上讲，韦伯把后来的加尔文教教徒对宿命的兴趣与加尔文本人及早期加尔文教的教义混淆在了一起；从社会学上讲，无法证明讲坛上的伦理教义是否影响了听众的生活。而且，最重要的是，他缺少神学上的支撑，因为那个年代不存在与韦伯的加尔文主义伦理观念相一致的加尔文神学著作，而这样的神学著作的出现要到18世纪或者这个时段前后。[1] 其他人则认为，"享乐主义–自由主义"的伦理，或消费主义，或其他个人和社会价值更适合物质积累。[2] 如果韦伯的理论是有缺陷的，许多根植于其理论的论点也同样是有缺陷的。直截了当地说，认为新教神职人员比持有其他信仰的神职人员更容易接受资本主义或者科学的观点是没有依据的。有宗教信仰的人认为把注意力集中在世俗事物上是有隐患的，这严重偏离了他们认为的更重要的东西，即对上帝以及上帝方式的研究和信仰。荷兰共和国自然知识的发展不仅取决于商业的新价值观，而且取决于那些探究客观世界以避免被各种理性教条支配的人的能力。

博学的人文主义与自然史

博物学家如何摆脱宗教教义的束缚？后果如何？低地国家最著名的博物学家之一——卡罗勒斯·克鲁修斯用他的一生回答了这个问题。克鲁修斯出生于旧宗教家庭，在加尔文教占主导地位的莱顿去世。他总是谨防被迫公开他的信仰。克鲁修斯在他漫长的一生中，受益于良好的教育，研究自然并发表相关研究成果。1526年，克鲁修斯出生于安特卫普南部阿图瓦省的阿拉斯，他来自一个文化程度很高的家庭。他的父亲米歇尔·德莱克吕兹（Michel de l'Escluse）最初担任阿

---

[1] Stuijvenberg, "'The' Weber Thesis." 有关历史时期划分的问题，同时参见 Jacob and Kadane, "Missing."
[2] 关于"享乐主义–自由主义"伦理，详见 Feuer, "Science and the Ethic," 以及 Feuer, *Scientific Intellectual*。

第三章　调和变革：追求自然真相　111

图瓦最具影响力的圣瓦斯特修道院（亦称圣瓦斯特大教堂，Abbey of Saint-Vaast）的神职人员兼接待员。后来，他买下了靠近阿尔芒蒂耶尔（Armentières）的一处地产，借此获得了一个小贵族的头衔；克鲁修斯的母亲吉耶梅特·昆科（Guillemette Quincault）有一个兄弟，是这个修道院的副院长[1]。克鲁修斯也许是这对夫妇最年长的孩子，他至少还有3个弟弟和3个妹妹。在接受了有关宗教、文学和拉丁语的初级教育后，他于14岁时进入了他舅舅所在修道院下属的一所著名学校学习。

长期以来，低地国家以拥有众多优秀学校而闻名。早在14世纪初，埃克哈特大师（Meister Eckhardt）的神秘学著作就流露出强烈的精神主义讯息，而几十年后的"现代灵修运动"（modern devotion）则源于一位代芬特尔公民海尔特·赫罗特（Geerte Groote），他教导所有人（不光是僧侣、修女和神职人员）应该谦逊、勤劳，并始终如一地虔信上帝。[2] 这种新教论的追随者托马斯·肯皮斯（Thomas à Kempis）在15世纪早期创作了一部作品《师主篇》（Imitatio Christi），这部作品被认为是有关基督教虔信灵修最重要的文献之一。在整个低地国家，作为这种流行的基督教神秘主义的标志，贝干诺派（Beguines）和贝格派（Beghards）开始形成，前者由女性组成，后者由男性组成，他们生活在彼此独立的居所，并以围墙相隔形成独立的社区。他们没有任何宗教誓言，但是献身于善行以及为上帝和人类服务的纯洁生活。由于他们的宗教观点不受任何教会的控制，故而常常成为"异端"的中心。他们认为，虔诚是通往神的真正道路，并且需要通过阅读宗教文献得到滋养和支持。与这些唯灵论运动有关的是文法学校的创立。例如，一群自称共同生活弟兄会（Brethren of the Common Life）的人，他们共同生活，同样没有宗教誓言，但不与外界隔离，他们开办了许多学校，其中一些以极高的教学质量闻名。秉持这些价值观的人中，最

---

[1] 排名第二，仅次于院长（abbot）。关于本章中克鲁修斯一生的详细情况摘引自 Hunger, *De L'Escluse*, vol. 1。作者还出版了一小段摘要 Hunger, "De L' Escluse."
[2] Post, *Modern Devotion*; Engen and Oberman, *Devotio moderna*.

著名的是鹿特丹的伊拉斯谟，他最初就是在共同生活弟兄会接受了教育。[1] 地方教区和市政当局也推动了学校教育。即使是相对贫穷的男孩、女孩，在被迫开始工作之前也常被送往小学接受数年的基础教育，在那里他们学会用通用的语言唱歌、阅读和写作。文法学校为 8 岁左右愿意继续学习的人提供拉丁语教育。[2] 1543 年舅舅去世后，克鲁修斯被送到了位于根特的尤卡里乌斯拉丁学校 [Latin school van Houchaert（Eucharius）]，这所学校由一个曾在意大利学过文献学的人负责。这位负责人回到根特后把学校变成一处以教授优秀的古典语言而闻名的地方。到了 16 世纪中叶，低地国家的许多大城市把各文法学校合并成了"大校区"或者以其他方法促进伴随着人文主义而来的新语言研究。

城市里的成年人经常在所谓的修辞学院（chambers of rhetoric）接受令人愉快的古典熏陶。低地国家的大多数城市和许多大型市镇早就建有修辞学院。作为在宗教机构之外继续学习的场所，修辞学院把男性（有时候也包括女性）聚集在一起。他们来自各行各业，从制鞋工人、手工匠人到大商人。修辞学院兴起于中世纪晚期，起初是作为共同生活弟兄会在宴会、狂欢节以及大斋戒结束时举办基督教圣餐仪式时的场所。它们像协会一样被组织起来，并且设立了一个"国王"作为管理人。成员们定期集会、聚餐。到了 16 世纪，他们开始自己创作、表演戏剧和诗作，创作及表演的主题集中在古典寓言或者《新约》和《旧约》故事——特别是在宗教改革的高峰时期。随着印刷术的出现，他们也开始出版诗歌作品。16 世纪一些最著名的作品来自安娜·宾斯（Anna Bins），这些作品即作为安特卫普的一个修辞学院。[3] 当然，成员需要承担的更多的公民任务是在正式场合标注拉丁语的题词和地址，例如显要人物进城的入口处。市政厅给予他们年度补贴或者其他支持，

---

[1] 关于"伊拉斯谟主义"的概述，参见 Grafton and Jardine, *Humanism to Humanities*, 122–157。
[2] Booy, *Weldaet der scholen*; Booy, *Kweekhoven der wijshied*.
[3] Mak, *Rederijkers*.

部分是因为他们的公共职能，部分是因为他们在文艺启蒙甚至旅行观光中的价值。[1]16世纪时，各修辞学院开始卷入彼此之间的公开竞争：某个修辞学院选择一个或多个问题，并将这个问题传播出去，最后主持一次修辞竞赛来看是否有人能提供最佳答案，最终将有一个修辞学院胜出（主持酒会并宣布活动结束）。据说1561年在安特卫普举行的一次竞赛聚集了1893名修辞学家，在酒水和其他娱乐活动上花了超过10万英镑。[2]有一些修辞学院创作的戏剧背离了福音派的同情心，导致成为被猜疑的目标，加尔文教的神职人员也逐渐对修辞学院成为自由思想的温床而感到不满。[3]17世纪初，修辞学院继续繁盛，作为重要的教育基地，其成员雅致的表达能力在这里得到提高，并使成员（以及他们的观众）更加熟悉古典文献和《圣经》主题。[4]

经过3年拉丁语和希腊语的学习，克鲁修斯的辩论能力以及技巧都得到了磨炼。他于20岁时进入鲁汶的一所宗教大学——三语学院（Collegium Trilingue）。这里也是学习希伯来语的地方。1546—1548年，他在这里度过了3年，在彼得吕斯·南纽斯（Petrus Nannius）的拉丁语指导以及哈德里亚努斯·阿梅罗乌斯（Hadrianus Amerotius, drien Amerot）的希腊语指导下，阐扬了一种流畅的古典风格。然而，他的关注点与他父亲的意愿一致，集中在对法律的研究上。学习法律的学生是人文主义运动的早期受益者，并且法学家依然是这种新学术最重要的支持者之一。[5]的确，罗马法的人文主义复兴给低地国家的立法留下了深刻的印记。在来到鲁汶的两年后，克鲁修斯20岁出头便获得了律师执照。

然而，在进入专业工作之前，克鲁修斯和朋友约翰内斯·埃丁格斯（Johannes Edingus）计划前往马尔堡的路德大学（Lutheran

---

[1] Boheemen and Heijden, *Westlandse rederijkerskamers in de zestiende en zeventiende eeuw*.
[2] Bredero, *Spanish Brabanter*, 7.
[3] Duke, "Heaven in Hell's Despite," 65–66.
[4] Dixhoorn and Roberts, "Edifying Youths."
[5] Bouwsma, "Lawyers and Early Modern Culture."

University）游学。在这些年轻人面前不仅有像奥德修斯和亚历山大大帝这样的传奇前辈，也有平淡无奇的学术朝圣之旅，这是可以与中世纪寻找有智慧的老师相提并论的教育远行。克鲁修斯和埃丁格斯出发时希望能够投到当时德意志最著名的法学家之一约翰·奥尔登多普（Johannes Oldendorp）门下。然而，在1548年秋天，他们没能见到这位教授。那时正值神圣罗马帝国内部第一次重大的宗教改革刚刚结束，奥尔登多普当时正在奥格斯堡，代表菲利普二世（Philip the Bold）出席条约会议。[路德宗的贵族结成施马尔卡尔登联盟（Schmalkaldic League），共同对抗天主教皇帝查理五世］。在马尔堡，虽然克鲁修斯接受的是正统的天主教教论，但他和当地的一位路德宗神学教授安德烈亚斯·希佩里乌斯（Andreas Hyperius）住在一起。

对一个在修道学院以及天主教大学长大的年轻学者来说，顺利进入路德大学学习仍然是有可能的。低地国家当地的市镇政府在这方面表现出了一定的宽容，只要不扰乱地区的稳定，人们可以自由表达各种不同的宗教观点。这些观点中最清晰的陈述来自托马斯·埃拉斯图斯（Thomas Erastus）于1568年完成的一部著作（这本书出版于1589年，当时他已去世）。在这本书中，他认为，市政当局在有关教会的问题上应拥有至高无上的话语权。这引发了其与上层政治当局的严重冲突，后者意图把它们的宗教观点强加给所有人。甚至在16世纪40年代，当查理五世宣布采取更严厉的措施镇压宗教异端时，许多市政官员对那些强制要求他们对罗马持不同意见但又维护和平的人施加的迫害采取抵制措施。这些市政官员很高兴能成为广大天主教会的成员，但是厌恶罗马强加的宗教裁判和教条，还质疑大量沿街乞讨并在普通人中散播"迷信"教条的僧侣。[1]

尽管市政官员允许讨论和辩论宗教等问题，但是他们都不会容忍对法律权威的颠覆。在1521年与马丁·路德（Martin Luther）产生冲

---

[1] 相关概述，参见 Duke, "Heaven in Hell's Despite"; Waite, "Dutch Nobility."

突的沃尔姆斯会议（Diet of Worms）后，宗教改革者意图就神学教条至高无上的想法发表自己的意见。这为市政当局所不喜。1523年夏季，布鲁塞尔首次公开对威胁当局的异教徒处以火刑，在接下来的30多年间，至少有1300人被逮捕。他们中的许多人被判处死刑，死刑通常在深夜执行，以免引起公共秩序混乱；被处死的实际数字可能是这个数字的数倍。最臭名昭著的组织——再洗礼派（Anabaptists），公开鼓吹摧毁当时的世俗政府体制，为建立神圣秩序让路。再洗礼派成员赞成成人受洗，认为财产应该共同所有，信奉男女平等，有时候还卷入合法婚姻约束之外的男女关系，当圣灵感动他们时，他们用言语敬拜神，相信审判日即将来临。他们在传播信息、组织低地国家以及附近地区的市镇非正统教派活动方面取得了很大的成功。他们在1534—1535年间短暂接管了明斯特市（Münster），甚至差一点在阿姆斯特丹也发动了一场类似的革命。[1]在公开露面的场合，再洗礼派迫使地方治安法官做出了极端的反应——残酷地反对并镇压他们激进的宗教改革。除了组织良好的再洗礼派，很少有大规模群体鼓吹暴动并建造上帝之城，但是很多个人以及其他小型的团体勇敢地做着这样的事。博学的人文主义者约翰·加尔文（John Calvin）就是一个这样的人。他来自低地国家南部，起初他的宗教观对公共秩序不构成威胁。加尔文提出了关于上帝和救赎的强有力的新观念，与天主教和路德教的教义都不一致。他的观点主要关注弥撒这样的事情，在附近地区得到了广泛传播。因为他的作品基于最新的语言和文字研究，得到受过良好教育的人的高度尊重。从1541年起，他领导着一个日内瓦的神权政体，使这座城市成为他教论的堡垒，同时也是公众秩序的典范。直到16世纪60年代，低地国家的宗教激进分子才开始接过加尔文教的旗帜，公开与天主教对抗，直到那时，"加尔文主义"才成为一种威胁。当时的市政官主要致力于维护社会秩序，而不是监管人们的思想意识。

---

[1] Waite,"Anabaptist Movement in Amsterdam"; Waite,"Dutch Nobility."

因此，克鲁修斯显然对他的房东希佩里乌斯的讲座感到满意。他们经常一起散步，研究当地的植物。事实上，克鲁修斯植物研究的第一份确切证据即来自其书中的一份笔记，其中提到了他与希佩里乌斯一起外出搜集黑森州的森林里的某种植物，因此可以确定克鲁修斯的这些活动发生在他在马尔堡路德大学期间，即大约 1548 年。[1] 数月后，1549 年的夏天，克鲁修斯和埃丁格斯到达更远的维滕堡（Wittenburg），在那里，克鲁修斯进入以著名的路德派人文主义者菲利普·梅兰希通（Philipp Melanchthon）为中心的圈子。他直接面对的观点是，只有对上帝造物进行直接调查——而不是推理——才能真正显示神的意旨。克鲁修斯到达维滕堡时，梅兰希通刚刚出版了他的长篇教科书《自然理论导论》（*Initia doctrinae physicae*，1549 年）来论证这一点。与当时其他人文主义自然哲学家一样，梅兰希通认为医学与自然史是自然哲学领域新的主要议题。[2]

第一个有关克鲁修斯对自然史以及植物学产生兴趣的明确证据发生于 16 世纪 40 年代的最后几年，而在此期间，克鲁修斯正待在马尔堡和维滕堡，所以有些人认为德意志的路德教使克鲁修斯对自然产生了兴趣。在德语世界中，这种对植物学的热情通常被置于新教背景下，因为与这些主题相关的最新的、插图丰富的书籍的作者都信奉新教，如奥托·布伦费尔斯、莱昂哈特·福克斯以及康拉德·格斯纳。布伦费尔斯和福克斯都皈依了路德派，而格斯纳则追随宗教改革家乌尔利希·茨温利（Huldrych Zwingli）。奥古斯丁（Augustinian）的自然神学与对自然史的兴趣又强化了路德派的观点，他写道，田野里的花朵是上帝的创造，告诉我们它们从哪里来，给人类上了一课。他说："现在我们开始重新了解我们曾经在亚当的堕落中失去的东西。"[3] 在诸如此类

---

[1] Hunger, *De L'Escluse*, 14–15.
[2] 详见 Kusukawa, "Aspectio Divinorum Operum," 44; 更宏观的研究见 Kusukawa, *Transformation of Natural Philosophy*, 以及 Nutton, "Wittenberg Anatomy."
[3] Bono, *Word of God*, 71; 有关路德派对自然史的观点，参见 Dannenfeldt, "Wittenberg Botanists," 223–226。

的评论中，路德派很可能把当前对自然史的兴趣融进了他们的信仰框架中，而不是表达一种在各方面都与其他信仰不一致的神学观点。出于同样的原因，信奉路德派的梅兰希通的著作并不具有明确的神学性质。德意志的天主教大学，如英戈尔施塔特（Ingolstadt）的学校可能早已使用这些作品。[1]因此，虽然克鲁修斯投身于植物学是在路德派城市的马尔堡，我们依然必须谨慎，以免草率地下结论将其归因于神学。克鲁修斯可能是因为对自然的虔诚和敬慕而开始关注植物学——这在许多地方以及各类宗教记录中都可以看出来。即使环境不是如此，他也很可能被植物学吸引，哪怕是在天主教国家意大利、法国或西班牙。[2]

在维滕堡待了一段时间后，克鲁修斯和埃丁格斯决定去法国学习医学。克鲁修斯准备前往蒙彼利埃（这显然是梅兰希通的建议）。在悠闲地休整一年之后，又历时半年，他到达蒙彼利埃，在这期间他也继续从事植物学研究。1551年秋季，他到达目的地蒙彼利埃医学院。当时这里因人文主义精神以及自然史调查而极负盛名。用现代的眼光来看，它最著名的成员是对真实的客观世界抱有极大热情的人——弗朗索瓦·拉伯雷（François Rabelais）。在蒙彼利埃，克鲁修斯与拉伯雷的同事纪尧姆·朗德勒同住一处。朗德勒后来成为那个时代最著名的自然史学家。朗德勒似乎对所有的宗教思想都持开放的态度，因为在1552年，朗德勒的朋友佩利西耶大主教（Bishop Pellicier）因个人观点受到质疑而遭到监禁，为此朗德勒烧掉了他所有的神学书籍。在朗德勒撰写其有关海洋鱼类的巨著《海洋鱼类全志》(*Libri de piscibu marinis*)期间，克鲁修斯成了朗德勒的主要助手之一。朗德勒激发了当地渔民的热情并得到了他们的帮助，渔民们给他带来了各种有趣的鱼，既有活着的，也有死去的；他建造了一个带水管的大鱼缸来观察活鱼。最初克鲁修斯把他的智慧和才能都用来帮助朗德勒搜集材料和

---

[1]　Helm, "Protestant and Catholic?"
[2]　Cañizares-Esguerra, "Iberian Science."

91

阿尔布雷希特·迈耶（Albrecht Meyer）为莱昂哈特·福克斯的《植物史》（Leonhard Fuchs, *De historia stirpium Commentarii insignes*, 1542 年）绘制插图，并在书末附上了自画像，这本书以插图精美著称

惠康信托图书馆供图，伦敦

信息，并协助他按照合理的顺序整理这些信息，并以精美的拉丁语把结果呈现出来。这本书最终于 1555 年的春天出版，朗德勒也十分感谢克鲁修斯在出版过程中的付出。[1] 此外，克鲁修斯还周游了法国南部地区，旅途中也一直在研究植物。蒙彼利埃当时名义上是天主教占据主导，但加尔文主义正日渐发展，这更加坚定了克鲁修斯将他的一生投入自然史这个令人兴奋的新研究中去。

1554 年初，克鲁修斯把朗德勒即将引起轰动的著作的最后一部分材料交给了出版商，随后他开始了一段漫长的重游低地国家的旅

---

[1] Hunger, *De L'Escluse*, 23–24.

De Raia oculata & læui.

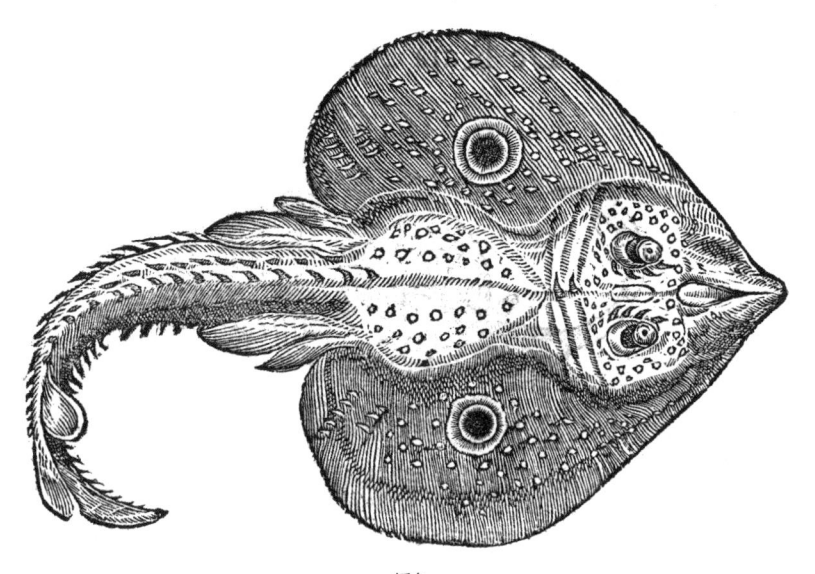

鳐鱼

摘自纪尧姆·朗德勒《海洋鱼类全志》,惠康信托图书馆供图,伦敦

程。在安特卫普以及附近地区,他度过了 5 年时光,其间还短暂地回到鲁汶。促成此次返乡之旅的是低地国家的统治者查理五世和法国国王亨利二世(Henri Ⅱ)之间的战争。1555 年,查理让位,他的儿子兼继承人菲利普从英格兰返回低地国家,开始执掌这大片土地并继续战争。哈布斯堡王朝和瓦卢瓦王朝之间的这场战争最终于 1559 年 4 月画上句号。同年菲利普启程前往马德里接管权力,派他同父异母的姐姐帕尔马公爵夫人玛格丽特(Margaret of Parma)接管低地国家。1560年,战争结束数月后,克鲁修斯前往巴黎继续研究医药。在巴黎,他可能还遇到了著名的知识分子,如哲学家彼得吕斯·拉米斯以及诗人彼埃尔·德·龙沙(Pierre de Ronsard)。之后,克鲁修斯前往天主教城市科隆和奥格斯堡,成了一名临时教师,负责教导当时极其富有的(也是信奉天主教的)大商人富格尔(Fugger)的儿子,并把他带到西

班牙——富格尔家族在那里也有办公室。他和小雅各布·富格尔（the young Jacob Ⅲ Fugger）在伊比利亚半岛共同旅行了一年多。1564年初，克鲁修斯又意外地在安特卫普遇到了小富格尔。随后，他们一起前往巴黎，又一路向西，沿着法国西海岸到达西班牙，再继续前往布尔戈斯、巴利亚多利德、萨拉曼卡、阿维拉与马德里。之后，他们转而向北，到达塞戈维亚，然后经瓜达拉马返回，随后又转向东北前往埃纳雷斯堡和瓜达拉哈拉，于9月初回到马德里；他们又从马德里启程，这次是向西，在9月底先后到达托莱多、瓜达卢佩、巴达霍斯和里斯本。他们继续远游，1565年的新年过后不久，他们到达塞维利亚，随后游览了西班牙东南海岸，最终于4月中旬返回马德里。克鲁修斯在那里与他的学生分别，随后他只身返回。6月上旬，他回到巴黎和安特卫普。和往常一样，他会见了很多人，同他们交谈并得以参观他们的图书馆、花园和珍奇藏品；他把许多精力投入研究所经之处的植物；他搜集了新出版的关于来自亚洲和南北美洲的外来植物的书籍。事实上，尽管在低地国家宗教分歧越来越大，但人们对他在天主教地区的旅行没有发表任何评论。

宗教战争——植物学的成功

在克鲁修斯回到低地国家后，他发现宗教和政治冲突正不断升级。在接下来的几年里，他卷入其中，反对哈布斯堡王朝强迫居民接受苛刻的天主教新教义。1563年的夏天，漫长的特伦托大公会议（Council of Trent）最终完成审议，慎重地对天主教给予正统而严格的定义［同时，加尔文主义者在《海德堡教理问答》(*Heidelberg Catechism*)中编纂了他们的信条］，随后哈布斯堡王朝努力在尼德兰巩固天主教会，设置了新的主教与宗教法庭，同时强化了其制度和财政基础，此举招致激烈的反对，主要矛头指向了帕尔马公爵夫人玛格丽特的重臣格朗韦勒领主安托马·佩勒诺（Antoine Perrenot, Lord of Granvelle）。当地的贵族极不欢迎他，为此菲利普不得不把他召回。[1]但是对哈布斯堡王室统治者的政治集权化与宗教改革的怨恨仍在发酵。一大批贵族、绅士和市政官员开始抗议，并抵制摄政者的通告。1566年4月，许多人出于不满向玛格丽特请愿。克鲁修斯写信给一位朋友提到了这次请愿，信中他用了短语"我们的事"（de nostris rebus），表明他对这次请愿的认同；他还将请愿书翻译成拉丁语在德意志朋友中传阅。这一态度也在他5月的一封信中得到了反映，他在信中提到"在我们的努力下"（in mediis nostris motibus）收到了一封来信。大约在同一时间，他的右腿受了重伤，伤及骨头，很可能是被刀或剑刺入，6月至7月他不得不躺在床上养伤，到了8月中旬他才可以一瘸一拐地走动。[2]接着，一群反传统的暴徒开始在低地国家各地捣毁教会和大教堂。临近1566年末，克鲁修斯变得悲观起来，事态的发展正在失控，他担心民众的秘密集会以及再洗礼派的传播，在一封信的结尾，他这样说：人必须相信上帝，向上帝祈祷，并希望福音派以及耶稣的声音能够得到保护。[3]

对20世纪早期研究克鲁修斯的荷兰传记作者亨格（F. W. T. Hunger）来说，克鲁修斯的行为表明了他为加尔文主义的利益而工作，因此他把克鲁修斯的许多活动解释为"反天主教"性质。[4]然而，克鲁修斯很可能只是对宪法持保守立场，他反对哈布斯堡统治者的政策以及特伦托大公会议的新教义，而不是反对从小培养他的传统及广义上的教堂。甚至更有趣的是，存在一种与之相关的可能状况是，对一位研究那个时代政治与宗教问题的当代历史学家来说，克鲁修斯的反宗教审判行动和个人感情可能使他成为家庭教或者家庭主义（Family of Love）的

---

[1] Duke, "Salvation by Coercion."
[2] Hunger, *De L'Escluse*, 89–93.
[3] 参见 Hunger, *De L'Escluse*, 94, 其中谈到了这封信的用途。这封信写于11月29日，寄给了在维也纳的宫廷医生约翰内斯·克拉托·冯·克拉夫泰默（Johannes Crato von Krafftheim）。
[4] Hunger, "De L'Escluse," 3; Hunger, *De L'Escluse*.

信徒。[1]家庭教（Huis des Liefde，字面意思即"爱之家"）注重内在虔诚而非外在表现，这个群体预言上帝净化的世界即将来临，但同时允许其成员向当权者所要求信奉的任一宗教进行忏悔。家庭主义者受到亨德里克·尼可拉斯（Hendrick Niclaes）和（1573年后）亨德里克·扬森·范·巴雷费尔特［Hendrik Jansen van Barrefelt，别名希尔（Hiel）］的启发。这两人先后被中世纪晚期虔敬类作品如《师主篇》（*Imitation of Christ*）以及更多关于耶稣第二次降临的希望和恐惧所深深触动。对尼可拉斯以及他的追随者来说，被圣灵领导与学习《圣经》等经文同样重要；第二次降临时，没有任何一座教堂是至高无上的，但是所有得到救赎的信仰都会和睦相处。许多家庭主义者都是富有且受过良好教育的商人，他们很清楚宗教冲突对商业的负面影响；也有许多人支持伊拉斯谟传统模式的学术、道德与信念。因此，这一运动也试图在天主教以及普世教会内部保持某种精神传统，对抗特伦托神学精确主义以及宗教法庭的偏执。

但家庭教成员更强烈地反对归正教会。例如，尼可拉斯说在上帝的帮助下，人们可以为自身的救赎做出贡献，甚至能够为世间的完美而奋斗，但也要反对新教因信称义的教义。加尔文认为世上所有人都应受到谴责，但只有少部分人会被罚入地狱。这种严苛的加尔文主义观点遭到反对，尤其是其中关于恩典以及预定论的内容。出于这样的原因，"家庭教最主要的敌人是新教徒"，而尼可拉斯本人"对宗教改革深恶痛绝，认为新教徒是令人厌恶的宗派主义和分裂主义者，他们唯一的作用就是取代相对而言更加糟糕的天主教仪式"。[2]在16世纪60年代中期，最著名的家族主义者都聚集在安特卫普，和克鲁修斯一样，他们也被深深地卷入了试图和平解决暴动的行动中。例如，1566年秋季请愿书的最后草案是在著名且富有的家庭主义者路易斯·佩雷

---

[1] Mout, "Family of Love," 86.
[2] Hamilton, *Family of Love*, 5; Mout, "Family of Love," 81.

斯（Luis Pérez）的兄弟家里完成的，请愿书要求布鲁塞尔政府给予宗教自由，交换条件为300万弗罗林的税额。[1]随着加尔文教徒起义后政府立场态度逐渐强硬并从意大利召集西班牙军队，许多家庭主义者（像其他人一样）前往科隆或国外其他地方避难。安特卫普的家庭主义者可以说代表了一批为重塑人性而奋斗的广教派天主教徒。

他们的观点如此保守，很难确定像克鲁修斯这样的人是否是家庭主义者，但是的可能性很大。在安特卫普，负责出版他的作品的出版商是历史上最著名的家庭主义者克里斯托弗·普朗坦（Christophe Plantin）；克鲁修斯也与同为家庭主义者的地图学家亚伯拉罕·奥特柳斯（Abraham Ortelius）有着密切合作（奥特柳斯根据克鲁修斯提供的信息出版了法国南部和伊比利亚半岛的地图）；克鲁修斯最晚结识的朋友，也是他的通信人之一是著名的哲学家尤斯图斯·利普修斯，他也同样与家庭教有很深的关系。安特卫普的家庭主义者在布鲁塞尔的法庭也有支持者，最著名的是西班牙人贝尼托·阿里亚斯·蒙塔诺（Benito Arias Montano），他也是克鲁修斯的朋友。蒙塔诺于1568年抵达安特卫普，负责多语言版本《圣经》（Polyglot Bible）的编撰（以5种主要语言印刷出版了各类书籍）；到离开安特卫普之前（1575年），蒙塔诺也成为一个家庭主义者。[2]蒙塔诺在晚年回想安特卫普时，在塞维利亚给克鲁修斯写了一封信，称呼克鲁修斯为"最好最真诚的朋友"[3]。

此外，在安特卫普有一个以普朗坦和蒙塔诺为中心的圈子，克鲁修斯也是其中一员。这个圈子与普救论者纪尧姆·波斯特尔（Guillaume Postel）有着密切联系。波斯特尔主张通过和解实现所有人道的统一和救赎。[4]甚至克鲁修斯晚年待在维也纳期间，可能也与家庭主义者立场一致，因为直到鲁道夫二世（Rudolph Ⅱ）统治后期，奥地利的哈布斯

---

[1] Mout, "Family of Love," 85.
[2] Rekers, *Montano*, 75–76; Mout, "Family of Love," 90.
[3] Rekers, *Montano*, 176.
[4] Bouwsma, *Concordia Mundi*.

堡家族一直支持探索普救论。普救论者认为，通过这些探索，他们能够完成把天主教世界重新联合起来的使命，甚至为在整个世界建立统一的君主制度奠定基础。[1]（当时其他君主有类似的关于他们历史使命的观点。）同时，克鲁修斯与捷克兄弟会（Czech Brethren）的成员有着密切联系，这是另外一群受过良好教育的和平主义团体。[2] 无论如何，克鲁修斯显然都是全体选民群体的一员，低地国家的历史学家开始意识到，除非迫不得已，他们不愿在宗教与政治冲突中选边站队，他们更有兴趣的是实实在在的事物，而不是教条（他们也非常不喜欢宗教裁判所）。

值得注意的是，克鲁修斯作为一名严肃的植物学家的声誉在这场政治冲突激烈时期得到了维护。1567 年，他出版了一本关于亚洲外来植物的书。这本书最初由加西亚·达·奥尔塔（Garcia da Orta）于 1563 年用葡萄牙文写成，名为《印度香药谈》(Colóquios dos simples e drogas e cousas medicinais da India)。[3] 奥尔塔观察搜集了东印度群岛植物的信息，并通过阅读以及与当地人和游客交谈对内容进行补充。他还雇用其他人从各地给他寄送信息、植物和种子。他来自一个新基督徒家庭，1492 年，犹太人被驱逐出西班牙后，这个家族就定居在葡萄牙（他的父亲显然是在 1497 年被迫受洗的）。很可能从 1515 年左右开始，奥尔塔就前往西班牙，在萨拉曼卡和埃纳雷斯堡的大学学习艺术、哲学以及医学。1523 年，他回到在葡萄牙的故乡，休息 3 年后，前往里斯本定居。1530 年，他取得教授职位。随着葡萄牙宗教裁判所的建立，新基督徒们的谋生也越来越难。1534 年，奥尔塔乘船前往果阿，同行的有他的朋友及赞助人马蒂姆·阿丰索·德·索萨（Martim Affonso de Sousa），索萨是印度洋总督（即之后的葡属印度总督）。奥尔塔随同索萨参与了葡萄牙在印度西海岸的几次军事行动，并定居在

---

[1] Evans, *Rudolph*.
[2] 有关兄弟会，详见 Evans, *Rudolph*, 31–33。
[3] Orta, *Colóquios*.

当时正蓬勃发展的首府果阿。但奥尔塔后来并没有随索萨于1538年返回葡萄牙。在此期间，奥尔塔不仅是果阿许多王公与殖民地官员的私人医生，还成为旁邻艾迈德纳格苏丹布尔汉·尼扎姆·沙阿（Burhān Nizām Shāh）的私人医生兼朋友。得益于各种渠道以及商业活动——包括搜集亚洲香料和药材并将其运往欧洲——他变得相当富有。由于受到葡萄牙宗教裁判所的威胁，他的两个妹妹和她们的家人以及他的母亲也来到果阿定居。直到1568年去世，奥尔塔一直以一个正统的天主教徒公开行动，与方济各会教徒、多明我会教徒和耶稣会士建立友谊，正是他的这些好朋友保护了他。他刚刚过世，果阿的宗教裁判所法官就强迫他的一位姐夫作证奥尔塔仍然信奉犹太法律和习俗，随后宗教裁判所逮捕、折磨、迫害他的其他几个亲戚。1569年，宗教裁判所把他的一个姐姐烧死在火刑柱上，因为她是"一个无可救药的犹太人"，并于1580年挖出了奥尔塔的尸体，在信仰审判（Auto-da-fé）中将尸体焚烧。[1]

在去世前5年，奥尔塔在果阿出版了《印度香药谈》，并把它献给了索萨。书中还收录了他的熟人卢易斯·德·卡蒙斯［Luís de Camões，他的《卢济塔尼亚人之歌》（Luciads）被认为是16世纪最著名的抒情诗之一］的第一首诗。这部作品巧妙地展示了奥尔塔所接受的教育中两个最好的思想流派：文献学和实证学。它采用了奥尔塔和他虚构的另一个自我——鲁阿诺医生（Dr. Ruano）对话的形式。书中写道，鲁阿诺与奥尔塔一起在萨拉曼卡和埃纳雷斯堡学习。书中角色的名字显示了奥尔塔接受的人文主义教育，因为这是一个双关语，暗示了对著名的古希腊狄奥斯科里迪斯的《药理》（Materia medica）的改进：奥尔塔在萨拉曼卡和埃纳雷斯堡与埃里奥·安东尼奥·德·内布里哈一起

---

[1] Orta, *Colloquies*, vii–ix; Boxer, *Two Pioneers*, 6–13; Nogueira, "Orta". Boxer 和 Nogueira 都依赖一些传记信息，参见 Augusto da Silva Carvalho, *Garcia d'Orta: comemoração do quarto centenário da sua partida para a India em 12 de Março de 1534* (Coimbra, 1934)。同时参见 Grove, "Transfer of Botanical Knowledge," 164–167。

学习，内布里哈于 15 世纪末在意大利北部游历期间成了一名坚定的人文主义者，并把拉丁语和希腊语的人文主义学说引进西班牙，包括数学、天文学、地理学和自然史。内布里哈选取了狄奥斯科里迪斯《药理》的让·德·拉·吕埃尔（Jean de la Ruelle）人文主义新版本，在其中加入评注，并按字母顺序罗列了大约 2000 个西班牙语词汇，主要是与狄奥斯科里迪斯的书里出现的名字与名称相关的词汇。吕埃尔的名字在法语中意思是"狭窄的街道"，而"Ruano"在西班牙语里的意思是"与街道有关"。[1] 因此，奥尔塔设计的鲁阿诺无疑是一个对狄奥斯科里迪斯的著作根据时代加工处理的编辑角色，奥尔塔以此对这些工作进行纠正。

在奥尔塔的对话中，鲁阿诺首先开始提问。他询问在各语言中所有药用植物的名称以及它们在当地的用途，并在随后的每一次谈话中，鲁阿诺都会向奥尔塔提问，并从古典文献以及伊斯兰材料中提出引文。

奥尔塔塑造的人物扮演了新自然史学家的角色：他基于事物本身的知识给出答案。例如，在关于小豆蔻的一章中，鲁阿诺首先提出了一个复杂的问题："如何才能够解释欧洲现在使用的小豆蔻的主要及次要用途与盖伦、普林尼以及狄奥斯科里迪斯的观点不一致的现象？"奥尔塔回答，他会让鲁阿诺"把它看得如同正午的阳光一样清晰"。鲁阿诺提到了有关小豆蔻的阿拉伯文献，列出了它在马拉巴尔、锡兰、孟加拉、古吉拉特和德干的名字，并解释道，无论是古希腊人还是拉丁人都不知道小豆蔻，并称中世纪著名的翻译家克雷莫纳的杰拉德（Gerard of Cremona）在把一些阿拉伯文的段落转换成拉丁文字后文意变得更加混乱。为了说明小普林尼是如何知道的，"我会让你看一下"，他叫了一个"小男孩"从发生这段对话的一座花园中摘来了一颗黑色的小豆蔻。接下来的讨论围绕着每一个权威的观点，但它们都与奥尔

---

[1] 我对约恩·阿里萨瓦拉加（Jon Arrizabalaga）和他的同事佩佩·帕尔多（Pepe Pardo）表示感谢。但卡瓦略（Carvalho）（参见上条注释）认为"Ruano"就是"licenciado" Dimas Bosque，显然也就是奥尔塔书中"lettre au lecteur"的作者，参见 Clusius, *Aromatum et simplicium*, 16。

第三章 调和变革：追求自然真相 127

塔的证据相矛盾。[1]虽然在这些讨论中最明显的元素是奥尔塔利用了他自己和同时代人关于这些事物本身的经验，但同样明显的是，他也引用了大量文献，特别是有关南亚医药和植物的文献。这些作品存在于多语言语境中，包括至少从 9 世纪开始出现在阿拉伯语的文献中，奥尔塔从拉丁语译本中了解到许多阿拉伯文献。他同样利用在果阿的机会学习了一些阿拉伯语，因为他抄录的许多文字显示出他曾与众多以阿拉伯语为母语的人士接触。[2]更通俗地说，他的评价主要基于描述性的细节。他更喜欢描写他见过的东西，虽然在某些不可能的情况下，他不得不与其他人进行对话，以此作为可靠的信息来源。他有很多机会与各种具有不同背景、来自不同地方、有着不同经历的知识渊博的人见面，包括博学的印度教徒和穆斯林。换句话说，奥尔塔使用直接经验作为一种有力的方法来反驳其他"专家"，虽然在构建实证知识案例时，他也必须依靠他认为值得信赖的人。这是一部令人印象深刻的植物学和药物学著作。

由于奥尔塔的书是在果阿印刷出版的，所以在欧洲很少见。不过在这本书出版后不到 9 个月，克鲁修斯在指导雅各布·富格尔游历葡萄牙期间就得到了一本。[3]在返回低地国家的旅程中，也就是在 1565—1566 年冬季的严重困难时期，克鲁修斯开始翻译并编辑这本书。在每一章译文的末尾，他都加上了自己的评论，用星号和不同的字体与原文清晰地区别开来。在他的注解中，克鲁修斯添加了他自己的描述性细节，包括他在何处见到了这类植物，使用和引用了所有能够找到的关于这些植物的出版物。[4]克鲁修斯充分展示了在语言学、编辑学、资料整理以及细致观察等方面的人文主义素养。当时的政治动荡以及他自身严重的腿疾使出版一再延误，但他最终还是在 1566 年 9 月获

---

[1] Orta, *Colloquies*, 99–112.
[2] Attewell, "India and Arabic Learning," 7–13, 17–18.
[3] 书名页标注的日期是 1563 年 4 月 10 日；克鲁修斯购买副本的日期是 1564 年 1 月 6 日，参见 Orta, *Colóquios* (University Library Cambridge, Adv.d.3.21)。
[4] Clusius, *Aromatum et simplicium*.

得了这本书的出版许可；他委托彼得·范·德·博尔希特（Peter van der Borcht）为书中植物绘制插图，根据这些插图绘制的木版画则由阿诺尔特·尼古拉（Arnolt Nicolay）于当年10月完成。克鲁修斯把此书献给他曾经的学生雅各布·富格尔，并在书上注明时间是12月13日，1567年4月初的法兰克福书展上出现了这本书——在这之后，不到4年，它就出现在果阿——确保了克鲁修斯的声誉。[1] 很快这本书就出了好几个版本，并被翻译成其他语言。克鲁修斯的编辑整理得以让其他作者——如西班牙的克里斯托弗·达·科斯塔（Christovão da Costa）——根据奥尔塔的书开展研究，即使他们无法获得奥尔塔的原书。[2] 克鲁修斯后来又出版了奥尔塔的另一部作品——《外来生物形态十书》（*Exoticorum Libri decem*，1605年），并在书中增补了达·科斯塔所写的拉丁文版著作以及尼古拉斯·莫纳德斯（Nicolás Monardes）关于南北美洲医学的著作。克鲁修斯曾在西班牙见过莫纳德斯，之后在去英国的旅程中，他发现了这本书。[3]〔约瑟夫·尤斯图斯·斯卡利杰（Joseph Justus Scaliger）校正了这个版本中的阿拉伯文。[4]〕在整部书的编撰过程中，即便其他作者参与，克鲁修斯也一直通过对现象的真实描述来研究自然，而不是猜测现象产生的原因。

　　大约在第一版问世之时，阿尔瓦公爵（Duke of Alva）来到北方。除了破坏圣像之外，1566—1567年的请愿书大多要求布鲁塞尔政府以税收为代价实施宗教自由，但哈布斯堡王朝认为这是明目张胆的颠覆。玛格丽特成功地度过了执政期间的风暴，然而西班牙宫廷里的政治操弄让菲利普二世决定彻底肃清针对他的反抗力量。他派出了他最为得意的将军阿尔瓦，并从意大利调回了他的一些最好的军队。1567年8月，公爵和军队到达低地国家。针对反对玛格丽特和菲利普二世

---

[1] Hunger, *De L'Escluse*, 79, 88, 93–98.
[2] Orta, *Colloquies*, xiv–xix.
[3] Hunger, *De L'Escluse*, 81, 118.
[4] Attewell, "India and Arabic Learning," 14.

第三章 调和变革：追求自然真相　　129

克鲁修斯的亲笔签名

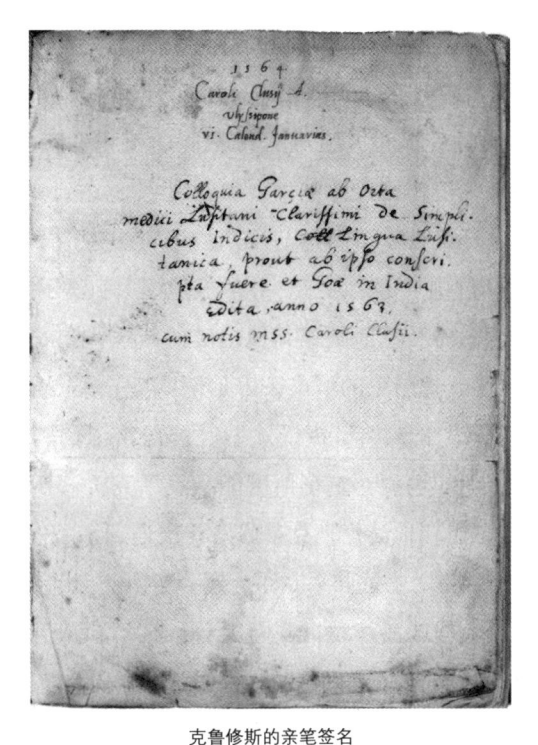

见其编辑出版的加西亚·达·奥尔塔所著《印度香药谈》（1563年）封面内侧
剑桥大学图书馆允准复制

（Philip Ⅱ）的群体和个人，这位铁血公爵发动了一场残酷的运动，甚至以屠杀整个城镇来恐吓那些被认为不忠的人。克鲁修斯找到了哈布斯堡王朝法院的朋友让·德·布朗雄（Jean de Brancion）寻求庇护。布朗雄在位于布鲁塞尔和安特卫普之间的梅赫伦拥有一座带花园的房子。自1455年起，梅赫伦就一直是低地国家的最高法院所在地，不仅是各省的终审法院所在地，同时也负责行政事务和财政事务——就像巴黎高等法院——这使得克鲁修斯能够以律师的身份继续待在那里。

寓居梅赫伦的那段时间又一次印证了幸运之神对克鲁修斯的眷顾。许多低地国家的园丁对外来植物表现出极高的热情，他们建立了观赏花园，所展示标本的多样性和稀缺性令人印象深刻。和其他地方一样，第一批种外来植物的是药剂师，例如，在安特卫普，药剂师彼得·范·库登贝格（Pieter van Coudenberghe）因他的花园而出名，1548年前后，他的花园里共有数百种不同的植物；到1558年，据报道其花园里的外来植物已达400种，1568年甚至达到600种。[1] 1561年，菲利普二世开始在位于阿兰胡埃斯的王宫中建造草坪、街道和花圃，他招来了24位佛兰德斯园丁，并从低地国家引进了大批植物。[2] 也有许多来自佛兰德斯和低地国家其他地区的新园艺和农业植物被引进英国。[3] 碰巧的是，梅赫伦的城市医生是伦贝特·多东斯。他的《本草书》（Cruydeboeck，1554年）极受欢迎，被送给了代表查理五世统治低地国家的匈牙利的玛丽。多东斯可能激发了克鲁修斯对自然史的兴趣。[4] 更重要的是，在梅赫伦，克鲁修斯首次遇到了一种开花植物的标本，他的名字此后与之永远联系在了一起，这就是郁金香。16世纪60年代初，一袋郁金香球茎被运抵安特卫普。它们和从伊斯坦布尔运来的布料一起被运到那里，并且被误认为是洋葱，导致大部分球茎都被吃掉了，所幸的是，最后还是有几个被种在菜园里，其中一部分被梅赫伦的商人约里斯·雷耶（Joris Reye）所救，他对这些观赏植物十分感兴趣。正是当时待在梅赫伦的克鲁修斯讲述了这个故事，因此，极有可能是他或布朗雄从雷耶那里得到了一些球茎，这种羽状花瓣的郁金香后来就以布朗雄命名。[5]

在此期间，克鲁修斯在政治上可能依然表现活跃。阿尔瓦暴力血腥的行动表面上成功压制了布鲁塞尔对西班牙统治者的公开抗议，但是在其背后，这些镇压行动制造了更多痛苦的怨恨，这些怨恨主要来自一批贵族、士兵以及水手，这些"乌合之众"骄傲地称自己为"乞丐"（出自早期的请愿书），领导他们的是沉默者威廉（William the

---

[1] Nave and Imhof, *Botany in the Low Countries*, 14.
[2] Parker, "New Light," 222; Feliú, "Restoration of Aranjuez," 99.
[3] Murray, *Flanders and England*, 111–144.
[4] Meerbeeck, *Recherches historiques de Dodoens*.
[5] Pavord, *Tulip*, 61–62, 69.

Silent），即奥兰治亲王，同时也是荷兰执政。[1] 到了16世纪60年代末，他们被迫退到了北海边缘（英格兰的港口也包括在内），当时这些地区处于铁血公爵的势力范围之外。1571年，克鲁修斯开始了第二次横渡英吉利海峡的旅程（1561年，他曾作为某些年轻绅士的指导老师去过英格兰）。在那里，他遇到了许多不同的药剂师以及植物学家，并获得了刚刚出版的尼古拉斯·莫纳德斯关于新西班牙药用植物的著作的第二卷。他还得到一些甘薯，这也是弗朗西斯·德雷克爵士（Sir Francis Drake）获得的外来物品的一部分。克鲁修斯即将成为这种新食物的伟大拥护者。克鲁修斯从英国经过法国进入哈布斯堡王室的领土时被捕，原因是他藏了大量金银货币，并试图携带出境。货币财物被没收，并在缴纳了一定的罚款后，克鲁修斯才被释放。[2]

不久之后他就逃离了低地国家。当克鲁修斯再次回到低地国家时，新的征税形式又被引入，导致企业大规模地破产，甚至克鲁修斯一直都在准备的关于西班牙植物的书籍出版计划被搁置。很快，暴力事件再次爆发。1572年，英国女王伊丽莎白被迫把"乞丐"的武装船只驱逐出境；这些荷兰"乞丐"转而占领了泽兰省的布里勒，并以此为基地，奥兰治亲王的追随者开始收复低地国家西北省份的泽兰和荷兰。许多城市的民兵转变为战士，宗教流亡者涌入各省反对西班牙。梅赫伦是马斯河以南第一批转为支持奥兰治主义者的城市之一。但是在10月初，阿尔瓦公爵就主动打上门来。尽管奥兰治亲王的拥护者们已经提前逃跑，并且一些市民为阿尔瓦公爵打开大门以示忠诚，但公爵仍下令拿梅赫伦开刀以儆效尤：他让军队洗劫了这座城市，屠杀了所有居民，以此警告其他拥护和欢迎奥兰治主义者的城镇。[3] 克鲁修斯渡过了这些难关，但是当1573年初他父亲去世后，他觉得再也没有必要待

---

[1] 有关西班牙政府治下的"尼德兰叛乱"的根源，参见 Parker, "Dutch Revolt and Polarization"; Parker, *Dutch Revolt*; Koeningsberger, "Why Did the State General Become Revolutionary?"; Tracy, *Financial Revolution*; Tracy, *Holland under Habsburg Rule*, 以及 Rodríguez-Salgado, *Changing Face of Empire*。
[2] Hunger, *De L'Escluse*, 114–117, 119–120.
[3] Israel, *Dutch Republic*, 170–178.

在这个地方了。当地军事局势不断恶化,克鲁修斯通过布斯贝克获得了一本前往(天主教)神圣罗马帝国皇帝宫廷的护照。同年11月初,他抵达维也纳。[1]

在到达维也纳后不久,克鲁修斯就开始为马克西米利安二世(Maximilian II)服务,负责建立皇家药用植物园。1574年春天,正值奥斯曼帝国和哈布斯堡王朝之间的和平时期,尽管这种和平是不确定的。利用这个机会,克鲁修斯游历了下奥地利和下匈牙利地区,探索了当地的植物。在巴尔塔萨·德·巴蒂亚尼男爵(Baron Balthasar de Bathyány)的帮助下,他还打算聘用一个艺术家摹画潘诺尼亚的蘑菇。[2] 此外,他还得以从奥斯曼的联系人[包括布达佩斯的一位帕夏(pasha)]那里获得了更多品种的郁金香。[3] 因此,他在维也纳待了很多年,除了1579年至英国、1580—1581年至低地国家的短途旅行。

在维也纳,克鲁修斯结识了许多自觉践行矫饰主义的学者和艺术家,这些人强调物质细节意味着神秘的力量。[4] 矫饰主义指的是一种风格,这种风格充满精细的自然主义,与不规则、不对称、戏剧性场面以及精湛的技艺联结在一起。寓意画也许是它最具代表性的作品。[5] 埃及象形文字被认为可以直接向心灵展示力量和含义,受此启发,寓意画的图像通常与典故和文字解释结合在一起,揭示了与拥有准确洞察力的人之间的潜在对应。其中最著名的一部寓意画由匈牙利人扬·萨姆布库斯(Joannes Sambucus, János Zsámboky)创作。当时他也在布拉格的罗马帝国宫廷中获得了一席之地,并与克鲁修斯相熟。[6] 应当指出的是,在矫饰主义的寓意画中,对象和表现形式比文字更为重要——句子中的主语,能够帮助阐述对象自身所包含的难以言喻的知识,但

---

[1]　Hunger, *De L'Escluse*, 126.
[2]　Freedberg, "Science, Commerce, and Art," 388.
[3]　Pavord, *Tulip*, 63.
[4]　关于阅读自然中的"符号",参见 Bono, *Word of God*, 123–166。
[5]　Manning, *Emblem*.
[6]　详见 Evans, *Rudolph*, 167, 123–125。

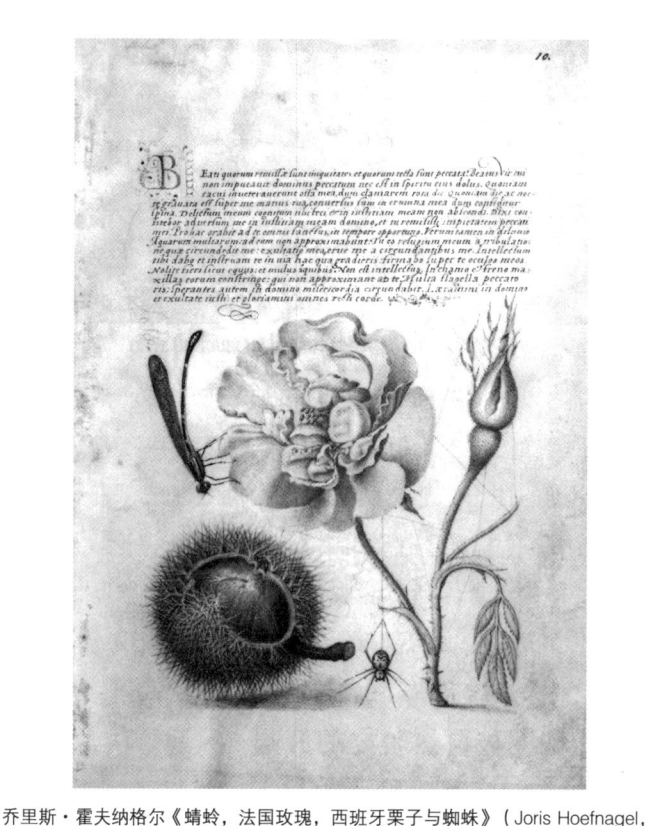

第三章　调和变革：追求自然真相　　133

乔里斯·霍夫纳格尔《蜻蜓，法国玫瑰，西班牙栗子与蜘蛛》（Joris Hoefnagel, *Damselfly, French Rose, Spanish Chestnut, and Spider*），绘于 1591—1596 年

摘自波克斯凯的书画作品《米拉善本》（*Mira Calligraphiae Monumenta*，1561—1562 年）
保罗·盖蒂博物馆（J. Paul Getty Musuem）藏，洛杉矶

并不能取代物体含意的多重性。例如，1561—1562 年间，乔治·波克斯凯（Georg Bocskay）为神圣罗马帝国皇帝费迪南德一世（Ferdinand Ⅰ）创作了一件精美的书法作品，在 16 世纪 90 年代初，细密画画家乔里斯·霍夫纳格尔（Joris Hoefnagel）又为皇帝鲁道夫二世对这幅作品进行了修改：他增加了对鲜花、昆虫以及其他自然元素精致的绘图"来展现图画胜过文字的更为优越的力量"[1]。威廉·阿什沃思（William Ashworth）

---

[1] Hendrix and Vignau–Wilberg, *Nature Illuminated*, 5; Kaufmann, *Mastery of Nature*; Neri, "From Insect to Icon," 36–46.

因此突出了当代自然史的"寓意"。[1]这些联系证明人类的最高追求正在转变为"把事物提升到精神的境界"。[2]克鲁修斯的许多英国朋友，如菲利普·锡德尼（Philip Sidney）、沃尔特·雷利爵士（Sir Walter Raleigh）和约翰·迪伊（John Dee），都持有类似的观点。[3]但至少在他公开的表述中，克鲁修斯对精准细致记录客观世界的关注要远多于精神层面的"寓意"。他最初的一些著作，包括关于伊比利亚半岛的植物（1576 年）以及匈牙利的植物（1583 年）的重要著述，都用精准的语言描绘并附以精美的插图，来对诸如雌蕊、雄蕊甚至花粉之类的自然物体做了精确的报告，但对这些物体背后的"寓意"或其他方面并没有给出明确的评论，甚至没有对数个世纪以来一直用于鉴别草本植物药用价值的 4 个标准（热、冷、湿、干）进行评论。与同时代的其他植物学家一样，克鲁修斯对客观世界的兴趣更为浓厚，对关于自然界各种生物的精确描述也有足够的兴趣，其他方面则未置一词。

新型大学的创立与自然研究的开启

在奥兰治亲王致力于扭转局势对抗哈布斯堡王朝时，克鲁修斯去了维也纳。当克鲁修斯回到低地国家时，已是 20 年后。在他的园丁朋友的邀请下，克鲁修斯前往莱顿，在当地新成立的大学的医学院任职。这所大学是对莱顿这座伟大而忠诚的城市的奖励。1573 年末，当哈布斯堡王朝的军队成功夺回低地国家各省时，经过长时间的围攻，他们又夺回了莱顿附近的哈勒姆，并开始在莱顿——荷兰省的第二大城市郊外挖掘战壕。1574 年春，西班牙军队被迫离开莱顿，去抵挡德国和法国各省支持威廉·奥兰治的东部军队。但当哈布斯堡王室的军队击退对手后，他们又立刻返回继续围攻莱顿。在从 4 月至 10 月 3 日的第

---

[1] Ashworth, "Natural History and the Emblematic"; Ashworth, "Emblematic Natural History."
[2] Goldthwaite, *Wealth*, 255.
[3] 详见 Yates, *Astraea*; Yates, *Occult Philosophy*; Harkness, *Dee's Conversations*。

二次围困期间,莱顿的居民遭受了巨大的苦难,成千上万人死于饥饿。因为有着坚强的领导,这座城市一直坚持等待威廉,直到他的军队掘开堤坝,乘风驶过洪水泛滥的田野,这一景象在许多人看来简直如有神助。[1]当威廉的军队到达时,城内已经没有一个人有足够的力气站起来迎接他们。莱顿的解放沉重地打击了在荷兰省和泽兰省的哈布斯堡王朝的力量,迫使西班牙在布雷达进行和平谈判。为提高在谈判中的话语权,威廉·奥兰治以及荷兰和泽兰两省政府决定建立一所新的大学。

建立大学是一种主权行为,向世界展示两个省份新获得的独立。[2]此外,附近的科隆大学和鲁汶大学,以及1562年由菲利普创建的杜艾大学,都是反宗教改革的天主教的堡垒,它们都坐落在异国土地上,对奥兰治家族的支持者来说,他们的子孙前去求学将会面临很大的危险。建立一所能够向当地青年灌输自由人文主义价值观的大学很有必要;如果能够吸引其他人的后代前来就读的话,这所大学可以更成功。在慎重考虑之后,这所新的大学最终落户莱顿,也是作为奥兰治亲王对莱顿市民英勇忠诚的奖励的一部分——当时唯一的大城市阿姆斯特丹仍然支持布鲁塞尔政府。(另一个耳熟能详的故事是威廉给莱顿提供了一个选择,免税或者建立一所新大学,莱顿选择了大学。这个故事来自17世纪的诗人及历史学家霍夫特的作品。[3])

与威廉政府普遍关注一致的是,这所大学最初的雄心壮志并不像人们常常谈论的那样仅仅是为了培养加尔文教的神职人员,而是要维护宗教自由,要为国家的发展培养新一代领导人。这些为威廉拿起武器的人大多是激进的加尔文主义者,奥兰治亲王曾经领导着他们,以自由、维护地方权利、反对强权和中央集权政府为名战斗。[4]威廉的政

---

[1] 有关这一戏剧性事件的记载,参见 Fruin, *Siege and Relief of Leyden*。
[2] 作为回应,菲利普计划在当地建立另一所天主教大学,但计划未能实现。参见 Frijhoff, "Deventer en zijn gemiste universiteit."
[3] Jurriaanse, *Founding*, 7.
[4] 详见 Gelderen, *Political Thought*。

策使两类人达成了妥协,一方虽然反对哈布斯堡王朝的政策,但这些人仍然希望保持其非教条主义天主教徒或新教徒的身份,同时不干涉有其他信仰的人;另一方仍然致力于传播加尔文派福音,要求彻底铲除天主教。前者广泛分布在低地国家的市议会中,当听到阿尔瓦就要到来的消息时,他们默默地服从布鲁塞尔政府;后者则坚定决心,愿意冒着生命危险拿起武器对抗公爵。两个派别之间的分裂也带来了许多悲惨的后果。例如,1571年,被流放到埃姆登的荷兰加尔文派成员召开了一次宗教会议,他们的一位领袖——劳伦斯·雅各布茨·雷尔(Laurens Jacobsz. Reael)反对激进分子试图对他们所有人施加"一种新的罗马天主教会"的信条。[1]至少在一段时间内,反对任何严格的旧理想意识形态支配着奥兰治主义者的政策。他们的观点也被引入他们在莱顿建立的新大学中。

奥兰治亲王的意图从他1574年12月28日给荷兰和泽兰两省议会的信中就表现得很清楚了。信中他给出了他建立这样一所学校的理由:"这将是对这个国家的自由和法律最坚定的支持,不仅在宗教事务上,而且事关人民的福祉。"学生接受的教育"既包括对上帝的正确认识,也包括各种优秀的、体面的自由艺术和科学,这些知识将为联省的依法行政而服务"。[2]他还希望这所大学因其教学而出名,以吸引来自整个地区的学生,从而传播信仰自由的理念。作为回应,荷兰和泽兰两省的议会于1575年1月6日以国王菲利普二世的名义发布了一份大学宪章。莱顿大学刚建立的那几年,大学管理层的领导人是扬·范·德·杜斯[Jan van der Does,或者Dousa(杜萨),莱顿附近诺德维克的领主]。16世纪50年代末至60年代初,他在当时的知识重镇巴黎求学,后来在拯救这座城市的过程中发挥了关键作用。[3]他是那些坚定地以革

---

[1] Israel, *Dutch Republic*, 164.
[2] Otterspeer, "University of Leiden," 324–325. 我利用的抄本已被作为附录出版,参见 Kroon, *Bijdragen*, 111–113.
[3] Dorsten, *Poets, Patrons, and Professors*, 13–18, 23–29, 34–38, 46–47; Yates, *French Academies*.

命捍卫自由的支持者之一。自由"是卓越政治价值的表现，是'尼德兰的女儿'，是繁荣和正义之源"，自由需要捍卫。和同时代的许多人一样，杜萨也坚信自由不仅包括"身体和物品"的自由，而且包括信仰自由以及（有时候）言论自由。[1] 在为庆祝大学建立而出版的一部诗集中，杜萨称赞威廉亲王给予大学知识上的自由以培养各类人才，正因为如此，学生们才会从各地到这里来，使莱顿大学成为当时最主要的学术中心。[2]

激进的好战分子早先曾试图使新学校遵循加尔文教义，但是他们遭到了抵制。毕竟，一旦从宗教管理机构的束缚中摆脱出来，很多人——一半以上的城市居民——将拒绝成为任何特定教义教派的成员。[3] 例如，尽管严重受困于哈布斯堡王朝军队的包围，莱顿的市政当局本身并不接受教条主义式的加尔文主义，这座城市具有自由精神的加尔文主义牧师卡斯帕·库西斯（Caspar Coolhaes）曾经说过："为我们的罪孽而死的不是加尔文。"[4] 激进分子对这样的自由主义者表示强烈不满，但是当时自由主义者暂时占据了上风。[5] 于是，在大学成立的第一年，一群来访的加尔文神学家提出将学术置于地方宗教委员会（教会政府）的管辖之下，市政当局称该计划是"宗教法庭式的"，并提出反对。[6] 此外，出于对信仰自由的支持，亲王最终于1575年6月批准了大学的管理架构，并且没有把控制权交给宗教人士。相反，新的大学将由荷兰省和泽兰省政府任命的3位终身管理人负责，[7] 参与管理的还有莱顿的4位市政长官，他们的任期为4年。1578年以后，入学也无须进行宗教审查。

---

[1] 引自 Gelderen, "Machiavellian Moment and the Dutch Revolt," 216, 218, 220–22; 更宏观的研究，参见 Gelderen, *Political Thought*, 以及 Skinner, *Foundations of Modern Political Thought*。
[2] Dorsten, *Poets, Patrons, and Professors*, 6.
[3] Duke, "Ambivalent Face of Calvinism."
[4] Otterspeer, *Groepsportret*, 139.
[5] Kaplan, "Remnants of the Papal Yoke."
[6] Jurriaanse, *Founding*, 13.
[7] 1618年，这项规定发生了改变，大学管理者开始有了一定的任期。参见 Siegenbeek van Heuklelom–Lamme and Idenburg–Siegenbeek van Heukelom, *Album scholasticum*, ix.

教学内容是根据该地的风俗习惯来安排的。在进入大学之前，学生们已经接受了7年的拉丁语、语言和文学方面的教育。入校后，学生们将继续在"文"学院学习——在莱顿大学通常被称为"哲学"学院——这里提供语言、文学、哲学和数学等其他科目更为高级的教学指导。[1]学生完成他们的学业，将获得学士学位，这又为他们继续在更高级的神学院、法学院与医学院深造奠定了基础。在更高级的学院，他们将获得博士学位。[2]尽管为获得学位学生必须满足在入学时就规定的要求，但他们还是可以自由选择任何一个学院的课程。神学院的学生因为得到政府奖学金的支持，所以他们必须住在所谓的政府校舍中。其他学生则在城里租房，而不是寄宿在学院，因此既没有宗教信仰也没有政治规则来约束他们。建校早期，相当多的学生都信奉罗马天主教，大学的工作人员也会保障他们学习的权利。杜萨和他的同事想把他们的新学校变成一个既追求学术自由又恪守严谨的学术研究的地方，而不是宗派主义的学校。尽管如此，莱顿大学的学位在尼德兰北部之外的地区获得认可还是花了数十年的时间，因为不管是天主教还是路德教的君主都无意承认。菲利普二世指责学校宣扬加尔文教义，并且在1582年禁止任何人前往学习。[3]天主教会也拒绝承认这所大学，1603年教皇克莱门特八世（Clement Ⅷ）甚至驱逐了在莱顿大学注册的学生。1597年，胡格诺派的法国国王亨利四世（Henri Ⅳ）承认莱顿大学的哲学和民法学位在法国有效，他的继任者路易十三（Louis ⅩⅢ）于1624年承认莱顿大学的医学学位。直到1648年《明斯特和约》（*Peace of Münster*）签订，荷兰共和国被正式承认为一个独立的国家后，莱顿大学的学位才最终在欧洲大多数地方得到认可。也直到那时，许多荷兰学生在尼德兰完成最初的学习之后才得以继续在古老的外国大学取

---

[1] 对莱顿这所年轻大学的研究，参见 Grafton, "Civic Humanism."
[2] 提供完整的14年课程是大学的雄心壮志，参见 Otterspeer, "University of Leiden."
[3] Dorsten, *Poets, Patrons, and Professors*, 5; Otterspeer, *Groepsportret*, 137–138.

得学位。[1]

在大学初创的几年里，大学管理人做出了艰苦的努力，不带任何宗教偏见地吸引著名教授来学校任教，他们取得了一些成功。第一个是尤斯塔斯·利普修斯，他于1578年加入法学院，同时也教授历史，他全身心地投入建立与发展一个强大的文科学院的事业中。[2] 利普修斯一生颠沛流离，深受折磨。1576年，西班牙军队因缺少军饷哗变，他被迫离开家乡奥纲赖泽前往鲁汶。当唐·胡安（Don Juan）的军队抵达鲁汶时，他又继续逃亡，最终从安特卫普逃到莱顿。当时莱顿是战事的最北线。1574年，利普修斯因编辑出版罗马史学家塔西佗（Tacitus）的著作而出名。在莱顿期间，他受塔西佗的斯多葛主义（Stoicism）的启发，写了很多解释性的作品，他的名声才得以确立。虽然在来到莱顿后他名义上是一名加尔文教徒，但他曾正式皈依路德宗以及天主教，并且与家庭教的成员有着密切联系。另外两位学者在当时也很有名，虽然比利普修斯还是逊色一些，莱顿大学也给他们提供了教授职位：1581年给希腊语和拉丁语教授博纳旺蒂尔·武尔坎努斯（Bonaventure Vulcanus）授予教职，1584年给罗马法教授托马斯·索西乌斯（Thomas Sosius）授予教职。两人都不需要放弃他们的天主教信仰。[3] 1585年，曾经的安特卫普出版商克里斯托弗·普朗坦来到莱顿大学创办了一家大学出版社，并怀着极大的自豪给他的一位老友写了一封信，信中他强调，大学的每一位成员都不必皈依加尔文宗，而只需服从市政当局。[4] 利普修斯离开后，另一位著名的人文主义学者——也许是他那个时代最伟大的新教知识分子——约瑟夫·尤斯图斯·斯卡利杰被法学院引进，接替了利普修斯的职位。斯卡利杰同时也教授拉丁语、古典研

---

[1] Frijhoff, *La société néerlandaise*; Frijhoff, "Amsterdamse Athenaeum," 48–52.
[2] 显然，他要求学生系统阅读经典文献，反对与拉姆斯主义（Ramism）有关的阅读方法。关于拉姆斯主义者的教育方法的研究，参见 Grafton and Jardine, *Humanism to Humanities*, 161–200；关于利普修斯宣称"他永远不可能伟大，因为对他而言，拉姆斯才是伟大的"，参见 Hoorn, "On Course for Quality," 78.
[3] Lunsingh Scheurleer and Posthumus Meyjes, *Leiden University*, 3.
[4] Woltjer, "Introduction," 3.

究和历史。[1]虽然他与天主教决裂，并且强烈反对耶稣会新秩序，但斯卡利杰还是保留了神学事务上的非教条主义思想。

1584年，一名天主教狂热分子暗杀了奥兰治亲王。莱顿大学的学生和学术发展开始受到激进的加尔文主义者和他们的政治盟友的干扰。当非教条主义的自由主义者开始认识到在北方建立一个独立的国家将带来很大的好处时，许多流亡者和好战的加尔文主义者的目标仍然是通过武力收复整个哈布斯堡王朝统治下的尼德兰。1579年，重新统一所有省份的希望破灭了。同年，乌特勒支联盟把北方7个省份联合在一起，正式成立联省共和国，或者更通俗地说，荷兰共和国，以七省中最大以及最富有的荷兰省命名。低地国家的南方各省仍然激烈抵抗哈布斯堡王朝的政策，但由于大多数城市的治安法官和民兵仍然忠于旧的信仰，西班牙逐渐重新掌控了大部分地区。威廉的遇刺激发了新的反抗力量，随之而来的是意志坚定者的权力增强。[2]英国女王伊丽莎白开始同意支持荷兰的事业，这很快导致英国和西班牙之间的战争。她派遣她最看重的莱斯特伯爵（Earl of Leicester），率领英国军队向荷兰伸出援手。荷兰政府相信他们的事业需要一个高贵的领袖，于是接受莱斯特为荷兰总督。

莱斯特最初被誉为荷兰自由与文化的保护者，但他很快就断定荷兰的商人并没有兴趣听从他的命令，也不像激进的加尔文主义者那样一心发动战争发誓重新夺回南部各省。他与荷兰议会之间的摩擦随之产生，而激进的加尔文主义者支持莱斯特。1586年，莱斯特暗地支持乌特勒支反天主教协会和民兵活动。此举导致乌特勒支成为激进的加尔文主义的堡垒。在莱顿，一些加尔文神学家不喜欢杜萨早期的非教条主义气氛，在莱顿的武装分子首领阿德里亚努斯·萨拉维亚（Adrianus Saravia）的策划下，他们发动了一场叛乱。萨拉维亚是莱斯

---

[1] Grafton, *Scaliger*, vol. 1.
[2] 参见 Kooi, "Popish Impudence."

特于 1586 年任命的莱顿大学校长，他想要莱顿步乌特勒支后尘加入加尔文派阵营。在 1586 年夏天，有传言说，他作为校长将把这所大学搬到乌特勒支。由于莱顿市政当局坚定而又不失礼貌的抗议，最终不了了之。一年后，莱斯特开始策划一场针对荷兰政府的政变，意图占领阿姆斯特丹和莱顿这两个大城市。萨拉维亚身陷其中。但在莱顿的第一步计划就失败了，尽管在失败之前莱斯特曾试图攻占阿姆斯特丹。在这场失败之后，莱斯特带着这个不体面的回忆回到英国，此时的自由派仍然掌控着局面。[1] 萨拉维亚也设法逃到英国，从而逃脱了被斩首的厄运。重视信仰自由的大学管理人和教授无疑松了一口气，尽管 10 年中莱顿大学有时对待英国来客仍不友好。[2]

然而，这些事件造成了一种危机氛围。大名鼎鼎的利普修斯威胁说要离开莱顿甚至尼德兰，前往教义一致以及研究的自由不会受到威胁的地方。[3] 1584 年，他出版了有关斯多葛哲学使人得到慰藉的著作——《论恒常》(De constantia)，这本书遵循了古代作家如波伊提乌（Boethius）的写作传统，并与同时代的作家如蒙田保持一致。但是虔诚的宗教承诺让他在谈到古代女神福尔图娜时对基督徒几乎未发一言。[4] 失败的政变促使他决定离开，然而与大学管理者的协商和持续数月的病情让他离开的计划暂时搁置了下来。[5] 利普修斯的下一本书《政治》(Politica)，并不针对个人信仰，而是针对统治者和领导人的统治行为，同样根植于古典哲学而不是基督教。他大量援引古罗马斯多葛派的塞涅卡（Seneca）的著作，以表明国民应该服从并在政治上处于被动，在理性的指导下，追求自己内心的沉思生活；他引用塔西佗的著作，提出统治者需要有效使用权力以带来最好的公共产品，即和平

---

[1] Dorsten, *Poets, Patrons, and Professors*, 78, 106–30, esp. 125–30; Dorsten and Strong, *Leicester's Triumph*; Israel, *Dutch Republic*, 220–230; Otterspeer, *Groepsportret*, 145–148.
[2] Dorsten, *Poets, Patrons, and Professors*, 168.
[3] 萨拉维亚一直是一个虔诚的加尔文主义者，可能他对非教条主义知识分子存在很大的仇恨，因为后者反对萨拉维亚的计划并写信给坎特伯雷大主教，说利普修斯是一个家庭主义者，虽然并不清楚利普修斯与家庭主义者的关系有多深，参见 Mout, "Heilige Lipsius," 203–204。
[4] Mout, "Heilige Lipsius," 205; Mout, "Which Tyrant?"
[5] Dorsten, *Poets, Patrons, and Professors*, 148–151.

与安全。他的观点没有任何共和的色彩。[1]尽管如此，这部著作的出版（1589年）还是带来了巨大的争议，不仅因为他的政治消极主义，还因为他对古典史料的依赖是以牺牲基督教文献为代价的。不久，荷兰政府就感受到了巨大的压力，不得不成立一个委员会来给大学提出建议，其中，1591年的一项建议即要求所有的教授都认同"真正的基督教"，也就是加尔文教。[2]虽然政府没有采纳这一建议，但利普修斯还是离开莱顿前往天主教统辖下的（以及君主制的）鲁汶——消极的斯多葛主义显然在南方兴盛起来，甚至甚于北方。[3]

园圃与解剖学

有一个地方是不尊奉宗教并且能够继续开展自然研究的堡垒，那就是医学院。1575年2月8日，在大学举行开学典礼时，街上游行的队伍中，有一个骑马的医学生代表，由4个徒步的人伴随——他们分别代表希波克拉底、盖伦、狄奥斯科里迪斯以及泰奥弗拉斯托斯（Theophrastus）；甚至有人认为帕拉塞尔苏斯（Paracelsus）也在其中。[4]当然，纪尧姆·德·弗格雷（Guillaume de Feugeray，Fuigeraeus）起草的研究计划——在宗教改革后的鲁昂大学休假期间提供的设立大学的建议——除了神学和法律这两个更高级的学院外，还应包含一个医学部门，指出"内科医生，作为大自然最忠实的仆人，必须接受不同的塑造和教导"。虽然内科医生像其他人一样必须听课，并花时间参与演讲和讨论，但是在第一年后，他们应该经常"对动物躯体、植物以及矿物进行检查、解剖、溶解和转化"。他们还必须跟随受人尊敬又

---

[1] 详见 Waszink, "Inventio in the Politic"。这篇文章认为利普修斯（常用的）搜集书中格言警句的方法使得17—18世纪的塔西佗观点被蒙上了一种君主制的气息，虽然现代的分析方法发现更多的是他对旧的罗马共和国的渴求。有关利普修斯在斯多葛主义复兴中的重要性，参见 Saunders, Lipsius, 以及 Oestreich, Neostoicism。
[2] Woltjer, "Introduction," 4.
[3] Morford, Stoics.
[4] Beukers, "Terug naar de wortels," 7–8.

博学的医生参与医学实践，检查和模拟他们的诊断以及对病人的治疗。只有如此，他们才真正获得博士的头衔，才具有通过服务和研究自然而拥有"保护和恢复健康的尊严"[1]。换句话说，如果莱顿大学想实现医学教育的最高理想，学生不仅要出现在教室、辩论厅、图书馆，还要前往解剖学教室（anatomical theater）[2]、植物园、化学实验室以及诊所。

莱顿大学最初共有两位医学教授，分别是来自代尔夫特的彼得·范·福雷斯特以及来自莱顿当地的杰拉尔德·德·邦特（Geraerdt de Bont，即邦修斯）。然而，在头几年他们几乎无事可做。因为招收的第一个医学院的学生姗姗来迟——直到1578年9月才来［这是一个来自英国的学生，注册时的名字是"雅各布斯·海梅斯"（Jacobus Jaimes）］；[3] 大约一个月后，录取了第一个荷兰学生鲁道夫·斯内尔（Rudolph Snell），但他很快就转去学数学了。[4] 福雷斯特从不授课。1581年，邦修斯迎来了一位全职同事——约翰内斯·赫尔尼乌斯（Johannes van Heurne，即Johannes Heurnius）。尽管16世纪80年代后期莱顿又发生了宗教与政治危机，但从那时起，有明确的证据表明，医学院开始定期进行医学教学活动。虽然最初赫尔尼乌斯和邦修斯对教学的分工并不明确，但是在1587年冬（莱斯特政变未遂前不久），有证据表明，赫尔尼乌斯主要讲授医学实践，邦修斯则根据希波克拉底教授解剖学和预后。5年之后，赫尔尼乌斯开始讲授希波克拉底，而邦修斯则根据埃伊纳的保罗（Paul of Aegina）的经验讲授实践。[5]

莱顿学派在学术导向上坚持实践和描述相结合。1592年，赫尔尼乌斯出版了不少著作，其中一部是教科书，名为《医药原理》（Institutiones medicinae）。然而邦修斯却著述不多，而且他留下遗嘱要求在他死时

---

[1] 引自拉丁文版本，Kroon, *Bijdragen*, 11–12。
[2] 教室内座位呈阶梯状排列而又被称为解剖剧场。——译者注
[3] 参见 Nutton, "Dr. James's Legacy," 207。
[4] Kroon, *Bijdragen*, 20.
[5] Kroon, *Bijdragen*, 23.

烧掉所有文章。两人留下的著作都清晰地表明他们致力于新希波克拉底主义，强调仔细观察，不轻易对疾病的起因下结论。通过这种方法，他们用最新的医学思想来表明自己的想法，到16世纪70年代，有关希波克拉底的出版物要远多于另一位伟大的古典作家盖伦的作品。[1]几十年来，莱顿大学医学院一直遵行希波克拉底的医学方法，表现之一是申请医学博士学位的学生必须接受希波克拉底两句格言的考核，这两句格言将在考核当天早上发布，到了下午，申请博士学位的学生必须在一个小时内把两句格言解释清楚。[2]希波克拉底注重实践和观察，这也促进作为莱顿大学医学研究内容之一的自然史的发展。

在医学院的名义和庇护下，莱顿大学管理者得以推动一项计划：建立一个大学植物园。在项目的推动下，他们还要求建立一个解剖学教室。因为当时有人考虑到，一些富人、大学管理者以及他们的同事都是对自然有着狂热兴趣的园丁。也许有些人甚至受到利普修斯教授的鼓舞，因为这位教授在到达莱顿的第一时间就开始打理花园，并把第二本书《论恒常》(De constantia)放到了植物园里，使日常休闲享乐的花园变成休养和学习之地的斯多葛式的花园。[3]对利普修斯以及其他认为幽居对拓展知识很有必要的同事来说，花园与"密室"一样，是一个人与其思想和书籍独处的地方，或者是几个朋友聚在一起进行学术对话的地方。[4]利普修斯称赞花园是能够庇护"来自城市和陷于麻烦的人们"的地方。[5]植物学可能是对于解释自然至关重要的学科，但它也是富人的最大兴趣所在，并且其足够客观，足以免受教条主义者的关注。

因此，大学管理者优先考虑指定一人领导大学的植物园。1582年，他们带来了一个真正有名气的人：伦贝特·多东斯。他在植物学领域发

---

[1] Nutton, "Hippocrates in the Renaissance."
[2] Lindeboom, "Medical Education in the Netherlands," 203.
[3] Morford, "Stoic Garden."
[4] Stewart, "Early Modern Closet Discovered"; Shapin, "The Mind Is Its Own Place."
[5] Lipsius, Of Constancie, bk. 2, chap. 2, 131–132.

表过文章，包括用当地方言写的《本草书》，他也从事许多其他领域的研究，比如关于圣餐变体的研究，这表明他是一位优秀的天主教徒。在 1580 年回到安特卫普之前，他还曾担任过神圣罗马帝国皇帝马克西米利安二世和他的继任者鲁道夫二世的宫廷医生。由于对园艺有共同的兴趣，多东斯和利普修斯已是多年好友。[1]当他来到莱顿大学时，没人认为他必须改变信仰，但希望已 66 岁的多东斯能够建立植物学教学体系，并用他的声誉帮助这个年轻的学院，这样的希望随着他于 1585 年年初去世而结束。多东斯去世后，莱顿便进入了莱斯特和萨拉维亚掌管下的动荡时期。然而，在 1587 年 4 月，就在莱斯特政变未遂之前，大学管理者迈出一大步——在这座城市得到了一块空地，用于建设教学所需的学术大楼（之前是一个女修道院）。同月，医学教授邦修斯获得加薪，并开始在夏季讲授药用植物，在冬季讲授人体解剖学。邦修斯对植物园的关注甚少，也许是因为莱斯特离开后莱顿的政治动荡，但更可能是因为他还有许多其他事务。几个月后，利普修斯接触了一位熟人，同时也是家庭教的成员，希望他开始负责植物园，但是这位著名的克鲁修斯以年龄太大为由推辞了。[2]1589 年，彼得·波夫——权势显赫的阿姆斯特丹摄政赖尼尔·波夫的侄子——作为一名特聘植物学教授加入学院。波夫是邦修斯的第一批学生之一，在回到莱顿之前，他曾在波罗的海以及意大利旅行和学习过，他有着宏大的学术抱负以及广泛的人脉。[3]

波夫不仅把他的精力投入植物园的发展上，而且从来到医学院起就坚持不懈地把解剖学教学带进大学。公众对解剖学课程的兴趣也日益高涨：1566 年，阿纳姆的市政法官给荷兰执政的一封信里写道，"一位医学和外科学博士"来到这个城市，要求当局为他提供"一

---

[1] Meerbeeck, *Recherches historiques de Dodoens*; Morford, "Stoic Garden," 167.
[2] Morford, "Stoic Garden," 167.
[3] Veendorp and Baas Becking, *Hortus Academicus*, 25; Lindeboom, *Dutch Medical Biography*, 1491–1493. 有关他的知识领域，参见 Lunsingh Scheurleer, "Amphithêatre," 217。

具尸体或躯体"，他将向所有人展示解剖学的实用和教育作用。[1]到了16世纪中叶，许多外科医生协会也要求那些有抱负的人学习人体解剖学。1555年，菲利普二世授予阿姆斯特丹外科医生每年获得一具被处决的罪犯尸体用以解剖的权利，并在圣·厄休拉修道院（Sint Ursulaklooster）举行了第一次授予仪式。仪式遵循了1550年阿姆斯特丹的一个案例，在这个案例中，当地治安法官把一个被处决的小偷的尸体交给了外科医生解剖，在此过程中，作为对其他违法者的警告，犯人的皮肤被小心地移除并被晒黑挂在市政厅，这一事件使得阿姆斯特丹的外科医生被称为"剥人皮的人"。[2]莱顿的外科医生（就像1619年后阿姆斯特丹的外科医生一样）在称量房（Waag）进行了公开解剖。这个称量房的主楼是市场官员称量货物的主要场所；在代尔夫特，福雷斯特在预约好的医院里解剖了那些死于医院的病人的遗体，并在外科医师协会的主持下定期举办公开的解剖课。[3]维萨里在帕多瓦的工作则更已在整个学术圈广为人知。

阿夸彭登泰的法布里休斯（Fabricius ab Aquapendente）是维萨里在帕多瓦的继任者。跟法布里休斯成为朋友后，波夫渴望把最新的医学知识带到尼德兰北方。在到达莱顿后的1589年冬天，波夫立刻组织公开展示人体组织、器官和筹建莱顿大学植物园。（在一个没有化学防腐剂的年代，解剖腐烂的尸体常常让鼻子和胃难以忍受，尽管在寒冷的冬天腐烂的速度会减缓。此外，隆冬时节正值忏悔节狂欢期间，通常此时一些逾越的行为也能够被容忍。[4]）波夫的公开展示是在一个废弃的小礼拜堂里进行的。1577年，这个教堂是莱顿大学原址，即Faliede Bagijnenkerk（意为披着罗缎斗篷的贝干诺派教堂）。这个教

---

[1] Andel, *Chirurgijns*, 46.
[2] Heel et al., *Tulp*, 196–197.
[3] Houtzager, *Medicyns, vroedwyfs en chirurgyns*; Houtzager and Jonker, *Snijkunst verbeeld*. 协会同样拥有各种不同种类的自然物品。参见 Delft Municipal Archive, Afd. 1, no. 1981, "Chirurgÿnsgilde–boek met de ampliatien, alteratien en 'gevolge van dien zeedert den Jaeren 1584. tot den Jaeren 1749 Inclusive,'" fols. 21–23v: "Inventaris vande goedren sÿnde op de Anatomie Camer," 1619。
[4] Ferrari, "Public Anatomy Lessons."

堂对大学来说实在太小。1581年，大学管理者获得了位于拉彭堡运河（Rapenburg）另一侧的新学术大楼，经大楼穿过几扇门，就可到达旁边的植物园。至于旧址，大学管理者保留了老建筑，并打算在它的顶层建一座图书馆（当然必须等其他优先事项处理完后）。[1]底楼的一半空间曾经一度留给学生们练习击剑，另一半则变成了外国学生的圣公会教堂。波夫发现楼上的小礼拜堂不仅空间大而且三面有窗，光线充足，能够满足他的要求，于是他将其用作解剖课教室。在小礼拜堂的尽头，波夫砌了一堵墙，把它与大楼的其他部分隔开，并从那时起，每年冬天公开演示解剖课程。

在1592年成为一名正式的医学教授后，波夫甚至成为一位极富活力的解剖学家。由于解剖课在当时非常受欢迎，波夫设法建造了一座更好的用于教学的剧院式的建筑。他可能是从他在帕多瓦的朋友和熟人那里了解到了这种做法——西罗尼姆斯·法布里休斯（Hieronymus Fabricius）于1594年在帕多瓦自费建造了一座永久性的剧院式解剖学教室。[2]1593年，波夫提出要在这个曾经的小礼拜堂里建立莱顿大学自己的永久"剧院"，这项计划最终在1597年完成。同年，荷兰政府决定把一名将在冬季处决的罪犯的尸体交给莱顿大学进行解剖学研究。在这座永久性的剧院中，房间中央的一根柱子上放着一张可以旋转的桌子，周围有6个环形的木柱，每个木柱都装有栏杆并逐级抬高，使围观的人可以倚靠在上面，近距离观看解剖台而不至于摔落到前面的人身上。当进行公开解剖时，第一圈座位是最接近解剖台的，这是为教授、大学管理者、市长以及其他要人预留的，再往上两圈留给理发外科医生[3]和医学院的学生；最高的3圈可供其他人使用，包括来自其他院系的学生。入口处有一个橱柜，里面摆放着各类外科手术所需

---

[1] Pol, "Library."
[2] Cole, *History of Comparative Anatomy*, 100.
[3] 在欧洲，外科手术一度主要与理发师有关，他们会使用理发工具进行外科手术，这种情况通常发生在战场上。随着医学的进步，理发师和外科医生的职业逐渐区分开来。——编者注

114

Afb.E. Combinatie van uit- en inwendig, 1594-1772.
(tekening van H. Bles)

贝干诺派教堂的内部结构复原图，建筑内部左侧为波夫的解剖学教室，右上方为图书馆，右下为入口大厅
高戈莱茵（A. J. F. Gogelein）绘制，莱顿大学收藏

的医疗器械。植物园的一位工作人员协助波夫组织每次的公开解剖课；观众需支付入场费，这些钱将由波夫管理并用于支付相关费用。[1]大学管理者认为波夫的解剖演示课程非常重要，以至于波夫每次上课前都

---

[1] Kroon, *Bijdragen*, 53, 56–58.

会响铃通知，宣布其他课程暂停。[1]通过他的解剖演示课，波夫在全校培养了一代学生。此外，他还写了一篇对古典医学百科学家塞尔苏斯（Celsus）前4本书的评论，回顾了希波克拉底关于伤口的观点，出版了维萨里的《概要》（*Epitome*）一书的修订版，并开始更全面地研究人类骨骼，还在对人的头骨及其发育的研究中得到了一些特别重要的结论。[2]他声称在19年里解剖了超过60具尸体，其中几具是儿童的。就像他曾经学习过的帕多瓦的习俗一样，波夫也解剖过活体动物以及狗的胚胎。[3]在波夫与诸如在科隆、日内瓦以及洛桑的威廉·法布里、哥本哈根的托马斯·巴托林（Thomas Bartolinus）等同时代人的通信中，他还报告了各类观察结果。这些与他通信的人都认为这些观察结果完全属于波夫，非常重要，值得发表。[4]

但是大学管理者并没有放弃为规划的植物园寻找一位著名的终身教授。1591年，他们试图吸引来自恩克赫伊森的贝伦特·泰恩·布勒克（Berent ten Broecke）——更为出名的是他的笔名伯纳德斯·帕鲁达努斯。帕鲁达努斯1550年出生于斯滕韦克，他可能在附近兹沃勒著名的人文主义拉丁学校学习。或许像其他人一样，他也陷入了16世纪60年代后期起义的逆流，不过，在16世纪70年代后期，为了接受更深入的教育和熏陶，他取道与尼德兰发展贸易的波罗的海地区——德国、波兰和立陶宛，向南到达威尼斯共和国，并于1578年4月被当地的帕多瓦大学聘用。在那里，他开始全身心投入解剖学、自然史和医学的最新研究。7月，他搭乘船只沿着威尼斯的香料之路向东航行，到达叙利亚，然后通过巴勒斯坦到埃及，1579年初返回威尼斯。同年，他游历罗马和那不勒斯，然后返回帕多瓦；12月，他再次出发前往那不勒斯以及马耳他；1580年4月回到西西里和罗马，并于5月初再次回

---

[1] Lunsingh Scheurleer, "Amphithêatre," 217–220.
[2] Swan, *Art, Science, and Witchcraft*, 56–58.
[3] Kroon, *Bijdragen*, 55.
[4] Lindeboom, *Dutch Medical Biography*, 1491–1492; NNBW, 4: 1051–1053.

到帕多瓦。7月，他获得哲学与医学博士学位。之后，他沿着通往因斯布鲁克和奥格斯堡的贸易路线向北旅行，到达纽伦堡，秋季他到达莱比锡和瓦尔登堡，担任冯·舍恩贝格（von Schönburg）王子家几个月的临时医生。他游览了德累斯顿等地，并试图前往美洲的圣多明各，因为富格尔家族有兴趣在那里开展商业；但在1581年2月，他离开了瓦尔登堡的宫廷，前往法兰克福的市集，接着去往斯特拉斯堡，然后至斯图加特、海德堡、科隆、卡塞尔和沃尔芬比特尔、汉堡，再从汉堡乘船回到尼德兰。[1]他沿途与多位博物学家交谈，其中就有克鲁修斯。1577年，在帕鲁达努斯前往意大利的途中，他们在维也纳相遇，此后他们一直保持着密切联系，彼此交换标本和信息。[2]帕鲁达努斯先在兹沃勒旧的贸易中心担任城市医生（由市政府支付薪水帮助贫困病人并就与医学和医疗有关的事务提供建议）[3]，随后于1585年末转往正在不断扩张的恩克赫伊森港口，1586年2月，他再次成为恩克赫伊森的一名城市医生。

在他的旅行中，就像克鲁修斯和他之前的许多人一样，帕鲁达努斯一直仔细观察，不知疲倦地结识更多的人，孜孜不倦地收集信息以及图书。他还参观了好几个珍奇屋，寻找认为值得收藏的物品，最终成为尼德兰北部最重要的收藏家。帕鲁达努斯最早的收藏名录始于1592年，由他的一位访客编纂而成，其中的一部分于1604年出版。这位访客曾经随同之后的符腾堡公爵弗里德里希（Friedrich）一起拜访了帕鲁达努斯。在各种表格中，名录罗列了矿物和硬币（是当时数量最多的收藏品），其次是干燥后的植物和动物，以及数百件手工艺品（artificialia）。[4]在所有列出的物体中，有各种土壤（如大马士革的土壤，有着肉一样的颜色，据说源自亚当的身体）、大理石等岩石、宝

---

[1] Hunger, "Paludanus," 354–356.
[2] Berendts, "Clusius and Paludanus."
[3] 关于这一职位，参见 Russell, *Town and State Physician*。有关荷兰的例子，参见 Lieburg, "Pieter van Foreest."
[4] Schepelern, "Naturalienkabinett"; Berkel, "Citaten uit het boek der natuur," 171.

石、金属、纪念品、各种保存完好的水果和谷物、珍贵的木材、鱼和爬行动物标本、许多昆虫、各种动物的角、贝壳和珊瑚、衣服和其他"野蛮人"与外国人使用的物品，还有用象牙制成的艺术品、来自埃及的木乃伊、丧葬家具、珠宝、皇冠以及其他美丽而珍贵的手工制品，甚至武器。[1] 这些收藏品种类繁多，规模很大，足以吸引像公爵这样的来访者的兴趣。1593年的一件事使人们逐渐开始重视收藏品。哈瑙-明岑贝格（Hanau-Münzenberg）年轻的菲利普·路德维希二世（Philipp Ludwig Ⅱ）当时正在莱顿大学学习，他前往荷兰北部旅行，拜访了帕鲁达努斯并参观了他的藏品。后来，他评论说，帕鲁达努斯的珍奇屋让帕鲁达努斯"在全欧洲甚至整个世界都享有盛名"[2]。

因此，大学管理者想把帕鲁达努斯引进到医学院，并希望他能把搜集的自然物品和手工艺品带到莱顿大学来，从而提高这所大学的声誉。帕鲁达努斯不仅是享有盛名的自然收藏家，也是著名的植物学家。在他与莱顿大学管理人协商期间，他向他们寄送了两份土地规划，描绘了他在帕多瓦大学任职期间的大学植物园，也许他想让莱顿大学以此为模板。[3] 尽管如此，帕鲁达努斯还是拒绝了莱顿大学管理者的邀请，继续留在恩克赫伊森，也许就像帕鲁达努斯在为自己寻找借口时所说的那样，是因为他的妻子不想搬离恩克赫伊森。[4] 更有可能是他发现，就算成为一名教授，他还是无法与这个伟大的商业城市的内科医生相提并论，尤其是在导致利普修斯离开的宗教冲突发生之后。[恰巧，仅一年后扬·哈伊根·范·林斯霍滕（Jan Huygen van Linschoten）从葡属亚洲回到恩克赫伊森，并带回来了一大批新的情报，帕鲁达努斯将成为一部著作的合著者。]

尽管莱顿大学没能吸引到帕鲁达努斯，但大学管理者还是尽可能

---

[1] 同时参见 Hunger, "Paludanus," 361, 以及 Schepelern, "Natural Philosophers and Princely Collectors," 125–126。
[2] Gelder, "Leifhebbers," 264.
[3] Terwen–Dionisius, "Date and Design."
[4] Hunger, "Paludanus," 358.

地利用当地的资源继续寻找：他们把波夫提拔为植物学和解剖学的正式教授，并从附近的代尔夫特聘请了克拉迪斯（Dirk Outgers Cluyt, Clutius）担任植物园园长。克拉迪斯是代尔夫特的内科医生，也是名义上时任莱顿大学教授福雷斯特的朋友及亲戚。克拉迪斯是当时杰出的自然主义药剂师之一，他在酒港（Wijnhaven）开了一家大商店，在商店后面布置了一个大花园，他在里面种植名贵的植物。他精力充沛，精通药物，并且计划建立一个综合性的医药植物园。[1]

大学管理者的下一个选择是克鲁修斯。就像帕鲁达努斯一样，克鲁修斯最初也不愿意当教授。起初，克鲁修斯拒绝加入莱顿大学医学院接任利普修斯的职位。1588年，他离开维也纳前往法兰克福，当时他已62岁。他满怀感激地每年从黑森-卡塞尔的领主威廉公爵那里领取一笔补贴。但是早些年，莱顿大学管理董事会的秘书约翰·范·霍格兰德（Johan van Hogelande）一直与克鲁修斯就他们对植物园的共同兴趣保持通信。[2]出于同样的原因，克鲁修斯也认识了另一位与这所大学有联系的重要人物——希迈（Chimay）王妃玛丽·德·布里默（Marie de Brimeu），王妃自1571年起就一直与他保持通信。[3]布里默出身贵族，作为一名声名显赫的政治难民，她受到尼德兰的欢迎（她的丈夫依然支持哈布斯堡王朝）。由于她的丈夫占有了她所有的财产，她从荷兰议会得到了经济支持。1593年，荷兰议会给予玛丽一所位于海牙的房子。她与克鲁修斯和帕鲁达努斯的关系都很好，他们都对园艺有着浓厚的兴趣。她也开始密切参与大学事务。[4]霍格兰德向克鲁修斯透露了大学管理者建立植物园的计划，包括他们对帕鲁达努斯抛出橄榄枝这件事。显然他也把帕鲁达努斯拒绝莱顿大学的邀约一事告诉了克鲁

---

[1] Veendorp, "Cluyt"；Bosman-Jelgersma, "Dirck Outgaertsz Cluyt"；Bosman-Jelgersma, "Clusius en Clutius."
[2] Hunger, *De L'Escluse*, 174. 霍格兰德被描述为一位"著名的植物收藏家"，参见 Hopper, "Clusius's World," 21。
[3] Hunger, *De L'Escluse*, 114.
[4] 有关玛丽·德·布里默的信息，参见 Berendts, "Clusius and Paludanus," 53–54。

修斯。1591年12月，他向克鲁修斯抛出橄榄枝。紧接着是布里默的一封信，强烈催促克鲁修斯前往莱顿。[1]

但显然克鲁修斯只是一位律师和植物学家，并非医生，而且植物园园长的职位在医学院，要求任职者必须参与教学。因此，克鲁修斯不愿意加入医学院，直到1592年6月24日的会议上，大学管理者才从克鲁修斯处得到答复，并对他的建议进行讨论。克鲁修斯写道，在1593年秋季之前他可能无法来莱顿，因为这个季节恰是其他植物已经凋零、郁金香球茎正好开挖的时候。他还要求学校拨付每年300里克斯达尔德（rijksdaalder，荷兰银币，共约折合1200荷兰盾）以及旅途费用，并且不承担教学任务。这些要求很高，如果满足克鲁修斯的上述要求的话，对于莱顿大学而言也仅仅是请了一名植物学的荣誉教授而已。另一方面，克鲁修斯已经在维也纳为神圣罗马帝国的皇帝建了一个植物园，他将与当地的园林爱好者以及工作人员分享他丰富的知识，并把他珍贵的植物收藏一起带过来。大学管理者在慎重考虑了数个月后接受了他的条件，玛丽·德·布里默也在同一天给他写信，催促他前来。在这样的劝说之下，又恰逢不久之后威廉公爵去世（他的儿子和继承人莫里斯停止支付克鲁修斯的酬金），克鲁修斯决定接受邀请，并准备于来年开春搬到莱顿。然而，他还没来得及搬家，就在4月25号复活节摔了一跤，被迫卧床不起长达10个星期，这也让他留下了跛脚的后遗症，无法亲自开垦或者照料植物园。尽管如此，布里默还是下决心帮助克鲁修斯搬到莱顿，为此还给克鲁修斯在市里买了一幢带花园的房子，仅供他私人使用。克鲁修斯和他的标本终于在1593年10月中旬抵达，这时距他与莱顿大学最初的协商已经过去了将近两年。[2]

当年夏天，克拉迪斯开始在波夫的监督下布置面向公众开放的植

---

[1] Hunger, *De L'Ecluse*, 114, 187–189.
[2] Hunger, *De L'Ecluse*, 189–193, 210.

物园，虽然克鲁修斯已经来到莱顿，但他的健康状况显然不宜参与太多的事务。到1594年春，克鲁修斯甚至无法亲自在新的植物园里工作。而且，也许是因为这位名教授不上课，学生们发动了一场小规模的骚乱。霍格兰德不得不给克鲁修斯写了一封信，要求他上课，但克鲁修斯基于他的合同拒绝了这个要求；波夫显然也对克鲁修斯的行为感到不安，因为克鲁修斯把这个年轻人描述为一个傲慢和嫉妒心很强的人。[1] 克鲁修斯来到莱顿后，继续忙于与植物学爱好者打交道，其他园丁纷纷向他索要信息，请他提供标本，于是他只能不辞辛劳地搜集。他把大部分精力用于培养和维护他的植物学朋友圈、私人花园以及写作。他还与著名的艺术家雅各布斯·德·戈恩二世（Jacques de Gheyn Ⅱ）合作。戈恩在克鲁修斯的建议下创作了一系列美丽而精致的花卉特写水彩画，他们共同推动了荷兰花卉绘画的发展。[2]

因此，在1594年的夏天，植物园由知识渊博的药剂师克拉迪斯，而不是著名教授克鲁修斯建造，并种植了一些植物，当然，这项工作名义上是在克鲁修斯的领导下与一群园丁共同完成的。[3] 考虑到克鲁修斯这种分心的状态，1594年5月2日，大学管理者任命克拉迪斯为克鲁修斯的助手，负责植物园的工作；6天后，他们把曾经给帕鲁达努斯的职位给了克拉迪斯：每年支付400荷兰盾，夏天向学生展示植物园里的植物，冬天为学生教授有关矿物和其他有关自然的知识。[4] 9月底，克拉迪斯完成了植物园的创建。整个园区被划分为几块地，其中3块地分别包括16个苗圃，另外一块地有12个苗圃，每个苗圃种植18株、26株或者32株植株（取决于植株的大小），其总数可能达到1400种；目录清单上列出了约1060种植物。为了满足当时公众的兴趣，大约只

---

[1] Hunger, *De L'Escluse*, 215–216.
[2] Hopper, "Clusius's World"; Swan, *Art, Science, and Witchcraft*, 51–65.
[3] Veendorp, "Cluyt"; Bosman–Jelgersma, "Dirck Outgaertsz Cluyt", Bosman Jelgersma, "Clusius en Clutius".
[4] Hunger, *De L'Escluse*, 214–215.

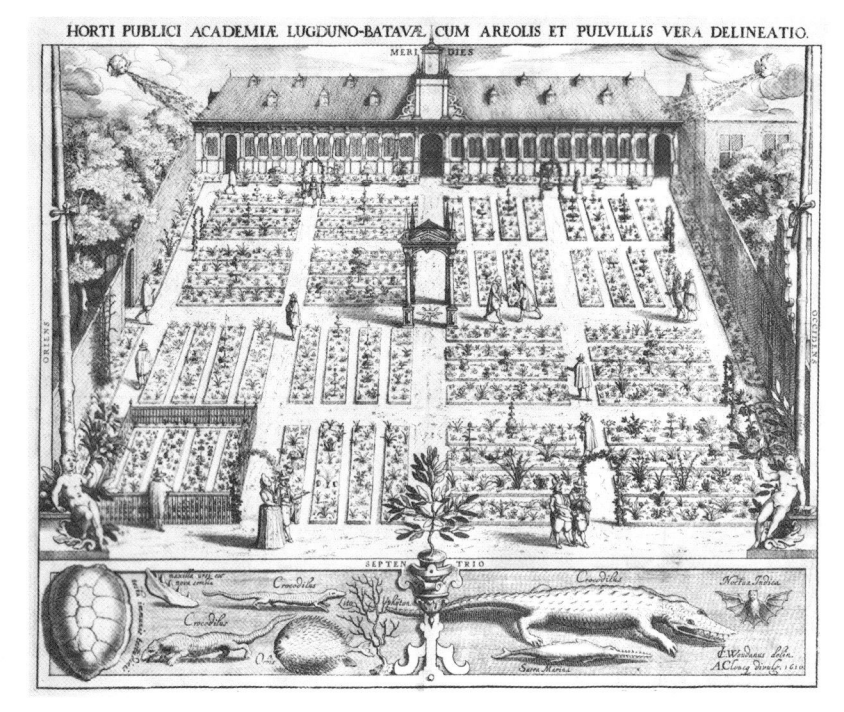

第三章 调和变革：追求自然真相 155

描绘莱顿大学植物园的插图，1610年，注意在植物园后面的温室中陈列的有关自然史的标本

荷兰国家博物馆允准复制

有三分之一的标本有药用价值，其他则是外来植物或者观赏植物。[1] 虽然最初的设计咨询了克鲁修斯，但显然波夫负责了日常工作，并说服克拉迪斯把苗圃面积缩小，替换了克鲁修斯认为的合适比例，以方便学生观察。[2]

花园也使得自然史的教学成为可能。当在植物园里的教学结束后，教学将继续转移到室内进行。虽然莱顿大学没有得到帕鲁达努斯的珍藏（如果他愿意来就职的话），但还是搜集了大量标本，从矿物和龟壳到来自埃及的木乃伊和鳄鱼皮。1599年，一间带有大玻璃窗的温室

---

[1] Hunger, *De L'Escluse*, 217. 有关1594年的植物学目录，包括标本在苗圃中分布的详细信息，参见该书第219–235页。被修改过的评论，见 Tjon Sie Fat, "Clusius's Garden."
[2] Hopper, "Clusius's World," 15.

(ambulacrum)[1]被安置在了植物园的南面，保证细嫩植物安全越冬并给自然物的搜集提供了空间。毋庸置疑，植物学教授也得以拥有一个植物标本室。克拉迪斯和他的儿子奥格留斯（Augerius，Outgaert Cluyt）也利用克拉迪斯令人瞩目的私人收藏——大约4000幅植物插图给学生们上课。[2]1598年克拉迪斯去世后，17名学生向大学管理者请愿，要求他的儿子奥格留斯接替父亲，担任植物园的负责人。但大学理事会最终决定任命波夫和邦修斯在植物园内对学生进行指导；显然，公开演示活动主要落在波夫头上，而邦修斯负责讲授狄奥斯科里迪斯以及他最好的现代译本——由马蒂奥利翻译的文献。邦修斯的一个儿子后来称波夫为"我们这个时代最伟大的植物学家"[3]。克鲁修斯在他生命的最后几年则致力于出版更多的植物学图书，帮助朋友的同时他还得对付吃他球茎的老鼠以及闯入他私人花园偷植物的小偷。

来自东印度群岛的自然史

尽管忙得不可开交，克鲁修斯还是密切地关注着经由荷兰从亚洲传来的新消息。16世纪80年代后期，许多商人逃往北方，他们对菲利普国王怀着强烈的仇恨，把菲利普视作为宗教裁判所的主要支持者。伊比利亚与远东的香料贸易是一块特别诱人的肥肉。如果荷兰人能直接介入香料贸易，而不是仅仅做出口转运商，他们就能为自己赚取更大的利润，还可以废除其对手的一个主要财富来源，壮大自己的同时给哈布斯堡王朝沉重的一击。正是在恩克赫伊森——帕鲁达努斯没有被植物学教授的职位所吸引而离开的地方——有关前往亚洲的长距离航

---

[1] 也被称为橘园。——译者注
[2] 有关奥格留斯插图（很可能是克鲁修斯的，用于制作手动上色的雕版）收藏的更多信息，参见 Swan, *Clutius Watercolors*; Swan, "Lectura–Imago–Ostensio"; Ramón–Laca, "L' Écluse"; 以 及 Whitehead, Vliet and Stearn, "Clusius in the Jagiellon."雅克·德·赫罗特（Jacques de Groote）的研究把收藏归于约恩克·卡雷尔·范·圣奥马尔斯（Jonker Karel van Sint Omars），参见 http://www.tzwin.be/libri%20picturati.htm.
[3] Bontius, *Tropische geneeskunde*, 95.

海的主要信息在这里聚集。16世纪末，恩克赫伊森曾是西北欧最重要的商业港口之一，为阿姆斯特丹北部以及其他的荷兰大城市提供了一个安全的港口。它位于须德海（Zuiderzee，意为南部的海）的边缘，人们可以从这里随时进入北海，同时这里也可以通往波罗的海以及低地国家北部主要城市。在被称为"贸易之母"（mother trade）的波罗的海贸易中，众多水手和船只极受人尊敬，其中就包括来自恩克赫伊森的老船长——卢卡斯·扬松·瓦格赫纳（Lucas Jansz. Waghenaer），他在16世纪后期改进了绘制海图的方法，并被领航员们广泛采用，英国人因此简单地以他的名字给这些领航员起名叫"马车夫"（wagoners）。[1]

林斯霍滕带着足够丰富的信息、经验和情报回到了恩克赫伊森。这些足以支持荷兰人前往香料群岛的首次航行。对那些关注"历史的发现"的人来说，林斯霍滕是那个年代的著名人物之一。但他最初既不是一个"发现者"，也不是一个爱国者。他于1563年前后出生在哈勒姆。在16世纪70年代初，整个家族因为躲避哈勒姆附近激烈的战争而搬到恩克赫伊森。但是，他们搬到了奥兰治主义者的城市并不意味着他们怀着政治或宗教动机，他们只是想逃离战争而已。事实上，当进入大航海时代时，林斯霍滕的两位兄长已经到了塞维利亚，这是一个商业与行政中心，同时也是与南北美洲进行贸易的主要港口。1579年底，林斯霍滕在那里找到了他的哥哥，三人开始为这个天主教国家的高层人士服务。在1580年，西班牙的菲利普二世同时成为葡萄牙国王后不久，林斯霍滕和他的哥哥威廉发现他们也能够胜任在里斯本的工作。在这个葡萄牙的主要港口，威廉作为一名职员受雇于一艘驶往印度的船只，他同时为林斯霍滕谋求到了担任果阿——葡属印度的首府——新任大主教文森特·德·丰塞卡（Vincente de Fonseca）的随从的职位，这位大主教当时正好在同一艘船上。船队于1583年4月

---

[1] 有关荷兰航海史的权威记载强调了行医者的技术，参见 Davids, *Zeewezen en wetenschap*, 关于 Waghenaer's Speigel der zeevaerdt (1584–1585)，详见该书第56–63页。

8日起航，8月停靠在莫桑比克，9月21日抵达果阿。林斯霍滕成为大主教最信任的随从，所以并不能断言他不曾接受旧的宗教信仰。当大主教于1587年1月返程向菲利普国王报告时，林斯霍滕被委任留在果阿负责处理大主教的事务。1588年9月，大主教去世的消息传到果阿，这个大家庭没有了主人。林斯霍滕打算设法回到欧洲，他开始以商人身份为富格尔公司服务。1589年1月，他跟随船队离开果阿，7月22日到达亚速尔群岛的安全地带，他在那里待了两年，协助组织救援沉船——在伟大的无敌舰队失败之后，英国海盗公然在该地区活动并寻找攻击目标。1592年1月初，他回到里斯本。在经停某地之后，他又打算回家。于是在离开家大约13年后，他于1592年的9月3日抵达恩克赫伊森。[1] 他带回了大量有关葡属印度的信息，此外还有2张带羽毛的天堂鸟皮、写在中国纸上的汉字以及写在棕榈叶上的其他文字、来自南亚西部的乔木（arbor triste）种子和其他一些小块的自然物。[2]

　　林斯霍滕再次踏足的世界变了。在他离开时，恩克赫伊森是一个处于激烈的国内冲突边缘的安全地带；当他回来时，这已经是一个自称为联省的政体内的重要城市，并正在与西班牙和葡萄牙作战以争取独立。林斯霍滕利用他的知识为他的新国家领导人服务。这是一个完美的时刻：这座城市的商人一定正在喋喋不休地谈论最近发生的事情——英国人在亚速尔群岛捕获了一艘葡萄牙-西班牙商船，而林斯霍滕正是搭乘那艘船返回恩克赫伊森的。马德雷·德·迪奥斯号（Madre de Dios）在一支英国舰队的押送下被迫驶入了达特茅斯，这发生在林斯霍滕返回恩克赫伊森的数天前。在被当地人抢劫后，雷利爵士控制了这艘船（他也因此从伦敦塔被释放）。船上被发现装载了超过475"吨"（大桶）胡椒，50多"吨"丁香，近40"吨"肉桂，大约3.5"吨"肉豆蔻仁和同等重量的肉豆蔻衣，15"吨"乌木，一捆又

---

[1] 关于现代对林斯霍滕最好的描述，参见 Moer, Linschoten, 7–20, 以及 Boogaart, Civil and Corrupt Asia, 1–7。
[2] Gelder, "Paradijsvogels."

一捆的丝绸、贝壳，地毯，装满麝香、珍珠、琥珀和金银的箱子，大量的药品、靛青、珠宝和其他物品——这里仅列举了船上最值钱的一些商品。一位英国高级官员估算这些商品价值50多万英镑，比一个国王的赎金还多，真是令人惊叹！[1] 根据林斯霍滕对葡萄牙在亚洲商业的了解，包括对前往印度洋的航线的了解，林斯霍滕这时候到来对那些希望暴富的人来说真是再好不过了。[2] 不久之后，科内利斯·德·豪特曼（Cornelis de Houtman）和弗雷德里克·德·豪特曼（Frederick de Houtman）两兄弟成功地从里斯本一桩商业间谍活动中脱身返回。奥兰治亲王强烈渴望劫掠西班牙的一些亚洲财富。这些财富为西班牙的战争机器提供资源，以及源源不断的黄金。奥兰治亲王和联省政府向返回的林斯霍滕询问了有关情况。

许多逃往北方的商人都对开展直接香料贸易有着浓厚的兴趣，其中一人叫巴尔塔萨·德·毛赫龙（Balthasar de Moucheron）。他在安特卫普积累了自己的财富，又与沙俄保持着极为密切的贸易联系。他与刚刚来到北方的彼得吕斯·普朗修斯（Petrus Plancius）亦有联系，后者是一位忠诚的加尔文派神职人员。普朗修斯定居在阿姆斯特丹，他致力于推进更精确的航海及绘图新方法，并在当地的教堂为广大听众讲授航海知识。普朗修斯带来了他的地图绘制技术，这项技术由赫马·弗里修斯（Gemma Frisius）和他最著名的学生墨卡托（Gerard Kramer 或者 Mercator）在安特卫普首创。墨卡托后来成为当时卓越的宇宙学家，他发明了一种数学方法，把球的曲面投影到平面上，从而精确显示陆地之间的关系。墨卡托投影被沿用至今。[3] 然而，普朗修斯

---

[1] Corn, *Scents of Eden*, 115. 关于国王的赎金：这些东西是不具可比性的，但是在1194年，国王理查一世（Richard Lionheart）的赎金为15万马克，以银币支付［感谢珍妮弗·奥尔梅斯（Jennifer Holmes）和安妮·哈迪（Anne Hardy）提供的信息］。后来1马克约等于13先令4便士（或160便士），或2/3英镑。换句话说，国王理查一世的赎金大约为10万英镑。在约1200—1580年间，建筑工人的工资大约增长了4倍（根据 Brown 和 Hopkins，参见表格 http：//privatewww.essex.ac.uk/~alan/family/N–Money.html#Brown），因此"Madre de Dios"的价值大约是理查一世赎金的5倍。

[2] Beekman, *Troubled Pleasures*, 43.

[3] Kish, "Medicina, Mensura, Mathematica."

的理论方法被证明在海上航行中有时是行不通的。[1] 不过事实证明，用这些方法跟踪已知各地点之间的任意位置至关重要，同时对绘制地图、形成可视化的空间关系也十分重要，能够帮助商人以及政府工作人员随时掌握信息并制订新的探险计划。普朗修斯与荷兰政府、议会、奥兰治亲王以及商人咨询了直接前往（东）印度群岛的计划。普朗修斯的伙伴科内利斯·克拉斯（Cornelis Claesz.）创办了一个大型的阿姆斯特丹公司来制作、贩卖精确地图（印刷及手绘）、海图、海图志、地图集以及旅行记录，这些材料不仅包含了各种新奇的信息，而且为航海家和商人提供了准确的详细情况。[2] 来自林斯霍滕和普朗修斯的信息表明航船可以从北方到达中国沿海。在林斯霍滕、议会以及奥兰治亲王的支持下，毛赫龙组织了一个船队，打算在他已知的阿尔汉格尔斯克（Archangel）路线之外寻找一条前往中国的通道。

1594年6月，3艘船驶向东北海路（Northeast Passage），其中一艘在恩克赫伊森补给时捎上了林斯霍滕。航海者们在遥远的东北方向的冰山陆面上找到了一些入口，其中似乎有一条通道存在，但最终他们被迫返回，没能航行得更远。回来后，林斯霍滕以口头和书面形式向政府以及亲王报告了调查结果。1595年7月，又有7艘船向北航行，林斯霍滕是两位主要的管理人之一，但此次航行还未能比上次走得更远就被迫返回。1596年进行了第三次尝试，这期间发生了一场著名的悲剧，威廉·巴伦支（Willem Barentsz）带领的船员被迫在新地岛过冬，在那里大多数船员都丧失了生命——他们不得不与北极熊搏斗。[3] 林斯霍滕是幸运的，他一直待在家里没参加此次航行（当时他已被任命为恩克赫伊森的财政官）。

在试图寻找东北海路的同时，林斯霍滕提供的信息也在为另一前

---

[1] Van Berkel, in Berkel, Helden and Palm, *History of Science in the Netherlands*, esp. 22.
[2] 关于这些活动的英文记载，参见 Zandvliet, *Mapping for Money*, 33–49, 关于普朗修斯见38–41页，关于克拉斯，见42–46页。
[3] Burnell and Tiele, *Voyage of Linschoten*, 1：xxxii–xxxvi.

往香料群岛的航行提供帮助。此次航行采用的是葡萄牙人已知的方式，即绕行非洲。1594年，9名阿姆斯特丹富人组建了远方公司（Compagnie van Verre）并建立了船队。这些富人中，有些是来自尼德兰南部的移民，有与俄国人进行长距离贸易的经验。其他人则是阿姆斯特丹的精英，他们能够确保荷兰和泽兰两省的议会为他们提供大炮和小型武器，再以免征进出口关税的形式鼓励商人。借助林斯霍滕提供的有关葡萄牙人利用海上航道及方向的极佳情报，他们希望避免与葡萄牙发生公开冲突，因此从葡萄牙在印度洋据点的南部直接航行进入香料群岛。4艘船在科内利斯·德·豪特曼的率领下于1595年春天启航。他们带着一本早期版本的林斯霍滕的书，其中包括他对前往印度的航向建议以及关于东海、美洲海岸等地的信息。这些信息是林斯霍滕从葡萄牙和西班牙的领航员的手稿中翻译过来的。

　　就在荷兰首次开始尝试前往印度群岛时，林斯霍滕用当地语言出版了一本关于东方的书，再次激起了公众的兴趣。这本书以《旅行日记》（*Itinerario, Voyage ofte schipvaert van Jan Huygen van Linschoten naer Oost ofte Portugaels Indien, 1579—1592*）为名，出版于1596年初。之后，各章节很快被翻译成其他语言，包括英语、德语、法语和拉丁语。[1] 紧接着，林斯霍滕又开始撰写他从果阿和亚速尔群岛返回后的日记，并应他的请求，议会于1594年10月8日授予他一项专利（Octrooi）。这本书由三部分组成：航海日记；翻译自西班牙语和葡萄牙语手稿的，关于前往印度、东海和太平洋的航行指南（此版本已被寄给豪特曼进行第一次航行）；选自他人对美洲以及非洲东西海岸的描述。第一部分是人们最感兴趣的内容，描述各种突发事件和异国事物，并且包含丰富的插图，[2] 所提及的地方遍布葡属印度群岛各地，从莫桑比克到霍尔木兹、葡属印度次大陆的西海岸、马尔代夫群岛、锡兰，

---

[1] Linschoten, *Itinerario*. 关于内容的现代编辑，参见 Burnell and Tiele, *Voyage of Linschoten*; Kern, *Itinerario*; 以及 Terpstra, *Itinerario*。

[2] 有关这些插图的现代编辑及评论，参见 Boogaart, *Civil and Corrupt Asia*。

沿印度次大陆的东海岸往北到孟加拉，然后再到暹罗，往南到马六甲、苏门答腊、爪哇、马鲁古群岛，越过婆罗洲和菲律宾到中国，再到日本；之后（第27章），林斯霍滕开始描述印度等地的人情风俗。在第一部分的后半部分（从第45章起），他描述了看到的或者已被完整记录的动植物。

在写作这本书时，林斯霍滕得到了他在恩克赫伊森的一位伙伴的有力支持，于是他把这本书先送给了这位伙伴——帕鲁达努斯。我们可以设想一下，像帕鲁达努斯这样的收藏家、博物学家该多么渴望与林斯霍滕相识。林斯霍滕回到恩克赫伊森不仅带回了有关印度群岛的信息，还有来自印度群岛的物品。帕鲁达努斯的旅行经历、细致、精确观察的热情以及自然史方面的渊博知识，使他成为林斯霍滕写作这本关于印度群岛的书的完美合作伙伴。事实上，帕鲁达努斯的贡献甚大，作为林斯霍滕《旅行日记》这本书的共同作者之一，他把这部作品从个人的旅行记录转换成对东印度群岛的详细描述，使之可比肩当时最新、最好的自然史著作。此外，他还给林斯霍滕提供了最新的图书让他参考。例如，帕鲁达努斯给林斯霍滕展阅了其他关于印度群岛的记述，特别是1590年在塞维利亚出版的何塞·德·阿科斯塔（Joseph de Acosta）的《西印度群岛的自然与道德历史》（*Historia natural y moral de las Indias*）。阿科斯塔的著作为林斯霍滕《旅行日记》的第三部分奠定了基础。这也激起了林斯霍滕将其翻译为荷兰文的浓厚兴趣，这本书最终在两年后问世。林斯霍滕书中有关非洲的信息来自一部1591年出版的意大利文献，并附录了一位荷兰船长于1593年第一次访问非洲黄金海岸的记录。这位船长也来自恩克赫伊森，叫巴伦特·埃里克斯（Barent Ericksz.）（他把旅途中搜集的许多物品出售给了帕鲁达努斯）：[1] 那部意大利文献不确定是否是帕鲁达努斯提供的，但船长的记录必然来自帕鲁达努斯。

---

[1] Berkel, "Citaten uit het boek der natuur," 174.

帕鲁达努斯还根据已经出版的有关印度群岛的信息仔细编辑了林斯霍滕的记述，并且考证了林斯霍滕旁征博引的评论。就像克鲁修斯在编辑奥尔塔的文献时所做的那样，帕鲁达努斯也在林斯霍滕每章的结尾处以不同的字体加上了他自己的文字以及他名字的缩写。例如，在第 23 章中，林斯霍滕讲述了中国，并描述了瓷器以及他所了解的制作瓷器的技术（几十年来欧洲还未能进行复制生产）。就这一点，帕鲁达努斯添加了一幅图片来扩充林斯霍滕的信息。附加的部分还总结了选自人文主义学者约瑟夫·凯撒·斯卡利杰（Joseph Caesar Scaliger）的著作《论精巧》(*Book of Subtleties*) 中的瓷器制作方法。斯卡利杰的书解释了瓷器是由一种特殊的粉末状的贝壳生产出来的，然后埋于地下超过 100 年。在这段文字之后，帕鲁达努斯才评论林斯霍滕的说法"似乎是真的"，因为他说瓷器由一种泥土生产，就像尼德兰的罐子和其他容器一样，从而使得林斯霍滕的说法比斯卡利杰的更加可信。[1] 第一部分的后半段，有关印度群岛的自然史，帕鲁达努斯附加文字的数量和长度都大大增加，几乎是原文描述的两倍，尤其关于植物的部分。例如，在有关肉豆蔻的部分（第 66 章），林斯霍滕描述了树的外观，可以找到豆蔻树的地方，果实从哪里来，果实的外观、触觉、味道如何，肉豆蔻核仁如何保存，树的生长方式，不适宜豆蔻树生长的气候以及肉豆蔻仁和肉豆蔻衣在当地的名称等。帕鲁达努斯补充道，在医学上，肉豆蔻仁是一种缓解头、子宫或肌肉疼痛的良药，他还把肉豆蔻描述为一种更接近水果的果实——与林斯霍滕的大部分记录一致——并且描述了食用肉豆蔻仁和肉豆蔻衣在生理上的益处。[2]［雅各布·范·内克（Jacob van Neck）在日记中记录了荷兰前往香料群岛的首次航行，描述了肉豆蔻仁在强化神经、增强记忆、温暖肠胃、抑制腹泻以及治疗由着凉引起的其他病症方面的作用。[3]］

---

[1] Kern, *Itinerario*, 1: 89.
[2] Kern, *Itinerario*, 2: 24–25; Burnell and Tiele, *Voyage of Linschoten*, 2: 86–87.
[3] Schoute, *Geneeskunde in den dienst*, 107.

Dʀ. BERNARDUS PALUDANUS.

Ἰητρῶν φέγγος, φύσεως παντοῖον ἐρευνῶν
Θαῦμα, Παλυδανὸς τοῖος ἰδεῖν πέλεται
Θαύματα πανθ᾽ ἅπερ αἶα τρέφει, τά τε πάντα θαλάσσης
Θαύματά τ᾽ Οὐλύμπυ μένος ἔχων φιλέει.
Τῦ κλέος ἀθάνατόν τ᾽ εἶων ἔνεν᾽ ἀνδοῖ, ἐπεὶ δὸν
Πείρατα τῆς γαίης, οὐρανῦ ἠδὲ πόρυς.

H. Barij sculp.   G. à Nieuwenhuysen.

手持一株胡椒苗的伯纳德斯·帕鲁达努斯

巴莱（H. Barij）与范·尼乌文赫伊森（G. van Nieuwenhuysen）版刻，惠康信托图书馆供图，伦敦

就他的大部分补充内容而言，帕鲁达努斯依赖记录相关早期内科医生的书籍。因为这些内科医生对亚洲的医药物品有一定的了解，他们中的许多人常常用阿拉伯文写作，他们的作品经常被翻译成拉丁语，如阿维森纳（Avicenna）、谢拉皮翁（Serapion）以及拉齐（Rhazis）。然而，他参阅最多的是克鲁修斯版的奥尔塔的《印度香药谈》，这使得林斯霍滕的叙述更加准确和全面。

经过两年的航行，荷兰人第一次前往亚洲的船队的 4 艘船中有 3 艘返回荷兰。只有三分之一的船员幸存，但他们带回来一定的利润以及丰富的经验。幸存者回来不到两个月，出版了由一位匿名人撰写的以第一人称叙述的日记，不久之后便再版；关于寻找东北海路的记录也很快问世。[1] 在这些叙述中，对异国自然的描述激发了读者与作者分享经验的意识。就像林斯霍滕的书一样，这些作品展现了对地理、商业和自然信息的兼容并包，尽管对事件的描述优先于对动植物的详细描述。第一次航行的一位幸存者威廉·洛德维克斯（Willem Lodewycksz.）也撰写了一部记述作品，名为《第一本书》（*D'eerste boeck*，1598 年）。他以模拟的方式回顾了很多事件，包括对外来动植物、地方和人的描述。其中有些记录是虚构出来的，例如，一只马达加斯加的"火蜥蜴"被描绘为生活在火中，尽管与之相联系的元素完全是神秘的，因为并没有蝾螈或者蜥蜴类动物生活在马达加斯加。同时，他对爪哇的很多描述取自林斯霍滕的书以及一些葡萄牙语资料。但他也略带忧郁地叙述了一些水手残忍的一面，比如水手们把空木桶绑在鲨鱼的尾巴上，用拖钩把那些正在晒太阳做美梦的海龟拉上船食用，一些鱼因为想逃离追赶被迫从水中飞起而又只能被鸟抓住或者吞食，甚至落在甲板上被水手们吃掉。[2]

在第一次航行成功之后，出现了一股新的投资热潮，随之而来的

---

[1] Beekman, *Troubled Pleasures*, 61. 有关这些故事对随后的荷兰文学的影响，参见该书第 39–79 页。
[2] Beekman, *Troubled Pleasures*, 53–55.

是获取新信息的热潮。远方公司的初创者与另外一家几乎全是由来自南方的移民组建的贸易公司合并为一家新的公司，即老公司（Oude Compagnie），并于1598年派出了一支由8艘船组成的船队。第一次冒险引起了公众极大的关注。同年，伊比利亚再次对荷兰贸易实行禁运。1598年，泽兰和鹿特丹也分别派出了两支小型船队前往亚洲。[1]鹿特丹的两支船队选择的是麦哲伦和德雷克绕行美洲的线路，其中一支没能到达（东）印度群岛，另一支则损失了大部分船只，不过其中一艘叫"慈爱号"（Leifde）的船于1600年4月被风吹到了日本海岸，一些幸存者被安置在了那里，包括著名的英国航海家及舵手威廉·亚当斯（William Adams），后来他打开了日本与荷兰通商的门户。[2]泽兰的两支船队则绕行非洲且获利可观。而由老公司组织的船队则获得了惊人的400%的利润。[3]有了这样的先例，其他绕行非洲航线的冒险活动接踵而至。

同样，博物学家也极其渴望来自东印度群岛的消息和物品。克鲁修斯和波夫两位教授于1599年写信给第四次航行（Vierde Schipvaart）的投资者们，请他们搜集和描述遇到的外来植物。这些投资者也愿意承担这样的责任，其中就有一名叫尼古拉斯·科尔曼斯（Nicolaas Coolmans）的外科医生。[4]然而，当1601年船队返回的时候，科尔曼斯并不在其中，他在返程途中去世。克鲁修斯并未因此沮丧，他写了一封信给新成立的荷兰东印度公司的总督，同样请公司搜集相关的信息和标本。公司再次给了积极的回复，并把这些要求传递给了公司首批派出的一支船队中的药剂师和外科医生，要求他们带回一些物品：植物样本（择取这些植物带叶、果和花的小枝条，然后把它们夹在平

---

[1] 第一次禁运从1585年持续到1590年，1598年第二次禁运开始，且更为有效，直到1609年才结束；关于第二次禁运对荷葡贸易的阻碍，参见 Ebert, "Dutch Trade with Brazil," 61–63。
[2] 詹姆斯·克拉维尔（James Clavell）把他的故事改编为一本畅销历史小说《将军》（Shōgun）。相关历史记载，参见 Milton, *Samurai William*。
[3] Bruijn et al., *Dutch–Asiatic Shipping*, 1–6; Israel, *Dutch Primacy*, 67–73。
[4] Heniger, "Eerste Reis."

整的纸张间）、具有经济效益的香料样本、"所有陌生的树种"以及在可能的时候描绘其用途的绘画和说明，甚至陌生的海鱼以及其他植物。[1]

此时，帕鲁达努斯出售了他的第一份自然物收藏，并准备出售第二份藏品：海外物品。大约在1600年，弗里德里希公爵购买了帕鲁达努斯的第一份收藏，至少有一位熟人担忧这会让帕鲁达努斯失去信心。[2] 但他仍然强烈渴望扩充从更远的地方带回来的信息和自然物的知识。一些由林斯霍滕带回的物品似乎最后都落到帕鲁达努斯手里，并且这些东西很快就由前往香料群岛的荷兰船队带回来的其他物品增补完整，例如，第一次航行的一位幸存者弗兰克·范·德·杜斯（Frank van der Does）成功地带回了一支霍屯督人（Hottentot）的长矛等工艺品，这些物品可能最终也都成为帕鲁达努斯的收藏。[3] 确实，没过几年，帕鲁达努斯又建起了一个甚至比之前更引人注目的收藏库，装满了来自亚洲、非洲甚至新世界的各种标本，包括来自新几内亚的两只天堂鸟带羽毛的风干的皮。这些收藏让他名声大噪。根据一份1603年的恩克赫伊森当地的历史记录记载，许多人来到这个城市去参观帕鲁达努斯的收藏，这些藏品来自世界各地。据一位不知名的意大利旅行者在1622年所说，帕鲁达努斯的收藏甚至超越了那不勒斯著名的费兰特·伊佩拉托（Ferrante Imperato）的收藏。[4] 旅游指南也提及了帕鲁达努斯的珍奇屋，旅行者的记录也说起参观珍奇屋。然而，大家都不知道他的收藏品是如何展示的，至少有一部分保存在一些新型的家具中——带抽屉的柜子里。[5] 帕鲁达努斯甚至接待了一位所谓的"冬王"——普法尔茨的选帝侯弗里德里希五世（Winter King, Frederik of

---

[1] 内容誊录于 Hunger, *De L'Escluse*, 1: 267; 荷兰的要求重复了克鲁修斯的嘱咐（"Dat sy meebrenghen tusschen pampier geleyt taeckens met heur bladeren en vruchten en bloemen"），见 Schoute, *Geneeskunde in den dienst*, 49–50。
[2] Berendts, "Clusius and Paludanus," 50. 转引自1600年10月24日皮内利（Pinelli）给克鲁修斯的一封书信。
[3] Beekman, *Troubled Pleasures*, 56.
[4] Gelder, "Wereld binnen handbereik," 25.
[5] Fock, "In het interieur," 77, 79.

the Palatinate），以及他的妻子伊丽莎白（Elizabeth）。陪同他们前来的是奥兰治家族的王子莫里斯亲王。帕鲁达努斯的访客名单上共有约 1900 个名字，从这些名字来看，其中很多是贵族、外交家以及饱学之士［包括克鲁修斯、杜萨、扬·范·豪特（Jan van Hout）、斯卡利杰、尼古拉斯-克洛德·法布里·德·佩雷斯克（Nicolas-Claude Fabri de Peiresc）以及沃雷·沃尔姆（Ole Worm）］。[1] 帕鲁达努斯去世后，珍奇屋首先由他妻子掌管，然后又陆续转移到其他人手里，继续留在恩克赫伊森供大家参观。其中最大的一部分被出售给了戈托普的石勒苏益格公爵（Schleswig），实际上也就落入了丹麦的王室收藏之中——帕鲁达努斯的部分标本至今依然在哥本哈根，并且清晰可辨。[2]

克鲁修斯于 1609 年去世，在此之前的 10 年，大量新的贸易公司从远方的土地带回各种信息和标本，它们流入了莱顿等城市。莱顿大学植物园的第一幅版画是在 16 世纪末完成的，它突出了一片龟壳、一只鳄鱼标本以及一块北极熊颌骨的图像。所有这些标本都可以在学校植物园保存自然物品的温室看到。一只大海龟的遗骸很容易从印度洋得到，鳄鱼可能来自埃及或者亚洲，来自北海的北极熊则可能通过东北海路获得。到 1617 年波夫去世时，莱顿大学的自然物收藏已经扩展到了包括整箱的药物标本、一条剑鱼、竹子、各种各样的蛋、各种水果、来自东印度群岛的植物和鱼、珊瑚、贝壳、麋鹿的蹄和胫骨、一只鹦鹉、一只白颊黑雁、一只犰狳、一头食蚁兽、兽皮、天堂鸟、来自西印度群岛的一串牙齿和一张吊床、一张写着中国文字和画着水墨植物的中国纸张、来自俄国和日本的衣服以及许多新奇的物品。[3] 帕鲁达努斯的珍奇屋和莱顿大学象征着博学，这得到学生、知识分子、贵族、其他出身名门的人、商业精英、地方法官、协会会长以及普通民

---

[1] 关于佩雷斯克的珍奇柜，参见 Schnapper, Géant, 237–240; 关于沃雷的珍奇柜，参见 Schepelern, "Museum Wormianum."
[2] Gelder, "Leifhebbers," 264–266; Schepelern, "Naturalienkabinett."
[3] Jong, "Nature and Art," 44, 54–56.

众的重视。

当克鲁修斯于83岁去世时,他以拥有广博而详尽的知识闻名天下,其中大部分知识是在旅行中积累起来的。他出版了带有精美插图的描述植物的严谨著作。他是第一个描述真菌的人〔在他1601年出版的《珍稀植物历史》(*Rariorum plantarum historia*)的附录中罗列了207个物种〕,并且他还密切关注来自东西印度群岛的植物信息。他把各种各样的植物学著作翻译为拉丁语,把多东斯的荷兰语版有关低地国家本草的著作翻译为法语。在编辑它们的时候,克鲁修斯还增补了他自己找到的许多与之相关的信息。克鲁修斯还把一些人航海探险的记录翻译成拉丁语,包括皮埃尔·贝隆(Pierre Belon)到希腊、近东和埃及的旅行记录,托马斯·哈里奥特(Thomas Harriot)前往弗吉尼亚的旅行记录,以及赫里特·德·维尔(Gerrit de Veer)前往北极的旅行记录。由于他宽广的胸怀、平易近人的态度、善于抓住机会而又精力充沛、地位尊贵又谦逊礼貌,克鲁修斯非常有名,受到欧洲的植物学家、园丁等许多人的尊重。他对拉丁语和希腊语的出色掌握使他作为一名学者得到高度关注,他同时也会说法国南北部各地的方言、西班牙语、葡萄牙语,以及荷兰、莱茵兰和维也纳的日耳曼语系的分支语言,甚至还会说一些英语。因此,他通过与搜集植物的当地居民的谈话,就可以获得许多有关这些植物名称和用途的信息。他收到了来自朋友和熟人的无数来信,并回复了大量的信件,经常接受和寄送封存的种子和标本,通过这种相互交流建立起一个国际园艺网络。他还投入大量精力为欧洲的植物园驯化外来植物,使之成为新物种的交流中心。在这个过程中,他既注重美观,也重视实用。他既是马铃薯的重要宣传者和推广者,也因为引进开花植物而获得盛赞,比如新的鸢尾花和百合花品种、银莲花、水仙花、风信子,同时他成为最著名的郁金香的推广者。也许当我们考虑到他的语言能力对他命名植物的工作的意义时,我们必定会把克鲁修斯想成一个真正的亚当,这种想法尽管只是开玩笑,但也能让他感到高兴。克鲁修斯是这一时期世界上最好的植物学研究者以及游历最广的人文主义学者的代表，他与各类有一定地位的人和有钱人自由交流，同时也与药草的照看者、园丁甚至女房东密切交流。

克鲁修斯是一个旅行者兼交际者，一个语言学家，一个精准的观察者，一个寻找隐藏奥秘的探索者，一个虔诚但又不落入教条主义的宗教人士，所有这些都契合当时公认的认识世界所必须具备的特点。许多提倡所谓新自然主义哲学的人认为，广泛的经验、语言技能、良好的记忆力、清醒的头脑以及美德与对事物详尽甚至刨根问底的研究联系在一起时，能够产生真实和准确的自然知识。克鲁修斯的研究工作所代表的价值观在他那个时代得到许多人的认同。这些价值观并不是源自世界观的改变，而是源自对世界上各种事物的密切关注，这些事物反过来又与商业世界和自由联系在了一起。对像克鲁修斯这样的人和他的朋友来说，重要的是细节，而不是一般原则的争论。

因此，在低地国家，尽管存在宗教和政治冲突，但文艺复兴时期人们对客观世界的兴趣仍然很强烈。人们不顾残酷的战争和宗教偏见，继续进行对世俗社会的研究，尽管这不是一件容易的事。当时的宗教和哲学斗争，往最坏的方面说，威胁到生命和自由，而往最好的方面想，能够免于分心。然而，一种宗教虔诚而非教条主义的文化，以及一种优秀的教育制度，与激烈的商业活动相结合的文化长期以来一直维持着治安法官的分寸感，并因此发展出了对宗教信仰自由的极大包容，当然前提是宗教信仰不违背法律。克鲁修斯仅仅是这些著名的基于人文主义遗产开展自然研究的人之一，这群人致力于将学术从争论神学层面的隐藏原因转变为对现实世界知识的积累，并在这个过程中避开最激烈的宗教争端。神职人员试图让每个人都赞同上帝的训谕，但是这种想法在研究上帝造物时受到部分抵制，克鲁修斯等人的行动也得到了关注旅行和商业、热爱花园和自然、对解剖学抱有热情、关注临床描述和实践的人的支持，所有这些都源自尊重客观性的文化。

第四章

阿姆斯特丹的商业和医学

> 尽管我们的身体会如野兽之躯般死去,甚至在很多方面比野兽的身躯更羸弱,但上帝的力量、造物者的远见,的确是显而易见的!
>
> ——奥古斯丁《上帝之城》,第 22 卷
> (Augustine, *The City of God*)

1632 年 1 月,阿姆斯特丹一位富有的医生,同时也是地方法官,委托他人绘制了一幅大型肖像画,描绘了他本人和其他一些外科医生进行解剖课教学的场景,17 世纪最著名的一幅作品由此诞生——《尼古拉斯·杜尔博士的解剖课》(*The Anatomy Lesson of Dr. Nicolaes Tulp*)。该画的作者是当时刚移居到阿姆斯特丹的年轻画家伦勃朗·范·莱茵(Rembrandt van Rijn)。画家打破了传统的绘画习惯,并没有像其他画家在给外科医生作画时那样,随意地在画作中央放置一具骨架或躯体来表示死亡。相反,伦勃朗为观众选择了杜尔以及他的同事们在进行解剖手术时的一个瞬间。画中的外科医生——雅各布·布洛克(Jacob Block)、哈特曼·哈特曼斯(Hartman Hartmansz)、阿德里安·斯拉贝兰(Adriaan Slabberaen)、雅各布·德·维特(Jacob de Witt)、马泰斯·卡尔昆(Mathys Calkoen)、雅各布·科尔韦尔特(Jacob Koolvelt)以及弗兰斯·范·勒嫩(Frans van Loenen),或

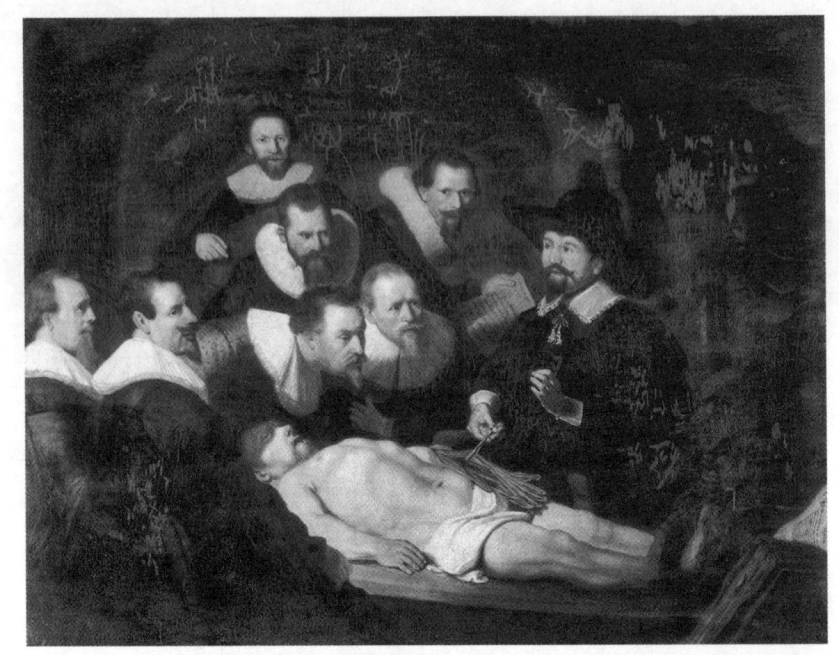

伦勃朗·范·莱茵创作的油画《尼古拉斯·杜尔博士的解剖课》

惠康信托图书馆供图，伦敦

是在一旁凝神观察，或是若有所思；画中正在被解剖的尸体是因谋杀罪而被处死的盗窃犯阿德里安·金特（Adriaen Kint），他看起来刚刚死亡没多久，仿佛刚从绞刑架上被拖下来。[1] 杜尔博士似乎正在说着什么，显然无非是赞叹上帝造人的完美。[2] 他的左手高高举起，或许是对聘任他担任解剖学讲师的外科医生协会表达敬意：希腊语外科手术（cheirourgia）的意思即"用手工作"，尤指"外科实践"。[3] 他举起的左手拇指和其他四指相对，右手持工具挑起了负责手臂动作的肌肉和韧带。上帝造物最伟大的神迹在他们面前完全地铺陈开来，渗透到检查之中，把它的所有秘密展示给了细心的解剖者。解剖学家也常常自

---

[1] 同时参见 Heckscher, *Rembrandt's Anatomy*。
[2] 关于这个解释，我遵循的是 Schupbach, *Paradox of Rembrandt* 中的说法。
[3] Liddell and Scott, *Greek–English Lexicon*, 885.

我剖析；身体的奇迹总是令人惊叹。

尽管在伦勃朗绘制这幅著名的肖像画时杜尔博士尚未到 40 岁，但当时他已经是阿姆斯特丹的领袖人物，并且是这座城市的摄政之一。他不仅作为 12 名市议会的成员之一服务了 50 年，同时也积累了相当多的财富——事实上，他是阿姆斯特丹第一个骑马并乘坐四轮马车的人。[1] 后来，他利用自身的影响力引进新的市政法规来规范医学实操和执业医师；通过他的女儿，实现了与该国最有影响力的商业家族——西克斯（Six）家族的联姻。不过他始终没能成为巴莱乌斯的同事，委托伦勃朗绘制这幅作品可能是用来补偿自己的失望之情。杜尔于 1629 年获得了外科医生协会的解剖演示员（praelector anatomiae）的职位。1632 年阿姆斯特丹雅典学院（Athenaeum Illustre）成立，尽管之前关于学校的建议提到了设置医学或者解剖学教授的职位，但实际上却并没有实现，这与杜尔所期待的不一样，因此他非常沮丧。

虽然杜尔拥有很大的权力，但是他仅代表了复杂的、竞争激烈的商业和学术环境的极小部分而已。而且，他的权力不是万能的，不是每次都帮他达成目的。阿姆斯特丹城内不同种类的行医者数量众多，杜尔只是其中的一名，并且可能是"自由派"（libertines）执政时期一名严格的加尔文主义者——雅典学院以及巴莱乌斯本人都尽量避免被归入杜尔所属的宗教派别中。巴莱乌斯和杜尔都认为，人类应该把全部精力都投入自然细节中去。作为知识分子，他们在对抗大众的愚昧和混乱时经常并肩作战。1639 年，阿姆斯特丹新开了间由杜尔管理的解剖学教室，巴莱乌斯撰写了一篇就职诗，其中的部分篇章，以鎏金烫字的形式，被篆刻在了楼厅上方，便于观众细细品味其内涵，尽管这首诗并未提及太多杜尔所偏好的预定论。他们两人——其中一人为富有的地方官兼医生并致力于构建阿姆斯特丹的医学协会制度，另一人为该国主要商业城市的首席知识分子——在释读客观世界方面存在着

---

[1] Heel et al., *Tulp*, 42.

诸多重要的差异。但他们都认为非常重要的一点是，探索知识是一种美德——甚至客观世界越精确越好——这为他们以及其他许多人对解释自然的争论提供了一个共同的基础。甚至他们的差异很清楚地揭示出，无论是商业规则还是自然规则，都无法提供一种简单清晰的指南来规范人类的生活。

医药市场、知识与商业利益

在医疗市场上，实用的客观知识和商业利益之间的联系非常清晰。即使是最贫穷的病人也可以从众多的医生中挑选适合自己的那位。除了自我诊疗以及自我帮助之外，通常还有家庭成员、朋友、邻居、当地的神棍（也被称为"有智慧的人"）、助产士们提出建议和帮助，他们对婚姻和生育、怀孕和分娩、洗礼、婴童抚养甚至死亡等方面的问题起着重要的辅助作用。[1] 这些帮助通常被认为有益于社群中的居民，因此不像某些历史学家认为的都是巫术（尽管在低地国家，迫害巫师的现象在任何时候都不常见）。[2] 在历史记录中，近代早期的荷兰人常被描述成为了金钱往来于村庄、乡镇以及城市中的行脚医生。考虑到当时荷兰的经济状况相对较好，在需要之时有能力支付医药以及医疗服务等一次性消费的人不在少数，其他人也总能在需要这些医疗服务的时候找到各种方法，因此，荷兰的医疗市场开始迅速发展。

长期以来，荷兰各城市就允许市民出售医药品，如草药、油、药膏等，并定期参与市场，建立了商品交换。有些人能够定期提供商品；其他人则不定期地在各个市场往来。到了 16 世纪晚期，市场的监管者

---

[1] 有关这些实践的线索，参见 Budge, *Amulets and Talismans*; Blécourt, "Witch Doctors, Soothsayers and Priests"; Wilson, *Magical Universe*, esp. 311–371; 关于助产士，参见 Marland, "Mother and Child Were Saved"; Marland, *Art of Midwifery*.
[2] Harley, "Historians as Demonologists"; Gijswijt–Hofstra, "European Witchcraft Debate"; Blécourt, *Termen van Toverij*; Gijswijt–Hofstra and Frijhoff, *Witchcraft in the Netherlands*; Frijhoff, "Emancipation of the Dutch Elites"; Swan, *Art, Science, and Witchcraft*.

第四章　阿姆斯特丹的商业和医学　　175

江湖医生

弗伦奇（W. French）根据《江湖医生》（G. Dou, *The Quack Doctor*）创作的版画
惠康信托图书馆供图，伦敦

把医药商人从市场中心迁到了市场边缘。受人尊敬的市镇长官们有时还给这些医药商人取了一个特有的称谓——江湖医生（empirici），甚至更恶劣的称呼，如冒充医生的骗子（kwakzalver）——这些名字带有负面意思。但是只要这些医药商人能像其他商人一样遵循市场规则，他们的活动就不会受到阻挠。有人认为他们常因为一些特殊情况出售自己的医疗"秘密"，这也不是事实，因为即使是当时最受尊敬的医生也有自己的秘密。此外，这些行脚医生定期在城市和乡村间走动，治疗白内障，消除膀胱结石，切除疝气以及治疗其他当地的外科医生眼中风险性很高的疑难杂症。到了16世纪末，这些"自由的大师"（vrije meesters）通常需要通过外科医生协会的考察后，才能从当地的市镇议会获得证明，允许他们在城市中提供医疗服务。即使一个"自由的大师"能够从当地需要帮助的行医者那里获得支持，城市的治安长官也能够否决他们认为可疑的外科医生的决定。对治安官而言，让他们更为担忧的是一些被认为有害的人，例如通过检查尿液来诊断陌生人疾病的人（piskijkers，或"尿液检查员"），或者不正当地从其他国家取得学位或医生执照的"自由的大师"。[1]

  这些行医者根据自己的医学知识的效用营销各自的医学技能和药品。他们的营销从满街的广告就可以看出来。这些广告或是人手传阅，或是张贴在繁华地带，或是发布在报纸上（这些最早出现在17世纪初期）。[2] 16世纪出现的一些医学手册和路边的广告都成为可用的传播媒介。16世纪初期，来自安特卫普的外科医生兼药剂师卡雷尔·德·明纳（Karel de Minne）留下了一份残损的文献，这是最早的关于制作并销售一种"名贵"的油的广告；同样在16世纪出现的还有一份关于多特的彼得出售"令人愉悦的"泻药的广告。[3] 当时还印刷出版了大量供

---

[1] Steendijk–Kuypers, *Volksgezondheidzorg te Hoorn*, 267–273; Huisman, "Itinerants"; Huisman, "Civic Roles and Academic Definitions"; Huisman, *Stadsbelang en standsbesef*; Huisman, "Shaping the Medical Market."
[2] Schneider, *Nederlandse krant*.
[3] Wittop Koning, "Wondermiddelen," 3, 11.

第四章　阿姆斯特丹的商业和医学　177

IGNIS.

Igne quid vtilius; modo non sit et eius abusus,
Nam focus a flammis, et quod fouet omnia, dic t'as.
Frigida membra leuat, sensus quoque nutrit, & escas
Extoruet; rebusque addit, res mira, saporem.

At tu diuitias, multo et quæ parta labore
Pondera sunt auri, per flammas perdere pergis?
Imponit multis ars Alcumistica fallax,
Antevenique suum tandem execratur et ipsa.

Martin de Vos figurauit.　　　　　　　　　　　　　　　　Crispin van de Passe sculp. et exc.

智慧女神警告炼金师不要滥用火

16 世纪版画，范·德·帕斯根据德·沃斯（M. de Vos）的作品创作
惠康信托图书馆供图，伦敦

普通读者使用的医疗手册，包括如何处理病痛等建议，还包括制作必备药品的配方等。其中最流行的是《医学书》（*Medicijnboec*），曾至少有 7 个版本出现，面向的读者主要是"普通人"（ghemeyne man）。该书的原始德文版本由克里斯托夫·威尔松（Christoph Wirtsung）撰写，卡雷尔·巴滕（Carel Baten）将其翻译成了荷兰文，并于 1589 年第一次印刷出版。巴滕是一位接受过良好教育并有多次旅行经验的医生，他来自安特卫普，后来搬到了安特卫普以北的多德雷赫特（Dordrecht），尼德兰大革命之后搬到了阿姆斯特丹。巴滕还翻译了

一些其他的外文科学作品。[1]此外，一些年鉴以及其他廉价的小册子也包含了相关的医学建议，例如利用月相完善静脉穿刺等。[2]医学建议同样也出现在所谓的神秘学书籍中。这些书籍在德语中被称为"家庭手册"（huisvater books）。出版商对这些书籍也极为青睐，[3]因此，相同的主题有时也被称为"自然魔法"。[4]詹巴蒂斯塔·德拉·波尔塔（Giambattista della Porta）的同名著作，也出现了包括荷兰语在内的大部分欧洲语言的译本。这部著作涵盖了几乎所有日常生活事务，从烹调到香料制作，从为难敌人到改变头发或眼睛的颜色。[5]

另外一些行医者利用医疗炼金术（医药化学）进行治疗来突显其专长。他们通过各种方式将热能应用于熔解及改变物质材料，把物质分解为不同的组成物——因此荷兰人也将化学称为"分解的艺术"（scheikunde）。炼金术中最常用的一种，能够通过蒸馏提取物质的精华部分。蒸馏装置在13世纪末就已是一种非常普遍的装置，主要用来从葡萄酒中提取能使人充满力量的兴奋剂——生命之水（aqua vita）；到了16世纪，已有种类繁多的酒精饮品用于出售，如薄荷酒、甘草酒。通过蒸馏和类似的制备方法，药物的生产成本极大降低，而药品的药效更好，即使很长一段时间后，药效也不会有明显的弱化。同时，化学制备法本身也掩饰了药品成分，有助于保护技术秘密。所以，许多自产自销药品的人也发现了医药化学对于他们的生意有重要意义。

有证据表明，医药化学研究在低地国家有悠久的历史。例如，现存一些已经模糊的15世纪肖像画，是关于伊萨克·霍兰德斯（Isaac Hollandus）和约翰·伊萨克·霍兰德斯（John Isaac Hollandus）父子的。他们的姓氏可能源于其家乡荷兰省（虽然也有人认为他们来自佛兰德斯）。这对父子改进了炼金炉，并用金属、岩石、蔬果和人类的体液

---

[1] Lindeboom, *Dutch Medical Biography*, 83–84.
[2] Mortier, "Wereldbeeld van de Gentse almanakken."
[3] 相关英文讨论，详见 Eamon, *Science and Secrets*。
[4] 相关概述，参见 Copenhaver, "Natural Magic, Hermetism, and Occultism."
[5] Della Porta, *Magia naturalis* (1589).

（如尿液和血液等）等进行试验。他们很可能提出了一项重要理论："自然物是由三种状态——流体（水银）、燃质物（硫化物）、固体（盐）组成。"这个理论可由一个简单而又常见的例子证明：木头的燃烧使其分解成烟（流体状态）、火（易燃态）和灰烬（固态）。[1]（直到 17 世纪，伊萨克·霍兰德斯和约翰·伊萨克·霍兰德斯的手稿才被出版，因此，无法得知在这之前他们手稿的传播程度。）

但是，对这些"艺术家"来说，他们对炼金术怀揣野心勃勃的终极目标：利用这种方式来处理物质，对所有物体背后的基本物质都可以进行提纯，通过这种方法得到的纯净物质被称为"贤者之石"（philosopher's stone），通常被认为是一种黄色或红色的粉末。贤者之石含有生命和转换的能量，它可以与其他物质结合形成黄金；也可以生成长生不老药，应对包括衰老在内的一切疾病；还可以生成万能溶剂，从中生产出其他具有一定效用的药品。[2] 通常，这些医药化学家声称一切事物都可以通过操作自然而完成：自然的力量可能被隐藏（是神秘的），但对这些神秘的自然力量进行开发后，自然的潜力就会显现出来。

医药化学研究方面最著名的文献来自菲利普斯·奥里欧勒斯·泰奥弗拉斯托斯·博姆巴斯茨·冯·霍恩海姆（Philippus Aureolis Theophrastus Bombastus von Hohenheim），更广为人知的是他的笔名——帕拉塞尔苏斯（意为比罗马医生塞尔苏斯更加伟大）。帕拉塞尔苏斯来自苏黎世附近的艾因西德伦，他的追随者众多，甚至有来自低地国家等地的。帕拉塞尔苏斯在他的作品中提出了关于外科学和医药治疗的想法，把工匠和其他普通人的知识与他同时代的崇高的新柏拉图派哲学结合在一起。[3] 帕拉塞尔苏斯多次旅行，1525 年的农民起义中，他差点在萨尔茨堡被绞死。1527 年，他得到了巴塞尔的城市医生的职位，他因此获

---

[1] Baumann, *Drie eeuwen*.
[2] Porto, "Liquor alkahest."
[3] 在关于帕拉塞尔苏斯的诸多著作中，详见 Pagel, *Paracelsus*, and Webster, *Paracelsus to Newton*。

得了在大学任教的资格。一年之后，当地的医生和药剂师强迫他离开，但巴塞尔仍然是极少数获准在大学教授医药化学的城市之一。帕拉塞尔苏斯生命的最后几年都在颠沛流离中度过。他撰写了大量的短文（大部分都在他 1541 年去世后才被出版），他对新疗法，特别是医药化学进行实验。他是"事物的本质将影响其外在表现"这一观点的主要推动者，认为事物的本质由三原质组成（水银、硫化物和盐），自然的一种创造能力，即自然力，浸入了所有的事物当中，所以我们的身体和器官中也有这样的自然力，并能发挥其天生的力量。其他能量可以干扰这些自然力，于是导致疾病；疾病的治愈依靠药物，这些药物具有消除病源的特殊的自然力。[1]

帕拉塞尔苏斯的很多研究著作都是在荷兰完成的。例如，来自代尔夫特的外科医生彼得·沃尔克·霍尔斯特（Pieter Volck Holst）翻译了一部帕拉塞尔苏斯关于手术的著作［《外科大全》（*Die groote chirurgie*，1555 年）］，在其序言中，霍尔斯特大力支持医药化学。帕拉塞尔苏斯一部关于外科学的短篇著作以及关于医院的研究著作则由马丁·埃费拉茨（Martin Everaerts）翻译，名为《外科手册及医院实践》（*Die cleyne chirurgerie ende tgasthuys boeck*，1568 年）；1580 年，扬·保韦尔斯（Jan Pauwelsz.）将帕拉塞尔苏斯关于医药以及三原质理论的著作翻译成荷兰文集结出版（书名：*Theophrastus des ervarenen vorsten alier medicyns, van den eersten dry principiis overgheest*）。[2] 到了 16 世纪末，欧洲王室贵族都积极学习医药化学，有时甚至亲自做实验。虽然医药化学的兴起被解释为类似于对新教的热情，但事实上，医药化学还是得到了十分广泛的传播，不仅获得英格兰女王伊丽莎白以及克鲁修斯的赞助人、黑森-卡塞尔的莫里斯（Moritz）亲王之子的鼓励，还得到了信奉天主教的君主的支持，如皇帝鲁道夫二世、西班牙的菲利

---

[1] 有关帕拉塞尔苏斯基本观点的摘要，参见 Newman, *Gehennical Fire*, 106–110, 以及 Moran, *Distilling Knowledge*, 67–98.
[2] 有关这些医学翻译家的详情，参见 Lindeboom, *Dutch Medical Biography*。

普国王、列日的采邑主教和科隆大主教选帝侯——巴伐利亚的恩斯特。[1]

　　药剂师（apothekers）的专长又有些不同，他们声称对经常处理的外来物质十分了解。正如在欧洲其他地方一样，他们之前是从事长距离贸易的商人，16世纪末成为对公众销售处方药物和普通药物的零售商。[批发商们现在被称为"杂货商"（kruideniers）。[2]]总的来说，药师是在低地国家很常见的群体。例如在阿姆斯特丹，药剂师和内科医生都属圣路加公会（Guild of Saint Lucas）。画家等艺术家也属于这个公会。在1579年后，阿姆斯特丹的药剂师们逐渐转移到"零售商"行会（kramersgild）。[3]在巨大的交易量的刺激下，荷兰在东印度群岛和西印度群岛的商业活动也发展迅速。1609—1637年间，在阿姆斯特丹出售的药物的成本清单列出了如下药品：大黄、曼陀罗、鸦片、各类浮羽鸽、吗哪、莪术、优质芦荟、优质土茯苓、苦菜子（collaquindida）、番泻叶、芥菜籽、人工种植的菝葜、野生菝葜、没药、精制硼砂、安息香胶、黄芪胶、朱砂、石油、龙涎香（每盎司）、麝香猫、带壳肉豆蔻、纯肉豆蔻衣、地珍珠、水银、檀香木、檀香枝、白色香熏、高良姜、阿勃勒、希腊樟脑、鸢尾根、菠菜、罗马穗、丁香油、东方牛黄、西方牛黄、荜拨、龙血竭、胡椒、桉树胶、精炼卤砂、威尼斯香脂、白松香、小豆蔻、苦杏仁、老木防己、愈伤草、大戟、球根牵牛、黄瓜、肉桂脂、新英格兰藏红花、波多黎各的姜、圣多明各的姜、巴西的姜、中国的姜、巴里的茴香、威尼斯大茴香、阿利坎特大茴香、马耳他大茴香、波兰小茴香、西西里小茴香、马略卡岛的续随子、土伦的续随子、圣托马斯的糖。[4]要供应上述目录清单上的商品，用于包括称重、计量和用来盛装的各类精美的瓶瓶罐罐在内的前期投资

---

[1] 详见 Trevor-Roper, "Paracelsian Movement"; Evans, *Rudolph*; Goodman, *Power and Penury*; Moran, *Alchemical World*; Halleux and Bernès, "Cour savante d'Ernest de Bavière," 以及 Debra Harkness, *The Jewel House of Art and Nature: Elizabethan London and the Social Foundations of the Scientific Revolution*（即将出版）.
[2] Wittop Koning, *Handelingeneesmiddelen*, 60–61; Bosman-Jelgersma, *Delftse apothekers*.
[3] Wittop Koning, "Voorgeschiedenis," 8.
[4] Wittop Koning, *Handel in geneesmiddelen*, 38–56.

是巨大的。[1]

就像他们在别处的同胞一样，阿姆斯特丹的药剂师搜集了大量的自然物品。其中最著名的无疑是扬·雅各布斯·斯瓦默丹（他是更为著名的博物学家斯瓦默丹之父）。他在阿姆斯特丹拥有一家名为星辰（De Star）的药店，位于泪水塔（Montelbaenstoren）——此处为水手自阿姆斯特丹出海后所能看见的最后场景——附近的老桑斯（Oude Schans）运河畔，正好位于东印度公司、西印度公司的主码头旁。因此这个地方非常方便斯瓦默丹从刚进港的水手那里购买搜集的标本和物品。他在店铺上层的一楼建立了一个珍奇屋，搜集了整整一大柜子的珍品。老斯瓦默丹以收藏中国瓷器而闻名。但他也收藏其他物品：硬币和奖章；一枚银币，上面压印了一小幅中国画；一枚日本金币；古斯塔夫·阿道夫（Gustavus Adolphus，瑞典将军及统治者，在三十年战争中曾一度击败天主教军队）的金质头像徽章；一个带有铜轮和铁质弹簧、可以跑动的人造老鼠；印有彩色字母的土耳其年历；一幅中国年历；墨西哥银币；血石；冰岛的浮石；一种神奇之土，被称为"凝固的圣母玛利亚的乳汁"（Miraculosa terra, seu lac Virginis Mariae concretum）；三颗鹰石（据说搜集自鹰巢，具有很好的药效）；70 株珊瑚；一株被称为含生草的植物；两只天堂鸟（有脚，与传说中无脚的传闻相矛盾）；燕窝；7 只来自马鲁古群岛的螃蟹；一块来自葡萄牙、能够治愈烧伤的石头（lapis antifebrilis）；一只印度千足虫；一只海星；一些昆虫；1900 枚贝壳；一只 6 英尺 3 英寸长的独角兽以及其他许多收藏品。在 17 世纪 60 年代早期，拜访他的珍奇屋的人包括两次前来的丹麦学者奥勒·博克（Ole Borch）、德国学者克诺尔·冯·罗森罗特（Knorr von Rosenroth）和法国人巴尔达萨·德·蒙克内（Balthasar de Monconys）。[2] 他的收藏中许多物品是通过购买获得的，同时也进口了

---

[1] 有关伦敦药商零售业的最新研究，参见帕特里克·沃利斯（Patrick Wallis）即将发表在《经济历史评论》（Economic History Review）上的文章。
[2] Gelder, "Leifhebbers," 273.

药店（左下方为蒸馏装置）

丹尼尔·森纳特《医学原理》（Daniel Sennert, *Institutionum medicinae*）书名页，1644年
惠康信托图书馆供图，伦敦

大批从遥远地方返回的水手、士兵、商人和船长带回来的医药品。在他1678年去世之后，他的儿女们开始争论如何妥善处理这些收藏品，最后他们出版了由他的儿子扬（Jan）制作完成的珍奇屋的目录。这部目录共142页，每页两列，列出了收藏的物品，大致将这些收藏品分为石头、矿物、植物、动物和人工制品（konstwercke）等类。[1]尽管他的子女们同意将所有的收藏品卖给同一个买家，但是扬认为，所有收藏品必须分为3个"完整的"珍奇屋出售，或者分别拍卖各件物品。但是，这导致收藏品更难找到买家。这些原本价值6万荷兰盾的收藏品最终只卖了1万荷兰盾——这在当时仍然是一个可观的数目。[2]

另一些有组织的行医者是外科医生，尤其到了16世纪，他们与外科理发师的区别愈发明显（理发师继续剪头发，并做一些常见的放血手术，处理伤疤以及其他一些轻微疾病）。外科医生开始组建自己的公司，并且受到协会和地方治安法官的严格监管——细节因城而异。[3]16世纪荷兰的法令中经常提及两种外科医生：一种是治疗身体表面出现的如天花（梅毒）、癌症病变、淋巴结核、赘肉、溃疡等疾病的医生；另一种是利用器械移除膀胱结石、治疗疝气、拔牙的医生。[4]然而到了17世纪后期，针对外科医生的规则开始更突出等级而不再是职责。乌特勒支内外科医生协会（Collegium medico-chirurgicum）的章程提到了他们所能提供的医疗服务。该协会于1676年针对各种常见的医疗程序制定了两套不同的收费标准，以此对医疗专家与学徒进行区别，[5]包括：

对复杂伤口或溃疡进行包扎，在病人请来的医生的监督下，

---

[1] *Catalogus van een seer wel gestoffeerde Konstkamer / Catalogus musei instructissimi.* 分别以荷兰文和拉丁文出版。
[2] Veen, "Met grote moeite," 65.
[3] 有关当地荷兰外科医生协会的研究，参见 Hoeven, "Chirurgijn–gilde te Deventer"；Houtzager, *Medicyns, vroedwyfs en chirurgyns*; Lieburg, "Genees– en heelkunde"；Heel et al., *Tulp*, 189–215; and Houtzager and Jonker, *Snijkunst Verbeeld*。
[4] Lieburg, "Genees– en heelkunde," 175–176.
[5] "Lÿste van Taxatie waer naer haer de Chirurgÿns alhier voortaen sullen hebben te reguleren ontrent het schrÿven van Specificatien van haer verdient salaris," Utrecht municipal archive 41/suppl. 144: vol. 1: "Acta et decreta Collegii medici, 1706–1783," fols. 23–34.

每次收费10斯托伊弗或6斯托伊弗；医生不在场时，每次收费6斯托伊弗或4斯托伊弗；如果同时有两名外科医生在场，按一名医生在场的情况计算价格。

在病人家中对伤口或者溃疡进行简单的包扎，每次收费6斯托伊弗或4斯托伊弗，在外科医生家中对伤口或者溃疡进行包扎，则收费2斯托伊弗到4斯托伊弗。

治疗例如锁骨或其他部位的复杂骨折或脱臼，需要收1杜卡特或者1里克斯达尔德（约6荷兰盾或4荷兰盾）。治疗简单的骨折或者脱臼，需要分别收费1荷兰盾10斯托伊弗或者2荷兰盾10斯托伊弗。若完整包扎上述的复杂骨折或者脱臼，分别收15斯托伊弗和8斯托伊弗，简单的骨折或脱臼则分别支付12斯托伊弗或者6斯托伊弗。

在探视患者并更换绷带时，一位医生在场时需要支付6斯托伊弗，医生不在场时，需要支付4斯托伊弗。

环锯术，需要7荷兰盾或者5荷兰盾。

实施皮下穿线（来排出积液）需要1荷兰盾10斯托伊弗或15斯托伊弗。

切除胸部肿瘤组织，需要15荷兰盾或7荷兰盾10斯托伊弗。

胸部或胃部的腹腔穿刺手术，需要5荷兰盾或1里克斯达尔德（折合4荷兰盾）。

手臂或腿部的截肢手术，需要10荷兰盾或7荷兰盾10斯托伊弗。

切除赘肉和肿瘤，视肿瘤大小和病情差异由市镇医生最终决定收取1荷兰盾、2荷兰盾或更高的费用。

处理水泡，在第一次包扎时包括药物在内需要12斯托伊弗。

手臂放血，需要10斯托伊弗，脚放血则需要4斯托伊弗到6斯托伊弗。

这些外科医生还会处理脱垂的肠子和子宫，取出死胎或者困在母亲产道中濒死的胎儿，处理骨折以及其他各种手术。风险性极高的大手术，例如膀胱结石切除等受到严格管控，风险很大、极易造成死亡的腹部、胸部和头部手术，必须由该领域最专业的外科医生操作。

当时的城市环境也十分有利于医生的发展。他们在接受大学教育后通常取得医学博士学位。例如，1622年在海牙，地方法官通过了一项法令，在出示学位证明之前禁止任何"博士"向病人发放饮料、水或其他药品，并且不得探视病人。[1] 甚至"内科医生"一词也暗示这是个学习过医学（physic）的人。这个词是从希腊语"自然"（phusis）一词衍生而来。医生根据对自然的了解，可以按照自然规律给出建议，以最好地保持和恢复健康。作为学识渊博的建议者，医生的角色类似于过去的神职人员和律师。但是在荷兰的医学院，大部分教学实践开始融入本土语言，开始更多地关注人的举止行为而非行医资格：表示"治疗"的词语，"genees"一词逐渐扩展为敬语"geneesheer"，字面意思是"医治者"，而表示医学实践的词语则成为"geneeskunde"，即"治疗的艺术"。在这方面，较之英语，荷兰语更接近法语。在法语中，内科医生一词为"médecin"。这个词来源于拉丁语，最初的意思是用染色剂给布染色。[2]

低地国家早期的现代城市给培养医生提供了很好的环境。医学生们可以从莱顿大学获得学位，也可以从包括弗拉讷克（1585年）、哈尔德维克（1600年）、格罗宁根（1614年）、乌特勒支（1636年）或者荷兰附近任何一所大学获得学位。[3] 莱顿大学的课程可能是最经典的，

---

[1] Municipal Archive, The Hague, 488/6, "Bijlagen bij de 'acta collegii,' 1658–1774," Lit. B: Ordinance of 25 August 1622.

[2] Bylebyl, "Medical Meaning of 'Physica'"; Cook, "Good Advice"; Santing, *Geneeskunde en humanism*; Santing, "Doctor philosophus."

[3] Fockema Andreae and Meijer, *Album studiosorum Franekerensis*; Napjus, *Hoogleeraren in de geneeskunde aan Franeker*; Jensma, Smit and Westra, *Universiteit te Franeker*; Evers, "Illustre School at Harderwyk." 格罗宁根卓越的医学研究，包括关于大学的信息，参见 Huisman, *Stadsbelang en standsbesef*; Ketner, *Album promotorum Rheno–Trajectinae*; *Album studiosorum Rheno–Traiectinae*; Vredenburch, *Schets van eene geschiedenis*; Kernkamp, *Acta et decretal*; Ten Doesschate, *Utrechtse Universiteit*。

和其他院系一样，医学教授每周讲 4 天课，星期三和星期六用于正式讨论（有组织地讨论医学原理和细节）、考试、进修练习、图书销售和其他一些与学术相关的活动；星期天休息。[1]学生通过观察"自然、非自然和反自然"，了解了自然的基本原理，然后转向自然原理在健康和疾病方面的特殊应用。研究自然意味着要观察和检查身体的构造，从器官、体液和感官到整个身体的"气质"和"体质"，再到发育、生长和营养的三种根本变化。在 16 世纪中叶，这些"自然"被巴黎医生让·费内尔改名为"生理学"。反自然是与正常的自然过程相反的事物和现象，例如先天缺陷或肢体残缺。非自然是影响人类自然体质、保持健康或引发疾病的事物和活动，共有 6 种：空气，食物和饮料，劳作和休息，睡眠和清醒，阻滞和疏通以及心灵的激情。[2]第一步观察是最基本的，之后，学生将继续学习疾病的原因和迹象（诊断），健康或患病的过程（预后），健康的保护和预防疾病的原则（卫生）以及使病人康复的方法（治疗）。这 5 个一般科目（生理学、诊断、预后、卫生和治疗）可以根据最先进的近代知识进行学习，但是组合在一起即成为医学"原理"或这一学科的要素，就像神学和法学有着自己的基础原理一样。依赖所能获得的资源，植物园、解剖学教室甚至（在 17 世纪 30 年代后期乌特勒支和莱顿）当地医院病房都可以提供额外的指导。

荷兰大学的医学教育从不赞成医学占星术。占星术一直是内科医生用来确定宏观世界影响特定人群健康的主要方法之一，因为它涉及天文学研究，所以在中世纪晚期和 16 世纪的大学中，占星术一直是医学教授进行高等数学教学的重要部分。[3]例如，在 16 世纪中叶的鲁汶，占星术是课程体系的重要组成部分。那里的医学教授赫马·弗里修斯成

---

[1] Kroon, *Bijdragen*, 27.
[2] Rather, "Non–Natural"; Niebyl, "Non–Naturals"; Bylebyl, "Galen on the Pulse"; Mikkeli, *Hygiene*.
[3] White, "Medical Astrologers"; Westman, "Astronomer's Role"; Burnett, "Astrologyand Medicine"; Grafton, *Cardano's Cosmos*; Moyer, "Astronomers' Game."

为他们那一代首席数学家和宇宙学家之一。[1] 由于医学占星术与数学之间的联系，莱顿大学医学院的第一位荷兰学生鲁道夫·斯内尔在1579年成为莱顿大学的第一位数学教授也就不足为奇了。尽管莱顿的内科医生对数学和天文学都有研究，但占星术从未成为莱顿或北方各省医学教学的常规内容。身处黄金时代的那代人中，必定有知识分子质疑占星术的合法性。例如，较有影响力的利普修斯拒绝接受占星术决定命运的说法，他更认同评论家的观点，认为"星辰及其在天空的位置"是最重要的"命运工具"，但这并不是决定命运的原因。[2] 然而，医学院被卷入这些辩论仍是令人费解的事。部分内科医生为占星术辩护，但另外一部分内科医生开始公开质疑占星术。[3] 巴黎教授费内尔在职业生涯早期表达了将占星术作为医学的关键辅助手段的兴趣。但到1545年，他对占星术在医学上的用途产生严重的怀疑。他的怀疑可能来自检验占星术的占卜是否与病人身体表现一致的问题，也可能源自他质疑与自然魔力有关的力量。[4] 同时应该注意的是，在希波克拉底的著作中，唯一正面提到"占星术"的部分是经常被阅读的"空气、水、地方"这一章，其中的第二段是这样表述的：了解未来一段时间的天气可以帮助医生维持病人的健康并预测疾病的发展。[5] 然而，希波克拉底更多是对气象学的泛泛评论，而不是占星术，与基于数学运算的复杂的预测方法相去甚远，而后者才构成了中世纪晚期和近代早期医学占星术。即使在鲁汶，到了16世纪80年代，人们对占星术也产生了严重的怀疑，既因为缺乏对其实际结果的经验验证，也因为占星术自身的内部矛盾。[6] 因此，遵循希波克拉底的赫尔尼乌斯和邦修斯以及大多数的荷兰医生都强调从经验中获得知识，这至少在一定程度上能够部

---

[1] Broecke, "Astrology at Louvain"; Kish, "Medicina, Mensura, Mathematica"; Waterbolk, "'Reception' of Copernicus's Teachings."
[2] Mout, "'Which Tyrant?'" 138–139.
[3] Garin, *Astrology in the Renaissance*, 63–64; Wright, "Study in the Legitimisation of Knowledge."
[4] Sherrington, *Fernel*, 22, 33–38, 40–41, 43–45.
[5] Lloyd et al., *Hippocratic Writings*, 149; 同时参见 Jouanna, *Hippocrates*, 70, 215–216, 354.
[6] Broecke, "Astrology at Louvain," 442–444.

分解释为什么他们不关心占星学在医学上的指导作用。

几十年来，大部分大学仍然不涉及医学的另一部分：医药化学。炼金术是一门独特的非经典学科，在希波克拉底、柏拉图、亚里士多德甚至盖伦时代之后才成为一种常见的关于分析方法的学科。此外，炼金术似乎支持这样的观点，即事物是由各种类型的小物体构成的。威廉·纽曼（William Newman）指出，这一观点是由12世纪化名为贾比尔（Geber）的学者最早提出来的。[1] 因此，医药化学家发现古典理论的基本公理是错误的或者有悖常理的。为了发现新事物，他们开始做实验（通常亲自操作熔炉）。他们认为在宇宙中存在一种力量，发挥着令人无法理解的作用。虽然人们暂时无法掌控，但他们又相信这种力量最终会被人类所利用，坚信知识就是力量。[2] 多亏了在巴塞尔学习过的丹麦人佩特努斯·西弗瑞勒斯（Petrus Severinus）的研究工作，帕拉塞尔苏斯的著作才得到了全面的修订，并促成了准确的拉丁语版本《医学理念》（*Idea medicinae*，1571年）的出版，使后人用学术话语来研究帕拉塞尔苏斯的观点成为可能。[3] 因此，其他地区的一些大学的医学教授开始提供有关医药化学的教学内容。[4]

然而，在荷兰，医药化学最强大的敌人之一是福雷斯特，他是莱顿大学医学院首批任命的两位教授之一。因此，尽管莱顿大学可能雄心勃勃地试图发展该学科，但直到17世纪中叶它才真正开始。此后，医药化学确实成为哈尔德维克大学（1600年从拉丁学校转变为大学）开设的课程的一部分。约翰内斯·伊萨克乌斯·庞塔努斯（Johannes Isacius Pontanus）于1605年被任命为该校的哲学和医学教授。在弗拉讷克学习后，他游历了意大利和德意志的很多地方，然后在丹麦的赫文岛与著名天文学家兼炼金师第谷·布拉赫（Tycho Brahe）一起工作

---

[1] Newman, *Pseudo-Geber;* Newman, *Gehennical Fire*, 92–106.
[2] Nauert, *Agrippa*, 237; Yates, *Bruno*.
[3] Shackelford, *Philosophical Path*.
[4] Moran, "Privilege, Communication, and Chemiatry"; Moran, "Court Authority and Chemical Medicine"; Moran, *Chemical Pharmacy Enters the University*.

了几年。此后他又游历多地，于 1600 年在巴塞尔获得医学博士学位。随后他前往瑞士和法国旅行，最后在哈尔德维克大学接受任命，将医药化学纳入了他的教学内容。庞塔努斯成为他那一代最杰出的学者之一，他多次拒绝了到别处任教的邀请。[1]

由于内科医生接受的是自然教育，他们认为他们对人体、环境和其他引发疾病的原因以及预防和治疗方法都有最深刻的了解；其他受过良好教育的人，如地方法官，也对议会和内科医生的建议表示赞赏。因此，许多城市任命了一名或多名市镇医生，由市镇议会支付工资，免费为穷人提供治疗服务，并就健康和疾病问题提供建议（特别是在瘟疫流行期间）；这些医生可以在其余时间提供个人医疗服务。[2] 他们中的某些人非常杰出，甚至很著名，如恩克赫伊森的帕鲁达努斯及代尔夫特的福雷斯特。另一位是于 1611—1614 年间在莱顿大学学习医学的约翰·范·贝韦尔维克（Johan van Beverwijck）。他于 1616 年游历法国和意大利，1616 年从帕多瓦大学毕业，之后定居在家乡多德雷赫特，1625 年被任命为当地的城市医生。从 1634—1643 年，他还在外科医生协会的主持下，为该地的外科医生、助产士和应对瘟疫的专家开设医学和解剖学课程。他是男女平等观念的坚定捍卫者，与欧洲各地的学者大量通信，并出版了许多医学著作，其中多部都有数个版本，最著名的是他关于瘟疫的著作，如《简论瘟疫的预防》(*Kort bericht om de pest te voorkomen*，1636 年）以及他的医疗手册《健康宝典》(*Schat der Gesontheyt*，1636 年第一版）。[3] 很快，他的《疾病宝典》对《健康宝典》进行了补充。两卷"宝典"构成了一位内科医生所称的伟大的"狂想曲，记录了那些在此之前几乎所有由博士，特别是诗人所说过的话"[4]。贝韦尔维克还在市镇议会中担任职务，有时也作为代

---

[1] Ørum–Larsen, "Uraniborg"; Shackelford, "Tycho Brahe"; Evers, "Illustre School at Harderwyk," 98–100.
[2] Russell, *Town and State Physician*; Lieburg, "Pieter van Foreest."
[3] Moore, "'Not by Nature but by Custom'."
[4] Bontekoe, *Thee*, 155.

表出现在城市的其他场合。[1]

像阿姆斯特丹这样蓬勃发展的城市吸引了许多渴望名利双收的内科医生。其中最令人感兴趣的是西尔维乌斯。在尼德兰起义时期，他的祖父从荷兰南部逃往法兰克福，西尔维乌斯出生在附近的哈瑙。他年轻时前往尼德兰北部、德意志和瑞士许多受新教和医药化学影响的大学接受医学教育。1637年，他从当时巴塞尔的医药化学院毕业。在经历了广泛的旅行后，西尔维乌斯在莱顿短暂定居，1639—1640年，他在莱顿大学植物园的画廊为私人讲授解剖学和生理学。他是欧洲大陆最早教授血液循环和观察淋巴系统的人之一。在莱顿，他结识了勒内·笛卡尔。从1641年到1658年，西尔维乌斯居住在阿姆斯特丹，在那里他开展了一次成功的医学实践。他与其他实验医生密切合作，如保罗·巴尔贝特［Paulus Barbette，1669年，他的遗著《巴尔贝特实验集》（*Praxis Barbettiana*）由西尔维乌斯的一名学生出版，成为手术的标准指南］[2]、弗朗西斯·范·德·沙根（Franciscus van der Schagen，他也是笛卡尔的朋友）乔布·范·米克伦（Job van Meekeren）和亨德里克·范·罗恩赫伊斯（Hendrick van Roonhuyse）等优秀的外科医生。在阿姆斯特丹，他还与德意志医生奥托·施佩林（Otto Sperling）和以研究化学盐类而闻名的德意志化学医学家约翰·格劳贝尔（Johann Glauber）成为朋友。格劳贝尔在阿姆斯特丹度过了他的1640—1644年、1646—1650年以及1656—1670年这几段时期，死后还被埋葬在那里。[3]根据一份回忆录的记载，尽管医务工作繁重，西尔维乌斯每周还至少进行一次解剖，并且经常花时间改进他的蒸馏设备或安装在家中的化学炉。1658年，西尔维乌斯被莱顿大学空前可观的薪水所吸引前往担任教授。在离开阿姆斯特丹时，他在莱顿购买了一处房产，距离大学仅

---

[1] Baumann, *Beverwijck*.
[2] Moulin, "Barbette"; Baumann, "Job van Meekren."
[3] 关于他的一些研究，参见 Porto, "Liquor Alkahest," 22–24。

隔着几幢房子，由此可知他通过行医也必然积累了不少的财产。[1]

在莱顿大学，西尔维乌斯将关于引发疾病的原因和治疗的最新观点与指导患者联系起来，努力改善莱顿大学的临床教学。几个世纪以来，在大多数大学中，为了了解临床诊断和预后，实习医生跟随经验丰富的医生见习已经司空见惯，但这超出了教授的指导范围。17世纪40年代，在帕多瓦大学，一位名叫达·蒙特（Da Monte）的医学教授开始带学生前往医院向他们展示临床病例。[2] 莱顿大学医学院成立时，人们也有同样的打算。[3] 但直到1664年3月这一规划才被落实。当时，一所新大学——乌特勒支大学建立，威廉·范·德·施特拉滕（Willem van der Straten）在乌特勒支大学发表就职演说时宣布，他将带着学生到当地的医院（Nosocomium）观察他照顾的病人。（几年后，这个雄心勃勃的计划就被悄然搁置了。）[4] 在莱顿大学，奥托·赫尔尼乌斯教授不甘示弱，立即写信给大学管理者，要求莱顿大学也这样做。到了年底，大学管理者安排教授与莱顿的市镇医生合作，在一家城市医院——圣则济利亚医院（Caeciliagasthuis）的一个病房提供实践指导。医院的教学在行医者协会（Collegium medico-practicum）举行。经历了一次又一次的变动，直到西尔维乌斯精力充沛地投入实践教学中后，这个计划才最终被确定了下来。西尔维乌斯重新启用了苏格拉底的方法，他要求学生根据自己对患者的观察描述症状并推荐治疗方法，同时密切询问患者病情，并继续为救济医院中的患者开处方，选择他们认为最合适的化学药物。尤其是后一项做法开支巨大，市议会对此反对，于是大学管理者不得不进行补贴。西尔维乌斯继续给他照顾的住院者诊疗，如果病人在医院里死亡，他还对他们的遗体进行解剖，以便将经解剖

---

[1] 有关西尔维乌斯在阿姆斯特丹，参见 Baumann, *François Dele Boe Sylvius*, 10–19；有关他的观点的概述（英文），参见 King, *Road to Medical Enlightenment*, 93–112。有关他在莱顿居所重新开始绘画收藏以及他的观点，参见 Smith, "Science and Taste."
[2] Bylebyl, "School of Padua"；Bylebyl, "Commentary"；Bylebyl, "Manifest and Hidden."
[3] Beukers, "Terug naar de wortels."
[4] Ten Doesschate, *Utrechtse Universiteit*, 5–10.

发现的病症与逝者在世时表现出的症状相比较。[1]〔在阿姆斯特丹，至少从1662年起，在当地的城市医院内城医院（Binnengasthuis）——或彼得医院（Pietersgasthuis），正如传统主义者所说的那样——去世的病人遗体，在内科医生杰勒德·布拉修斯（Gerard Blasius）的指导下，被用于解剖研究。[2]〕为了更深入地研究治疗方法，西尔维乌斯邀请外科医生前来参观，向他们演示解剖方法。[3]

正如西尔维乌斯的例子所示，在阿姆斯特丹等城市，内科医生、外科医生和药剂师之间的合作可能非常融洽。例如，西尔维乌斯的一位同事，内科医生巴尔贝特——一位外科医生的儿子——与那一代最著名的外科医生乔布·范·米克伦开展了密切的合作。西尔维乌斯的另一名学生弗雷德里克·鲁谢于1669年成为阿姆斯特丹外科医生协会的解剖学讲师，1669年成为助产士的解剖学考官，并于1672年成为助产士的解剖学讲师。另一位著名的外科医生是亨德里克·罗恩赫伊斯，他与内科医生有密切的合作，并出版了几本书，包括对分娩的研究。在亨德里克·罗恩赫伊斯去世后，鲁谢接管指导助产士的工作。罗恩赫伊斯的儿子在17世纪90年代中期从英国医生老休·钱伯伦（Hugh Chamberlen Sr.）那里掌握了产钳的秘密，并将其出售给鲁谢。[4]与此同时，阿姆斯特丹的一些外科医生，如著名的约翰内斯·劳（Johannes Rau），也都于17世纪后期获得医学学位。荷兰的医疗机构也提供了合作的可能，它们将从业医生聚集在一起，而不是把受过教育的内科医生、药剂师和外科医生彼此分开。例如，在海牙，从1629年开始，所谓的药剂师协会（Collegium Pharmaceuticum）和外科医生协会（Collegium Chirurgicum）就因药剂师、外科医生与城市医生之间举行会

---

[1] Lindeboom, "Medical Education in the Netherlands"; Beukers, "Clinical Teaching"; Otterspeer, *Groepsportret*, 203–204. 关于医院的研究，参见 Ramakers, "Caecilia Gasthuis."
[2] Hellinga, "Geschiedenis Armenverzorging," 3045–3046.
[3] Cook, *Trials*, 101.
[4] Geyl, *Geschiedenis van het Roonhuysiaansch geheim*; Aveling, *Chamberlens and the Midwifery Forceps*, 179.

议的名称而得名。在哈勒姆，1692 年，内科医生和药剂师设立了一个联合的医药师协会（Collegium Medico-Pharmaceuticum），同年，外科医生也加入了这个协会。[1] 因此，不止一位有影响力的医学史学家认为荷兰的内、外科医生当时处于临床知识革命的前沿，这场革命是外科和医学知识相结合的结果。[2]

荷兰内科医生和药剂师之间的联系似乎也相对较强，至少在 16 世纪末和 17 世纪初是这样的。在早期，许多著名的内科医生实际上是药剂师的后代。1609 年，阿姆斯特丹市议会（vroedschap）收到请愿书，请求建立一个包含内科医生和药剂师的共同医疗协会。内科医生必须展示他们的大学学历，而药剂师必须用他们的药物知识来展现其技术。此外，请愿书还正式要求内科医生在被需要时帮助穷人，他们每帮助一个患有瘟疫的病人将获得 1 荷兰盾的礼金，而每帮助一个患有其他疾病的病人所获得的礼金为 10 斯托伊弗（作为回报，城市也会谅解他们的夜诊行为）；他们不会单凭尿液检查来开具处方（也就是说，就诊时病人也必须在场）；为了防止事故，一些危险药物，如锑、笃耨香、矿物质（mineralis precipitatum）和白藜芦必须在咨询至少两名医生之后才准许开药；并且为了防止药物误用，他们必须写下收据供其他人备份，除非它涉及秘密的救治措施。与此同时，药剂师必须遵守各种其他规则，包括根据"解毒剂"[一部相对简短的中世纪医书《小型解毒方》(Antidotarium Nicolai)，由 1550 年的法令所规定]配制成分。制备最重要的药物必须在院长或其他领导人的监督下进行。对毒药的销售有严格的规定，同时对非行业协会的药剂师、杂货商、草药师、制糖者、酿酒者等颁布各项法规。此外，还有一些其他规定，比如要求外科医生服从内科医生，如果不遵守规定，其协会将被废除。虽

---

[1] Municipal Archive, The Hague, 488/1, "Statuta Autographa Collegii medicorum Hagiensium. anno 1658," a printed version of which is at 488/6, "Bijlagen bij de 'acta collegii,' 1658–1774"; Municipal Archive, Haarlem, Collegium Medico–Pharmaceuticum, K. en O. II, 106; K. en O. II, 112.

[2] Temkin, "Role of Surgery."

然内科医生和药剂师可能对这个提议感到满意，但外科医生肯定反对，因此市议会被迫终止了计划。[1]

当然，内科医生和药剂师都对植物学很有兴趣。药剂师通常拥有自己的小型植物园，克拉迪斯在代尔夫特被招募来管理莱顿大学的植物园时也是如此。在阿姆斯特丹，托尼斯·扬斯（Thonis Jansz.）在市中心的水坝广场拥有一家名为"喷泉"（de Fonteyn）的药店，同时还在城墙外拥有一个著名的花园，在那里他种植了许多药用植物。1609年，在他的儿子雷姆·安东尼斯·丰坦（Rem Anthonisz. Fonteyn）的婚礼上，托尼斯把花园送给了儿子，让他的儿子继续经营药店。（在 1612 年阿姆斯特丹扩建期间，这个花园便被纳入了城市范围。[2]）但对那些没有自己花园的药剂师和内科医生来说，考虑到植物学和药学的革命，以及来自异国的药用植物越来越多——更不用说医药化学的迅速发展——人们感到需要有一个地方，让他们能够学习并培养学徒。因此在 1618 年，23 名内科医生和 21 名药剂师一起向市议会请愿，要求建立一座城市植物园来培训见习药剂师和外科医生。请愿者中包括了当时已经搬到了阿姆斯特丹的奥格留斯·克鲁伊特博士（代尔夫特和莱顿大学的克拉迪斯之子）。这一请求交到了 3 位资深医学界人士的手中：药剂师史蒂文·扬斯（Steven Jansz.），内科医生约翰内斯·丰坦博士（Dr. Johnnes Fonteyn，托尼斯·扬斯的另一个儿子）和曾经担任市长现为外科医生解剖学讲师的塞巴斯蒂安·埃格伯斯博士（Dr. Sebastiaen Egbertsz）。在申请建立植物园的请愿书递交不久之后，1628 年的地图上就出现了这样一座城市植物园（stadartsenijtuin，城市医院花园），它位于阿姆斯特尔河东畔，尽管它可能不是一座新建的花园，而是由一座旧修道院的花园改建而来的。这座修道院现为阿姆斯特丹的城市医院（内城医院或彼得医院）；也有资料提及 1627 年这里的一位城市

---

[1] Wittop Koning, "Voorgeschiedenis," 1–5.
[2] Heel et al., *Tulp*, 58–59.

园丁（stadsgardenier）。[1]

1629 年，又出现了一份请愿书，寻求城市的支持。请愿者认为需要再增建一座大型的医药植物园来为当地的内科医生、药剂师和外科医生的研究提供帮助。当时，市政长官们对这一请愿表示支持，但他们很难决定谁比较适合处理这份请求。其中一位主要候选人是康斯坦丁·惠更斯（Constantijn Huygens）的朋友约翰内斯·布罗斯特赫伊森（Johannes Brosterhuysen）。他是一位热情的植物学家、诗人、音乐家和雕刻家，1627 年曾协助惠更斯布置整理他位于海牙长林街（Lange Houtstraat）住所的私人花园。到了 17 世纪 20 年代初，奥兰治亲王和他周围的人也开始布置大型花园，其中一些模仿了古典、意大利和法国的花园风格，但也有一些回应了当地的要求和关注，从而形成了一种荷兰特色的"运河式花园"，花园内部被排水渠分割成单独的小正方形空间。[2] 惠更斯作为亲王的首席秘书，也布置了类似的花园，起先建造在他位于海牙的家中，之后 1640 年左右，在他的乡间别墅霍夫维克（Hofwijk，意为远离宫廷）也建造了这样的花园。他和"神父"卡茨（Father Cats）最著名的田园诗（hofdichten）便是描写他们的花园是一个有秩序的、满是自然美景的地方，人们在花园里可以运动以保持健康，从城市生活的混乱和罪恶中得到憩息。照料花园使人尽可能接近亚当和维吉尔（Virgil）的《农事诗》（Georgic）中描述的生活。[3]

然而，考虑到他们被要求把钱花在更实用的项目上，市长最终任命了学术水平更高的克鲁伊特。克鲁伊特曾经游历德意志、法国、西班牙和北非，并把标本都带到了莱顿大学植物园。[4]（1636 年，克鲁伊特成为莱顿大学植物园的督察官，离开了阿姆斯特丹。）此外，市长还

---

[1] 有关阿姆斯特丹城市花园早期的情况，参见 Stomps, "Geschiedenis van de Amsterdamse Hortus"; Brugmans, *Gedenkboek*, 393–394; Wittop Koning, "Voorgeschiedenis," 5; Seters, "Voorgeschiedenis." 从 1610 年起，医院任命药剂师一名，参见 Wittop Koning, *Handel in geneesmiddelen*, 83, 129–130。
[2] Hopper, "Dutch Classical Garden," 32; Hopper, "Marot"; Bezemer–Sellers, "Clingendael"; Bezemer–Sellers, "Bentinck Garden"; Bezemer–Sellers, "Gardens of Frederik Hendrik."
[3] Vries, "Country Estate Immortalized"; Jong, *Nederlandse tuin–en landschapsarchitectuur*, 17–56.
[4] Bosman–Jelgersma, "Augerius Clutius," 58–59.

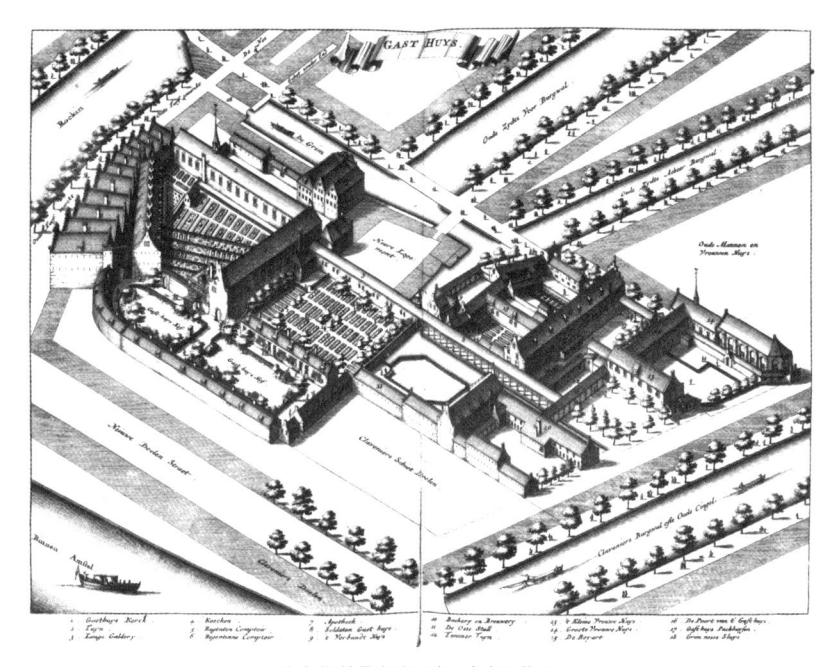

第四章　阿姆斯特丹的商业和医学　197

阿姆斯特丹内城医院，中央即花园

摘自卡斯帕·科默林《阿姆斯特丹概览》（Caspar Commelin, *Beschryvinge van Amsterdam*），1693 年
惠康信托图书馆供图，伦敦

调查了斯瓦宁堡城墙（Swanenburgwal）外新地（Nieuwland）的一处土地的售价，但认为价格过于昂贵。最终，花园于 1630 年建在了曾经的一座修道院（Regulieren）中。建立雅典学院的计划给布罗斯特赫伊森提供了又一次机会。1631 年，他为惠更斯规划建造一个更大的花园，并建议把它作为学校的一部分。[1]

当时，在阿姆斯特丹这样一个经济蓬勃发展的城市里，执业医生的数量是非常巨大的。从 1600—1670 年间，这座城市大概有 250 名外科医生[2]——也许我们可以保守地估计，执业医生的最高人数在任何时候都在 100 名以上。在 1585 年，全城注册在案的药剂师共 22 名，

---

[1] Seters, "Voorgeschiedenis," 38–42.
[2] Heel et al., *Tulp*, 118.

1618年的数量大致相当，但到1636年，他们的人数增加了2倍（与整体人口增长相当），达到66人。[1]但直到17世纪30年代末，阿姆斯特丹没有统一的管理内科医生的机构，所以他们的人数在此之前无法估计，但1636年他们大约有58名，到17世纪50年代可能增加到了80名。[2]结合1636年获得正式证书的执业医生的大致数量（约225名）以及有医疗需求的阿姆斯特丹居民（大约12万人），差不多每两名医生需要负责1000个居民的健康（与现代欧洲没有太大区别）。[3]如果这一估算是正确的，那么提供服务的医生人数似乎只有海峡对面的英国城市诺里奇医生人数的一半左右。[4]但诺里奇的估算是基于所有从事医务行业的人，不只是常规的内科医生、药剂师和外科医生。如果考虑到大量（未知）的自由大师、江湖庸医，以及更隐秘的尿液检查员、男女巫师（cunningwoman，cunningman）、助产士等，人们很可能会认为阿姆斯特丹的医疗市场至少和其他位于北海边的城市一样，拥有大量各类医务从业人员。荷兰、泽兰和乌特勒支等地区的城市莫不如此。但是东部省份人口较少，意味着像医药服务这类行业的从业者要富裕起来相对困难。[5]

重构阿姆斯特丹的医学景象

在阿姆斯特丹多样化的医学环境中，杜尔博士按照他的观点重整秩序。他的朋友圈以及他作为一名内科医生获得的财富，使他被擢升为阿姆斯特丹的摄政，这一地位当时只有极少数的内科医生（如多

---

[1] Wittop Koning, "Voorgeschiedenis," 1–3; Seters, "Voorgeschiedenis," 42; 有关16世纪晚期至1637年间163名阿姆斯特丹药剂师的自传名录（按地域分类），参见 Wittop Koning, *Handel in geneesmiddelen*, 91–130。
[2] Heel et al., *Tulp*, 118, 218.
[3] 任何一种类似的比较非常困难，但有一个估算认为，1960年至2000年间欧洲每1000人中内科医生和牙医的数量为1.1人，另一估算认为1998年时每1000人中医生的数量为3.68人，分别参见 *Health at a Glance*, 107, 以及 *EU Encyclopedia*, 500。
[4] Pelling and Webster, "Medical Practitioners."
[5] 例如参见 Hoeven, "Chirurgijn–gilde te Deventer."

德雷赫特的贝韦尔维克）能够获得。虽然他的病人似乎很欣赏他的能力，但杜尔却明显展现出一名医学政治家的公共形象。1593 年，他出生在阿姆斯特丹，名为克拉斯·彼得斯（Claes Pietersz.，彼得的儿子）。他来自一个世代经营波罗的海贸易的商人家庭；他的父亲也是阿姆斯特丹归正教派的坚定支持者。克拉斯的母亲盖里特根·迪尔克斯德（Gherytgen Dircksdr.）的家族与 1578 年之前亲西班牙的阿姆斯特丹摄政有着密切联系。但就像尼德兰革命时期的许多家庭一样，他的家族中也出现了宗教分裂。他母亲的家族加入了最激进的加尔文主义者阵营（vromen），当同一年信奉加尔文教的难民涌入城市时，在平民主义的民兵（Schutterij）的支持下，加尔文主义者迫使市议会进行"变更"（Alteration），导致许多天主教徒被迫流亡。他的母亲就在这样一个执政的党派中成长。[1]因此，杜尔来自一个与宗教和政治网络有着密切联系的权力家庭，这也有助于他加入摄政集团。

杜尔母亲家族里的几个亲戚，包括他的舅舅沃特·默尔瑟拉尔（Woutter Moerselaar）博士，都是内科医生，这无疑对他从事医学工作产生了重要影响。年轻的杜尔于 1611 年进入莱顿大学医学院学习。当时他约 18 岁，入学年龄已经偏大。随后他的弟弟也前往莱顿大学神学院就读。1612 年他父亲的去世使他无法继续深造，但此后他的家人一直负担他在大学期间的开销，直到 1614 年毕业。[2]在莱顿大学期间，他掌握了波夫的解剖学和植物学知识，从赖尼尔·邦修斯、奥托·赫尔尼乌斯以及埃利乌斯·埃弗哈德斯·沃尔斯图斯（Aelius Everhardus Vorstius）那里学习了希波克拉底导向的实用医学。就像他在莱顿大学的导师一样，杜尔对自然历和临床医学产生了浓厚的兴趣。他的医学著作《医学观察》（*Observationes medicarum*，1641 年）清晰地展示了他的观点：书中收录了他的许多案例和观察，并配有丰富的插图。由

---

[1] Heel et al., *Tulp*, 45–47.
[2] Heel et al., *Tulp*, 44, 57–58.

于他的描述非常有趣，此后又出现了数个拉丁语版本。杜尔认为烟草弊大于利。他展示了扬·德·杜德（Jan de Dood）的案例——杜德通过手术摘除了自己的膀胱结石。杜尔还详细描述了液体从一名妇女的肚脐中喷出的情况，准确地描绘了一只被带回阿姆斯特丹的"人猿"（orang outang，这只人猿其实就是黑猩猩），并描述了许多其他新奇的事情。[1]1650 年，他的《医学观察》的荷兰文译本出现在阿姆斯特丹的书商雅各布·本杰明（Jacob Benjamin）的店中，但杜尔并未参与荷兰文版的出版。他也因此对这本书盗版的荷兰文译本很不满意，于是开始制作自己的荷兰文版本，只是从未被出版。[2]他的医学著作就像他的解剖学演示一样，密切关注对世界的观察而不重视对理论的细致描述。莱顿大学收藏的文物还体现了他对药物，而不是医药化学的浓厚兴趣，以及他在解剖学方面的卓越能力：杜尔最著名的解剖学演示发生在 1638—1639 年的冬天，他展示了乳糜管——卡斯帕·阿塞利（Caspar Aselli）于 1622 年在狗的身上首次发现的器官（出版于 1627 年）。[3]

杜尔在莱顿大学学习的时候，学校和国家正经历着一场保守主义宗教运动带来的政治动荡。1603 年，大学任命了一位神学家雅各布斯·阿米尼乌斯（Jacobus Arminius）来制衡保守派，他认为，人们选择在现世中行善的时候会带有一点自由意愿，从而有助于自己获得救赎。但另一位已在莱顿大学工作了较长一段时间的神学家弗兰斯·霍马勒斯（Franz Gomarus）则强烈反对他新来的同事，认为救赎完全取决于上帝的旨意，而不是取决于我们的意愿，因此个人救赎是预定的，不能通过善行来改变。根据霍马勒斯的说法，阿明尼乌派（Arminian）的立场过于接近天主教主张的自由意志的观点，不仅使个人误入歧途，还会为共和国的敌人提供援助。尽管早些时候关于预定论的争论对加

---

[1] Lint, "Comment Jan de Doot," 更多例子，参见 Heel et al., *Tulp*, 165–187.
[2] Heel et al., *Tulp*, 149–163.
[3] Baumann, *François Dele Boe Sylvius*, 8.

尔文主义的教义并不重要，但到了 1604 年，神学家们在这一点上的争论变得公开而激烈，把这个问题推到了台前。几年后，即使是普通人也开始认真思考这件事，由此产生了尖锐的分歧。1609 年 4 月，当联省共和国和哈布斯堡王朝之间的 12 年休战开始时，那些希望继续抗战并收复南部省份的人则愈加愤怒，他们中的许多人都是激进的加尔文主义者，于是开始全力支持霍马勒斯派。这场争论发展至荷兰议会，阿明尼乌派的支持者也参加了辩论，并于 1610 年向议长递交了一份请愿书（《抗辩》，Remonstrance）要求接受他们的观点，却遭到了霍马勒斯主义者（反抗辩主义者，Counter-Remonstrants）的反对，他们试图让阿明尼乌派噤声。从政治意义上讲，如果霍马勒斯主义打赢了官司，他们将获得政府的支持，并威胁建立神权政体。国家的最高领导人、荷兰和泽兰的大议长约翰·范·奥尔登巴内费尔特强烈反对神职人员的优越地位。在 1615 年前后，双方的支持者爆发了武装冲突。

1617 年，荷兰和泽兰的执政莫里斯亲王大力支持反抗辩主义者：他决心重新征服南方各省，像他之前的莱斯特一样，他也需要共和国最坚定的反天主教者的支持。但是大议长奥尔登巴内费尔特坚决主张保护共和国，抵抗奥兰治主义者和反抗辩派政党联盟颠覆共和国权力。他组织了自己的武装部队（waardgelders）。在内战一触即发的时候，莫里斯发动了一场政变，于 1618 年 8 月逮捕了奥尔登巴内费尔特，清洗了地方政府，并驱逐了奥尔登巴内费尔特的支持者。由莫里斯设立的议会特别法庭审判了奥尔登巴内费尔特。与此同时，在莫里斯的支持下，归正教派全国宗教会议于 1618 年 11 月 13 日至 1619 年 5 月 13 日在多德雷赫特市举行 [简称为多特会议（Synod of Dort）]，宣布反对抗辩主义者。多特会议结束的 4 天后，奥尔登巴内费尔特被公开处决。莫里斯也致力于在欧洲范围内推动更广泛的宗教改革事业。他敦促他的表亲——加尔文教徒、普法尔茨选帝侯弗里德里希五世，于 1619 年接受了波希米亚的王位，这代表新教在神圣罗马帝国中的利益，并在一定程度决定了新教在下一任皇帝选举中占据上风。但是，弗里德里希五世在 1620 年的白山战役中失败，随后被皇帝费迪南二世（Ferdinand Ⅱ）和巴伐利亚州公爵马克西米利安一世（Maximilian Ⅰ）废黜。白山战役实际上也标志着肆虐德意志全境的三十年战争的开始。弗里德里希五世失败后，莫里斯把他和他的妻子伊丽莎白·斯图亚特（Elizabeth Stuart）迎到了海牙，并允诺将尽全力帮助冬王夫妇夺回王位。1621 年休战结束时，主战派没有延长 12 年的休战期，并很快地恢复了与哈布斯堡王朝的战斗。

在荷兰国内，反抗辩主义者要求各方对他们顺从。在莱顿大学，阿明尼乌派被禁止入内。巴莱乌斯当时是一位才华横溢的年轻哲学家，他公开支持抗辩主义者，因而被免去了逻辑学的教授职位。其他学者，如博学的人文主义者同时也是巴莱乌斯后来在阿姆斯特丹的同事赫拉德·约安内斯·沃修斯（Gerardus Joannes Vossius），反对反抗辩主义者过激的宗教教义，认为他们的观点和行为是对经文的断章取义。虽然他与霍马勒斯以及许多反抗辩主义者保持着良好的个人关系，使他仍得以保留教职，但依然被迫放弃了神学院（国立学院）院长的职位。另一名受害者是著名的胡果·格劳秀斯。在莱顿大学，格劳秀斯已经成为他那一代人中最优秀的拉丁语学者、历史学家和博学的评论家之一。在获得法学博士学位后，格劳秀斯本可以成为一名教授，但和他的前辈一样，格劳秀斯更愿意在这个世界上坚守自己的理想，成为 17 世纪早期最敏锐的政论家之一。他是奥尔登巴内费尔特的坚定支持者，也因此被监禁起来。后来他虽然成功越狱，却遭到反抗辩主义者的永久流放。反抗辩主义者也袭击了其他学校。萨缪尔·科斯特（Samuel Coster）于 1618 年在阿姆斯特丹成立了荷兰学院（Nederduysche Academie），目的不在于讲授宗教，而是教授实用艺术，如悲喜剧、数学、天文学、测量、航海、历史、希伯来语、哲学与文学——虽然最后实际讲授的只有航海与文学。尽管本意是使实用成为公民事业的典范之一，但由于科斯特的学院没有宗教课程，在反抗辩主义者看来这是自由派和抗辩主义者的堡垒，最终于 1622 年被迫关闭。[1]

克拉斯·彼得斯，后来的杜尔博士，于 1614 年完成了他的医学课程。当时抗辩派和反抗辩派双方正在组织各自的力量。他站在反抗辩派一边，因为他的兄弟作为被任命的牧师是这个派别的代表。当杜尔回到阿姆斯特丹时，他的家庭关系和作为真正的归正教派（true Reformed）虔诚信徒的名声无疑帮助他成为该社群中值得信任的一员。1617 年，当奥兰治亲王开始支持他们的时候，克拉斯和伊娃·范·德·弗勒赫（Eva van der Vroech）步入婚姻，伊娃的叔叔也是阿姆斯特丹归正教派的领导人之一。这对年轻夫妇在这个不断扩张的城市中最新开挖的一条运河——王子运河（Prinsengracht）的河畔建造了自己的房子，运河两旁都是豪宅。[2] 两年后，他甚至可以在更宏伟的皇帝运河（Keizersgracht）附近购买土地。这块土地正位于城市西侧庄严的西教堂（Westerkerk）附近。他还对郁金香越来越感兴趣，到了 1620 年，他用带郁金香的标志印章蜡封文件，并把郁金香的标志挂在住所外面，以便病人更容易找到他。1621 年，当他搬到位于皇帝运河河畔的新房子时——屋子还预留了停放他的马和马车的地方——他在屋外的石头上刻了一朵郁金香。因此对病人、家人、朋友，甚至他自己来说，他已经成为"郁金香医生"（Dr. Tulp），因为荷兰语"Tulp"的意思即为"郁金香"。[3]

随着财富增长和声誉的传播，杜尔的政治活动范围也不断扩大。他得到了加尔文教派中最具影响力的一支弗莱（Vrij）家族的赞助。[4] 市长弗雷德里克·德·弗莱（Frederick de Vrij）敦促他的同伴们不仅要接受反抗辩派预定论的观点，而且要在大力建设虔敬社会的同时，过着虔敬的生活。换句话说，弗莱是所谓的后宗教改革或更深入的宗教

---

[1] Frijhoff, "Amsterdamse Athenaeum," 54–55.
[2] Ottenheym, "Amsterdam Ring Canals."
[3] Heel et al., *Tulp*, 49–50.
[4] Heel et al., *Tulp*, 54–55.

改革（nadere reformatie）早期的支持者之一。通过更深入的宗教改革，在荷兰的加尔文主义者寻求从道德上改革公共和私人生活。该运动某种程度上受到了英国清教主义的启发，并由来自泽兰省的著述等身的威廉·提林克（Willem Teellinck）这样的牧师领导。[1]1622 年，杜尔获得了市议会中的一个席位，并在提交给莫里斯亲王的候选名单中被提名为地方治安法官。[2]

但杜尔是最后一位真正的归正教派市议会议员候选人。到 1622 年，随着对处决奥尔登巴内费尔特的不满情绪日益高涨，以及战争重新爆发给阿姆斯特丹的贸易利益带来的负面后果，这座城市也开始反对杜尔所在的党派。1625 年莫里斯亲王的去世给了自由派更大的鼓舞。1626 年 4 月，反抗辩派袭击并掠夺了蒙克尔邦堡城墙（Monckelbaansburgwal）处的一所房子，以此恐吓他们的对手，但这只能激化民众对他们的敌意。1627 年 2 月的选举后，两个自由派人士加入市议会，使阿姆斯特丹的权力开始向有利于自由派的方向倾斜。1628 年，反抗辩派再次威胁要用暴力清洗阿姆斯特丹政府，但没能扭转对他们的不利形势。由安德里斯·比克尔（Andries Bicker）领导的少数派理念性政党（doctrinaire party，并以比克尔之名命名为"比克尔联盟"）巩固了自己的统治，使阿姆斯特丹成为支持所谓反对奥兰治主义者和严苛的宗教改革派的议会党的堡垒，尽管该党内部仍有一些强有力的声音支持亲王和神职人员的意见。当比克尔联盟在 1627 年掌权时，杜尔仍然"摇摆不定"，试图在他们和真正的加尔文主义者之间进行调解，但杜尔仍然保持他作为保守的宗教伦理学者的本色。在他的第一任妻子去世（1628 年）两年后，他迎娶了玛格丽莎·德·弗拉明·范·奥特斯霍恩（Margaretha de Vlaming van Outshoorn），玛格丽

---

[1] 相关概述，参见 Israel, *Dutch Republic*, 474–477; 更多详情，参见 Brienen, *Nadere reformatie*, 以及 Sluijs, *Puritanism en nadere reformatie*。

[2] Heel et al., *Tulp*, 49, 51.

莎来自城中的"虔诚"归正教派。[1]

纵观杜尔的一生，他始终致力于为公众服务。在他40岁的时候，有一位著名的城市肖像画家为他作了一幅画，画中的他正对着蜡烛火焰做手势。画像的下方是一个饰有骷髅的盾牌，上面的铭文写着："我沉浸于为他人服务。"（Aliis inserviendo consumor）这一想法部分是出于宗教信仰。1642年，作为该市司法委员会（magistraat）的首席地方法官，杜尔领导他的同事支持瓦隆人（讲法语的加尔文教徒）教会。该教会曾以异教为由将一名成员逐出教会。以杜尔为首的地方法官秘密审判了罪犯，并定其有罪，判处他永久监禁，把他单独关押在矫正院（Tuchthuis）的一间窗户被钉死的房间里。不久，当这件事逐渐被人知晓后，杜尔失去了通常由议会成员担任的职位。但是在17世纪50年代中期，当虔诚的加尔文主义者重新获得政治上的支持时，杜尔获得了城市4位市长职位中的一席，并立即拿起了他尘封已久的"棍棒"，禁止约斯特·范·登·冯德尔（Joost van den Vondel）的剧作《魔鬼》（*Lucifer*）——约翰·弥尔顿的《失乐园》（*Paradise Lost*）的原型——进行公开演出。他常常把自己的道德规范强加给别人，其中最臭名昭著的事是于1655年通过了允许（特别是婚礼）挥霍浪费法令。1659年，杜尔再次暴露了他的宗教偏见，当时他是市议会中唯一反对路德教众迁移并扩建他们教堂的人。不久之后，当"异教徒"欢迎勃兰登堡选帝侯以及玛丽·斯图尔特（Mary Stuart）公主等尊贵人物前来阿姆斯特丹参加庆典仪式时，他公开表示反对。[2]然而，他仍积极参与城市事务，4次担任市长，7次担任城市财务主管，两次担任孤儿院理事，1666年起担任雅典学院的管理人。1672年法国入侵共和国时，尽管杜尔当时已因健康状况不佳而辞职，但他仍在公开场合发表了一次振奋人心的演讲，号召人们在无可避免的失败面前也需要鼓足勇气。

---

[1] Heel et al., *Tulp*, 51–60.
[2] Heel et al., *Tulp*, 67–72; Balbian Verster, *Burgemeesters van Amsterdam*, 51–56.

尼古拉斯·杜尔肖像画

线雕画，科内利斯·范·达伦（Cornelis van Dalen）根据尼古拉斯·埃里亚斯（皮肯诺伊）[N. Eliasz（Pickenoy）]创作，1634年

惠康信托图书馆供图，伦敦

杜尔还根据他自认为正确的道德规范，在阿姆斯特丹建立了新的医疗机构。长期以来，许多内科医生希望政府能够采取更为强硬的措施，赋予他们管控医疗实践和从医人员的法律权力。福雷斯特是公开支持这一立场的倡导者之一。他眼睁睁地看着病人因为未受过专业医疗教育的庸医的治疗而死去，但自己却不得不无助地在一边束手无策。在他看来，经验主义者和医药化学家根本不了解他们正在做的事情，同样危险的是，他们无法正确地理解事情。针对当时的经验主义者，福雷斯特发表了他最著名的长篇演说《尿液诊断》(De incerto, fallaci, urinarum Judicio，1589 年出版，1626 年被翻译为荷兰语，以 1623 年的英语版而闻名)。在演说中，他首先讨论了最常见的诊断方法之一，即对病人尿液的检查。因为古典理论就是从体内消化的角度来讨论生理学，认为消化产生的废物可以很好地说明人体的机能。[1] 的确，中世纪的许多医学文献解释了尿液检查（"验尿"）在诊疗中的影响，强调应仔细观察尿液的颜色、质地、气味、味道、悬浮在液体中的物质，以及盛放容器静置一段时间后尿液中可能出现的杂质。病人已经习惯信任尿液检查，如果不检查尿液，病人就认为诊断不够完整，因此尿液确实是当时的诊疗中唯一必要的元素。患者通常会让仆从将一瓶尿液带给医生进行诊断，因此病人就不必亲自就医。有时候他们也用这样的做法来测试行医者是否能分辨烧瓶里的液体是人的尿液还是白葡萄酒还是驴尿，抑或分辨尿液是来自男性还是女性，以及诸如此类的其他目的。对像福雷斯特这样博学的内科医生来说，这些病人和不负责的行医者之间存在明显的共存关系。这些不负责任的行医者只告诉病人对方想听的话，让病人服用他们销售的无用或有害的药物。福雷斯特的论文首先批判了不对患者进行全面问诊和检查而直接进行尿液诊断的常见做法，然后列举了经验主义者（庸医、骗子）和"精明的贩子"冒牌、欺诈行为以及其他阴谋诡计，最后告诫有学识的内

---

[1]　Cook, "Physical Methods."

科医生应避免诊断和处方错误,强调他们不应用方言撰写药方。如果他们只开出拉丁语的药方,那么受人尊敬、受过良好教育的内科医生就会继续与德行一致、使用拉丁语的药剂师群体合作,将他们的医学知识与普通的经验主义者和医药化学家的医学知识区分开来。

也许正是将内科医生和药剂师联合起来的提议才第一次促使杜尔采取行动。1633 年,尼古拉斯·丰坦(Nicolaes Fonteyn)博士发表了一份药物的清单,即《药典》(*The Institutiones pharmaceuticae*)。他把此项研究献给了市长和市议员——杜尔自然是其中之一,他认为,在其他国家和城市普遍存在这样一种主张,即药剂师应该只根据医生开具的处方来配药,并且必须与官方药典相一致。丰坦是托尼斯·扬斯的孙子,后者拥有一家名为"喷泉"的药房。丰坦的父亲约翰内斯·丰坦博士,既是杜尔的前任,也曾在外科医生协会担任解剖演示者,但他也是一名天主教徒。丰坦的新研究主要衍生自他的法语著作中的药物学内容,反映了他的宗教背景以及在巴黎所接受的教育。[1] 他在阿姆斯特丹的活动圈子必然与杜尔的有所不同,因此很可能导致杜尔对他的不信任。

1635 年 4 月 18 日,杜尔邀请了一群医生朋友,在他家里举行了一次盛大的晚宴。宴会中,他提议起草一部新的药典来规范药剂师行为。与会宾客一致同意成立一个由杜尔担任主席的七人委员会,编写一部更符合他们观点的药典。[2] 在杜尔提出他的倡议后不久,暴发了一场瘟疫。这场瘟疫持续了数月,一直到 1636 年。因此也有观点认为这场瘟疫推进了杜尔的倡议。[3] 这场瘟疫仅在 1635—1636 年间就造成阿姆斯特丹约 2.5 万人死亡。在此期间,委员会的工作有条不紊地继续。内科医生委员会还决定委任 3 名药剂师为顾问,其中包括丰坦的

---

[1] 参见 Wittop Koning, *Facsimile*, 7–11, 引言。
[2] Haver Droeze, *Collegium Medicum*, 3–4. 同时对杜尔的晚宴导致的后续运动的批评,参见 Wittop Koning, "Oorsprong," 802。
[3] 例如,Mooij, *Plosslag*, 37–38; 阿姆斯特丹的这场流行病于 1634 年底开始出现在整个荷兰省,参见 Andel, "Plague Regulations in the Netherlands," 以及 Dijkstra, *Een epidemiologische beschowing*, 27。

一位亲戚，他的叔叔雷姆·安东尼斯·丰坦（他也是位于水坝广场的药店和医药植物园的所有者）。委员会最终出台的文件显然反映了杜尔对《奥格斯堡药典》(Augsburg pharmacopoeia)的赞赏。在委员会就内容达成一致意见后，杜尔便邀请了阿姆斯特丹的所有内科医生前往他位于圣安东尼斯门（Sint Anthonispoort）的外科医生办公室会面，众人一致同意，认为有必要为这座城市制定一部新的官方药典。尽管他促成起草的药典本身已足够优质，但他还是邀请了内科医生对其细节发表评论，确定最终版本。这项工作随后被移交给了市长，与市议会协商后，于1636年4月29日被确定为官方手册。在杜尔的这部药典出版之后，丰坦离开了这座城市。[1]［另一位信奉天主教的高级内科医生伏庇斯古斯·福图内特斯·普兰皮乌斯（Vopiscus Fortunatus Plemp）早在1633年末就已经离开阿姆斯特丹，前往鲁汶大学担任勃鲁盖尔学院（Breugel College）的院长，不久后又担任医学教授。[2]］

杜尔的新制药条例很快也为建立内科医生的研究院和药剂师协会创造了机会。无疑，杜尔对此表示欢迎和支持。1637年1月，阿姆斯特丹颁布规定，要求执行新的药典，并任命了两名内科医生和两名药剂师对药店进行督查。[3]事实证明，他们的职责比预期的更为重要，其他内科医生也希望对药典做进一步的修订。因此，他们向市议会提出了各种建议，促成了1638年1月15日的章程，建立内科医生协会（Collegium Medicum）和药剂师协会。[4]这两个机构负责规范阿姆斯特丹的内科医生和药剂师的活动，内科医生协会同时也对外科医生协会负有监督责任，并逐渐开始监督助产士的工作。[每周二上午11：30至

---

[1] Wittop Koning, "Oorsprong"; Wittop Koning, *Facsimile*, 12–16; Heel et al., *Tulp*, 113, 58–59.
[2] Lindeboom, *Dutch Medical Biography*, 1544–1546.
[3] 这项规定见 Haver Droeze, *Collegium Medicum*, 4; 1637年起的监督官的名录保存于阿姆斯特丹城市档案馆 Amsterdam Municipal Archive, P.A. 27/17: "Nomina et Series Inspectorum Collegii Medici, 1637–1797."
[4] Heel et al., *Tulp*, 217–237; Haver Droeze, *Collegium Medicum*, 5; Wittop Koning, "Voorgeschiedenis." 相关的法规条例（12条至15条）保存于阿姆斯特丹档案馆 Amsterdam archives, P.A. 27/14: "Stukken betreffende de oprichting 1638; met retroacta, 1550–1637," P.A. 27/1: "Ordonantie Boeck, 1638–1718," fols. 1–8。

下午 2∶00，协会在小肉市场（Kleine Vleeshal）或者圣玛格丽特修道院（Sint Margarietenklooster）的外科医生办公地点坐班。] 在阿姆斯特丹，因为协会与市议会之间没有特别的政治关系——不像有些地方（如伦敦）协会或多或少地管理着城市——阿姆斯特丹的这些组织除了其成员外，没有权力监管任何人。但是对内科医生、药剂师、外科医生以及不久之后的助产士来说，内科医生协会以及相关的城市法令确实很重要，其他地方也很快效仿这个计划：1658 年海牙，1668 年米德尔堡，1692 年哈勒姆（成立医生药剂师协会），1700 年莱瓦顿，1705 年乌特勒支。[1]

内科医生协会还为阿姆斯特丹植物园的建设做出了更多的努力。雅典学院成立后，惠更斯等人积极劝说布罗斯特赫伊森将城市植物园与雅典学院完美结合。但市长们却迟迟不愿落实这件事。尽管如此，内科医生协会的督察员仍然认为，一个大型花园非常有必要，学徒们可以在那里接受适当的培训。市议会的犹豫再次使得原先设计中的一个广阔的植物园被缩减为一个药用花园，但内科医生协会依然努力争取建一个大型花园。1638 年，督察员把一个修道院里的药用植物园（hortus pharmaceuticum）移交给了市议会。美中不足的是，这个花园的管理人还没有任命，1643 年，督察员约安内斯·哈尔托赫韦尔特（Joannes Hartogvelt）博士和弗朗西斯库斯·德·维克（Franciscus de Vick）博士要求招聘合适的人担任管理人。一年后阿诺尔德斯·托林克斯（Arnoldus Tholinx）博士和埃赫贝特斯·博达厄斯（Egbertus Bodaeus）博士收到相关职位的邀约。最终于 1645 年，约翰内斯·斯奈彭达尔（Johannes Snippendael）接任为代理园长。尽管人们不知道

---

[1] Municipal Archive, The Hague, 488/1, "Statuta Autographa Collegii medicorum Hagiensium. anno 1658," 印刷版见 488/6, "Bijlagen bij de 'acta collegii,' 1658–1774." 我所了解的这一阶段的医学条例是拉丁文的，而不是荷兰文的，表明了海牙当时的官僚气氛以及海牙从技术上来讲并不是一个特许城市这一事实。Haarlem Municipal Archive, K. en O. II, 106. Municipal Archive, Utrecht, 41/suppl. 144: vol. 1: "Acta et decreta Collegii medici, 1706–1783," fols. 1–7. 同时参见 Weyde, "Collegium Medicum Ultrajectinum."

他是否获得了医学学位，但他曾在莱顿大学学习过哲学。当他接手时，花园里的植物种类有 330 多种。但根据 1646 年他出版的《新旧植物目录》，斯奈彭达尔在一年内就把植物的种类扩大到了超过 800 种。[1]1646 年 3 月，市政府正式任命他为园长，并支付他有史以来的最高年薪——400 荷兰盾，还提供了位于修道院（Reguliershof）花园里的免费住房。在一份官方文件中，他的正式头衔为阿姆斯特丹雅典学院花园园长（Praefectus Horti Gymnasii Amstelodamensis），这清楚地表明这个花园当时与雅典学院存在着正式联系。也正是在那一年，斯奈彭达尔第一次开始进行植物学公开授课，并且授课对象不局限于学徒。他继续向市政当局建议购买更大的土地，以使花园能够容纳 1200 个标本。不知道什么原因，他于 1656 年被解聘。两年后，花园确实被搬迁了，但不是被迁移到一个宏伟的新空地，而是被转移到当时的城市医院——内城医院的花园。有证据表明，早在 1628 年，这里就有药用花园。1660 年，雅典学院任命了一位医学教授，即杰勒德·布拉修斯，由他负责花园的管理。[2]

解剖学课程

内科医生协会成立后不久，阿姆斯特丹开设了一家新的解剖学教室，杜尔是主要的演示者。曾与外科医生协会共用办公场所的"野玫瑰"修辞院（The Eglantine）获得了一块新地方。1639 年，外科医生——曾经以圣玛格丽特修道院、现在的肉市场的楼上房间为主要聚集地——得以建造了一座令人印象深刻的永久性讲堂。大量的公民前往观看公开演示。1647 年 10 月，一场为期 5 天的解剖课带来了 229 荷兰盾 9 斯托伊弗（约 4589 斯托伊弗）的收入。这笔收入不仅足以

---

[1] *Horti Amstelodamensis alphabetico ordine exhibens eas*.
[2] Seters, "Voorgeschiedenis," 40–44.

负担活动的花费，而且在结束时还得以支付壮观的火炬游行和盛大晚宴。[1] 按 150 名外科医生为自己和他们的学徒支付自由出入的费用（每人 6 斯托伊弗，总计相当于 900 斯托伊弗）计算，每天支付 4 斯托伊弗入场费用的游客数量大约为 922 人。无法确定有多少人花钱参加了这场持续多日的演示活动，也不知道有多少不用付钱的达官贵人也参加了活动。但是，如果按照 5 天内付费参观的平均次数（毫无疑问，开课和结课时的人数比授课期间的人数要多），保守估计，每天大约有 200 名外科医生、学徒和其他观众观看了杜尔的解剖演示和讲课。杜尔此后每年都在阿姆斯特丹的这个大讲坛上"说教布道"。

然而，在讲坛上应该讲授的内容似乎一直在私下被讨论着。当他还是个学生的时候，杜尔曾和波夫教授一起学习。波夫教授保证了解剖学课程在道德上符合杜尔的家族所支持的严格的加尔文主义。波夫教授的叔叔赖尼尔·波夫不仅继续经营着家族在波罗的海的商品贸易，还是第一批前往东印度群岛进行贸易的阿姆斯特丹人（科内利斯·德·豪特曼和弗雷德里克·德·豪特曼与波夫有亲戚关系），[2]1602 年荷兰东印度公司成立时，他也是第一批股东之一；在 1597 年前往圭亚那和巴西的远航中他也持有股份。他还深入参与了长距离贸易事业，例如，1614 年提议与俄国沙皇进行贸易，并于 17 世纪 20 年代初帮助成立了西印度公司。1605—1620 年，他曾 8 次担任阿姆斯特丹的市长，在荷兰省的议会中代表阿姆斯特丹，并在国家议会中代表荷兰省长达两年。从 1611 年起，他与商业伙伴赫里特·雅各布·威特森（Gerrit Jacob Witsen）一起领导了该市的反抗辩派。凭此身份，他发挥了影响力，帮助莫里斯亲王清除了阿姆斯特丹议会中未能全心致力于反抗西班牙的人，大力主张举行多特会议。他还是审判和处决奥尔登巴内费尔特的司法机构的成员，甚至参与了对奥尔登巴内费尔特的指控。

---

[1] Heel et al., *Tulp*, 203, 208, 206.
[2] Beekman, *Troubled Pleasures*, 43.

第四章　阿姆斯特丹的商业和医学　　213

彼得·波夫的解剖演示

凹版画，安德里斯·斯托克（Andries Stock）根据小雅克·德·盖恩（Jacques de Gheyn Ⅱ）的绘画创作
惠康信托图书馆供图，伦敦

波夫教授当然不像他的叔叔那样活跃于政坛。但是，他在解剖学课上向观众传达了两条伦理信息，表达了他对宗教的同情：所有人都是凡人，神的荣耀可以从他极其复杂的造物技艺中看出。早在维萨里的时代以前，解剖学书籍的插图画家就已经特别重视将死亡拟人化应用于画中——通常以骷髅的形式出现，比如流行的"死亡之舞"这一题材画。维萨里的名著《人体的构造》的卷首插画中，一具人类的骨架正在主持一场表演。画中的观众为了观察被剖开的尸体正努力寻找有利位置。右下角的一只狗被画在后方，似乎是想吃掉解剖桌上的残渣，以此强调我们的身体不过是血肉之躯。一幅临摹这幅插画的画作描绘了波夫工作时的情景，死者的骨架赫然耸立，一只狗则在旁静静等待。就像波夫的一位崇拜者所评论的，波夫教给了荷兰人有关斯巴达智慧的第一句话：承认你们是凡人，认识你们自己。[1]

为了增强"记住死亡"（memento mori）这一戒律与解剖学之间的联系，波夫在解剖学教室里摆满了人和动物的骨骼。当它们不用于解剖时，这些骨骼代表着生命的快速流逝以及其他道德主题。在一幅有关他的解剖学教室的绘画中，一具人的骨架显眼地坐在马背上，手里拿着一把剑，头上戴着一顶帽子，帽子上飘扬着一根巨大的羽毛，这是骄傲和自负的象征。其他几具站立的男女性骨架举着印有标语的旗帜，写着如"我们是尘埃和黑暗"（Pulvis et umbra sumus）或"人生如泡影"（Homo bullus）之类的标语。象征道德主题的动物骨架也被架起并放在教室中展示。画作的前半部分是两具人的骨架，一具拿着铁锹，一具拿着水果。两具骨架中间是一棵树，树上缠着一条蛇，提醒旁观者亚当和夏娃的原罪，这些原罪把不可避免并且不可挽回的死亡带给了人类。[2] 画作中间是一张圣餐桌，上面摆着人而不是基督的躯

---

[1] 转引自 Schupbach, *Paradox of Rembrandt*, 33, 同时参见 Lunsingh Scheurleer, "Amphithéâtre," 220–222.
[2] 对解剖学作为蕴含在神谕（"认识你自己"）中的必死性的训诫的评论，参见 Schupbach, *Paradox of Rembrandt*, 33–35, 90–102。

体,一只半钉在十字架上的手臂伸了出来。被解剖的躯体不仅提醒我们亚当和夏娃原罪的后果,而且预示着避免重蹈覆辙的唯一方法是离开善与恶的知识之树,让我们的身体与上帝赋予的物质的相关知识相结合,神将用这种肉体组织作为自己的衣装。罪犯只有在肉体遭受痛苦时,生命才能得到救赎;只有当他的身体被解剖学家更彻底地折磨和损毁,以此证明普遍真理在造物本身的空隙中才能被发现,灵魂才能得到救赎。因此,公开解剖与展览对当地人的情感产生了深刻的影响。莱顿当地画家最偏好的题材之一——静物画,其绘制的对象包括人骨、熄灭的蜡烛、打开的书,以及其他提醒人生命短暂的东西。他们把这些画大量地卖给宗教系与哲学系的学生。[1]

当时流行的并不是只有波夫的观点。威廉·舒普巴赫(William Schupbach)指出,继 16 世纪末安德烈·杜·洛朗斯(André du Laurens)的解剖学著作之后,"认识你自己"这一表述可能被用来表示一组比波夫更乐观的信息。[2] 从另一种意义上来看,这个观点认为,上帝是按照他自己的形象来创造人类的,器官和机能的出色协作创造了存活的条件。因此,人体是浩瀚宇宙的一个缩影。根据这种解释,认识自己就是被引导去认识作为造物主的上帝。正如奥维德(Ovid)所说的"上帝在我们心中"(Est Deus in nobis),波夫意识到了这种观点在解剖学上的意义:正如他后来承认的,他在解剖学上比在植物学上投入了更多的研究精力,"因为我判断,上帝自己也试图把他的智慧、力量以及关于善行更多、更确定的证据在人体的形成过程中显现出来"。[3] 但在呈现于眼前的这幅解剖学教室绘画中,波夫必须强调的是对解剖学课程更为悲观的诠释——它把重点放在了我们的肉身之上。所有的宗教人士,包括天主教徒、路德教徒以及犹太教,都支持这样一个基本事

---

[1] 有关莱顿艺术的静物画主题,参见 Rupp, "Matters of Life and Death," 272–273, 以及更宏观的研究 Vroom, *Modest Message*。

[2] Schupbach, *Paradox of Rembrandt*, esp. 27–40, 以及他对近代早期关于"cognitio sui, cognitio Dei"文献的评论, 66–84, 90–102。

[3] 翻译自他于 1615 年出版的 *Primitiae anatomicae* 的摘要,见于 Schupbach, *Paradox of Rembrandt*, 21。

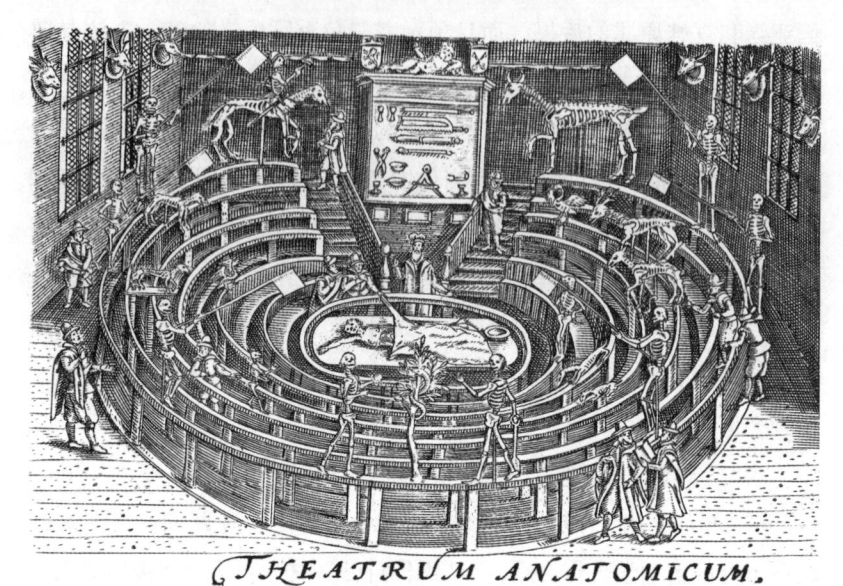

莱顿大学的解剖学教室

版画，约翰内斯·默尔修斯（Johannes Meursius）根据范·德·帕斯的作品创作，约1614年
惠康信托图书馆供图，伦敦

实，即为了正确地活着，我们必须始终牢记人终究会死亡。但是，波夫强调，人类生命的短暂而虚荣，它没有显露出任何得到救赎的迹象。波夫的这种情绪与即将主导大学和国家的反抗辩派立场产生了共鸣，因此他在阿姆斯特丹得到了大力支持。这样看来，波夫教授的解剖学课程本意可能是用来巩固某一特别的神学立场，强调人类必然死亡这个事实在很大程度上是不可挽回的。

1617年8月，在多特会议以及奥尔登巴内费尔特的处决所带来的宗教政治危机的前夕，波夫去世了。大学管理者面临一个艰难的决定，谁将是接替他职位的最好人选？他们考虑了几个候选人选来担任解剖学教授。在寻找继任的过程中，有4位外来者受邀开展解剖学公开课程，作为对他们的审核。[1]其中一位是阿德里安·范·瓦尔肯伯格（Adrian van Valckenburg）。他曾是神学专业的学生，为了逃避宗教内战而转向学习医学，后在莱顿大学获得了医学教授的职位；另一位是亨里克斯·弗洛伦修斯（Henricus Florentius），后来在莱顿行医。1636年，他编辑出版了波夫关于瘟疫的遗著；其余两位则鲜为人知：莱鸠斯（H. Rijkius）和胡贝图斯·比柳斯（Hubertus Bijlius）。[2]最后，管理层做了一个较为稳妥的决定，选择了波夫的前同事奥托·赫尔尼乌斯。1601年，奥托的父亲约翰内斯·赫尔尼乌斯去世后，奥托被任命为医学特聘教授（即无薪教授）。最终在克鲁修斯去世两年后的1611年，他获得了正式的医学教授职位。1617年，他又承担起公开解剖演示课程的教学工作。

然而，自从赫尔尼乌斯上任后，他就将解剖学教室里的伦理寓意扩展成大量的图片、寓意画和符号，远远超出了波夫课程的核心范围。他把他的自然史收藏带到了解剖学教室（并为图书馆带来了解剖学藏书），这些藏品与骨架一起增添了许多上帝造物奇迹的案例。大学管理者批准了赫尔尼乌斯写给阿勒颇的劳伦修斯·德·克鲁瓦（Laurentius de Croix）博士的请求，请后者将珍奇品寄送到学校。他还与曾是莱顿大学哲学、法律和东方语专业的学生大卫·勒·洛伊·德·威廉（David Le Leu de Wilhelm）通信。威廉曾前往阿勒颇，赫尔尼乌斯也要求他从埃及等地寄送各类物品和信息。1620年，赫尔尼乌斯从已成为阿姆斯特丹公民的英国人汉弗莱·布罗姆利（Humphrey Bromley）那里，为大学购买了一些经过防腐处理的幼童的躯体。他还要求大学管理者利用他们的影响力，把东印度和西印度群岛人的骨架送到他那里，同时特意敦促去探索巴塔哥尼亚（巨）人和亚马孙人地区，他认为在那里仍然

---

[1] 有关大学管理者试图任命教授接替波夫的做法，参见 Kroon, *Bijdragen*, 58–62.
[2] 这些名字被收录在 "Hoogleeraren en Lectoren"，见 Siegenbeek van Heuklelom–Lamme and Idenburg–Siegenbeek van Heukelom, *Album scholasticum*, 194–195; 关于瓦尔肯伯格和弗洛伦休斯，参见 Lindeboom, *Dutch Medical Biography*, 2019, 596.

可以发现一些诸如没有头、脸长在胸前的人（正如普林尼所描述的）。赫尔尼乌斯搜集标本的经费不仅来自大学，他个人也贡献了很大一部分，尽管他后来还试图让大学管理者支付他 29 荷兰盾。[1]

赫尔尼乌斯的努力从他在 1620 年制定的清单中可见一斑。该清单在 1622 年和 1628 年分别进行了补充，它显示，除了大量的人类和动物骨架，当时的收藏还包括各种清单目录和标语牌（海报）；外科手术和解剖器械；一头在 1600 年被搁浅的鲸鱼的一根肩胛骨、一根肋骨以及 29 块其他骨头；从他父亲约翰内斯·赫尔尼乌斯（莱顿大学的第一位医学教授）的膀胱里经手术取出的 7 块石头；一只独角兽角以及其他角；一颗来自一个年轻女孩肾脏里的石头；大卫·德·威廉在埃及为他搜集的木乃伊、亚麻布，以及其他物品；红、白色中国纸各一卷；烹茶用的日本器皿；外来水果、坚果、树木、石头以及其他此类物品的绘画；1620 年由赫尔尼乌斯解剖的一位 17 岁年轻女子的肝脏；猪的重要器官；"来自印度"的坚果、树叶和其他干燥的物品；一小壶中国啤酒；其他零碎物品。[2] 其中一些物品是早些时候由波夫搜集的，它们存放在花园南墙边带顶的长廊里。这条长廊早在 1599 年就已建立。这样做也便于在植物园的温室与解剖学教室（theatrum anatomicum）之间来回搬动标本。[3] 所有这些都加强了人们对造物奇迹的深刻印象，甚至包括在解剖的血腥中寻找结构美和功能美。

赫尔尼乌斯在解剖学教室中悬挂了许多图画和版画。根据最详尽的解释，这代表他正在寻找与伊拉斯谟、利普修斯等人的研究传统建立联系，教导俗世中的人们在人生中做出的选择都将起着重要的作用。这表明了赫尔尼乌斯是反对反抗辩派的。换句话说，赫尔尼乌斯的解剖教学开始转向古典观，认为俗世选择将影响人的未来以及个人救赎。有些图片显然延续了虚空派（vanitas）的主题，显示了死亡是不可避免

---

[1] Kroon, *Bijdragen*, 66–68; Lunsingh Scheurleer, "Amphithéâtre," 222–223, 239–241.
[2] Barge, *De oudste inventaris*, 34–55; 同时参见 Otterspeer, *Groepsportret*, 191–195。
[3] Jong, "Nature and Art."

的。例如，他展示了亨德里克·霍尔齐厄斯（Hendrick Goltzius）的一幅版画，描绘的是一个孩子靠在骷髅头上吹泡泡。下方的文字清晰地表达了这个意思："谁能逃脱？"（quis evadet）。其他学者或艺术家则以《圣经》为场景，通过基督展示了永生的可能性。此外还有关于奥兰治亲王的版画：沉默者威廉（William the Silent）、莫里斯亲王、弗雷德里克·亨利（Frederick Henry）以及拿骚家族的其他成员。其他王子们的画像则摆放在他们对面且忽略了宗教因素。所有这些都代表了一种政治美德，是像利普修斯这样的古典道德主义者都会为之喝彩的政治美德。赫尔尼乌斯还收藏了巨幅场景画。尼乌波特战役是1600年莫里斯亲王赢得的一场关键战役，纪律严明的荷兰军队最终击败了老练的西班牙军队；在这场战役画的对面，他放置了一大幅版画，画中描绘了沉没在红海里的法老战车、摩西以及在一旁观望的摩西的子民。赫尔尼乌斯还展示了其他机缘巧合的事件，例如，1600年一条鲸鱼搁浅在卡特韦克附近的海滩上；来自德国默尔斯的伊娃·弗利根（Eva Vliegen）的肖像画及其描述，据说20年来她没有进食（除了些许水）；一条从北海捕捞的鲱鱼，它两侧的斑点被解读为是消灭邪恶及对上帝保持信仰的信息。还有同一系列的4幅版画展示了人类因为犯错而落入凡间来接受惩罚的经典画面；一幅充满寓意的世界地图，主题是"一个人，如果得到了整个世界，却失去了自己的灵魂，这对他有什么好处"（MK. 8∶36）；描绘4个历史时代（黄金、白银、青铜、黑铁——最后一个是现代）的绘画；耶罗尼米斯·科克（Hieronymous Cock）根据彼得·勃鲁盖尔（Pieter Bruegel）的《炼金师》（*The Alchemist*）创作的版画，嘲弄了这个主题；描绘4种性情、5种感官的绘画；同一系列关于病人如何看待医生的4幅寓意画：疾病威胁生命时是基督，疾病得到治疗时是天使，病人疗养期间是人以及康复后要求支付医药费时是魔鬼。[1] 其中许多作品都创造了解释的语境，宣扬解

---

[1] Lunsingh Scheurleer, "Amphithéâtre," 223–269.

法厄同（Phaeton）驾驶太阳车失控从天空坠落

摘自《四个不光彩的人》（*The Four Disgracers*），亨德里克·霍尔齐厄斯根据科内利斯·科内利斯·范·哈勒姆（Cornelis Cornelisz van Haarlem）的绘画创作，大都会艺术博物馆允准复制，纽约

剖教学能以某种方式感动观众，从而帮助他们更好地生活，帮助他们获得救赎。然而，这是大部分忠诚的预定论信仰者都不会赞同的主题。所以人们一般都是私下里探讨或暗示，默认这一观点的存在。

如果对 1632 年伦勃朗创作的杜尔解剖课的画作的大部分现代解读都是正确的话，杜尔的目的在于让他的观众相信上帝创造人类身躯的奇妙方式。在众多奇迹中，大拇指与食指相反的结构，创造出了人的手，由此产生了人类的所有事业。这的确表现了上帝的智慧。杜尔布道的主题超出了他从波夫教授那里不断被灌输的反抗辩派的内容——我们都是凡人——而是一些关于造物奇迹的更宏大的主题。但他并没有表示解剖学课程具有救赎的作用,也没有暗示解剖学课程可能会让人变得更好。然而,有迹象表明,在阿姆斯特丹,一些像赫尔尼乌斯这样的人认为解剖学课程至少会使人成为更好的公民。

1639 年,当新的解剖学教室在阿姆斯特丹开放时,巴莱乌斯受命发表演说和诗歌来庆祝。由于没有支持反抗辩派,他被莱顿大学解雇,几年来,他一直在与其他非教条主义知识分子一起,继续发展他关于生活的伦理基础的观点。他参加了一个小组,小组成员能够自由地在距离城市不远的穆登城堡(Castle of Muiden)会面、讨论。在这里没有任何人监督[他们因此赢得了一个名字——"穆登圈"(Muider Kring)]。彼得·科内利斯·霍夫特(Pieter Cornelisz. Hooft)是城堡的管理者,也是活动的主持者。有人认为霍夫特是冯德尔之前荷兰最重要的诗人和剧作家,他也发现自己在这场文化内战中处于不利地位。作为该市最重要的自由派加尔文主义官员之子,霍夫特的地位类似莱顿的杜萨。他曾游历法国和意大利,吸收了法国七星诗社(Pléiade)和意大利诗人的风格。他成为爱情十四行诗的大师,努力宣扬从自然中产生的美德,强调这种美德不是明确的教条观点所强加的。[1]但是,当反抗辩派夺取了对国家和城市的控制权时,霍夫特发现他最好的宣泄方式是根据遥远的历史事件撰写戏剧。这些行动促使他能够不必明确对照当代场景也可以探索政治和神学危机,提供了能够发现更多细节而又不会遭到太多反对的可能性。在阿姆斯特丹市政会遭到反抗辩派大清洗后的几年里,连从事这方面的创作都不再被允许。霍夫特转而撰写历史书籍,在史实的掩盖下说出自己的心声。

穆登圈的其他成员包括霍夫特博学的妻子克里斯蒂娜·范·埃普(Christina van Erp)、前莱顿大学教授巴莱乌斯和沃修斯,以寓意画

---

[1] 关于持欣赏态度的观点,参见 Weevers, *Poetry of the Netherlands*, 74–78。

册（Sinnepoppen）而闻名的勒默尔·菲舍尔（Roemer Visscher）以及颇受瞩目的安娜（Anna）和玛丽亚（Maria）。最后提及的两姐妹是菲舍尔的女儿，都是著名的哲学家，常在阿姆斯特丹主持文学晚会。姐妹中的玛丽亚，更出名的是她结婚后的名字——玛丽亚·泰塞尔沙德（Maria Tesselschade，她于1634年丧偶），后来她成为当时最著名的女性知识分子之一。巴莱乌斯在称赞她的写作、绘画、雕刻、编织和纺纱、唱歌、作曲、插花等才能的同时，尤其称赞她的美德。[1] 非常博学的奥兰治亲王的秘书且热衷于研究弗朗西斯·培根爵士的康斯坦丁·惠更斯（他用拉丁语给泰塞尔沙德写了一些颇有暗示性的诗，但后者无法准确理解这些诗——或者说她理解很不准确——甚至巴莱乌斯都无法完全为她翻译）有时也会加入他们。此外还有一些人，如大议长及寓意画画家雅各布·卡茨以及即将成为著名的剧作家、后来又皈依天主教的冯德尔。[2]

在17世纪20年代后期，比克尔联盟掌权后，穆登圈的许多成员推动在阿姆斯特丹建立一所大学，然而他们的计划被压缩为1632年建立的雅典学院（赫拉德·约安内斯·沃修斯担任校长，卡斯帕鲁斯·巴莱乌斯成为他的同事兼教授）。数年内，雅典学院又为支持抗辩派和路德宗的学生增建了独立学院，并在最初的两个教授职位的基础上增设了更多的教授职位，但直到1686年才设有神学教授。1637年，该市甚至建了一座永久性的剧院（Schouwburg），向公众提供戏剧演出，这与严格的宗教改革派的意愿大相径庭。第一场演出是由冯德尔创作的名为《如特洛伊废墟般的阿姆斯特丹》（*Gijsbrecht van Amstel*）的历史剧。该剧呼吁和平，献给杰出的胡果·格劳秀斯，数年前他被反抗辩派永久流放，再也无法回到他心爱的祖国；人们可以很容易地看出冯德

---

[1] 参见对他的颂词的翻译，见 Heckscher, *Rembrandt's Anatomy*, 80。
[2] Colie, "Some Thankfulnesse to Constantine"; Jongh, *Questions of Meaning*, 47–48; Schenkeveld, *Dutch Literature*, 15–16; Regin, *Traders, Artists, Burghers*, 50–51.

尔的作品直斥那些仍然威胁要把这座城市搞垮的战争和教条主义者。[1] 阿姆斯特丹的雅典学院和城市剧院都表达了一种开放的公民人文主义，具有反教条主义倾向。

考虑到新的解剖学教室是阿姆斯特丹公共文化机构发展的一部分，同时考虑到解剖学课程丰富的意义，巴莱乌斯非常谨慎地权衡了他将要留下的文字。这首最主要的献诗，被用金色的文字镌刻在展示舞台的上方来不断提醒观众，陈述了他与杜尔一致同意的主题。诗歌首先指出了通过解剖罪犯的躯体所获得的知识并教导人"不要因为犯罪而死"，认为罪犯在死后能够给治疗的艺术带来好处。接着又赞扬了杜尔在解剖演示中的雄辩口才，再次强调了伦勃朗在他关于杜尔画作中特别注意的身体部分的奇特结构。巴莱乌斯的诗最后以如下一节结尾："倾听者啊，倾听你自己吧，当你通过一个接一个的对身体的观察而不断前进时，会相信上帝甚至隐藏在了最细小的碎片里"[2]。巴莱乌斯的另一首诗——虽然没有在剧院里展示——主题是解剖桌。这也很可能与杜尔的观点一致，这首诗从评论赤裸的尸体、血淋淋的桌子和身体各部位的悲惨状态开始，然后谈到邪恶的袭击，无论是个人过失还是自然因素，每一条生命都被不同的敌人杀死。因此，人们应该"认识到，只有通过上帝才能获得健康"[3]。

巴莱乌斯的第三首诗引入了另一种解释。这首诗的主题是解剖学教室本身，它的结论是："一旦（生命之）光熄灭，人类就会在腐烂中消散。领悟吧，公民，告诉你们的市政长官，在这里你们可以学习死亡的方式以及渴望逃避死亡。"[4] 公民希望能够通过学习解剖来逃避死亡从而减轻罪恶的想法表明，巴莱乌斯在这里建立了一种伦理宗教，这和

---

[1] Vondel, *Gijsbrecht van Amstel*.
[2] 我对 "Auditor te disce, & dum per singula vadis, / Crede vel in minimaparte latere Deum." 的翻译，与引文存在细微差别，见 Heckscher, *Rembrandt's Anatomy*, 112–113. 同时参见 Schupbach, *Paradox of Rembrandt*, esp. 22, 31, 33.
[3] Heckscher, *Rembrandt's Anatomy*, 113–115.
[4] Heckscher, *Rembrandt's Anatomy*, 113–115.

赫尔尼乌斯在莱顿大学精心设计的一样。坚持双重预定论的严格的反抗辩派反对人们改变他们的道德状态。和巴莱乌斯一样，抗辩派以及他们的追随者对人文主义传统持有更为同情的态度。在这种人文主义传统中，对美德的模仿可以改变一个人的内在生活，从而有助于通往救赎之路。至于杜尔，像杜尔的政治导师弗莱这样的虔诚主义者也强调按照上帝的旨意生活，不过更强调的是行为和情感而不是教条。弗莱甚至发表了一首题为《解剖学》(*Anatomia*，1622年)的英雄长诗。也许是受杜尔的影响，这首诗也敦促他的同胞们过虔诚的生活。[1] 换句话说，如果巴莱乌斯的诗是指示性的，那么许多人都希望阿姆斯特丹的解剖学教室能够教导人，不仅身体的组织结构能够谴责死亡、展示上帝造物的奇迹，而且这些课程也有助于支持道德改革。

因此，杜尔的讲座显然是想提醒观众，造物主的伟大之处不在于他未知且不可知的宏伟计划，而是在他造物的精妙的物质细节中。对身体的结构组织调查研究，甚至使他们了解大多数人的手势，例如食指和大拇指跨越手掌接触彼此，是通过特定的肌肉和韧带的运动完成的，这一动作让解剖者有机会意识到正是他利用自己的研究来探索事物的结构。因此，这不是简单地宣传道德改革，而是呼吁对谦卑、努力工作、对细节以及上帝造物能力的奇妙本质保持敏锐关注。这是所有解剖学家都达成的共识。

然而，仍有一些事情被遗漏了。解剖学家可能会自我反思，将自己描述为一件神奇的作品，一种正在探索尸体的肉体化的精神；但尸体并不只像他们自己，因为在他们面前苍白的、死气沉沉的身体明显显露了生命力的缺失。身体形态细节的宏伟庄严连同一些额外的精神的缺失，为知识和解释创造了一个广阔的领域，这个领域并不是简单地处于任何一方的控制之下。但在一件事上，杜尔和巴莱乌斯达成了一致：巴莱乌斯说，"相信上帝甚至隐藏在最细小的碎片里"；杜尔建议

---

[1] Israel, *Dutch Republic*, 475.

他的儿子（在杜尔开始医生生涯之前就已去世），"在医学上，所有站得住脚的见解都能够在经验中找到，经验比所有大师的教导更有价值。不要过于自由地扇动你的翅膀，而是要将你的学习研究限制在理性和经验的圈子里"。[1]许多人能够聚集在一起的前提依然是描述性的自然主义，尽管这些人对造物主的意图有着各种不同的解释。

因此，即使宗教观点不同，荷兰医务工作者和他们城市的摄政、市长依然可以就确切的临床和解剖学描述的重要性达成一致。这种方法似乎证明了新疗法和新知识的可能性，将患者和行医者聚集在一起。它还创造了在不同行医者之间建立共同纽带的可能性，无论他们是药剂师、外科医生、内科医生还是化学家。像西尔维乌斯这样的人，在伦敦或巴黎这样的城市几乎是不可想象的，他在阿姆斯特丹成了一名富有的私人医生，后来又在莱顿大学当了教授，他沉溺于化学和解剖学，还认真倾听其他医者的意见，不介意他们的背景或机构。像贝韦尔维克或杜尔这样的人也是如此，他们出版医学书籍、领导公开解剖课程，同时作为市议会的高级人员参与对政治问题的辩论。在伦敦或巴黎，决策制定以及个人展示的贵族式的框架，主导大学医学教育的学术争论，以及把内科医生与外科医生、药剂师、所有的化学家和江湖医生划清界限的医学制度，在行医者中间引发了激烈的嫉妒和竞争。[2]荷兰不是天堂，也存在医疗纠纷，但荷兰人倾向于关注特定的问题和议题，或者倾向于关注个人对抗，而不是把这种对抗扩大到机构与制度层面。因为即使是最基本的哲学立场也可以归入客观性准则——揭示更多关于自然事物的信息并希望这些自然事物具有实用价值。

---

[1] Heel et al., *Tulp*, 85.
[2] Cook, *Decline*; Cook, *Trials*; Brockliss and Jones, *Medical World*.

第五章

印度群岛上的真相与假象

> 在回答活着的人更多还是死去的人更多这个问题时,他说:"你把海上旅行的人归为哪一类?"
>
> ——阿那卡西斯《言论集》
> (Anacharsidis,*Apophthegmata*)

1629年9月19日晚,大约8点钟,雅各布斯·邦修斯被从床上叫醒,被命令去诊疗突然昏倒的荷兰东印度公司总督。医生一直担心扬·彼得森·科恩(Jan Pietersz. Coen)的健康,并建议他减少工作。但科恩是个意志坚定的人,尽管长期患有严重腹泻,他仍坚持继续巡视,检查防御。他认为不应躺在床上浪费时间,"就好像他曾经说过的一句预言,一个将军应该死于他的职责"。到达现场后,邦修斯博士发现科恩正俯卧在他的一群参事中间,喘着粗气,干咳。检查后,他发现科恩四肢冰冷,"被冷黏的汗水覆盖。在严重的呕吐之后,肠胃胀气,积便很多,呈流质且多气泡",同时脉象无力。这些症状符合后来邦修斯鉴定为"霍乱"的特点。霍乱在当时是"极其常见的",经常导致患病者迅速死亡。有时患者从得病到死亡甚至不超过24小时,如医院的管理人科内利斯·范·罗延(Cornelis van Royen)所说,这种疾病"伴随脉搏微弱、呼吸困难以及四肢寒冷;并且还杂有内热、唇舌干竭、眼不能闭、全身痉挛抽搐等症状。除此之外，如果还突然出现发烧以及冒虚汗的症状"——就像科恩这种情况——"可以肯定，死亡即将到来"。[1] 邦修斯告诉在场的其他人，总督已经难以施救。参事们抗议，认为科恩只是呕吐后晕倒，邦修斯说，他也希望自己是错的，但他从未"因任何草率及不合理的判断"败坏过自己的职业声誉。大约到了凌晨1点，总督在抽搐之后去世，死因是"气喘"，证实了邦修斯的诊断。[2]

荷兰人以昂贵的代价获得了东印度群岛的知识和财富，其中最沉重的代价由当地岛民承担，不过荷兰东印度公司的主要管理人员也分担了一部分。但是，在支撑药品贸易的人类悲剧中，对自然知识的追求仍在继续，邦修斯写下的文字足够令人瞩目。

尽管行政工作安排繁重，两次围城严重损害了他的健康，但邦修斯还是从为他提供信息的当地人那里搜集了关于地区药物和自然史的大量材料，并据此撰写了4篇研究报告。他在爪哇的时候，荷兰东印度公司屠戮了香料群岛部分岛屿上的几乎全部人口。荷兰东印度公司当然不是一个科学组织。在雇员的努力下，公司完全控制了上等香料的贸易。垄断给许多人——从公司的水手到整个香料群岛的原住民——造成了极大的负面影响。此外，邦修斯的研究方法反映了荷兰东印度公司的内在价值观。他把异国的陌生事物转变为有用的精确信息，把这些信息从爪哇传递到缺乏想象力的读者手中。而邦修斯对当地熟人的评价甚高，他认为这些人在知识和技能上都远胜欧洲医生。来自亚洲的证据依然充满了迷人的奇迹，甚至还有更好的发现，即实用的技能和物品。

但是一个与这些证据有关的问题很快浮出水面：对这些异国物品信息的可信度是如何建立起来的？"可信度"可能源于拉丁词语

---

[1] Bontius, *Tropische geneeskunde*, 128–131.
[2] Bontius, *Tropische geneeskunde*, 198–199.

"credo"（"我相信"），但仅仅只是相信吗？在解剖学等学科中，专家可以围坐在解剖桌旁，就他们目睹的现象达成一致。事实上，许多近期的历史学家都把他们的研究集中在特定区域的知识生产上，于是所有的知识看起来都是地方性的知识，也就是说，社会群体的知识以个人参与的方式引发了某一特定事件以及对这一事件的一致解释。[1]当然，其他人以后可能会在其他地方看到同样的事情。布鲁诺·拉图尔等历史学家因此探索了当地不同地方彼此联系起来的方式，也就是说，知识网络由此被建立起来，并将信息从一个地方传递到另一个地方。当地社群植根于更大的关系网中，这些综合起来都影响了临时性的普遍知识的发展。[2]其他人则试图通过援引社会地位来解决一个新的问题，为什么有人声称知道某事能够被接受，而有些则不能？例如，史蒂文·夏平就认为，尽管知识的确立取决于可信度，但可信度的实质是"信任"，它依赖于社会权威。在对罗伯特·博伊尔（Robert Boyle）和17世纪英国的研究中，夏平发现，只有绅士才有足够的社会权威仲裁近代早期的自然知识的认识。[3]但正如我们所看到的，即使社会地位高的人也不能使虚假的事情成为事实。邦修斯努力提供准确的信息，当他发现他的前辈们犯了错误时，他对其进行批评和纠正。但是，他自己也会犯错误，他的编辑工作展现了他博学的同时也有可能带来更多的错误。其中一些谬误在当时已被指出，而另一些则要到后来才被发现。知识，尤其是来自远方的知识，并且只有极少数人目睹的，总是需要被不断地修正。

---

[1] 例如 Shapin, "House of Experiment"；Biagioli, "Knowledge, Freedom, and Brotherly Love"；Golinski, "Noble Spectacle."
[2] Latour, *Science in Action*; Latour, *Pandora's Hope*; Cook and Lux, "Closed Circles?" 同时参见存在极大的缺陷却又鼓动人心的法律 "Methods of Long-Distance Control."
[3] Shapin, *Social History of Truth*. 概述极大依赖于人文主义者制定的礼仪手册，这些手册能够给侍臣和乡村绅士提供建议，以此成为具有信用的城里人。有关更宏观的研究，参见 O'Neill, *Question of Trust*。

生命、痛苦与荷兰东印度公司的医生们

搜集和运送印度群岛的自然财富是以人的生命和痛苦为代价的。这项活动始于荷兰东印度公司雇员众所周知的艰苦生活。在公司的底层是普通水手和士兵,合同规定服务满 5 年他们才能返回荷兰。在荷兰东印度公司船上,大约 6 成的人是海员(从船长到强壮的水手),3 成是士兵。尽管 17 世纪德意志和斯堪的纳维亚的男性在人数上从未超过荷兰人,但他们的数量仍然众多,尤其是在繁荣时期,荷兰为他们创造了很多就业机会。[1] 荷兰东印度公司对人力的需求一直很大,当地商会常以私人中介(volkhouders)来满足他们的需求。这些私人中介挑选出正在寻找工作的男性,妥善安顿他们直至登船。在商船启航前,私人中介还需为他们备齐装备。所有被招募的水手或士兵则以债券的方式给私人中介支付 150 荷兰盾的费用——荷兰东印度公司通常提前支付两个月的薪水(大约 20 荷兰盾),用来支付这部分债务的第一笔分期付款。私人中介因此名声很差,常被称为"贩卖灵魂的人"(zielverkopers)。但通过这种商业代理,荷兰东印度公司无须依赖广告或其他胁迫形式即可满足其人力需求。衣物由水手自己准备,但通常都是不足的;甲板下面供值守人员躺卧或悬挂吊床的空间狭小,且常常臭气熏天;与高级职员和商人不同,普通海员很少能自己携带物品补充定额配给,因此他们的食物在航行期间不仅单调,而且常常是腐败变质的,即使以当时的标准来衡量,也是极为糟糕的。

大多数船员在船上的身体状况可能都不太乐观。坏血病很常见,伤寒和其他传染病也很快就把一大批船员放倒。疟疾、脚气、痢疾以及许多其他疾病在他们刚到达亚洲后就迅速暴发。商船队提供的薪水不高,甚至连海军和陆军都不如,因此荷兰东印度公司的水手和士兵的人员构成往往比平时更加复杂。多数人运气不佳、处境困难,少数

---

[1] Lucassen, *Migrant Labour*, 156–157.

人孜孜以求财富或冒险，多数人生活在崩溃的边缘，于是很快变得暴躁。在船上，水手和士兵常因很轻微的违规行为招致严重的鞭笞惩罚。对于较大的过错，惩罚则极为可怕。例如，持刀打架的人将会被船上的外科医生用刀把手掌牢牢地钉在桅杆上，并根据过错的严重程度调整刀在手掌的位置。（接受这种惩罚的人需要自己把刀从手上取下，然后继续工作。）[1] 船底拖曳（keelhauling）和罚钱作为惩罚措施也极为常见。尽管荷兰东印度公司的高级职员有权实施惩罚，但有时还是会面临兵变。[2]

死亡率确实很高。虽然每艘船的历史情况不同，但似乎在每艘船上，约10%—15%的人在抵达印度群岛之前就已死于事故或疾病。[3] 公司的雇员即便活着抵达了东方，海外为期5年的服务对他们的身体危害仍然很大。他们中大约三分之二都没能再回到故乡——这一死亡率是当时欧洲所有贸易公司中最高的。高级职员和商人的存活率相对较高，但他们也不免疾病缠身。在那些幸存下来的人中，几乎所有人都经历了至少一场重病。到17世纪末，与亚洲的贸易以每年牺牲6000—7000欧洲人的生命为代价。[4]

然而，公司的各地商会并没有忽视为其雇员提供医疗服务。根据船的大小，船上配有一名或多名外科医生以及医药箱。例如，位于泽兰的米德尔堡商会（公司中的第二大商会）在1602—1632年间共任命了114名外科医生和3名内科医生，他们在船上或在印度群岛提供医疗服务。起初，米德尔堡的城市医生为这些职位推荐了一些候选人。但从1610年开始，随着更多来自泽兰省以外地区的候选人也开始申请这些职位，商会便开始进行审查；在某些情况下，申请人会被拒绝，因此他们可能只能担任医生助理。商会聘任两名内科医生和两名外科医

---

[1] Schoute, *Geneeskunde in den dienst*, 51.
[2] Bruijn and Helsinga, *Muiterij*.
[3] 15艘从荷兰起航到达巴达维亚的船只目录显示，航程中的减员比率为2.5%—30%，平均死亡率为14.4%，参见 Schoute, *Geneeskunde in den dienst*, 42.
[4] Bruijn et al., *Dutch-Asiatic Shipping*, 143–172; De Vries, "Connecting Europe and Asia," 74, 82.

生来协助处理这些医疗事务。他们为每艘船配备医疗箱，这是一项重要的任务。另一项是评估为公司服务的人员是否曾在工作中致残，若情况属实，商会将支付补偿金。（1618年8月，十七人董事会统一了各商会以及印度群岛的赔偿办法：失去右臂赔偿800荷兰盾，失去左臂赔偿500荷兰盾，失去一条腿赔偿450荷兰盾，失去双腿赔偿800荷兰盾，失去右手赔偿600荷兰盾，失去左手赔偿400荷兰盾，失去双手赔偿1000荷兰盾。后来，当他们再次审查该赔偿办法时，增加了对失去一只眼睛或双眼的赔偿。）商会还评估了来自外地的外科医生的薪水要求，这些外地医生曾为受伤的公司职员提供治疗。商会将根据治疗是否妥善、收费是否合理之类的标准做出相应决定。最后，商会还会报销城市医院在治疗公司患病和受伤的水手过程中产生的医疗费用。[1]在印度群岛以外的区域，荷兰东印度公司为贸易站和医院的外科医生——有时还为临时的内科医生——提供设备。17世纪60年代中期，荷属东印度群岛的主要港口巴达维亚港（现雅加达）建立了一家"医药商店"，以便在返航前检查船上的医疗设备情况。

尽管荷兰东印度公司的外科医生们死后名声很差，但他们普遍受过良好的训练，并且能力很强。[2]他们一生中大多数时间都在为公司服务。其中数人也为人所知。尼古拉斯·德·格拉夫（Nicolaas de Graaff）可能是其中最有名的。他参加了16次航行，5次到远东。他保存的一份记录记述了他的经历，并于1701年出版，名为《尼古拉斯·德·格拉夫世界旅行记》（*Reisen van Nicolaus de Graaff, na de vier gedeeltens des werelds*）。1619年他出生在阿尔克马尔，曾跟随当地的外科医生艾斯布兰德·科皮耶尔（IJsbrand Coppier）学习医疗。1639年在接受了霍恩商会的考核后进入东印度公司。他在第一次航行中担任了"拿骚号"（Nassau）上的外科医生助理。这次航行历时4年，在

---

[1] Schoute, *Geneeskunde in den dienst*, 14–20.
[2] Bruijn, "Ship's Surgeons."

马六甲被围攻时，格拉夫颅骨骨折，头部受了重伤。很快，他又报名参加了第二次航行。1644 年，他从荷兰启航，在"西弗里斯兰号"（West Friesland）上担任正式的外科医生，于 1646 年返回荷兰。随后，他又跟随捕鲸船前往格陵兰岛，参与地中海贸易航行，跟随荷兰军舰出海（在 17 世纪 50 年代和 60 年代的战争期间共出海 7 次）。17 世纪 60 年代后期，他再次加入荷兰东印度公司，随船前往锡兰，并在那里待了两年。之后，他沿恒河而上到达恰布拉（途中因涉嫌间谍活动在蒙吉尔监狱服刑 7 周），为穆斯林统治者以及他的荷兰同胞提供医疗服务，这使他能够自由地骑马和乘船旅行，甚至猎杀老虎。然而，当时正值一段可怕的饥荒时期——严重程度甚至到了母亲食子、自卖为奴以求生存的地步。在孟加拉——荷兰东印度公司主要的奴隶来源地[1]——大约生活了两年后，德·格拉夫于 1671 年 11 月回到了锡兰。显然，此时他已通过私人贸易积累了可观的财富，因为他把许多物品（包括硝石、鸦片、肉豆蔻仁、成捆的丝绸和棉布以及 57 名奴隶）作为"礼物"用船寄送到巴达维亚港，可惜后来这艘船在海上沉没。（此后不久，他又收到了另一批奴隶共 11 名，这一次他用不同的船只分开运送奴隶。）1672 年，他乘船返回荷兰。最后他似乎是安顿了下来，他的财富和经验使他当上了滨海埃赫蒙德市的参议员（schepen）。但是到了 1675 年年底，他 56 岁的时候，他又一次为荷兰东印度公司服务，出海远航，直到 1679 年回到荷兰。他和他的第二任妻子参与了滨海埃赫蒙德当地的许多地方性事务。在 1683 年 5 月，他又一次前往东方，这也是最后一次，当时他已经 64 岁。这一次，他担任的是级别较低的理发外科医生（opperbarbier）。1684 年夏天，他随船远航到了中国澳门，于 1685 年初返回巴达维亚。德·格拉夫跟随荷兰使团觐见了中国皇帝，此后又游历孟加拉，1685 年 11 月经马鲁古和万丹回到巴达维亚，最终

---

[1] Subrahmanyam, "Dutch Tribulations." 虽然荷兰各省的法律都规定，任何一名奴隶一踏上荷兰的土地即获得自由，无论是否出于主人的要求（Wessels, Roman–Dutch Law, 406）；在亚洲，荷兰东印度公司采用了奴隶制度，这一现象也普遍存在于当地。

于 1687 年 8 月回到荷兰。他的游记可能就是在这个时期创作的。他死于 1688 年秋天，差一年就满 70 岁。1701 年，他的《旅行》(*Reisen*)以及《东印度镜像》(*Oost-Indise spiegel*)由他家乡霍恩的一家出版社印刷出版。[1]

显然，并不是所有的外科医生都像德·格拉夫那样热衷于冒险，也不是所有的外科医生都能在这种严酷的服务中健康长寿。但这是一个很大的世界，充满大量的冒险机会，那些愿意冒险并赌上运气的人总能获得财富。像德·格拉夫这样的人显然在身体和精神上都极为坚韧，经验使他们更加坚强。当需要他们承担责任的时候，他们也能帮助别人改变命运。因为在东印度，几乎所有的荷兰医疗服务机构都是由这样的人组成的，所以亚洲人主要是通过像德·格拉夫这样的外科医生了解欧洲医学。例如，17 世纪 60 年代初，荷兰东印度公司代表与中国官员进行贸易协商，使团中的外科医生成功地治疗了几个清朝官员。除了治疗之外，外科医生可能也带有其他的目的：一年前，在围攻中国台湾热兰遮城时，一名荷兰外科医生在一大群人面前检查一名中国囚犯，无疑是为了渲染恐怖气氛（或许是为了模仿中国的酷刑方式"凌迟"）。[2] 更为普遍的是，正如格拉夫获得和运送奴隶的方式所表明的那样，因荷兰东印度公司的贸易而遭遇苦难甚至死亡的苦命人，不仅包括公司的雇员，还包括许多亚洲人。

争夺班达群岛

荷兰东印度公司在香料群岛的活动给当地带来了毁灭性的破坏，尤其是班达群岛中生长肉豆蔻树的 5 个小岛。班达群岛上的原住民本在一种相对平等的社会和政治制度下生活，分享肉豆蔻树，并有权从

---

[1] Warnsinck, *Reisen van de Graaff*; Barend-van Haeften, *Oost-Indië Gespiegeld*.
[2] Wills, *Pepper, Guns and Parleys*, 55, 34.

各自的树上采集肉豆蔻。就像马鲁古群岛中的其他民族一样,他们用香料换取衣食所需以及奢侈品。大批来自中国、东南亚、南亚等地的商人来到他们的岛上购买小批香料,班达人有时候也亲自航行到马鲁古群岛中的其他岛屿,到望加锡市(位于西里伯斯岛——现苏拉威西岛的东南端),甚至远到爪哇交换商品。据推测,荷兰人是按照当地的习俗来交易肉豆蔻仁和肉豆蔻皮的:在采集时,香料被放入已装有醋和盐的大陶罐中,然后运输到"工厂"中,香料在被静置或浸泡一到两天后,慢慢煮沸,在装运前用糖保存。[1]他们还把完整的肉豆蔻用石灰粉保存后运输。

  荷兰东印度公司与班达人缔结了条约,荷兰人在肉豆蔻交易方面获得垄断权。为此,公司与班达人中名义上的掌权人(被称为orang kaya)商谈。公司的高级职员把这些人视为当地的领主或王子。1602年,公司与这些领主签订条约,给予公司独占权,能以与所有人协商一致后的价格在岛屿上购买肉豆蔻仁和肉豆蔻衣,班达人以此换取荷兰人提供的大米、衣物等商品,同时保护他们免受葡萄牙人和英国人的威胁。这些条约不仅规定了用以交换肉豆蔻的商品和数量,而且规定了交换流程,这样,荷兰东印度公司的商人为了装满一船货物就只需与一个供应群体交易,而不必与每一个当地的肉豆蔻商人无休止地讨价还价。这也符合十七人董事会的指示。[2]荷兰东印度公司的高级职员从法律方面规划了他们的工作,其中最重要的是合同——正如我们所看到的,在荷兰,这几乎是一个神圣的概念。但是,荷兰人对合同和财产的看法与当地原住民的理解并不一致。在班达群岛等地,原住民执行合同的方式就如同他们根据习俗和劳动拥有财产一样,一旦得到了就不会交出,这个过程是不可逆的;相反,荷兰东印度公司认为,如果同一批人承诺为了固定的回报而交出他们的部分财产,但又不遵

---

[1] Bontius, *Tropische geneeskunde*, 20–21.
[2] Meilink–Roelofsz, *Asian Trade and European Influence*, 207, 211.

守他们的合同，就会受到严厉的惩罚，包括没收他们拥有的一切。17世纪 30 年代及之后，在荷兰传教士明智的建议下，东印度公司的职员在中国台湾开始采用镜像统治（ruling by spectacle）[1]的方法来管理当地人民，并辅以他们过去与明朝人以及公司雇员打交道中的"法律—理性规则"。[2] 但是在 17 世纪最初的 20 年，在班达群岛开展传教活动之前，荷兰的官员们都希望当地的领主能够理解他们签订合同的意义，愿意遵守合同并承担违约后果——荷兰人没有被当作儿童或低一等的人对待。然而，事实却是，彼此对政治权威的看法是不可调和的。领主们几乎没有权力迫使其他班达的原住民遵守他们与荷兰人达成的协议。因此，荷兰人发现，仍需与大量的个体商人就极其少量的香料购买分别协商。荷兰人还发现，没有几个原住民愿意接受这些规则，即使这些规则早已通过条约确定。荷兰东印度公司对肉豆蔻仁和肉豆蔻皮的收购价都要低于班达人从其他买家那里获得的价格。此外，荷兰提供的大米也不是班达原住民想要的品种，大部分卖给当地人的布都产自欧洲，而不是由印度人编织的产品——并且都是羊毛制品而非棉织物——同时，这些不受欢迎的大米和布料的售价还高于市场价格。

在荷兰东印度公司的官员看来，合同就是合同，他们需要从香料中赚取利润，这样才能有经济实力与竞争对手抗衡。但是班达原住民拒绝接受新的规定，因为这不符合他们的利益。原住民与试图强制执行条约的领主发生争执，甚至攻击对方。更多的时候，原住民还是像以前一样做他们的生意，航行到其他没有公司势力的地方，把香料卖给收购商，并继续把一些肉豆蔻的贸易转移到其他人手中。此外，英国人很快建立了一个小据点，开始介入班达群岛最西边的两个岛屿的贸易，与岛上的商人进行交易。信奉契约原则的荷兰人认为，向其他国家出售肉豆蔻是违反合同的行为（"走私"），他们决心终止这种行为。

---

[1] 指统治者通过公共仪式等活动来行使权力。——译者注
[2] Andrade, "Political Spectacle."

1609 年 4 月，由彼得·韦尔霍夫（Pieter Verhoeff）将军率领的一支庞大的荷兰东印度公司船队抵达班达，要求英国人离开，并与当地人谈判，要求建造一个堡垒。谈判破裂后，韦尔霍夫依旧修建要塞，此举严重威胁到班达原住民。他们要求重新开始谈判，并邀请韦尔霍夫及其随从在一片树林里开会。这些原住民袭击并杀死了韦尔霍夫及其他近 30 名荷兰人——其中许多人是高级军官——然后撤退到山林里。这一事件促使剩下的荷兰人加快了城堡的建设，同时开始惩罚性的远征。城堡修好后，荷兰人立刻派军驻守班达群岛，并用炮艇封锁岛屿以禁止所有不在合同约定范围之内的贸易，最终迫使班达人与荷兰东印度公司签订新条约，使公司有权力检查所有驶往各岛屿或在各岛屿之间航行的船只。

扬·彼得森·科恩是在 1609 年的班达伏击战中逃脱的荷兰人之一。毫无疑问，他对荷兰东印度公司早期的发展有重要影响，为公司获得了在亚洲贸易中的地位，尽管付出了相当大的代价。但具有讽刺意味的是，这也对荷兰东印度公司的长期发展造成了损害。科恩曾在罗马跟随佛兰德斯商人做学徒达 7 年之久，他也因此了解了商业的奥秘，之后开始寻求个人的独立发展。他于 1607 年 20 岁时加入荷兰东印度公司，担任商人。多年来，他代表公司在亚洲从事艰苦的工作，但在面对来自世界另一端、没有任何实际经验的公司管理者的指示时，他表现得很没有耐心。他是个虔诚的加尔文主义者，也许对自己比对别人更严厉。他很快得到了公司第一任总督皮特·博斯（Pieter Both）的欣赏，称他是"一位令人愉快且敬畏上帝的年轻绅士，生活朴素、谦逊善良、不酗酒、不自大（hoovaerdich），在处理公司事务以及贸易中体现出了非凡的能力"。[1] 在为荷兰东印度公司服务期间，科恩参加过战斗，包括班达事件，努力保证香料的供应。班达岛上的悲剧导

---

[1] 引自 Stapel, *Geschiedenis van Nederlandsch–Indië*, 61; 同时参见 Stapel, *Gouverneurs–generaal*, 15; 1609—1614 年间他们都担任公司总督。

致许多聚集在那里的公司雇员和商人丢了性命，给公司造成了巨大的损失。科恩于1610年回到荷兰，并向公司提交了一份关于他在东方遇到的管理问题和腐败问题的报告，引起了十七人董事会的注意。

到了1612年，在科恩和其他人的压力下，十七人董事会开始认识到，在通过谈判签订对荷兰有利的不平等条约来追求巨额利润的同时，他们还必须以军事力量来保证合同的遵守和执行，尽管要付出经济等方面的代价。科恩坚信，为了取得财政上的保障，公司需要取得香料贸易的垄断地位，这要求荷兰对竞争对手，甚至对供应商以武力胁迫。正如一位历史学家所说，在后方荷兰的十七人董事会认为荷兰东印度公司是一家贸易公司，而在亚洲的职员则强调公司的主权；十七人董事会认为商人会根据当地的习俗和法律在亚洲从事贸易，因此公司仅需提供船只以及少数的军事基地来保护其人员和货物存储；但是亚洲发生的事件促使公司采取新政策来建立并巩固对香料供应的垄断地位。由于当地商人不欢迎这种做法，因此需要用暴力来建立和维持这项政策。科恩源源不断地向荷兰寄出信件和说明立场的文件，同时开展一系列的陆海行动进行配合，促使十七人董事会出台了垄断政策。[1]1613年，科恩率领两艘荷兰东印度公司的船只返回亚洲。不久后，1614年，他被任命为总干事，地位仅次于总督。这一职位得以让他负责荷兰东印度公司的贸易。为了建立公司对香料供应的垄断地位，科恩尖锐地批评并破坏了他的上司——总督劳伦斯·雷尔（Laurens Reael，法学博士）的行动。此外，他还反对雷尔的支持者史蒂文·范·德·哈根，因为哈根希望尽量通过谈判和条约的方式在亚洲开展活动。[2]随着多特会议的召开以及奥尔登巴内费尔特被处决，雷尔和哈根于1619年离开东印度群岛，科恩成为荷兰东印度公司的总督。

科恩对使用暴力达到目的做法毫不后悔。荷兰人从当地的风俗中

---

[1] Meilink–Roelofsz, "Aspects of Dutch Colonial Development," 61–62.
[2] Meilink–Roelofsz, *Asian Trade and European Influence*, 202, 207–218.

借鉴了许多战争的方法，并利用了当地的盟友。不过，荷兰人在枪械和大炮方面有着技术优势。作为外来人，他们也有能力利用当地交战国之间的仇恨实施离间和征服的战术。或许最重要的是他们对"全面战争"的信奉：造成毁灭性的伤亡，消灭反对派，打击幸存者的士气。这种方法在西班牙、葡萄牙、英国和法国君主统治时起到了重要作用。荷兰东印度公司也抱有同样的目的。与欧洲的竞争对手相比，荷兰东印度公司能够更灵活地协调海上的行动能力，并战胜他们。[1]然而，班达群岛西部仍然有英国的势力，这对荷兰东印度公司建立规则是一种威胁——1615年，一些班达原住民甚至给英王詹姆斯一世写信寻求英国的保护，而当时英国的船只正驶往马鲁古群岛煽动原住民发动对荷兰的叛乱——荷兰东印度公司再次诉诸武力，征服了被英国人占领的班达群岛中的艾岛（Pulau Ai），并劫持了数百名人质迫使当地岛民屈服。到了1615年前后，科恩和他的下属们在武力的支持下，轻松地获得了之前他们试图通过条约和合同的方式想要的东西。

与此同时，十七人董事会越来越希望能在该地区建立一个稳固的据点，就像葡萄牙的果阿一样为全局服务：来自荷兰的船只到达亚洲时能够首先在这个港口停靠；这个港口也是所有返回荷兰的船只最后装载货物之处，同时也是亚洲主要仓库、军火库和公司管理机构的所在地。因此，他们派总督皮特·博斯建立这样一个行动基地。1610年，博斯来到万丹。万丹是一个位于爪哇岛北部、俯瞰巽他海峡的小王国。当地的苏丹拒绝了中爪哇的马塔兰王国对整个岛屿的主权要求，并利用商人来巩固自己的地位。然而，由于荷兰东印度公司在万丹的地位并不稳固，博斯以及他的继任者都没能把万丹变成一个贸易中心。在万丹，同样也有英国人和华人[2]建立的商馆。特别是华人，控制了当地大量的胡椒贸易。荷兰人想把竞争者驱逐出去，要求各种特权，但

---

[1] Knaap, "Headhunting in Amboina"; Lieberman, "Comparative Thoughts," esp. 220.
[2] 本书中提到的"华人"指16—17世纪移居海外，从事航海、贸易或在海外开展相关业务的明朝人或清朝人。——译者注

代表未成年的苏丹处理政务的摄政王拒绝了这一要求。在针对对手的行动失败之后，荷兰人开始担心敌人可能会以武力还击，威胁自己的安全。

此时科恩已经完全掌握处理事务的权力。在万丹以东约 50 英里处有一个被称为雅加达的滨海小镇，当时正处于万丹苏丹控制之下。1617 年，科恩无法从万丹苏丹那里获得自己想要的东西，于是转身来与雅加达王子（Pangeran）进行特权谈判，后者允许他在华人聚居区建造一个仓库。科恩没有遵照雅加达王子的意愿，而是把这个仓库建成了一座坚固的石砌建筑，并开始在港口内的恩日斯岛（Onrust）上建造船坞和医院；随后，他把荷兰东印度公司的日常管理部门从万丹转到了这个新据点。当年年底，一支庞大的英国船队从班达群岛抵达雅加达，他们试图在荷兰人的眼皮底下建造一个据点，但未获成功。英国人看到了荷兰人建造的这个新要塞，决定在河的对岸建造一座堡垒。12 月 14 日，他们俘获了一艘装满香料的荷兰东印度公司的船只"黑狮号"（De Swarte Leeuw）。科恩要求英国立刻归还货船，但遭到了拒绝。于是他下令开火。由于人数方面以一敌二，处于劣势，科恩被迫启航前往远方的安汶群岛，以便集结一支足够强大的军队反击。留在石堡内的荷兰东印度公司雇员被英军、华人和雅加达人围困，由于敌方内部的分裂，他们成功地坚守了近 16 个月。与此同时，科恩在海上集结军队，于 1618 年俘获了一支意图解放伦岛（Pulu Run，位于班达群岛中）上的英国小型舰队残余力量。他劫掠了所有的英国货物，并于 1619 年 5 月底返回雅加达。他无视万丹苏丹的反对，用武力强行攻占了这个城镇。[1] 科恩给了想从丁香和肉豆蔻贸易中分一杯羹的英国致命一击。在加固荷兰的城堡之后，科恩声称对这个市镇周围的土地也拥有所有权。这就是巴达维亚——荷兰在亚洲的第一块领土。荷兰东印度公司在东方终于有了自己的总部。

---

[1] 有关英国人试图在伦岛建立据点的记载，参见 Milton, *Nathaniel's Nutmeg*。

然而，在科恩胜利攻克雅加达后不久，他收到消息，一年多以前，即 1617 年，荷兰的大议长与英国国王詹姆斯一世达成了一项协议。回到荷兰，十七人董事会正在为一个更大的战略问题而焦虑：与西班牙 12 年的休战和约即将结束。此外，荷兰也需要恢复英荷联盟来应对即将到来的对抗行动，或者说，至少荷兰无法承担詹姆斯一世加入西班牙阵营产生的后果，而这正是英国宫廷中的某些人喜闻乐见的。更早些时候，在伦敦和海牙举行的会议都未能阻止英荷在亚洲的竞争，这导致双方在亚洲爆发公开冲突。因此，英荷之间达成协议，同意荷兰东印度公司和英国东印度公司（EIC）均享胡椒的购买权，此外，英国东印度公司还获得了 3 成的丁香和肉豆蔻的购买权，作为荷兰东印度公司军事活动的回报。这是律师和外交官们达成的协议，事实上他们并不关心赚取利润的日常业务。从科恩的立场来看，他费尽心思为荷兰东印度公司夺取了香料贸易的垄断权，结果却让战败的英国人因为国家的因素而分得一杯羹。科恩当然极力反对，写信批评他的上司。

科恩继续按照他所认为的公司的最大利益行事，因此英国人获得的只是一纸空文。科恩于 1619 年成功地取代他的上司成为公司的总督。于是他迅速采取行动，争取在胡椒贸易中能占据有利位置（胡椒主要产地是印度次大陆和苏门答腊）。他攻击的第一个目标是华人，也是荷兰人香料贸易的主要竞争对手。他从正在万丹进行交易的明朝帆船上缴获了胡椒，理由是这些胡椒用来抵偿明朝人欠公司的预付款；但科恩遭到了万丹统治者的抵制，于是他封锁港口，迫使华人前往其他地方，尤其是苏门答腊东海岸的占碑（Jambi）。科恩继续干扰这些人在占碑的贸易，迫使他们最终关闭商馆并离开。1620 年，在成功夺取巴达维亚后不久，科恩又劫掠了位于中爪哇沿海的日巴拉，处决了在那里进行贸易的所有古吉拉特商人，摧毁了英国商馆，并强行将华人带回巴达维亚。[1]唯一处于荷兰东印度公司控制之外，留给华人从事胡椒贸易的地方是位于婆罗洲的一个次要港口——马辰。[2]因此，这些人被迫在获得荷兰东印度公司许可证后来到巴达维亚，用明朝的布、瓷、茶等产品交换公司搜集的香料。华人构成了马辰居民的主要部分，但他们都处于荷兰的管辖之下。[3]

随着大部分胡椒贸易落入荷兰东印度公司的掌控——尽管因为胡椒的产地太多，公司无法完全垄断——科恩再次加强了荷兰东印度公司对优质香料贸易的垄断。一有机会，他就按自己的想法处理班达群岛的事务。伦岛上英国的残余驻军最终于1620年末投降，但是班达原住民对荷兰的抵抗依然存在，科恩认为，这进一步印证了当地岛民的不诚实及不可靠。因此，科恩于1621年派出更多的军队，几乎消灭了岛上所有的原住民。男女老少都被屠杀，村庄被夷为平地，庄稼被挖出来焚烧。大约1.5万岛民中仅有数百人幸存，大多数幸存者被带回巴达维亚成为奴隶，剩下一些人被关押在岛上，受到严密监视，他们负责教荷兰人种植肉豆蔻。肉豆蔻树林被划分为68个区块（perken），被租给荷兰东印度公司之前的雇员；这些雇员则以固定的价格从荷兰东印度公司购买奴隶（大多数来自西里伯斯和塞兰），荷兰东印度公司承诺提供足够的奴隶来种植肉豆蔻树。鉴于奴隶的高死亡率以及持续不断的逃亡，不断购买奴隶是非常必要的。租赁者还从荷兰东印度公司处购买大米来养活奴隶。当然，他们生产的肉豆蔻只能以固定的价格卖给荷兰东印度公司。在恐怖的屠杀之后，科恩实际上使荷兰东印度公司拥有了肉豆蔻树林以及奴隶种植园的所有权。[4]

在对班达群岛实施灭绝行动后，科恩前往安汶。这是通往马鲁古群岛中部和北部的关键位置，也是丁香树生长的地方。和其他地方一

---

[1] Meilink–Roelofsz, *Asian Trade and European Influence*, 289–292.
[2] Harrison, "Europe and Asia," 4: 654.
[3] Kroeskamp, "De Chinezen te Batavia"；Blussé, *Strange Company*.
[4] Zanden, *Rise and Decline of Holland's Economy*, 75–79.

样，荷兰人在这里最初因帮助当地原住民反对葡萄牙人而受到欢迎。但很快，荷兰人就发现自己不再受欢迎。荷兰的驻军开始掠夺当地的女孩和妇女。起初，荷兰人没有让自己的宗教人士来取代葡萄牙的耶稣会士，结果导致更多的人皈依伊斯兰教。荷兰人认为这是不虔诚的颠覆行为。他们还在建筑工事中实行强迫劳动制度。此外，荷兰东印度公司的垄断意味着，无论是在这里还是别处，荷兰人都能以极低的价格购买丁香，残酷地对待私人贸易，并以高价向安汶人出售劣质大米和纺织品。到了1616年，对荷兰人的各种不满导致安汶原住民抵制荷兰东印度公司，但是很快就被公司的远征部队镇压了。到了17世纪10年代末，随着荷兰人在这一地区逐渐占据上风（相较于英国人），当地全体居民对荷兰人深恶痛绝。1621年，在解决完班达事务后，科恩把注意力转向了安汶并以屠杀威胁当地岛民。但科恩最终没有付诸行动，因为这个时候已经太晚了，他的舰队必须赶上返回巴达维亚的信风。[1]

科恩的威胁暂时平息了叛乱的苗头，但十七人董事会在1622年召回他，原因是他有越权行为。然而，他在安汶的继任者的神经却越来越紧张，并常常在恐慌中大发雷霆。为英国东印度公司服务的一小群人住在安汶，监督1617年《英荷条约》给予英国的丁香收购权利。从表面上看，英国人和荷兰人之间的交往似乎一切完好，但在背后，不信任和激烈竞争正在酝酿之中：英国人感受到了作为依附者的屈辱，而荷兰人痛恨让英国人拥有香料贸易权的休战协定，并怀疑英国人与当地岛民密谋反对荷兰的霸主地位。恐惧和猜疑必然会被察觉。1623年2月23日，一名为英国服务的爪哇士兵被发现正在调查防御工事沿线的一个禁区，同时他还从一名荷兰哨兵嘴里套话了解情况。其他人称，在前一天，这个爪哇士兵还询问了守卫兵力的情况。于是，这名士兵被逮捕并受到酷刑折磨，最后他向调查的官员坦白，他一直在为

---

[1] Keuning, "Ambonese, Portuguese, Etc.," 368–380.

英国人从事间谍活动，等一艘英国船只抵达港口后，他们将策划一场起义。

岛上其余的爪哇人和英国人都被逮捕。在接下来一周多的时间里，他们每个人都受到水刑的折磨：水管缠绕在他们的脖子上，一个圆锥形的漏斗悬挂在嘴巴和鼻子上方；水从漏斗灌入，迫使他们不断吞咽以避免被呛到，这不仅使受刑者感到窒息，而且受刑者的身体因为体内液体太多而不成比例地膨胀，遭受痛苦折磨。除了水刑，荷兰人还用蜡烛灼烧受刑者的腋窝、脚和手，或拔出他们的指甲。调查人员因此得到几乎所有参与密谋的人的供词。3 月 8 日，荷兰驻安汶的长官赫尔曼·范·斯佩乌尔特（Herman van Speult）召集当地荷兰东印度公司委员会的成员开会，要求法律顾问（fiscaal，监督大部分的审讯）起草文件，建议以冒犯君主罪（lèse-majesté）处死罪犯。第二天，10 个英国人和全部爪哇人（10 人），以及在安汶的荷兰东印度公司做奴隶的葡萄牙监工，全部被处决，英国贸易站的管理人被分尸。然而，荷兰东印度公司的高级职员极为关心他们曾商定的合同内容：其中两名英国人被临时赦免，以确保英国东印度公司的货物被顺利运往巴达维亚。在那里，一人在船只进入港口时逃脱；另一人被巴达维亚政府释放，巴达维亚的公司人员认为司法程序处理不当。

安汶岛大屠杀的消息传到英国，引起了轰动。经过极其费劲的外交周旋，荷兰东印度公司和荷兰议会同时妥协，两国之间的战争才得以避免。[1] 对一些人来说，这反映出反抗辩派主义者和奥兰治主义者都是极端的利己主义者和自以为是的骗子，他们正急切地聚集力量，意图在休战结束后重新发动对西班牙的战争。这一事件在 17 世纪后期也多次被用来激起英国人对荷兰人的反感。然而，它确实导致荷兰东印度公司和英国东印度公司之间的合同被迫终止，同时得以让荷兰东印度

---

[1] Coolhaas, "Notes and Comments"; Keuning, "Ambonese, Portuguese, Etc."; Chancey, "Amboyna Massacre."

公司把英国人从他们在亚洲的据点驱逐出去。此外，英国人的案例据说加深了安汶人对荷兰人的"尊重"。[1]安汶岛事件也促使十七人董事会深信拥有一位强有力的总督的必要性。因此，在安汶岛大屠杀的政治喧嚣平静之后，1627 年，董事会又秘密地派遣科恩率领一支强大的舰队前往巴达维亚。

当发现当地人仍在从事走私活动时，荷兰东印度公司给安汶带来了更大的痛苦。1625 年，一支舰队经由太平洋远征塞兰岛，摧毁了当地所有的船只和丁香树，同时劫掠了椰子和西米等粮食作物，引起当地严重的饥荒。（塞兰岛是许多非法出口的丁香的重要目的地。）1630 年以后，荷兰东印度公司每年都对塞兰岛等发生起义的地区发动攻击，摧毁所有敌对方的丁香树和果树，此外还烧毁所有村庄，掠夺当地人赖以生存的一切。当 1634 年荷兰东印度公司以欺骗的手段抓住了安汶当地的首领并迫使其屈服时，当地的起义不减反增。荷兰人不仅在船只和军队的配合下亲自镇压，甚至还出资招募专人割取敌人首级作为战利品协助镇压，这使得安汶人更加惶惶不安。1636 年初爆发的另一场更大规模的起义迫使荷兰人躲在他们的堡垒里，直到一支荷兰东印度公司的远征部队于当年晚些时候抵达安汶，不仅解救了其荷兰同胞，还摧毁了他们的敌人。1638 年，又有一场起义被武力镇压。最终在 1646 年夏天，荷兰人强迫所有的安汶人沿海岸定居，使他们远离之前寻求庇护的山林，同时强制实行家庭混居以削弱亲属关系。所有的武器都被没收，同时以为荷兰东印度公司委员会提供建议为名，迫使当地的半数首领每半年都必须作为人质前往荷兰的维多利亚堡居住，另外半数首领将在剩下的 6 个月里顶替他们的位置，然后轮换。在荷兰东印度公司控制地区以外种植丁香的当地人在 17 世纪 40 年代末和 17 世纪 50 年代被陆续消灭。到 1817 年，安汶没有再出现抵抗行为。"这结束了安汶历史上一段令人心潮澎湃的时期"，这是一位历史学家 50

---

[1] Keuning, "Ambonese, Portuguese, Etc.," 380.

年前一句悲情的感慨。[1]

荷兰东印度公司在亚洲残害了无数人的生命，这是任何医疗援助都无法改变的事实。此外，极具讽刺意味的是，科恩等人虽然竭尽所能垄断出口到欧洲的上等香料贸易，但还是没能确保公司有一个光明的未来。当然，他们确实将香料的收购价格压到最低，同时也得以让荷兰东印度公司在预期销售价格太低时，扣押并暂停销售市场上的货物。从收入的角度考虑，控制各种香料的收购价格有时为荷兰东印度公司带来了高达 10 倍的利润回报。[2] 维持垄断——因此需要建造防御工事、布防驻军、发动惩罚性袭击以及进行水域巡逻——的经济成本也十分昂贵。[3] 与此同时，强迫劳动制度无疑造成荷兰东印度公司占据垄断地位的丁香的产量下降。因此，继 17 世纪 50 年代荷兰东印度公司对肉豆蔻核仁、肉豆蔻衣以及丁香的有效垄断建立之后，"出口额却持续下滑"[4]。随着荷兰东印度公司在 17 世纪中叶开始控制香料贸易，也门和开罗的商人也找到了一种新的替代产品——咖啡。到 17 世纪末，荷兰东印度公司也试图主导咖啡贸易。[5] 还有一些其他的例子，如胡椒——因其种植区域广泛导致荷兰从未能建立垄断——不断下降的价格导致需求增加。胡椒仍然是返回欧洲的荷兰东印度公司船上的重要商品。在整个 17 世纪，价格下降的同时，其进口的数量甚至不断增加。事实上，当胡椒价格开始威胁到欧洲公司在亚洲的利润时，这些状况"或多或少地导致了敌意的消失"[6]。在 17 世纪 80 年代，十七人董事会"估计欧洲对胡椒的总需求量为 430 万公斤，仅比 1620 年的需求多 25%，年均增长 0.32%。他们早就得出这样的结论：欧洲的需求在价格方面缺乏弹性，荷兰试图说服英国的竞争对手共同控制市场供

---

[1] Keuning, "Ambonese, Portuguese, Etc.," 380–394; 引文在第 394 页。
[2] Prakash, "Dutch East India Company in the Trade of the Indian Ocean," 189.
[3] 例如，荷兰东印度公司在台湾岛的据点，在 17 世纪 50 年代获得利润之前，赤字状态超过 25 年，随着明朝商人开始在岛上定居，荷兰政府才可以对他们进行征税，从而带来收入，参见 Veen, "How the Dutch Ran a Colony."
[4] Bulbeck et al., *Southeast Asian Exports*, 19–20, 引文在第 11 页。
[5] Tuchschere, "Coffee in the Red Sea Area," esp. 51–53.
[6] Glamann, *Dutch–Asiatic Trade*, 73–90, 引文在第 73 页。

需，建立价格原则，就像英荷两国对优质香料市场所采取的措施一样，虽然香料的需求也缺乏价格弹性，但荷兰东印度公司还是建立了有效的垄断"。荷兰东印度公司大约四分之一的收入来自香料的销售，同时一些其他产品的销售也有获利，从染料、药品到瓷器、棉织品、硝石，再到（17世纪末的）茶叶和咖啡。[1]因此，荷兰东印度公司的垄断地位可能不仅导致对生产者越来越多的胁迫，还可能导致消费者转向其他商品，如糖。由于低廉的可耕种土地价格和奴隶劳动力，西印度群岛的食糖充斥欧洲市场，且价格持续走低，几乎每个人都能买到；虽然1640年后爪哇的制糖业迅速发展，并为亚洲市场提供了大量食糖，但它始终无法在欧洲市场上参与竞争。[2]

然而，科恩的头脑一直都很清醒。在中短期内，垄断地位保证了荷兰东印度公司拥有足够大的利润空间，支持荷兰人的军事冒险和海外拓展，把西班牙和葡萄牙赶出亚洲各地，并牵制英国。正如一位经济史学家所言："可以从理论上证明，如果没有垄断的话，欧洲市场会发展得更快……但是尚不清楚的是，如果自由贸易从一开始就占上风的话，海外殖民地的发展是否还有足够的资金支撑。"[3]也就是说，来自垄断的额外收入建立在公司在亚洲占有大量据点的基础上，同时这些收入也支撑了这些据点的运转。从经济上讲，荷兰东印度公司在某些香料贸易中的垄断，从内部来看，可能依靠的是稳定的价格而不是溢价。[4]但科恩的暴力行为不仅令人震惊，而且从长远来看，可能在经济上起着适得其反的作用。

---

[1] De Vries, "Connecting Europe and Asia," 64–65.
[2] Mintz, *Sweetness and Power*, Stols, "Expansion of the Sugar Market," Smith, "Complications of the Commonplace," 以及 Higman, "Sugar Revolution." 有关爪哇的食糖，参见 Bulbeck et al., *Southeast Asian Exports*, 113。
[3] Pomeranz, *Great Divergence*, 201.
[4] Steensgaard, *Asian Trade Revolution*, 143.

荷属东印度群岛上的一名内科医生

1627年3月19日，雅各布斯·邦修斯博士带着他的妻子和两个儿子跟随秘密派遣的总督扬·彼得森·科恩的强大舰队前往东印度群岛。[1] 与许多人一样，因为在国内郁郁不得志，邦修斯加入了荷兰东印度公司。他是莱顿大学第一任医学教授海拉埃特·邦修斯的儿子。在他7岁的时候，父亲去世。他的大哥赖尼尔后来也在莱顿大学获得了医学教授职位并担任莫里斯亲王的随身医生。他的二哥扬在定居鹿特丹之前也曾学习过医学，后来在鹿特丹担任税务员。三哥威廉与雅各布斯关系最好。威廉是一名法学教授，也是大学理事会的成员，并且在1619年担任莱顿的治安官，其间他强硬地镇压了抗辩活动。[著名诗人兼剧作家尤斯特·范·登·冯德尔十分憎恶反抗辩派，他曾公开嘲笑威廉·邦修斯为埋葬其爱犬泰特尔（Tyter）而举行的盛大仪式。[2]] 雅各布斯还有至少3个姐妹，但没有任何关于她们的资料。邦修斯遵循家庭传统，12岁时在莱顿大学学习哲学，大约22岁时（1614年）在莱顿大学获得了医学博士学位。随后，他试图在莱顿发展事业。在1624年至1625年间，莱顿等荷兰城市遭受可怕的瘟疫袭击时，邦修斯发明了一种治疗方法：由于牛黄稀缺（牛黄石是从产自波斯地区和科罗曼德尔海岸外岛屿的山羊胃里取出的结石，被认为是许多病毒性疾病的解毒药物），他使用人的膀胱结石与解毒药、数滴琥珀油或杜松油混合，他认为这样的疗效很好。[3] 但显然，他并未因此发财，因为在后来写给威廉的信中，雅各布斯抱怨说，他无法在竞争激烈的大学城里靠行医生活下去。[4] 他热衷于植物学，但是在1624年末，当植物园的管理人

---

[1] 关于邦修斯的最好的传记作品依然是M. A. 范·安德尔（M. A. van Andel）撰写的引言，见 vol. 10 of *Opuscula*，以及 Römer, *Bontius*。
[2] Römer, *Bontius*, 2.
[3] 来自邦修斯的一条评论，见 *Animadversiones in Garciam ab Orta*, bk. 1: Bontius, *Tropische geneeskunde*, 42–43。这一版本的邦修斯的著作在出版时把荷兰文和拉丁文的英文翻译置于对页，但我对英文翻译进行了一些更正，使之更接近本意。
[4] Bontius, *Tropische geneeskunde*, ix–xi.

兼医学教授（埃利乌斯·埃弗哈德斯·沃尔斯图斯，他继承了他父亲的职位）去世，大学管理者并未让雅各布斯·邦修斯接任这个职位，而是选择了前任管理人之子阿道夫·沃尔斯图斯（Adolphus Vorstius），也许是因为，他们认为学院里已经有了一个"邦修斯"。

因此，1626 年 8 月 24 日星期一，邦修斯、他的妻子及孩子来到十七人董事会面前，接受了荷兰东印度公司为他安排的一个新职位：内科医生、药剂师兼荷兰东印度公司领土上的外科医生监督员。[1]荷兰东印度公司（并非某一个商会）授予了他一项职权来监督荷兰东印度公司在亚洲的所有医疗事务：审查巴达维亚医院的运营，监督到达船只上面的医疗箱是否配备恰当，视察公司的医务人员，负责公司高级雇员的医疗需求。[2] 从荷兰东印度公司长官的角度来看，邦修斯的植物学知识必然使他青睐这个新职位。十七人董事会对东印度的自然史也有着广泛的兴趣，在过去的几十年里，他们帮助克鲁修斯、波夫、赫尔尼乌斯等人在亚洲搜集信息和标本。克鲁修斯以及莱顿大学的其他植物学家、私人园丁，还有帕鲁达努斯等外国植物标本的收藏者、商人、投资者，都迅速搜集了有关亚洲自然界的新信息。他们自然想从当地的专家那里获得更多信息。从邦修斯后来的评论中可以发现，很显然，荷兰东印度公司的长官希望邦修斯能编撰一部他们在亚洲领地的自然史。就像后来邦修斯在给兄长写信时说，希望他的旅行、写作、出版物和外来植物的收藏能使他成为莱顿大学医学院教授职位的绝对候选人。[3]或许出于同样的原因，于斯特斯·赫尔尼乌斯（Justus Heurnius）——约翰内斯·赫尔尼乌斯的儿子、奥托·赫尔尼乌斯的兄弟，两人都是莱顿大学的医学教授——也在 1624 年前往荷属东印度群岛，在那里为他莱顿的兄弟搜集植物，虽然最后他把大部分时间都花在了传教上。[4]

---

[1] Nationaalarchief, VOC–archives, 1.04.02, inventory no. 147.
[2] 关于巴达维亚医院的建立以及重建，参见 Schoute, *Geneeskunde in den dienst*, 110–113.
[3] Bontius, *Tropische geneeskunde*, ix–xi.
[4] Lindeboom, *Dutch Medical Biography*, 858–859.

在出海航程中，各艘船上的外科医生因为航行中经常出现的疾病而频繁咨询邦修斯。但是，还没达到好望角，邦修斯就失去了妻子阿格妮塔·范·贝尔亨（Agenita van Bergen）（他后来写道，他的印度群岛之旅使他从这段早时最不幸的婚姻迷宫中解脱了出来）。[1] 在好望角——当时已有欧洲人定居——他们靠岸补充新鲜的淡水和食物，让许多坏血病患者得以康复，然后继续航行 6 个月后，于 9 月 13 日抵达巴达维亚，旅程中共有 44 人在海上失去了生命（约占当时乘船者的 4.5%，在当时算是比较低的比例了）。[2] 在他抵达巴达维亚的大约 3 个月后，1627 年 12 月 16 日，邦修斯与亨德里克·保韦尔斯（Hendrik Pauwels）的遗孀萨拉·海拉斯（Sara Geraerts）结婚。[3] 然而，他生活中的悲剧仍在继续：1630 年 6 月 8 日，他的第二任妻子感染了霍乱——一种急性肠道疾病——去世。1630 年 9 月 14 日，他再一次结婚，对象是玛丽亚·亚当斯（Maria Adams）——牧师约翰内斯·卡瓦利耶（Rev. Johannes Cavalier）的遗孀。1631 年初，他的长子死于"kinderpoxkens"（可能是麻疹）。他还承担了许多其他职责。例如，1628 年底，他被任命为荷属东印度最高司法机构——法院的成员。在为法庭服务期间，他审理了一群荷兰青少年在总督住处发生性关系的案件。这件事激怒了科恩，要求他的首席法务官员（advocaat fiscaal）毫不留情地起诉这帮青少年。法院将一名 15 岁的男孩斩首，尽管他们免除一位 13 岁的女孩被溺亡的刑罚，但还是施以严厉的公开鞭打。邦修斯可能是挽救了这个女孩生命的法庭成员之一。这个女孩的父亲就是科恩的继任者雅克布斯·斯派克斯（Jacobus Specx），因此斯派克斯于 1630 年 5 月 1 日任命邦修斯为他的首席法务官员。邦修斯还于 1630 年 10 月 15 日至 1631 年 1 月 18 日期间被斯派克斯任命为巴达维亚的法警。当年的

---

[1] Römer, *Epistolae*, 2. 有关邦修斯的任命以及在荷兰和好望角的行程中他妻子的去世，参见 Pop, *Geneeskunde*, 333–334。
[2] Bontius, *Tropische geneeskunde*, xv; Schoute, *Geneeskunde in den dienst*, 55–57.
[3] Römer, *Bontius*, 2.

晚些时候，他被东方的疾病折磨并被繁重的工作打倒：1631 年 11 月 16 日，当他写下遗嘱时已卧床不起，但他"思维、记忆、意识以及语言依然健康"；去世时仅 30 多岁。[1]他唯一活下来的儿子科内利斯得到了一份遗产（他当时还在世的第三任妻子继承了他的产业），并被送回荷兰，由他的叔叔威廉抚养。[2]

去世时，邦修斯已取得了巨大成就。他在 1628 年和 1629 年两次巴达维亚围困中幸存下来，尽管这两次战役都让他身患重病。[3]这两次围城都是愤怒的马打蓝君主为了摆脱荷兰人而发动的攻击。第一次进攻于 1628 年 8 月底被击退，马打蓝国王被迫安营扎寨，围困巴达维亚城直到 12 月初。[4]邦修斯在对围城的简短描述中提到，他们被一个勇敢而有经验的人指挥的"3.4 万名"爪哇士兵围困在石堡里。这位指挥官叫"Tommagom Bauraxa"［来自肯德尔的杜猛公（"Tumenggung"）巴乌雷克萨（Bau-Reksa）］。每天都发生冲突。在这些战斗中遇难者的尸体往往被投入流经荷兰石堡的河流，污染了水源，滋生了成群的蠕虫，未被埋葬的人和动物尸体的腐臭味弥漫在潮湿的空气中。同时，由于爪哇人没有做好长期围攻的准备，稻米很快被吃完，他们只好吃一种蛇根（serpentaria）。食用之前，爪哇士兵先把它捣碎，然后浸泡在河里，并在水中留下了一种荷兰人认为有毒的黏性物质。此外，由于荷兰的石堡位于港口的边缘，河水受到潮水和海风的影响，常富含盐分，带着咸涩味。最重要的是，当时正值酷热的雨季，[5]流行的痢疾在荷兰驻军中播下了死亡的种子。邦修斯提到了其中几起事件的死亡者名字："尊敬的杰里迈亚·德·梅斯特（Jeremiah de Meester），东印度委员会成员"；秘书雅各布·阿·多尔雷斯拉尔（Jacob a Dooreslaar），

---

[1] Bontius, *Tropische geneeskunde*, xlv.
[2] Römer, *Bontius*, 4–5.
[3] 关于这些围城的记载，参见 Graaf, *Regering*, 144–163。
[4] 关于早期军事斗争的记录，参见 Chijs, *De Nederlanders te Jakarta*。关于当地人对荷兰人看法的线索，参见 Reid, "Early Categorizations," 287–288。
[5] 这一史实被重新记录在他的 *Observationes: Aliquot explurimis selectae*（"Some select observations"），并且被重述于他的 *Dialogi: de conservanda valetudine*（"Dialogues on the preservation of health"）。参见 Bontius, *Tropische geneeskunde*, 204–207, 75。

负责财务的年轻律师威廉·温特吉斯（Willem Wyntgis）；邦修斯非常亲密的朋友，牧师约翰内斯·卡瓦利耶（他的遗孀后来嫁给了邦修斯）；甚至还有可爱的孩子阿德里安·布洛克（Adrian Blocq）。然而，这些只是600多名遇难者中的几个。因此，一年后，邦修斯很自然地将痢疾描述为一种"可怕的"毁灭性疾病，在印度"杀死的人"比其他任何一种疾病都要多；症状是"肠道溃疡"，大便不止，"起初大便呈黏液状的，后来则是带血的，最后是化脓的并混杂着细丝物和大便类的物质，伴随难以忍受的疼痛和腹绞痛"。他对这种痛苦有着切身体会，曾经整整4个月卧床不起，差点病重而死。他先是患了热病，接着是痢疾，最后是脚气。当他写这段经历的时候，他的家人还在忍受这种痛苦。在对脚气更详细的描述中，邦修斯写道，在最严重的时候，"整整一个月"，他的声音"太虚弱了，坐在我旁边的人很都难听清我说的话"。爪哇人的第二次进攻发生在1629年8月底，11月后停止。再一次，他评论说，"当我们被爪哇人围困的时候"，痢疾在他们中间盛行，并最终结束了科恩的生命。[1]邦修斯自己再次病倒，这一次是一种"里急后重"（tenesmus），甚至比痢疾更可怕，因为伴随难以忍受的不适："一种直肠溃疡，伴随着持续的疼痛以及想大便的感觉，起初是一点黏液，混杂着一些血，之后排出的是脓性物质。"为此，他又卧床4个月，直到1629年11月19日给他的一本书题写了赠言。[2]

194

印度群岛的医药和自然史

在这些事件和疾病中，邦修斯在东印度群岛生活的4年2个月里，通过搜集当地的医药和自然史的材料，取得了令人瞩目的成就。

---

[1] Bontius, *Tropische geneeskunde*, 202–205, 118–119, 206–207, 109, 188–189.
[2] 邦修斯的报告认为，疾病整整限制了他4个月的行动，之后才开始撰写 *Methodus medendi* (Bontius, *Tropische geneeskunde*, 126–29) 中关于"里急后重"的章节。这本书的序言提到把它献给十七人董事会，日期为1629年11月19日，说明他患病时正值第二次围城时期，同时参见该书第196–197页。

《东西印度物品》(*Oost en West Indische warende*)卷首插画，1693年
该书为皮索《东西印度》(W. Piso, *De Indiae utriusque*, 1658年)的荷兰文版，该画描绘了邦修斯和迪里在巴达维亚医院外与"东印度人"及华人交谈。该画可能是基于一幅已经遗失的绘画创作的。惠康信托图书馆供图，伦敦

在第一次围城中以及第一次痢疾和脚气病暴发后，邦修斯的健康稍有恢复，他就把在莱顿大学学到的解剖学的精湛知识用于工作。在科恩的支持下，他和两名住院医生——医院的外科医生安德鲁·迪里（Andrew Durie）和荷兰驻军的一名外科医生亚当（Adam）——开始进行尸检，以使他们更好地理解痢疾等热带疾病的病症和病理。例如，有一个案例说，他们在对一名士兵的身体进行检查后，发现其肠

道"极度膨胀，内壁剥离"，而胆囊由于过度充满淀粉状的白色物质而膨胀。[1] 虽然我们不能确定多次尸检是如何进行的，但邦修斯记录了 1629 年 2 月至 11 月间的 9 次尸检（连同 3 件其他医疗病例），这些都被记录在多年后出版的名为《望诊精选》(*Observationes aliquot selectae*)的著作中。与其他 4 本对 1628 年围城的医疗结果进行研究的《望诊》(*Observationes: Aliquot ex plurimis selectae*)一起，构成了《论东印度群岛疾病的正确治疗方法》(*Methodus medendi qua in Indiis Orientalibus oportet*，以下简称《治疗方法》)这本著作的附录部分。根据这本书赠言的日期（1629 年 11 月 19 日）可知，邦修斯必然是在第二次围城解除后就完成了。

《治疗方法》(*Methodus medendi*)描述了 19 种主要的腹部、胸部以及皮肤疾病，它们多见于荷属东印度，但未见于荷兰。邦修斯声称他的诊断是以最好的方法为基础的：所有的治疗都经过了经验验证，因此他提出，没有经他亲眼所见及判断的东西都不是真的。[2] 但同时，这部著作也鼓励利用当地植物治疗当地疾病，这是一种常见的强调自然有益的医学观点。他说："在疾病流行的地方，总会有自然的丰富之手种植的大量药草，它们的优点被用来消除疾病。"[3] 例如，当地被称为脚气的"麻痹"（palsy）是根据其症状、体液病理学、病因和治愈方法来描述的。邦修斯建议尽可能进行适度运动和强烈按摩——孟加拉的奴隶和马来亚妇女常采用的一种方法，虽然像沐浴一样，但荷兰人不愿意去实践——应该结合草药中的"贵族"黄荆（lagondi，或被称为东方女贞）的热熏和沐浴，并用丁香油、肉豆蔻油混合玫瑰花油涂抹手足。[4] 他还提到自己所患的疾病，在开始服食土茯苓之前，"东

---

[1] Bontius, *Tropische geneeskunde*, 188–189.
[2] Bontius, *Tropische geneeskunde*, 102–103.
[3] Bontius, *Tropische geneeskunde*, 128–129. 在他的自然史中（参见后文），他认为可以通过关注植物生长的地区来预测疾病暴发的地区，因为植物具有"明显而又神秘"的属性，参见 Bontius, *Tropische geneeskunde*, 338–339。
[4] Bontius, *Tropische geneeskunde*, 106–111.

印度群岛的人都使用这种草药，尤其是华人"——他"无法移动大腿，能够移动手臂，但很困难"[1]。土茯苓通常也适用于性病和所有慢性疾病、浮肿，以及在安汶常见的严重皮肤病，荷兰人称之为安汶麻疹（Amboynse Pocken）。黄荆是一种疗效更好的药草，似乎是印度群岛人民的神药，他们以热熏、沐浴以及泥敷的方式来治疗几乎所有的疾病，并促进月经，减轻分娩痛苦，治愈与子宫相关的所有疾病，促进排尿，减轻膀胱和肾脏的不适，结肠的疼痛等。"总之，古代人的灵丹妙药跟我们的相比算不了什么。"[2]

仅用数月，邦修斯就完成了他的《对话》，后来出版为《论健康保护：基于对话形式的印度群岛生活方式观察》（*De conservanda valetudine: seu de diaeta sanorum in Indiis hisce observanda dialogi*）。它模仿了加西亚·达·奥尔塔的代表作，尽管在风格上更为夸张。这本书的内容是发生在邦修斯和他的同事外科医生迪里之间的一次谈话，时间是清晨，对话发生在巡诊了医院里的病人之后的休息期间。邦修斯赋予迪里发问者的角色，邦修斯则以专家的身份回答问题，记录了他从经验中学到的所有知识。然而，他写的许多东西一定是从迪里身上学到的。迪里是著名的新教基督教倡导者罗伯特·迪里（Robert Durie）的儿子，早邦修斯4年出生在苏格兰，并于1612年10月18日在莱顿大学医学院注册入学。在那里他与邦修斯成为同学。[3] 不过，在获得学位之前，迪里还担任了荷兰东印度公司的外科医生，于1619年12月26日前往印度。他成为巴达维亚医院以及城堡（Castle）的主任外科医生，并协助邦修斯完成了1629年的许多验尸工作。作为一个众人皆知的人物，他也开始担任像教会议会长老、巴达维亚治安官、孤儿院院长、女教养院（Vrouwen-Tugthuys）管理人、专门负责穷困

---

[1] Bontius, *Tropische geneeskunde*, 32–33.
[2] Bontius, *Tropische geneeskunde*, 140–143, 180–183, 46–49.
[3] 1605年在出席了一场被禁止的牧师的集会后，老迪里逃到了莱顿，他作为苏格兰教会的第一牧师居住在莱顿，直到1616年去世。安德鲁的兄长约翰，追随他们父亲的脚步也成为一名牧师，在三十年战争期间，他因为试图统一所有的福音教派而出名。

人群的外科医生（chirurgijn van de Diaconie van de stad）这样的职位。除了来自荷兰东印度公司的福利，他还从这些职位中获取可观的薪水。公司为他提供了相当于一个高级商人的免费食宿，此外他还领取作为医院外科医生每月 65 荷兰盾的薪水。当时，迪里既是一位受过良好教育、经验丰富的外科医生，同时也是一个处于巴达维亚权力中心、有影响力、有一定财富的人。[1] 邦修斯写给他的信充满了尊敬和友善，迪里似乎也是邦修斯临终时的在场者。[2] 迪里活得比邦修斯久，他的三位妻子中有两个至少活到了 1655 年。作为荷属东印度的一位行医老手，迪里一定是邦修斯的主要信息提供者之一。但是邦修斯在著作中颠倒了他们的身份，他扮演了对迪里进行指导的角色。

就像奥尔塔的著作一样，《对话》中的讨论也围绕 6 个非自然的常见医学主题展开，根据这 6 个主题，医学学者了解到了环境和行为对个人健康的影响。像寻常一样，他们的讨论主题从空气开始，然后是食物和饮料、排泄和保养、运动和休息、睡眠和清醒以及思维活力。"空气"这一主题考虑了气候、季节以及一天之中的时段。这个国家的空气通常炎热且"极度潮湿"，特别是巴达维亚附近的空气"不太健康"，因为城市附近的土地"积水和沼泽地比比皆是"，而来自山上的风带来了"令人作呕的臭气，更不用说有毒了，这里到处都有很多昆虫"；"此外，这里的空气极有渗透力，会导致脚气病菌的产生"。幸运的是，海风更多的时候还是有益健康的。当地只有两个季节：11 月至来年 5 月初的雨季以及 5 月下旬至 10 月底（相对）干燥的季节；邦修斯还认为，因为爪哇刚好在赤道下方，雨季构成了"夏天"。尽管如此，从黎明到早晨 9 点左右，再从下午 4 点到傍晚，空气是"温和的"并伴有微风，适合健康劳作（甚至劳动）；正午（最危险的时候）

---

[1] 关于迪里，参见 Schoute, *Geneeskunde in den dienst*, 132–136.
[2] 有可能是 "Mr. Andries Derews"，与一位牧师一起出现在了邦修斯立遗嘱和医嘱的现场，这个名字是 Mr. Andries "Dereus" 或 Andreas Dureaus 的误写，参见 Bontius, *Tropische geneeskunde*, xlvi–xlvii.

以及下午早些时候人们活动必须尤其小心。[1]

在这份手稿中，邦修斯提到了奥尔塔的一些错误，尤其是在讨论当地的饮食方面。显然，奥尔塔从未去过锡兰以东地区，也没有去过波斯湾，他对这些地区的信息多是依靠其他口头或书面内容。因此，邦修斯对奥尔塔的批评几乎和奥尔塔对古人的批评一样。例如，邦修斯宣称，在提到爪哇人和印度人认为胡椒性凉时，奥尔塔"又一次犯了错误"。只有古代的诡辩家才持有这样的观点，亚里士多德已经对此进行了驳斥，认为在这些情况中必须充分参考经验。在同一对话中，邦修斯说奥尔塔完全弄错了菖蒲（Calamus aromaticus）的用途，因为他"承认，无论是菖蒲还是印度产的带有甜味的芦苇，除了用作马的铺垫草之外没有其他用途……但如果他对芳香物质的研究能像阅读阿拉伯内科医生的著作一样努力的话，他就不会忽略菖蒲的用途了：在印度，烹煮鱼肉时都会加上一小片菖蒲或香甜的芦苇，不仅改善了食物的味道，而且能使人精神饱满"[2]。这些叙述表明，当荷兰东印度公司努力取代葡萄牙人成为亚洲长距离贸易的主人时，邦修斯也声称他的知识比奥尔塔的更精准。或者更宽泛地来讲，在知识方面，荷兰人优于葡萄牙人。

邦修斯继续详细地指出了奥尔塔的错误之处。他回顾并评论了奥尔塔的著作。1631年2月，邦修斯很快完成了他的著作，不久后即以《加西亚·达·奥尔塔札记》（Notae in Garciam ab Orta）为题出版。[3]他似乎是以克鲁修斯1605年出版的奥尔塔的《印度香药谈》为底本进行研究的。[4]他再次重申了奥尔塔的观点，奥尔塔对胡椒性质的定义是"荒谬的"，应该更仔细地考虑亚里士多德对这些观点的反驳；在

---

[1] Bontius, *Tropische geneeskunde*, 56–63.
[2] Bontius, *Tropische geneeskunde*, 80–83.
[3] 这一著作未具日期，但是在1631年2月18日给他兄长的信中，邦修斯写了一份《非难》，并随信一起寄出，与之一起的还有他对认为有必要去更正奥尔塔的解释，这些显然表明了当时他刚刚才完成这部著作，参见Bontius, *Tropische geneeskunde*, xlviii–xlix.
[4] 邦修斯指出，克鲁修斯在奥尔塔关于椰树的章节中加上了一段评论，认为它的叶子可以用作书写材料；首次对此进行编辑的是Clusius, *Exoticorum libri decem*, chap. 26.

评论奥尔塔对小豆蔻的描述时，他评论说，奥尔塔描述小豆蔻的心皮像豌豆一样下垂时"犯了一个很大的错误"，"因为通过对大量小豆蔻的生长上千次的观察，我能肯定它更像芦苇"[1]。然而，当他从整体上考虑奥尔塔的作品时，邦修斯对奥尔塔的批评远不如《对话》中的口吻尖锐。大多数时候，他只是简单地对奥尔塔进行修正或补充。例如，奥尔塔说，那些服用鸦片的人似乎昏昏欲睡。邦修斯想淡化对这种药物的含蓄批评，因为"如果我们没有这种鸦片和鸦片类麻醉药物，在这个非常炎热的地区生产治疗痢疾、霍乱、热病或其他使器官肿胀的疾病的药物的前景将是悲观的"。同样，对安息香树的评论也是如此：奥尔塔说它又大又高，但邦修斯说自己在爪哇见过它，只是"几个吸管的组合，就像穗菝葜或者墨西哥菝葜"，虽然这些吸管每一根可能都比手臂还粗。除了这些更正之外，他还补充了相当多的信息。例如，奥尔塔承认他没有见过"被爪哇人和马来人称为'Hin'"的阿魏胶（asafetida），邦修斯对此做了补充描述。同样，在讨论象牙时，奥尔塔承认他从未见过犀牛，而邦修斯"上百次看见它们躲在巢穴里，或者在树林里徘徊"，这让他有机会讲述他亲身经历的一次危险的遭遇。他还重复了《对话》中提到的一些附加内容，但语气更为温和，例如，在菖蒲（Calamus aromaticus 或者 sweet flag）这个例子中，他提醒读者参考奥尔塔提到的它的药用价值，并简单地补充说马来亚妇女会在烹制鱼和肉时加入菖蒲。[2]

1631年2月18日，邦修斯将他所写的3部作品——《治疗方法》以及两套《望诊》连同《对话》与《加西亚·达·奥尔塔札记》和一封书信寄给了他的兄长威廉。他希望它们能"得到正确的评价并出版"，以此"让它们看到光明，但如果它们看上去还不够精美，那就

---

[1] Bontius, *Tropische geneeskunde*, 22–23.
[2] Bontius, *Tropische geneeskunde*, 4–5, 6–7, 22–23, 28–29, 2–3, 10–11.

让它们在家里陪着你，作为我真挚感情的象征"[1]。不幸的是，邦修斯于11月去世，意味着他不能再为它们游说了。10多年后，这些手稿就从人们的视线中消失了。

然而，根据写给威廉的那封信的内容可以判断，邦修斯正在写另一本书。这是一本关于地区自然史的书，他预计很快就会完成："希望下一年，如果生命的力量仍然存在，能够完成一本对植物、灌木和树木全面描述的书，书中附有每一种植物、灌木和树木轮廓的插图。"[2] 他似乎认为这是他代表十七人董事会的主要任务。1629年11月，在写给董事会的信（后来作为《治疗方法》的赠言）中表达了他对荷兰东印度公司服务的献身精神。当他写完《对爪哇生长的灌木、树木和草药的评论》时，这一点就更加明显了。在完成他的第一部著作之前，他似乎就一直在做这件事了。很明显，在他对《治疗方法》中里急后重的病症进行评论时，他补充道："此时，这个疾病已使我卧床了约4个月，私下里，包围着我们的爪哇人允许我在周围乡村旅行，让我自由、愉快地探索爪哇树林，获得仅在这里才有的最珍贵的草药的准确知识！"他承诺，未来的一本书将给出大量树木、灌木和本草的名称。"同样，我也要给你讲一讲在这里的鸟和鱼（我一向喜欢的题目）；向你们解释它们的特性，并说明它们的特点是什么，或者它们和我们本国的种类有什么异同。"此外，在同一本书中关于印度鼠尾草的条目中，他说将在即将进行的研究中提供更多关于这种植物医用方面的信息。他还在其他手稿中提到了他计划中的研究，例如，在《加西亚·达·奥尔塔札记》中，他说："希望明年，你能够在我的《外来植物》中看到它的插图和描述。"[3] 此外，在随后的记述中，他有时会重复提到这些

---

[1] Bontius, *Tropische geneeskunde*, xlviii–li 中没有给这封信标上日期，但编辑给这封信加上了日期，Andel, 前言, xvi–xvii。
[2] Bontius, *Tropische geneeskunde*, xlviii–li。
[3] 引自 Bontius, *Tropische geneeskunde*, 102–105, 128–129, 94–95。当时，马打蓝人的另一场攻击令人畏惧。

观察，就好像是从一组普通的扩充笔记中提取出来一样。[1] 也许从一开始、但肯定不迟于他从第二次围城的影响中恢复过来时，邦修斯就一直在用文字和图片记录他对自然史的观察。这甚至可能是邦修斯的最后一部作品，虽然至死都未能完成，但是可能是他最先开始的。

邦修斯对爪哇自然史的描述经常包含着有趣的逸事和自然细节。他评论了一些动物的内部器官，建议进行解剖。他把他在树林里杀死的一条 36 英尺长的蛇的皮留在家里。他还养了一些活物：他对变色龙的观察是基于一个活的"养在家里笼子里的变色龙"，他还有一只会飞的蜥蜴，"约四分之三厄尔长"（可能是佛兰芒厄尔，这只蜥蜴大约有 20 英寸长）。"它会飞，但持续不了多久……它能飞 40 步，或者往回飞 30 步，就像飞鱼一样。"他在后花园养了各种各样的鸟。他还认为看家里的蜥蜴追逐苍蝇和蚂蚁的速度是一种"极大的乐趣"。[2] 还有一些其他描述是通过对巴达维亚附近树林的观察得出的。他生动地描述了一次与老虎的相遇以及另一次与犀牛的相遇（犀牛试图保护它的幼崽）。至于植物，他的关注点几乎完全集中于药物和一些可供烹饪的本草。他也描述了一些鲜为人知的植物，包括一种不知名的带刺灌木，"长得不是很高，有着像龙葵一样的黄色花朵"，当把它的果实在"手掌间摩擦时，会散发出一种强烈的恶臭，甚至超过了阿魏胶"，因此，"印度妇女用它治疗癔症"。[3]

如何获取自然史知识

在获取信息时，邦修斯善于利用奥尔塔等人的作品作为他调查的起点。一份他所有著作（包括下面讨论的自然史）的引用清单不仅

---

[1] 在邦修斯的著作中存在大量的重复；特别是有关犀牛的故事和叙述，见"Notes on Da Orta,"关于象牙的第十四章及其自然史著作，bk. 5, chap. 1; 有关马来人掌握的极佳的腌鱼技术，见他的"Animadversions," 第 32 章自然史著作，bk. 5, chap. 20。
[2] Bontius, *Tropische geneeskunde*, 224–225, 226–227, 232–233, 234–235, 246–247.
[3] Bontius, *Tropische geneeskunde*, 298–299, 326–327.

变色龙绘画（MS Sherard 186, fol. 44v）
牛津大学图书馆植物科学分馆允准复制

包括奥尔塔的作品，还包括普林尼的《自然史》、皮埃尔·贝隆有关近东自然史的《对奇特事物的观察》（*Les observations de plusieurs singularités*，于1553年首次出版）、克里斯托弗·达·科斯塔的《论东印度群岛的药品和医学》（*Trata de las drogas y medicinas de las Indias orientales*，1578年）——但这本书几乎完全衍生自奥尔塔——普罗斯珀·阿尔皮诺（Prosper Alpino）有关埃及医药和植物的《埃及医学》（*De Medicina Aegyptiorum*，1591年首次出版），当然，还有有关葡属亚洲的林斯霍滕的《旅行日记》（1596年）。

他还提到了佩德罗·特谢拉（Pedro Teixeira）的《关系》（*Relaciones*，详细描述了从巴士拉到阿勒颇的陆地路线），并曾多次引用了贺拉斯（Horace）、尤维纳利斯（Juvenal）、马提雅尔（Martial）、维吉尔以及罗马剧作家普劳图斯（Plautus）的作品。显然，他随身携带了一座小型图书馆，也许他甚至携带了他总共2000多本藏书。[1] 但他也一再指出，他亲眼见过奥尔塔和其他欧洲作家从未见过的许多东西。总之，他说："耳闻不如一见。"[2]

正是他强调亲眼所见，在他的自然史研究中，绝大多数对动物和植物的描述都附有插图。在一些地方，邦修斯注明是自己画的，但是那些试图出版的作品中的插图则是出于他人之手，由他的一个来到巴达维亚的年轻亲戚所画。在给他兄长的一封信中，邦修斯提到了他选择阿德里安·明滕（Adriaen Minten）作为绘图员，并得到了总督的许可（这是将一名荷兰东印度公司的雇员转做其他工作必需的流程）。明滕是邦修斯的表妹安内肯·斯克里韦尔斯（Anneken Screvels）之子。他的这位表妹也是莱顿大学另一位医学教授埃瓦尔兹·斯赫雷费利厄（Ewaldus Schrevelius）的妹妹。据推测，在绘制部分插图时，首先把

---

[1] 在第二封信中（见 Römer, *Epistolae Jacobi Bontii*），他写道："我有一座宏伟的图书馆，但在杜伊森（duysent）的两本书是大多数人无法理解的，所以在我和欧洲的学者们建立联系时，我最好避免做任何没有意义的事。"虽然这封信暗示他身边携带了所有的书，但当时的背景却不确定。包乐史告知我至少有一位在巴达维亚的邦修斯的同时代人从他那里取到过书。

[2] Bontius, *Tropische geneeskunde*, xlviii–xlix.

标本放在纸上勾勒轮廓，然后再在其中填充细节。但是邦修斯描述的这种方法在绘画壁虎时会有问题（因为黏糊糊的爪子）。邦修斯解释说，他想帮助明滕在东印度取得成功，但是他忽视了明滕为他所做的工作（"dan hij heeft hem verlopen"），所以邦修斯将他送回了荷兰。现存的插图似乎是出自同一人之手，极少有例外，其中一幅是总督斯派克斯本人亲手画的老虎，描绘了1630年5月，在他面前的一只"巨大的"老虎在城墙外被捕获并杀死的场面。[1]

然而，即使如此，邦修斯的大部分信息也是来自耳闻而不是亲自观察。[2] 邦修斯和奥尔塔一样，有很多机会与不同背景、不同地方和不同经历的人见面，不仅有博学的印度教徒和穆斯林，还有商人、水手和普通人，甚至奴隶。为了仔细观察自然，亲自去看是最好的，但要了解事物所包含的信息则只能通过观察其他人的行为，或者更好的是，直接与他们进行讨论。

随着具有口传传统的欧洲医生被派往东方，为充实邦修斯的实用知识创造了可能。毫无疑问，其中一个极其博学同时对邦修斯帮助甚大的是他的朋友迪里。此外，尽管他没有提到她的名字，但邦修斯可能从一位1625年由委员会任命的官方助产士那里获得了知识，并支付了相关费用以满足贫穷的荷兰妇女的需要。[3] 在其他一些时候，邦修斯提到，商人也是他的知识来源。例如，当他纠正奥尔塔关于阿魏胶的问题时，他说他保管的一些物品是它的两个品种之一，"是一个亚美尼亚商人朋友给我的，他把它们从波斯带了出来"。当写到牛黄时，他把牛黄的起源与波斯和亚美尼亚商人告诉他的一些东西联系起来，这些商人"完全忠实地"给他提供了这些信息，在他用西班牙语记述的波斯国王的故事中，"葡萄牙人佩德罗·特谢拉"的书面证词支持了他的说法，而这一点得到了荷兰和英国商人的证实。在描写一种叫作

---

[1] Bontius, *Tropische geneeskunde*, 230–231, xxii–xxiii, 220–221, 8–9.
[2] Grove, "Indigenous Knowledge," esp. 129–133.
[3] Schoute, *Geneeskunde in den dienst*, 118.

"tutty"的医学物质（现在通常被认为是锌）时，奥尔塔承认，他是从传闻中得知它是从一棵树的灰烬中生产出来的，而邦修斯则知道它是通过煅烧一种"黏土"而得到的，"来到这里洽谈生意的波斯和亚美尼亚商人"向他保证说，在波斯有很多这种物质。[1]

邦修斯经常提到"印度人"，或者更确切地说是"爪哇人"或"马来人"是如何制作东西的。他显然很钦佩他们，或者说开始钦佩他们的知识和技术。[2] 他在描写东印度的千屈菜时做了如下值得注意的评论："我也不羞于说我是从那些被称为野蛮人或者无知的人那里学到的这些知识，因为这些人，特别是古吉拉特人和来自科罗曼德尔海岸的人，比我们国家最专业的植物学家更能准确地区分药用、食用和有毒的草本植物。"[3] 描写菖蒲时，他提到马来妇女在厨房里使用它，然后斥责他的欧洲兄弟们故步自封的优越感："顺便说一句，我注意到这些国家的人民——尽管我们中的许多人称他们为野蛮人——在腌鱼方面优于波兰人和德国人，而后者获得了赞誉居然没有脸红。"在另一个案例中，他认为，来自苏拉特和科罗曼德尔海岸的人一定是毕达哥拉斯的追随者，因为他们是素食者，甚至因为颜色而不吃红色豆类和草药。"因此，那些在其他方面都是文盲的人，却精通草本植物和灌木，以至于如果彼得·波夫——我们这个时代植物学家中最博学的王子，死而复生来到这里，他也会惊讶于这些野蛮人所能教给他的知识。"在另一点上，他突然说："此外，每个马来亚妇女都能熟练地行医和助产；所以（我承认实际情况就是如此）我宁愿把自己交给这样的人，而不愿交给一个学艺不精的博士或傲慢的外科医生——他们在学校里获得的教育阴影，在没有真正经验的情况下被夸大了。"[4]

有趣的是，他认可的许多信息都与妇女的医药和烹饪方法有关。

---

[1] Bontius, *Tropische geneeskunde*, 11.
[2] 关于印度尼西亚传统医学，参见 Sutarjadi, Dyatmiko and et al., *International Congress on Traditional Medicine*。
[3] Bontius, *Tropische geneeskunde*, 412–413.
[4] Bontius, *Tropische geneeskunde*, 28–29, 94–95, 396–397.

举两个例子，马六甲石（"hog stone"，一种软而厚的石头，"触感像西班牙肥皂"），来源于猪的胆囊及豪猪的胃，（马来西亚妇女）将它泡酒后用来治病（mordexi）。但这种石头对孕妇是危险的，会导致流产。"马来亚妇女告诉我，这肯定会导致流产，如果她们的月经不调，手握着这块石头，她们就会恢复活力。"同样，东印度番红花或者姜黄，在当地被称为"borbory"：在整个东印度群岛，没有任何一种植物比它更为频繁地被使用。它可以内服，用于局部肠胃梗阻以及泌尿系统疾病。此外，"在处理妇科疾病方面，没有什么比番红花更值得受到马来亚妇女的称颂了。它在缓解分娩、排尿困难和肾脏问题方面有着神奇的效果。对子宫问题，它也有特殊的疗效。为了证实这一药效，在所有的药品中，我发现，没有比这更好的疗法了"[1]。

但是，他是如何获得有关妇女使用这些当地物质的信息还不太清楚。邦修斯当然可能一直在倾听病人，其中一些人无疑是女性。在邦修斯的时代，大约有100名欧洲妇女作为上层商人或行政人员的妻子出现在东印度群岛，她们中的一些人可能与亚洲妇女关系很好。东印度公司的[2]许多雇员也选择当地的女性作为他们的伴侣，与其中一些人建立了长期的亲密关系，甚至买断了自己与公司的合同，以便与他们的伴侣一起留在亚洲，在那里，他们学到了许多关于地区习俗和语言的知识。越来越多具有混合文化背景和多种语言能力的群体开始影响巴达维亚等公司贸易据点的形成与发展，他们中的许多人成了重要的信息中介。邦修斯可能通过他的妻子以及她们的妇女关系网络，还有男性病人及其社会网络获得了有关当地妇女习俗的信息。[3]

他也有其他信息来源。至少有一条信息来自当地的专业同行。当描述灌木的用途时，邦修斯称："当我写这篇文章的时候，一位从未在

---

[1] Bontius, *Tropische geneeskunde*, 40–43, 34–35.
[2] Raben, "Batavia and Columbo," 86.
[3] 关于早期的巴达维亚社会，参见 Taylor, *Social World of Batavia*; Taylor, "Europese en Euraziatische vrouwen"; Blussé, *Strange Company*; 以及 Raben, "Batavia and Columbo."

他的族人中有过失败行医记录的马来亚老人告诉我,在治疗被爪哇匕首和长矛造成的有毒的创伤时,没有什么比他的疗效更好了。"[1] 邦修斯可能指的是爪哇的一位医生,这位医生借鉴了精深广博的医学传统:源自梵语的经文被翻译成爪哇、巴厘等地的文字,与爪哇语和巴厘语相比,马来语的翻译并不多。然而,大多数当地的行医者并不是依靠学习,而是依靠手口相传获得了有关植物使用配方的丰富经验。[2] 无论邦修斯从当地行医者处获得的信息是通过熟人还是通过付费,显然他们都是邦修斯的信息来源。甚至奴隶也做出了贡献。就像许多巴达维亚的富裕居民一样,邦修斯也拥有奴隶。在某处他提到的"我的摩尔奴隶",证实了在他遗嘱中提到的"动产"(goederen wezende)是被奴役的人。他们一定告诉了邦修斯关于老虎的事,所以很可能他的仆从和奴隶也提供了有关本草在烹饪中应用的信息。[3] 他也可能从在巴达维亚市场卖蔬菜的妇女那里获得信息,因为直至今天,在传统社会中,妇女往往是当地农产品的主要零售商,不仅把那些受过大学教育的民族植物学家以及其他人从未见过的东西带到市场上,还提供有关其用途的信息。

有时需要克服一些猜疑。邦修斯给我们提供的一个细节清楚地表明,尽管他愿意出钱购买信息,或者哪怕是标本,但他的信息提供者的恐惧有时用金钱都无法克服:他必须建立一种信任感。他的一个邻居碰巧是一位爪哇的老妇人,也是一位华人园丁的奴隶,她有一只"啄木鸟",甚至比鹦鹉还会像人一样说话(无疑,它是一只八哥)。邦修斯几次试图从她那里买来这只"啄木鸟"进行临摹,但没有成功。之后他又试着让她借给他。经过多次交谈,她终于同意了,但条件是他不能给它喂食猪肉。当邦修斯和绘图师把它带回家时,这只鸟开始说:"基督徒的狗,吃猪肉的人。"(Orang nasarani catjormacan babi)

---

[1] Bontius, *Tropische geneeskunde*, 358–359; 但这一条目在谢拉德手稿中不存在。
[2] Reid, *Southeast Asia*, 53.
[3] Bontius, *Tropische geneeskunde*, 220–221, xliv–xlvii.

这名妇女显然害怕邦修斯听到这番话后会杀死这只鸟或喂它吃猪肉。邦修斯暗示他并没有这样做。[1]

他也质疑当地的信息。当他在巴达维亚工作时，公司记录了居住在巴达维亚的大约 2400 名华人以及他们的 35 名仆人，1900 名出生在欧洲的荷兰东印度公司雇员以及他们的 180 名奴隶，630 名自由民以及他们的 730 名奴隶，650 名 "Mardijkers"（接受基督教的原住民）以及他们的 150 名奴隶，80 名日本人以及他们的 25 名奴隶，总人口约 8000 人（其中三分之一是奴隶）。[2] 在巴达维亚的华人数量众多，1619 年，科恩总督任命其中一人为"首领"，处理他们的民事事务，并在市议会等处做这些人的代表。1635 年后，荷兰东印度公司任命了一名（荷兰出生的）医生来负责给公司雇用的这些华人看病；1640 年后，为他们建造了一所医院。[3] 邦修斯有一条评论中伤了这些人：在描述一种当地炮制的荷兰人称之为 "quallen" 的酒精饮料时，他认为这种饮料非常不健康，以至于"应该像远离死亡一样远离它"。他说这可能是由这些人制造的，"他们是世界上最贪婪而狡猾的人"。[4] 同样，他唯一推崇的中药材土茯苓，整个地区都在使用，所以他很可能是通过爪哇人而不是华人了解其在脚气等疾病中的用途。科恩一直试图将明朝人排挤出胡椒贸易，荷兰东印度公司在与中国本土进行有效的贸易往来时遇到困难，因为西班牙和葡萄牙使明朝官员对荷兰高级官员始终充满怀疑。因此，邦修斯的说法可能表明，他对具有民族和语言认同的葡萄牙人等潜在对手会做一种笼统的评论：尽管这是一种种族诽谤，但它可能并不完全是"种族主义"的——因为这个标签更多用于 19 世纪，而不是 17 世纪。[5]

---

[1] Bontius, *Tropische geneeskunde*, 248–249.
[2] Raben, "Batavia and Columbo," 86.
[3] Bruijn, "Ship's Surgeons," 132.
[4] Bontius, *Tropische geneeskunde*, 78–79.
[5] 关于这一主题的文献不断增多，详见 Adas, *Machines as the Measure of Men*, 以及 Harrison, "Medicine and Orientalism," 42–50。

然而，当谈到"爪哇人"时，即使荷兰人让巴达维亚在长期围困中饱受痛苦，也无法阻止邦修斯把他们捧上天。他在克鲁修斯对奥尔塔关于在棕榈叶上书写方法的评注中添加了自己的评论，指出："他们写得非常优美，远远超过我们；当他们在这些树叶上画出他们所描绘的文字（阿拉伯文）时，我对欧洲人，特别是我们的同胞感到愤慨，除了对自己的东西，他们对任何其他人的事物从不怀仰慕之心，甚至把这些民族称为野蛮人，但他们的思维比我们更为简练，仅用几个有意义的字符就能表达更多的意思，而我们常用的却是冗长的词组和累赘的无用词语。"这表明，邦修斯对利普修斯崇尚的塔西佗式的简洁表达产生了共鸣。他还回应了利普修斯褒奖马打蓝人的政治观点："虽然爪哇王国似乎是专制的（Tyrannicum imperium），但他们根据人民的情况来行使权力，所以每个人，除非失明或完全愚钝，很快就会获得理解，即这里的政治生活是支持人民的，政府治理得好，人民服从得更好。""我常常惊奇于我们人民的粗心大意，毫不尊重地称这些人为野蛮人，"他在别处总结道，他们"不仅在草药知识方面，而且在经济生活的所有方面，已经让我们望尘莫及"。[1]

我们可以推测，邦修斯正在形成一种意识，把对爪哇人等的尊重归因于他们与他分享的知识。他对奥尔塔文献的尊重随着时间的推移而增强，同样，他对爪哇人知识的尊重似乎也随着时间的推移而增强。成为一名名副其实的医生的一项特权是，如果他愿意的话，就能认识各种不同的人。同时，当对方给（或者借）他物品和信息时，他对施予者一方负有义务。因此，邦修斯和他的信息提供者之间的交流可以说属于马塞尔·莫斯（Marcel Mauss）称之为"礼物交换"的范畴。[2] 莫斯观点中的最简单的部分，即礼物是特殊的私人物品，让他们的接受者对施予者产生一种义务，并与参与交换的人的生活交织在一起。此

---

[1] Bontius, *Tropische geneeskunde*, 24–25, 366–367.
[2] Mauss, *The Gift*. 一些现代的科技史学家发现了建立在王室成员和有教养的自然哲学家关系之上的礼物交换的文化，详见 Biagioli, *Galileo Courtier*, 以及 Findlen, *Possessing Nature*。

外,"更不用说",莫斯的一位翻译者评论说,礼物"不一定是具有文化意义的实物。'这个东西'也可能是一种舞蹈、一句话、一个人、对一场争端或一场战争的支持等"。或者,我们还可以补充,甚至是一些知识。[1] 同样,邦修斯认为十七人董事会不仅是雇主。他在《治疗方法》的序言中写到,在将近 3 年的时间里,他一直把自己的医疗工作奉献给他们的美德。"在我来到你们印度群岛的时候,我不允许它们始终贫瘠,当我开始积极行动起来以证明我的努力时,你们给我的回报应该是对公众有利的。"因此,他的工作意味着"在他们美德(excellency)之下,我对许多义务的小小回报,我永远也无法完全偿还"。他的手稿因此是一份小小的"纸礼物",是"我能付得起的",他希望他们能接受他这样一份礼物。[2] 换句话说,邦修斯认为他在公司的职位是十七人董事会给他的礼物,他希望通过他的努力,把公司在东方的"所有物"的医学世界呈现在一部著作中,以此作为回报。我们有权来扩充他的目录,在思考的过程中,他也认可了他从别人那里得到的知识。他通过为他们辩驳被称为"野蛮人"之类的诽谤性言论来补偿这些信息提供者。

自然史知识的传播

如果邦修斯在完成他的作品时发展的人脉给他带来了礼物,那么他也希望把他学到的东西传达给欧洲的其他人,做一些重要的但一直以来都被忽视的事情。他大声赞扬了上天赐予当地植物的药效以及当地人对它们的应用,但同时,关于这些植物以及应用对地方的重要性,他却不屑一顾。也就是说,他关注描述性信息,或者说基于事实的经验,但给他带来了一个盲点,特别是当谈到我们称之为当地医疗实践

---

[1] Godelier, *Enigma*, 102.
[2] Bontius, *Tropische geneeskunde*, 102–103.

背后的知识体系或文化假设时，他对自己可能遇到的任何医学传统只字不提，也没有透露多少当地医学仪式中根深蒂固的"魔法"。[1] 他对这类事情总体上保持沉默。然而，他可能接触到了相当数量的此类信息，而这些信息只是被他当作迷信抛弃了。在评论印度马鞭草时他便表现了这种观点。"这种药草在印度的老年妇女中被认为是神圣的（在这一点上她们与我们国家的老年妇女有共同之处）。"他写道。但随后他立即为自己说了这么多而道歉。他提到这件事，只是为了"证明这是种愚蠢的习俗"，因为他认为这些事情可能是真的，但"我不是那种迷信药物有天然力量的人"[2]。这句话既适用于迷信的荷兰老太太，也适用于他在当地的信息提供者。

换句话说，邦修斯并不是简单地与不同的人进行接触和交谈，与他们交换礼物并协助他们；他这样做是基于"事实"比信仰更重要的强烈假设。他把当地的文字和事物转换成信息包，用荷兰语或者拉丁语单词和语法拼装起来。同时，他抛弃了他发现的信息的生成背景，要么无法理解它们，要么在自我意识中把它们作为宗教的"偶像崇拜"而舍弃。他优先考虑关于事物的信息以及这些东西的实际用途。具体的外来语名词、形容词和动词——来自五官而非心灵的简单事物——是可以轻易转移的；他忽略、误解或放弃了抽象概念。当地人许多关于医学的想法仍无法与邦修斯的观点相提并论，这在很大程度上是因为他对当地人的猜想毫无兴趣。因此，他将他获得的知识转化为关于事物和实践描述性的陈述。当他从自己的感知或翻译中获得这类信息时，他把这些信息写在了纸上。因此，邦修斯的作品鲜明地代表了这一时期自然史研究的主要形式：重写。他的手稿显然是建立在他的前辈知识之上，包括欧洲人和"印度人"，前人的知识经常被他的信息层层遮掩，尽管他自己觉得亏欠他们很多。

---

[1] Reid, *Southeast Asia*, 54–57.
[2] Bontius, *Tropische geneeskunde*, 396–397.

然而，尽管他这样做了，但他还是希望他的信息对所有人都有用。邦修斯把这些东西简化到了最通俗易懂的程度，这些信息单位可以在任何情况下传播。他（重新）创造知识、积累知识、交流知识，使信息——即使不是理论——也可以被理解。对邦修斯来说，知识是最重要的。因此，在将当地的常识转化为知识的过程中，他所做的事情与从万丹人那里拿走肉豆蔻的生产权存在相似之处。有人甚至会说，肉豆蔻若能恰当种植将是一种可再生资源，就像有关它们的信息一样：有无数潜在的肉豆蔻，就像有无数关于它们的潜在信息元一样。问题不在于邦修斯是否将所有有关印度群岛的潜在信息都运到了荷兰。显然，他并没有，就像科恩并没有出口所有的肉豆蔻一样。但双方都把积累和交换的途径交到了荷兰东印度公司成员的手中，将交易带来的利益据为己有。邦修斯对他的信息提供者表示敬意，谈到了他们中的大多数人，但是只有他能用一种可以理解的语言把从他们那里获得的信息写在书页上。这种语言远远超出了文化的地域限制。

但是，为了在信息经济中取得成功，邦修斯不仅要记录和传递他积累的信息，还必须让其流通与传播。后者花的时间比他预料的要长。他在1631年初寄给他兄长的医学手稿直到1642年才结集成书出版。弗朗西斯·阿基乌斯（Franciscus Hackius）是莱顿的一位重要出版商，也是一位医学书籍专业编辑，他出版了一本名为《印度群岛医学》（De medicina Indorum）的书。[1] 尽管这本书的印刷开本较小（12开），字小且价格低廉，但这本书包含了一幅由科内利斯·范·达伦制作的小巧的雕版卷首插画。虽然这幅插画混淆了西印度群岛和东印度群岛的图片，但它清晰地描绘了邦修斯向当地人学习的经历：一个戴着羽毛头饰的"印度群岛人"把这本书交给了戴着皮毛帽子的学者，这位学者左手持一根象征医学的蛇杖，右手拿着采集自印度群岛的像松果一样的水果，而一只鸟出现在他的右肩和头的上方。几篇论文按照完成

---

[1] Bontius, *Medicina Indorum*.

时间倒叙排列出版：1631年邦修斯寄给他兄长的信作为序言；他对奥尔塔的评论构成了书的最后一部分，这些内容组成了邦修斯的第一本书。关于养生的对话构成了第二本。他的第一篇随笔——《治疗方法》，成为第三本书（1629年11月29日献给十七人董事会）。关于疾病和解剖的两组观察成为第四本书。邦修斯的著作以医药品和印度群岛的疾病为主题，引起了医学界的广泛关注。1645年，《印度群岛医学》修订后（内容顺序未变）在巴黎再版，这次的印刷开本更大、字体更为精致，同时再版的还有意大利旅行家和植物学家普罗斯珀·阿尔皮诺的《埃及医药》（1591年）。一年后，巴黎版阿尔皮诺和邦修斯的书又被再版。拉丁文版的《印度群岛医学》在接下来的几个世纪里不断被再版印刷。1645年，被翻译成荷兰文；1694年，甚至在英国出现，被认为是一部"伟大的公共作品"，伴随着英国的扩张传到印度。[1]邦修斯的遗产非常重要，以至于在他死后的3个世纪里，他仍然被视为"热带医药"之父。[2]然而，他在自然史方面的著作要到二三十年之后才会出现——为了宣传荷兰在西印度群岛的活动。

来自西印度群岛的新闻

邦修斯的《爪哇自然史》最初是作为一本大部头《论东西印度自然史和医药的十四本书》(*De Indiae utriusque re naturali et medica libri quatuordecim*，1658年）的一部分出版的。对它进行编辑和修改的是阿姆斯特丹的一位内科医生——威廉·皮索（Willem Piso）。皮索在拿骚的莫里斯（Maurits of Nassau）的敦促下以及一些医生的协助下，与博学的卡斯帕·巴莱乌斯合作，通过调查东印度群岛和荷属巴西的医药和自然史，来激发公众对荷属西印度群岛的兴趣。但是，皮索并

---

[1] Bontius, *Account of the Diseases... of the East Indies*.
[2] 详见 Jeanselme, "L'oeuvre."

不重视之前自然史严格的编辑标准，把巴西另一位医生格奥尔格·马克格雷夫（Georg Marcgraf）完成的工作据为己有，并在邦修斯的著作中添加了一些其他信息，且不加注明。当这种事情被发现后，皮索就成了人们的笑柄。甚至一部关于荷兰西印度公司成就的书，对准确了解客观世界本应是最重要的，然而，即使是一位为亲王工作的杰出的内科医生的名誉也不能保证其完全准确。

皮索在巴西工作期间，拿骚的莫里斯从葡萄牙人手中夺取并控制了大部分的食糖殖民地。莫里斯也是前任执政的侄子，受荷兰西印度公司任命。随着荷兰对西班牙战争的暂时结束，联省共和国得到了喘息机会，不久后的1621年，荷兰西印度公司成立。荷兰西印度公司对荷兰大西洋贸易的作用相当于荷兰东印度公司之于亚洲贸易一样，也是一家把先前的许多探险公司联合起来的股份制公司，依据各商会组织起来，设置了一个总的管理委员会，即十九人董事会（或十九绅士，Heren XIX）。[1] 但大西洋世界不同于印度洋和太平洋世界。首先，它更容易到达，而且由于航程更短，用于装配船只的初始投资成本可能更低，因此有望获得更高的回报，吸引更多的投资者，从而垄断贸易也变得更加困难。的确，尽管曾有传言说议会准备在成立荷兰东印度公司的同时成立荷兰西印度公司，但后者的成立几乎晚了20年，部分原因即在于许多不同的商业利益集团不愿屈从于垄断。另一方面，大西洋经济蕴含的财富远比香料贸易充裕得多：在西非几内亚海岸有象牙和黄金的贸易；在大洋彼岸，在南美洲的东北部以及加勒比海地区，遍布着生产食糖的种植园，种植园中的劳动力可以通过奴隶贸易从非洲获得；在南美洲的北部海岸，盐田对荷兰渔业至关重要，在当时，葡萄牙盐被禁止出售到荷兰；墨西哥和秘鲁出口了大量的银，以及黄金、胭脂虫（一种染料）、可可豆和其他商品；在西印度群岛北部（我

---

[1] 相关概述，参见 Hoboken, "Dutch West India Company"; Emmer, "WIC"; Heijer, *WIC*; Postma and Enthoven, *Riches from Atlantic Commerce*; Klooter, *Dutch in the Americas*; Prins et al., *Low Countries and New World(s)*。

们称之为北美）提供了大量的毛皮以及不断增加的烟草等作物。如若试图将所有这些不同商品的交换置于一伞之下，可能会在商业策略上彼此冲突。此外，虽然许多犹太人和以前的新教徒 1600 年后由于宗教裁判从葡萄牙逃离，并与他们在新大陆（尤其是巴西）的朋友和亲戚存在商业联系，但他们有时还会觉得支持荷兰西印度公司的反抗辩主义者的人是反犹太主义的。[1] 最后，西班牙人和葡萄牙人（1580 年后，都被联合在西班牙王国之下）声称垄断了与这些国家的贸易，并已生效，他们能够迅速地从伊比利亚半岛增援，使介入大西洋的荷兰入侵者遭受巨大损失。

然而，随着对西班牙战事的重启，议会于 1621 年 6 月成立了荷兰西印度公司，并将其作为战争的工具，希望荷兰西印度公司能够成为攻击并取代西班牙的金融力量中最重要的一支，用荷兰西印度公司的利润来支付战争的费用。许多公司早期的投资者（当然不可能是所有人）都是反抗辩主义者，以及想从天主教徒尤其是西班牙人手里赢回世界的人，他们具有强烈的献身意识。例如，他们相信，西印度群岛上的人（或简称"印第安人"）深受西班牙的压迫，即使只有一半的机会成功，他们也会奋起反抗他们的领主。基于这一希望，荷兰的军事力量虽弱，但加上其天然盟友的野心，可能会产生巨大的影响。然而，多年来痛苦的经历使得这些美梦最终幻灭。[2] 荷兰西印度公司确实吸引了那些单纯希望赚钱的人前来投资。但这次冒险从来都不能说是一次伟大的经济回报；1674 年荷兰西印度公司被迫解散，新组建的公司旨在集中发展非洲和加勒比海地区的蔗糖与奴隶贸易。[3]

荷兰西印度公司从一开始情况就不太好。组建一支足以震慑西班牙人的大型舰队花了两年时间，船队启航后，出现的问题又延缓了航行速度，给了敌人足够的时间充分准备。1623 年舰队扬帆远航，穿过

---

[1] Rooden, "L'empereur," 53; Ebert, "Dutch Trade with Brazil."
[2] Schmidt, *Innocence Abroad*.
[3] 相关简要概述，参见 De Vries, "Netherlands and the New World."

麦哲伦海峡进入太平洋，攻击并捕获了每年沿着智利和秘鲁海岸驶往墨西哥的白银船队，白银船队的最终目的地是菲律宾（方便与中国和日本的贸易），但缓慢的启航和错失良机最终导致失败。另一支大型船队于1624年成立，目标是进入巴西，并占领了葡属巴西首都巴伊亚（或萨尔瓦多），夺取了大量白银、烟草和糖。但是，来自伊比利亚的一支更大的舰队很快夺回了这个小镇。在占领和守住安哥拉海岸的要塞方面取得了更大的成功。1628年，皮特·海恩（Piet Heyn）俘获了一支每年驶往西班牙的墨西哥白银船队（尽管大西洋秘鲁船队逃脱），夺取的战利品流入了荷兰西印度公司的财库，包括这些船只装载的银、金、珍珠、丝绸、皮革、胭脂虫、靛蓝和木本植物染料，价值1150万荷兰盾，使得荷兰西印度公司的资产立刻翻了一倍，股东也获得了极为可观的股息（但历史上仅此一次），这是公司一次真正的经济回报。这些资金促使公司再次尝试前往巴西，1630年占领了巴西北部城市累西腓和奥林达，它们是通往伯南布哥甘蔗种植园的大门。[1] 然而，葡萄牙人及其盟友却撤退到内陆，发动了长达数年的游击战，耗尽了荷兰西印度公司的财富，削弱了荷兰人的实力，并导致巴西执政委员会的内斗。

因此，1636年，十九人董事会决定派遣约翰·莫里斯（Johan Maurits）担任总督。仅几年，他就成功地恢复了秩序，并使蔗糖种植园重新运转。然而，西印度公司总督的派系之争迫使他于1644年返回荷兰。表面上他们召回莫里斯是因为葡萄牙在1640年摆脱了西班牙统治，并与荷兰达成了停战协议，但实际上极有可能是因为莫里斯的一些挥霍行为造成了公司财政持续困难。尽管来自荷兰的新移民流入巴西并前往蔗糖种植园工作，但荷兰西印度公司又重新开始从非洲贩卖奴隶，每年运送的奴隶超过1000名，他们主要来自卢旺达以及黄金海岸以南的地区。[2] 然而，莫里斯离开之后，葡萄牙种植园主与荷兰定居

---

[1] Boxer, *Dutch in Brazil*; Schwartz, "Commonwealth within Itself."
[2] Postma, *Dutch in the Atlantic*; Thornton, *Africa and Africans*.

者之间的冲突引发了叛乱。1648年，荷兰人被限制在他们的设防地区，一旦试图逃离就会被镇压。1648年5月，《明斯特条约》结束了荷兰与西班牙的战争，也使得之前的做法在政治上似乎失去了意义。同时由于无论是荷兰西印度公司还是荷兰东印度公司都不再得到荷兰直接的国家补贴，因此公司财政看起来比以往任何时候都更糟糕。1654年1月，荷兰人被迫投降并离开巴西，这严重削弱了他们在大西洋的战略地位。

1637年战事期间，莫里斯的随身医生威廉·米兰恩（Willem Milanen）去世。莫里斯立刻要求十九人董事会寻找一名替代者，威廉·皮索得到了这个职位。皮索于1611年出生在莱顿，早年一直在当地的莱顿大学学习，直到1633年从卡昂的大学获得了医学博士学位（对在荷兰接受专业教育、想获得学位的人来说，卡昂的大学因其学费低廉而颇受欢迎）。[1] 此后，他试图在阿姆斯特丹继续从事医学。在那里，他被介绍进入了"穆登圈"，认识了巴莱乌斯和冯德尔等成员，其中还包括荷兰西印度公司最博学的总督之一——约翰内斯·德·拉埃特（Johannes de Laet），一个对自然史和地理有着极大兴趣的人。当皮索启程前往巴西时，冯德尔写了一首六行诗给他送行。1638年1月1日，船队启航，数周后抵达巴西。一到巴西，皮索就开始为维护莫里斯等人的生命和健康而努力，成为莫里斯所在镇附近医院的管理人（有两位外科医生助理），同时还管理着一家由总督建立的医院，负责非洲奴隶的医治。莫里斯在他的自由城堡（Vrijburg Palace）中建了一个花园，皮索在里面种植了大量的本地植物，并进入司法委员会。虽然皮索对当地医学和医疗实践很感兴趣，但没有证据表明他曾前往过荷兰主要占领地区以外的地方。[2]

与皮索一起随船队前往巴西的还有一位艺术家——弗兰斯·波斯

---

[1] Frijhoff, "Médecin selon Jacques Cahaignes."
[2] Andel, "Introduction"; Pies, *Piso*, 33–65.

特（Frans Post），他前往巴西，试图深入描绘巴西的一些风景。此外还有内科医生格奥尔格·马克格雷夫，他比皮索大一岁，来自临近今日捷克共和国的萨克森州利布施塔特的一个受过良好教育的牧师家庭。[1] 早年在接受了良好的希腊语和拉丁语、音乐以及绘画方面的教育后，马克格雷夫17岁时就以学术朝圣之旅的名义，前往德意志和波罗的海地区的许多学校，并于1636年入读莱顿大学医学院。作为一名天生的旅行者，马克格雷夫渴望去巴西观察南半球的天空并调查当地的自然史，他通过辩论得到了荷兰西印度公司天文学家的职位。关于他现存的有限信息表明，他到达巴西不久，马克格雷夫就出现在莫里斯围攻葡萄牙人的战役中，他不仅从肆虐整个军队的严重的腹泻中生还，还躲过一发擦头而过的炮弹，非常惊险。根据总督的命令，他充分运用他的数学技能，在围城期间协助军事工程建设，深得莫里斯之心。莫里斯派了一个警卫协同他行动，因此他经常能够畅通无阻地出入莫里斯的府邸，并在自由城堡中建立了一个天文台，还受命负责管理新的莫里斯城（Mauritstad）中的医药商店。他利用莫里斯对他的欣赏，绘制了南半球天图，至少3次深入腹地探索动植物，并与当地人（无论是欧洲人、非洲人还是原住民）交流，像邦修斯一样，经常获得当地人医疗实践的相关信息。所有这些他都以自己设计的密码记录在笔记本上，因此即使他死后也没人会偷他的作品。

马克格雷夫似乎也孜孜不倦地搜集标本，他的一些标本也被带回荷兰。他的兄弟后来报告说，塞缪尔·克切柳斯（Samuel Kechelius，马克格雷夫曾经的室友，莱顿大学珍奇屋的管理人）告诉他，他曾经看到过"一本有关巴西昆虫标本的书，在哈勒姆以4000弗罗林的价格被售出，上面的名字都是马克格雷夫手写的"。[2] 马克格雷夫搜集的一些标

---

[1] 利布施塔特（Liebstad）位于德累斯顿东南，靠近今日的捷克共和国边境，并非瑞士境内的莱布施塔特（Leibstad），有时据说这也是他的出生地，亦非多特蒙德和比勒费尔德之间的利普施塔特（Lipstadt），参见 Lindeboom, *Dutch Medical Biography*。

[2] Whitehead, "Biography of Marcgraf," 311.

本今天仍保存在哥本哈根和剑桥的植物标本室中。莫里斯同样搜集了许多标本，然后又作为礼物放入了莱顿大学的珍奇屋中。[1]据马克格雷夫的兄弟说，1644年莫里斯离开巴西时，马克格雷夫也做好了一起离开的准备，然而没想到的是，他被意外地送到了安哥拉，最终在那里去世。他的兄弟推断，马克格雷夫很可能是被一些嫉妒他的人害死的，他甚至猜测这个人就是皮索，尽管现代的一位研究者考证后称马克格雷夫在前往安哥拉的前一年就已经去世了。[2]

像莫里斯那样赞助艺术家和博物学家的行为在荷兰西印度公司控制的其他地区并不存在。在北方，1609年亨利·哈德逊（Henry Hudson）在为荷兰东印度公司寻找通往亚洲的西北海路时无意中发现了一条大河，该地区似乎也是获得毛皮的好地方。为开拓新贸易，各种伙伴关系开始结成，并于1614年合并成立新尼德兰公司（New Netherlands Company），1621年并入荷兰西印度公司。1625年，荷兰人在曼哈顿岛上建立堡垒，荷兰人的据点很快就延伸到哈得逊河流域并向特拉华河流域扩张。[3]早期，新阿姆斯特丹逐渐吸引了新英格兰移民的兴趣和合作，他们也在那里从侧翼攻击西班牙人，并发现荷兰人的定居点是摆脱伦敦贸易限制的一个绝佳据点。[4]随着占领地区的不断扩展，医务人员也开始出现，从助产士到内外科医生。[5]然而，虽然他们中有人或多或少地从当地人那里学到了一些当地的医学和医疗实践知识，但没有人记录过关于该地区医药和自然史的实质性内容。在人口稀疏的荷属圭亚那海岸和苏里南领地，情况同样如此［虽然后文我们会提到玛丽亚·西比拉·梅里安（Maria Sibylla Merian）在17世纪后期完成的关于这一地区的杰出著作］。对安哥拉的研究也相当欠缺，即使是马克格雷夫，他在世时完成的研究是否涉及了安哥拉依然是个

---

[1] Pies, *Piso*, 74.
[2] Whitehead, "Biography of Marcgraf," 303, 309–310.
[3] Rink, *Holland on the Hudson*.
[4] Schnurmann, *Atlantische Welten*; Schnurmann, "Representative Entrepreneur."
[5] Snapper, *Meditation*, 14–45.

波斯特描绘的风景

摘自卡斯帕·巴莱乌斯《巴西八年记事》，1647年，大英图书馆供图

公案。[1] 尽管荷兰西印度公司的总督对自然史有些兴趣，但他们实在太过忙碌，没办法专注于自然史的学习和研究。莫里斯以及他的一些下属可以说是一个优秀的特例。

1644年莫里斯离开之后，一组引人注目的出版物开始出现，这些出版物的内容都是吹捧莫里斯当政下的荷属巴西，这无疑是在提醒大家注意巴西在《明斯特合约》签订时期的重要性。1647年，莫里斯的专职教士弗朗西斯库斯·普兰特（Franciscus Plante）撰写了一首名为《莫里斯》（Mauritias）的新拉丁语英雄长篇史诗，而巴莱乌斯同样创作出了不朽的纪念作品《巴西八年记事》（Rerum per octennium in Brasilia）。

---

[1] 马克格雷夫于1643年或1644年在安哥拉逝世。——译者注

巴莱乌斯的书包含根据波斯特所绘风景制作的版画、许多来自莫里斯下属的手稿（包括皮索对地方和人物的描绘）、4 幅可下拉的活页地图（可以拼合成一幅完整的地图，展示整个地域，原始版是 1647 年出版的根据马克格雷夫所绘地图制作的完整大图）。[1]然而，内容最丰富的是关于巴西的医药和自然史的著作《巴西自然史》(Historia naturalis Brasileae，1648 年)，该书的相关费用完全由莫里斯自己承担。[2]（出版商是弗朗西斯·阿基乌斯，6 年之前他出版了邦修斯关于东印度群岛医学的著作。）

出版的准备工作在莫里斯回到荷兰后不久就开始了。在马克格雷夫去世后，他的手稿被荷兰西印度公司对地理和自然史最感兴趣的约翰内斯·德·拉埃特总督获得。经过艰苦的工作之后，他破译了马克格雷夫的密码。1646 年 10 月，德·拉埃特根据马克格雷夫的手稿重新整理了文本，但其中大量插图的制作花了更长的时间，导致出版推迟了一年多。因此，这不仅是第一本，而且是唯一一本展示莫里斯成就的学术巨著。[3]插图以弗兰斯·波斯特的速写、素描和油画为基础，其中最著名的是波斯特的风景画。此外还有阿尔伯特·埃克豪特（Albert Eckhout）的作品，其描绘巴西人物和自然的油画已经成为当之无愧的名画，许多甚至被制作成挂毯。[书中的大部分原图——现存于克拉科夫——已经被怀特海德（P. J. P. Whitehead）和马丁·伯泽曼（Martin Boeseman）详细地介绍过。[4]]《巴西自然史》已成为研究热带自然史和医药的主要资料。在接下来的一个半世纪，没有任何研究成果能够超越它，直到以亚历山大·冯·洪堡（Alexander von Humboldt）为代表的新一代博物学家开始对南美热带地区进行一系列探险。皮索和马克格雷夫（成果由德·拉埃特编辑）都做出了很多贡献。马克格雷夫的工

---

[1] Barleaus, *Rerum per Octennium*; Schmidt, *Innocence Abroad*, 252–257.
[2] Piso and Marcgraff, *Historia naturalis Brasiliae*.
[3] Whitehead and Boeseman, *Portrait of Dutch Seventeenth Century Brasil*, 28.
[4] Whitehead and Boeseman, *Portrait of Dutch Seventeenth Century Brasil*, 以及 Brienen, "Art and Natural History,"但我并未见过。

作在当时是最重要的，其书稿规模是成书后篇幅的两倍，最终形成了 8 部书：3 本关于植物，一本关于鱼，一本关于鸟，一本关于四足动物和蛇，一本关于昆虫，一本关于地区气象。[1]

皮索的贡献在于 4 本关于巴西医药的书籍：一本关于当地的空气、水和地情（包括对保持健康的建议），一本关于地方病，一本关于有毒昆虫和动物以及适当的治疗方法，一本关于 100 多种药用植物。在这本书的医药部分，皮索跟邦修斯一样，称赞了鸦片类药物。他还吹捧食糖的好处，因为糖自古以来就被当作药物使用。（巴莱乌斯认为，古老品种的糖仍然是最好的药物之一——尤其针对肝脏和肠道不适的治疗——而巴西产的精制糖更适合烹饪；一位来自多德雷赫特的著名内科医生——贝韦尔维克担心西印度群岛热衷食糖会损害当地的蜂蜜产业。[2]此外，如炼金师和探险家约翰·约阿希姆·贝歇尔，在大约 30 年后写道，他认为精制糖几乎完全是由提炼出来的宇宙意识组成的，它促进生长和繁衍："糖是地球上最高贵、最甜美的汁液，经过了光热的照射和浸润，因此是一种高贵的芬芳物质。它与人的血液非常相似，煮糖的过程就像沸腾的血液在火焰中被炼出精华。"甘蔗因此具有治愈和滋养的特性。[3]）

然而，比糖更重要的是皮索从当地人那里学到的一种新的治疗腹泻和痢疾的药方：吐根树的根。他在讨论治疗当地疾病的两章中写到了这种植物，并进一步在关于药用植物的章节中描述了它。他同样学习到了另外一种地方流行病的治疗方法，他称之为"印第安疫病"（Framboesia tropica），并与梅毒进行区分，虽然这种病与梅毒有一些相似的症状。对于这种疫病，他建议根据当地的方法进行治疗，包括使用一种被称为蓝花楹（caaroba）的植物以及菝葜。[4]这些疾病中，皮

---

[1] 例如 Holthuis, *Marcgraf's (1648) Brazilian Crustacea*。
[2] Schmidt, *Innocence Abroad*, 264.
[3] Smith, *Business of Alchemy*, 167.
[4] *Opuscula selecta Neerlandicorum de arte medica*, 14: 4–17, 26–31, 18–25.

IPECACVA'NHA.

吐根树的根部木刻画
皮索《论东西印度自然史和医药的十四本书》，1658 年
惠康信托图书馆允准复制，伦敦

索和邦修斯一样，也非常热衷于向当地人民学习，尽管他的主要信息来源可能是他负责的累西腓医院的护士。[1] 皮索和马克格雷夫很少提到那些在他们之前描写西印度群岛的西班牙前辈，但是他们引用了一份尚未完全出版的重要的自然史著作：弗朗西斯科·埃尔南德斯的伟大作品，并以此献给菲利普二世。显然，他们从德·拉埃特那里获得了这部作品的信息，因为德·拉埃特有一部关于新西班牙自然史的西班牙语版影印本，是弗朗西斯科·西斯内罗斯（Francisco Ximénes）的著

---

[1] 迈克尔·派伊（Michael Pye）的个人交流，他正撰写一本关于荷属巴西的书。

作，大量引用了埃尔南德斯的研究。[1]

10 年后，皮索在《巴西自然史》以及邦修斯著作的基础上又出版了另一本价值更高的书。1654 年，荷兰西印度公司从巴西撤出，这本书因此被认为是荷兰对东西印度群岛医学和自然史研究的爱国主义最佳总结，用来鼓励读者继续对西印度群岛保持兴趣，就像他们对东印度群岛那样。事实上，标题显示出了改变：《论东西印度自然史和医药的十四本书》。[2] 这部作品的第一部分包含了 6 本书，皮索因之广受好评。前两本重复了他出版于 1648 年的《巴西自然史》那本书中关于当地空气、水、地情以及在巴西发现的疾病的性质和治疗方法的内容。他扩充了关于有毒昆虫和动物的章节，同时扩充了有关适当的治疗方法的内容，包括对其他昆虫及其蜕变的评论，这些全部放在了第五章。第三章和第四章把皮索之前关于医药植物的大部分内容与马克格雷夫关于自然史的大部分内容合并在了一起，第六章则是关于香料和芳香物。第二部分较为简短，包括两本马克格雷夫的书，一本关于地形、气象和天文观测，另一本则是对巴西和智利本土语言以及文化等其他方面的评论。最后一部分引自邦修斯，如实复制了他于 1642 年首次出版的 4 本医药著作，以及他首次出版的关于东印度群岛植物和动物的书籍及插图，对于这些，皮索承认他做了编辑注释，甚至增加了一些内容。

显然，皮索在这本 1658 年出版的作品中加入了很多新的材料，但也因此造成混淆。与早期一代受过人文主义教育的作者如克鲁修斯和帕鲁达努斯不同，皮索并没有界定他在哪里引用了他人著作，在哪里他又补充了自己的信息和评论。利希滕施泰因（M. H. K. Lichtenstein）在十九世纪一二十年代对 1648 年版和 1658 年版进行了

---

[1] 参见 1636 年 10 月 10 日德·拉埃特写给卢卡·霍尔斯滕尼乌斯的一封信，引自 Freedberg, *Eye of the Lynx*, 286–287, 以及更宏观的研究，弗里德伯格对林恰斯出版的埃尔南德斯的插图著作的研究（1649—1651 年，1648 年皮索和马克格雷夫的版本略微滞后）见 1649–1651, 245–304。以及 Varey and Chabrán, "Medical Natural History," esp. 140; Varey, Chabrán and Weiner, *Searching for the Secrets*。

[2] Piso, *De Indiae utriusque*.

比较，该比较研究于 1961 年被翻译成了葡萄牙文，"发现皮索试图避免明显的文字重复，但是他对词语的修改却常常与马克格雷夫的描述产生矛盾，甚至在数字方面也是如此"[1]。马克格雷夫的弟弟后来把皮索形容为"健忘、自大无礼、虚荣的人"，并提到"阿姆斯特丹的外科医生和药剂师们"嘲笑皮索是如何"改进"《巴西医药史》第二版的，因为关于巴西的鱼和鸟的名字，他总是不知道马克格雷夫写的是什么。数十年后，著名的博物学家卡尔·林奈（Carl Linnaeus）吸收了马克格雷夫的主张，以皮索的名字命名一种带刺的植物（Pisonia），他认为这种植物的尖刺跟皮索的名声一样龌龊。[2] 此外，尽管在他的序言部分，皮索承认了马克格雷夫是他最重要的信息来源，但是他并没有把马克格雷夫列为作者或者合作者，仅把他的名字放在书名页上，导致皮索被指责为剽窃。一些关于"皮索问题"的现代评论家接受了他在前言中所做的解释，宽恕了皮索，认为他雇用了马克格雷夫——马克格雷夫是他的仆从或助手（meo domestico），他出钱把马克格雷夫带到了巴西——第四章开头部分扩充了相关内容，皮索写道，无论这些信息是来自他还是来自马克格雷夫，都没有关系，因为重要的是这些信息本身是真实的。[3] 马克格雷夫的弟弟愤怒地声称，马克格雷夫是荷兰西印度公司聘任的天文学家，皮索居然把他受过良好教育的兄长说成自己的仆从，他以及林奈等人也同样批评皮索，因为他的无知糟蹋了很多作品。[4]

如果有人去检查皮索从邦修斯的作品中复制过来的材料，那么只能得出这样的结论：皮索的批评者是有道理的。因为皮索不仅没有指出邦修斯的原文和他增加内容之间的区别，而且他在邦修斯文后补充

---

[1] Whitehead, "Original Drawings," 30, 总结了最近由德·法尔考（E. de C. Falcão）编著的著作，以及由平托（O. Pinto）撰写的书目和注释 "Estudo crítico dos tralbalhos de Marcgrave e Piso... ," Brasiliensa Documenta, 2, with citations in Whitehead, "Original Drawings," 216。
[2] Whitehead, "Biography of Marcgraf," 302, 310.
[3] Pies, *Piso*, 41, 84–87; Andel, "Introduction," xviii–xxi.
[4] Whitehead, "Biography of Marcgraf," 310.

的很多内容是错误的。皮索的版本中取自邦修斯的自然史著作中的部分包含了关于东印度群岛 33 只动物和 62 株植物的信息，并且几乎每一个动植物都附有插图。一份有关自然史的邦修斯手稿最终重见天日，几乎包括了所有的 16 只动物、鸟、鱼以及 42 株植物的资料和插图，且并没有按特定的顺序排列。[1] 显然，可能还有一部手稿还没有被发现，或许包含了另外 17 只动物和 22 株植物的资料和插图。不过，显然，皮索获得了除邦修斯以外其他人的补充信息。

对比印刷版本以及现存的手稿，可以清楚地发现，皮索根据自己的观点对邦修斯的材料进行了重新编排，并做了些许编辑，添加了诗歌以及一些其他信息，甚至还引入了全新的条目。如果没有特别注明的话，绝大部分改动都是被编辑过的。例如，书中"天堂鸟"一条，包括了一首手稿中没有出现的诗——皮索典型的炫耀博学辞藻的方式，但就邦修斯的风格来说会显得很奇怪——虽然皮索补充了对变色龙的描述，并讨论了它出现在安德烈亚·阿尔恰蒂（Andrea Alciati）的寓意画中的情况。邦修斯的手稿中不存在犀牛画，皮索为了在自己的版本中体现这幅图像，从阿姆斯特丹的一位重要抗辩派牧师和政治家约翰内斯·乌伊滕博加特（Johannes Uyttenbogaert）那里获得了这幅画。显然，乌伊滕博加特肯定是根据来自印度群岛的标本描摹了犀牛的插图（或者有人作为中介，从见过犀牛的人那里获得了一幅画）。[2] 邦修斯的手稿中还有一个条目是关于老虎的，被放在了豪猪的条目里（并以此作为该条目的结束），但是皮索的书中还包括来自各种知名或不知名资料的附加信息。另一方面，邦修斯的记录对斯派克斯画的老虎描述得很细致。然而，荷兰的一位艺术家则试图把绘画变成木刻版画，不仅

---

[1] Sherard 186，现存于牛津大学植物科学图书馆。打开的对页上，除了一些后来添加的注释外，还有一些现已被出版的书名页上的文字"Jacobi Bontii medici arcis ac civitatis Bataviae Novae in Indiis ordinarii Exoticorum Indicorum Centuria prima"[印度外来物品的第一个世纪（100），由雅各布·邦修斯，东印度新巴达维亚城的医生]；题名之下是献词"给最尊贵和慷慨的雅各布·斯派克斯"总督，日期标为 1630 年。我在 20 世纪 90 年代中期偶然找到这份资料，但直到近些年才意识到它的重要性。感谢哈尔姆·伯凯尔（Harm Beukers）给我的建议。

[2] Bontius, *Tropische geneeskunde*, 216–217.

斯派克斯总督画的老虎（MS Sherard 186, fol. 62v）

剑桥大学图书馆植物科学分馆供图

留下了背景和阴影，而且因为这个艺术家从来没有见过老虎，把斯派克斯渲染的虎纹当成肌肉的阴影，使它变成了一只奇怪的野兽。

邦修斯书中最长的条目是关于茶树种植的，且在其手稿中未附插图。理由很简单："我从未在这里见过绿色的叶子。"邦修斯写道，因为它在别处生长，被华人碾碎成末带到巴达维亚。邦修斯试着将树叶浸泡在水中并将它们拼合起来，以获得茶叶的形态，但没有成功：茶叶不仅干燥，而且已变成很细小的碎末。被问及他们饮用的茶汤中所使用的叶子是来自草本植物还是灌木，华人给他提供的说法并不一致，但是为荷兰东印度公司打开日本市场的斯派克斯总督曾在日本见过茶树的种植，并确认它是一种灌木。"毫无疑问，它会促进健康，作为一种药物能起到祛除浓痰的作用。"由于其"优良的利尿特性"，茶也起到了"缓解膀胱和肾结石的作用"。[1] 就在邦修斯的《自然史》出版之时，皮索还得到了弗朗索瓦·卡隆（François Caron）提供的一幅灌木

---

[1] Sherard 186, 79–80.

TIGRIS.

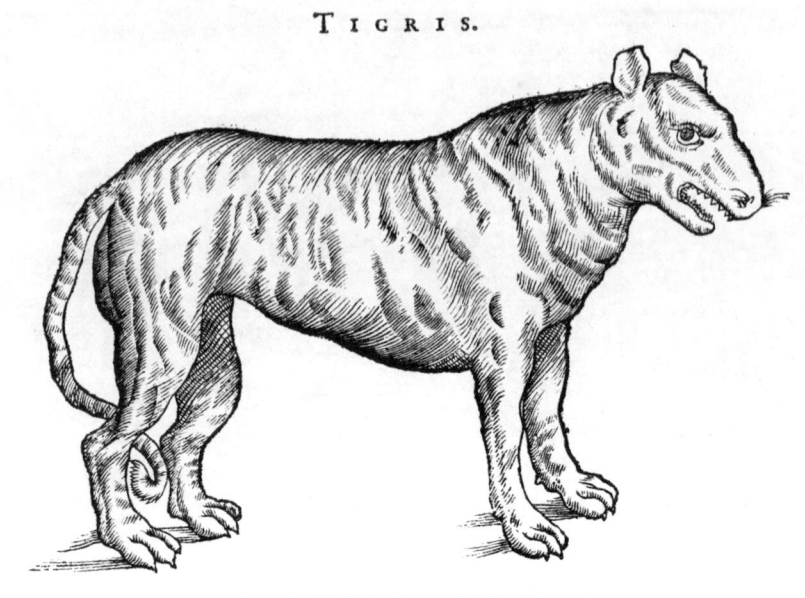

老虎（雕刻者将其条纹误作肌肉的阴影）

木刻版画，摘自皮索《论东西印度自然史和医药的十四本书》，1658 年，惠康信托图书馆供图，伦敦

的画作，后者继斯派克斯之后曾担任荷兰在日本商馆的指挥官。同时因为"这种饮料在印度（应是亚洲）以及欧洲上层人中越来越有名"，皮索补充了相当多他搜集的关于茶叶及其特性的信息。（杜尔博士在《医学观察》修订版中引用了皮索的书中关于茶叶的信息。[1]）

然而，除了这些无声的评论补充之外，皮索还在邦修斯的书中添加了全新的条目，内容来自现居住在阿姆斯特丹的人亲眼所见之物。其中有一条关于"鹿豚"（babiroesa），一种发现于苏拉威西岛及其附近岛屿上的动物，附有由老斯瓦默丹搜集的一幅非常精准的头骨图。[2] 毛里求斯的"Dronte"，也被其他人称为"Didaers"——这种生物就是现代人更为熟知的渡渡鸟，它于 1680 年灭绝——皮索的书也是最

---

[1] Heel et al., *Tulp*, 160.
[2] Bontius, *Tropische geneeskunde*, 238–239.

早对它进行记录的,书中的插图还被多次重印,但是没有证据表明邦修斯曾经到过毛里求斯,因此插图可能是从其他地方获得的。皮索还增补了一个来自日本的真实而"奇妙"的故事:"在慢性头痛或者肝脾阻塞的案例中,或者一个胸膜炎的案例中,他们用银针或者青铜针(stylo)刺穿了上述器官,这些针甚至比琵琶弦(cythrarum)还细,它们被缓慢地轻轻地插入器官,直到针从器官的另外一边出来,这些是我在爪哇时看到的。"有关这种早期针灸的记录来源并不清楚,但很可能是来自卡隆或者斯派克斯,他们两人都在日本和爪哇待过一段时间,并且从茶叶的评论中可以知道,他们与皮索也一直保持交流。甚至还有一条关于本草的更奇怪的条目。邦修斯没有写过任何关于花的内容,但是在皮索的书里,有一系列缺少细节描述的条目,其中提到了爪哇人以及所有的"穆斯林"是多么喜欢芳香的花朵和香水。"因此,我建议种植各种不同香味和颜色的鲜花,并且把全部资产投入这项事业的荷兰人,如果他们还希望获得更多更好的花,就应该到这里来。因为在爪哇,有大量芬芳多彩的鲜花,数量之大,即使用尽我的笔墨也无法描述完。"之后,他简要描述了一些具有最浓烈香味的花朵。[1]

对邦修斯后来的名声影响最重要也最不幸的,是其中一段被认为是关于一群猩猩(字面意思就是"森林里的人")的记录,它们被描述为能够直立行走。所附的插图显然是虚构的(虽然后来林奈用它来展示人和猿的相似性),把它简单地处理成头上长着一圈浓密毛发、身体其他地方有斑点的裸体人。最突出的是,文字记录声称猩猩清晰地展示了人类的激情(甚至是悲伤与谦虚)状态,因此,在各方面看几乎都是无法使用语言的人类。但这份记录并没有在现存的邦修斯的手稿中出现,似乎爪哇也不存在猩猩,这意味着这些记录必然来自苏门答腊或婆罗洲(猩猩在那里生活),或者,更有可能的是把欧洲神话中的萨梯、侏儒、"野人"等加入了爪哇的丛林故事中,并与猩猩的谣言相融

---

[1] Bontius, *Tropische geneeskunde*, 286–287, 380–383; 后一章不在谢拉德手稿中。

OVRANG OVTANG.

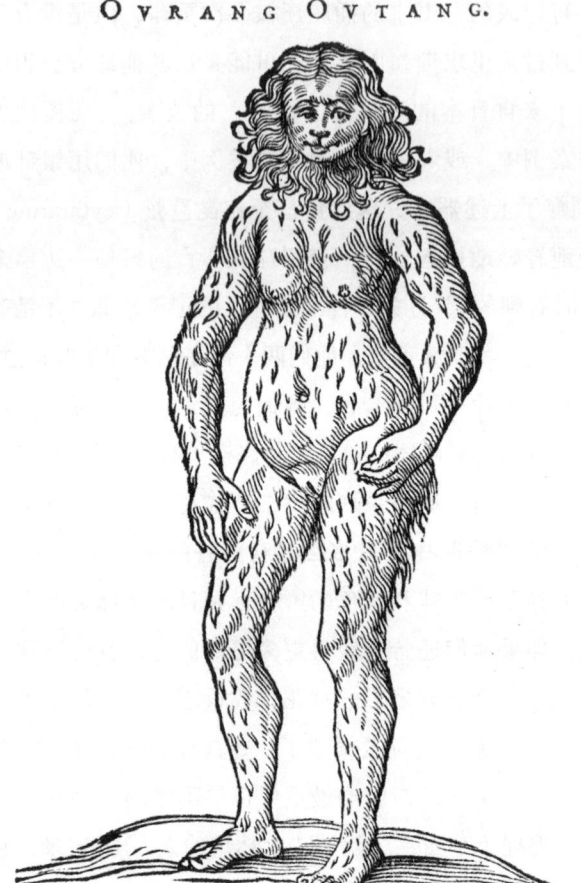

人猿

木刻版画，摘自皮索《论东西印度自然史和医药的十四本书》，1658年，惠康信托图书馆供图，伦敦

合。这些记录没能得到读者的认可，因此邦修斯的声誉因为皮索加入的一些东西而深受影响。[1] 换句话说，皮索越来越把邦修斯的手稿当作自己的作品，混淆了邦修斯的、他自己的以及其他人的内容，毁坏了

---

[1] 例如，爱德华·泰森（Edward Tyson）后来评论道："我承认我确实误信了全部表象"（Tyson, Orang-Outang, 19）；以及 T. H. 赫胥黎（T. H. Huxley）曾说，该书［Bontius（1658）］提供了一份完整的他称为"人猿"的动物的荒唐无稽的文字和图片；虽然他说，这个所谓的肖像……只是一个毛发浓密的妇女，长相普通，比例和脚都完全是人类（Huxley, "Man–Like Apes," 11）。

邦修斯精心创作的著作。

然而与此同时，也需要客观地指出，邦修斯本人并不总是清楚地理解他所获得的自然史信息。例如，他的手稿中有一条混乱的条目，其内容与波罗蜜（De Jaaca, durionibus jac fructu Champidacca dicto）、榴梿蜜或小波罗蜜（champidaca，榴梿的一种）有关，在皮索的版本中记录为榴梿的一种，被称为波罗蜜及榴梿蜜（De Durionibus, Iaaca, & Champidaca dictis）。

邦修斯至少把两种水果（波罗蜜和榴梿蜜）归并到了他称之为榴梿的科中，而榴梿本身又是一种不同的水果。他还提供了两张插图，在皮索的版本中被颠倒标记为"大榴梿，或者波罗蜜"以及"小榴梿，或者榴梿蜜"。"小榴梿"在他的手稿的插图中显示为有叶子，并且有着面包树（Artocarpus altilis）一样分枝的植物，虽然果实被摹画为有带刺的表皮而不是面包树那样凹凸不平的果皮；插图中带刺的"大榴梿"，邦修斯称之为波罗蜜，与榴梿（Durio zibethinus）相似，虽然这种水果被认为原产于苏门答腊而不是爪哇；邦修斯的文字强调了榴梿腐烂、恶心的气味，但是这种水果绝对有益健康。插图既不像大的、长方形的波罗蜜（Artocarpus heterophyllus），也不像榴梿蜜（Artocarpus integer）。鉴于所有这些植物在当地饮食中的重要性，他的信息提供者必然不太可能把它们混为一谈。因此，最初的混乱可能来自邦修斯。因为首次出现"波罗蜜"的插图是在手稿中，所以这些混乱很可能是邦修斯最初对话的产物，而非来自他更成熟的思考。起初，他认出了榴梿，但是混淆了它的名字和波罗蜜的名字，然后把它与其他大的有着不平表皮的圆形水果（可能是面包树）合并在一起，再次混淆了它们的名字，皮索愚蠢的编辑评论又使得这一混沌状态更为复杂。[1]

---

[1] 感谢来自中央密苏里州立大学的理查德·弗雷泽（Richard Frazier）的邮件，他回应了我出版的一些插图，参见 Cook, "Global Economies," 111–112。

这一混乱状态也自有它的教训。其一，即使是认真细致的观察也没法保证第一眼就能发现标本之间的重要区别：过度简化的冲动是强大的，尤其是在调查的最初阶段。其二，至17世纪中期，编辑行为有时会导致出版商与作者之间发生冲突，虽然他们都希望书的潜在买家能喜欢装帧和内容，但是使用不同的字体和符号来区分不同人的观点不仅使得排版更为昂贵，也降低了书籍的吸引力。这意味着医药和自然史的读者已经远远超出了专家学者的圈子，结果造成知识被大众化。此外，出版一本通俗书也可以提高自己的声望，即使这意味着要默默地将有趣的材料添加到别人的文本中，或者把自己的东西掺入别人的书里。1658年，皮索已成为阿姆斯特丹一位受人尊敬的医生，他曾于1648年担任内科医生协会的高级职员，1655年成为督察员，1678年再次担任会长。但他可以利用新版本作品来展示他与阿姆斯特丹学术界之间的联系，甚至通过获得他们的赞美来介绍这本书。[那些他试图索要赞美词的学者包括杰出的康斯坦丁·惠更斯、著名的法学家德克·赫拉斯温可（Dirk Graswinckel）、为瑞典克里斯蒂娜女王服务的博学的尼古拉斯·海因修斯（Nicolaas Heinsius）以及几位博学的内科医生。]这也表明，皮索正试图为自己争取更好的声誉，也反映了像阿姆斯特丹这类城市的竞争环境。这有助于解释为什么他据为己有的马克格雷夫的工作远多于他应该获得的，以及为什么他如此粗心地"改进"马克格雷夫和邦修斯的著作。令人失望的是，虽然这本书不如人意，但它使很多新材料重见天日，本应是一部十分伟大的书，可惜的是在保持学术正义方面却存在着如此大的缺陷。但这也说明了一点：即便皮索是一位杰出的内科医生，他也不能仅仅通过他的名誉以及社会地位来纠正他的错误。因为像皮索这样权威的人，也未必能写出权威的作品。

最后，也必须清楚地指出，不仅邦修斯、马克格雷夫以及在这个领域像他们一样的人的研究占有并重写了早前来自其他文化的人的信息——无论是过去的还是当代的——在大都市里也有这样的人。为此，他们都普及并具体化了描述性信息，使之易于交换，甚至使它能够传递给用于实践却没有基础理论的其他文明。据说，邦修斯和马克格雷夫就像那些在东方为荷兰东印度公司工作的商人一样，获取信息带回荷兰的都市，而皮索则更像是管理公司的董事们，接收信息，并对其更改。

因此，仅仅把荷兰东印度公司和西印度公司视为贸易公司就太过简单化了。它们同样是荷兰的国家武器，为大规模的军事集结提供资金以摧毁葡萄牙在亚洲的势力，并严重削弱了葡萄牙在西印度群岛的力量，使荷兰人在接下来的几十年内占据统治地位。这种"军事财政主义"对生命和福祉造成了可怕的损害，但它也创造了资源流动的"先决条件"，使荷兰在一段时期主导世界经济。[1]反过来，关于陌生地方和自然事物的描述性信息不仅对决策制定至关重要，而且为来自印度群岛的健康和愉悦的新品位培养受众也极为重要。像商品和金融的转口港一样，荷兰北部也成为一个知识转运港。大都市的收藏不断得到积累、搜集及保护，目录被编订及出版，具有较高附加值的信息和物体也开始被重新分配。就算博物学家们只是陶醉于好奇之中，物质进步和效用也已成为他们的口号。通过仔细调查和报告，他们希望创造永恒的知识，并把知识传给其他人。近代早期商业的政治经济依赖于积累、分类、会计、交换以及信誉，这些不仅源于信任，而且源于在致力于一项事业之前的检验甚至反复验证；自然知识同样如此，即使其包含的错误没能被完全抹去。

---

[1] Pomeranz, *Great Divergence*, 207.

第六章

医学与唯物主义：笛卡尔在荷兰共和国

> 知道光明正大地享受自己的存在，这是神圣一般的绝对完美。我们寻求其他的处境，是因为不会利用自身的处境。我们要走出自己，是因为不知道自身的潜能。
>
> ——蒙田《随笔集·论阅历》
> （Montaigne, "Of Experience," *Essays*）

许多尼德兰人既意识到了武力和贸易所带来的巨大财富，也意识到了公开解剖课所强调的人的能力是与我们的物质形态联系在一起的。对有些人来说，这两者不仅是简单的并列：它们似乎来自我们的本性。也许我们人类只是自然元素的瞬间凝聚，完全受制于自然法则，而不是受任何神圣的目的（甚至我们的理性思维）的控制；也许我们身体的力量超出了自我的控制——自然本身——引起我们的行动和思考。荷兰的伦理学家被迫思考一个不是被理性而是由激情统治的世界。一位长期居住在荷兰的人——勒内·笛卡尔，发现他的注意力越来越被这些争论所吸引。最终，他解释了激情产生于物质世界，并成为人类行为和思想的主要来源。荷兰的一些内科医生在此基础上进一步发扬了他的观点，从而形成了全面的唯物主义观点：我们只受运动的物质支配。自然是从健康、财富到幸福、爱情等各种人类福祉的来源。然而，这一立场否定了我们必须受理性美德支配的观点，招致宗教人士对这些新晋哲学家的强烈反对。在荷兰共和国的鼎盛时期,摄政王依靠财富和政治力量来统治国家,而不是依靠伪善的道德说教。这些财富和政治力量的基础则是自然对人类的真正创造。

笛卡尔在荷兰共和国

在欧洲游历10年之后,这位法国贵族于1628年回到荷兰。除了其间曾3次短暂地返家,20多年来他一直留在荷兰。荷兰世界改变了他,就像他改变了荷兰一样。在荷兰,笛卡尔表达了"人类和动物在生理上是物质的"这一观点,并写出了深受当地信息和思想交流影响的书籍:《谈谈方法》(*Discourse on Method*)、《光学论》(*Optics*)、《气象学》(*Meteorology*)、《几何》(*Geometry*)、《第一哲学沉思集》(*Meditations of First Philosophy*)、《哲学原理》(*Principles of Philosophy*)、《论灵魂的激情》(*The Passions of the Soul*)以及遗著《人体描述》(*Description of the Human Body*)。他曾被他的祖国誉为最著名的知识分子。[1]但如果对一个人的评价标准不是根据出生地而是根据工作地的话,那么笛卡尔可以说是当时荷兰最著名的哲学家之一。在荷兰共和国内,他从早期通过思辨关注知识,转移到深入医药以及对自然精准细节的观察与研究,特别是对包括人的身体在内的动物躯体的关注。同样,他的许多在荷兰的同事——他们中的很多人都是内科医生——认为他提供了一系列观点,提高了他们对描述性研究的兴趣:对他们来说,笛卡尔提供的哲学论点对实证研究有着极为重要的基础性意义。在其长年逗留荷兰的后期,笛卡尔与伊丽莎白公主热烈交谈,同样得出了令人惊讶的结论:我们被自身的激情所掌控,这些激情是有益的,可以教导我们如何活得更久、活得更快乐。如果把他视为一个仅沉溺于自然哲学(一种理性"演绎"的哲学,而不是一种感知"归纳"的哲学)

---

[1] 关于他的名声的历史,参见 Stéphane Van Damme, *Descartes*。

的思想家——正如人们通常所做的——不仅是对他研究工作的过度简化，还制造了一个错误印象。笛卡尔沉溺于对身体和激情、健康和疾病的描述，在他的荷兰同事眼中可见一斑。

笛卡尔于 1596 年出生在图赖讷拉海，这是一个位于法国中西部的小镇，在图尔和普瓦捷之间。1607 年，他跟随兄长皮埃尔（Pierre）前往拉弗莱什地区一所规模很大的耶稣会学院就读，招生人数在 1200 人至 1400 人之间；1615—1616 年间毕业后，他又前往普瓦捷的大学学习法律，并获得了学位，从而有资格在政府任职，如担任法官或议员。[1] 然而，21 岁之后，当他可以自己决定人生道路时，他以一个绅士志愿者的名义加入了军队。他可能渴望摆脱法国长袍贵族（noblesse de la robe）的身份，因为他的父亲想让他成为一名更受推崇的佩剑贵族（noblesse de l'epée）。政府官员被例行公事和文书工作所束缚，和这样的工作相比，至少在军队专业化改革之前，军旅生活使他获得了更多的个人自由。由于一些尚不清楚的原因，笛卡尔于 1618 年加入了奥兰治亲王的军队学习战争相关的知识。军队驻扎在靠近西属尼德兰边境的布雷达。他可能隶属于法国支持的荷兰议会的两大军团中的一个，跟随黎塞留，支持这些反抗哈布斯堡王朝的同伴。

1618 年 11 月 10 日，在布雷达，这位年轻的骑士在当地的一个修辞院（Het Vreuchdendal）遇见了比他年长约 10 岁的伊萨克·贝克曼（Isaac Beeckman）。据说贝克曼经常前往这个修辞院，而笛卡尔也曾来此参观过，因为他对文学也有着浓厚的兴趣。[2] 足智多谋且医学技术纯熟的贝克曼在返回家乡米德尔堡的旅途中暂居布雷达。他和这个年轻的法国人很快发现他们有很多共同的兴趣，包括音乐在内。[3] 在一封写给朋友贝克曼的信中，笛卡尔写道："是你把我从冷漠中唤醒，把几

---

[1] 关于笛卡尔的传记，我选择我认为最可靠的 Rodis-Lewis, *Descartes: Biographie*.
[2] Berkel, *Beeckman*, 43; 有关英文版的一生概览，参见 Van Berkel's entries in Berkel, Helden and Palm, *History of Science in the Netherlands*, 410–413, 以及 Bunge et al., *Dictionary*, 1: 68–74.
[3] 有关音乐在近代早期自然哲学中的重要性，详见 Cohen, *Quantifying Music*; Szamosi, "Polyphonic Music"; Gouk, *Music*; 关于 Beeckman, 参见 Buzon, "Science de la nature."

乎在我的记忆中消失的知识唤醒。"[1]在一起工作时，贝克曼和笛卡尔发现他们可以用数学来解决某些特定类型的物理问题，从而发现了描述自由落体的新定律：每当一个物质微粒碰撞下落过程中的物体时，这个物体将获得额外的动量，从而产生加速，其速度与下落过程需要的时间的平方成正比。这个物理问题以及处理方法（贝克曼称其为"数学物理方法"）是贝克曼提出的，而数学解决方案很可能是笛卡尔提出的。[2]这是把物理现象通过数学建模解决自然哲学问题的最早的证明之一，与伽利略当时尚未发表的著作几乎同时。就像玛格丽特·雅各布（Margaret Jacob）所写的那样："人们必须承认伊萨克·贝克曼是科学革命中的第一位机械哲学家。之前以及与他同时代的机械论者——尤其是伽利略——没有一人想到用系统的哲学方法来处理机械问题。他推测了物质的原子构造，并指出物体之间联系的机械哲学是所有自然力量的关键，包括现实世界中的每一方面，从水车到音乐。"[3]

贝克曼还敦促他年轻的朋友写下他自己的想法，并送给他一本羊皮纸的笔记本用来记录想法。[4]更早的时候，笛卡尔给了贝克曼一本手稿——《音乐纲要》（Compendium musicae），讨论了音乐如何驱动激情，笛卡尔在接下来的几年频繁地回到这一组关键问题。2月中旬，笛卡尔再次前往米德尔堡看望他的朋友。1619年3月，当时他还在荷兰共和国，他写信给贝克曼，阐明了他希望发明新的几何方法来处理不连续变量以及连续变量。但也许是因为莫里斯亲王逐渐倾向于支持加尔文教国际化的军事行动，1619年初，笛卡尔选择再次离开。10年后，他回来了，并重新开始了与贝克曼的友谊。

我们对笛卡尔离开荷兰的10年期间的大部分生活还不清楚，虽然他游历广泛。在1620—1622年间，他回过法国。[5]大约在1623年秋天，

---

[1] Letter of 23 April 1619, Descartes, *CSM*, 3: 4.
[2] Bunge et al., *Dictionary*, 73; Rodis–Lewis, *Descartes*, 25–29.
[3] Jacob, *Cultural Meaning*, 52–54.
[4] Letter of 24 January 1619, Descartes, *CSM*, 3: 1. Rodis–Lewis, *Descartes*, 29–30.
[5] Rodis–Lewis, *Descartes*, 56–58.

他前往意大利，在 1625 年 5 月回到法国之前，他至少去过威尼斯、罗马和佛罗伦萨。6 月下旬，他在普瓦捷，7 月在巴黎，1627—1628 年之交在乡村过冬，1628 年秋天来到荷兰。当笛卡尔回到尼德兰北部时，法国似乎处处弥漫着对荷兰共和国的兴趣，他的一些法国同胞也决定加入前往荷兰的旅行。皮埃尔·伽桑狄（Pierre Gassendi）就是其中之一，他仅比笛卡尔晚数月出发。伽桑狄的朋友兼赞助人尼古拉斯-克劳德·法布里·德·佩雷斯克（Nicolas-Claude Fabri de Peiresc）也曾游历至低地国家——与其他人一样，参观了帕鲁达努斯的珍奇屋——并带着深刻的印象离开了。[1] 当时，伽桑狄已经回到巴黎定居。他对伊壁鸠鲁学派（Epicureanism）的兴趣使他出名，这一兴趣在与贝克曼交谈后被进一步激发，并变得更为浓厚。[2] 伽桑狄游历北方的兴奋是显而易见的，因此，两周后，他的朋友马兰·梅森（Marin Mersenne）沿着伽桑狄同样的路线，也开启了游历北方的计划，并在 1630 年的 4 月到 10 月间完成。梅森在进入荷兰共和国之前甚至脱去了他的牧师长袍，以便更容易展开谈话。这次旅行给梅森带来了一种新的感觉，即信仰其他宗教的博学之人有着严肃的共同目标，这改变了他之前与教会相关的哲学观点。这同样还使他意识到实证调查之于追求自然哲学的重要性。[3]

1628 年 10 月 8 日，在抵达荷兰后，笛卡尔几乎立刻就去多德雷赫特拜访贝克曼，他的老朋友已经是当地一所拉丁学校的校长。几个月后，1629 年 4 月 16 日，他进入弗拉讷克大学，一直待到当年的秋天。也许笛卡尔在弗拉讷克期间被准许进入大学图书馆，又或者因为它是一个安静的地方，能够安全地参加弥撒。[4] 更可能的原因是，那里正在进行哲学辩论：支持拉米斯主义（pro-Ramist）及反对形而上学（以及

---

[1] Sarasohn, "Nicolas–Claude Fabri de Peiresc"; Miller, *Peiresc's Europe*.
[2] Sassen, "Reis van Gassendi."
[3] Sassen, "Reis van Mersenne."
[4] 相关解释，参见 Rodis–Lewis, *Descartes*, 77–78。

反对亚里士多德主义）的教授正受到他们的新同事约翰内斯·麦科维乌斯（Johannes Maccovius）的挑战。麦科维乌斯试图避开神学异端，复兴形而上学学说。[1] 他高度评价了弗朗西斯科·苏亚雷斯（Francisco Suárez）的新亚里士多德教义以及著名的科英布拉大学其他人的观点，把它们作为构建反抗辩主义神学的重要工具。[2] 笛卡尔的仲裁者安德烈·里韦［André Rivet，一位反抗辩主义神学教授，弗雷德里克·亨德里克（Frederick Hendrick）王子的牧师］后来支持麦科维乌斯的同事及盟友尼古拉斯·韦德柳斯（Nicolaas Vedelius）的观点，因此很可能是里韦建议笛卡尔遵循弗拉讷克大学的学说。

虽然笛卡尔并不是亚里士多德主义者，但是再次兴起的关于形而上学的争辩深深地吸引着他。在从他与贝克曼进行第一次会面到他返回荷兰共和国之间，他出色地利用第一原理实现了把所有自然知识置于一个合理的新基础上的想法。在他与贝克曼完成了用数学解决物理问题的初步工作之后，笛卡尔发展了他的数学思想，思考如何用类似的推理方法来解释人类思维所知的一切。在贝克曼送他的笔记本中，笛卡尔写下了他的梦想以及对这个话题的看法［17世纪末以来，这个笔记本就已不见于世，但是阿德里安·巴耶（Adrien Baillet）——莱布尼茨（Gottfried Wilhelm Leibniz）和笛卡尔最重要的传记作家，记录了这个笔记本中的许多内容］。可以将笛卡尔最终设想的体系比作一棵大树，根部是形而上学，树干是数学物理学，伦理学、政治学、医学以及其他学科构成了树枝。因为有了这个体系，哲学才能够解释并指导人类行为。许多其他的古典哲学体系都有着类似的抱负，但众所周知，16世纪末普遍流行的各种哲学主张不断涌现出各类关于如何获得真理的观点，其中很多都属于怀疑主义，或多或少地怀疑找到确定性

---

[1] Schmitt, *Studies in Renaissance Philosophy and Science*.
[2] Verbeek, *Descartes and the Dutch*, 7, 9, 以及对归正教派神学内经院哲学的复兴的宏观研究，参见 Ruler, "Franco Petri Burgersdijk." 关于 Ames and Maccovius，参见 Bunge et al., *Dictionary*, 1: 23–24, 2: 661–665.

的可能性。[1] 笛卡尔相信他的方法能够通向确定而不是怀疑，因为它把所有自然知识建立在一些清晰而又明确的公理之上，这些公理通过直觉可知验真，而与几何证明完全不同；根据同样的方法，他和贝克曼运用几何和数学原理，致力于解决自然哲学中的问题。笛卡尔用他著名的格言"我思故我在"（cogito ergo sum），设想了一种方法来证明至少他的思维是存在的，同时根据这个方法，可以进一步利用逻辑步骤来继续推进，证明上帝的存在、上帝为世界确立的一系列规则的基本方面以及自然本能的存在等。他相信他的方法可以让他仅需应用几个简单的原理就能解决现实世界中的问题。

但这些都是他年轻时的梦想，这些梦想在他居住在荷兰共和国时的第二阶段将会发生改变。当然，问题在于，他所设想的一个全新的哲学体系本身就是一个梦想。相反，要彻底解决这个问题不仅极其困难，而且出于他考虑的实际目的来讲也没有必要。在前往荷兰之前他就起草了《探求真理的指导原则》（Regulae ad directionem ingenii），但是第三部分，关于讨论如何将他的原则运用到现实世界的内容，仍不完整，仅仅只是做了规划。[2] 他很快就把它搁置在一边。（他这部年轻时的不完整的作品在他去世后很久才被其狂热的爱好者出版，1684年首版于荷兰，1701年，拉丁语版本在阿姆斯特丹出版。）也许贝克曼也给他泼了凉水。他们两人相识之初十分亲密，但到了1629年夏末，彼此竟只是泛泛之交。表面上的原因可能是对伽桑狄、梅森等人的一些疏忽和冒犯：贝克曼相信笛卡尔对帮助他走向数学—物理道路的老朋友充满信任和赞许，而笛卡尔却反过来认为贝克曼不信任他的音乐理论，尽管笛卡尔曾与贝克曼分享了早期的手稿。[3] 然而，里韦把笛卡尔——就像对伽桑狄和梅森一样——介绍给了亨利·雷内里（Henri Reneri）等哲学家，因此，虽然与他的老朋友闹翻了，但笛卡尔还是决

---

[1] Popkin, *History of Scepticism*; Sanches, *That Nothing Is Known*.
[2] Descartes, *CSM*, 1: 7.
[3] Berkel, *Beeckman*, 130–133; Rodis–Lewis, *Descartes*, 85–88.

定留在荷兰，并频繁更换住所，慢慢地通过与杰出的知识分子交谈来推进他的哲学研究，其中一些学者还成了他值得信任的伙伴。（第一次逗留荷兰期间，笛卡尔在荷兰语学习方面也取得了很大的进步，并且越来越沉浸于学习这门语言。）

1629 年秋，笛卡尔搬到阿姆斯特丹，计划开展一个更为雄心勃勃的项目，涉及一直没有完成的《探求真理的指导原则》的第三部分。正如他在 11 月 13 日给梅森的信中解释的那样："我已经下定决心要解释所有的自然现象。"[1]这将成为一本革命性的通用知识参考手册，后被称为《世界》(De mundo 或者 Le monde)。这部著作将解释人类如何了解关于思维和上帝的特定事物，从如何描述世界万物的创造，到人类身体、繁衍以及所有生命的必需物。好几次他都打算放弃这项研究，是朋友的鼓励让他继续前进。

他的新朋友雷内里（也是伽桑狄的朋友），是一个坚定支持描述性自然史的人，也是信奉非教条主义的穆登圈的著名成员。当笛卡尔于 17 世纪 20 年代后期遇见他时，雷内里正在阿姆斯特丹行医并教授哲学。甚至可能是与雷内里合作研究促使笛卡尔从弗拉讷克转移到了阿姆斯特丹。1631 年，雷内里正在代芬特尔一所新的雅典学院担任教授。笛卡尔又跟随他来到这里［笛卡尔的私生女弗朗辛（Francine）1635 年 8 月 7 日在此受洗］。当 1634 年雷内里前往乌特勒支的雅典学院（不久就成为乌特勒支大学）时，笛卡尔再次随行。不久，1638 年的夏天，雷内里在医学院迎来了一位新同事亨利克斯·勒卢阿（Henricus Regius，Le Roy），雷内里给他展示了笛卡尔的手稿。此后，在医学院，关于笛卡尔哲学体系的基本原理迎来了第一次重要的辩论；雷内里还把笛卡尔以及笛卡尔的许多观点介绍给了其他人，如康斯坦丁·惠更斯以及彼得·科内利斯·霍夫特。[1637 年，笛卡尔也与内科医生科内利斯·范·霍格兰德（Cornelis van Hogelande）相熟。霍格兰

---

[1] Descartes, *CSM*, 3: 7.

德写过一本关于生理学的书，是一名天主教徒以及著名的玫瑰十字会（Rosicrucian）成员。他的父亲约翰·范·霍格兰德曾努力把克鲁修斯引进到了莱顿大学。霍格兰德很快成为笛卡尔最信任的朋友之一，霍格兰德也是笛卡尔与他的私生女之间的调解人，以及私人信件的接收者。霍格兰德常待在笛卡尔的房子里。1649年，当笛卡尔前往瑞典时，他给霍格兰德留下了一整箱他的文章。][1] 虽然雷内里对笛卡尔的研究感到兴奋，但同时也因为对当前哲学的不满意，他并没有完全接受他朋友的观点。尽管如此，当1639年3月雷内里去世时，他的同事安东尼乌斯·埃米利乌斯（Antonius Aemilius）在葬礼上演说中赞扬了笛卡尔的哲学。[2] 继贝克曼之后，正是雷内里最大程度地推动了笛卡尔的研究，为笛卡尔的成名提供了许多机会。

笛卡尔在荷兰撰写的哲学著作很快就脱离了他最初设想的新体系。然而，与雷内里对笛卡尔的道义支持同样重要的，是荷兰大众开始倾向于把物理方法作为研究自然哲学的基础——这些方法也给伽桑狄和梅森带来了深刻的影响。例如贝克曼的方法，首先把每个独立的问题分隔出来，然后分别利用每个问题的最优解决方法来找到所有问题的解决方案，其出发点不是寻求一套通用性的规则。这几乎不能与笛卡尔设想的全面体系相提并论，但仍然具有可行性。笛卡尔认为一切东西都是相互关联的，但他发现从第一原理出发解决实际问题是一条漫长的道路。丹尼尔·加伯（Daniel Garber）最近得出结论："毋庸置疑，随着笛卡尔体系的发展，也许是在1629—1630年间，他第一次把形而上学的方法应用于实践，1637年后他又将其应用于理论，但之后形而上学方法对笛卡尔来说越来越无关轻重。"[3] 在荷兰，当时占据主导地位的方法是看"你的周围"（circumspice）。例如，这个方法支撑了他的朋友康斯坦丁·惠更斯的折中方法。惠更斯曾担任奥兰治亲王的秘书，

---

[1] Lindeboom, *Dutch Medical Biography*, 890–91; Lindeboom, *Descartes and Medicine*, 27–31.
[2] Bunge et al., *Dictionary*, 2: 824–826.
[3] Garber, *Descartes Embodied*, 51, 85–110; 同时参见 Garber, "Science and Certainty."

是培根主义（Baconianism）的热衷者。1632年，雅各布斯·戈里乌斯（Jacobus Golius，莱顿大学数学和东方语言教授）把惠更斯介绍给了笛卡尔；惠更斯尝试把笛卡尔的注意力转向实用目的，认为他最伟大的哲学构想过于雄心勃勃。[1]

随着笛卡尔越来越多地吸收了这些实践和经验的观点，他不断改变的观点并没有直接与它们产生较大的矛盾，而是超越了它们，把他年轻时的梦想抛弃，像他周围的许多博物学家一样，转而研究一些困难的问题，例如，事物应该是怎样的？或者正如其他作者评论笛卡尔在1637年发表的观点时所提到的，"他说，我们在物理知识方面的进步越多……实验将变得更为重要"[2]。

笛卡尔关于经验（expériences）发展出来的一项兴趣就是探索动物躯体的物质结构。当时，随着1632年伦勃朗创作的杜尔博士肖像画的问世，在莱顿、阿姆斯特丹以及代尔夫特的解剖学课程都引起了公众强烈的兴趣。同样，笛卡尔也沉迷其中。几乎就在1629年末，他刚开始新的哲学计划时，他写信给梅森说，他不希望被更深入的哲学探索分散精力，因为"我想开始研究解剖学"。几个月后，他又写道："我现在开始同时学习化学和解剖学；每天我都学到一些我无法在任何书中找到的知识。"就像他在后来计划的《世界》这本书的摘要里所提到的，他承认"我还没有足够丰富的知识，能够运用在处理其他事情时的方法来谈论（动物躯体），也就是说，我还无法通过证明因果联系以及自然产生它们的原因和方式来展示"。他开始发现，虽然他的第一原理可以用来构建造物的基础部分，但是涉及动物和人类时，却只能解释已经被发现的影响，无法在第一时间推断而不是想象它们的复杂结构。他告诉世界，他早期的《世界》没有出版的一个原因，就是"每天我越来越意识到一种拖延，自我指导计划的拖延，因为这需要无数

---

[1] Colie, "Some Thankfulnesse to Constantine." Bunge et al., *Dictionary*, 338–339.
[2] Lennon and Easton, *Cartesian Empiricism of Bayle*, 1–2; 同时参见 Hatfield, "Descartes' Physiology."

的经验（expériences），没有别人的帮助我无法做到这些"[1]。

不幸的是，笛卡尔对其他人保持沉默，包括教他解剖学的人。[2]他很可能在弗拉讷克大学遇到了医学教授墨涅拉俄斯·温斯米厄斯（Menelaus Winsemius）。温斯米厄斯曾在莱顿大学接受过波夫的指导，并积极参加解剖实践：事实上，在 1629 年，也就是笛卡尔被录取到莱顿大学的同一年，温斯米厄斯正想方设法获得解剖第二具尸体的许可。[3] 搬到阿姆斯特丹时，笛卡尔不仅与当时正在行医的雷内里非常熟悉，与其相熟的还包括当时一名重要的内科医生——伏庇斯古斯·福图内特斯·普兰皮乌斯。和笛卡尔一样，普兰皮乌斯也是天主教徒，接受过耶稣会士的教育，但他也曾在莱顿、帕多瓦和博洛尼亚接受过良好的医学训练，并且是一位知名的解剖学专家。作为笛卡尔当时最亲密的朋友之一，普兰皮乌斯很可能亲自向这位绅士展示了如何解剖。[4]因此，《世界》一书在笛卡尔去世后出版，即《论人》(*De homine* 或 *L'homme*，也被称为《关于人体的描述》），其中关于人类生理的部分教授了读者有关人体解剖的知识："我假设，如果你们没有足够的有关人体解剖的第一手知识，你可以让一个博学的解剖学家来给你们展示——无论如何，这些东西都大到仅用肉眼就可以看到。"等他掌握了这种技术，笛卡尔就努力地亲自解剖从屠夫那里得到的动物材料。《光学论》一书中给出的大脑图（可能创作于 17 世纪 30 年代早期）就来自他对羊脑的研究。他无法亲自研究人体器官，因为"我不是专业医生"[5]。在笛卡尔的后来曾被莱布尼茨抄录（在出版的版本中有几近 100 页篇幅）的解剖学笔记中，笛卡尔写下了对大量研究的精确观察，尤其是有关小牛胚胎及新生小牛的研究。他显然对发育生理感兴趣，因为

---

[1] Letter of 15 April 1630, Descartes, *CSM*, 3: 21; part 5 of the *Discours*, Descartes, *CSM*, 1: 134, 149.
[2] 有关无名助手的重要性，参见 Shapin, *Social History of Truth*, 379–392。
[3] Napjus, *Hoogleeraren in de geneeskunde aan Franeker*, 48.
[4] Rodis–Lewis, "Descartes' Life and the Development," 37.
[5] 引自 Descartes, *CSM*, 1: 99, 以及 a letter to Mersenne, early June 1637, Descartes, *CSM*, 3: 59。

直到 17 世纪 40 年代末，他还在解剖小牛。[1]

在 1633 年听闻了对伽利略的谴责后，笛卡尔舍弃了自然知识完整体系中的一个章节（但在他去世后被出版了）。这一章节也表明在 17 世纪 30 年代，笛卡尔还在进行解剖学和生理学的研究。《论人》一书首先提出了一个如何解释身体及其功能的假设，其前提是身体就像"一个由泥土制成的雕像或机器，在上帝的精心制作下，它已尽可能地跟我们一样"[2]。然后，他对所有骨骼、神经、肌肉、血管等必要部位进行了解剖学和生理学上的描述，之后讨论了血液的循环。1628 年，威廉·哈维（William Harvey）在他的《心血运动论》（*De motu cordis et sanguinis*）中宣布了他发现了血液循环。伽桑狄在阅读了哈维的著作后，向一位外科医生咨询。不幸的是，这位外科医生使伽桑狄相信，心脏的隔膜是多孔的、可渗透的。伽桑狄把他的研究成果告知了梅森，梅森则向笛卡尔提起了这个问题，因此，笛卡尔最迟在 1632 年就读到了哈维的书。1633 年 6 月，笛卡尔的老朋友贝克曼也在思考来自英国的新理论。但他似乎不是直接从威廉·哈维的《心血运动论》中获得相关知识的，他的知识来自 1630 年詹姆斯·普里姆罗斯（James Primrose）对哈维理论的强烈反对。贝克曼认为，普里姆罗斯反对哈维的论点弱于他试图反驳的哈维的论点。也许贝克曼对哈维的积极看法来自哈维年轻的朋友乔治·恩特（George Ent）。恩特与其家人为躲避低地国家的战争而逃往英国，但他的家人把恩特送到了鹿特丹的贝克曼兄弟那里接受教育，恩特在毕业后还一直与他曾经的老师保持着联系。[3]

笛卡尔强烈支持哈维的研究，虽然在血液运动的原因方面他与哈维存在根本分歧。他认为血液的运动不是因为心脏的挤压，而是因为

---

[1] Rodis–Lewis, *Descartes*, 99, 127, 158; Lindeboom, *Descartes and Medicine*, 37–41.
[2] Descartes, *CSM*, 1: 99.
[3] French, "Harvey in Holland," 47; Lieburg, "Beeckman and Harvey"; Lieburg, "Zacharias Sylvius," 243.

血液在遇到心脏的固有热时而膨胀。[1]他描述这种热的方式与当代医药化学的方法极为一致，即"热而无光"——类似发酵过程——他认为消化也是这种机制。（在莱布尼茨后来描述的一些笔记中，笛卡尔提到了诸如汞、锑、酒石和硫黄等医药化学，清楚地表明他在研究解剖学时还研究了化学。[2]）笛卡尔还试图通过详细的生理和解剖学论证来说服其他人相信血液循环。例如，其朋友普兰皮乌斯公开的笛卡尔的信中，关于这个问题的一些内容——普兰皮乌斯试图在他1638年出版的教科书中驳斥这些观点。但是到了1644年，普兰皮乌斯已经认可了哈维（而非笛卡尔）关于血液循环的理论。同样在1638年，笛卡尔参与公开解剖活体狗来展示血液循环，负责解剖的是莱顿大学年轻的西尔维乌斯。这使得医学教授约翰内斯·瓦莱乌斯（Johannes Walaeus）从一个对循环论的批评者转变为支持者。他的一个英国学生罗杰·德雷克（Roger Drake）在1640年2月的一次公开辩论中还为这个原理辩护。[3]此外，在《论人》中，笛卡尔还讨论了松果体，引起了巨大轰动。松果体是大脑中线结构上的一个小器官，是灵魂思维与身体相互作用的位置所在。[4]虽然维萨里早在一个世纪以前就注意到了这个腺体，但是笛卡尔似乎不太可能是在亲自解剖时重新发现这个器官的。他究竟是在阅读还是谈话中认识到了这一器官的重要性，这一点尚不清楚。但是当他参加1637年阿德里安·范·法尔肯伯格（Adriaan van Valkenburg）教授在莱顿大学举行的一次公开解剖时，他要求看一下松果体，但是范·法尔肯伯格没能找到这个器官，并且承认他从未在人脑中见过松果体。[5]

当笛卡尔决定出版他早期哲学研究的一些研究成果时，他的医学

---

[1] 相关最新的分析，参见 Fuchs and Grene, *Mechanisation of the Heart*, 115–141。
[2] Lindeboom, *Descartes and Medicine*, 42–43.
[3] French, "Harvey in Holland," 72–81; Lindeboom, *Dutch Medical Biography*, 2117–2118.
[4] Descartes, *CSM*, 1: 100.
[5] Lindeboom, *Descartes and Medicine*, 37. 同时参见 Dankmeijer, *Biologische Studies van Descartes*, 部分被翻译为 Dankmeijer, "Travaux biologiques de Descartes"；Hall, "Descartes' Physiological Method."

第六章　医学与唯物主义：笛卡尔在荷兰共和国　　305

追求显然已占据主导地位。他年轻时思考体系的第一部分文章在莱顿匿名出版，题为《谈谈方法及论文》(*Discours de la méthod ... plus ... des essays*，1637 年)。这部文集包括拟出版的《世界》中的 3 部重要著作，并将他的方法应用到了解决问题中，此外还有一篇关于他早期雄心壮志的序言，即《谈谈方法》。正如他在给梅森的一封关于这项研究的信中所说的："我不打算教授这种方法，而只想讨论它。从我说的可以看出，(这本书)包含的应用内容要多于理论。"[1] 他给梅森指出了这本书中 3 篇论文的重要性，他在书中论证了自己研究的应用结果。在《谈谈方法》的前言部分，他仅以半自传体的形式简要地解释了他如何发明这种方法，并提供了一些简短的提示，同时也解释了他的想法和观点的发展历程。他讲述了自己 9 年的旅行经历，勾勒了年轻时的梦想，描述了他如何在荷兰定居以便更深入地挖掘他的思想观点，但是他对方法的描述有点隐晦。丹尼尔·加伯就此指出，对那些认为理论对笛卡尔最为重要的人来说，这是令人费解的。[2] 然而，笛卡尔明确表示，他认为，他早些时候关于方法基础的研究只不过是为了实现实践哲学而已。他现在研究的主要目的是：

> 保持健康。这无疑是他这一生中至善等美好事物的基础。即使是思维，也很大程度上取决于身体器官的气质和性情。因此，如果能够找到一些方法，使人普遍比现在更聪明、更有技巧，我相信我们必须在医学上去寻找……我打算把我的一生都奉献给追求这些不可或缺的知识，我发现了一条道路，我认为，这将不可避免地把人引向这条道路。[3]

然而，为了实现这样一个雄心勃勃的目标，他承认坚持努力的

---

[1] Letter of 27 February 1637, Descartes, *CSM*, 3: 53.
[2] 来自他的 "Descartes and Method in 1637," 33–51, in Garber, *Descartes Embodied*。
[3] Descartes, *CSM*, 1: 143.

必要性:"我还注意到,就经验(expérience)而言,我们在知识上进步越多,经验的必要性也就越大。"他发现的简单原理可以很好地用来解释事后的所有事情,但是只有在描述事物是如何发生时才可以去援引它们。然而,"我也看到经验是如此之多,以至于无论是我的技能还是我的收入(即使比它高1000倍),对于它们而言都是不够的。"[1]

笛卡尔所进行的"经验"或"实验"的研究主要是医学上的,这一点在《谈谈方法》中关于动物生理的最充分的论证中得到了印证。笛卡尔首先讲述了血液的循环——这是最早的公开支持哈维发现的著作之一——但他的解释并不是理论性的:"首先,理解我要说什么并不太困难,我希望任何不懂解剖学的人,在读这篇文章之前,都要亲自对某个大型动物的心脏进行解剖。"在完成对动物生理的精简分析后,他声称他现在能够按照力学原理描述身体和精神的所有活动,就好像它是上帝建造的一台了不起的机器一样。他总结道:"我只想说,我决心把我的余生都投入获取自然知识中去,从这些知识中我们可以推导出比我们到目前为止所拥有的更可靠的医学原理。"[2]

在自然中寻找真理

然而,《谈谈方法》发表后,笛卡尔的熟人,尤其是来自法国的熟人写信要求他更详细地解释所勾勒的方法。1637—1640年,笛卡尔一度在大量的通信中谈论他的观点。当时他与他心爱的小女儿(不幸于1640年9月去世,让他心碎万分)居住在离哈勒姆不远的地方,继续他的医学研究。笛卡尔决定发表更详尽的方法论解释。他试图把结论阐述得更为明晰,以此再一次超越他早年的工作。[3]我认为很清楚的是,

---

[1] Descartes, *CSM*, 1: 143, 144.
[2] Descartes, *CSM*, 1: 134, 139, 151; 同时参见 Shapin, "Descartes the Doctor."
[3] Rodis–Lewis, *Descartes*, 113–132.

第六章 医学与唯物主义：笛卡尔在荷兰共和国　307

他回到了早年的手稿《世界》中的另一部分，并且抽取了阐述他的哲学第一原理的一部分，并对这部分做了大量修改再出版。这就是拉丁语版的《第一哲学沉思集》（Meditationes de prima philosophiae）。笛卡尔用6个步骤完美地展开他的长论点，每天进行一次沉思，邀请读者来想象一条为期6天的路径来理解上帝造物的要素。尤其著名的是，他阐明了他早期的质疑方法以及他对上帝的证明，关于灵魂与身体相异的解读。在前言中，他解释说，他担心如果他用法语发表的话，他的观点可能会被大众误解，这就是为什么他没有在《谈谈方法》中充分解释他的观点：也就是说，他承认这部作品是他早年的产物，如果没有被正确翻译及解释的话可能会引起一些问题。因此，他和梅森将稿件分发给不同的学者征求意见，以便他能提前对反对意见做出回应。该书于1641年在巴黎出版，主要讨论了6组反对意见和他对这些意见的答复；第二版由阿姆斯特丹的埃尔泽维尔（Elzevir）出版，包含了7组反对意见及其答复。

但考虑到笛卡尔所关注的路径，他的序言也吸引了人们对最后一次（第六次）沉思的注意。毫无疑问，这是最晚写成的，也就是1640年前后。在这部分里，他引入了"想象"这个词，认为它是与感官世界相互作用的思维能力的属性。因此，虽然他从来没有收回他早期证明思维和身体是有区别的证据，但思维"尽管如此，却还是与身体如此紧密地联系在一起，以至于思想和身体构成了一个统一的整体"。他还告诉读者，他感到特别高兴的不是思维能力和上帝存在的证据，而是物质世界存在的证据。这些证据展示了（相对于蒙田和其他怀疑论者）人如何通过感官来思考以获得认识世界的信心。因此，他改变了出版这部著作显而易见的理由：鉴于大多数人将它解释为（现在仍然这样做）是我们通过感官质疑认识世界的方式，因此只有纯粹的思维能力和上帝能够被完全清楚地认识。笛卡尔想表明，思维能力和上帝甚至比对世界的认识更为确定，这是不应该被怀疑的：

> 我认为，这些论点的极大好处并不在于这些论点建立了什么——真正存在一个世界，人类拥有身体，等等——因为从来没有一个心智健全的人认真地怀疑过这些东西。关键在于，当我们思考这些论点时，我们必须意识到，它们并不像那些促使我们了解自己的思维和上帝那样坚实或透明，因此上帝才是最确定、最明晰地表明人类思维能力的所有可能的知识对象。的确，这也是我要在这些沉思中证明自己的一件事情。[1]

换句话说，笛卡尔出版《第一哲学沉思集》的目的在于确立我们关于上帝和思维能力的确定性，而不是怀疑我们的身体是否与思维互相交织，由此我们能够认识世界。他认为这些事物在他的实证研究中是不言而喻的问题。

因此，回到文中的第六次重要沉思，我们发现，他强调了经验需要用以了解世界。"现在，当我开始更好地了解自己，虽然我不认为我应该全盘接受从感官中得到的一切东西，但我也不认为所有的东西都应该被怀疑。"紧接着，他认为人必须对通过身体了解到的大部分知识充满信心。上帝不是骗子，他赋予我们各种各样的能力，以此人可以通过感官来检查和更正知识，这"给了我一种确信的希望，即使通过这些事物我也能够获得真理"。"的确，甚至是自然教授我的一切都包含着真理。"那么，泛泛而论，自然教给了我们什么？"我自己的性情教给我的东西比我自己的身体更为生动……自然也教导我，通过痛苦、饥饿、干渴等感觉，自我意识出现在我的身体中不仅像水手出现在船上，而且我还紧密地参与其中，并且与之融合，自我意识和我的身体得以构成一个整体。"[2]

笛卡尔从这些关于身体和感官体验的争论出发继续谈到他年轻时

---

[1] Descartes, *CSM*, 2: 11.
[2] Descartes, *CSM*, 2: 54, 55–56.

的沉思：他最初怀疑的源头没有根基——如果他正在做梦，或者已醒来，或者被魔鬼所欺骗，那他如何表达出来？"我不应该再担心我的感官每天告诉我的信息是否错误；相反，我必须抛弃最后一些（沉思）所带来的夸大和怀疑。这尤其适用于解释怀疑的主要来源，即我无法区分睡着和醒着。因为我现在注意到两者之间存在着巨大的差异。"[1] 他已经实现了自己的雄心壮志，来排除怀疑主义的幽灵，不仅表明一个人可能拥有关于上帝和思维能力的最清晰、最独特的想法，而且表明心智与身体是结合在一起的，有关世界的知识是可靠的。

笛卡尔的第六次也是最后一次沉思受到内科医生的谨慎关注（稍后我们会回到这一点），当然不是每一个医生都注意到了这次沉思。甚至被要求对手稿做出批判回应的同时代人都无法对第六次沉思做出任何评价，除了伽桑狄，他称赞笛卡尔为他证明了他从未怀疑过的一些东西：物质世界存在，上帝不会因此欺骗我们。[2] 但伽桑狄对于这些他认同的观点仅用寥寥数语带过，但对其他不认同的观点以长篇大论驳斥。事实上，自从笛卡尔的《谈谈方法》出版以来，评论家们一直热衷于思考、批评并阐述他最不同寻常的主张——他证明上帝的存在以及区别精神与身体。鉴于这些挑衅性的问题，甚至在今日都会引起课堂争论，笛卡尔对自己的方法所指向的目标并没有特别关注，即使这几乎破坏了后来的"笛卡尔质疑方法"。然而，在他生活的背景下，笛卡尔的这些目标很重要，因为它们展示了笛卡尔是如何深深地被自然知识所感动。这些知识是他在荷兰共和国尤其是醉心于医学期间孜孜以求、通过感官获得的。简而言之，他告诉我们，不管怀疑主义者们会怎么说，我们都不应该怀疑追求物质世界的实用知识能够产生真正的知识。

然而，在这个过程中，笛卡尔否定了"正当理性"的经典范畴，

---

[1] Descartes, *CSM*, 2: 61.
[2] 伽桑狄的第五次反驳；有关他对第六次沉思的赞赏，参见 Descartes, *CSM*, 2: 239.

从而把自然知识从伦理哲学中分离出来。技术术语"正当理性"说明了精神具备延伸到"理性"（logos）的能力，后者是所有秩序和含义的源泉。所有可理解的知识都来源于理性，因此，那些讲正当理性的人明白，它不仅可以区分真假，而且可以区分是非。大多数古典哲学体系几乎毫无差别地对待伦理哲学和自然哲学，把它们当作通往同一真理的两条道路。例如，在柏拉图的对话中，苏格拉底主张真和善的同一性。由于真和善的交织，道德行为与做出正确的决定（或者把正确的规则运用到某些特定的环境）无关，而是通过正确的判断来对环境做出行动和回应。根据这种观点，判断意味着做出尽可能理性的道德辨别，因此判断与理性有相似之处。对像亚里士多德这样的人来说，甚至要理解环境是什么——"场景的组成"本身——都必然需要复杂的道德判断。"追求美德的目的并不始于做出选择，而是始于认识与特定目的相关的环境。"[1]为了发掘我们的潜能，我们必须获得真与善的知识，并以此指导我们的行为。知识可以改变，所以知识就变了；睿智之人与良善之人是一致的；越睿智越良善，越良善越睿智；对什么是"真正的人类"的标准就是"良善之人的愉悦"。[2]同样，斯多葛学派也认可道德和理性的一致性。对他们而言，"智者是一个符号、一种象征，阐明了宇宙及其历史的根本"。[3]在善与真的基础上了解并行动是通往美德的唯一途径，是能够充分发挥人类潜能的唯一途径。

主流基督教的讨论也融合了真与善。为了把它写在《圣经》里，当亚当和夏娃吃了上帝在花园里栽种的知识树的果实（智慧果）时，人类就得到了善与恶的知识。知识把人类与其他生物区别开来：人类具有辨别是非的能力。因此，正当理性对于很多基督教的实践，例如怀疑论（根据环境给予道德指导）仍然是根本性的。同样，思维与心灵的

---

[1] Sherman, *Fabric of Character*, 3.
[2] 引自 Aristotle, *Nichomachean Ethics*, 10.5; 对完美幸福的定义在 10.7–10.8。亚里士多德的辞藻强调了利用激情追求良善的重要性，该书 1: iii–xi (1358b–1372a)。
[3] 两条引文都来自 Verbeke, "Ethics and Logic in Stoicism," 24。同时参见 MacIntyre, *After Virtue*。

许多方面，如意识，其来源也在正当理性之中。天主教内部的托马斯主义（Thomist）和亚里士多德主义的立场也都坚持正当理性。路德教会、圣公会等新教的许多观点也同样如此。[1]事实上，20世纪中叶吕西安·费弗尔（Lucien Febvre）的经典历史作品认为，由于"理性"隐含着关于良善的知识，其来源在于神性（Godhead），即使对16世纪的非宗教信徒来说，真正的无信仰是不可能的：对于无信仰者而言，理智也会回归上帝。[2]

然而，笛卡尔却始终坚持，我们无法知道上帝创造宇宙万物的目的。当人类认为上帝创造宇宙是为了实现我们的目的时，人类表现出了错误的自豪感。笛卡尔没有讨论伦理问题。伦理问题取决于对良善的了解——这又是另一种谈论目的及目标的方式。虽然笛卡尔支持人类不朽的理性灵魂的存在，但他只谈到了理解存在——存在什么——并没有言及思维能力如何形成清晰而独特的良善的概念。事实上，他在这一点上的沉默是因为当时他的人际关系。对尼科洛·马基雅维利（Niccolò Machiavelli）来说，一个好的统治者能够考虑采取怎样的行动才能促进国家的繁荣，但是并不顾虑这些行动是否能够与——比如说——上帝的意愿保持一致。因此，他明确地驳斥了遵循理性的意志生活从而获得美德的观点，他倾向于"'人类跟其他生物一样，也是物质和自然世界的一部分'的观点"，认为不是道德而是美德（virtú）才是肉体的灵魂和性情的属性。[3]根据莱顿大学医学院的学生弗兰斯·伯曼（Frans Burman）后来记录的他跟笛卡尔之间的一段对话，笛卡尔"不喜欢写关于伦理的东西，但是由于像经院哲学派人物（Schoolmen）这类群体的存在，他被迫讨论了（有关临时性的伦理准则），否则，他们会说笛卡尔是一个没有宗教或者信仰的人，笛卡尔试图用他自己的

---

[1] McAdoo, *Structure of Moral Theology*; Wood, English *Casuistical Divinity*; Hoopes, *Right Reason in the English Renaissance*; Mulligan, "Robert Boyle"；Wojcik, *Robert Boyle*.
[2] Febvre, *Problem of Unbelief*. 同时参见 Wootton, "Lucien Febvre,"以及 Davis, "Rabelais among the Censors (1940s, 1540s)." 有关真正的无神论者的例子，参见 Wootton, *Paolo Sarpi*。
[3] Parel, *Machiavellian Cosmos*, esp. 87–88.

方法来颠覆他们"[1]。

　　为了尽可能大胆地拒绝对伦理哲学进行评论，笛卡尔自觉地开启了一段危险的旅程。有人认为，在与伯曼对话中提到的临时性的伦理准则，可能源于他在1619—1620年之交的严冬里阅读的皮埃尔·沙朗（Pierre Charron）的《论智慧》（*Of Wisdom*，1601年）。笛卡尔是第一个看到他创造出一种知识的普适方法的人。[2] 沙朗明确地发展了蒙田思想中的许多要素，例如，他认为我们的思维能力给我们带来了极大的痛苦。理性是有限的，并不能明确地知道什么是对的。我们关于上帝的认识依赖上帝把我们引导至他面前，而不是依赖我们自己以及我们自己低弱的智力。在把宗教从伦理哲学中分离出来时，沙朗认为宗教教条并不能有助于寻找正确的东西：过去以及现在的许多非基督徒似乎都是有道德的，甚至比基督教徒更有道德。沙朗甚至走得更远，认为"自然就是上帝"，我们可知道的仅仅是自然——他因此与早期的自然神论有关。[3] 他的书被列入1605年的禁书目录。笛卡尔的同时代人托马索·康帕内拉（Thomaso Campanella）也有类似的观点，因此也开始遇到来自教会的责难。例子还有很多。[4] 对这些人来说，我们在生活中所能做的就是从自然世界中学习，努力改善物质水平。在18世纪，大卫·休谟（David Hume）和伊曼努尔·康德将这种划分整编为"是"（is）和"应是"（ought）之间的区别，同时明确提出一个人不能从另一个人处习得关于自己的知识，换句话说，一个人无法从道德是什么的研究中获得道德引导。自然和道德之间的界限常常被人哀叹为现代人痛苦的根源，往往被归因于"科学"，甚至归因于笛卡尔本人。[5]

---

[1] Descartes, *CSM*, 3: 352–3.353
[2] Rodis–Lewis, *Descartes*, 44–46.
[3] Mosse, "Religious Thought," 199.
[4] 同时参见 Lennon, *Gods and Giants*。
[5] 详见 Berman, *Reenchantment of the World*; Force, "Origins of Modern Atheism"; Febvre, *Problem of Unbelief*。

年轻的笛卡尔坚信智者可以接触到圣人的思想。但是理性的灵魂是否告诉过我们关于真实和真理的知识？作为一个先与耶稣会士一起学习，然后与律师一起学习的年轻人，他可能熟悉当代被狭窄定义的理性的能力以及正当理性的模棱两可性。他的方法以直觉作为起点，在《第一哲学沉思集》中，他写道，希望判断只由"那些将良好的感官与专心相结合的人"做出。[1] 随后，在《第一哲学沉思集》的第四节"真理与错误"中，他用了很多笔墨论述判断和意愿。但其方法的全部要旨在于思维上的清晰。他从沉思中吸取的教训是："当我必须做出判断的时候，不论何时，我都必须克制自己的意愿，从而使它仅延伸为思维能力所能清楚而独特地揭示的东西，这样我也不太容易出错。"换句话说："我一定会找到真理，只要我充分关注我所完全理解的事情，并且把这些事情与我所担心困惑的其他情况区分开来。"[2] 思维能力清楚而独特地揭示的是客观存在的东西；简言之，道德选择会落入更加混乱和模糊的事物范畴中，这些都是他不想应付的东西。他的同时代人认为，笛卡尔属于那些把理性从道德直觉中分离出来的人。我们也许会把他与格劳秀斯相提并论。格劳秀斯讨论自然法时并没有援引正当理性，但是也不反对正当理性。他们试图对已被接受的观点进行改良，而不是直接否定。

这些哲学问题似乎是从笛卡尔当时追求的医学研究中分离出来的，但事实并非如此。为了了解健康和疾病的原因，考量思维和身体一直以来都是至关重要的。笛卡尔认为他的方法显示了改革医学实践、实现长寿的可能性。在第六次沉思中，他明显关注到方法中关于医药的一些推论，当他讨论为什么上帝没有欺诈时，我们的感官会使我们对抗自己的意愿，从而导致疾病。例如，当一个水肿的人——体内液体过多——口渴喝水，会使病情恶化。但是他认为，感官是没错的，因

---

[1] Descartes, *CSM*, 1: 151.
[2] Descartes, *CSM*, 2: 43.

为在这种情况下，我们真的感到口渴。但也有一些类似的情况，感觉可能是由身体状况导致的，这些状况并非它们产生的一般原因，当我们误判原因时，这使我们的思维方式产生错误。笛卡尔仍然相信"在与身体健康有关的事物方面，我所有的感官反映的真相要远多于错误"。[1] 问题的产生并不在于自然的欺骗（抑或上帝善行的失败），而是由于我们的判断错误。《第一哲学沉思集》的最后一句，他回到了这个问题上。疾病产生于生命的压力以及我们固有的脆弱本性，这导致我们无法仔细地思考一切；如果我们研究了所有感官的来源，我们就不会犯错，因此就不会得病。所以，疾病是由我们判断中的错误导致的，使得我们采取无益的行动方法。在《第一哲学沉思集》出版的两年前，笛卡尔就写信给他的朋友康斯坦丁·惠更斯，表明他非常希望能够避免这样的错误，希望能够再活一个多世纪。[2]

显然，笛卡尔就有关身体和精神的关系进行了一次古老而重要的医学讨论。身体与精神的关系是公认的维护健康并延长生命的基础。古代著名格言"认识你自己"（nosce teipsum）——笛卡尔把它作为自己的座右铭——精确地指向了精神与身体之间亲密、复杂、动态的关系，这些关系也是伦理哲学和医学的核心。[3] 笛卡尔也认可，身体和精神是美好生活的唯一希望，依赖于正确调节一个人的身体和精神生活。在这方面，他遵循了一个悠久的传统。在《蒂迈欧篇》（*Timaeus*）的末尾，柏拉图建议通过适当的生活规则来保持身体和灵魂的健康。[4] 通过这种"营养学"的方法来保持健康，不仅需要调节餐饮，还要调整好一个人的运动、社交、家庭氛围、激情以及其他日常事宜（希腊语"diaita"意思是一种生活方法或者生活模式）。按照"饮食"或者适合每一个人的生活规则生活，意味着保持或恢复适合每个人的平衡

---

[1] Descartes, *CSM*, 2: 59–61.
[2] Letter of 25 January 1638, 同时参见 Rodis–Lewis, *Descartes*, 127.
[3] 相关概述，参见 Park and Kessler, "Psychology"; Rodis–Lewis, *Descartes*, 45。
[4] Plato, *Dialogues*, 3: 509–513.

（krasis），这是健康的基础。因此，对大多数哲学家来说，美好生活以及健康生活的目的，与笛卡尔的理性的灵魂和身体一样，都是完全交织在一起的。为了实现身体和道德上的美好，人们需要适当地调节精神、激情和身体。对其他人来说，一个人可以通过正当理性的（再次）练习来实现。就像博学的牛津学者罗伯特·伯顿（Robert Bruton）所说："所有哲学家都把肉体的痛苦归咎于灵魂。灵魂本应该通过理性更好地来掌控身体，但并没有做到。"[1]

医学争论

笛卡尔的《第一哲学沉思集》认为我们具备认识世界的能力，支持以自然理性而非正当理性来认识世界，甚至保持健康，但是《第一哲学沉思集》把我们对自然的了解从伦理哲学中更存疑问的主题中分离出来。《第一哲学沉思集》把对自然的研究从当代宗教的棘手问题中解放出来，虽然它带有一些唯物主义的味道。如果对笛卡尔的《第一哲学沉思集》是否具有医学价值存在疑问，随后的事件应该消除了这些疑虑。1641年，《第一哲学沉思集》出版之后，笛卡尔在乌特勒支卷入了关于他观点的争论。这场争论一开始并非发生在哲学家之间，而是发生于内科医生和神学家之间。

笛卡尔的朋友雷内里当时已在乌特勒支教授哲学课程，在他的课程中，他成功地讲授了笛卡尔早期版本的《谈谈方法》中的一些问题，并且没有遭到任何反对。雷内里在医学院很快迎来了一位新同事勒卢阿——也是笛卡尔《论文》的支持者。勒卢阿（出生于1598年）仅比笛卡尔小两岁，同样在这个新知识喷涌的世界接受了教育。他的父亲来自乌特勒支一个极有名望的家族。像笛卡尔一样，勒卢阿的深造之路也是从法律开始——在弗拉讷克。在格罗宁根时，他转念医学。当

---

[1] Burton, *Anatomy of Melancholy*, 1.1.1.1, 10.10.10.

笛卡尔在布雷达参军时，勒卢阿被莱顿大学医学院录取。在那里，他遇到了很多教授，如赫尔尼乌斯、邦修斯和波夫。随后，当笛卡尔正在德意志旅行时，勒卢阿前往意大利学习。在那里他遭遇抢劫并被迫进入法国军队服役，最终前往帕多瓦。1623年3月，勒卢阿在帕多瓦获得了医学博士学位。当1625年他回到荷兰开始其医生生涯时，他先是在乌特勒支做一名没有薪酬的城市医生。1630年，笛卡尔回到北方后不久，雷内里在纳尔登（位于须德海边，乌特勒支以北）担任内科医生以及一所学校的校长。当地的神职人员已经不喜欢他的宗教立场了。1634年，雷内里带着笛卡尔转到了乌特勒支的雅典学院，勒卢阿也回到乌特勒支，成为雷内里的邻居，并在此时完婚。勒卢阿讲授的自然哲学私人课程广受赞誉。[1]1638年7月，他成功地讲授了新哲学的课程——可能是建立在笛卡尔《论文》的基础上——勒卢阿因此获得了乌特勒支一所大学的医学特聘教授职位（一个荣誉职位），这所学校刚刚升级成大学；第二年的3月，他随同第一位医学教授——威廉·范·德·施特拉滕全职调入乌特勒支大学的医学院，负责教授植物学和医学原理。

在勒卢阿获得特聘教授的任命后不久，1638年8月中旬，他的新邻居兼新同事雷内里交给笛卡尔一封来自勒卢阿的信，信中要求笛卡尔把勒卢阿接纳为"他的弟子"。笛卡尔报以良好的祝愿，并邀请他们两人前去会面。[2]然而，雷内里当时身体抱恙（他于1639年3月中旬去世），勒卢阿独自拜访了笛卡尔；两人相谈甚欢。勒卢阿开始积极投身到支持笛卡尔的研究中。1640年6月10日，勒卢阿让他的第一个学生约翰内斯·海曼（Johannes Hayman）发表了一篇医学论文为血液循环辩护。勒卢阿迫切地希望发表论证更为充分的成果来支持笛卡尔的思想观点，但也不想让继任雷内里担任哲学教授的阿诺尔德·森古

---

[1] Verbeek, *Descartes and the Dutch*, 13.
[2] Bos, *Correspondence of Regius*, 3–11.

尔德（Arnold Senguerd，他是亚里士多德主义者）感到不安。最终根据神学家以及在反抗辩派中极有影响力的加尔文主义者吉斯伯图斯·沃舍斯（Gysbertus Voetius 或 Voet）的建议，勒卢阿采用了受人尊敬的传统方法来表达他的观点，即通过学生之口来为他们的理论辩护；如果这些医学论文仅出于他的指导，森古尔德自然很难反对。[1]

双方之间共进行过 3 次公开辩论，辩论内容于 1641 年被整理出版为《生理学或健康知识》（*Physiologica sive cognitio sanitatis*）。[2] 勒卢阿把对身体的研究当作一种无须依赖任何非物质特性就可获得的东西：热和冷是极微小的物质形体运动或休息的属性，坚硬和柔软等也是如此。人类唯一的非物质形态是理性的灵魂；其他一切都可以归之于物质、形状、空间关系和运动。对生活过程的研究可以归结为对人体固有热的研究，因此，对健康或疾病的研究也可以归结为研究在激发身体机能的最基本方式——血液循环中，固有热是如何影响某些普通的身体机能，使之开始运动或者阻止其运动。所有的身体动作，甚至繁衍、生长以及营养，都是自然生产出来的，而无须理性灵魂的干预。所有一切是对根植于笛卡尔关于身体的详细阐述，几乎没有谈到任何关于形而上学等内容。被整理出来的这些论文表现出一种严格的唯物主义体系。[3]

第二系列的辩论始于 1641 年 11 月，勒卢阿更为激进地坚持身体唯物主义的观点。第三阶段的辩论则在喧嚣中结束，甚至教授们离开房间后争论仍在继续（虽说论文答辩通常都是吵吵闹闹的）。显然，许多学习神学的学生也在场，他们对把身体和灵魂的结合说成是"偶然"事件感到很沮丧。在亚里士多德的术语中，灵魂是身体的形式，精神也是如此；勒卢阿提出，灵魂是人类依情况而定的非本质属性，暗示

---

[1] 对沃舍斯的同情之心，参见 McGahagan, "Cartesianism," 31–216。
[2] 最近这些被重版于 Bos, *Correspondence of Regius,* 197–248。
[3] 这里我遵照的解释来自 Verbeek, *Descartes and the Dutch,* 13–15。同时参见 Berkel, "Descartes in debat met Voetius."

身体可以脱离灵魂而存在，因此，灵魂并不是人类生命所必需的。这引发了一系列敏感的神学问题，不仅与身体复活的问题有关。到12月中旬，勒卢阿受到攻击，因为他捍卫了血液循环学说，讲授了植物学和医药以及主张人类是偶然的生命存在（尤其在一篇攻击哥白尼体系以及反亚里士多德主义的论文中）。直到负责大学事务的乌特勒支市长进行干预后，才阻止了这些公开针对个人的观点。然而，在圣诞节前几天，沃舍斯却跳出来谴责笛卡尔证明上帝存在的证据。显然，"除了上帝和理性的灵魂之外，其他事物都可以用唯物主义术语来解释"的观点刺痛了他们的神经。[1] 笛卡尔与勒卢阿商量之下准备反击，2月中旬勒卢阿发表《回应》（Responsio）抒以回击。在文章中，勒卢阿对亚里士多德主义发动了一次全面的攻击，他的同事们感觉被严重冒犯，这篇论文立刻就被没收了。随后他们又对勒卢阿进行谴责，并禁止他讲授"新哲学"（但这项禁令并未被执行）。[2]

至此，笛卡尔完全卷入了攻防战中。附在第二版《第一哲学沉思集》末的新的第七辑给出了笛卡尔的反对意见以及答复，但这部分的出版被延迟，直到1642年春才出现在阿姆斯特丹的书店。但这给了笛卡尔一个机会，他在书里加上了一长段自我辩护的文字，即《致迪内的信》（"Letter to Dinet"）（迪内是法国耶稣会士，曾是笛卡尔在拉弗莱什的地方长官）。在信中，笛卡尔收录了实名攻击沃舍斯的最终评论，公开说道："他不是一个诚实正直的人。"[3] 沃舍斯等人在笛卡尔的反击中变得越来越痛苦，而笛卡尔和勒卢阿则愈发激烈地为他们的观点辩护；每次公开争论都会引起学生的轰动，双方出版的文字都越来越不理性。然而笛卡尔和勒卢阿的观点逐渐产生分歧。笛卡尔被勒卢阿"人是一个'事故'"的观点吓了一跳。勒卢阿则认真地思考了笛卡尔的观点，即我们动物躯体的物质组成引起繁殖、生长和营养所

---

[1] Verbeek, "Descartes and the Problem of Atheism"; Ruler, *Crisis of Causality*.
[2] Verbeek, *Descartes and the Dutch*, 15–19.
[3] Descartes, *CSM*, 2: 396.

必需的所有力量的产生，甚至产生生命（anima）。因此，他不同意笛卡尔关于天赋观念在思维能力上的必要性以及他关于上帝存在的证明。意大利的哲学家们开始重新引入哲学唯物主义，他们讨论阿维罗伊主义关于"双重真理"的相关主题。这些哲学家包括切萨雷·克雷莫尼尼（Cesare Cremonini）以及彼得罗·蓬波纳齐（Pietro Pomponazzi，他认为即使是理性的灵魂也是物质的，如此人才能够思考）。法国知识分子皮埃尔·沙朗和加布里埃尔·诺代（Gabriel Naudé）也呼应了唯物主义足以解释一切的观点，但他们也不得不承认，启示录和教堂教导了不朽和理性的灵魂。这种唯物主义观点把思维能力当作生命所不必要的东西，而笛卡尔则把思维能力视作不朽的灵魂。人们可能认为思维能力在研究包括人的身体在内的动物的躯体中是多余的，这可能导致对思维能力的完全忽略。换句话说，勒卢阿至少在他的医学观点中，是一个一元论者以及唯物主义者，相信一切事物都可以从一个单一的源头派生出来，比如事物和运动。虽然奠定了唯物主义论证的基础，但笛卡尔仍然是二元论者，把精神和身体定义为本质上不同的东西，尽管它们完全混合在一起。笛卡尔把勒卢阿的唯物主义论点视为天生的无神论，并告诉他，作为一个天主教徒，他被禁止跟随他沿着那条路走下去。[1] 为了避免成为对手，他们彼此曾一度断绝了联系。当1645年他们再次试图对话时，他们发现彼此对于人类天赋观念（innate ideas）的观点已经完全不一致（当然，笛卡尔是完全赞成的，而勒卢阿则是反对的）。他们从未就此达成一致，虽然17世纪40年代后期，笛卡尔还专门撰文赞扬勒卢阿的正直与诚实。[2]

---

[1] Rodis–Lewis, *Descartes*, 167.
[2] 有关乌特勒支这场辩论的详细记载，参见 Verbeek, *Querelle d'Utrecht*; Berkel, "Descartes in debat met Voetius."

激情是什么

但是在这些辩论中,笛卡尔继续进行着他的医学研究,从而加深了对人性的理解。从 1641 年起,他开始撰写论文,这篇文章于 1644 年在阿姆斯特丹发表,题为《哲学原理》(Principia philosophiae)。他并没有足够的时间完成关于动植物以及人体的研究,所以他不得不放弃发表关于这些内容的计划,只是在"关于感官的对象"结尾处简单地添加了一些观察,同时强调"我们清楚看到的一切都是真实的;这消除了早前被提到的疑问"。[1]他对感官对象的观察包括对"内在感觉"或者激情的一些评论,有时他称之为"情感"。《哲学原理》出版之时,他正深深专注于分析激情,并得出了一些惊人的结论。他把激情作为身体的一部分,认为它传达给我们如何才能快乐和健康:换句话说,他认为激情根植于他的生理观点而不是伦理哲学。[2]他首先采取寻常做法,认为理性需要控制激情,但后来笛卡尔又宣称所有激情都是好的;只有少数活着的人能够管控它们,即使我们不能做到,也无须为我们的健康或者美德而担忧,如此我们才能接受激情。

笛卡尔仔细地思考了理性与激情之间存疑的关系。他观点的变化出于他的生理知识以及年轻的帕拉丁的伊丽莎白公主(Princess Palatine Elizabeth,1618 年出生)对他的关心。这位公主是苦命的"冬王"腓特烈之女。"冬王"与其妻子伊丽莎白(英格兰国王查理一世的姐姐,"红心王后"的原型)正一起在海牙避难,接受奥兰治亲王弗雷德里克·亨德里克的庇护。笛卡尔在 1642 年末通过熟人听说年轻的伊丽莎白正在阅读他的《第一哲学沉思集》,他成功结识了伊丽莎白,最终两人的关系维系了一生。[3]

伊丽莎白在 1643 年 5 月 6 日的信中询问笛卡尔每个人都想知道

---

[1] Article 188, pt. 4, and part of the title to art. 30, pt. 1: Descartes, CSM, 1: 249, 203.
[2] 有关伊丽莎白在推动笛卡尔得出新结论中的重要作用,参见 Harth, Cartesian Women, 67–78.
[3] Descartes to Pollot, 6 October 1642; Descartes, CSM, 3: 214–15. Néel, Descartes et la Princesse Élisabeth.

第六章　医学与唯物主义：笛卡尔在荷兰共和国　321

的问题：他清楚地讨论了灵魂和身体在把一个人与其他人区别开来中的重要性，并且根据不同的、明确和特别的概念来思考，但是正如他在《第一哲学沉思集》的最后所承认的，他们是如何相互作用的？更确切地说，灵魂——仅是一种思考的物质——怎样才能使身体精神自愿行动？[1] 两周后笛卡尔写信回答说，我们知道的灵魂有两个方面：它思考，它与身体互相作用。"关于第二个方面我几乎什么都没说"，他承认，因为他的第一哲学的目的是"为了证明灵魂和身体之间的区别，并且为了达到这个目的，只有区别两者才是有用的，两者互相作用可能是有害的"。他从撰写由原始概念的运用而产生的认知开始。笛卡尔解释说，当我们使用一个身体对另一个身体施加作用的概念来思考灵魂如何对身体施加作用时，会产生混淆。伊丽莎白再次写信，表示她因不理解笛卡尔的观点感到恼怒。笛卡尔的回信充满抱歉之意，同时提到当一个人克制自己不去思考哲学的时候，也是最清楚地理解灵魂和身体结合的时候。"我觉得人类的头脑并不能形成一个非常清晰而独特的概念，既包括灵魂与身体之间的区别，也包括它们的结合。"身体和灵魂结合的是"每个人都有的经历"。随后他或多或少地告诉她忘记这个问题："自由地"思考你想要的。正如他对别人所说的那样，他还对她说，在你一生中都应该理解"形而上学原理"，但如果花太多时间和精力去思考它们反而"非常有害"。[2] 笛卡尔也未做更深入的解释。不难理解，笛卡尔的答案并不能让伊丽莎白满意。

然而，一年之后，他又回到了关于灵魂与身体之间关系的讨论，但不是为了哲学，而是为了医学。[3] 很显然，笛卡尔回到了他工作的核心内容。此时的伊丽莎白正亲切地称呼他为她最喜爱的哲学家以及她的医生。但当时她的身体并不好，因此制定了一个饮食和运动的疗程，笛卡尔也表示赞成。很显然，笛卡尔同意伊丽莎白的看法，她生病的

---

[1]　Adam and Tannery, *Oeuvres*, 3: 660.
[2]　Descartes, *CSM*, 3: 218, 217–220, 226–229, 228.
[3]　Adam and Tannery, *Oeuvres*, 5: 64–66.

原因来自精神的困扰：在英国内战和三十年战争的最后几年里，她家族的命运以及她的个人前途变得越来越悲观。（事实上，没有嫁妆，公主最终也没有找到一个婚姻伴侣，最后以威斯特伐利亚州黑尔福德市的一座女修道院院长身份结束了一生。而这座城市也以支持笛卡尔主义的内科医生而闻名。）笛卡尔因此告诉伊丽莎白，为了恢复健康，她必须通过她的思维能力来控制她的想象和感官。"毫无疑问，"他写道，"灵魂对身体有着巨大的力量，正如愤怒、恐惧以及其他激情所产生的巨大身体变化所显示出来的那样。"正如他所解释的：

> 灵魂引导精神进入那些有益或有害的地方；然而，它并不是直接通过意志来实现的，而是仅表现为对其他事物的意愿或者思考。因为我们的身体是如此建构的，它内部的某些运动自然而然地跟随着某些思想：正如我们看到脸红伴随着羞耻，泪水伴随着同情，欢笑伴随着喜悦。我知道没有任何想法比强烈的信念和坚定的信仰更适合维持健康，我们身体的结构是如此完整完好，以至于当我们健康时，我们不可能轻易生病，除非通过一些特别过量的东西或者传染性空气又或者其他外部原因，当我们生病时，我们可以轻易地通过自然的力量恢复，特别是当我们还年轻时。[1]

尽管笛卡尔不断地建议她关注光明的一面，但伊丽莎白的病况仍在继续。笛卡尔把她的健康恶化主要归因于她家族的持续不断的坏消息：尽管她的哥哥鲁珀特（Rupert）为自己做出了杰出的成绩，但是她的舅舅英格兰的查理一世还是在纳西比战役中被击败。伊丽莎白感到一种痛苦——"理性无法控制我们来直接反对或者试图消除它们"。笛卡尔如此写道："我只知道一种治疗办法：尽可能把我们的想象和感官从它们（即这些痛苦的感觉）那里分散出去，当不得不谨慎地考虑它

---

[1] Descartes, *CSM*, 3: 237.

们时，我们的思维能力才能独立做到这一点。"接着，笛卡尔区分了思维与想象和感官。想象和感官支配激情，并影响灵魂和身体；思维能力是独立的，有着引导想象的力量。笛卡尔宣称，通过从"最有利的角度"观察事物，他已经治愈了自己的病症。[1] 几天后，笛卡尔在接下来的一封信里写道，他试图通过同情的方式来安慰他痛苦的病人，他说："最好的精神就是那些包含最猛烈的激情且能够对身体施以最强烈影响的精神。"但是晚上睡了一觉后，一个人把注意力集中到处境中最好的一个方面，就可以使"精神得到恢复，得到平静"，因为没有什么事糟糕到让一个具有思维能力的人完全消极应对。[2]

当然，给伊丽莎白的建议，笛卡尔依赖的是传统观点，即为了维持健康，人们需要通过理性来了解什么是正确而合适的，然后按其行事。要做到这一点，一个人必须能够控制"激情"，因为激情会使人无法接近理性。他建议，也许学习和研究有助于分散她的注意力。

伊丽莎白同意了，他们开始围绕斯多葛主义哲学家塞涅卡的《论幸福生活》(*De vita beata*)互通书信。这种频繁的通信往来持续了好几个月，直到笛卡尔去世。二人的阅读交流产生了很大的影响。塞涅卡是最著名的新斯多葛主义者，但他也怀着极大的同情地讨论伊壁鸠鲁的观点。"我个人认为……伊壁鸠鲁的学说是道德的、正直的，如果你仔细阅读，他还是质朴的。"塞涅卡如此写道。[3] 笛卡尔阅读过蒙田和沙朗，他们二人也都是塞涅卡的追随者，认为斯多葛学派和伊壁鸠鲁学派是完全一致的。[4] 正是塞涅卡说服了笛卡尔的熟人，即当时最著名的伊壁鸠鲁哲学家伽桑狄，使他相信，伊壁鸠鲁的观点不仅是道德的，而且与基督教精神也是兼容的。[5] 但是，伊壁鸠鲁勾勒了一个彻底

---

[1] Letter of May or June 1645, Descartes, *CSM*, 3: 249; 我相信根据纳西比战役来推测时间是可行的，这场战役发生于 6 月 14 日；Descartes, *CSM*, 3: 251。
[2] Letter of June 1645, Descartes, CSM, 3: 253–254.
[3] Seneca, *Four Dialogues*, 26–27. 同时参见 Fothergill–Payne, "Seneca's Role in Popularizing Epicurus"; Joy, "Epicureanism."
[4] Kraye, "Moral Philosophy," 381.
[5] Sassen, "Reis van Gassendi," 271.

唯物主义的自然哲学体系，在这个体系中，激情都是好的，"好"是由愉悦的感觉而不是道德目的来判断的。所谓的伊壁鸠鲁主义式的"放纵者"，通常都是受过良好教育的绅士和贵族，因此常常由于各种不道德行为而被指控，从反宗教到纵情酒色。[1]

在对塞涅卡的讨论中，笛卡尔首先为斯多葛主义立场进行辩护，称为了健康和幸福，理性应该完全支配激情。[2] 人们应该利用思维通过理性觉察在各种情况中所有应该与不该做的事情，并决心以理性为指导，"不被……激情或者欲望所支配。我相信美德恰恰在于坚定地坚持这个决心"；人们必须承认，我们所不能拥有的所有好的东西都超出了自己的能力，所以不值得去思考。"所以我们必须得出这样的结论：一个人最大的幸福取决于对理性的正确运用"以及在此基础上对激情的控制。换种说法，"幸福仅存在于思维的满足……但是为了获得这种可靠的满足，我们需要追求美德……也就是说，保持坚定不变的意志来保证我们判断的一切都是最好的，利用我们所有思维能力的力量做出最好的判断"。然而，伊丽莎白提出了一个重要的反对意见：许多人，包括那些生病的人，没法自由利用他们的理性，这也是塞涅卡和笛卡尔假设的观点。笛卡尔同意这一观点——"我对每个人说的话只适用于这些人，他们可以自由使用自己的理性，并且知道为了获得这种幸福应该遵循哪些原则。"也就是说，有些人不知道真正的幸福在哪里，而其他人则由于身体不适，影响了他们自由行动。但是他又回到了新斯多葛主义者的观点（激情是徒劳的幻想，或者是理性的扭曲），即思考的错误，所以"理性的真正作用……在于不带激情地审视和思考"一个人真正的健康，在于"人的激情屈从于理性"。[3]

然而，伊丽莎白还是不满意，在 1645 年 9 月 13 日的一封信中，

---

[1] Charles–Dawbert, "Libertine"; Pintard, *Libertinage érudit*.
[2] 有关笛卡尔对新斯多葛主义的支持，参见 Levi, *French Moralists*, esp. 257–298。同时参见 Dear, "Mechanical Microcosm."
[3] Descartes, *CSM*, 3: 257, 258, 262, 264–65.

她要求笛卡尔给出"易理解的对激情的定义"[1]。笛卡尔从生理学上开始解析这个问题,抛弃了一些常见的"激情"相关内容,并将研究局限于"精神上的某些特殊的兴奋所产生的思想,这种兴奋的效果感觉就像来自灵魂本身"。他报告说,他已经开始详细地思考激情,但很快就为无法继续而辩解,把交谈转移到关于自由意愿的长篇大论上去,仔细地区分意愿(意志)和精神的激情。然而,他并没有放弃,为了满足她的要求,笛卡尔重新开始深入思考动物生理学。在乌特勒支等地,开始出现一系列因他的生理学观念而引起的争议,也引起了他的注意,但他仍然致力于发展他的生理学和医学。在同意重新为伊丽莎白整理他的想法之后,他告诉纽卡斯尔侯爵,"维持健康一直是我研究的主要目的",1646 年他写信给在斯德哥尔摩的法国人赫克托·皮埃尔·夏努(Hector-Pierre Chanut)时谈到,正因为如此,"我在医学问题上花费的时间要远多于伦理哲学和物理学"。他也对夏努承认,自己还没有找到办法来保障生命,所以他只能做到"不要害怕死亡"。[2]但是他显然正在努力地进行他的医疗研究,并对结果充满希望。

1646 年初,他起草了一份关于激情的研究报告,并寄给伊丽莎白让她评论。(我认为这部分内容被收入他后来的著作的"第三部分",如下所示。)在给伊丽莎白的信中谈到了新观点,笛卡尔强调了身体和灵魂之间的联系。他解释道,伴随着每一种激情的血液运动是基于物理学和生理学原理的,"我们的灵魂和我们的身体"被紧密地联系在一起,但他也承认,"对过度激情的治疗非常困难","很难阻止身体紊乱"。他仍然相信这样的治疗方法能让灵魂从被激情的支配中解脱,从而使它能够"自由地判断"。但是当时的他宣称,"只有对邪恶或过剩事物的渴望才需要被控制";更值得关注的是,他写道,"最好由经验而不是由理性来引导这些事物"[3]。引起进一步轰动的是,在后来

---

[1] 引自 "Translator's preface" to *The Passions of the Soul*, Descartes, *CSM*, 1: 325.
[2] Descartes, *CSM*, 1: 271, 270, 3: 275, 289.
[3] Letter of May 1646, Descartes, CSM, 3: 285–288.

给已在克里斯蒂娜女王宫廷中的夏努的信中谈到如何向女王展示他的哲学观点时，笛卡尔宣称，尽管夏努一再期望，"在审视我的激情时，我发现它们几乎都是好的，并且对生活是十分有用的，以至于如果我们的灵魂无法感受到激情的话就不会希望与身体的结合，哪怕只有一分钟"[1]。

当 1647 年末他获得女王的赞助时——也有可能是夏努作为一个代表法国影响力的外交工具，因为在此期间瑞法联盟正受到女王宫廷中的反皇主义者的威胁——笛卡尔寄给克里斯蒂娜一些他于 1645 年写给伊丽莎白的信件副本，以及他为伊丽莎白写的论激情的研究报告。[2]（伊丽莎白认为这是对个人忠诚的一种不光彩的背叛，尽管笛卡尔解释他只是试图从克里斯蒂娜那里获得对她的支持。）他的新研究可能帮他找到了一个新职位，因为在 1649 的秋天，笛卡尔启程前往斯德哥尔摩，目的地是克里斯蒂娜的宫廷。

灵魂的激情

1648 年，笛卡尔回到了对动物的研究。但在 1649 年 11 月，也就是他在斯德哥尔摩去世前的 3 个月，他的《论灵魂的激情》（*Les passions de l'âme*）终于出版了，他把它献给了伊丽莎白。这本书认为，激情是生命中所有良善与健康的源泉：它们都是美好的，所有的快乐都是灵魂和身体共有的，例如爱，"完全依赖于激情"[3]。这是一个与美好和快乐相关联的准则，是对亚里士多德观点的一大步超越。因为亚里士多德认为，激情只在某些情况下可能是好的；这对一直攻击笛卡尔的激情观点的新斯多葛主义的前辈来说，几乎是很难想象的；与巴莱乌斯以及同时代的其他人相比，它朝着明确地将激情变成有益而非

---

[1] Letter of 1 November 1646, Descartes, *CSM*, 3: 290.
[2] Åkerman, *Queen Christina*, 45; Descartes, *CSM*, 3: 327.
[3] Descartes, *CSM*, 1: 403.

有害的力量这个方向更进了一步。

当然，除了内科医生和哲学家之外，许多人也都认为很多激情是有益的。这种观点在当时的诗歌和文学中非常盛行。例如，在布雷德罗的《西班牙式的布拉邦特人》中，虽然他的主人破产了，但荷兰仆从罗布克诺尔（Robbeknol）还是设法把饭菜做得很好吃。第3幕的开头说："据说喝得好、睡得好的人不会犯罪 / 没有犯罪的人一定会得到祝福。"[1] 甚至开玩笑说，这是一个说明肉体欲望神圣不可侵犯的好例子。还有一些风格更为严肃的诗歌，例如穆登圈的主持人彼得·科内利斯·霍夫特，年轻时从意大利游历回来后，写出十分出色的爱情十四行诗。正如一个仰慕者所说，当他处于最佳状态时，霍夫特"似乎像一个滑冰者一样在冻结的湖面上跳舞：人们在惊叹于他的优雅的同时也感受到了他隐藏的激情深处"[2]。笛卡尔最喜欢的他的一首十四行诗是这样：

> 我的爱人啊我的爱人，因此对我说了我的爱；
> 我在她娇嫩的唇上慢慢品味。
> 那些话语太清晰了，无须更多修饰，
> 走进我的耳朵，并且神秘地搅动着。
> 我内心深处的思想进入了混乱的压力之中。
> 在这些压制之下，他们不信任耳闻，
> 我恳求我最亲爱的人给我一个更好的方法
> 因为我的忏悔，她也开始忏悔。
> 哦，那溢出来的内心的恩惠！
> 令人着迷，每颗心都将把别人的心禁锢。
> 但是当晨星逃离，因为

---

[1] Bredero, *Spanish Brabanter*, 47, 78.
[2] Weevers, *Poetry of the Netherlands*, 77.

> 正在升起的太阳的光,悲伤的真理也出现了:
> 哦,上帝啊,那些东西看起来是多么的近!
> 梦想是多么像生命啊,就如生命像梦想一样![1]

这种激情——尤其是爱——的力量的例子给我们展示了美好可以随着时间成倍地增加。

当然,年轻的骑士笛卡尔本人对诗歌也非常感兴趣。此外,在分别之前,他给贝克曼的一篇论文中,笛卡尔开头就说,音乐的目的是让激情感动。[2] 根据莱布尼茨的笔记,在丢失的笔记本的前半部分,笛卡尔记录了他的梦想和思想,对激情进行了很多思考。这位年轻人这样写道:"在每个人的精神中都存在一些能够激发强烈激情的东西,但是它们仅能被轻微地触碰到。"[3] 笛卡尔可能还意识到了当时法国伦理思想的潮流,即将自爱视为激励大多数人的行为的方式。[4]

因此,笛卡尔的书开宗明义:"古人在科学上的缺陷,在他们描述激情时表现得最为明显。"笛卡尔继续区分了灵魂和身体的定义,认为激情对灵魂的作用方式与物体通过视觉使其被知晓的方式是一样的。也就是说,正如他在《第一哲学沉思集》等处所讨论的,灵魂能够通过想象的能力来理解周围世界,这种想象"掌握"了感官获取的信息。因此,笛卡尔同意其他人的观点,由于理性灵魂的不可分割性,它拥有不止一种能够与身体相结合的能力(或者"模式")。现在他又给思维能力增添了另一种模式——激情,目的在于理解哪些对我们身体和生活是有好处的。"所有激情的作用完全在于这一点——它们使我们的灵魂倾向于选择对我们有用的东西,并且坚持这种意志。""存在于我们体内的各种认知或者知识模式可以被称为激情",它可以来自灵魂

---

[1] 阿德里安·巴尔诺(Adriaan J. Barnouw)的翻译见 Stuiveling, *Sampling of Dutch Literature*, 20。
[2] Rodis–Lewis, *Descartes*, 13–15, 53–54, 29.
[3] Cole, *Olympian Dreams*, 27.
[4] Levi, *French Moralists*; Keohane, *Philosophy and the State*; Lovejoy, *Reflections*, 129–245.

第六章 医学与唯物主义：笛卡尔在荷兰共和国　329

古典观念：激情受神的恩典和理性约束

塞诺《激情的效用》（J. F. Senault, *The Use of Passions*）卷首插图，1649 年，蒙茅斯伯爵亨利（Henry, Earl of Monmouth）翻译，惠康信托图书馆供图，伦敦

或身体。但是激情不仅是知识模式，它们（连同意志）也可能是灵魂本身的属性，能够让灵魂在世界中行动。[1] 激情来自精神和身体，使两者产生联系并相互作用。

但是因为灵魂的激情并不等同于意志，所以它们"不能被我们意愿的行动直接激发或压制"。它们可以被修改，"但仅能间接地通过事情表现，这些事情通常与我们想要的激情结合在一起，并且反对我们想要排斥的激情"。此外，由于它们与身体的关系，"灵魂不能轻易改变或中止它的激情"。它们"几乎都伴随着发生在内心或者贯穿于血液和动物本能中的干扰"[2]。确实，正如在给伊丽莎白的信中所指出的，笛卡尔认为激情是引发疾病的主因。例如，发烧是由于血液缺乏恰当的运动导致的血液腐败引起的。笛卡尔解释说，这种血液的问题有可能是激情引起的。[3] 因此，许多关于激情的研究集中于激情和身体生理的密不可分性。

笛卡尔最终得出结论，不是需要调整我们的激情来使之与理性一致，而是我们应该协调我们的思想来使之与我们的激情一致，从而追求我们的本性希望我们所渴求的东西。如果我们这样做，就可以使我们的意志——不同于激情，它服从于理性——根据是否有好处以及是否有利于健康来行动。当 1647 年克里斯蒂娜要求他解释至善的观点时，他的回答如前所说。笛卡尔首先撇开了基督教信仰的启示以及全人类的普遍利益来处理每个人的至善。它"仅在坚定的意志中才能做好，以及存在于它所产生的满意中"。"身体和财富的美德并不绝对依赖于我们"，而是依赖于世界；因此，灵魂最大的美德之一是了解美德，同样也"常常超越我们的力量"。我们唯一剩下的美德，就是想要美德，这要求我们用精神的所有力量来"判断什么是最好的"，并决心尽我们所能去做到。只有用这样的方式"充分利用自由的意志"才能

---

[1] Descartes, *CSM*, 1: 328, 333, 349, 335.
[2] Descartes, *CSM*, 1: 345.
[3] Verbeek, "Passions et la fièvre."

获得"生命中最伟大的和最实在的满足"[1]。然而,"满足"作为至善,通常与伊壁鸠鲁主义而不是与斯多葛主义(认为至善是与理性的行动一致的荣耀和优点)相关。他在书中仍然保留了早期的新斯多葛主义思想框架的痕迹:"毫无疑问,最强大的灵魂属于那些意志天生就能最容易征服激情以及克制身体运动的人。"其他人甚至也有希望,因为"即使那些拥有最弱小灵魂的人,如果我们有足够的创造力来训练和引导,也能够获得对所有激情的绝对掌控"。但是,只要有人按照他的激情所告诉我们的去生活,那就是最好的,"他就会得到一种满足感,这种满足感具有足够的力量能够使他感到快乐,即使是最猛烈的激情的攻击,也无法扰乱他心灵的宁静"。幸福和健康不是来自由理性支配的生命,而是来自一种特定的生活方式,"在这种方式中,意识不能因为一个人没有能够完成他所认为的最好的事情(这里我称之为'追求美德')而责备他"。[2]

最后一个评论使他的目的非常明确:他明确地将伦理哲学(对美德的追求)转变成一个关于如何判断什么是生命中最好的东西的争论。这个判断取决于通过经验来了解激情对精神和身体的约束方式。塞涅卡的研究也谈到了坚定、慷慨,以及根据我们认为最好的方式自信地生活而产生的其他品格和判断力。塞涅卡认为幸福不是复杂或漫无边际的主题,因为"你仅需要知道,在合适的地方伸出手就能发现它"。这是因为"幸福生活就是符合自己本性的生活"[3]。笛卡尔对激情的研究也可能是对塞涅卡的支持,但却有一个根本区别:笛卡尔认为他在自然界中找到了哲学的源泉,并且没有必要去超越它。换句话说,塞涅卡从认识美德的角度讨论了"人性"的问题,而笛卡尔认为他可以用我们的方式来定位我们的本性,而不需要去超越我们的本质去寻找本性的真实来源。事实上,他在《哲学原理》(1644年)的序言开头甚至

---

[1] Letter of 20 November 1647, Descartes, *CSM*, 3: 324–326.
[2] Descartes, *CSM*, 1: 347, 348, 382.
[3] Seneca, Four Dialogues, 12–15.

宣布，一个恰当的伦理哲学能够在理解包括人的身体在内的自然世界的过程中得出。[1]因此，笛卡尔讨论激情的书所关注的，不是道德指导，而是生理解释和建议。

博物学家的目标从内容中体现得格外清晰。这是笛卡尔一生中发表的对其生理学观点最为充分的论述。他以勾勒他的机械生理体系开始，包括对心脏和血液运动、大脑中精神的产生、松果体的功能、肌肉运动、感官的能力——有时也会导致身体的"非自愿"反应，正如他所称的感知，等等。此外，在生理学上，笛卡尔明确地脱离了以往所有关于激情根源于心脏的讨论。但笛卡尔也讨论血液和精神的运动。[2][这也使他远离当时强大的天主教信仰中崇敬基督圣心的活动，17世纪后期，耶稣会士和后来被神圣化的玛加利大·玛利亚·亚拉高（Margaret Mary Alacocque）进一步推动了这类活动。[3]]灵魂无法轻易克服强烈的激情，除非"血液和精神的紊乱已经死亡"；直到那时，灵魂才能够检查这些干扰所引起的运动。（同样，在书的结尾，他写道："血液全部处在混乱中，就如同发烧一样。"[4]）这本书的第二部分研究了激情的原因，并分析了最主要的几种激情（好奇、热爱、仇恨、喜悦、悲伤和欲望）。他还描述了它们如何激起外部征兆，比如眼睛和脸部的表情、颜色（红润或者苍白）、颤抖、无精打采、笑声、眼泪、哭泣、呻吟和叹息。

笛卡尔的书的第三部分也是最后一部分显然是最早完成的，因为它给出了激情的定义，这也是伊丽莎白在1645年9月向他提出的要求。这也是最类似格言警句的解释，例如："为什么那些因为愤怒引起脸红的人比那些因为愤怒引起脸色苍白的人不容易害怕？"然而，在这里，他也用生理学来支撑他的观点。例如，第162段涉及"崇敬"，笛卡

---

[1] Descartes, *CSM*, 1: 186.
[2] Descartes, *CSM*, 1: 341; 同时参见，有关心脏作为神圣占有的重要来源，见于 Caciola, "Mystics, Demoniacs, and Physiology."
[3] 详见 Santing, "De Affectibus."
[4] Descartes, *CSM*, 1: 345, 403.

尔把它定义为"一种灵魂的倾向,不仅尊重它敬畏的对象,还会带着某种恐惧向它屈服,以争取它的偏爱和恩惠"。在更深入地评论这种激情之后,他用生理学评论总结道:"产生这种激情的精神活动由两部分组成,一部分是好奇的,另一部分是畏惧的(我稍后会提到)。"如果有人遵循了后一个建议,那么很快就会发现一条基于畏惧的成功通道。这种畏惧被定义为突然引起的过多的"胆怯、惊奇和焦虑",而这种突然产生的"寒冷"以及"灵魂里面的干扰和震惊,剥夺了灵魂抵抗近在咫尺的邪恶的力量"。但是在对好奇的分析中,他让我们去书的前半部分而不是后半部分寻找答案,表明这部分的出版顺序跟它们的创作顺序是相反的。当在第二部分找到这个片段时,好奇被描述为"第一种激情",并且没有对立面。它由大脑中的印象以及精神活动引起,在所有激情中是独一无二的,它不会导致血液或心脏的变化。[1]

简而言之,笛卡尔在关于激情的研究中,给了我们一种现代意义上的生物还原分析。正如最近评论家所提出的:"在笛卡尔的身心医学中,情感并不代表一种通过身体表达自我的心理现象,而是反映了有利于自我维护和生存的身体调节过程。"[2] 通过接受我们的激情作为我们真正本性的至善且真实的表达,通过锻炼我们的意愿使之按照激情行动,那么精神将会感到快乐而宁静,短暂的扰乱无法导致疾病。笛卡尔仍然同意古人的观点,认为得到合理调节的生活会带来健康和幸福,但他除了谈到按照人们根据经验判断什么是最好的行事以外,并没有提到美德:他继续回避援引古典的正当理性作为知识来源。正如他给伊丽莎白写的信中所说:"在这些事情上,经验指导要好于理性指导。"虽然灵魂"能够拥有自己的快乐",但它和身体所共有的快乐"完全依赖于激情"。这种快乐,甚至是一种良好的意识,取决于与自然一

---

[1] Descartes, *CSM*, 1: 399, 388, 392, 350, 353.
[2] Fuchs and Grene, *Mechanisation of the Heart*, 138.

致的生活，而自然的知识也得以从激情进入思维能力中。甚至其他哲学家和神学家所称的"意识"，也是与我们的激情的真实本性相一致的行动，因此，激情既不会被误用，也不会被滥用："我们看到它们天生都是好的，除了对它们的误用和滥用，我们也没有什么要避免的。"自然理性可以通过预先思考和勤勉来避免被过度使用和误用。"但是我必须承认，没有多少人能够通过这种方式为所有生活中的偶然做好准备。"并且，"当我们没有充分准备好时，人类的智慧中没有多少能够对抗（身体的）活动"[1]。在他看来，精神和身体就像在激情中的一种东西，而当它能够通过意志力直接引导身体的自愿行动时，思维能力则通过想象的能力来掌握感官体验。

如果有人试图去寻找哲学上的相似物，那么可以发现笛卡尔与温和的亚里士多德主义或者侧重于爱的文艺复兴时期的新柏拉图主义持有某些共同的观点。也有人会认为唯物论的伊壁鸠鲁主义以及它关于满足的目标与其有相似之处。在这些观点中，人类理性与激情之间的关系再次浮出水面，成为伦理哲学中最紧迫的问题之一。[2] 笛卡尔也许被他的通信者皮埃尔·伽桑狄说服，相信了这个思想学派的连贯性。[3] 更有可能的是，塞涅卡担当了从早期的新斯多葛主义到后来的新伊壁鸠鲁主义的桥梁。此外，在17世纪20年代，理性与激情之间关系的问题打动了荷兰的评论家，比如莱顿的哲学家佛朗哥·比格尔斯戴克（Franco Burgersdijk），引入了亚里士多德关于伦理标准的讨论，认为普鲁塔克（Plutarch）关于道德美德的观点，虽然源自激情，但仍然是由理性引导的。[4] 1632年，在就职演说中，巴莱乌斯表达了一些类似的观点。荷兰的内科医生也对理性控制激情的能力提出怀疑。17世纪20年代，邦修斯在为东印度群岛制定养生法时，也评论道："内科医生们

---

[1] Descartes, *CSM*, 3: 287–88, 1: 403.
[2] James, *Passion and Action*.
[3] 关于伽桑狄，参见 Sarasohn, "Motion and Morality"; Sarasohn, "Gassendi"; Joy, *Gassendi the Atomist*.
[4] Blom, "Felix," 119–150, esp. 126–138. 布洛姆指出比格尔斯戴克是一位托马斯主义者，而不是圣奥古斯丁的教义信奉者，"因为他认为激情不是人的黑暗面……而是人类发掘其潜能的物质"。(127)

已经写了各种关于如何缓解（激情）的文章。但是我们精神（anima）的活动仍然很难把控；我同意贺拉斯的观点：'要么控制你的激情，不然就被它控制；检查它们、约束它们。'但是，谁能说对一个人来说是容易的事对另一个性情不同的人来说就很难呢？因此，对心灵的情感或者激情制定规则更像是魔术师的事情，而不是自然哲学家的事情。"[1]

然而，需要强调的是，笛卡尔对自己的观点来源并不明确，因为他认为自己并非按照历史传统循规蹈矩，而是试图去突破这个传统。他也没有尝试进行伦理哲学或者政治哲学方面的研究。笛卡尔对他之前的研究者们的看法我们仍然无法得知：正如他自己所说的，"我被蒙住了"（larvatus prodeo）。他关于自然理性的观点也仅希望帮助我们获得健康和生理知识。因此，当笛卡尔在 1649 年末到达克里斯蒂娜女王的宫廷时，他发现女王认为他关于激情的研究"很平庸"。女王自己的兴趣很大程度上涉及伦理哲学，她与博学而年轻的伊萨克·弗修斯（Isaac Vossius）一起研究希腊，非常投入。女王学识渊博，她认为，笛卡尔提供的成果没有超出柏拉图或者塞克斯都·恩披里柯（Sextus Empiricus，怀疑论者）的范畴。因此，女王想要的是他的数学知识而不是他的哲学观点。在笛卡尔去世前，他们最多只会面了 6 次。女王见多识广的朝臣们也对笛卡尔的观点发表了轻蔑的评论。不过，笛卡尔也几乎没有时间来参与这些涉及"古人"的博学讨论。毫不奇怪，当他去世时——拒绝医生之后他自己给自己治疗——有一个谣言说他是被古典主义学者毒死的。[2]

笛卡尔最初的哲学研究是证明上帝的存在，但在他居住在荷兰共和国的多年间，他开始受到经验主义者的影响。他的观点并不是来自伦理哲学或者宗教，而是来自根据自然理性与物质世界经验的结

---

[1] Bontius, *Tropische geneeskunde*, 98. 邦修斯提供了来自贺拉斯的引文，"qui nisi servit / Imperat; hunc fraenis, hunc tu compesce catenis," a variation on the full "Ira furor brevis est: animum rege, qui nisi paret, / imperat; hunc frenis, hunc tu compesce catena." Horace, *Second Epistles*, 1. 62–63。

[2] Åkerman, *Queen Christina*, 49–51.

合。他的生理学研究不关注神圣的或恶魔的精神影响身体、意识以及精神的方式。这些也许都是我们无法言说的奥秘，但这意味着，除了敦促我们要活在自己的内心，保持专注，除了自然和命运带给我们的东西外别无渴求，尽自己的力量做到最好外，他也没有提供更多的指导。激情本身会引导我们走向幸福和健康。对那些根据他最早的作品来评判他关于激情的书的人来说，没有什么可以把激情与身体区别开来，除了一些他早期对上帝的证明或者灵魂和思维能力不朽的属性。即使在谈到激情时，他也（像塞涅卡一样）认为最伟大的灵魂是指示性的——慷慨——"真正的慷慨无关紧要，没有任何必要真正慷慨"。或者正如勒卢阿所说的，慷慨是一种"意外"，它没有依赖于上帝的爱，也没有使其成为任何个人救赎所必需的东西。事实上，最近针对笛卡尔的关于激情的著作，一位最敏锐的评论家指出，通过比较他最早的作品，笛卡尔似乎正处于"精修隐退"的状态。[1] 笛卡尔从思想和肉体的激情结合中得到的满足从来没有承诺过救赎。但是它确实帮助我们更准确地认识我们的本性、更健康的身体、更长的寿命、自由和财富。

"笛卡尔主义"：身体与政治自由

笛卡尔的观点，无论是已出版的，还是通过对话抑或信函交流的，都受到了关注。到了 17 世纪 40 年代中期，关于他的生理学的争论已经传播到莱顿大学。1647 年，这些争论已经成为全国性的议题。在莱顿大学，早期主要的"笛卡尔主义者"阿德里安·海尔伯德（Adriaan Heereboord）以当代新亚里士多德主义的视角来解读笛卡尔的作品：虽经多次修改，但呼吁在感官证据基础上建立自然哲学。[2] 它符合最新的

---

[1] Kambouchner, *L'homme des passions*, 引文在第 352 和 354 页。
[2] Des Chene, *Physiologia*.

趋势，因为1619年来自莱顿大学的抗辩派的支持者们被清除后，佛朗哥·比格尔斯戴克已经接管了几个哲学教授职位，并且他也尽他的最大努力将有关自然的新信息纳入亚里士多德主义的物质本性理论的框架内。[1]但是当他在1635年去世后，没有合适的继任者。大学理事会鼓励大学管理者指定一个委员会来调查研究哲学教学，从而产生了以亚里士多德为基础展开教学的决定。1644年末，一位保守的亚里士多德主义者——亚当·斯图亚特（Adam Stuart，苏格兰人），在神学系的支持下，被任命为自然哲学教授，他与神学高级教授雅各布斯·特里戈兰迪乌斯（Jacobus Triglandius）和国家神学院（Statencollege）的成员雅各布斯·雷维乌斯（Jacobus Revius）一起发起了对笛卡尔主义的攻击。然而，作为一个年轻的逻辑学教授，又因为斯图亚特的职位而被避而不谈，海尔伯德为笛卡尔主义辩护。海尔伯德提出了一种观点，认为激情对创造良好公共生活具有重大意义。[2]1646—1648年间，争论日益激烈，针对笛卡尔的反对还在继续，这促使笛卡尔亲自写了一封信。1648年2月，随着争论的爆发，大学管理者感到不得不对所有加入这些战斗的教授进行审问，严厉斥责了斯图亚特、海尔伯德和雷维乌斯，重申了亚里士多德的重要性，并且试图通过制定各种管理规章来整顿秩序，从而平息日益升温的争斗，包括终止教授形而上学；但是，当斯图亚特抱怨时，大学管理者警告斯图亚特，他们反对他发动全世界来反对笛卡尔的想法，同时又默许笛卡尔哲学继续以私人教学的方式进行下去。小规模冲突仍在继续，特别是学生们直到斯图亚特1654年去世之前一直都在纠缠烦扰他；荷兰议会甚至被迫于1659年发布法令，禁止在讲座、演说致辞或者辩论等场合跺脚和撞击。[3]

然而，在17世纪40年代末，许多学者，特别是许多内科医生，都公开支持笛卡尔的理论。考虑到在晚年笛卡尔自己的兴趣，这并不奇

---

[1] Bos and Krop, *Franco Burgersdijk*; Bunge et al., *Dictionary*, 181–190.
[2] Blom, "Felix"；同时参见 Kossmann, "Development," 92–98。
[3] 最简要的记载，Verbeek, *Descartes and the Dutch*, 34–70；同时参见 Ruestow, *Physics*, 36–72。

怪，他的观点的早期倡导者倾向于把笛卡尔主义视为对审慎描述的经验主义的一种支持，包括约翰内斯·德·拉伊（Johannes de Raey）、亚伯拉罕·范·海登（Abraham Heidanus, Abraham van Heyden）、约翰内斯·克劳伯格（Johannes Clauberg）、克里斯托夫·维蒂希（Christopher Wittich）、兰伯特·范·韦尔蒂森（Lambert van Velthuysen）和弗兰斯·伯曼。德·拉伊和韦尔蒂森获得了医学博士学位，因此他们必然读过笛卡尔的著作并关注他的医学兴趣。并非所有的荷兰内科医生都能接受笛卡尔的立场，但许多人觉得他的观点有助于推动生理学的讨论超越盖伦和亚里士多德的框架。在西尔维乌斯 1656 年加入莱顿大学医学院后，他和他的学生经常谈及并支持笛卡尔关于人体生理结构的观点，尽管他们的研究工作主要集中在化学和其他学科领域，因此简单地把他们称为"笛卡尔主义者"不太公平。[1] 在鲁汶大学，医学院的成员首先公开倡导笛卡尔主义，如普兰皮乌斯和莱昂纳德·弗朗索瓦·丁亨斯（Léonard François Dinghens），虽然 1662 年鲁汶大学的一项调查最终禁止在哲学系以外教授这些哲学教义。[2] 即使是笛卡尔的物理学，雅克·罗奥（Jacques Rohault）的《物理论集》（*Traité de physique*，1671 年）在引用时，也抛弃了形而上学，强调并宣传笛卡尔观点中实验主义的部分，认为他的知识有助于发现一些事实和真理。[3]

笛卡尔去世时，留下了一篇用法文书写的关于人类生理的论文，最初这是他后来放弃的《世界》的一部分内容。在手稿阶段，笛卡尔就把它分享给其他人，例如勒卢阿，并且当时很可能有好几个版本流传。笛卡尔去世后的 12 年，弗洛伦修斯·斯凯尔（Florentius Schuyl）整理和编辑了这些不同版本的手稿，并翻译成拉丁文，以《论人》为书名（*De homine*，有时也被称为《关于人体的描述》，1662 年）。在

---

[1] Beukers, "Mechanistiche Principes."
[2] *Universiteit te Leuven, 1425–1975*, 133; 同时参见 Vanpaemel, *Echo's van een wetenschappelijke revolutie*.
[3] 参见 J. A. Schuster's entry on Rohault in Gillispie, *Dictionary of Scientific Biography,* 11: 506–509; Vanpaemel, "Rohault."

这之后，西尔维乌斯邀请他前往莱顿大学接受医学博士学位。笛卡尔死后仅数年，在对他的观点进行了长期而频繁的争论后，笛卡尔关于人体生理的全部观点才得以公之于世。[1] 在早年，他的医学观点主要通过他关于激情的研究才得以被注意到。

但是关于笛卡尔生前未言明的东西——把伦理和政治哲学建立在激情的生理学之上——相关的研究很快随之而起。早期的荷兰政治理论，像其他地方一样，仍然植根于当时的一种观念。在当时的观念中，公共美德的目标仍然是最重要的，甚至主张可以通过专制政府控制激情来获得。荷兰人文主义教育被用来"发展公民美德，使其学生做好担当有责任的领导阶层的生活的准备"，这与其他地方有很大的相似性。[2] 传统的加尔文教徒开始憎恨攻击笛卡尔主义的人，然而，甚至更开明自由的阿明尼乌派也反对唯物主义，从他们的英国自由主义（Latitudinarian）教徒中寻求支持。[3] 但对荷兰持自由思想的政党来说，笛卡尔却给出了详尽的理由来解释巴莱乌斯已经注意到的情况：所有的好都是按照自然行事，而不是试图通过运用理性教条或强大权力来压制激情。根据尼德兰起义最初领导人的表达，巴莱乌斯认为，荷兰共和国的繁荣主要原因是对自由的追求，并补充说明自由不仅有利于公民的意识，也是他们物质繁荣的主要原因。笛卡尔对此给出了生理学和哲学上的原因：再崇高的理性都不能让人有道德地行动，即使希望也不行，但是遵循激情，允许我们实现健康以及身体其他的好的方面，这是我们凡人所拥有的实现所有美好的一切力量。随着1647年弗雷德里克·亨德里克的去世，奥兰治主义者与严格的加尔文主义者的联盟在威廉二世的统治下得到了恢复，但在1650年，当威廉二世正准备夺取全部权力，并且他已兵临阿姆斯特丹城下，他却突然死于天花。他的去世巩固了所谓的议会党、共和党和自由派团体的统治，直

---

[1] Lindeboom, *Dutch Medical Biography*, 1791–1794; Lindeboom, *Florentius Schuyl*, esp. 67–83.
[2] Kossmann, "Development," 101.
[3] 详见 Verbeek, *Descartes and the Dutch*; Colie, *Light and Enlightenment*。

到 1672 年国家执政威廉三世的崛起。议会党的成员——他们自称真正自由党的成员——发展了一种政治经济学观点,使人能够更自由地追求激情。这个党的领导人约翰·德·维特（Johann de Witt）,自认为是持怀疑态度的现实主义者,他没有幻想,不信仰人性拥有拯救自身从而生活在这个动荡的罪恶世界的能力,就像一位历史学家宣称的,他是"确定无疑的新斯多葛派的加尔文主义者"。虽然德·维特本人以正直行事,但总的来说,他知道"没有什么能够像在钱包中的感觉那样激励男人去施爱"。[1]

诸如德·维特这样的执政者以经验主义的纯粹为荣,注重研究世界所表现出来的面貌,而不是人们期望的愿景。彼得·德·拉·库尔以及他的兄弟约翰,认为笛卡尔关于激情的生理学观点的广泛影响可能有着特定的背景。德·拉·库尔兄弟发表了一些关于 17 世纪资本主义和共和主义的最引人注目的观点。[2] 来自莱顿大学的接受过良好教育的商人的观点发展成了对议会党政治和经济思想的解释。[3] 正如一位历史学家所说,德·拉·库尔兄弟"认为私利和激情是人类行为的基础,但同时他们也发展了自我利益的和谐的概念,当然这种和谐仅可能存在一个民主社会里"。[4] 彼得·德·拉·库尔对立场的阐述最清晰,他出版了著作《荷兰的利益,或者荷兰繁荣的基础》（*Interest van Holland, ofte gronden van Hollands-welvaren*, 1662 年）。德·拉·库尔首先指出,荷兰几乎没有自然资源,其居民生活主要依靠渔业、贸易和制造业（手工业）而不是农业。在估算各种职业的人数之后,他得出结论:"八成荷兰人能够自己自足（nooddrust）。"[5] 但他同时也指出,大致回顾一番经济史,跟之前所见的世界上的地区和国家相比,为什么阿姆

---

[1] 引自 Boogman, "Raison d'État Politician Johan de Witt," 71。
[2] 对德·拉·库尔兄弟的观点中不同寻常的性质,见 Blom and Wildenberg, *Pieter de la Court*; 同时参见 Haitsma Mulier, "Language of Seventeenth–Century Republicanism," esp. 188–191。
[3] Wildenberg, "Appreciaties van de gebroeders De la Court."
[4] Smit, "Netherlands and Europe," 23–24.
[5] Court, *Interest van Holland*, 21.

斯特丹成为一个更为富裕且规模较大的贸易中心？荷兰为什么是一个更为富裕的国家？因为自由。自由允许人们根据自己的心情来做礼拜，能够移民到其他城市并且以他们希望的任何生产能力来工作，允许他们能够自由地追求自己的利益、积累财富。他抱怨说，严格的加尔文主义者试图限制思想意识自由，因此不断壮大的组织力量会限制捕鱼、贸易和手工业的自由，例如荷兰东印度公司，税收负担变得过于沉重，因此贸易受到了威胁。但是当荷兰拥有一个完全自由的政府时，与奥兰治亲王以及他们盟友统治时期相比，这个国家开始繁荣起来。

在直接讨论一个好的国家并不依赖于一个高尚的君主时，德·拉·库尔兄弟直接反对希望恢复或增强奥兰治王室权力的人。[1] 同年，彼得和约翰合作撰写了《国家的考虑》(*Consideratien van Staat*, 1662 年) 以及《政治论谈》(*Politike discoursen*, 1662 年)，勾勒了最初的共和理论，明确阐述了当时最重要的问题，如执政、贸易政策、思想自由、海军、神职人员的权力，以及许多其他问题。[2] 数十年前，政治思想史学家科斯曼 (E. H. Kossmann) 注意到了他们对生理学以及激情等话题的许多偏离之处，德·拉·库尔兄弟的理论是"建立在最新的心理学基础上的"，即笛卡尔的《论灵魂的激情》。(彼得的女婿阿德里安·海尔伯德是莱顿大学笛卡尔的主要辩护者。) 他们认为，共和政体是最好的政府形式，有利于产生财富和效用，并培育文学和科学。他们自觉地试图说服政治家们，不要把共和政体建立在学院派的理论之上，而是要建立在经验和对激情的分析之上。他们认为，个人的激情应该被允许来表达自己，倘若他们主导的政治经济体系运作良好——源于契约法——那么彼此对立的激情能够互相平衡，就能达到公

---

[1] Klashorst, "Metten schijn van monarchie getempert," esp. 119–120, 136.
[2] Wildenberg, "Appreciaties van de gebroeders De la Court."

共和谐和相互尊重。[1]因此，德·拉·库尔兄弟认为"公共利益（是）个人利益的总和"，只有民主的商业共和制度里才会有公众利益的真实反应。[2]但是，他们还没有设想到亚当·斯密说的"看不见的手"，相反，社会的各种自我利益必须通过公平的法律制度才能得到适当的调解。但是他们看到，国家的繁荣是建立在能够让个人自由地追求自己的激情的基础上的。就像彼得·德·拉·库尔所说的，"评价政府统治的好坏，不是说国民生活的好坏依赖于统治者的美德或者缺点，而是在这个国家，统治者的命运必须取决于被统治者过得好还是坏"[3]。

本尼迪克特·斯宾诺莎甚至走得更远。虽然没有直接证据表明他认识德·拉·库尔兄弟，但至少他们的交际圈是彼此重叠的。[4]斯宾诺莎于1632年出生于阿姆斯特丹一个葡萄牙裔犹太人家庭。这样的家庭在当时很普遍，他们为了躲避宗教迫害而逃到了荷兰。1649年，斯宾诺莎涉足家族生意，主要涉及从地中海进口商品。17世纪50年代中期，在第一次英荷战争的准备阶段，由于英国人的掠夺，他们的生意受到严重的影响。同时，斯宾诺莎开始研究当代哲学，包括对笛卡尔著作的研究。他激烈的观点严重扰乱了阿姆斯特丹的犹太教社会，导致他于1656年被逐出犹太社群，这也意味着他的商业生命的终结。他成为自由思想者群体中的一员，该群体包括曾经的耶稣会士弗朗西斯库斯·范·登·恩登（Franciscus van den Enden），斯宾诺莎曾经在他的拉丁学校中求学。在朋友们的支持下以及靠打磨镜片得到的微薄收入——斯宾诺莎的镜片打磨技艺因此极其纯熟——斯宾诺莎把大量精力投入追求新哲学的含义，1665年出版了关于笛卡尔主义的研究，1670年出版了《神学政治论》（*Tractatus theologico-politicus*），1675

---

[1] Kossmann, *Politieke theorie in Nederland*, 引文在第37页；这一观点被阐述于第38–48页。同时参见 Kossmann, *Politieke theorie en geschiedenis*, 59–92；被翻译为 Kossmann, "Popular Sovereignty." 同时参见 Haitsma Mulier, *Myth of Venice*, 120–169, 他也赞同马基雅维利、笛卡尔以及霍布斯的影响，因为马基雅维利也把政治学建构在激情之上。同时参见 Haitsma Mulier, "Controversial Republican," Gelderen, "Machiavellian Moment and the Dutch Revolt."

[2] 以及 Smit, "Netherlands and Europe," 24。

[3] Court, *Interest van Holland*, preface.

[4] Kerkhoven and Blom, "De la Court en Spinoza," 160.

年出版了《伦理学》(*Ethics*)。[1]

关于斯宾诺莎哲学已有许多清晰而深入的研究,他的哲学思想成为所谓的激进启蒙运动的试金石。[2] 需要注意的是,在本书中,笔者认为一个人的意识和身体的一致性对于理解激情是非常重要的。[3] 即像托马斯·霍布斯(Thomas Hobbes)和伊壁鸠鲁学派一样,斯宾诺莎认为"有利于人类共同社会或者能够使人类生活在一起的任何事物,都是有用的;反之都是导致国家失序的坏东西"。他同样接受"快乐不是完全坏的而是好的;相反,痛苦却是绝对坏的"这样的观点。[4] 但在讨论意识和身体的同一性方面,他比笛卡尔想得更远,他把努力(conatus)称为"有意识的奋斗、自我保存和自我增强生命活动"。在他看来,激情在努力中扮演了重要角色。人类是有需求的生物,"并且是为满足这些需求而有着至关重要活动的生物。(人的)精神生活只是这一活动的极小部分,或者是它的双重意识。但是,并不是说意识反映了这些需求,而是在思想的属性下,意识就是这些需求本身"。因此,斯宾诺莎的理论是一个非常强大的同一性理论,即"思想和情感、思想和愉悦、思想和悲伤、思想和欲望"的同一性,因此,"精神特点的变化,或者强度,或者一种情感的质量都不会导致身体状况的变化;这是同一的"[5]。根据他关于激情的同一性理论,斯宾诺莎也发展了一个与德·拉·库尔兄弟的观点有着较多相似处的共和政治理论(可能深受他们的启发),[6] 他认为,只有在一个共和国里,人们才能和谐相处,抑制彼此的坏品质,而按照自己的激情行动。

有人认为德·拉·库尔兄弟、斯宾诺莎等人的思想典型代表了 17 世纪后期荷兰共和国的思想,这种观点是错误的,因为即使是有自由主

---

[1] 关于现代最细致的传记,参见 Nadler, *Spinoza*; Israel, *Radical Enlightenment*, 159–174; Klever, "Companion to Spinoza."
[2] 参见 Israel, *Radical Enlightenment*, esp. 230–241; Nadler, *Spinoza*; Grene, *Spinoza*; 以及 Jaspers, *Spinoza*。
[3] James, *Passion and Action*, 136–156.
[4] Spinoza, *Ethics*, pt. 4, props. 40, 41, 引自 Spinoza, *Ethics*, 167–168。
[5] Wartofsky, "Action and Passion," 引文在第 352 和 349 页。
[6] Kossmann, *Politieke theorie en geschiedenis*, 50–58; Haitsma Mulier, "Language of Seventeenth–Century Republicanism," 191–193; Haitsma Mulier, "Controversial Republican," 256; Prokhovnik, *Spinoza*.

思想的执政者有时也受到了冒犯,甚至沃修斯主义者(Voetians)也常常被他们的观点所激怒。[1] 此外,1672年议会党崩溃,路易十四从陆上入侵荷兰,而英国则从海上对荷兰发动战争,几乎使共和国灭亡。传统的加尔文主义者以及奥兰治主义者起来对抗共和国执政,拥立了年轻的威廉三世(William Ⅲ)为军队的首领以及国家的实际领导。曾经的荷兰共和国领导人德·维特以及他的哥哥科内利斯在海牙的一场骚乱中被残忍地杀害,他们像猪一样被钩子吊了起来,他们的身体被肢解并出售给围观的人群。斯宾诺莎是德·维特伟大的仰慕者,他不得不被房东锁在房间里,并在事发地附近张贴一个标示[上面写着:绝对是"当地"人(ulitimi barbarorum)],房东担心斯宾诺莎也会被肢解。[2] 在这场恐怖事件之后,几乎没有证据表明荷兰的政治理论明确采纳了斯宾诺莎或者德·拉·库尔兄弟关于允许在共和国内激情自由的积极观点。[3]

但是,仍有许多线索表明对这些观点的支持,尤其是在内科医生群体中,例如笛卡尔主义者、内科医生柯奈利斯·庞德谷写道:"在灵魂与肉体的结合中……灵魂是如此地屈从于身体,而身体又依赖于灵魂的智慧和美德。"[4] 对其他人来说——他们中有卡斯帕·巴莱乌斯、勒内·笛卡尔、德·拉·库尔兄弟、斯宾诺莎——意识和身体、上帝和自然、商业和智慧都是一体的而不是分开的。早期的解剖学家如波夫等,仍然提醒着他们的读者,亚当和夏娃因为吃了善恶知识树上的禁果而犯罪,这种善恩不仅使我们成为凡人,而且使我们成为有意识的凡人。后一代吸取了解剖学家们的经验教训,他们看到了奇妙的发明,这些发明甚至使我们的思维变得恰当、完整以及具体。虽然残忍、恐惧、愤怒甚至其他力量能够公然地摧毁独立的个体,但自然本性是美好的,

---

[1] 有关以斯宾诺莎为中心的其他激进主义者,参见 Israel, *Radical Enlightenment*, 175–229。
[2] 相关证据来自斯宾诺莎于1676年给莱布尼茨的报告;关于肢解,参见 Rowen, *John de Witt*, 861–884;关于斯宾诺莎的回应,参见同书第885–886页。
[3] 有关霍布斯和笛卡尔在荷兰的持续影响,参见 Kossmann, *Politieke theorie*, 59–103;但他甚至承认"据我所知,没有迹象表明德·拉·库尔兄弟和斯宾诺莎对荷兰的政治理论有任何直接的影响"("Development of Dutch Political Theory," 105)。
[4] Bontekoe, *Thee*, 391.

激情，诸如爱等，能够使生活有价值，繁荣是因为自然本性能够根据自己的道路演进。每个独立的个人可能就像贬值的硬币，在谴责中被溶解，但是他们的努力使得更大的世界变得富有、强大，甚至更加令人愉快和健康。在区分善恶知识、根据自然本性行动时，有人暗示，天堂之门可能会在生命时期重新开启，让人看到健康和繁荣。这是一种革命性的观点，也许像艾萨克·牛顿后来把地球和天堂合并成一个单一的计算体系一样意义深远。100年后，他们就会完美地理解他们在北美的后裔，这些人对英国的反抗可以被解释为捍卫生命、自由和追求幸福。

第七章

产业与思辨

> 生命的行为完全取决于我们的感官,既然视觉是最宝贵、最全面的感官,用来增强视觉的发明无疑是最实用的。
>
> ——勒内·笛卡尔《光学论》
> (René Descartes, *The Optics*)

无论大量的推断和理论是如何激发了新观点的产生,医药和自然史知识的发展总是依赖于精准的描述。但对描述和分析来说,研究者也同样采纳了来自最新的生产技术的信息。药剂师、化学家、镜片打磨者等用来制造物体的方法都被博物学家见机吸收。这些方法在博物学家处理物质时常常起着意想不到的效果,不仅引导了更为精准的描述方法的出现,而且促进了更好的分析工具的产生。这些方法来自物质世界中的人的活动,而非来自论谈或者争辩。下面3个例子,从17世纪50年代至17世纪70年代早期,反映了制作标本的新方法如何促进解剖学知识的进步,反映了被单透镜显微镜如何发现一个全新的生命世界和形式,如何根据颜色指标来分析来自染料和漂白工业的新型营养饮料,如茶的出现。这些项目把所有通常被历史学家划分为不同科目的主题结合在一起,如解剖学、化学、自然史以及显微镜学。它们不仅显示了各个学科之间的彼此交叉结合,还描绘了日常的调研技术在大学的围墙之外兴起的过程。在荷兰学术界,已有足够多的研究人员对各种来源的自然知识持开放态度，并迅速采用新方法来促进他们的研究。这反过来深深影响了人体和自然之间的对话，且不仅存在于学者之间，也存在于更广泛的大众之间。

如何制作标本

谈到对有关自然史和解剖学的物体的检查时，有些物体一旦落入人类之手，生命的信号和迹象就消失了。植物和动物在被搜集后就迅速死去或者腐烂，仅在记忆中留下它们生活或者存在的痕迹。在有限的时间里，人们也可以在田野中仔细地观察它们。记忆可以被修正，但仍然容易出错。提取自生活的东西能够保存为一个图像，但这不足以支持对所描绘的东西进行深入研究，且要求观察者对艺术家有充分的信任。药剂师发明了各种方法来尽可能地使药物保持新鲜，绝大多数手段是通过把这些药物严密地存储在锡罐或者陶瓷罐里。化学制备方法研制出能够长期保持药效的药物（除非它们处于挥发状态），但这种方法从根本上改变了药物的成分。食物可以用醋腌制或者浸泡在糖或盐中，但是这种方法同样也改变了食物的质地、外观、味道等属性。标本馆的设立促进了植物学研究，使学者能够在休闲时对干燥的标本进行搜集和研究。虽然对绝大多数的叶子和花朵的处理都能达到令人满意的效果，但是对细小的根茎以及植物的其他部分，尤其是果实而言，标本制备方法并不能很好地保存，同时干燥标本的颜色等属性也会随时间而消失。

动物躯体也可以在一定程度上通过干燥得以保存。例如，许多昆虫可以夹在纸页之间进行干燥。许多鸟类"从生命中"被提取出来用于 16 世纪的插图画，实际上它们是从"木乃伊化（干燥保存）的"标本中提取出来的。这些被制成标本的鸟类内脏被移除，身体其余部位被放在炉中烘干，有时则用盐腌制——这种方法可能源自把动物毛皮制作成衣服的方法。到了 17 世纪 20 年代，有人使用了移除带羽毛的

348　交换之物：大航海时代的商业与科学革命

奥勒·沃姆（Ole Worm）的自然史珍奇屋内的所有干燥的标本

奥勒·沃姆《沃姆历史博物馆》（*Musei Wormiani historia*）书名页，1655年，惠康信托图书馆供图，伦敦

皮，把皮拉伸覆盖到人造的布制躯体模型上，有时还会将砷添加到皮毛上以抑制病虫。虽然用这些方法制作的标本通常并不能保存太多年，但是羽毛以及它们的颜色的持久性已经足够呈现鸟的外观并保持一段时间，从而促发16世纪大众对鸟类学的兴趣。有些动物的毛皮——最著名的是鳄鱼皮——也可以进行干燥并将其制成动物形状，当然一些坚硬的部位，比如毛发、骨骼、牙齿和角，以及在身体里形成的结石（如膀胱结石），能够保存很久并被搜集起来。[1] 直到17世纪中叶，几乎所有能够被搜集的自然标本都需要进行干燥处理才能被长期保存。但是，这些方法对希望观察或进行动植物解剖的人来说用途不大，因

---

[1] Farber, "Development of Taxidermy"; Schultze–Hagen et al., "Avian Taxidermy."

为在腐烂之前，就需要对这些标本迅速进行观察与研究。

在16世纪末及17世纪初，珍奇屋中最常见的被保存的动物躯体是来自埃及的木乃伊化的动物遗骸；它们也被认为具有强大的治愈性。当时欧洲人对古埃及文明产生了浓厚的兴趣，[1] 对木乃伊也同样如此。但它们不是简单地被干燥，而是被精心地制作好，其外观仍然栩栩如生。由于大脑和内脏已经被取出，剩余的皮肤和肌肉则通过防腐处理硬化，埃及木乃伊对解剖学家而言几乎没有研究价值。[2] 但它们具有药用价值。根据卡尔·达伦费尔特（Karl Dannenfeldt）的观点，数个世纪以来，经过防腐和干燥处理的躯体都获得了与最初的沥青产品相关的药用性质。在古代，来自波斯一座山脉中珍贵的黑色岩石沥青或者软沥青的渗透液在当地被称为木乃伊或沥青（"mumiya"），被认为是一种治疗的方法（当然，这个荒诞的故事涉及东方三贤士，他们携带着没药和乳香——来自"阿拉伯"的有着珍贵药用价值的两种树脂）。但是，到了13世纪，在埃及坟墓中发现的从躯体中渗出来的树脂质芳香物质被认为与之非常相似。因为沥青，连同没药和芦荟，据说被埃及人用于死后的防腐处理，真正的沥青（mumia）可以在木乃伊的头部和身体的颅腔中找到。经过防腐处理的肌肉——甚至是包裹材料——与珍贵的树脂产生效果并不需要太长的时间。安东尼乌斯·穆萨·布拉萨沃拉（Antonius Musa Brasavola）于1537年出版的关于药用标本的书把"沥青（mumia）定义为一具经过防腐处理的遗骸的残留物，与沥青相似"[3]。欧洲人对木乃伊的需求之高，导致埃及政府禁止木乃伊出口，尽管真假木乃伊的大规模走私贸易始终贯穿于整个近代早期。[4]

到了16世纪，欧洲人——尤其是那些倾向于医药化学的人——认为沥青是一种具有极强效力的药物。帕拉塞尔苏斯称沥青是活体组织

---

[1] 赫尔墨斯（Hermes Trismegistus）的代表作被认为撰写于埃及文明化的初始阶段；有关对埃及的迷恋，参见 Singer, "Hieroglyphs," 以及 Grafton, *Defenders of the Text*, 145–177。
[2] Lucas, *Egyptian Materials*, 270–326; Schrader, *Observationes et historiae*, 236.
[3] Partington, *History of Chemistry*, 2: 98, 引自布拉萨沃拉的 *Examen omnium simplicium medicamentorum*。
[4] Dannenfeldt, "Egyptian Mumia," esp. 169–171.

中的一种力量，能够抵御一种"种子"（semina）疾病的入侵。莱比锡大学教授约阿希姆·坦基乌斯（Joachim Tanckius）在一本化学教科书中简单而直接地指出："沥青是微观世界的奥秘。"[1] 沥青的力量可以从刚刚死去的肉体中提取出来。奥斯瓦尔德·克罗尔（Oswald Croll）相信，最好的沥青酊剂可以出自一名"24 岁的红头发男子的肉体。这名年轻的男子被绞死后，又遭车轮碾压，随后躯体在空气中暴露一天一夜，并被切成小块或薄片，再撒上少许没药粉和芦荟粉，把它浸泡在烈性的葡萄酒中，然后干燥，再浸泡，再干燥"。最后可以从中提取出一种红色的酊剂，"这是一种萃取后的精华，可以用来治疗瘟疫、蛇毒和胸膜炎"[2]。安德里斯·滕策尔（Andreas Tentzel）的《医药的糖化》（*Medicina diastatica*，1629 年）"主要致力于对沥青的研究，他扩大了沥青的范围和定义"，认为沥青来源于刚死亡时离开身体的生命，提出了"通过对濒死之人呼吸气息的拦截，从虚无缥缈的无质身体中提取沥青"的方式。[3] 因此，荷兰的内科医生同样也制定了制作沥青的配方也就不奇怪了。[4]

制作沥青的配方通常被收录在对尸体进行防腐处理的方法中，并从中开发出了一些新技术促进了解剖学上的一些突破。到了中世纪晚期，人们习惯于对富人和有权势者的身体进行防腐处理，也许是模仿埃及人，尽管有可能的是模仿圣人。一具没有得到任何特殊处理的身体如果在死后没有腐烂可能是奇迹的象征，因此，有人认为这个象征在生命上是极其神圣的，并且确实与神圣是有联系的。圣洁的身体不仅是干枯而已：事实上，研究人员在这些案例中寻求的特性之一就是可触知性，身体部位如大腿，被手指压住后能够恢复到原来的状

---

[1] Thorndike, *History of Magic*, 8: 106.
[2] Dannenfeldt, "Egyptian Mumia," 173–174; Partington, *History of Chemistry*, 2: 444.
[3] Thorndike, *History of Magic*, 8: 414.
[4] 例如，参见 Maets, *Chemia Rationalis*, 162–164, 以及 1675 年至 1676 年他的化学课程手稿，British Library, Sloane MSS 1235, fols. 5–5b。

态。[1] 换句话说，在死亡中，神奇的身体必须栩栩如生。同样，也许是为了展示他们的个人美德，中世纪的王室坚持在死后对躯体进行防腐处理。从事这项工作的内科医生和药剂师使用了一些他们认为埃及人也使用过的方法，并使用了没药、芦荟等树脂。就像一位评论家所指出的，为了阻碍腐烂的进程，埃及人将死者的内脏取出，并将躯体反复浸泡在沥青里，并用珍贵的芳香物质填充。[2]［芳香的油性树脂通常被归于"香脂"（balsam）类目下，即英语中的芳香性树脂（balm），因此有了词语"embalm"（使有香气，防腐）。］例如，在16世纪，法国著名的皇家外科医生安布罗斯·帕雷（Ambrose Paré）使用了一种非常相似的处理方法。把内脏从身体中取出，并在肢体上切开很深的伤口来排尽血液。然后把身体用海绵清洗后浸泡在一种用苦艾、芦荟、药西瓜、盐和明矾（这些都被认为是防腐剂）加醋煮成的溶液中。之后在身体的切口和腹部塞入各种香料，然后把躯体缝合起来。于是整个躯体都被覆盖着"掺着甘菊（Chamomel）油和玫瑰油的被融化的笃耨香[3]（turpentine 或者 terebinth）；此外，如果你愿意的话，还可以加入一些化学芳香油"，随后用蜡布包裹后放在一个铅制的棺材里，用充满芳香的本草填充后焊接密封好。[4] 对于奥兰治的威廉亲王的防腐处理（由福雷斯特监督），许多额外的芳香物（由在代尔夫特的克拉迪斯的商店提供）被用来清洗他已被掏空的腹腔——包括芦荟、没药、苦艾、迷迭香、凤仙花、薄荷、鼠尾草、薰衣草、墨角兰、百里香、小茴香、丁香以及肉豆蔻——处理完成后，他的躯体被浸泡在一种含有薰衣草油和笃耨香的溶液中，并用一种蜡、笃耨香和没药的混合物涂抹，最后才用一块用笃耨香油浸泡过的布覆盖起来。[5]

---

[1] 详见 Park, "Criminal and the Saintly Body"; Park, "Life of the Corpse"; Gentilcore, "Contesting Illness in Early Modern Naples"; 以及 Caciola, "Mystics, Demoniacs, and Physiology."
[2] Schrader, *Observationes et historiae*, 236.
[3] 也可能是红脂乳香。
[4] Browne, *Chirurgorum comes*, 710–714; 他还给出了 Balthasar Timeus à Guldenklee, "一个因为防腐处理而出名的人"使用的一种改进的帕雷配方。
[5] Bosman–Jelgersma and Houtzager, "Balseming."

但是，在 17 世纪中期，一种令人惊叹的防腐处理的新方法被开发了出来，不仅引起公众的轰动，而且对人体解剖的研究因此产生了意想不到的成果。该方法是由路易斯·德·比尔斯（Louis de Bils）发明的。它与帕雷和福雷斯特的方法存在一定的共同之处，比如，使用笃耨香油、芳香物（或者香油）以及铅器。但是德·比尔斯找到了一种方法来保持完整的躯体和身体部位，并使它们保持在逼真的状态，且无须取出内部器官或通过很深的切口排尽血液。

德·比尔斯不是内科医生，也不是外科大夫，而是哥本斯达默（Coppensdamme）和布洛涅（Bonem）[1] 的领主，这两个地方都是位于佛兰德斯面积不太大的两块封地。[2] 根据法国学者塞缪尔·德·索尔比耶（Samuel de Sorbière）的说法，德·比尔斯（约 1624 年出生）的解剖生涯在 13 岁时开始，当时他正居住在鲁昂，之后又搬往佛兰德斯和鹿特丹。他为什么会对解剖学产生兴趣？他又是如何获得用来解剖的尸体呢？这些问题至今未知。他的父亲和兄弟都是商人，他本人也似乎没有接受过古典教育。但是在 1646—1647 年间，当时他在阿姆斯特丹组建家庭不久，他认识了这个城市中最重要的两位医学工作者——外科医生保罗·芭尔贝特（Paul Barbette）和内科医生西尔维乌斯，这两人都对新的解剖学有着浓厚的兴趣；此后数年德·比尔斯在泽兰省离米德尔堡不远的斯勒伊斯（Sluis）居住了一段时间。这是一个繁荣的港口，在这里他继续从事解剖学研究。1651 年，他花费大量金钱为莱顿大学做了一些筹备工作，新的解剖学教授约安内斯·范·霍恩（Joannes van Horne）的记录证实了这些。在这些筹备事项中，有一具特别引人注目的标本陈列在解剖学教室，范·霍恩将其描述为"一具看起来刚去世的干燥的尸体，这是最有价值的作品"[3]。范·霍恩通

---

[1] 位于根特和布鲁日附近。——译者注
[2] 相关细节来自 Jansma, De Bils。
[3] "Sed fidem superat omnem, exsiccatum hominis Cadaver Recenter Mortuum Diceres tanto Theatro Dignissimum opus." 含有范·霍恩证言的木圖重制于 Jansma, De Bils, 47。德·比尔斯后来还声称他花了 4 万荷兰盾用于标本制作，时间成本还不包括在内（66）。

过把"干燥的"以及"看起来是刚刚去世的"这两个词语的并列使用，让人们可以得知一件标本是如何跨越习惯的界限——他不太清楚去如何形容它。不久之后，范·霍恩在海牙看到另一具由德·比尔斯防腐处理过的尸体［荷兰语保留了英语词源的防腐（embaliming）一词：balsemen（防腐）］。丰满的肌肉使得这具躯体看起来栩栩如生。很显然，德·比尔斯是独力完成这个工作的，他找到了处理人体的方法，使得这些躯体看起来跟活的时候一样，完全没有经过干燥处理的迹象。他的秘密处理方法是一种奇妙的新艺术。

显然，德·比尔斯在"防腐处理"时试验了各种昂贵的油和树脂，比如没药。由于进口的香油价格昂贵，因此他的实验成本也必定十分高昂。根据他在1664年的记录，德·比尔斯发明的处理方法如下：把一个8英尺长、3英尺宽、3英尺高的锡制的箱子（tinne kiste），放置在一个木箱内，调整并镶嵌好使其内部没有光线透入，然后用铁箍固定；在木箱盖子的顶部，设置一个活板门（schuyve），这个门可以被打开，也能被完全密封。这个锡箱在适当的时候用双层羊毛毯覆盖，以保证完全没有光线进入。锡箱内还需注入60品脱最好最新鲜的朗姆酒；50品脱研磨精细的罗马明矾；50品脱研磨精细的胡椒粉；一袋最纯净的精细盐；200大玻璃杯（stroop）最好的南特白兰地；100大杯最好的葡萄酒醋，这些东西需要尽可能快地在锡箱中混合，以免混合物的效力消失（opdat de kracht niet te veel en verlighe van ditto substantie）。20磅研磨精细的最好的没药以及20磅被精细碾碎的芦荟也可以加入混合物中。尸体用白色亚麻布单包裹，立即浸入这种混合物中，使之平躺并被固定在一个木制工作台（stellinghe）上，并用至少两英尺深的液体浸没尸体。这些箱子需闭合静置30天，尸体放入液体的3天后，需把混合物搅拌，在30天内这些混合物容量会增加两倍。每次搅拌液体时，躯体需要被取出，然后拆开包裹布，用新鲜的白兰地清洗，然后小心地翻转过来排出口腔中的水分（尤其注意不要损坏头发以及手脚指甲），然后再用布包裹起来并重新放置。30天后，躯体被转移到另一个同样的箱子中，其中也注满按照之前比例配置好的朗姆酒、胡椒粉、明矾、盐、白兰地和醋的溶液，再浸泡60天（其间需搅拌、翻面3次）。以上混合物是为了在公共场合展示国王或其他人的身体。如果不用于展示，第一份混合物可以考虑不加入朗姆酒和明矾，但香料是必需的；第二次的混合物则不加入盐、朗姆酒和明矾。在第二次及第三次浸泡之间，躯体可以进行干燥处理。同时，清洗第一个箱子并在其中填注第三次的混合物，其中不含朗姆酒、明矾和盐，但含有没药和芦荟；这种混合物需被搅拌数次，撇去表面的清澈液体。然后把44磅芦荟、44磅没药、20磅肉豆蔻皮、20磅丁香、20磅肉桂、20磅肉豆蔻仁（所有都必须是最好的品种并研磨精细）、四分之一磅龙涎香、半磅黑香膏以及四分之一磅肉桂油混合，分数次涂抹在躯体表面，并将其干燥。然后把躯体放在第三份混合物中浸泡两个月，也同样需要定期翻转，并且用先前撇下的清澈液体冲洗。如果在这些程序后身体的脂肪还没有完全消去，则将躯体放置在一个小型而密封的房间中，用两个只有余火的火炉烘烤，其中一个需燃烧两磅乳香。等到躯体完全干燥后，再用龙涎香和其他松香制品的混合物涂抹身体。制成后，最好把这个标本保存在隔绝空气的锡制箱子里。[1] 由于操作得当，这种方法将人体肉身转变成了一种像生命一样丰满而鲜活的标本，虽然是没有生命的，但不会腐烂。它可以揭示人体内部的各个特征。

在17世纪50年代早期，德·比尔斯陷入了严重的个人事务困境，但他继续进行调查研究。他在斯勒伊斯的两位医生朋友——亚伯拉罕·帕朗（Abraham Parent）和劳伦斯·约尔丹（Laurens Jordaen）都曾在帕多瓦大学学习医学，协助德·比尔斯的解剖学研究，并合作出版了一本关于内耳的解剖学研究的小册子。17世纪50年代中期，他们都搬离了斯勒伊斯，德·比尔斯的解剖学研究进程因此放缓。[2] 德·比尔

---

[1] Jansma, *De Bils*, 96–99.
[2] Lindeboom, *Dutch Medical Biography*.

斯父亲去世后，他与他的兄弟，也是鲁昂的商人，卷入了涉及遗产的各种诉讼当中。虽然他之后获得了阿尔登堡（Aardenburg）一个当地法警的职位，但是工资微薄，并且他似乎也并没有在这份工作上倾注太多的精力。[1]直到1657年，德·比尔斯一直在寻找新的支持。布鲁日（距离斯勒伊斯不远）的一位内科医生布尔查德斯·威滕伯格（Burchardus Wittenberg）写了一篇简短的论文高度赞扬了德·比尔斯的成就，并号召一位王子来支持他，这样他的研究经费就不需要自己负担。通过一位中间人，德·比尔斯试图吸引范·霍恩教授来与他合作，但范·霍恩拒绝了——也许是因为费用的问题。德·比尔斯最终得到了一位来自米德尔堡的内科医生的资金支持来进行他关于淋巴系统的研究以及成果的出版。但是德·比尔斯出版的成果刺痛了范·霍恩的神经，他对德·比尔斯的研究感到意外。但范·霍恩很快就推出了这本书的拉丁文译本，尽管同时也对它进行了批评。[2]但是根据历史学家林德博姆（G. A. Lindeboom）的研究，范·霍恩"现在已经开始进行品质较好的解剖学标本的制作"[3]——后文我们还将回来讨论这一点。

鉴于德·比尔斯的成功，荷兰共和国议会于1658年8月9日发布了一项命令，为德·比尔斯公开征集尸体，而与此同时，托马斯·巴尔托利努斯（Thomas Bartolinus）和保罗·芭尔贝特将许多解剖学著作翻译成了荷兰语，帮助拉丁语能力不足的德·比尔斯从事研究。为了与帕朗共事，德·比尔斯后来也搬到了鹿特丹。在这里，他把之前英国商人的一座法院大楼改建成了解剖学教室。德·比尔斯用它来更深入地研究他秘密的解剖和防腐方法，并用它来展示至少4具经解剖和防腐处理的尸体标本。[4]曾有"至高无上的权力"（后有传言说是西班牙

---

[1] Jansma, *De Bils*, 48–53.
[2] Jansma, *De Bils*, 48–54.
[3] Lindeboom, *Dutch Medical Biography*, 909.
[4] 在Rotterdamby Lieburg, *Medisch onderwijs te Rotterdam* 关于医药的翔实研究中并未提及这点或者德·比尔斯，但尼古拉斯·萨斯（Nicolaas Zas）于1642年开始负责公开解剖课程，但于1654年因为某些原因停止了。（同书第18–19，27页。）

国王）数次试图让他出售秘密，但他因可以在鹿特丹设立自己的展览而拒绝了，这个展览的入场费为1里克斯达尔德（2荷兰盾）。尽管入场费很高，但他的展览反响热烈，受到了包括内科医生和学生，以及从普通民众到大使和王子的关注。他还举办公开解剖演示。他尤其擅长解剖已经被制成标本的尸体，因此没有血液或其他水分会从尸体中流失。这些表演性质的演示可能收费更高。[1]正如后来的一篇报告指出的，他"已经找到了一种无须渗出血液的解剖方法，以一种新的、前所未闻的方式，精准分割并展示所有部位甚至血管——可能比头发还微小的毛细血管"[2]。一位年轻的英国访客罗伯特·博伊尔对他所看到的极感兴趣，并报道了鹿特丹的这些事件，同时敦促英国政府购买德·比尔斯的秘密或者支持对他的研究。[3]

但是不久，学术界就转而反对德·比尔斯。在最初通过鼓励学生和其他人参加他的展览和公开演示以表示对德·比尔斯的支持之后，范·霍恩开始以书面形式抨击他：德·比尔斯开始变得骄傲，他告诉全世界，学生们在半小时内从他身上学到的知识比从范·霍恩身上两年学到的都多。范·霍恩认定德·比尔斯是一个冒牌货，他既不学习也没有正当的行为。阿姆斯特丹的外科医生芭尔贝特也同样开始反对德·比尔斯。[4]他还强调德·比尔斯缺乏学术训练："哲学、化学、天文学、医学和日常实践"对于理解身体的运作是绝对必要的，但是两年来，没有学问的德·比尔斯假装成一名能够颠覆既有学问和知识的伟大专家。1660年3月，德·比尔斯出版了自己的小册子来回应这两个挖苦的评论。他把范·霍恩和芭尔贝特的批评归因于嫉妒。但是，正因为如此，他也同时攻击并进一步疏远了其他内科医生。这些争论持续贯

---

[1] Jansma, *De Bils*, 54–58.
[2] Browne, *Chirurgorum comes*, 713.
[3] De Bils, *Coppy of a Certain Large Act (Obligatory) of Yonker Louis de Bils*. 就像迈克尔·亨特（Michael Hunter）所描述的，这是博伊尔个人负责的第一部出版物，他得到了哈特利布（Hartlib）的帮助和鼓励，由约翰·佩尔（John Pell）从荷兰文翻译过来，并附有一位法国大师，可能是皮埃尔·博雷尔（Pierre Borell）的一封信，参见 Boyle, "Large Act of Anatomy by de Bils," cxix–cxxii.
[4] Barbette, *Pest–Beschryving*; 参见该书的4页附录 "Aen de Heer J. Rykenwaert, Hoogvermaerde Geneesheer tot Rotterdam, tegens de verdediging van Jr. Louys de Bils, Heer van Koppensdamme, etc."

穿了德·比尔斯的一生（他于1669年去世），因为他在荷兰共和国既有支持者也有反对者。但是他的一项成就，即使是他最强硬的对手也对此赞誉颇多，即他对尸体的防腐处理。[1]

德·比尔斯承诺将以12万荷兰盾的价格透露其方法的秘密，尽管他打算将两具经过防腐处理的尸体以仅仅1.6万荷兰盾的价格出让给一位克里斯蒂安（Christiaan）公爵。1661年底，有人谣传他把秘密出售给了一位贵族。这可能是因卡拉塞纳侯爵，托莱多的路易斯·德·贝纳维德斯·卡里略（Luis de Benavides Carrillo of Toledo, Marques de Caracena）引起的，他是奥地利唐·扬（Don Jan）的追随者，南尼德兰的执政，他打算为鲁汶大学购买德·比尔斯的收藏。1662年11月，在对德·比尔斯的一些尸体标本进行检查后，鲁汶大学的数学和解剖学教授杰勒德·范·古茨肖文（Gerard van Gutschoven）对获得德·比尔斯标本产生了极大的热情。因此，唐·扬建议布拉邦特议会购买德·比尔斯的尸体标本以及秘方。1663年6月，在拟定了318项条款后，德·比尔斯同意向鲁汶大学提供5具尸体标本以及他的全部知识，包括他绝密的防腐处理方法。这个方法属于顶级绝密：它一式两份以拉丁语书写，另有一个荷兰文版本由德·比尔斯保存。两个拉丁文版本的秘方被存放在两个不同地方的保险箱中，每个保险箱都需要用两把钥匙才能打开，一把钥匙由布拉邦特议会保管，另一把由鲁汶大学的教授保管。其他的各种条款确保了德·比尔斯的承诺，即他不会泄露秘密，也不会向任何人报告秘密。反之，议会承诺支付2.2万莱茵盾（Rijnsche gilder）并给予2000莱茵盾年薪的教授职位，并且这个职位在其去世后可由他儿子接任。德·比尔斯还计划在鲁汶大学建立一个解剖学教室，可在其中解剖演示且不收取任何入场费用。10月时，合同草案又有了一些修改，在德·比尔斯的监护及指导下，范·古茨肖文开始学习他的秘方。同时，正如合同内容所透露的，一些有权力的人开始坚持他们

---

[1] Jansma, *De Bils*, 58–67.

的意愿，要求按照德·比尔斯的方法来对遗体进行防腐处理。[1]

最终，1664年4月16日，德·比尔斯的秘方以书面的形式被转交给了范·古茨肖文，他获准私下阅读11分钟，之后他便宣称理解了无血解剖以及尸体防腐处理的方法。5月，德·比尔斯应当给予鲁汶大学的5具尸体标本也已准备好，大学为此付出了2.2万莱茵盾。但是安放这些标本的地方还没准备好，于是只能先存放在图书馆的地下室里；炎热的4个月后，它们被转放在了屋顶下的桌子下，屋顶破损有洞，雨雪不仅破坏了图书馆的书籍，也使得5具尸体标本中的3具在1666年出现腐烂迹象。后来德·比尔斯的对手得知这一情况，他们声称尸体标本腐烂说明德·比尔斯是个骗子。但是，尽管财政困难仍没有好转，德·比尔斯在鲁汶和南尼德兰仍然极受欢迎：1669年初，佛兰德斯授予他斯海尔托亨博特和圣乌登罗德地区教士一职，并担任雅典学院的解剖学荣誉教授。同年，在托比亚斯·安德里亚（Tobias Andreae）的协助下，在荷兰北部公开展示他的方法——但德·比尔斯当时已病重去世。[2]10年后，一位英国的外科医生称赞他是"我们这个时代最伟大的防腐处理大师"。但是谣言总是伴随着德·比尔斯。传言他因为这套方法从布拉邦特的议会获得了一笔"巨款"，但是从未被允许担任鲁汶大学的教授，"根据《法规》（Statutes）所言，比尔斯是一位归正教会的教徒，从罗马教会的角度来看，他是被逐出教会的令人讨厌的人。针对他担任教授这件事存在很大的争议，直到最后比尔斯带着他的钱财，在鲁汶大学举行了一次大学送别会，回到了他的联省共和国后，此事才得以平息。在荷兰，（据我所知）他著名的秘方最后随着他一起埋进了地下"。[3]

---

[1] Jansma, De Bils, 65, 67, 68–69.
[2] Jansma, De Bils, 77, 78–79, 83–88, 90.
[3] Browne, Chirurgorum comes, 713.

解剖学新方法

因为德·比尔斯一直都保存着他的方法的秘密，其他人不得不自己去猜测方法并进行实验，从而诞生了一系列新发现。1661 年 3 月，有传言说，莱顿大学的许贝特斯（Hubertus）博士发现了一些德·比尔斯的秘密，当年的晚些时候，一则故事开始流传：德·比尔斯把秘密出售给了一位贵族，这位贵族又将其传给了莱顿大学的伯勒斯（Burrhus）——尽管再无更多的信息。[1] 据说，莱顿大学的另外一名学生特奥多鲁斯·克尔克林（Theodorus Kerckring，即后来知名的解剖学家、化学家及医生），"发明了通过涂抹油漆来防腐保存死尸的"方法，另一个版本中，称"实验利用液化的琥珀来保存尸体"。[2] 另一名来自莱比锡大学的医学生加布里埃尔·克劳德（Gabriel Clauder）于 1660 年和 1661 年游历欧洲大陆和英国，他参观了德·比尔斯的展览，并"将他弄湿润的手指伸进了一具遗体，然后在嘴唇上，品尝出了盐的味道。据此，他进行了大量的研究，最终成功地制成了具有相同作用的盐的不同化合物。"[3]

但是莱顿大学的外科学教授范·霍恩、他的同事西尔维乌斯以及他们的学生们，模仿德·比尔斯发明了自己的方法，从而诞生了一系列引人注目的解剖学发现。最显著的成果来自扬·斯瓦默丹。1661 年他进入莱顿大学的医学院学习，很快就成为范·霍恩和西尔维乌斯最喜欢的学生之一。作为 17 世纪最优秀的自然史研究者之一，扬·斯瓦默丹 1637 年生于阿姆斯特丹的一个富裕家庭。[4] 他的父亲是药剂师，当时正在搜集制作一个非凡的珍奇屋，而年轻的扬·斯瓦默丹自己也

---

[1] Jansma, *De Bils*, 67.
[2] Partington, *History of Chemistry*, 2: 208; Lindeboom, *Dutch Medical Biography*, 1031.
[3] Eloy, *Dictionnaire historique de la médecine*, 655–656; Gannal and Harlan, *History of Embalming*, 91–92, 96; 参见 Clauder, *Methodus balsamandi corpora humana*, chap. 5, sec. 3（128–140），关于他对德·比尔斯方法的看法见同书第六章（140–181 页），关于他自己的方法；有关同时代的英文版本，参见 Browne, *Chirurgorum comes*, 713–714.
[4] 相关传记，参见 Schierbeek, *Jan Swammerdam*.

开始搜集昆虫，到 1669 时他已经获得了超过 1200 个标本，并且最终扩展到了 3000 个。[1]虽然他父亲打算让他成为一名牧师，但年轻的斯瓦默丹最终还是于 1661 年被允许在莱顿大学医学院注册入学（入学年龄 24 岁，已是相对较晚了）。在莱顿大学，他全身心地投入解剖学以及相关的研究中去。他与他的一些同学如尼古拉斯·斯泰诺（Nicolas Steno）和雷尼尔·德·格拉夫发明的极其精妙的技巧以及独创的研究方法取得了很多新发现，震惊整个欧洲。例如，斯瓦默丹与范·霍恩合作对肌肉和呼吸进行了开创性的研究。[2]斯瓦默丹在自己的房间里用狗和青蛙进行活体解剖，有时也会在范·霍恩家里进行，范·霍恩显然承担了他的这位最好的学生的研究费用。他关于肌肉收缩的研究——证明了盖伦关于肌肉收缩时肌肉数量会增加的观点是错误的——展现了其实验技巧和天赋。1664—1665 年间在法国游历期间，他遇到了一生的好朋友梅尔基塞代奇·泰夫诺特（Melchisédech Thévenot），后者赞助了一个积极活跃的科学研究院。法国之行后，斯瓦默丹回到阿姆斯特丹，然后又前往莱顿大学，1667 年在那里他获得了医学博士学位，其关于呼吸的答辩论文至今仍然令人印象深刻。这表明了他是一个生理机械主义者，同时也是一个富有创新精神的自然秘密的探索者。

但是，斯瓦默丹也发明了一些保存动物尸体的新方法。在莱顿大学完成学业之后，他回到阿姆斯特丹，同时携带的还有一些似乎莱顿大学的研究者们已经很熟知的防腐方法。多年之后，当赫尔曼·布尔哈弗开始撰写关于斯瓦默丹的作品集《自然圣经》（Bybel der natuure/Biblia naturae）的时候，他评论说："带着突然而又意想不到的成功完成了（医学）课程的学习后，他立刻开始考虑如何通过解剖来制作身体不同部位的标本，使之能够长期稳定保存并且用于解剖演示；这个发现不仅可以使他从重复解剖的困境中解脱出来，还能够解决难以获

---

[1] Lindeboom, *Cabinet van Jan Swammerdam*; Lindeboom, *Letters of Swammerdam*, 23.
[2] 他的丹麦同学斯泰诺因对肌肉的调查研究变得更有名，参见 Vugs, *Leven en werk van Stensen*。

得新鲜物体的问题以及对已经腐烂的标本的不必要的检查的问题。"[1] 但这显然太简单了。正如我们所见，德·比尔斯已经以防腐标本出名了，范·霍恩对德·比尔斯是既称赞又恼怒，至少在 1661 年，当斯瓦默丹进入莱顿大学医学院学习时，早已有谣言称德·比尔斯的秘密已经被破解了。大约在 1661—1662 年，斯瓦默丹做了一个可以持久保存的胸导管（由范·霍恩于 1652 年发现）标本。[2] 更重要的是，他似乎已经发明了一种新的防腐方法。于斯特斯·施拉德尔（Justus Schrader）——范·霍恩更年轻的一位学生——称斯瓦默丹的技术是，准备一个能够放得下器官甚至完整的小型躯体的锡制容器。在这个容器底部两指上方的地方，设置一个金属架，躯体可以放置在上面。然后将笃耨香油倒入容器至距离底部三指的位置。把容器紧紧覆盖密封，仅留下一个小的开口，此时让容器自己工作。极具渗透力的笃耨香油注入小孔，取代了导致发酵和腐烂的液体，由于重量它们会从金属架上落入容器底部，同时挥发性的油也会通过顶部的小开口挥发，仅留下涂覆着硬化油的标本，从而防止其腐烂。不同的器官需要不同的时间：胚胎 6 个月，骨架大约 2 个月，心脏软细胞组织 3 个月，肝脏和胎盘 1 个月，脾脏 10 天，肠 1 个月。[3] 另外一些其他技术有助于制备更复杂的标本。[4] 今日所谓的松节油（turpentine）极其常用，它是冷杉或者松树的产物，与在 17 世纪被称为笃耨香的这类物质几乎没有关联。在当时，笃耨香这个词语仅用于指笃耨香松（terebinth，现在被称为 Pistacia terebinthus 或者 Chian turpentine）的分泌物。正如约翰·古迪尔（John Goodyer）在他 1655 年编辑出版的狄奥斯科里迪斯《药理》中所解释的那样，这种树生长在"阿拉比亚"以及"尤地亚、叙利亚、塞浦路

---

[1] Swammerdam, *Book of Nature*, ii; 有关原始版本，参见 Swammerdam, *Biblia naturae*, sig. B.
[2] Lindeboom, *Cabinet van Jan Swammerdam*, xii, 据报道，来自奥劳斯·博尔奇（Olaus Borch）给巴托兰（Bartholin）的一封信（我并未见到），把这一事件设定为 1661—1662 年间，当时博尔奇正在荷兰。
[3] Schrader, *Observationes et historiae*, 237–238.
[4] *Oxford English Dictionary*.

斯、非洲以及基克拉泽斯群岛"。他还指出,"笃耨香远好于其他树脂"(the Resina Terebinthina doth surpass all other rosins)[1]。16世纪的研究者安东尼乌斯·穆萨·布拉萨沃拉的报告也证实了这一点。布拉萨沃拉称:"真正的笃耨香是以圆形块状物的形式从塞浦路斯进口至威尼斯的。"但是,桑福里安·尚皮耶(Symphorien Champier)指出:"出售落叶松脂以获得笃耨香。"[2]在17世纪晚期,英国军事外科医生詹姆斯·扬(James Yonge)进一步警告:"存在一种不纯正的类似松节油的物质,它被称为Terebinth,来自法国,是从冷杉或者其他树上提取出来的……与松树胶相比,它更接近焦油。"真正的松节油或者松节油的"精华"(这些命名都是极为杂乱的)是通过在蒸馏器中对笃耨香树脂进行缓慢蒸馏而得到的,这种物质起初是白色的,然后变成黄色,最后成为红色的油,这种最终的状态是最好的。扬还解释说,这种真正的笃耨香油含有香脂(balsam)。[3]

通过详细阐述及周密制作,斯瓦默丹发明的方法继续作为莱顿大学的教学内容。例如,卡雷尔·梅奇(Carel Maets,或 De Maets,Dematius)从1669年起就在莱顿大学教授实验化学,至少在1674年他就开始解释他保存躯体的私人方法。[4]他在1687年出版的《化学原理》(Chemia rationals)中详细阐述了这种方法:"首先移除肠、内脏、大脑以及其他柔软的部分,然后把躯体放置在一个铅制的类似棺材(cysta)的足够宽敞的容器中,其中注满澄澈的笃耨香油浸泡躯体。14天后,当油已经充分渗透到肌肉中时,将浸泡后的躯体移出并用烈性葡萄酒精清洗,放置干燥。"为了保存软组织,清洗后用微温水注入来排出所有血液;然后把它们用酒精清洗直至没有任何血污残留,之

---

[1] Dioscorides, *Greek Herbal of Dioscorides*, 49.
[2] Partington, *History of Chemistry*, 2: 97.
[3] Yonge, *Currus triumphalis*, 50, 48–50, preface. 同时参见 Davisson, *Philosophia pyrotechnica*, 325–326, 以及 Davisson, *Cours de chymie*, 308。
[4] Sloane 1235: "Collegium Chymicum Secretum/A/D. Carolo de Maes apud Lugdunenses," 1675 and 1676: fol. 5, "Modus Condiendi Cadavera."

后干燥至适当的形状后浸泡在笃耨香油中。[1]另一位前莱顿大学学生斯蒂芬·布兰卡特（Stephen Blankaart）也写过使用笃耨香油进行躯体防腐的内容。[2]

利用笃耨香油的实验似乎也启发了英吉利海峡另一边利用高浓度酒精来保存标本的方法。正如一位化学历史学家指出："笃耨香油被认为与葡萄酒精十分相似。"[3]在1662年9月伦敦皇家学会的一次会议上，罗伯特·博伊尔——他深受德·比尔斯方法的影响——给学会展示了"在整个炎热的夏天，小狗能够在一种特定烈酒溶液中得到很好的保存，尽管它们只是被装在一个破损且没有封闭的玻璃杯中"。有人认为这种烈酒是酒精，在这之前的几个月，内科医生威廉·克龙（William Croone）"制作了两只小狗的胚胎标本，保存了8天，然后放置在注满葡萄酒精的完全密封的小药瓶中"[4]。一位历史学家对此评论道，"似乎可以确定的是，克龙的想法来自博伊尔，因为后者在1662年之前就用酒精进行了实验，并且格鲁（Grew）把他引用为这种方法的发明者。"[5]1663年，博伊尔的标本，"被浸泡在一些葡萄酒精中的一只红雀与一条小蛇，已经保存了4个月，内脏和其他部分都完好，没有颜色的变化"，在皇家学会的储藏室中被发现，虽然他的工作日记很清楚地表明，博伊尔仅关心他在葡萄酒精中保存的毛虫的干皱以及颜色的变化。[6]但是博伊尔似乎通过将笃耨香油与葡萄酒精混合而获得了最好的结果，因此在1663年晚期皇家学会的一次会议上，"博伊尔先生认为，笃耨香油或者葡萄酒精非常有利于保存鸟类，并且第一种物质比

---

[1] Maets, *Chemia rationalis*, 162–163.
[2] Stephan Blankaart, *Neue und besondere Manier alle verstorbene Cörper mit wenig Ukosten der Gestalt zu Balsamiren* (Hanover: Gottlieb Heinrich Grentz, 1690). 本条注释感谢绘泽如美（Tomomi Kinukawa）。但我必须指出，根据莱顿大学的安东尼·努克（Anthony Nuck）给什拉尔(Slare) 博士的一封信中的报告（这封信于1682年6月7日在皇家学会被宣读），当时仍在继续探索德·比尔斯的真实秘密，参见 Birch, *History of the RS*, 151。
[3] Partington, *History of Chemistry*, 2: 267, 引自 Libavius, *Alchemia*, 1597, 2.2.36。
[4] Birch, *History of the RS*, 1: 110, 840.
[5] Cole, *History of Comparative Anatomy*, 445.
[6] Tompsett, Wakeley and Dobson, *Anatomical Techniques*, x; Cole, *History of Comparative Anatomy*, 445–450. 参见博伊尔的工作日记，由迈克尔·亨特编辑，参见 http://www.bbk.ac.uk/boyle/workdiaries/WDClean.html。

第二种物质保存的效果更好"。两个半月后，他"观察到，他有一种混有葡萄酒精酒和笃耨香油的烈酒，借此——动物的躯体以及相关的部位可能被保存下来——他提出保存一只手以及咽喉"。一周后他"给学会展示了一只鸟，这只鸟已经在笃耨香油中保存了好几个月"；但是在之后的一次会议上，他认为"所见到的来自遥远地方的动物有着特殊的以及引人注目的身体机能，可以考虑将烈酒，就像笃耨香油一样送往海外用来保存内脏器官，至少是小型动物的内脏器官"[1]。事实上，博伊尔经常重复一个实验，把硫酸油放在蒸馏器中与笃耨香蒸馏得到硫黄。[2] 这些方法通过《哲学汇刊》(Philosophical Transactions)得到了更广泛的传播。此外，意大利的解剖学家马尔切洛·马尔皮吉（Marcello Malpighi）发明了一种方法，利用固定剂和染料来观察鸡蛋的胚盘，据推测学到了"利用酒精来保存胚胎，其根据是博伊尔 1666年5月7日发表在《哲学汇刊》上的通讯文章"[3]。除了定期更换溶液的费用和繁冗，以及略不完美的结果，将标本浸泡在玻璃容器的酒精中，操作简单，使其成为一种重要的新工艺。正如有人可以识破荷兰的一些方法，葡萄酒精与笃耨香油也可以一起用来制作标本。

然而，利用笃耨香油和其他材料来保存解剖标本产生了大量意想不到的效果。这些防腐保存技术本身能够使人们发现新的事物。只要能够恰当合适地利用好油，不但能够使身体和器官组织保持柔软，而且能够使它们变得更为坚韧。身体中的许多血管非常细薄，在它们的自然状态下检查它们时非常容易破裂。但是，当把这些血管用笃耨香油处理后，人们可以小心地将其他物质注入其中。1661年，马尔皮吉似乎是第一个将水银注入血管以观察血管的细微分叉的人。但是，当用笃耨香油处理这些血管后，斯瓦默丹和他的同伴也成功地将空气、有色蜡以及其他物质注入血管。通过这些方法，他们可以检查肺的结

---

[1] Birch, *History of the RS*, 1: 327, 374, 378, 393.
[2] Partington, *A History of Chemistry*, 2: 494.
[3] Adelmann, *Malpighi*, 2238.

构、人体子宫的卵泡、胎盘血管分叉等。[1]例如，1667年1月21日，斯瓦默丹与范·霍恩合作，找到了把蜡注入人类子宫的方法——斯瓦默丹同时发明了将空气注入子宫的方法——从而填充了除此之外无法被察觉的血管。[2]在范·霍恩的指导下，他与赖尼尔·德·格拉夫合作，于17世纪60年代后期证实了曾经被认为是雌性"睾丸"的器官实际上是包含卵子的卵巢——他认为，在生殖过程中，这比精子传输给卵子的"活力"更为重要。[3]1671年，他出版了献给杜尔博士的精致版画，显示了人体子宫的细节，并随后出版了一篇带版画的论文，献给了伦敦皇家学会（德·格拉夫呼吁皇家学会就女性生殖器官的争议做出优先决定）。[4]

同样，当住在父亲家里而不是靠医学实践谋生时，斯瓦默丹几乎把所有时间都投入更深入的研究中，扩充了自己的自然珍奇屋，珍奇屋中央是一个仅一个月大的婴儿以及一只山羊的标本。他的珍奇屋同样也收藏了肺的标本，在这些标本中，气管甚至最细微的部分都以白色的蜡填充，肺动脉则以红色蜡填充，肺静脉以玫瑰色蜡填充，支气管动脉的小孔则以一种火红色的物质填充；他展示了用香膏和蜡进行区分处理的肝脏。[5]（他还发明了其他技术，例如，通过把尚有余温的脊椎骨放入冷水静置24小时，然后小心地将骨头破开使脊髓显露出来——这些组织又再次从无差别的团状物变成了组织，从而展示人类的脊髓是由纤维神经组成的。[6]）防止躯体腐烂的尝试开始发展为一系列实验技术，这对于获得解剖学知识至关重要。

斯瓦默丹的学生弗雷德里克·鲁谢把莱顿大学的方法发展到巅峰。在17世纪后期，鲁谢成为当时最具有创新精神的解剖学家。最初他接

---

[1] Schrader, *Observationes et historiae*, 238–240.
[2] Swammerdam, *Biblia naturae*, sigs. C, C2.
[3] 这些"卵子"后来被列文虎克识别为卵泡，而并非卵子，卵子首次被发现是在19世纪早期，由范·贝尔（Van Baer）使用显微镜发现。
[4] Swammerdam, *Miraculum naturae*.
[5] Lindeboom, *Cabinet van Jan Swammerdam*, xvii.
[6] Swammerdam, *Bybel*, sig. C. 他对脊髓的示范得到了布拉修斯（关于布拉修斯，参见后文注释）的赞赏，见于他的 *Anatome medulla spinalis (1666)*: Fournier, "Fabric of Life," 85.

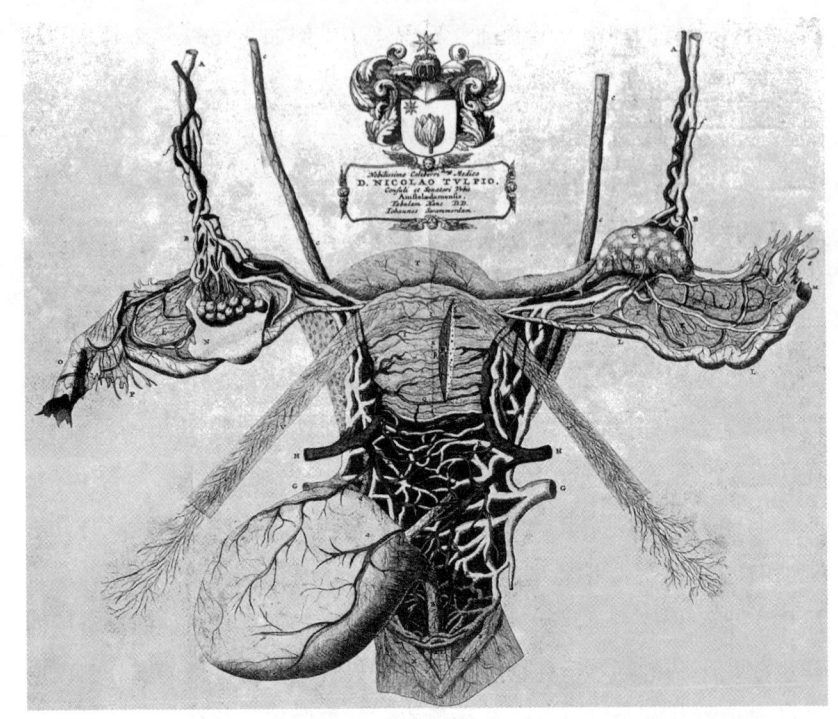

扬·斯瓦默丹描绘的雌性生殖器官

摘自扬·斯瓦默丹《是大自然的奇迹还是子宫的结构》（*Miraculum naturae sive uteri muliebris fabrica*），杜尔资助出版，1672年，惠康信托图书馆供图，伦敦

受的是药剂师的教育，1664年开始在莱顿大学学习，之后定居在海牙从事医学实践，1665年他发表研究成果宣布他发现了淋巴系统的瓣膜（Dilucidatio valvularum in vasis lymphaticis et lacteis），这是斯瓦默丹的最新发现，但是遭到了德·比尔斯的反对，并由此引发了一场激烈的以小册子为形式的笔战。1666年，鲁谢获得了阿姆斯特丹外科医生协会的解剖学讲师［praelector anatomiae，其前任为接任杜尔教授职位的约翰内斯·戴曼（Johannes Deyman）］职位，不久又当了解剖学监督官，之后又成为阿姆斯特丹助产士的指导者。1685年，他还获得了雅典学院的植物学教授职位，并成为植物园的管理人。但最著名的还是他的珍奇屋。这是一种非比寻常的景象，屋子里面装满了装着奇怪的

第七章 产业与思辨　367

鲁谢的一件"宝藏",由胎儿的骨架、肾脏、胆囊、膀胱结石以及其他硬化的身体部分构成

中间的骨架望着天堂［旁注的文字解释,正歌唱"命运啊,痛苦的命运"（ah fate, bitter fate）］,演奏着小提琴；前面是一具握着蜉蝣（因斯瓦默丹称其为"只有一天寿命的苍蝇"而出名）的微型骨架；其他的造型也同样表示生命的短暂。弗雷德里克鲁谢《解剖学精要》（*Thesaurus anatomicus*）,1703年,惠康信托图书馆供图,伦敦

鱼和器官的瓶子,以及经过防腐处理保存的标本,包括栩栩如生的人类。陈列的中心部分是他的宝藏：微型的人类骨架摆出各种姿势来纪念飞逝的时光,（例如）演奏的小提琴由硬化的身体部位制成,站立在由硬化的动脉和静脉制成的丛林中以及由膀胱结石制成的岩石中。甚

新的自然史珍奇屋（注意房间后部带着玻璃门的大柜子，里面放满了装着标本的玻璃瓶；画的前面则是以极具艺术特点布置的其他瓶子、宝藏以及镶好的干燥的标本）

弗雷德里克·鲁谢《全集》（*Opera omnia*）书名页，1720年，惠康信托图书馆供图，伦敦

至他们还引起了观众对死亡的关注，这些标本代表了面对衰亡的力量之下的永恒。沙皇彼得大帝参观了鲁谢的珍奇屋，一具经过防腐处理的婴儿正躺在摇篮里，眼睛看起来是那么逼真和宁静，他甚至弯下腰来亲吻这个孩子。1717年，沙皇购买了这一新科学的象征以及珍奇屋中的其他标本，总价为3万荷兰盾——其中的部分收藏品今日仍保存在圣彼得堡。（鲁谢之前也出售过他的收藏品，此后又艰辛地重新建立

起新的珍奇屋。[1]）

如果这项研究大部分是公众对一位小贵族发明的防腐新方法感到兴奋的意外结果，其他研究也得到了学术界以外的富裕人士的进一步推动。例如，很显然是阿姆斯特丹的市长约翰内斯·胡德（Johannes Hudde）建议斯瓦默丹可以通过将不同颜色的蜡注入不同的动、静脉来更准确地研究身体的血管。[2] 另一个例子则是荷兰摄政极其热心支持的斯瓦默丹对自然的研究。[3] 胡德来自阿姆斯特丹一个著名的商业家庭，他父亲曾是荷兰东印度公司管理机构十七人董事会的阿姆斯特丹成员。作为一个年轻人，胡德在莱顿大学跟随当时最杰出的数学家小弗兰斯·范·斯霍滕（Frans van Schooten, Jr.）学习。1646 年，范·斯霍滕整理出版了现代代数学的创立者——法国的弗朗索瓦·韦达（François Viète）的作品，韦达也因此出名。同样也是范·斯霍滕与笛卡尔一起编辑并翻译出了拉丁文版的笛卡尔的《几何》（1649 年）。荷兰的摄政团体中至少有 4 位子弟曾跟随范·斯霍滕学习，范·斯霍滕在《数学练习》（Exercitationes mathematicae，1657 年）中提到了他们出色的数学能力，包括著名的克里斯蒂安·惠更斯（Christiaan Huygens，康斯坦丁·惠更斯之子）、亨德里克·范·赫拉埃特（Hendrik van Heuraet）、约翰·德·维特（未来的荷兰伟大的政治家）以及胡德。[4] 这些学生后来围绕数学保持了稳定的通信联系，他们尤其对概率论（特别是精算表）有着浓厚的兴趣，因为荷兰公共财政依赖彩票和年金：德·维特将他得出的重要结论告知胡德，之后被出版为《永久年金的价值》（Waedye van lyf-renten near proportie van losrentien，1671 年）。[5] 17 世纪 50 年代中期，在他决定将一生奉献给公共服务后，胡德前往阿姆斯特丹市议会，他在那里服务多年，并在 1704 年他去世之前 18 次被

---

[1] Luyendijk–Elshout, "Death Enlightened"；Hansen, "Resurrecting Death"；Kooijmans, De doodskunstenaar.
[2] Lindeboom, "Jan Swammerdam als microscopist," 96–97.
[3] Vermij, "Bijdrage tot Hudde."
[4] Berkel, Helden and Palm, History of Science in the Netherlands, 54.
[5] Hacking, Emergence of Probability, 92–118.

选为阿姆斯特丹市长。这是令人惊叹的，这也与他的温和稳健有着密切联系。但他仍然对新科学及其用途充满兴趣，例如，他研究斯宾诺莎以及斯宾诺莎的哲学，1670 年利用他的影响，一个笛卡尔主义者——内科医生布尔查德斯·德·沃尔德（Burchardus de Volder，荷兰第一个通过实验演示来教授自然哲学的人）获得了在莱顿大学讲授哲学的职位，并与惠更斯开展对下莱茵（lower Rhijne，Nederrijn）以及艾塞尔河（Ijssel Rivers）等地区的研究从而规划如何防止淤塞。[1] 阿姆斯特丹一些重要的研究者都把他们的书献给了胡德，包括杰勒德·布拉修斯重要的解剖学发现史。[2]

布拉修斯曾提到了另一个有权势的阿姆斯特丹摄政，同时也是斯瓦默丹的另一个朋友——昆拉德·范·博伊宁根（Coenraad van Beuningen），17 世纪后期荷兰最著名的政治家之一。虽然作为阿姆斯特丹市委员会成员的他后来与希利斯·法尔克纳（Gillis Valckenier）在加尔文-奥兰治主义者和自由派政党之间组成了中间派，但是他与莱茵斯堡学院会（Rijnsburger Collegianten）的联系表明，范·博伊宁根还是带有自己的自由思想的，显然他对新哲学有兴趣。[3] 1664 年春天，他遇到了斯瓦默丹，当时斯瓦默丹正前往法国从事研究。一名随行的莱顿大学医学院学生正在西尔维乌斯和范·霍恩的指导下从事解剖学的基础学习和研究，这位学生就是斯泰诺，他把斯瓦默丹介绍至了由梅尔基塞代奇·泰夫诺特组织的研究自然的私人研究院。当时，范·博伊宁根还担任荷兰驻巴黎的大使职务，与泰夫诺特有着良好的私人关系，因此他也有机会认识斯瓦默丹。泰夫诺特和范·博伊宁根都对斯瓦默丹的能力留下了深刻的印象，成为他余生研究的坚定的支持者。

凭借这些支持以及父亲勉强的迁就（允许他住在家里并给他一定的零花钱），斯瓦默丹得以在学术圈之外继续深入研究解剖学。他时

---

[1] Rowen, *John de Witt*, 411–418; Pater, *Petrus van Musschenbroek*, 5.
[2] Blasius, *Anatome animalium*.
[3] Slee, *Rijnsburger collegianten*, 77.

常前往莱顿大学与范·霍恩（他支付了相关费用）会面，直至1670年初范·霍恩去世。更重要的是，他积极参与阿姆斯特丹私人医生协会（Collegium Medicum Privatum），这是一个非正式团体，从17世纪60年代中期到17世纪80年代早期，成员们定期在各自家里会面，进行动物解剖调查和研究，并出版了许多研究成果。[1]这个团体包括几位重要的阿姆斯特丹医学研究人员，例如马修·斯拉德（Matthew Slade）、菲利普·马托伊斯（Philippus Mattheus）以及其中也许是最值得注意的——杰勒德·布拉修斯。布拉修斯于1621年出生于阿姆斯特丹的一个丹麦御用建筑师家庭，后来求学于莱顿大学，在1640年"笛卡尔辩论"期间从哲学开始转向医学，1648年以对肾脏的研究论文获得莱顿大学学位。起先，他在泽兰省从医，然后回到阿姆斯特丹，在私人医生协会督察员的敦促下，他成为雅典学院的第一位医学教授，1666年成功地从没有席位的特别教授（extraordinarius）职位转为了正教授（ordinarius）。1670年，他成为学校的图书馆馆长；此外，他还为外科医生协会进行解剖演示，在内城医院的花园里为内科医生和药剂师讲授植物学课程。[2]他是一名优秀的分析化学家，他发表了有关解剖学的研究，包括神经系统解剖以及更为宽泛的医药和医学实践。显然，他和斯瓦默丹一起负责私人医生协会大部分研究成果的出版，尤其是关于蠕虫、鱼类、两栖动物、爬行动物、鸟类和哺乳动物的绝大部分解剖学研究成果，这些成果表明他们是第一批比较解剖学科学家。[3]斯瓦默丹显然也在内城医院解剖了人类遗体，斯拉德在这个医院里也有一个职位。1669年斯拉德退休后，摄政范·博伊宁根获得了许可，由斯瓦默丹继续负责解剖在医院去世的人的遗体。[4]

但除了研究人体解剖学之外，斯瓦默丹还有很多其他的兴趣。对

---

[1] Lindeboom, "Collegium Privatum Amstelodamense"; Cole, *History of Comparative Anatomy*, 330–341. 显然，这个团体在约翰·洛克流亡荷兰期间仍在聚会，相关信息来自哈尔姆·伯凯尔（Harm Beukers）。
[2] Seters, "Voorgeschiedenis," 44; Brugmans, *Gedenkboek*, 181, 394.
[3] Lindeboom, *Observationes anatomicae*; Cole, *History of Comparative Anatomy*, 332.
[4] Lindeboom, *Ontmoeting met Jan Swammerdam*, xv.

解剖学技术的掌握仍然是至关重要的。例如，笃耨香油也是斯瓦默丹制作昆虫标本新方法的关键成分，这促成了他最著名的一些研究。他是最先把昆虫解剖视为完全没有差异的胶状物的人之一。他之所以可以这样做，部分是因为笃耨香油不仅可以保存昆虫（如毛虫）的身体，还可以将昆虫的身体脂肪转变成一种石灰，使得昆虫能够被分解，小心地将石灰洗掉后，昆虫的纤维组织就暴露在眼前了。[1] 他用非常精巧的剪刀、镊子和他自己设计的工作台完成解剖。当年轻的科西莫·德·美第奇（Cosimo de'Medici）于1668年游历至北方时，他拜访了老斯瓦默丹著名的珍奇屋，并看到年轻的小斯瓦默丹正在解剖一条毛虫来展示未来蝴蝶的翅膀是如何已经被包含在它的身体中的。该实验非常重要，表明了昆虫的变态不是从一种事物转化为另一种事物的生化改变，而是已经存在的部位的伸展。这位大公爵对斯瓦默丹研究的技巧和创新性印象深刻，他给他提供了1.2万荷兰盾——这是一笔巨大的资助——来进行昆虫搜集，前提是他能将这个收藏带到佛罗伦萨并为美第奇家族服务。斯瓦默丹拒绝了这个提议。[2]

在科西莫·德·美第奇拜访后不久，斯瓦默丹（以荷兰语）出版了他伟大的带有插图的《昆虫志》（*Historia insectorum generalis, ofte, algemeene verhandeling van bloedeloose dierkens*，1669年）。[3] 在书中，他提出了革命性的主张，即所有生物，甚至昆虫，都是通过一系列物质的自我伸展而不是通过内部转化从卵发育到成虫的。昆虫既不是从发酵或者腐烂的事物中自然地繁殖，它们也不经过内部分解，它们生命的不同阶段更不是他们构成物质的质变结果——亚里士多德和威廉·哈维认同的观点。无论是繁殖还是变态都是源于卵中已存在各部分的增殖和生长。[4] 他甚至发现，毛虫体内的虫卵也是从虫卵中出来的。

---

[1] Swammerdam, *Biblia naturae*, sig. l.
[2] Lindeboom, *Ontmoeting met Jan Swammerdam*, 12.
[3] Swammerdam, *Historia insectorum*.
[4] Ruestow, "Piety and Natural Order."

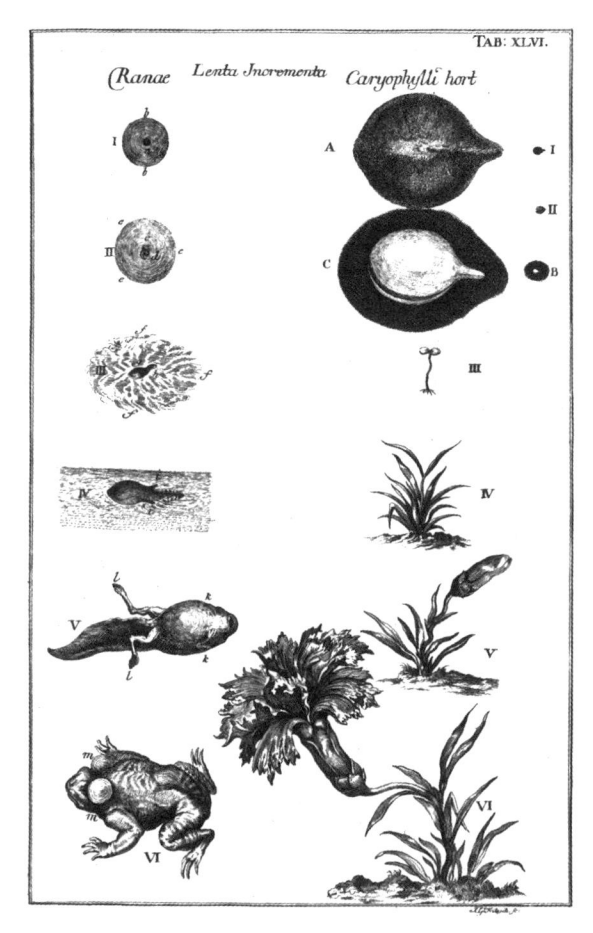

青蛙和康乃馨发育过程对比图

摘自扬·斯瓦默丹《是大自然的奇迹，还是子宫的结构》，1752年，表46，惠康信托图书馆供图，伦敦

他认为，在动物躯体中发现的所有不同的膜状物，从昆虫翅膀到人类皮肤，都是由毛细血管构成的。换句话说，他能够给出一份唯物主义的记录——有时被称为"机械的"记录——其内容有关昆虫的生命，说明动物身体内所有坚硬的部位是如何形成的。[1]他甚至研究了几种昆

---

[1] Ruestow, "Rise of the Doctrine of Vascular Secretion," 268.

虫的性器官，惊讶地发现，蜂巢中的蜂王拥有一个子宫，它不是国王而是蜂后。然而，他明确指出，人类无法探究到最细节的层面，因此人类永远无法掌握充分的知识来了解大自然是如何运作的。当他把这本书献给阿姆斯特丹市长时，对方非常高兴，给予斯瓦默丹200荷兰盾的谢礼。

放大，再放大

虽然笃耨香油、制作精良的镊子和剪刀以及精致的放大机是斯瓦默丹探索毛虫和蝴蝶解剖结构最初的关键技术，但他最精细的研究依赖于发明了利用单透镜显微镜的方法。有助于观察的镜片自从14世纪晚期就开始得到应用——据推测，用于放大或者矫正视力与视觉。例如，布料在出售之前，它的质量已经由制布城镇的市政官员仔细分级，而评估质量的最重要的方法之一就是"计数"（评估每英寸或者类似的计量单位下的布料的经纬密度）；这通常涉及放大镜的使用。[1] 就像现在人所熟知的，把两个镜片放在一根管子的任意一段以制造更大的放大率——望远镜——的第一份文献来自一位镜片制造者，米德尔堡（一个因生产高质量的镜片而闻名的地方）的汉斯·利佩尔希（Hans Lipperhey），他于1608年9月向荷兰议会申请了设备专利。[2] 这个仪器在军事上会发挥巨大作用，这是显而易见的，因此莫里斯亲王试图把这个仪器设置成最高机密。但是这个新消息传播得极为迅速。在威尼斯，伽利略在看到或听到这个仪器后制造了他自己的望远镜，成为早期最著名的使用望远镜的人之一，而约翰内斯·开普勒（Johannes Kepler）很快利用光学数学对此后的望远镜进行了改进。另一位荷兰发明家科内利斯·德雷贝尔（Cornelius Drebbel），曾经参与对开普勒望

---

[1] 关于对布料的评估以及透镜的使用，参见 Ford, "The Van Leeuwenhoek Specimens," 51; Reddy, *Rise of Market Culture*; Harte, *New Draperies*。

[2] Helden, *Invention of Telescope*.

远镜的改进（使用两个凸透镜片），在 17 世纪 20 年代前，为了近距离观察微小事物，制造出了一台复合显微镜。同样，伽利略也发明了同类仪器，并改良、制造了仪器，为弗雷德里科·切西（Frederico Cesi）王子以及猞猁之眼国家科学院（Accademia dei Lincei）提供了示例。切西与他的同事弗朗切斯科·斯泰卢蒂（Francesco Stelluti）利用它仔细观察了蜜蜂，并在 1630 年发表了相关的研究；詹巴蒂萨·奥迪耶纳（Gianbatisa Odierna）于 1644 年发表了他对苍蝇复眼的研究的插图；皮埃尔·博雷尔（Pierre Borel）于 1656 年印刷出版了一幅描绘飞蛾触角的粗糙图画。早期最好的显微镜（奥迪耶纳的）大约能放大 20~30 倍，大部分显微镜的放大率都要小得多。17 世纪 50 年代出现了各种各样的改进尝试，其中最显著的结果见于罗伯特·胡克（Robert Hooke）的《显微图谱》（*Micrographia*），该书出版于 1664 年末，但书封上的出版日期为 1665 年。[1]

但也有一位不知名的人发明了一种微型的单透镜显微镜，用它可以放大微小的物体，因此得名"跳蚤显微镜"。1637 年，笛卡尔提到了这种显微镜，似乎当时它们在荷兰多被当成玩具出售。[2] 制造这种显微镜的一种方法像"吹泡泡"一样：把一小块玻璃放在针尖上加热，形成一个牢固的玻璃球体（尽管针尖的压力使球体略有变形）。然后把这个小玻璃球固定在某个东西上，当一个物体，如跳蚤，放置在靠近它的地方，就可以通过这个球体仔细观察了，这个物体的细小的部分便被放大了。在《显微图谱》的序言中，胡克描述了另一种方法：抽取一条细长的玻璃线，然后把末端加热，形成一个小珠子，通过精细研磨将其取下。然后胡克用蜡把这些玻璃珠子固定在金属薄板上的针孔中，从而可以近距离地用眼睛观察，物体被放大的程度比任何复合

---

[1] Fournier, "Fabric of Life," 47–49, 9–16; Ruestow, *Microscope in the Dutch Republic*, 6–10; Wilson, "Visual Surface and Visual Symbol"; Harwood, "Rhetoric and Graphics in Micrographia"; Dennis, "Graphic Understanding."

[2] Ruestow, *Microscope in the Dutch Republic*, 9–10.

显微镜都大。但放置在地面时会在球体上产生一个扁平的变形，胡克因此改进了他的方法，即简单地把固定玻璃球的柄转向一边，从玻璃珠观察物体，于是玻璃珠就会形成两个凸面。[1] 胡克发现，这些透镜的放大效果比复合显微镜更好，色差也更小，但由于这种观察方式使他用眼过度，因此他并不经常使用这种显微镜。

在胡克的书出版后的几个月后——1665年4月——克里斯蒂安·惠更斯获得了一本，并在里面做了大量的注释，同时还与胡德通信，谈论这种简单的显微镜的优点。[2] 胡德至少在1663年起就已经开始制作"吹泡"镜片。[3] 斯瓦默丹后来怀着极大的感激叙述胡德在17世纪60年代教会了他如何制作单透镜显微镜。[4] 但是，当斯瓦默丹关于昆虫的研究于1669年出版时，他收到了马尔皮吉关于蚕的一本书。书中，马尔皮吉通过显微镜观察，煞费苦心地描述了这种生物改变解剖结构的整个过程，这促使斯瓦默丹发明自己的方法模仿并超越马尔皮吉。斯瓦默丹甚至找到了在显微镜下解剖的方法。这是一种尝试性的工作，导致他眼睛发炎及高烧，但它却使斯瓦默丹获得了几代人以来技艺最高超的显微解剖学家的声誉。[5]

过去人们常说，单透镜显微镜最著名的使用者安东尼·列文虎克（Antoni Leeuwenhoek）从胡德那里学会了使用方法。[6] 最近，有人声称列文虎克是在1668年去伦敦出差时阅读了胡克的《显微图谱》后才发现这种方法的，并找人翻译了序言，因为在序言中胡克解释了如何制作显微镜。很明显，列文虎克寄给皇家学会亨利·奥尔登堡（Henry Oldenburg）的标本（并在给他的第四封信中描述了这种标本），是根

---

[1] 胡克的第二种方法见于他的 Lectures and Collections of 1678；胡克的文字描述了制作单镜片显微镜的两种方法，参见 Ford, Leeuwenhoek Legacy, 29–30。
[2] Barth, "Huygens at Work"；Fournier, "Fabric of Life," 13.
[3] Zuylen, "Microscopes of Leeuwenhoek," 310.
[4] Lindeboom, "Jan Swammerdam als microscopist," 95, 引自 Swammerdam's Biblia naturae, 89–91。虽然林德博姆（Lindeboom）认为斯瓦默丹直到1673年才从胡德那里学会了这种方法（同书第98页），对此进行研究的学者达成的共识认为时间应该是在17世纪60年代，例如 Fournier, "Fabric of Life," 89。
[5] 参见关于他的勤勉的工作的记载，见 Ruestow, Microscope in the Dutch Republic, 112–117。
[6] Lindeboom, "Jan Swammerdam als microscopist," 98.

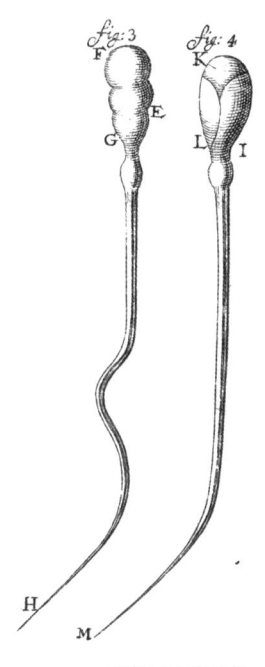

对精子的两种描绘

摘自安东尼·列文虎克《内部解剖》（*Anatomia seu interiora rerum*），1687年，惠康信托图书馆供图，伦敦

据胡克的书仿造的，尽管这并不能证明列文虎克是从该书学会制作简单的显微镜的。[1] 也很明显，列文虎克是一位熟练的"吹玻璃工"，通过制造一种热玻璃泡球体的变形，他至少可以制作出一种镜片。[2] 此外，他居住在代尔夫特，这个城市的居民在处理视觉仪器方面有着很深厚的专业知识。他受洗的日子（1632年10月），仅与他的同胞及画家约翰内斯·维米尔（Johannes Vermeer）受洗日差4天，后来他还担任了维米尔遗产的执行人。维米尔以绘画而闻名，他擅于捕捉精准细节的瞬间信息，在这一过程中，他利用暗箱来辅助作画：在一个暗室内，光线仅可通过一个小孔进入，在小孔上面放置一个镜片，把外面的景

---

[1] Ford, "Van Leeuwenhoek Specimens"; Ford, *Single Lens*, 33–40; Ford, *Leeuwenhoek Legacy*.
[2] Zuylen, "Microscopes of Leeuwenhoek," 320–322.

物投射到对面的墙壁上。诸如凸透镜这样的光学仪器,自从15世纪早期扬·凡·艾克的时代起就开始被画家们使用了。[1]与维米尔一样,列文虎克积极地进行光学仪器的实验,以便更精确地观察世界,发展了吹制、研磨和抛光透镜的方法,其中最好的一种沿用至今,放大率达到了大约266倍,其放大倍数与"理论极限相差不远"。[2]究竟他是如何首先想到制造单透镜显微镜的?这个问题我们必须考虑,但是目前尚未解决。但是与他的研究同样重要的是列文虎克制作用于观察的标本的专业能力,[3]他的聪明才智以及敏锐的眼光,这点与斯瓦默丹是一样的。

列文虎克不是学者。[4]他是一个制作篮子的手工匠的儿子,长大后成为他家乡的一名布商和小市政官员,但是他从来没有富裕和强大到被认为是摄政者的一员。由于他的背景,小学以后再也没有接受过教育,因此他也从来没有学过拉丁语或其他语言。相反,他的自学机会来自所结识的一些受过良好教育的当地人物,特别是斯瓦默丹的同学及朋友雷尼尔·德·格拉夫。他还定期参加周三在代尔夫特理发匠与外科医生联合协会举行的医疗人员会议,有时候会举办一些解剖学课程,列文虎克一次听课的情景被画了下来。[5]大约在1673年前夕,列文虎克开始制作自己的单镜显微镜,观察他能获得的所有东西,这让代尔夫特的其他人感到兴奋不已。德·格拉夫让列文虎克将他早期的一些微观调查研究写在纸上,并于1673年4月将这份报告附在一封信中寄给了亨利·奥尔登堡。[6]康斯坦丁·惠更斯进一步认可了列文虎克。惠更斯于1673年8月8日(第三次英荷战争期间)给胡克写信,解释了

---

[1] Wheelock, *Perspective*; Steadman, *Vermeer's Camera*; Huerta, *Giants of Delft*, 15–29.
[2] Zuylen, "Microscopes of Leeuwenhoek," 326; 同时参见 Zuylen, "On the Microscopes of Leeuwenhoek"; Zuylen, "Microscopen van Antoni Van Leeuwenhoek"; Ford, *Leeuwenhoek Legacy*, 141–181.
[3] Ford, "Van Leeuwenhoek Specimens"; Ford, *Leeuwenhoek Legacy*, 51–69, 83–125.
[4] 有关的通俗传记,参见 Dobell, *Leeuwenhoek*。同时参见 Schierbeek, *Leeuwenhoek*; Schierbeek, *Measuring the Invisible World*。
[5] 他正好出现在解剖课的焦点人物科内利斯·伊萨克教授的右上方,s–Gravesande, 1681, 目前藏于代尔夫特王子纪念馆。
[6] Hall and Hall, *CHO*, no. 2209, 18 April 1673. 专家于5月7日的会上讨论了列文虎克的信,奥尔登堡将其发表于5月19日的《哲学汇刊》。

列文虎克"是一个谦逊的人，虽然没有学习过科学和语言，但是他本人天性非常好奇而勤勉"。在描述列文虎克的显微镜方法之后，惠更斯又回到了对这个人的描述上，他告诉胡克"我绝对不会对像他这样勤奋的探索者感到不满，尽管他总是谦虚地把他的经验经历和关于它们的思考提交给博学的人去批评纠正"[1]。于是奥尔登堡邀请列文虎克定期用荷兰语交流他的观察结果。皇家学会的许多成员把它们翻译成了英语，直到列文虎克1723年去世，《哲学汇刊》中出现了116条这样的建议。[2] 他探索发现的好奇心和技术能力使每个人都感到惊讶且兴趣盎然。列文虎克对一系列生物进行了仔细研究，在这些成就中，他是第一个看到血液流过毛细血管的人，也是第一个发现了单细胞生物和精子的人。[3]

颜色指示剂

一些看似遥远的事物中甚至可以表现物质技术的发展，且这些物质技术往往关注现象，比如柯奈利斯·庞德谷对饮茶的推广。庞德谷出生于1640年，曾是一名外科医生的学徒，后来在莱顿大学获得了医学博士学位。他和斯瓦默丹一样，跟随西尔维乌斯和范·霍恩学习。[4] 甚至在1667年毕业后，他因直言不讳地支持笛卡尔唯物主义在大学较为保守的成员中声名狼藉，因为他经常参加公开辩论，并且观点常常被描述为是对抗性的，而当时的学术气氛极为保守，尤其是在1672年法国入侵之后。他坚定地相信直言不讳和言明真相之间的联系——无论是在哲学领域还是医学领域，他还与其他内科医生发生了许多次争辩；

---

[1] Wrop, *Briefwisseling van Constantijn Huygens (1608–1687)*, 6: 330–331.
[2] Palm, "Leeuwenhoek and Other Dutch Correspondents"; Vermij and Palm, "John Chamberlayne als vertaler."
[3] Meyer, "Leeuwenhoek as Experimental Biologist"; Cole, "Leeuwenhoek's Zoological Researches"; Lindeboom, "Leeuwenhoek and Sexual Reproduction"; Ruestow, "Images and Ideas"; Ruestow, "Leeuwenhoek and Spontaneous Generation"; Fournier, "Fabric of Life," 79–91; Ruestow, *Microscope in the Dutch Republic*, 146–200.
[4] Velde, "Bijdrage tot Bontekoe."

然而，在莱顿大学，大学管理者最终还是禁止他进入他们的大楼。[1] 两年后，庞德谷出版了他的《论茶的优点》（*Tractat van het excellensie kruyd thee*，1678年），这部书很快就被多次再版，使得他被后世称为"茶博士"。[2]

林斯霍滕关于东印度群岛的研究也曾简要地提到过茶，在雅各布斯·邦修斯17世纪30年代早期的自然史手稿中有更详尽的描述，威廉·皮索1658年出版的著作更是补充了额外的信息。起初，茶的进口数量极其有限，并且很可能是由水手推动的私人贸易的一部分，但到1651—1652年间，中国茶和日本茶（chiaa）都出现在了荷兰东印度公司的拍卖会上。[3] 也就是大约在那时，葡萄牙宫廷开始饮用茶，到了17世纪60年代，查理二世的王后，布拉干萨的凯瑟琳（Catherine of Braganza）把茶带到了英国宫廷。这些事无疑也有助于茶叶在荷兰的流行，尽管它的主要提倡者都是荷兰东印度公司的前雇员，他们在从东方回到荷兰之前就已经习惯了喝茶。但直到1685年，这种饮料还只在那些出身高贵的人中传播：曾经负责在中国传教的耶稣会士向当时住在罗马的克里斯蒂娜王后（Queen Christina）询问中国人饮用的那些奇怪的茶叶；第二天，他们给她带来了一些茶树叶、泡茶的工具以及一些用来品茶的瓷杯，以便她能品尝到真正的茶。[4]

然而，庞德谷认为，"无论是印度（群岛）人还是来自东印度群岛的荷兰人"，我们都不应该去模仿他们，"在这个国家，他们喝3~4杯加糖的既浓又苦的茶。这个习惯十分危险，极容易伤害胃、血液和大脑"。[5] 相反，他建议喝茶可以少量多杯，且不宜太浓，不加糖，但是

---

[1] Molhuysen, *Bronnen tot de geschiedenis der Leidsche Universiteit*, 3: 283, 300–301, 302, 314; 有关庞德谷作为一名笛卡尔主义的拥护者的活动，参见 Thijssen–Schoute, *Nederlands Cartesianisme*, 276–317。

[2] 有关重印的对开本翻译，参见 *Opuscula selecta Neerlandicorum de arte medica*, vol. 14, 其中包含了德·费菲（F. M. G. de Feyfe）以英文撰写的对他的生活和工作的简介：lii–xcix。同时参见 Velde, "Bijdrage tot Bontekoe."关于"茶博士"，参见 Schama, *Embarrassment of Riches*, 171–172。

[3] Glamann, *Dutch–Asiatic Trade*, 18; 但是，茶在18世纪之前并未得到足够的关注，参见 Posthumus, *Inquiry into the History of Prices in Holland*。

[4] Foss, "European Sojourn," 133.

[5] Bontekoe, *Thee*, 331.

可以适量加奶。他还批评了那些以茶为中心的虚荣表现（渴望给人留下深刻印象的年轻女性尤其让他愤怒），以及一些人在茶壶、茶杯、茶碟和其他用具中的奢侈行为。带着这些复杂的情绪，他更笼统地评论了亚洲习俗对荷兰生活的影响：虽然最近"我们的艺术大师也展示了他们在仿制那个国家的瓷器和陶器方面的技艺"，制作出了蓝色的代尔夫特瓷（Delftware），"通过一种奇怪的流传方式，荷兰开始逐渐印度（群岛）化，甚至在衣着上也是如此，愿主阻止它在宗教上也变得如此，虽然不是在语言上，但是在实际生活中已然如此，几乎全部成为异教徒。这已经把我带得太远了"[1]。不管他的观点意味着什么，庞德谷不仅大力提倡鼓吹茶叶，还大力提倡来自东西印度群岛的其他药品，如鸦片、烟草、巧克力、咖啡以及"耶稣会士树皮"（即金鸡纳树皮，Jesuit's bark）。[2]

在经历了4年的尿结石痛苦之后，庞德谷第一次接触到了"茶水"，当时他的身体已极度虚弱，经常尿血。"我采用的所有治疗方法都能止住出血，但代价是变本加厉的疼痛，所以我宁愿日夜尿血，也不愿忍受这种疼痛，这种疼痛令我实在无法忍受，只能连续数天卧床。"但有可能是当他住在海牙时——据说他从1672年就在那里行医——他很幸运地遇到了一群大量喝茶的人，"数周后"，"我摆脱了疼痛和结石，我惊讶地发现排出的尿是澄净的，而且没有血，从那一刻起，我再也没有患过这种或者类似的病"。[3]因此，为了同胞的利益，他用荷兰文写了一本书，因为"这部专著不仅可以而且必须用一种人人都能理解的语言写，因为它们是关于每个人都应该知道的事情"[4]。

庞德谷的论述一开始便恳求他的读者过好自己的生活，尽可能地

---

[1] Bontekoe, *Thee*, 453. 关于17世纪"中国风"一开始的评论，参见 Miller, "Fraisse at Chantilly," 以及 Lach, *Asia in the Making of Europe*, vol. 2。
[2] Bontekoe, *Thee*, xciii.
[3] Bontekoe, *Thee*, 373–375. 他说这一情况发生在国内巨大的困难时期之后，表明1669年他的婚姻最终以数年后的离婚收场。
[4] Bontekoe, *Thee*, 123.

保护自己的健康。因为原罪，人类无法逃脱死亡、疾病和痛苦，以及加速疾病和死亡的无知愚昧，而大多数人"憎恨或忽视"最能够保护他们的健康、维持他们的生命的知识，"他们任由自己的欲望与习俗引导"。但是，即使在很大程度上人们问题的根源在于自身，"只要他们能规范自己的生活方式，他们就有能力来防止出现其中的许多问题，而这也是我认为医生最应该研究的内容"。他首先纠正了他们的误解：只要不太冷，喝水对身体没有害处；茶不会使身体干燥，也不会使身体消瘦生病；根据最新的生理学研究，茶不会"使胃松弛"，不管怎样这都是伪命题；它既不产生胆汁，也不伤害那些患有胆汁相关疾病的人；它从来没有造成四肢颤抖或患病；也没有使男性阳痿或女性不孕。行文中，他试图保留一些恐惧，即使饮茶也会导致"整个国家……全是健康的男人和女人"，它"可能会因葡萄酒和啤酒税的损失被摧毁。我们的工作不是去证明国家利益和个人健康是相容的，这一点不属于医学范畴；此外，我们既不打算也不希望我们的民族放弃啤酒和葡萄酒而只喝水"。然后，他描述了茶对口腔和咽喉、胃、肠道、血液、大脑、眼睛和耳朵、胸、腹、肾脏和膀胱的影响。最后，他总结了对茶的描述以及如何泡茶、品茶。"谁也不会装出有道理的样子去抱怨饭后喝 10 杯或 12 杯茶对身体有什么害处。"相反，这样的习惯也许可以防止产生许多长期的不适。当某些疾病缠身时，可能需要将饮水量提高到每天 50 杯甚至 200 杯，这是治疗"坏血病、痛风、足疮以及其他 100 种不适"的最佳（deftigste）药物，包括膀胱结石，甚至可以治愈痢疾，尽管它不是万灵药。总之，茶能够温暖血液，使其滋润，消除结核，稀释过于黏稠的血液，给血液注入活力而无须刺激血液，就像葡萄酒、啤酒、白兰地等一样，使虚弱无力的人恢复活力，"促进血液的循环，以及当血液开始停止或凝固时，促使血液融化，并以生命和健康所必需的速度继续它的流动"，缓和血液中的"刺激度并抑制酸度"，使身体出汗、排毒，并治愈发烧。"总之，它是一种令人愉快的治疗方法，对几乎所有的血液病症，以及由此产生的其他疾病，它都是一种预防药。"[1]

就像他那个时代的其他内科医生一样，庞德谷明确地强调了他喝茶的经验及其对疾病的作用。搜集使用茶的医学经验不是来源于"道听途说"，也不是来源于复制其他作者的数据。庞德谷说，他的知识来自他自己的身体和他的病人，是他谨慎小心地进行搜集得到的。[2] 但在他的解释的背后，有一套来自他老师西尔维乌斯的概念，即西尔维乌斯的分析基于从当地漂染业获得的证据。

当谈到医药化学时，西尔维乌斯发明了彻底的唯物主义方法，尽管以前遵从的是演绎法。巫师帕拉塞尔苏斯的主要继承者是来自尼德兰南部布拉邦特的贵族海尔蒙特（Johan Baptista van Helmont），自然力量是他理论的中心。[3] 在广泛游历之后，他于1605年回到了低地国家南部，尽管他拥有一些小的贵族头衔，但依然免费行医直至退休。退休后他一直在位于菲尔福尔德的一个庄园进行化学研究。他攻击帕拉塞尔苏斯三大原理以及亚里士多德的四要素理论，主张只有当（人类）智力（思维能力）受到感恩的启发，并通过化学实验与事物的真实方式相联系时，才能识别事物的起因，大多数人所称的"理性"只不过是共同的想法而已。自然物体是裹着肉体的灵魂种子（semina），而人类作为上帝最后创造的生物，在我们身上存在完整的反映世界本质的微观世界。也就是说，只有当我们和它们之间产生精神联系时，它们才能获得真正的理解。但是他同时强调，我们不能简单地通过冥想来由直觉感知这些联系，需要实验的指导来给我们带来启发。[4] 因此，他充分结合了通常认为的调查发现的必要性，例如，他证明了在一个容器中的植物只需要水就能生长，这表明水是自然的最终原则。[5] 他还

---

[1] Bontekoe, *Thee*, 191, 129, 211, 327, 359, 377.
[2] Bontekoe, *Thee*, 123.
[3] Pagel, *Van Helmont*.
[4] 有关海尔蒙特的生活和观点的简要概述，参见 Pagel, "Helmont, Johannes (Joan) Baptista Van"; Pagel, *Van Helmont*, esp. 19–34; Pagel, *Paracelsus to Van Helmont*; Heinecke, "Mysticism and Science of Van Helmont"; Debus, *Chemistry and Medical Debate*。
[5] Webster, "Water as the Ultimate Principle."

教导说，血液含有身体的许多本质，因此通常出血的有害性远大于治疗性，疾病是内在的事物，而不仅是由于身体失衡而导致的健康缺失。疾病需要通过恰当的药物中的平衡介质来排出。[1] 西尔维乌斯采纳了海尔蒙特许多关于实验主义和化学过程中的事物真相的观点，但舍弃了他所有对自然力以及其他非物质力量的猜想。他还支持哈维关于血液循环的观点，并亲自进行专业的解剖学研究，尤其是对大脑的研究。

显然，庞德谷接受的是经过西尔维乌斯重塑的海尔蒙特传统。他一再强调：“血是生命珍宝；正是因为它的温暖和循环，身体的所有部分才能活动和维持。死亡不过是血液的停滞……要想活得健康，一个人必须要有数磅的血，但更重要的是血液足够薄、温暖、精细、充满精神和活力。”[2] 和其他奉行海尔蒙特传统的人一样，庞德谷也反对常用的静脉切开术。像他的老师西尔维乌斯一样，他认为许多疾病是由血液的不健康状态引起的。不健康的血很黏稠、迟滞、寒冷且富含酸性；健康的血则是"清淡、温暖、精细、富有活力"。例如，设想某种液体对血液的影响："不难证明，对我们的国家和民族来说，葡萄酒含水太少而酸度太高；且不说其他杂质，纯水固然没有杂质，但是太凉；啤酒的话，要么使血液活动过于剧烈，要么使血液充满酸性和黏性物质，使肾脏充满结石，使肠胃阻塞；最后，牛奶含有太多的营养，不能被视为饮料，乳浆、黄油和牛奶则太生、太脏，人类饮用后没有作用。"同样，"酒、醋、黄油、脂肪、油和其他许多东西……用一种极酸的物质充满胃、肠道，特别是血液"，导致胆汁的产生。[3] 他再次强调，"痢疾是由极度的酸引起的，它能使肠胃破裂，并使血液发酵"。

这样的化学分析也解释了茶的良好效果，因为"没有比茶中的碱更好的用来治疗"痢疾的药了。茶碱能够温和地中和酸，并逐渐停止腹胀。更笼统地说，"茶给血液提供了一种挥发性的盐，它是非常

---

[1] Niebyl, "Sennert, Van Helmont, and Medical Ontology."
[2] Bontekoe, *Thee*, 351.
[3] Bontekoe, *Thee*, 225, 273.

微妙的，几乎完全充满活力；因此它使血液变得精细和清淡，这是血液所能拥有的最好的状态"。在消耗上，"茶中挥发性的盐和稀薄的茶叶油并不是从血液中提取酸、调温血液、通过毛孔和尿液排出酸的最糟糕的治疗办法"。他又一次强调："茶不仅能使血液温暖、稀释、强化，使其润泽，还能调和血液，因此，在自然中没有其他物质能够与茶相提并论……消除血液中的酸并通过汗水和尿液将其排出。"[1]茶的关键成分是它包含微量的茶油以及"挥发性的盐"，也被称为"碱"。就如他承诺将在一篇即将发表的论文中所解释的，"我将证明，茶几乎是一种易挥发的纯碱，是一种细腻、纯净、稀薄且易挥发的盐，大量存在于极为干燥的茶叶的导管中，当把这些茶叶浸泡在水中时，茶碱能够充分溶解，并被热水及蒸汽从导管中带出来。这方面的证据如下：

> 有些含硫酸盐（硫酸铜）的井水立即被茶染成棕色甚至黑色，就像茶水泼在铁上后立即变成墨水一样；并且，溶于水中的硫酸盐与少量的茶水混合，溶液立即变成黑色，就像墨水一样。既然墨水只能由硫酸盐和碱制成，而硫酸盐和茶水能立即生成墨水，那么茶中就必然含有碱，但是这是一种很微妙的碱，因为当把茶在空气中暴露数小时后就失去了它的效力，更重要的是，因为它溶于热水，热水极容易吸收挥发性的碱；我仍然要补充一点，茶浸泡在醋里后也会失去它所有的效力，酸是碱的大敌，消除茶叶中的盐的力量；这再一次证明了茶中含有盐，因为它会被它相反的物质酸所消除。[2]

就像庞德谷在他后来的一部医学著作中所说的，"人们可以通过一

---

[1] Bontekoe, *Thee*, 377, 333, 245, 359.
[2] Bontekoe, *Thee*, 449.

个实验来判断一具尸体是盐性的还是酸性的"。在这个实验中用到了酸和碱,结果值得关注;"颜色的变化"和沉淀告诉我们哪个是酸,哪个是盐:水银被酸溶解,硫酸被水溶解,"因此所有的金属、蔬菜和动物都能被妥当地检查"。[1]

在分析中,庞德谷采用了他的老师西尔维乌斯的方法。西尔维乌斯是第一个把发酵和泡腾区别开来的人。在他看来,泡腾是把"精素酸"(spiritus acidus)和一种"盐的溶液"(sal lixiviosum)以及碱混合而产生的结果。西尔维乌斯由此提出了他的酸碱理论,他相信这个理论可以解释几乎所有的疾病,并提出它们的治疗方法。为此,他把所有物质分为稳定的盐、酸以及"挥发性盐"(碱),这些物质在没有神秘的超自然力量干预的情况下彼此发生反应,引起身体中的变化。[2]

西尔维乌斯关于含水物质要么是酸要么是碱性的理论,源于新的颜色测试——第一个"石蕊测试",它诞生于染色工业。正如比尔·埃蒙(Bill Eamon)指出的,大多数化学颜色指示剂都是由画家和染工发明的。[3] 至于染色,其工艺十分古老,在13世纪的佛罗伦萨就已复兴,并且在传播到世界其他地区时引起了欧洲人极大的兴趣。正如我们所看到的,靛蓝——用来染印蓝色布——是荷兰东印度公司从亚洲进口的主要商品之一,巴西则是用于染色的苏木(brazilwood)的主要出口地——苏木与巴西这一地名有着密切联系。[4] 一种从中美洲进口的商品胭脂虫——斯瓦默丹用显微镜发现这是一种昆虫——早在

---

[1] 来自他的 "Fondamenten, van het Acidum en Alcali," which is part 4 of the "Opbouwder medicyne," in Bontekoe, Alle de… werken van de Heer Corn. Bontekoe, 187。
[2] 有关西尔维乌斯,参见 Baumann, *François Dele Boe Sylvius*, 附有一段简短摘要, Baumann, *Drie eeuwen*, 114–122; 以 及 King, *Road to Medical Enlightenment*, 93–112; Beukers, "Laboratorium van Sylvius"; Beukers, "Acid Spirits and Alkaline Salts." 从这一记载中无法找出西尔维乌斯提出他的酸碱理论的精确时间,但它确实出现在了1660年的医学争论上,参见 Baumann, *François Dele Boe Sylvius*, 65。
[3] Eamon, "New Light on Boyle." 同时参见 Debus, "Sir Thomas Browne."
[4] Defilipps, "Historical Connections." 参见 Pelliot, *Notes on Polo*, 103–104, 他注意到了亚洲的"巴西木"常被认为是"苏木",因此这个国家并非得名于这种木材,而是得名于传说中的岛屿巴西,据猜测巴西岛位于大西洋中。

雅各布·范·勒伊斯达尔《哈勒姆郊外的漂白场地》（Jacob van Ruisdael, Bleaching Ground in the Countryside near Haarlem），约 1670 年

苏黎世美术馆版权所有

1518 年就开始被从新西班牙运回欧洲用于印染。荷兰著名发明家科内利斯·德雷贝尔一生的大部分时间都在英国皇家宫廷里度过，大约在 1630 年，他发现了如何将胭脂虫和锡结合起来以获得用于毛纺织品的鲜红色。仅仅在德雷贝尔把他的新方法引进并制作绯红色布料的一年后，爱德华·乔登（Edward Jorden）在他的《论天然染液与矿物质

水》(Discourse on Naturall Bathes, and Mineral Waters)中提到了使用德雷贝尔的绯红色布料来区分不同的水,其根据就是它们的酸咸（碱）性（一种把布料变为红色,另一种变为蓝色）。因此,染料成为欧洲艺术大师非常感兴趣的东西:第一本书由伦敦皇家学会于 1662 年出版,书名为《常用印染实践装置历史》(An Apparatus to the History of the Commone Practices of Dyeing),罗伯特·博伊尔很快于 1664 年做出贡献,出版了另一部研究著作《涉及色彩的实验和思考》(Experiments and Considerations Touching Colours),他在书中承认染料是他信息的重要来源。与此同时,在法国,首席大臣让-巴普蒂斯特·科尔贝(Jean-Baptiste Colbert)花费了大量的精力和金钱来推广印染艺术,并安排了许多化学家从事这项研究。[1]

漂白也很重要。在北欧,绝大部分布料的工业染色和漂白都是由荷兰人做的。荷兰的制布业集中在莱顿,当然,也是西尔维乌斯的医学院所在的地方。当时莱顿拥有荷兰第二大人口规模（1665 年时约 7 万人）,其中许多人组成了庞大的城市无产阶级,他们从事制布业,专门生产名为"bays"的精致而轻薄的新羊毛织物。[2] 莱顿的布料年产量从 1585 年的 3 万件增加到了 1665 年的 14 万件。[3] 其工业不仅涉及纺织,还涉及染色和漂白。例如,英国人不仅向荷兰出口原毛,还出口当时所谓的"原布"（Old Draperies）——未完成和未染色的布料,它们通常在低地国家被漂白或染色。就印染而言,布料被"漂洗"（拍打后用一种从亚洲进口的明矾进行处理）以便染料能附着在纤维上,然后将布料浸泡在大桶染液中。如果布不需要染色,通常则进行漂白。漂白也是一门古老的艺术,但到中世纪末,荷兰人已成为著名的漂白从业者,他们对北欧贸易的垄断一直持续到 18 世纪。对于漂白,布料在碱

---

[1] 有关印染对于"科学"的重要性,参见 Travis, *Rainbow Makers*; Déré, "Profil d'un artiste chimiste"; Nieto–Galan, "Calico Printing and Chemical Knowledge"; Schaffer, "Experimenters' Techniques."
[2] Zanden, "Op zoek naar de 'Missing Link'"; Ogilvie and Cerman, *European Proto–Industrialization*.
[3] 参见 Posthumus, *Geschiedenis van de Leidsche lakenindustrie*。

性溶液中浸泡数天，然后漂洗干净（这一过程被称为"浸渍"），然后铺在草地上放置几个星期（被称为"日光漂白"），然后将上述程序重复5～6次。为了完成漂白，亚麻布需被浸泡在酸牛奶或黄油牛奶数天，然后漂洗干净，然后再进行日光漂白。要生产出真正的白色亚麻布，可能需要重复几个月——整个夏天。[1]哈勒姆附近沙丘后面的沙地上长满了短草，非常适合日光漂白。因此，每年春天，哈勒姆不仅要处理从毗邻的莱顿运来的布料，还要对从德国、苏格兰、英格兰甚至更远的地方运来的布料进行漂白处理。每一位旅行者乘船经运河从莱顿到阿姆斯特丹的途中都会经过附近的哈勒姆以及它的日光漂白场。因此，酸碱理论被莱顿大学的一位教授以最强的形式发明，并被他的一名学生用来解释从亚洲进口的一种新产品的好处，这似乎不是偶然的。

突破知识的界限

因此，在解剖学、自然史、显微镜学、医学和化学等领域，新的发现是通过采用先进的生产方式观察与研究世界而获得的。假设建立在结果的基础上，但大多数情况下，人们认识到这些概念是临时性的。例如，斯瓦默丹读过笛卡尔以及其他现代人的文章，他在1667年的医学论文中对呼吸进行了解释，他认为呼吸是由肺扩张时空气进入的压力造成的，而不是因为任何先天的引力原理。但是，为证明这一观点而进行的仔细的实验研究，反映了实用主义以及实证主义的笛卡尔主义学者对医学更为熟悉，而不是形而上学式的。在他发表这篇论文的两年后，斯瓦默丹在他的《历史》(*Historia*)一书中宣称："正如我们无法获得对所有事物的真实体验，因此，我们也无法获得对所有事物清晰而明确的概念，我们不应该愚蠢地想象，我们可以通过我们的理性获得对事物原因的真实与真正的认识。"因此，"我们最大的智慧"

---

[1] 对漂白场地及其工作的描述，参见 StoneFerrier, *Images of Textiles*, 119–161。

只在于搜集关于自然的"真实表现或影响进而对此有清晰而明确的认识"。在该书的其他部分，他总结道："没有比从经验和实践中总结出来的原因更有力的东西了。这些经验和实践也是原因探索的终点。"[1] 正如一位历史学家指出的，"斯瓦默丹的自然观是基于严格的秩序的，这个概念排除了偶然性，并与一致性相对应"，但因为他经常拒绝对自然的行为方式给出因果解释，因此他的研究"不足以称其为一个机械主义者"。[2] 因此，像波夫、杜尔以及他之前的解剖学家一样，斯瓦默丹坚持把动物结构的奇迹归因于上帝的创造能力，而不是假装知道真正的原因。他的老师西尔维乌斯也因经常使用诸如"有可能""我们假设""我们不敢真正认真地提出建议"以及其他与概率性而不是确定性有关的短语而闻名。[3]

不是每个人都是这么做的。例如，未受过教育的列文虎克很快就获得了自吹自擂的自信，即使面对激烈的分歧，无论是面对博学之人还是上层名流，抑或他的同乡，他完全相信自己，相信他的观察结果以及他的能力，并从中得出结论。例如，他坚持自己的信念，即在生殖中，精子比卵子更为重要，尽管博学的内科医生们对此都持相反的看法，面对来自普通民众的强烈反对，他坚持反对自然发生论。[4] 尽管他宣称对实证观点持明确的支持态度，对学术则缺乏信任，他还有强烈的宗教信仰（至少在他晚年），并接纳了一些简单的机械原理——大部分是通过与受过良好教育的内科医生交谈而获得的。他仔细地聆听，有时改变主意，但他这样做通常是因为有更好的观察或者其他真实的证据来验证他的想法，而不是因为有了一个更好的观点。随着他学到的东西越来越多，他开始认为自己属于学术界，并且自命不凡。但斯

---

[1] 玛丽安·富尼耶（Marian Fournier）的英文翻译，见 Fournier, "Fabric of Life," 86, from his *Bybel der Natuure / Biblia Naturae (1737–38)*, 870–871, 868–869（自《历史》重印）。
[2] Fournier, "Fabric of Life," 94, 88; 同时参见 Ruestow, "Piety and Natural Order."
[3] Baumann, *Drie eeuwen*, 120.
[4] Lindeboom, "Leeuwenhoek and Sexual Reproduction"; Ruestow, "Leeuwenhoek and Spontaneous Generation," 244–246.

瓦默丹对其直言不讳："不能与列文虎克讨论，因为他有偏见，理由非常野蛮，没有受过学术训练。"[1]

当然，斯瓦默丹的想法也是先入为主带有主观色彩的。他不断地重申这样一种观点，即允许自然事物"偶然"发生会导致无神论。正如他的一位敏锐的读者所言："斯瓦默丹之所以迫切地对变态的传统概念发起攻击，其背后的部分原因在于一些更广泛的担忧，即否认在生物形成过程中的偶然性。"[2]有人更进一步认为斯瓦默丹在一个虔诚的加尔文主义家庭中长大，斯瓦默丹与其说是一个预定论者，不如说是一个认为上帝是通过他的物质创造来工作的宿命论者。大约在1673—1676年，他甚至成为宗教神秘主义者安托瓦尼特·布里尼翁（Antoinette Bourignon）狂热的追随者。[3]布里尼翁令人印象最深刻的作品之一是他关于蜉蝣的书（1675年），蜉蝣被认为只有一天寿命，因此他把它作为人类必死性的代表；在这本书中，他细致的描述性研究夹杂着许多写给上帝的诗。[4]正如他在1678年写给泰夫诺特的一封信中写道："在此，我将赐给你上帝用以解剖虱子中的万能手指：在这里，你会发现奇迹彼此堆积叠加，你会看到上帝的智慧在一分钟内就会清晰地显现出来。"[5]

更宽泛点讲，17世纪60年代和70年代的许多显微镜学的研究表明，当时人们普遍致力于微粒哲学和生理学中的"机械原理"的研究。事实上，这是很吸引人的想法，因为他们可以看到小型生物的解剖形态，这些形态必须"一路向下"，也就是说，昆虫血管的精细结构必须建立在其他精细结构之上。有一段时间，尼古拉斯·哈佐耶克（Nicolaas Hartzoeker）甚至认为他能在人类精子的球状部分发现一种胎儿形态，

---

[1] Lindeboom, *Letters of Swammerdam*, 108.
[2] Ruestow, "Piety and Natural Order," 231.
[3] Lindeboom, *Ontmoeting met Jan Swammerdam*.
[4] Swammerdam, *Ephemeri vita*.
[5] Lindeboom, *Letters of Swammerdam*, 104–105, April 1678.

即幼儿的早期形态。[1] 直到19世纪初出现"细胞理论",即所有细胞都来自其他细胞的理论,人们才慢慢认识到原生动物不存在可观察到的内部解剖结构,例如,人体纤维是由细胞构成的,而不是纤维构成了细胞。[2] 因此,概念框架与对观察的解释有着密切联系,甚至与人们怎样思考他们所看到的也有着密切联系。

但它也可以换一种方式来解释。正如凯瑟琳·威尔逊(Catherine Wilson)所写的,机械哲学"在笛卡尔和博伊尔的纲领性著述中是模糊且假设性的,就像在卢克莱修(Lucretius)的作品中一样。近代早期机械哲学的洞察力和理解力与真正能够观察事物的能力有关,这得益于显微镜、微型机器以及其他看不见的程序方法的帮助。显微镜观察能够提供一个更深刻、更深奥的世界观,但它是建立在经验实证而不是思考的基础上的"[3]。就像玛丽安娜·富尼耶(Marianne Fournier)所坚持认为的,无论他们的观点如何,所有利用显微镜的研究者的工作,"反映了对实验方法的坚持"[4]。如果没有观察到现象的话,谁会相信轮虫在经过多年的干燥后还能复活呢?微观世界"就像遥远的印度群岛一样,充满了奇异和神奇的东西,充满了怪物和闻所未闻的生命"[5]。

因此,当时人们认为,看到生命形成机制中最细微部分只是一种梦想,而不是现实。但是,发现新事物和新现象的现实仍然令人兴奋。观察鲜活的解剖体、人类子宫中毛细血管和动脉之间的差异、毛虫或蜗牛消化系统的精细的解剖结构、饮用水中奇怪野兽或蚜虫的繁殖习性,甚至茶把铁变成黑色以证明其健康效果的证据,都为各种假设提供了大量依据,无论这些假设是什么样子的。在当时许多人的心目中,

---

[1] Lindeboom, "Leeuwenhoek and Sexual Reproduction."
[2] 相关思考受到 Ruestow, *Microscope in the Dutch Republic* 中评论的启发。
[3] Wilson, *Invisible World*, 254–255.
[4] Fournier, "Fabric of Life," 188.
[5] 这一观点归于奥托·弗雷德里克·米勒(Otto Frederik Müller),参见 Ruestow, *Microscope in the Dutch Republic*, 261。

印度群岛的奇怪世界和对未知世界的好奇是相辅相成的。这一切意味着凡人的猜测。但有一件事是肯定的：如果不是很多人意识到发现事物的新技术，并且偶然地将这些技术用于分析物体，这些新发现是不可能取得的。

第八章

把印度群岛的花园搬回荷兰

> 我确实回想起了那一天 / 这是一片苜蓿草地,生机勃勃的牛群躺在那里。/ 这是一个花园,它现在看起来……我将遭到谴责。
>
> ——康斯坦丁·惠更斯于霍夫维克别墅

在医学兴趣和对外来园艺标本的热情强烈结合的刺激下,荷兰人对亚洲以及南加勒比海地区自然史的研究在17世纪末和18世纪初举世闻名。在巴达维亚政府发出获取当地医药的指示后,这些研究变得更为认真,并且得到了荷兰具有一定地位的人的支持,这些人对外来植物和自然世界有着持续而浓厚的兴趣。外来标本可以在花园和珍奇屋内生长及展览,因此人们对它们极具热情,投入大量的财富建立和扩展花园和珍奇屋。这些热情和财富仍然是发现事物并将它们以及相关的信息输送传递回本国的最有力的因素之一。到17世纪末,技术革新使得热带植物甚至能够在寒冷和黑暗的北方种植。与此同时,每年至少出版一部宏大、华丽、昂贵的关于动植物的对折本图书以满足收藏者的需要。关于这些动植物的大多数标本和信息陆续从当地人和学者那里被搜集起来,他们对自己的环境了如指掌;标本被作为客观世界的真实代表送回荷兰,就像邦修斯的时代一样。同样以邦修斯为榜样,许多研究调查人员为了弄清楚真相而忍受着个人痛苦,他们对与他们一起研究的当地人给予了高度的尊重。自邦修斯的时代以来,探索有用药物和美丽生物的范围大大扩展，但商品和知识的主要受益者仍然是富有的摄政和学者。

在亚洲寻找药物

荷兰东印度公司的管理机构在 17 世纪 60 年代后期采取了新举措，促成了一系列关于印度群岛自然史的新研究。其中一些研究与医学调查有关，这些调查研究似乎是由内科医生罗伯特·帕特布鲁格（Robert PadtBrugge）推动的，他以商人的身份受雇于荷兰东印度公司。帕特布鲁格对亚洲医学的兴趣，推动对亚洲大量具有药用价值的动植物的关注成为一项新政策，他试图用亚洲药品替代从欧洲进口的药品。

帕特布鲁格 1637 年出生于巴黎，在阿姆斯特丹由母亲和继父抚养长大，并且被伊萨克·德·拉·佩雷尔（Isaac de la Peyrère）——因一部关于亚当和夏娃诞生前人类起源的著作而声名狼藉——视如己出。1661 年 11 月，他被录取至莱顿大学医学院。[1] 在那里，他与年轻的斯瓦默丹成了朋友，佩雷尔可能曾帮助过斯瓦默丹进行实验。1663 年，他在范·霍恩的指导下以一篇关于中风的论文获得了医学博士学位。[2] 但他决定到别处去试一试运气，于是在娶了议会党领袖约翰·德·维特的表妹凯瑟琳娜·范·霍赫芬（Catharina van Hoogeveen）为妻之后，他加入了荷兰东印度公司，成为一名初级商人（onderkoopman）。1664 年 2 月，他离开荷兰，7 月抵达巴达维亚，9 月跟随由赖克洛夫·范·戈恩斯（Rijklof van Goens）率领的舰队前往锡兰。对荷兰人来说，这个岛屿最吸引人的地方在于特别丰富的自然资源，其中最重要的是肉桂，此外也包括胡椒、槟榔（用于咀嚼，在整个东南亚都极为流行）等地方特产，甚至包括大象。在巴达维亚城建立 20 年后，荷

---

[1] Pabbruwe, *Padtbrugge*, 11; Popkin, *La Peyrère*.
[2] Pabbruwe, *Padtbrugge*, 19–20.

兰东印度公司开始从葡萄牙人手里夺取锡兰岛的一些海滨城市（1638年攻占拜蒂克洛，1640年攻占加勒，1644年攻占尼甘布）。到了17世纪50年代末，范·戈恩斯已经把葡萄牙人从岛上的港口城市赶出，垄断了肉桂出口，与30年前扬·彼得森·科恩垄断马鲁古群岛肉豆蔻与丁香出口的做法并无二致。此外，范·戈恩斯也试图把葡萄牙人从马拉巴尔海岸（今印度西南部的喀拉拉邦）迁走。[1]在接下来的几年里，帕特布鲁格在荷兰东印度公司的西部片区（Western Quarter）做商人，并担任司法委员会的成员。[2]

尽管帕特布鲁格还有其他职责，但是他一直对医学和自然史有兴趣，也似乎正是他促使十七人董事会采取行动。锡兰早已以其丰富的本草而闻名。在荷兰人出现在岛上的早期阶段，据说荷兰东印度公司的一名外科医生扬·卡斯滕斯·通宁根（Jan Carstens Tonningen），"对当地的植物和本草十分了解，这些植物和草药很适合替代欧洲的药物"[3]。岛上的另一位荷兰东印度公司的外科医生沃特·斯豪滕（Wouter Schouten，后来因其航海记录而闻名）在1661年评论说："（这里）也有聪明的律师、博士、外科医生和理发师。"他批评医生们"对解剖学、非自然以及反自然事物所知甚少，而这本应该是他们科学研究的基础。因此，他们的主要知识取决于经验。"但这就足够了："他们的药物由新鲜采摘的本草和鲜花构成，他们知道如何煎煮、涂药等。"[4]帕特布鲁格跟进这些观察结果。1668年初，他在巴士拉做完生意返回后，向锡兰总督和委员会提交了调查报告，内容涵盖有关矿物、本草、医药等。其中的一份文档——一份为十七人董事会和巴达维亚政府完成的研究文章——被保存了下来。文章评论了锡兰的总体环境和自然资源，包括用于制作船桅的丰富的木材，用于制造火药的硝石以及大量健康美

---

[1] Goonewardena, *Foundation of Dutch Power; Machtige eyland*.
[2] Pabbruwe, *Padtbrugge*, 23, 25, 29.
[3] Uragoda, *History of Medicine in Sri Lanka*, 77. 卡斯滕斯于1636年到达锡兰，在那里至少待到了1643年。
[4] Uragoda, *History of Medicine in Sri Lanka*, 69. "Stupes"：浸泡在药液中用以处理器官的布料。

味的本草、根茎、球茎、水果等。他写道，连岛上最穷的居民都知道这些植物。同样，也有许多药物（hulpmiddelen），有必要另写一本关于这些药物的书。但作为研究的开始，他附上了30种锡兰最好的药用植物和本草的清单。这个岛还拥有各种优质（deftige）但迄今尚不为人所知的香脂和不常见的树胶。简言之，居民们有许多很好的治疗办法，且可随意支配。委员会于1668年1月25日给十七人董事会的一封信中简要叙述了帕特布鲁格所告知的内容，称他是一个对医学极有研究的人，也是科伦坡（荷兰也在当地建立了总部）最好的医生。[1]

　　帕特布鲁格的观察是在适当的时候宣布的。在17世纪60年代早期，十七人董事会开始试图使荷兰东印度公司亚洲的据点减少对荷兰供应的依赖。彼得·范·霍恩（Pieter van Hoorn）是阿姆斯特丹的摄政之一，他于1663年以特别议员的身份来到这里，他非常努力地推动巴达维亚及其周边地区更为独立地发展而无须依靠荷兰财政。[2] 其结果之一是同年在巴达维亚城堡建立了一家"医药商店"（medicinale winkel），为在东方或者返回荷兰的荷兰东印度公司的贸易站和船只提供所有的医疗箱。帕特布鲁格所看到的是这些利益和行动结合所蕴含的意义：只要给予足够的关注和精力，当地的药用植物就可以替代从阿姆斯特丹运出的药品，既能降低成本，又能提供有效甚至是更好的治疗。此外，十七人董事会的部分成员对自然知识非常感兴趣，尤其是琼·海德科珀·范·马尔塞芬（Joan Huydecoper van Maarseveen，1666年成为董事）。至少从1669年起，锡兰的军士长琼·巴克斯（Joan Bax）就给他的叔叔海德科珀寄送来自锡兰岛上的自然史标本。[3] 可以确定的是，在1月份收到写有帕特布鲁格观点的信后，十七人董事会立刻给巴达维亚的印度群岛委员会发了一封信（日期为5月9日），要求对锡兰的自然资源进行全面调查。在收到十七人董事会指示的几个

---

[1]　Heniger, *Van Reede*, 29; Pabbruwe, *Padtbrugge*, 29–30.
[2]　Haan, "Cleyer," 428.
[3]　Wijnands, "Hortus Auriaci," 68.

月后，巴达维亚委员会又致函科伦坡，要求帕特布鲁格、荷兰东印度公司的外科医生等人着手调查并报告。[1]

巴达维亚延迟答复十七人董事会要求，大概是为了给新的医疗商店管理人安德里斯·克莱尔（Andreas Cleyer）一定的时间认真答复。克莱尔虽然不是一名内科医生，但他聪明且雄心勃勃。在他当时所在的地方，他可以掌控巴达维亚绝大部分医药活动，并影响荷兰东印度公司控制的所有区域。1634年，克莱尔出生于德国卡塞尔的一个军人家庭。[2]据说他接受过良好的教育，甚至可能在马尔堡短暂地学习过医学，尽管没有证据表明他取得了学位。[3]最晚在1661年他就加入了荷兰东印度公司，前往东印度群岛，成了一名"绅士战士"（adelborst）。接下来数年他服役的地方不得而知（虽然在荷兰在台湾岛的据点倾覆之后他可能出现在派往中国的人群中），但1664年时他已在巴达维亚，显然从事的是医生的职业，因为他丧偶的姑母去世时，他被称为医生（medikus licentiaet）。随后他继承了他姑母已过世的丈夫、巴达维亚的律师兼商人积累的财产，这使得他得以扩展他的活动。[4]根据1665年12月15日巴达维亚委员会的一项决议，他接受任命，负责医药商店化学药物的提炼。对于这些化学药品，他收取的费用比在荷兰高出50%，东印度公司则以通常价格的一半为他提供工作所需的东西。（显然，在范·霍恩来访之后，这种私下达成的合同并不罕见。）他的这项任命还得到了每月固定工资60荷兰盾以及作为巴达维亚拉丁学校（约有40名学生）校长的补助。1667年5月，在医药商店的管理人去世后，克

---

[1] Heniger, *Van Reede*, 29; Pabbruwe, *Padtbrugge*, 29–30. 这封信于1669年4月24日被寄出；我推断1668年5月从阿姆斯特丹寄出的信最晚6个月后将到达巴达维亚。
[2] 有关在锡兰的早期生活，参见 Haan, "Cleyer," 426–431. 补充信息来自 Kraft, *Andreas Cleyer Tagebuch*, 34–40。
[3] Kraft, "Mentzel, Couplet, Cleyer," 176. 荷兰东印度公司档案中关于他死后的一份清单目录表明，他遗物中还包括拉丁文的书籍，尤其一些是关于医学的加尔文、夸美纽斯、基歇尔的著作，卡尔迪卢修斯（J. H. Cardilucius）的化学药典，巴托兰（T. Bartholin）*Actorum medicorum*, parts 3–7, Sylvius 的 *Opera omnia*, parts 8 and 9 of the *Miscellenea curiosa*, 以及一些其他人的著作，参见 Bruijn, "Ship's Surgeons," 271–273。
[4] 有关约翰内斯和安娜·阿曼努斯（Anna Ammanus, 他的姑母）的信息，参见 Haan, "Cleyer," 465–468。

莱尔继任了这一职位，同时也获得了巴达维亚内科医生和外科主任的头衔（为此他辞去了拉丁学校的日常工作，尽管他已成为这所学校的管理人之一）。他还担任过一些其他行政职务，如海外婚姻和其他事务（Huwelijksche en Klein Zaken）专员，加入了一个民兵组织——成员中包括该市一些最杰出的人物——并从1672年起担任市议会议员，任期两年。

克莱尔要求荷兰东印度公司在好望角据点提供药品。[1]1652年，在扬·安东尼斯·范·里贝克（Jan Anthonisz van Riebeeck）的领导下，荷兰东印度公司在桌湾（Table Bay）建立了一个永久定居点。范·里贝克也有医药与商业结合的背景，最初他是荷兰东印度公司的一名外科医生助理，后来获得了商人的地位，并在整个东亚地区从事贸易。17世纪50年代初，他按照指示退休后来建立开普敦据点，使得荷兰东印度公司船只在往返巴达维亚的途中可以在那里停靠和补给。为达此目标，范·里贝克一方面从事贸易，获得由当地的科伊科伊人（Cape Khoikhoi）——当时被称为"霍屯督人"[2]——饲养的牲畜，另一方面在亨德里克·亨德里克斯·博姆（Hendrik Hendricxsz Boom）及其家人的指导下建造了一个大花园、数个果园以及数片树林。在最初的几十年里，修建这个花园的主要目的是为定居者以及停靠的船只种植蔬菜。[3]但到了17世纪60年代中期，它也开始种植具有植物学价值和药用价值的本地植物，并将这些作物送回给荷兰的园丁。[4]它最终成为驯化荷属东印度群岛各地植物的主要场所。因此，早在1668年，克莱尔就写信给开普敦，询问有关药用植物的情况（尽管可能还没开始寻找外来和新的植物）。1669年，他鼓动巴达维亚总督和委员会起草给开普敦指挥官的后续信件，此后，他收到了为巴达维亚医疗商店提供的

---

[1] Heniger, *Van Reede*, 31.
[2] Bassani and Tedeschi, "Image of the Hottentot"; Merians, "What They Are, Who We Are."
[3] Karsten, *Old Company's Garden*, 1–66.
[4] Heniger, *Van Reede*, 8.

植物种子、洋蓟植物以及药品。从那时起，开普敦花园为他的商店提供了许多本草，同时也向科伦坡运送了药用植物和种子。[1]

在帕特布鲁格的报告提交之后，克莱尔抓住了额外的机会。1669年4月24日，巴达维亚高级委员会在给锡兰的信（克莱尔参与这封信的撰写）中解释说，"巴达维亚的博士们"得知岛上种植了大量药用植物，"特别是贾夫纳帕塔姆地区的药西瓜果实（colocynth apple）和毗邻科伦坡的卡勒图雷（Caleture）附近的菝葜植物（sarsaparilla）"。克莱尔想要得到它们的标本，看看它们是否可以作为从荷兰进口的药品的替代物。巴达维亚高级委员会的信中写道："因此，如果能推荐罗伯特·帕特布鲁格博士（我们认为他也是一位优秀的本草学家）、外科大师以及其他拥有药用植物知识的人来思考和满足他们对这些东西的好奇心，以促进在锡兰发现一切可能会带来极大安慰的东西，我们将深表谢意。"[2]

然而，写这封信的时候，帕特布鲁格已经在回荷兰的路上了。[3]因此，锡兰总督范·戈恩斯要求派两名药剂师前来处理所要求的工作——他也可能仅是在事后才得到的批准，因为这封信也只是回应帕特布鲁格的报告。范·戈恩斯已经获得了两位"具有很好的植物学知识"的药剂师——亚伯拉罕·戈埃特延斯（Abraham Goetjens）和威廉·德·维特（Willem de Witte）。[4] 范·戈恩斯还要求派遣一名符合条件的内科医生，经过多次要求，受到十七人董事会任命的（1671年11月）保罗·赫尔曼被派遣至锡兰，赫尔曼出生于德国，在欧洲的各大医学院广泛游历，拥有帕多瓦大学的医学博士学位，并在查尔斯·德雷林考特（Charles Drelincourt）的指导下在莱顿大学植物园工作了几个月。出海期间，赫尔曼在桌湾的荷兰东印度公司的据点停留，搜集资

---

[1] Heniger, *Van Reede*, 70.
[2] 引自 Heniger, *Van Reede*, 29。
[3] Pabbruwe, *Padtbrugge*, 30–31.
[4] 他们于1668年开始为范·戈恩斯工作。

料、图纸和一个植物标本室,打算发表关于开普敦植物的文章。1672年抵达锡兰后,他在当地研究者的帮助下研究了当地的植物,并"深入研究了僧伽罗植物名称的含义"[1]。赫尔曼获得了科伦坡医院的职位,但据说他离开该岛后,"他没有从他手下的士兵和水手那里得到赞美之词"。[也有人说:"他是一个真正的暴君,虐待奴隶,殴打和鞭打他们;他被指控杀害了一个女奴,他把她(埋葬)在房子后面的花园里,几天后在他的房里(被)逮捕,但不久又被释放了。"[2]]在锡兰植物研究上的成就,使赫尔曼后来获得了莱顿大学医学院植物学教授的职位。17世纪80年代早期,他在那里极大地扩充了莱顿大学植物园的外来植物标本。[3]

克莱尔的信件也促进了其他地方的植物学研究。就在巴达维亚总督和委员会写信给锡兰的同一天,另外一封信被送到了科罗曼德尔总督和委员会的手里,信中要求搜集药西瓜、马钱子("催吐坚果",150年后从中提取出了番木鳖碱)以及干燥的诃子(myrobalan),"在这封信里,约阿希姆·菲贝克(Joachim Fijbeecq)先生(也是一位优秀的本草专家)被推荐搜集这种生长在沿海的本草"。两个月后,孟加拉的董事会收到了一封类似的信:"因为孟加拉的第一位(他长期定居在莫卧儿并游历过很多地方)外科医生雅各布·弗雷德里克·斯特里克·贝尔茨(Jacob Frederik Strick Berts)先生必定已经获得了关于各地药品和本草的丰富经验和知识,建议请他编制一份目录,收录他广泛搜集的当地所有可能有用的植物,从而减轻对母国的需求"。[4]

---

[1] Heniger, *Van Reede*, 70, 30, 引文在第 30 页; Heniger, "Hermann."
[2] 引文来自克里斯托弗·斯韦策(Christopher Sweitzer),荷兰东印度公司的另一位德国雇员,他于1676—1682年间在斯里兰卡工作,参见 Raven-Hart, *Germans in Dutch Ceylon*, 78。
[3] 需要对赫尔曼进行更深入的研究,目前可参考 Heniger, "Hermann."
[4] 引自 Heniger, *Van Reede*, 29, 31。

范·里德与马拉巴尔的植物

巴达维亚的这些指示间接地促成了那个世纪最伟大的一部植物学著作的产生。但作者不是一位医官,而是一位军事指挥官,即亨德里克·阿德里安·范·里德·托特·德拉肯斯坦(Hendrik Adriaan van Reede tot Drakenstein)。1669年在克莱尔策划的信件发出后不久,他被任命为印度马拉巴尔海岸荷兰东印度公司一系列新商馆的指挥官。范·里德1636年出生于乌特勒支的一个贵族家庭,是家中的小儿子,他的父亲在这个植被受损最严重的省份担任"林业官员"的职务。这可能激发了年轻的范·里德对植物的兴趣。他的父亲也是阿明尼乌派的支持者,虽然范·里德表面上似乎遵从了加尔文教义的正统教派,但他对其他人却非常宽容。他的大多数亲戚都参与了荷兰西印度公司,但是范·里德却是为荷兰东印度公司服务。1657年春,他乘坐的前往海外的船停在了开普敦,他有机会参观了这个已设立了5年的据点以及它还在不断扩大的花园。而他一到锡兰,就参与了赖克洛夫·范·戈恩斯指挥的,为控制锡兰发动的最后一次战役(最终以范·戈恩斯于1565年占领科伦坡、1658年占领贾夫纳而告终)。在锡兰取得成功后,范·戈恩斯把他的注意力转向马拉巴尔海岸,在1663年攻占科钦。在此期间,范·里德因他的英勇行为而引人注目,并在此过程中获得了范·戈恩斯的私人恩惠。在接下来的两年里,范·里德成为荷兰东印度公司马拉巴尔管理委员会的成员,担任科钦地方议会的主席,负责科钦的日常行政事务,也是英勇的塔努尔王国(Vīra Kērala Varma)科钦将军的顾问。将军后来资助了他的植物学调查。1665—1667年,他继续在同样位于马拉巴尔海岸的奎隆担任长官。在此期间,马拉巴尔的树林和植被给他留下了深刻的印象;他也逐渐被认为是最了解该地区的民族和资源的荷兰行政长官。[1]1667—1669年间,范·里德回到锡兰,

---

[1]　Heniger, *Van Reede*, 5–25.

其军衔与地位也获得了擢升。1669 年，他击退了马杜赖的奈克（Neik）率领的一支庞大军队对印度南部海岸杜蒂戈林的围攻，奈克最终被范·戈恩斯击败。1670 年，范·里德回到马拉巴尔担任该地区的指挥官，直至 1677 年。范·里德在军事和外交上持续保持活跃，在 1671 年击败了卡利卡特的扎莫林，在 1672 年扭转了来自法国的威胁，并在 1674 年建立了穆顿联盟（Union of Mouton），解决了当地的动乱。但是，由于荷兰东印度公司让范·里德对巴达维亚委员会负责，而不是对锡兰的范·戈恩斯负责（范·戈恩斯认为这是正确的），导致这两位前同事卷入了一场权力斗争，范·戈恩斯最终迫使范·里德离开。

在范·里德担任马拉巴尔指挥官期间——巴达维亚委员会发出一系列指令要求提供当地的医药信息，仅仅几个月之后——他发起了一项大规模的合作研究，出版了多卷本的《马拉巴尔植物志》（*Hortus Malabaricus*）。对范·里德和他的作品进行了最彻底的现代研究的约翰·赫尼格（John Heniger）得出结论说，可能是因为来自巴达维亚的要求，他才有了"研究马拉巴尔植物的想法"[1]。此外，范·里德在锡兰与范·戈恩斯日益激烈的冲突无疑促使他希望有人相信，马拉巴尔的植物与锡兰相比是一样丰富的，甚至是更为优越的。胡椒是马拉巴尔的主要产品，但该地区也是肉桂（虽然是"野生的"，而不是锡兰驯化后的品种）、槟榔、各种木材、小豆蔻、椰子树产品等（包括一些药用植物）的优质产地。例如，在欧洲广泛使用的真正的非洲防己根（calumba root），生长在马拉巴尔而不是锡兰，但经由科伦坡进口到欧洲，因此被称为"科伦坡根"，从而与锡兰产生联系。[2]

然而，1673 年马拉巴尔的动乱使贸易来源暂时中断，严重影响了辣椒的收成。也许是由于财政上的迫切需要，或者是因为根据穆顿联盟的条约需要有足够的时间来按照先前的命令或要求采取行动，

---

[1] Heniger, *Van Reede*, 29; 但赫尼格也指出，范·里德从未提到过这些信件（同书第 30 页）。
[2] Uragoda, *History of Medicine in Sri Lanka*, 68.

范·里德效仿范·戈恩斯，于 1674 年在科钦建立了一个化学实验室。正如他后来所说，他聘请了药剂师保卢斯·迈斯纳（Paulus Meysner）在那里制作从马拉巴尔"著名的本草、水果以及一些根茎"中提取出来的"液、油和盐"样本，"并观察它们在哪些方面可以与欧洲的药品相媲美，甚至超过欧洲药品，以便为荷兰东印度公司的医药商店提供相应的药品，避免每年花费巨大的代价从巴达维亚运送许多无效的叶子、根茎、种子和药膏到锡兰"。《马拉巴尔植物志》第三卷序言对主题进行了扩充，"这将给辉煌的荷兰东印度公司带来巨大利润，公司也确实能够节省将药品运往该地区的费用。事实上，印度医药有时候能够以更少的费用带来更大的利润……品质即使不是更为优越，至少也是相当的"。令他特别高兴的是从当地的肉桂根中提炼出一种油，这种油在科钦的医院里获得了很好的疗效。但毫无疑问，由于他与范·戈恩斯的矛盾，巴达维亚高级委员会于 1675 年 10 月 22 日发出了一封信，禁止范·里德从事更深入的研究，委员会认为如果马拉巴尔肉桂油的优点广为人知，它将破坏锡兰栽培品种在欧洲的市场。范·里德在 1676 年 2 月 10 日的一封信中为自己辩护，指出锡兰的僧伽罗人早就知道这种油，并在嚼槟榔时使用它。在马拉巴尔剩下的任期内，范·里德忽视了高级委员会的这一指示。[1]

范·里德找到了一位植物学顾问，圣约瑟夫（Saint Joseph）的马修（Matthew），他是赤足加尔默罗修会的修士，也是一位热心的医学植物学家。1673 年，作为马拉巴尔指挥官的范·里德允许马修在该地区修建两座教堂。1674 年初，他就荷兰东印度公司一些雇员的疾病向马修咨询；两人相处得很好，开始共同研究当地植物。马修——原名彼特罗·福利亚（Pietro Foglia）——1617 年左右生于那不勒斯和卡普亚之间某个地方，1637 年加入这个宗教教派之前曾在那不勒斯大学学

---

[1] Heniger, *Van Reede*, 37–38, 41.

习医学。[1]1644年，他被派往国外传教，17世纪40年代中期在巴勒斯坦工作，负责监管及指导他的是来自荷兰圣利迪纳（Saint Liduina）教堂的克勒斯蒂努斯（Coelestinus），原名彼得·范·古尔（Pieter Van Gool），他的兄弟雅各布·范·古尔（Jacob van Gool，即戈柳）是莱顿大学的东方语言学教授和植物学家。根据戈柳的要求，在1648年前往巴士拉之前，马修考察了黎巴嫩的植物——在巴士拉，他开始相信传教应该专注医疗保健，为协助他们的研究，马修还撰写了一本关于医学的书——此后他又前往南亚其他地方。在这些地方，他有余力时一直持续着他的医学与植物学研究。1662年，在他滞留马拉巴尔期间，马修询问戈柳他的手稿是否能够出版，戈柳表示同意并说服十七人董事会把马修的手稿运到荷兰。然而，由于马修经常四处旅行，荷兰东印度公司的经纪人一直找不到他。他的大部分材料最终在1673年通过宗教团体送至意大利，其中部分在贾科莫·扎诺尼（Giacomo Zanoni）的编辑指导下于1675年出版，名为《东方花园》（*Viridarium Orientale*）。毫无疑问，由于马修的兴趣，1672年马拉巴尔的天主教传教会的报告对当地的动植物给予了密切的关注。[2]

马修的研究似乎为范·里德提供了第一个样板，范·里德基于此表达了他对当地植物学的兴趣。像其他的优秀管理者一样，范·里德也组建了一个拥有广泛专业知识的顾问委员会。1674年前后，他把保罗·赫尔曼从锡兰叫到科钦，赫尔曼说服范·里德重新整理马修搜集的信息。[3] 范·里德手下还有一名叫安东尼·雅各布斯·格特金特（Antoni Jacobsz. Goetkint）的士兵，他来自安特卫普的一个艺术世家，能够仔细地画出植物的图案。范·里德在马塞勒斯斯普林特（Marcelus Splinter）找到了另一位优秀的绘图家，他来自乌特勒支的一个绘画

---

[1] 关于马修，参见 Heniger, *Van Reede*, 38–39。
[2] 有关马修尚未全部出版的手稿的记载，参见 Heniger, *Van Reede*, 105–124。赫尼格认为马修的手稿是他"用以参考相关药用植物的医药植物学手册"（同书第123页）。
[3] Heniger, *Van Reede*, 30.

和雕塑家庭；范·里德还另外雇用了至少一到两名绘图员。科钦的一位牧师约翰内斯·卡塞阿里乌斯（Johannes Casearius）负责将他们的研究成果译成恰当的拉丁语，而科钦的荷兰东印度公司秘书克里斯蒂安·赫尔曼·范·多内普（Christiaan Herman van Donep）担任翻译，负责将葡萄牙语翻译成荷兰语，还有一名叫曼努埃尔·卡内罗（Manuel Carneiro）的人将当地语言翻译成葡萄牙语。至于植物和医药的详细信息，范·里德召集了十几位学者、内科医生和植物学家提供帮助。他们中可能还包括科钦的荷兰东印度公司医院的一些外科医生，以及当地医药商店的药剂师和管理人保卢斯·迈斯纳。

除此之外，这些人中还包括一位来自卡拉普兰（Karapurram，位于科钦南部）的内科医生伊蒂·阿丘德姆（Itti Achudem），他来自乔加斯（Chogāns，属于首陀罗）这个种姓，这个群体与椰子产业有着很深的联系，更宏观地说，他们已经十分了解当地的植物学知识。范·里德的顾问中还包括 3 位在区域药用植物学方面有卓越贡献的学者（panditos，博学家或梵学家）：兰加·博托（Ranga Botto）、维纳伊克·潘迪托（Vinaique Pandito）和阿普·博托（Apu Botto），由于越来越狭隘的反宗教改革运动，他们被迫逃离果阿。[1] 此外还有更多的学者也被召集起来采集当地植物标本。当地委员会的成员连续两年每天长时间工作，讨论应该注意哪些植物，在把它们绘制到图纸上之前仔细观察标本，用他们的语言回答问题并翻译成葡萄牙语，然后翻译成荷兰语，最后翻译成拉丁语。范·里德参加了多次会议，尤其对 3 位梵学家彼此友好地相互争论，引经据典讨论植物的场面印象深刻。[2]

由于当地专家在为范·里德编纂植物信息方面的工作发挥着重要作用，人们一直认为，《马拉巴尔植物志》"并不算天生就是欧洲的"，因为它"实际上是中东和南亚的植物汇编，基本上是按照非欧洲的概

---

[1] Figueiredo, "Ayurvedic Medicine in Goa," 233–235. 菲格雷多注意到他们为范·里德撰写的证词是用果阿本地语言刚卡尼语写的，这与名为《字汇》（Nighantu）的医书一致。

[2] Heniger, Van Reede, 41–43.

念与理解而组织起来的"。支持这种观点的历史学家理查德·格罗夫（Richard Grove）也声称，其他人"未能理解或识别《马拉巴尔植物志》文字中的埃扎瓦（Ezhava）[1]亲缘关系力量的重要意义，以及对于埃扎瓦分类体系的意义"。范·里德相信，他已经从1673—1674年间对圣约瑟夫的马修的依赖转变为"对马来亚力人（Malayali）的依赖"，并且开始由3位婆罗门（Brahmins）以及一位名为伊蒂·阿丘德姆的马来亚力内科医生提供专业知识。他说，"《马拉巴尔植物志》的植物序列不仅体现了对特定植物的描述，而且包含了有组织、有体系的整体研究。那些被认为与埃扎瓦有关的植物相继得到处理（即使欧洲人知道这与他们自己的分类体系是矛盾的）"，其结果是，"埃扎瓦的知识直接影响了《马拉巴尔植物志》的分类"。[2]

然而，这些关于当地知识如何"直接影响植物分类"的观点是假设的，未经过证明。范·里德及其通过《马拉巴尔植物志》培养出来的最细心的学生约翰·赫尼格表示，最初的计划是在范·里德召集当地学者之前制定的，这个计划建立在圣约瑟夫的马修的手稿基础上；之后根据赫尔曼的建议修改。[3] 此外，当第一卷印刷出版时，他最初的计划也被改变了。范·里德的出版计划是一卷关于树木，一卷关于灌木，一卷关于本草。但他还是把材料成批寄回了荷兰。出版商认为他寄来的第一批手稿虽然是完整的，但篇幅内容不足以出版为三卷。因此，他们编了两本大小规模一致的书，在第一卷关于树木的材料中补充了部分关于灌木的内容，然后将关于本草的材料加入关于灌木的剩余材料中成为第二卷。[4] 此外，最先的两卷采用的是鲍欣（Bauhin）的分类体系，因为这是莱顿大学植物学教授阿诺尔德·塞因（Arnold Seyn）

---

[1] 位于今印度喀拉拉邦的一个族群，属于首陀罗这个种姓。
[2] 引文来自 Grove, "Transfer of Botanical Knowledge," 161–162, 168, 169，171, 以及 Grove, "Indigenous Knowledge," 126, 134, 136–137, 139; 第1、3、4卷也来自 Grove, *Green Imperialism*, 78, 87, 89–90, 第二卷则更长。
[3] Heniger, *Van Reede*, 30.
[4] Heniger, *Van Reede*, 62.

所偏爱的，他在《马拉巴尔植物志》的编撰出版中帮助甚大，后面出版的几卷采用的是约翰·里（John Ray）的分类方法，这是范·里德后来的合作者、乌特勒支大学植物学教授约翰内斯·蒙尼克斯（Johannes Munnicks）所钟爱的。因此，来自马拉巴尔海岸当地的埃扎瓦、梵学家以及其他方面知识对《马拉巴尔植物志》中分类体系影响的程度，仍需仔细研究。

然而，毫无疑问的是，《马拉巴尔植物志》中关于马拉巴尔植物的药用信息几乎是完全得益于范·里德与当地专家就这些问题的咨询。范·里德在进行这些研究时显然对其合作者的各方面知识和宗教传统没有任何偏见。他对所咨询的当地医生的医学知识虽然也抱有真诚关怀，但他对天主教修士圣约瑟夫的马修的尊敬也是如此。与马修最初的谈话甚至促使范·里德向巴达维亚委员会建议，只要他们发誓效忠公司，可以允许白袍修士（Carmelites）在该地区传教——这一提议最终遭到拒绝。此外，与他共事的归正教会牧师卡塞阿里乌斯似乎和范·里德有着一样开阔的思维和视野。他1659—1661年在莱顿大学学习期间，卡塞阿里乌斯和斯宾诺莎同住在莱茵斯堡的一所房子里。之后他前往乌特勒支，在那里，勒卢阿提出一种受笛卡尔影响的医学观点。在1665年完成神学专业学习后，卡塞阿里乌斯生活陷入困境，因此在1667年完婚后，他接受了荷兰东印度公司的任命，于1669年到达科钦。范·里德与他相处融洽，而对科钦的另一位牧师马库斯·马齐乌斯（Marcus Mazius），除了批评他缺乏基督教的慈善精神，范·里德与他的相处也没有任何别的问题。但是范·里德的副指挥官、高级商人耶尔默·沃斯伯格（Gelmer Vosburg）强烈抨击马修和卡塞阿里乌斯对范·里德的影响。荷兰东印度公司总督琼·马策伊克（Joan Maetsuyker，他本人有天主教背景）最终在1675年10月签署信件驱逐马修，而卡塞阿里乌斯则被告诫要遵守他的宗教教义。范·里德为了保护马修，让他担任负责当地宗教事务的公司顾问并给予他一定的报酬（马修对这些事务非常了解）。（与此同时，马修为范·里德工作的事实强烈激怒了白袍修士们，他们在 1678 年试图绑架他；马修最终被士兵兼绘图师安东尼·格特金特救了出来。最终，巴达维亚高级委员会允许马修留在科钦，前提是他必须退出他的宗教团体，但这个要求让马修难以接受，因此他最终回到了苏拉埃特，并于 1691 年去世。）

1677 年，范·戈恩斯最终迫使卡塞阿里乌斯和范·里德离开马拉巴尔前往巴达维亚。1677 年 5 月至 11 月，范·里德居住在巴达维亚，担任十七人董事会的特别委员，并领导了一场关于荷兰东印度公司西区政策的辩论。他写了一份很详细的长篇报告，回到荷兰后提交给了十七人董事会。[1] 这大大削弱了荷兰东印度公司的董事们对范·戈恩斯的信心。[2]

然而，在巴达维亚，范·里德继续与其他博物学家，特别是刚从日本归来的一位内科医生威廉·坦恩·赖恩一起从事《马拉巴尔植物志》的工作。卡塞阿里乌斯在前往巴达维亚的途中病倒，在他们到达后不久去世。因此，范·里德需要得到帮助——特别是在医学和拉丁语方面。不巧的是帕特布鲁格刚刚离开。（第二次在东部期间，他成为贾夫纳帕特南市长——大约是 1674 年——但作为另一名与范·戈恩斯发生冲突的人，他被命令回国；然而，他乘船前往巴达维亚，很可能是他有意避开返回荷兰的舰队，从 1675 年 10 月他一直住在巴达维亚，直到 1676 年底被任命为特尔纳特的长官。）同样，范·里德也刚好错过了巴达维亚医院的内科医生路易斯·德·凯泽（Louys de Keyser），他当时正陪同出使中国。[3] 瑞典裔的赫尔曼·格里姆（Herman Grimm）是一位内科医生及植物学家，他在 1674 年被首次派往锡兰后，就成为巴达维亚的外科医生。1678 年，他被聘为"化学医生"（doctor chimicus），月薪为 60~90 荷兰盾。1681 年 10 月，他与妻子和家人返回欧洲。然而，当范·里德来到这座城市时，格里姆正在巴达维亚

---

[1] Heniger, *Van Reede*, 53–54, 41–42.
[2] 对东印度群岛的植物学有着浓厚兴趣的一位董事海德科珀，也是范·里德反对范·戈恩斯的强有力的支持者，参见 Gaastra, *Bewind en beleid*, 125, 156, 162。
[3] Lindeboom, *Dutch Medical Biography*, 1041–1042.

椰子和椰树，右上方第二棵为野肉桂树

J. 尼厄霍夫《东印度群岛奇异旅行》（J. Nieuhoff, *Remarkable Voyages and Travels to the East-Indies*），线雕画，1682 年，惠康信托图书馆供图，伦敦

准备出版一本荷兰文的关于锡兰医药的著作——《锡兰岛医药宝典》（*Thesaurus medicus insulae Ceylonae*，1677 年。1679 年拉丁文版在阿姆斯特丹出版）。而且，作为锡兰的拥护者，格里姆是范·戈恩斯的门徒，因此范·里德回避了他。[1] 当然，克莱尔当时正在巴达维亚，他忙于规划一个大规模的、包罗万象的花园。不过，尽管他是一位富有且有权势的医务官员，希望帮助范·戈恩斯所反对的人，但他依然无能为力：事实上，他不是一个植物学专家，他的拉丁文写作能力也不比范·里德好多少。因此，范·里德开始与独立于范·戈恩斯的坦恩·赖

---

[1] 有关格里姆，参见 Dorssen, "Ten Rhijne," 176; Uragoda, *History of Medicine in Sri Lanka*, 65; Heniger, *Van Reede*, 53–54; Lindeboom, *Dutch Medical Biography*, 727–728。我没有见过格里姆任何一个版本的作品，因为它们既不见于英国的公共区域也不见于海牙的荷兰国家图书馆。

恩合作。到 1677 年底，范·里德启程回荷兰时，他对坦恩·赖恩十分信任，把他的文稿、绘画等全都留给了坦恩·赖恩。[1]1680 年坦恩·赖恩给一位朋友的信中提到了"我们的《马拉巴尔植物志》(*Horte nostro Malabarico*)"，《马拉巴尔植物志》第三卷的序言致谢中也提到了坦恩·赖恩。[2]

《马拉巴尔植物志》的前两卷是根据范·里德离开马拉巴尔之前寄回荷兰的材料出版的，分别于 1678 年和 1679 年出版，其间由于范·里德的出版商以及他的一位主要合作者阿诺尔德·塞（Arnold Seyn）都于 1678 年秋天去世，导致出版工作的剩余部分暂时搁置了一段时间。[3] 出版的第一卷数本献给了十七人董事会，他们又派人送了一些给巴达维亚委员会，并附上一张便条，说明他们有兴趣知道如何处理其中的信息以改善荷兰东印度公司的药品和医疗供应，并建议将赫尔曼从锡兰调往马拉巴尔领导调查研究。（赫尔曼接受了莱顿大学的教授职位，因此逃避了新的任命。）但是《马拉巴尔植物志》以及便条激怒了新任的荷兰东印度公司总督范·戈恩斯。在委员会发回的答复中，他们明确地告诉十七人董事会，正如锡兰的肉桂优于马拉巴尔的一样，锡兰在医药上也优于马拉巴尔。他们强调锡兰蕴藏着丰富的医药资源，并夸大了赫尔曼的成就，他们说，赫尔曼研究过岛上 1 万多种本草、灌木和根茎，其中许多植物以前从未被任何作者描述过。此外，他们提到克莱尔和坦恩·赖恩正在合作利用这些植物药物来充实荷兰东印度公司的医疗箱，同时格里姆正在实验室研究从生长在爪哇森林和花园中的植物中提取药物的方法。他们也宣称，他们很快就仅需从荷兰运来极少量的药品。[4]

---

[1] Heniger, *Van Reede*, 53–54.
[2] Ten Rhijne to Sibelius, 7 November 1680, Sloane 2729, fol. 68.
[3] Heniger, *Van Reede*, 61; Van Reede, *Hortus*. 坦恩·赖恩于 1680 年听闻了塞因去世的消息（Sloane 2729, letter of Ten Rhijne to Sibelius, 1680, fol. 68），他认为这对出版"我们的"植物学的计划是一个沉重的打击。
[4] Coolhaas, *Generale missiven*, 4: 294–295.

荷兰的珍奇屋市场

但是,对医药的追求仍然只是荷兰东印度公司的雇员们花费时间和精力探索亚洲动植物群的部分原因。他们还在荷兰为收集各种动植物标本的博物学家提供了一个日益扩大的市场,尽管这种情况只有通过大型企业才能得见。例如,1676 年和 1677 年,琼·巴克斯——他从锡兰寄送了一些标本给他的叔叔、董事海德科珀——搜集了一些动植物作为荷兰东印度公司送给威廉三世的礼物,这些礼物最终到了威廉的宫廷牧师丹尼尔·德马雷(Daniel Desmarets)手中,他把它们安置在了洪塞勒斯代克宫王子的动物园和花园里。这份礼物显然是为了回应这位荷兰执政于 1675 年 9 月的一项要求,即从东方为他搜集"各种各样的动物、鸟类、本草、珍奇屋和其他新奇事物"。作为回应,十七人董事会向包括锡兰、好望角和马拉巴尔在内的各个据点发出指示,为威廉搜集鸟类、植物、球茎和种子;此外还要求锡兰搜集并寄送一对大象、鸟类和其他温顺的动物,肉桂及胡椒树以及其他稀有植物。[1] 1679 年,范·戈恩斯送回了大象。[王子之间彼此以大象和其他动物作为礼物已经司空见惯了,1646 年约翰·冯·德·贝尔(Johann von der Behr)报道的一段逸事提到,"孟加拉国王派来的一位大使……他给康提的僧伽罗国王带来一头犀牛、两匹马、两只野山羊、一头水牛以及另一头在路上死了的水牛的皮,还有一只狗"。[2]] 私人标本的运送引起十七人董事会在 1677 年 10 月向巴达维亚高级委员会抱怨,最后一支返回荷兰的船队"被大量的箱子所包围和阻碍,它们的数量之多似乎都像是花园一样,总负荷给其中一艘船只造成了巨大的损坏,以至于我们不得不报废船只,并因此禁止携带寄送所有这些插枝、树木和植物,以及构建起这个'花园'的物品,并禁止长官们时不时地

---

[1] Heniger, *Van Reede*, 70–71, 44.
[2] Raven–Hart, *Germans in Dutch Ceylon*, 10.

出于私人目的使用船只"[1]。

荷兰园丁对新植物标本的渴望显然有增无减。与欧洲其他地方一样，荷兰正在大规模建造精致的乡村休闲花园。例如，在巴西和克利夫斯由拿骚的莫里斯建造的大庄园对奥兰治亲王的花园产生了相当大的影响。[2] 奥兰治家族因此建造并拥有 6 座很大的庄园——位于洪塞勒斯代克（Honselaarsdijk）、纽伯勒宫（Huis ter Nieuburg）、诺德维克（Naaldwijk）、赖斯韦克森林（Rijswijkse Bos）、登博特宫（Huis ten Bosch）和努儿登堡宫（Palace Noordeinde）——以及他们在布雷达、布伦、艾瑟尔斯泰恩以及苏伊伦斯泰恩的房子后面的小花园。到了 17 世纪 70 年代，一些最富有的商人和摄政也开始根据当时的建筑建造类似的纪念建筑。17 世纪末，除了奥兰治建筑的庄园之外，其他主要的庄园数目列举如下：北荷兰 8 座，南荷兰 4 座，乌特勒支 3 座，海尔德兰 3 座，上艾瑟尔 2 座。尽管这样的庄园花园规模越来越大，外来植物仍然是重要的展品，它们往往被放置在瓮罐中以创造特殊的视觉趣味。例如，在洪塞勒斯代克，"珍贵的外来植物收藏给外国游客留下了深刻的印象"[3]。各个城市房屋的后边都布满了小型的私人花园，这些花园被墙包围着，最富有的花园有着华丽的装饰，完全适合展示陈列柜中的标本。的确，"这一时期荷兰园林艺术在各方面都得益于蓬勃发展的园艺学"[4]。人们普遍认为，通过园艺，可以汇集上帝各种的造物来重新创造颇似天堂的空间。这种观点在今日的园艺学文献中依然可见。[5] 关于这一主题的主要研究是扬·范·德·格伦（Jan van der Groen）的《荷兰花匠》（*Den nederlandtsen hovenier*，1669 年第一次出版，此后陆续出版了多个版本），因此荷兰被称为"一个充满着各种欢乐和美丽的藤架凉亭"，荷兰贸易在这里汇集了世界各地的商品。

---

[1] Heniger, *Van Reede*, 83.
[2] Diedenhofen, "Maurits and His Gardens"; Diedenhofen, " 'Belvedere.' "
[3] Bezemer-Sellers, "Gardens of Frederik Hendrik," 132.
[4] Jong, "Netherlandish Hesperidies," 21.
[5] Prest, *Garden of Eden*; Vries, "Country Estate Immortalized," 91.

319

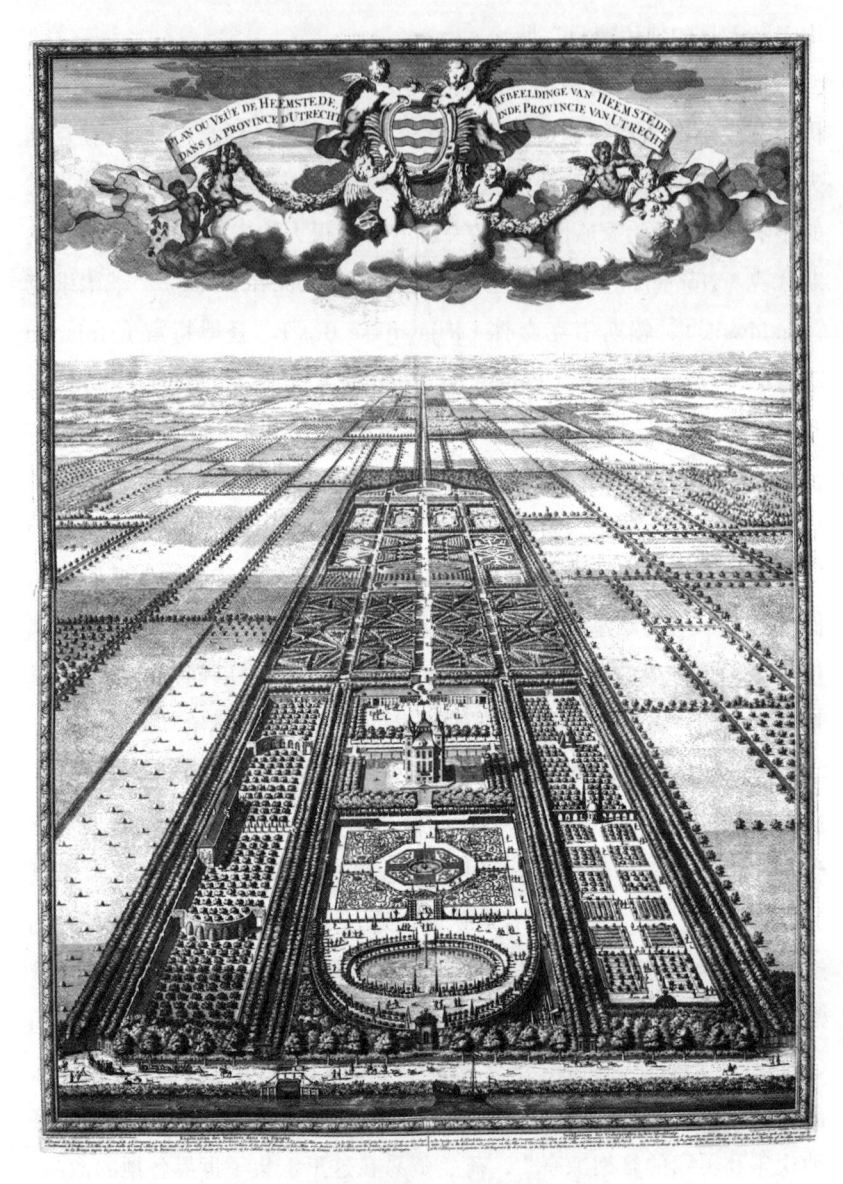

海姆斯泰德庄园鸟瞰图

斯托本达尔（D. Stoopendaal）仿毛赫龙（I. Moucheron）作品创作，荷兰国家博物馆供图，阿姆斯特丹

可以说，各种各样的花园能够与自然或艺术珍奇屋相提并论。作为小型露天博物馆，它们收藏了来自东西方的珍稀植物、外来鸟类，来自遥远海岸的珍稀石头和贝壳、树木、雕像甚至泉水，这些自然和人造的收藏品，保证了浏览自然和艺术珍奇物的机会。[1]

莱顿大学的植物园也继续把搜集外来物品作为优先事项。1677年，两名出席奈梅亨和平会议的意大利外交官参观了植物园，谈论到所陈列的来自遥远地方的"无限"量的植物和名贵稀有品，其中不仅包括来自亚洲的奇怪的水生和陆生动物，还包括一只栩栩如生的河马标本。10年后，一位来访的法国学者报告说，由于来自亚洲的物品众多，莱顿大学植物园的温室被称为"印度群岛的珍奇屋"（le Cabinet des Indies）。[2] 保罗·赫尔曼自1680年从锡兰回到欧洲后也特别筹备植物收藏，他广泛游历欧洲观察进口品，搜集种子和标本。根据已出版的目录，莱顿大学植物园苗圃中培育的植物标本数量已经从1600年克鲁修斯时期的约1100种增加到了17世纪中期阿道夫·沃尔斯斯图领导下的1500种，至1685年赫尔曼时期，数量又大约翻了一倍，达到3000种。同时，在附属于植物园的温室展出的植物数量也增长迅猛，从1659年的约110件增加到1680年的290件。[3]

在这样的热情当中，1682年末，阿姆斯特丹市议会甚至在医院范围以外的地方建立了一座新的医药植物园（Hortus medicus），位于德普兰德基（De Plantage）市新的东部延伸区，这座植物园至今仍在。虽然这座植物园与内科医生协会以及外科医生协会都保持着密切的联系（两个协会都支付了可观的年费），并支持雅典学院的一个医药植物学的教授职位（1685年起首先由弗雷德里克·鲁谢担任），但该学

---

[1] 引自 Jong, "Netherlandish Hesperidies"；同时参见 Jong, "Profit and Ornament," 以及 Jong, Nederlandse tuin- en landschapsarchitechtuur, esp. 15–56。
[2] 吉多（Guido）和朱利奥·德·博维奥（Giulio de Bovio）（1677年12月17日）与弗朗索瓦-马克西米利安·米申 François Maximillien Mission（1687年10月）的参观。欧洲独一无二的河马标本由完整的毛皮制作（很可能还带着完好的头颅），由铁和硬木框架支撑，1767年时仍然完好地被展出。参见 Gogelein, Hortus, 19–21。
[3] Jong, Nederlandse tuin- en landschapsarchitechtuur, 117. 同时参见 Veendorp and Baas Becking, Hortus Academicus。

院还是被重新建立为一个独立机构，通过两个"委员会"对市政府负责，目的是搜集具有特殊植物学意义的标本。让·科默林与琼·海德科珀·范·马尔塞芬担任了该委员会的第一任委员。自1666年起，海德科珀就是荷兰东印度公司十七人董事会的成员之一，长期以来一直利用他在荷兰东印度公司的影响力搜集外来物品。此外，他还与荷兰西印度公司保持密切联系，并利用西印度公司搜集美洲植物。科默林经营着一家大型药品进口企业，为阿姆斯特丹和豪达的许多药剂师、医院以及其他零售商和机构供应药品。他去世后，内科医生彼得吕斯·霍顿（Petrus Hotton）接替了他的职位；1695年，霍顿（接替赫尔曼）前往莱顿大学，科默林的儿子卡斯帕（Caspar）接替了他的职位。[1] 第一任委员们尽了很大的努力搜集外来物品，尤其是海德科珀利用他在荷兰东印度公司内部的影响力，让亚洲各贸易战的船长和长官直接将标本和种子运送到阿姆斯特丹植物园。阿姆斯特丹的花匠们还试图驯化来自东印度群岛的一些最重要的商业植物，如肉桂树、樟树和茶树，以及来自西印度群岛的植物，如菠萝树。这些植物从阿姆斯特丹的植物园被送往荷兰的其他属地种植。然而，荷兰东印度公司的其他董事反对这一政策，"因为分散这些有价值的植物的种植区域会削弱荷兰东印度公司在这些商品贸易中的垄断地位"。出于这个原因，在开普敦建立的樟树园里的树被砍掉了，当范·戈恩斯在回荷兰的旅途中停留在开普敦的时候，他还亲自确认肉桂树也已经被砍掉。[2]

大多数来自亚洲的新外来植物都会先经过开普敦植物园。在开普敦，它们中的许多品种都被驯化后再被运往欧洲。1663年，第一批来自开普敦，将被引进至荷兰的植物园的植物被送往希罗尼穆斯·贝弗宁克（Hieronymus Beverningk）的私人庄园，1668年植物则被引入莱顿大学植物园。差不多在同一时间，海德科珀通过他的侄子琼·巴克

---

[1] Wijnands, *Botany of the Commelins*, 6–13.
[2] Wijnands, "Hortus Auriaci," 64; Heniger, *Van Reede*, 72.

斯·范·赫伦塔尔斯（Joan Bax van Herentals）和西蒙·范·德·斯泰尔（Simen van der Stel），疯狂地搜集了各种各样的异国珍品和植物，这两人都成为开普敦殖民地的长官。到了17世纪80年代中期，一位访客报告说，"这是我所见过的最可爱和最奇特的花园之一"，里面种植着来自欧洲及异国的果树、鲜花和本草（荷兰东印度公司安置在开普敦的500名奴隶中有很大一部分在照看这些植物）。[1] 海德科珀敦促范·德·斯泰尔一次只运输少量的标本回荷兰，直到他于1682年成为阿姆斯特丹植物园的委员。在这之后，他试图让范·德·斯泰尔尽可能多地运送标本。1683年，他还委托巴克斯和范·德·斯泰尔制作了开普敦的植物图谱副本，然后寄给但泽的商人雅各布·布雷内（Jacob Breyne）。荷兰伟大的政治家卡斯帕·法赫尔（Caspar Fagel）在他位于列文霍斯特（靠近诺德维克）的乡间别墅附有一座植物园，在那里，他种植了肉桂、丁香以及樟树，这些植物都是在开普敦驯化后由范·德·斯泰尔寄给他的。1684年，法赫尔请求并获准派一位收藏家前往开普敦，以获取供他个人使用的有趣的标本。[2]

因为这些兴趣，在巴达维亚像克莱尔这样的人也投资了大量资金追求园艺乐趣，无疑是为了在欧洲的博物学家和荷兰东印度公司的一些官员中建立声誉，但也有部分原因可能是为了在当地取得声望，甚至是出于真实的好奇心。到了17世纪下半叶，荷兰人已经控制了城市周围的地区并实现了当地的和平，巴达维亚居民开始购买附近的土地，并在上面建造花园。克莱尔本人在城外规划建造了一个大型植物园，他购买了50名奴隶，还雇用了一名花匠格奥尔·迈斯特（Georg Meister），1678—1687年，迈斯特一直在为克莱尔打理花园。[3] 克莱尔还把植物学报告送往欧洲。他在17世纪70年代后期的医药合作者是坦恩·赖恩，后者与雅各布·布雷内保持着交流，当时布雷内正在荷兰

---

[1] Tachard, *Voyage to Siam*, 51–52.
[2] Heniger, *Van Reede*, 8, 70–71.
[3] Haan, "Cleyer," 457.

RAMUS ARBORIS CAMPHORIFERÆ JAPONICÆ.

樟树枝

根据威廉·坦恩·赖恩寄送的标本绘制，摘自雅各布·布雷内《外来植物：第一批百种》，1678 年，惠康信托图书馆供图，伦敦

接受商业培训，并对那里的外来植物学产生了浓厚的兴趣。布雷内与荷兰东印度公司的许多博物学家保持着书信联系。1674 年，坦恩·赖恩从日本给布雷内寄送了带叶、花和果子的樟树枝条；1677 年，他从南非和日本寄送了他的收藏和描绘，其中包括一篇关于日本茶叶种植和使用的记录。布雷内把这些内容收入在了他的出版物《外来植物：

第一批百种》(*Exoticarum plantarum centuria prima*, 1678年), 当然这必须归功于坦恩·赖恩。[1]

布雷内还从克莱尔那里得到消息, 说有一种本草似乎对痛风有很好的疗效; 他把这件事告知了克里斯蒂安·门采尔(Christian Mentzel), 他是选帝侯腓特烈·威廉(Frederick Wilhelm)的宫廷医生, 当时选帝侯正饱受病痛的折磨。像布雷内一样, 门采尔也是"自然珍奇学院"[*Academia*（*Collegium*）*Naturae Curiosorum*]的成员, 该学院成立于1652年, 由德语国家的内科医生和博物学家组成[2][1687年获得王室赞助, 后成为著名的"利奥波第那科学院"(Leopoldina)]; 作为回报, 门采尔以及学院的另一名成员也推荐克莱尔成为学院的成员, 并给了他"狄奥斯科里迪斯"这个古典别名。[3] 不久之后, 克莱尔就开始把门采尔作为他向欧洲传递信息的主要中间人。例如, 1681年11月25日, 克莱尔寄给门采尔一篇用墨水写成的描述爪哇麻风病的论文, 门采尔的儿子约翰·克里斯蒂安·门采尔(Johnn Christian Mentzel)以此作为自己医学论文的基础; 这篇拉丁文版本的论文于1684年发表在学院的《星历》(*Ephemerides*), 同时刊出了克莱尔寄送的巴达维亚当地妇女面孔图像的版画(来自一位未具名的艺术家), 插图十分清晰, 以至于现代医生都称赞它十分适用于诊断, 在一个世纪或更长的时间里没有同样的物品超越它。[4] 在两次访问日本之后, 克莱尔还向学院寄送了一些关于日本植物的记录, 这些后来以克莱尔的名义出版, 尽管它们似乎是来自克莱尔的花匠迈斯特, 因为克莱尔的两次日本之行他都曾陪同。[5]（迈斯特本人于1692年出版了一本关于东印度群岛植物的书。[6]）克莱尔委托绘制的599页植物画包含1060张

---

[1] Breyne, *Exoticarum*, appendix.
[2] Barnett, "Academia."
[3] Haan, "Cleyer," 453; Kraft, "Mentzel, Couplet, Cleyer," 163–164.
[4] Ehring, "Leprosy Illustration"; 据说是为了证明麻风病会导致破相。感谢托马斯·吕滕(Thomas Rütten)提供的参考。
[5] Pas, "Earliest European Descriptions of Japan's Flora"; Muntschick, "Een Manu–script."
[6] Haan, "Cleyer," 45. 这部著作题为 *Der Orientalisch–Indianische Kunst–und Lust–Gärtner* (Dresden).

图片，现存于柏林。[1]

在欧洲的鼓励下，1681 年 11 月，克莱尔与药剂师亨德里克·克劳狄乌斯（Hendrik Claudius）签订合同，让他前往开普敦绘制植物并筹建植物标本馆，搜集矿物、药品以及其他自然物品，当然相关费用都由克莱尔负责。[2]1682 年 2 月 16 日，克劳狄乌斯抵达开普敦开始工作，不久就为当地的长官西蒙·范·德·斯泰尔服务。范·德·斯泰尔于 1670 年到达开普敦之前也曾接受过植物学的培训。[3] 1685 年 4 月，范·里德在前往东方的旅途中再次来到开普敦，他在退休时被十七人董事会召回并参与调查公司在亚洲的事务，根除腐败。从 1685 年 4 月到 1686 年 7 月，范·里德在开普敦度过了一年多的时间。他开始对花园、果园、树林以及开普敦当地科伊科伊人的生活方式和思想都产生了浓厚的兴趣，因为"在知识、智慧、公正性和合理性方面，就他们的内务和政府的市政管理方式而言，他们并不亚于其他任何民族"；他还试图改善公司的奴隶和雇员的生存状况。[4]他对克劳狄乌斯的工作印象深刻，他还把成果——"完成的两大卷对开本的数种植物的绘画（都是根据鲜活的植物描绘），制作的一个包含所有种类植物的标本收藏（被粘附在了另一卷的书页上）"——保存在自己的房间里。[5]此外，这位十七人董事会的特别代表授权批准了一次为期 4 个月的陆上考察，去探索殖民地北部的铜山（位于纳马夸兰）。[6]克劳狄乌斯担任探险队的秘书和绘图员，绘制水彩画，并对沿途的植物和动物记录、描述。[7]

然而，分享信息给克劳狄乌斯埋下了祸根。此次探险后不久，一

---

[1] Wijnands, "Hortus Auriaci," 66.
[2] 克莱尔得到了荷兰东印度公司的许可，由斯皮尔曼保证，参见 Haan, "Cleyer," 459–460。
[3] Rookmaaker, *Zoological Exploration of Southern Africa*, 22; Wijnands, "Hortus Auriaci," 70.
[4] Heniger, *Van Reede*, 69.
[5] 引自英文翻译，Guy Tachard, *Voyage de Siam des péres jésuites envoyés par le Roi aux Indes et à la Chine* (Paris, 1686). 参见 Tachard, *Voyage to Siam*, 63。
[6] 关于这次旅行的记载，参见 Waterhouse, *Simon van der Stel's Journal*. 由沃特豪斯（Waterhouse）出版的达布林（Dublin）手稿已被修订，原稿现存于牛津大学植物科学图书馆，Sherard 179. 因为其中包含很多拼写错误；20 世纪早期它被错误地编目并著录为"[Paul] Hermann's journal in Dutch of botanical expedition from Cape of Good Hope, Aug. 1685 to Jan.' 86."
[7] Gunn and Codd, *Botanical Exploration of Southern Africa*; 有关根据克劳狄乌斯的原始手稿（已丢失）翻译出版的图书，参见 Wilson, *Hove–Exalto*, 以及 Rijssen, *Codex Witsenii*。

群法国耶稣会士在从暹罗（泰国）返回欧洲的途中停留在了开普敦殖民地（1686年3月13日至同年3月26日）。[1]早先有一位率领使团出使中国的传教士柏应理（Philippe Couplet）请求法国国王派使团前往亚洲，这一使团因此被路易十四派往远东；[2]柏应理和克莱尔保持了一段时间密切的联系；[3]因此，与克莱尔共事过的人以及了解柏应理的人彼此互相交谈也就不令人意外了。克劳狄乌斯毫无保留地把自己的知识告诉了耶稣会士，其中一位居伊·塔查尔（Guy Tachard）在他1686年出版的关于暹罗之旅的书中写道："我们关于那个国家的所有知识都是从克劳狄乌斯那里获得的，他给了我们一张他亲手绘制的这个国家的小型地图，上面有一些那个国家的居民的画像，以及最稀有动物的图画——这些都插附在这里，其中我们所了解到的最令人瞩目的事物包括如下这些。"[4]但是当这本书于1686年到达范·德·斯泰尔手中时，克劳狄乌斯的行为被认为是叛国的，他被驱逐出了开普敦；他的继任者是亨德里克·伯纳德·奥尔登兰德（Hendrik Bernard Oldenland），他曾跟随赫尔曼学习，将继续推动把开普敦的花园变成一个重要的研究中心。[5]

在此期间，范·里德亲自前往科伦坡，他于1685年10月13日抵达当地，一直待到12月初。在科伦坡期间，出于药用及休闲娱乐的目的，他又重新燃起对当地植物的兴趣。埃吉迪乌斯·达埃尔曼斯（Aegidius Daelmans），一位在荷兰东印度公司服务的船上医生，从1687年起在锡兰花了18个月的时间（此后数年待在科罗曼德尔海岸），于1687年撰写并发表了一篇关于印度群岛的疾病和治疗的简短论文，题为《新改革的基于酸碱基础上的医药》（*De nieuw hervormde*

---

[1] Vongsuravatana, *Jésuite à la cour de Siam*, 234.
[2] Foss, "European Sojourn," 125, 130–131.
[3] Kraft, "Mentzel, Couplet, Cleyer"；Demaerel, "Couplet and the Dutch."
[4] Tachard, *Voyage to Siam*, 63. 相关记载，参见 Vongsuravatana, *Jésuite à la cour de Siam*, 以及卡皮尔·拉伊（Kapil Raj）即将出版的研究。
[5] Heniger, *Van Reede*, 75.

geneeskonst, gebouwt op de gronden van het alcali acidum）。在文章中，他谈到了他被派往锡兰寻找有医药用途的"新的本草和根茎"，"我已经搜集了大量的信息，并把《锡兰药典》（*Pharmacopoeia of Ceylon*）献给长官派尔（Pyl），其中包括内外部疗法，因此没有必要再从祖国寄送任何药品过来"。正如论文题目所示，达埃尔曼斯遵循西尔维乌斯（和庞德谷）的观点，赞成各种化学治疗方法以及鸦片，特别是茶叶的使用。[1] 此外，1686—1689 年，数批植物甚至动物被运往荷兰。在接下来的几年里，范·里德亲自把许多植物送回了阿姆斯特丹植物园。1691 年，他向荷兰东印度公司西区的所有在职人员发出一份"指示"，要求搜集所有植物并记录它们的名称，然后送到锡兰，从那里再运到荷兰，以满足在阿姆斯特丹的国王威廉三世以及让·科默林的使用需求。"将近100 年来，锡兰政府一直在执行1691 年的指示。"当克莱尔的花匠迈斯特于1688 年返回荷兰时，他携带了大量植物，把它们从克莱尔在巴达维亚的花园带到了开普敦殖民地的花园（其中包括来自日本的一棵樟树以及一株茶树），然后他又从开普敦护送着17 箱范·德·斯泰尔的植物回荷兰，并最终运往阿姆斯特丹植物园以及威廉三世和法赫尔的花园。[2]

难怪威廉·谢拉德（William Sherard）访问荷兰后，匿名出版了一本名为《荷兰的天堂》（*Paradisus Batavus*）的书（1689 年，阿姆斯特丹）。[3] 谢拉德是牛津大学圣约翰学院的研究人员，对植物学有着极大的热情和兴趣。他从巴黎被吸引到北方，在巴黎时他遇到了之前锡兰的内科医生、时任莱顿大学植物学教授赫尔曼。1686 年，谢拉德前往巴黎，在巴黎植物园的教授皮顿·德·图内福尔（Pitton de Tournefort）

---

[1] Lindeboom, *Dutch Medical Biography*, 396–397; Schoute, Geneeskunde in den dienst, 170–173; 引自 Uragoda, *History of Medicine in Sri Lanka*, 68. 达埃尔曼斯的著作共有5个荷兰文版本和2个德文版本。最后一次荷兰文版（1720）的内容有极大的扩充，例如包含了他在锡兰、巴达维亚以及科罗曼德尔遇到的疾病，但我并未读过，参见任何一个版本。

[2] Heniger, *Van Reede*, 75–77, 引文在第 77 页; Wijnands, "Hortus Auriaci," 66.

[3] Sherard, *Paradisus Batavus*.

的指导下学习。1688年初夏,赫尔曼前来拜访图内福尔,当时图内福尔正在制作一份植物目录。谢拉德和赫尔曼日渐相熟,当年夏末,他们一起回到荷兰。在荷兰,谢拉德参观了奥兰治王子的私人花园,位于索格弗利特的汉斯·威廉·本廷克(Hans Willem Bentinck)的私人花园,位于瓦尔蒙德附近老泰林格的希罗尼穆斯·贝弗宁格的私人花园,位于列文霍斯特的卡斯帕·法赫尔的私人花园,位于哈勒姆附近斯帕伦森林的菲利普·德·弗利纳(Philips de Fline)的私人花园,位于维杰霍夫(Vijverhof)的阿格尼丝·布洛克(Agnes Block)的私人花园以及西蒙·范·博蒙特(Simon van Beaumont)、普拉斯夫人(Frau Pullas)、丹尼尔·德马雷、约翰内斯·范·里特(Johannes van Riedt)等人的私人花园。他还参观了很多莱顿和阿姆斯特丹的公共花园。荷兰人重新发现并重新命名了伊甸园中几乎每一种以亚当命名的生物,至少在某些人的想象中,就应该是这样的。[1]

驯化

但是,用帆船完成远距离运输活体植物需要精心的准备和持续的照顾。例如,英国内科医生汉斯·斯隆在前往牙买加探索自然史之前,他从丹尼尔·德马雷这位威廉三世的牧师和园艺师那里得到指导,后者告诉他如何谨慎仔细地运输乔木、灌木、种子和球茎,并且不会太干燥、腐烂或发芽。乔木和灌木必须连根拔起,尽可能完整地保留其根部及根部周围的土壤,将其包裹成一个球,并用潮湿的苔藓覆盖直至树干往上两英尺。然后将不同的标本捆成一捆,包在一个盒子里,在顶部和侧面留出几英尺的剩余空间。能产生乳状汁液的植物则可以在根部先用干沙裹住,再用干燥的苔藓包裹起来,最后放在一个简单的木箱里运输;球茎植物必须先在远离阳光的空气中干燥直到褪色,

---

[1] Heniger, "Hermann," 529.

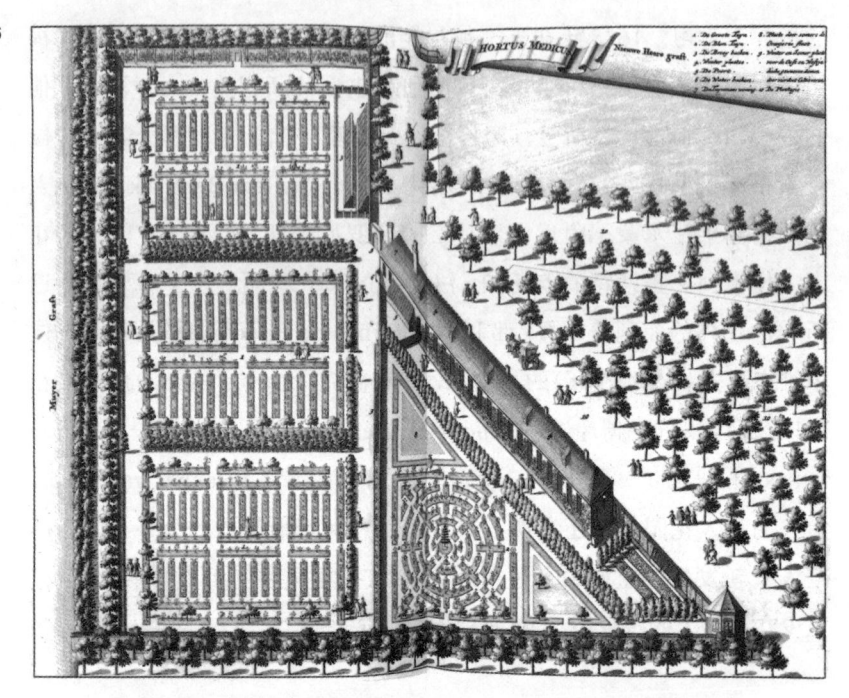

阿姆斯特丹医药植物园，展现了临靠在旁边，处于对角线上的带着玻璃框架的温室

摘自卡斯帕·科默林编《阿姆斯特丹描述》(Beschryvinge van Amsterdam)，1693 年，惠康信托图书馆供图，伦敦

再放入装有干苔藓的木箱中；种子必须干燥后放进密封的盒子里。[1]其他人的建议还包括如何用含有砷的小肉块毒死船上的老鼠以防止它们啃食任何绿色的东西。除了包装、诱饵和监视以防止水手伤害这些植物以及盐水对这些植物的浸渍之外，还需用淡水使许多植物的根部保持湿润，这就要求花匠在旅途中定期照顾这些植物。运送动物更加困难。1682 年，当克里斯托弗·施魏策尔（Christopher Schweitzer）的船从锡兰返回荷兰时，"船上载着许多动物，包括 12 只鹦鹉、6 只猿猴、两只安汶白凤头鹦鹉（像鸽子一样大的白色的鸟，头上有一簇精美的

---

[1] British Library, Sloane MS 4036, fol. 21–22, printed in Wijnands, "Hortus Auriaci," 85.

第八章 把印度群岛的花园搬回荷兰

羽毛，学说话的能力比鹦鹉还强）；还有一头鳄鱼、一只体长 1 埃尔的幼鹿以及一只来自孟加拉的有着可爱白色斑点的幼驼鹿：这些动物在两个月内相继死亡，除了两只名为科内利斯和玛格丽萨的猿猴"。[1] 1688 年，当约翰·比特（John Bitter）回到荷兰时，船员们偷偷地给他的鹤鸵喂厨房里燃烧的煤块取乐。[2]

许多热带植物一到荷兰需要更多的照料。从 17 世纪末开始，在冬天柔嫩的植物被搬到莱顿大学植物园的温室——有朝南的落地窗、长方形的玻璃。几十年后，在大庄园的花园里开始出现了"橘园"（Orangery）——在设计上与温室相似，火盆中燃烧的泥煤能够使室温保持在零摄氏度以上，园中长在大盆里的橘树可以成功地过冬。[3] 此外，在 17 世纪下半叶，"带松散天窗的小温室"在荷兰极为流行。[4] 温室里的土壤有时与鞣革树皮混合在一起以提高温度。倾斜的温室也出现了，对着朝南的墙壁，屋顶的天窗呈现一个倾斜的角度以捕捉冬季直射角更低的太阳光。橘园也得到改进，里面建造了带有烟道的炉灶。最重要的改进出现在 17 世纪 80 年代，即出现了真正的温室，它由炉灶加热，通过地下管道系统辐射热量，使整个冬季的室内温度都保持在冰点以上。但这种温室造价非常昂贵：威廉三世于 1680 年在洪塞勒斯代克建造的橘园花费了 3 万荷兰盾，可能因为它是当时最早的温室之一。在 1685 年前后，阿姆斯特丹和莱顿的医药植物园就有了这样的"热带房屋"（阿姆斯特丹最大的一座温室用 5 个炉子加热），而且考虑到大约同一时间私人收藏家所拥有的热带植物的数量，私人花匠们似乎也建造了类似的建筑。[5]

有了这些手段和方法，许多热带植物开始在荷兰的花园里茁壮成

---

[1] Raven–Hart, *Germans in Dutch Ceylon*, 81.
[2] Blussé, *Bitter Bonds*, 157.
[3] 例如，注意由本廷克建造的位于索格弗利特（得自 Cats）的半圆形橘园，参见 Bezemer–Sellers, "Bentinck Garden," 117。
[4] Oldenburger–Ebbers, "Notes on Plants," 165.
[5] Wijnands, "Hortus Auriaci," 76; Oldenburger–Ebbers, "Notes on Plants," 165–166.

长。1670年，富有的门诺派教徒阿格尼丝·布洛克从阿姆斯特丹市议员兼治安长官约里斯·巴克（Joris Backer）那里购买了一处位于费赫特河畔卢嫩（Loenen aan de Vecht）的乡村住宅，并将其改造成维杰霍夫庄园，这是那个时代最宏伟的庄园花园之一。[1]布洛克是欧洲第一个（1687年）种植原产于巴西的菠萝的人，她在某处获得了一枚纪念章，委托著名植物学家及艺术家阿利达·维索斯（Alida Withoos）描绘这枚纪念章。（她还让维索斯画茶树，这种茶树可能来自阿姆斯特丹的植物园，因为布洛克经常和科默林交换植物。）她一定还拥有一座温室来完成这一壮举，因为即使在冬天，这种植物也需要在不低于10摄氏度的环境下生长。[2]在格罗宁根北部，植物学教授亚伯拉罕·蒙廷（Abraham Munting）能够在加热升温后的温室里种植香蕉，1682年他甚至向伦敦皇家学会报告说，他能够种植肉桂和肉豆蔻树。[3]一位研究园艺学的历史学家列出了在卡斯帕·法赫尔位于诺德维克森林附近的列文霍斯特庄园花园里所种植的数量极为可观的热带植物，其中"包括来自锡兰的合川文殊兰（Crinum zeylanicum）和嘉兰（Gloriosa superba）；来自印度的远志属植物霸王鞭（Euphorbia antiquorum）和大戟（E.nivulia）；来自印度尼西亚的印度紫檀（Pterocarpus indicus）和爪哇决明（Cassia javanica）；来自日本的皋月杜鹃（Rhododendron indicum）、樟树（Cinnamomum camphora）和茶树（Camellia sinensis）；非洲热带的血竭和加那利群岛的龙血树（Dracaena Draco）；秘鲁和巴西产的金莲花（Fropaelolum majus）和菠萝（Ananus Comosus）；来自热带非洲的香龙血树（Dracaena fragrans）以及加那利群岛的德拉克龙血树（Dracaena draco）；以及来自西印度群岛的夜夫人（brassavola nodosa）。此外，还有来自日本的苏铁（Cycas revolute）"[4]。17世纪末，另一次针对种

---

[1] Jong, "Netherlandish Hesperidies," 15.
[2] Wijnands, "Hortus Auriaci," 67.
[3] Birch, *History of the RS*, 169.
[4] Oldenburger–Ebbers, "Notes on Plants," 173; 同时参见 Wijnands, "Hortus Auriaci," 78–79。

第八章 把印度群岛的花园搬回荷兰　　427

《阿格尼丝·布洛克与她第二任丈夫西布兰克·德·费莱恩（Sybrank de Fline）以及两个孩子在维杰霍夫的花园中》，油画，韦尼克斯（J. Weenix）绘，最晚完成于 1697 年，注意左下方的菠萝树

阿姆斯特丹博物馆供图

植在荷兰园林中的植物名单和目录的评估也注意到几个来自日本的物种，12 个来自印度尼西亚的物种，许多来自锡兰的物种，但没有一个物种来自马拉巴尔，此外还有许多来自开普敦的物种。一些来自地中海和北美的植物以及来自西印度群岛和苏里南的植物也在评估范围内。[1]

正如布洛克聘请了一位艺术家来绘制她的一些物品，荷兰的园艺爱好者也以丰富的绘画来展示他们的成功。例如，1685 年，威廉三世要求艺术家斯特凡·库辛斯（Stefan Cousijns）为列文霍斯特的植物收

---

[1] Wijnands, "Hortus Auriaci," 68–72. 更多详情参见 Kuijlen, Oldenburger-Ebbers and Wijnands, *Paradisus Batavus*。

藏绘制彩色画。1688年11月,库辛斯停止了工作,也许是法赫尔当时已处于濒死状态,使所谓的《洪塞勒斯代克皇家植物园》(Hortus Regius Honselaerdicensis)末尾留下了35页空白页,因为法赫尔死后,他搜集的植物和插图被转移到了洪塞勒斯代克。[1]阿姆斯特丹植物园的专员们也下令根据他们收藏和采集的稀有植物制作水彩画,收录在以最重要的艺术家让·莫宁克斯(Jan Monincks)的名字命名的《莫宁克斯地图集》(Moninckx Atlas)的前八卷中。其他插画家包括莫宁克斯的女儿玛丽亚(Maria)、阿利达·维索斯以及乔安娜·海伦娜·赫罗尔特·格拉夫(Johanna Helena Herolt née Graff,著名艺术家和博物学家玛丽亚·西比拉·梅里安的女儿);之后的绘画则由让·马蒂亚斯·科克(Jan Matthias Cok)和多萝西娅·斯托姆·克雷普斯(Dorothea Storm née Kreps)完成。[2]这些插图被用于一部由四部分组成、分两卷出版的地图之中,由让·科默林出版,内科医生弗雷德里克·鲁谢与药剂师及植物学家弗兰斯·基格拉尔(Frans Kiggelaer)编成的《阿姆斯特丹植物园所藏珍稀植物》(Horti medici Amstelodamensis Rariorum plantarum historia,1697—1701年)。海德科珀也雇人制作了许多植物插图,并送给了在但泽的布雷内。[3]正是在这期间,即1682—1693年,范·里德的《马拉巴尔植物志》的剩余10卷也出版了。公众对来自印度群岛植物的兴奋之情足以支持他们每隔一两年就出版一本关于外来植物的大型、精美、内容丰富而又昂贵的一卷或者一套数卷图书。

卢菲斯和梅里安

自然珍品的收藏以及关于它们的出版物以在东西印度群岛的收藏家的非凡工作为基础。一位著名的收藏家兼作家居住在荷属东印度

---

[1] Wijnands, "Hortus Auriaci," 79; Oldenburger–Ebbers, "Notes on Plants," 173.
[2] Wijnands, *Botany of the Commelins*, 14–22.
[3] Wijnands, "Hortus Auriaci," 70.

群岛遥远的东边——马鲁古群岛，即香料群岛：乔治乌斯·埃弗哈德斯·卢菲斯，他后来被称为"印度群岛的普林尼"以及"安汶的盲先知"（第二个绰号是在他失明后还继续进行研究的几十年中产生的）。[1] 他是荷兰东印度公司的一位商人，随后爱上了安汶和马鲁古，并在上级的支持下，投入了大量精力进行研究。卢菲斯现存最著名的作品是他的《安汶珍奇屋》（*D'Amboinsche rariteitkamer*，1705 年）以及《安汶香药书》（*Het Amboinsche kruid-boek*，6 卷，1741—1750 年），这两部著作都是基于他 17 世纪 60—70 年代的研究而成的。它们是 18 世纪早期出版的两部令人印象深刻的自然史著作。但由于多年的辛劳、悲伤和失望，直到卢菲斯死后它们才得以出版。像范·里德一样，卢菲斯的努力也得到了荷兰东印度公司内部一些高层的支持，当然，最好的支持还是对出版的资助。

卢菲斯人生轨迹的起点与克莱尔并没有很大的不同。他出生在德国（约 1627 年出生在哈瑙或者哈瑙附近——早克莱尔 7 年出生）。1652 年，像克莱尔一样，卢菲斯也以"绅士战士"的身份与荷兰东印度公司签订合同。1654 年他来到马鲁古群岛，并很快得到提拔，开始监管防御性工程等建筑设施的修建。很显然，他很好地完成了所有的任务，并掌握了葡萄牙语和马来语（当时的贸易语言），因此在他第一个 5 年的职业生涯中，卢菲斯以下级商务（onderkoopman）的身份转到了荷兰东印度公司的民事机构——这只有在他的上级的支持下才能实现。此外，他还获得了在希拉（Hila）的职位。丁香贸易是安汶地区利润第二丰厚的业务，安汶商馆也成为荷兰东印度公司最富有的商馆之一。卢菲斯在安汶的生活极为惬意，他也开始喜欢这个地方。到了 17 世纪 50 年代后期——也大约是在这个时候，皮索出版了关于邦修斯

---

[1] Leupe, *Rumphius*; Harting, "George Everard Rumphius"; *Rumphius gedenkboek, 1702–1902*; Sarton, "Rumphius, Plinius Indicus (1628–1702)"; Sirks, "Rumphius, the Blind Seer of Amboina"; Wit, *Rumphius Memorial Volume*; Rumphius, *Ambonese Curiosity Cabinet*, xxv–cxii; Rumphius, *Ambonsche lant–beschrijvinge*, xiii–xxxvii.

的著作——卢菲斯也开始编撰一部关于安汶的自然史著作。也许他受到了皮索版本的启发,他的手稿(后来不幸遗失)中就有对邦修斯的自然史的评论。[1]

当1663年他再次获得任命时,卢菲斯早已开始尝试全面研究完整的安汶自然史。1667年,他的职位再次发生变动时,他的研究已成为他最大的兴趣。至少从17世纪60年代末开始,他就和当地土生土长的朋友一起到乡间和海边探险,学习当地语言(同时还写了一本马来语词典,可惜现已不存)。他还和当地的一个妇女建立了家庭,但只知道他妻子的名字叫苏珊娜(Susanna),妻子协助他完成了研究。[他把一种稀有的兰花用他妻子的名字命名为"苏珊娜花"(Flos Susannnae),因为是苏珊娜第一次把这种花拿给他看的。]正如一位传记作者所说:"人们能够在他的研究以及他的上级的评论中发现卢菲斯对印度尼西亚人极为尊重……他了解当地人的食物和药品,当地人的武器和衣服,当地人的迷信和故事。毫无疑问,他是第一位(也是很长一段时间内的唯一一位)重要的印度尼西亚民族学家。"此外,"他还经常与当地人站在一起,反对有权有势的雇主,也毫不顾忌去教训和批评他的上级同胞。人们会有这样一种感觉,比起与他的同胞相处,卢菲斯在与土著居民相处的时候往往更自在舒服"。例如,他怀着极大的敬意撰述"大师"伊曼·雷蒂(Iman Reti),说雷蒂是"一位来自欧洲的摩尔人牧师",自学了从树木中提取油的方法,甚至可能还吸收了"印度尼西亚的自由伦理。他在研究中一次又一次地提到这一点,并且总是充满赞许"。卢菲斯的研究还表明,他的观点与邦修斯以及他同时代的荷兰人很相似:他"喜欢实证多于理论",以及"谴责试图控制自然的人。对于我们的认知而言,自然实在是太庞大了,对它有任何其他要求都是徒劳的"。同时,像邦修斯一样,他攻击各种"迷信",如"苦行"(tapa)等各种当地宗教表现形式以及神

---

[1] Wit, "Georgius Everhardus Rumphius," 7.

秘行为。[1]

但是，1670年初，卢菲斯失明了，不得不从他所钟爱的希拉搬到安汶市镇。然而，他表现出了继续研究的顽强决心。由于他所获得的知识，在总督马策伊克的坚定支持下，他得以继续担任荷兰东印度公司的顾问并保持他的级别和收入。在17世纪70—80年代，帕特布鲁格先后担任了特尔纳特和安汶两地的长官，他也坚定地支持卢菲斯，甚至为卢菲斯争取到了一块可以用作墓地的土地。[2]但卢菲斯还是被迫放弃他几乎完成的《本草》一书，因为他找不到能用拉丁语和他一起工作的人，因此他又选择用荷兰语重新开始。他所绘制的彩色插图被保留了下来，其他工作他委托了别人。在他的家人和仆从，特别是他的儿子保罗·奥古斯特（Paul August）的帮助下，他还撰写了两本关于安汶的书：《荷兰东印度公司安汶殖民地概览》(*Generale lant-beschrijvinge van het Ambonsche gouvernment*，1678年完成)，以及《安汶历史，自其成为荷兰东印度公司第一块殖民地至1664年》(*Ambonsche historie, sedert de eerste possessie van de O.I.Compagnie tot den jare* 1664，1679年完成)。这两本书都被送往巴达维亚委员会，但从未在荷兰出版，因为里面有太多的需要保密的信息。[3]

尽管遭遇这些巨大挫折，但卢菲斯仍然坚持了下去。他对安汶自然史的知识也逐渐被大众所了解。从代尔夫特内科医生亨德里克·达凯特（Hendrik D'Acquet）在他的《安汶珍奇屋》(见下文）的献词中可以看出，卢菲斯似乎从事当地大量自然物品的贸易，特别是许多美丽珍稀的贝壳。1682年，他还把他收藏的大部分珍奇品卖给了美第奇公爵三世（Duke Cosimo Ⅲ de'Medici）。随着声望日隆，克莱尔推荐他成为自然珍奇学院的成员，1683—1698年间，卢菲斯在研究院的期刊，德国的《医药物理珍品录》(*Miscellanae curiosa medico-physica*)

---

[1] Rumphius, *Ambonese Curiosity Cabinet*, cii–cv, lxxxvi–lxxxvii, cii.
[2] Rumphius, *Ambonese Curiosity Cabinet*, lxxv.
[3] Harting, "George Everard Rumphius," 8; 关于对概述最新的编辑，参见 Rumphius, *Ambonsche lant-beschrijvinge*.

上发表了13篇他的"观察研究"。[1]1687年,安汶的一场大火烧毁了他的《植物志》以及其他手稿、书籍和收藏品。克莱尔及时送来援助,作为回报,卢菲斯送给克莱尔一份关于中国脉搏学说的手稿。[2]幸运的是,他已经采取了预防措施,把他最重要的作品的部分副本储存在其他地方。在他儿子保罗·奥古斯特以及荷兰东印度公司于次年派来的绘图工菲利普·凡·艾克(Philip van Eyck)的帮助下,他挽回了一些损失。1690年,他的《安汶本草志》(*Herbarium Amboinense*)的前6卷被送到巴达维亚,并于1692年被带上前往荷兰的船,但运载它们的船只沉没后,这些书又消失了。这一次,卢菲斯保存了一份完整的副本。1696年,这份副本以及补充的3卷再次被送往荷兰。1697年,最后3卷也到达荷兰。然而,与卢菲斯的前两份手稿一样,这一非凡的作品也湮没在荷兰东印度公司的档案里。直到几十年后,它才被阿姆斯特丹大学植物学教授约翰内斯·布尔曼(Johannes Burman)拯救。1741—1755年间,布尔曼编辑出版了6卷关于这本书的4个部分的内容。[3]甚至卢菲斯的最后一部作品《安汶珍奇屋》也得到了一个更好的结局:在他死后得以出版。他未发表的其他作品被收录在了他的朋友兼女婿弗朗索瓦·瓦连京(François Valentyn)的作品中:瓦连京随意引用了卢菲斯关于动物的研究《安汶动物志》(*Amboinsch dierboek*,后来也失传了),以及卢菲斯的插图和他的《安汶殖民地概览》,这些内容都出现在了瓦连京自己对荷属东印度群岛的研究中,即《旧新东印度群岛(1724—1726年)》[*Oud en Nieuw Oost-Indien* (1724-26)]。[4]

甚至当卢菲斯的《安汶珍奇屋》最终流入荷兰时,出版商仍抱怨手稿的状况。1701年,也就是卢菲斯去世的前一年,它落入了代尔夫

---

[1] Rumphius, *Ambonese Curiosity Cabinet*, lxxv.
[2] Haan, "Cleyer," 451–452.
[3] Rumphius, *Amboinsche kruid-boek*.
[4] Valentyn, *Oud en Nieuw Oost–Indiën*.

特市长同时也是内科医生兼收藏家的达凯特手中。卢菲斯多年来一直与达凯特保持通信，并从东方给他寄去了标本，特别是贝壳。卢菲斯的手稿很大程度上是基于他很久以前的描述，他搜集了这些信息并寄给了达凯特，希望达凯特能够意识到出版这些内容的意义。"阁下拥有的大部分"物品来自"在您令人叹为观止的珍奇屋"。幸运的是，达凯特这样做了，因为在出版商给达凯特的献词中，出版商抱怨说，传到达凯特手里的原稿远不能达到出版标准。许多描述都是不完整的，"而其他条目则是完全缺失，为了不影响作品的逻辑顺序以及设计，它们又无法被删除"。此外，"作者曾经承诺的各种贝壳的插图也从未出现在我们或者阁下手里"。最终，出版商不得不为缺失的条目制作新的插图，插图都是根据"当地珍奇屋中的标本"绘制的。达凯特帮助出版商获得了一些私人藏品，另一位收藏家西蒙·许恩富特（Simon Schynvoet）撰写了额外的说明文字，并提供了丢失的图画。[1]这本书的许多插图都来自达凯特已有的插图。[2]经过4年的额外工作，这本书终于得以出版。

同年，当卢菲斯的《安汶珍奇屋》出现在书店时，另一部非凡的著作也由私人印刷出版：《苏里南昆虫变态图谱》(*Metamorphosis insectorum Surinamensium ofte verandering der surinaamsche insecten*，1705年)。[3]这本书是由另一位博物学家所写，这位作者也是一位重要的自然史画家，即玛丽亚·西比拉·梅里安。[4]1701年，她在结束了对南美洲北部海岸的苏里南的两年考察后回到了阿姆斯特丹，同一年卢菲斯的手稿流入代尔夫特。

梅里安是著名的雕刻家及艺术家法兰克福的老马托伊斯·梅里安（Matthêus Merian the Elder）的女儿。她跟随继父雅各布·马雷

---

[1] Rumphius, *D'Amboinsche rariteitkamer*; Rumphius, *Ambonese Curiosity Cabinet*, 3–5.
[2] Waals, "Met boek en plaat," 224.
[3] Merian, *Metamorphosis*.
[4] 关于梅里安，参见 Schiebinger, *The Mind Has No Sex?* 68–79; Davis, *Women on the Margins*, 140–202; 以及 Kinukawa, "Art Competes with Nature"；有关来自她日记的记载，参见 Valiant, "Merian," 468–469。

尔（Jacob Marell）学习临摹自然物。马雷尔的老师中有一位是格奥尔格·弗莱格尔（Georg Flegel），他是阿尔布雷希特·丢勒（Albrecht Dürer）传统风格的画家之一。因此，梅里安早在1660年——她13岁的时候——就创作出了丢勒风格的绘画作品。也就是在这么小的年纪，她就表现出对花卉、昆虫和毛虫浓厚的兴趣。在嫁给同为马雷尔的学徒的约翰·格拉夫（Johann Graff）后，她和丈夫搬到了纽伦堡，在那里她创办了自己的事业，并开始招收学徒，销售绘有花卉的布料，用色素进行试验来寻找洗涤后不褪色的最好的颜料。此外，梅里安还试图寻找能够产出足够坚韧的细丝来代替家蚕的毛虫。极其与众不同的是，她日记的开头还跟踪记录了这些小生物从卵到毛虫、蛹和蝴蝶的生命周期，她甚至对它们的寄生虫产生了兴趣。[这几乎比马尔皮吉发表关于蚕的研究以及雷迪（Redi）对昆虫是卵生而非来自腐化的描述早了10年。]为了进行观察，她亲自饲养这些昆虫，在这个过程中发现了它们以哪些植物为食。她的第一本书《奇妙的毛虫变态》(*Der paupen wunderbare verwandelung*，1679年，1683年及1717年又出了后续两卷）描绘了50种毛虫的生命周期，以及它们爱吃的植物，"为博物学家、艺术家和园艺爱好者服务"。[1]一年后，她出版了一本关于花卉的彩色书籍《新花卉图鉴》(*Neues blumenbuch*）。

然而，在1682年，梅里安回到法兰克福照顾她丧偶的母亲，3年后，她带着她的母亲和女儿们搬入了她的兄弟卡斯帕位于弗里斯兰省魏窝特市（Wieuwerd）的拉巴迪（Labadist）宗教社区。这段经历让她之后接触到了苏里南的动植物标本。拉巴迪教徒是宗教领袖让·德·拉巴迪（Jean de Labadie）的追随者。拉巴迪出生在波尔多附近的村镇，从小接受耶稣会士的教育，后来倾向詹森主义（Jansenism），之后加入归正教会，直至1669年被当地的地区教会委员会从米德尔堡的教士群体中驱逐。安娜·玛丽亚·范·斯许尔曼（Anna Maria Van

---

[1]　Valiant, "Merian," 468–469.

Schurman）是她那个时代最杰出的艺术大师之一，她捍卫女性追求知识探索的权利，也是伊丽莎白公主的朋友，而她虔信拉巴迪并被保持对话的宗教生活所吸引。她精通拉丁语和其他古代语言，曾经在乌特勒支隔着屏风（从而不打扰男同学）倾听了许多关于笛卡尔主义的争论，笛卡尔本人也希望她能够接受他的观点，但她并没有脱离沃修斯的虔敬主义，她采纳了一种自然观，接受了许多新思想，但把上帝说成是"内在原因"，是我们生活和思想的目标。1662 年，斯许尔曼的兄弟与拉巴迪一起度过了两个月，并高度赞扬这位牧师，范·斯许尔曼开始与拉巴迪通信，然后与他交谈；1668 年，她放弃了她的财产加入拉巴迪的宗教社区。她"自传体"性质的《欧拉利亚》（*Eucleria*，1673 年）或许是对于拉巴迪教派目标最深刻的表述。[1] 历经在阿姆斯特丹的种种磨难之后——自由派摄政，包括约翰·德·维特在内，都不太喜欢这个教派——1670 年，拉巴迪教徒投靠笛卡尔曾经的病人伊丽莎白公主以寻求庇护，伊丽莎白公主当时是黑尔福德修道院的院长；1672 年，当法国人开始威胁黑尔福德时，他们搬到了宽容的阿尔托纳（位于汉堡北部）；1675 年，随着来自瑞典的战争威胁以及拉巴迪的去世，他们在魏窝特的一处大庄园定居，被瓦尔塔斯洛特（Walta-slot）的领地所环绕。由于遗产继承，属于拉巴迪宗教社区的索默尔斯代克（Sommelsdyck）家族的三姐妹被她们的兄弟科内利斯·范·埃森·范·索默尔斯代克（Cornelis van Aerssen van Sommelsdyck）拖欠了一大笔钱；科内利斯于是把房子转给她们以抵消一半的债务。在魏窝特，另一名成员亨德里克·范·德芬特（Hendrik van Deventer）在这里建立了一个化学实验室，生产肥皂、化学盐和各种治疗发烧的药片。这些药片很受欢迎，被称为"拉巴迪药片"，支持了社区的发展。当梅里安加入社区时，范·斯许尔曼已经去世，但由于信徒可以解除与非信徒之间的婚姻关系，她的丈夫在试图与她做伴时被拒绝了，并最

---

[1] 关于斯许尔曼，参见 Baar et al., *Schurman*, 以及 Baar et al., *Choosing*。

终回到纽伦堡申请离婚。在这段时间里,苏里南总督范·索默尔斯代克把他收藏的来自苏里南的蝴蝶标本从苏里南寄到了瓦尔塔斯洛特,这些蝴蝶体型庞大、色彩明艳,给了梅里安新的灵感。[1]

梅里安一直待在魏窝特,直到 1691 年她母亲去世。(1692 年,德芬特停止了对社区内所有成员的经济资助,把他的大量收入用于他自己的家庭,魏窝特的拉巴迪宗教社区开始瓦解。)于是,梅里安和她的女儿选择离开魏窝特并前往阿姆斯特丹。1692 年,她的长女乔安娜(Johanna)嫁给了另一位前拉巴迪教徒。乔安娜的丈夫曾经激烈地抱怨这个教派的禁欲主义行为。[2] 在阿姆斯特丹,梅里安再次开始出售彩色纤维织物,并为其他艺术家制作及出售画作。她成了卡斯帕·科默林的朋友,后者雇用乔安娜来为他的《莫宁克斯地图集》绘制植物插图,她还参观了尼古拉斯·威特森和乔纳斯·威特森(Jonas Witsen)兄弟、弗雷德里克·鲁谢以及莱温努斯·文森特(Levinus Vincent)等人令人瞩目的自然物品收藏。[3] 但这同样也激发了她前往苏里南采集这些自己所钟爱的标本并绘制昆虫的雄心壮志。1699 年,在荷兰西印度公司董事的帮助下,她跟随乔安娜以及她的女婿前往苏里南,一同前去的还有她的另一个女儿多萝西娅·玛丽亚·亨莱斯(Dorothea Maria Henrice)。[4] 当时,苏里南共有大约 100 座蔗糖种植园,并且绝大多数是私人所有,欧洲人的数量在 1000 名左右,另外约有 1 万名非洲奴隶工;当时他们与控制着森林的加勒比人和阿拉瓦人之间的关系并不和睦。[5] 至于其他地方,她还参观了拉·普罗维登斯(La Providence)种植园,当时它仍归拉巴迪教徒所有(虽然没有一名拉巴迪教徒在那里工作),在旅程中,她还与奴隶和当地的美洲人交谈,对种植园主们的

---

[1] 详见 Saxby, *Quest for the New Jerusalem*;关于在黑尔福德的财政安排,参见同书第 236、245 页;关于梅里安,参见同书第 264–265 页;关于蝴蝶,参见同书第 384 页;关于范·德芬特在黑尔福德的活动,参见 Lieburg, *Van Deventer*, 25–44。
[2] Saxby, *Quest for the New Jerusalem*, 381。
[3] 关于这些收藏的详细情况,参见 Bergvelt and Kistemaker, *Wereld binnen handbereik*。
[4] Saxby, *Quest for the New Jerusalem*, 287; Landwehr, *Studies in Dutch Books with Coloured Plates*, 27。
[5] 关于她拜访时期的苏里南,参见 Davis, *Women on the Margins*, 172–77; Saxby, *Quest for the New Jerusalem*, 273–288;以及 Postma, "Suriname",该书是图片资料的来源。

轻蔑之情也与日俱增，后者无法理解她为什么要把这么多时间浪费在除了甘蔗及其产品以外的事情上。两年后，在遭受了气候以及疟疾的折磨之后，她与女儿多萝西娅回到了阿姆斯特丹（乔安娜仍在苏里南待了一段时间）。她搜集的标本（浸泡在高度数的白兰地中或夹在纸页中以及装在盒子里）在市政厅展览。其中的许多标本以及绘画都是她在苏里南完成的，她也把它们出售了。

凭借作为一个艺术家以及绘画和染料专家的能力，梅里安为许多自然史作品制作着色铜版画而赚取收入。当时出版商还不具备印刷彩色插图的技术手段，但他们有时会在广告中宣称能够在后期给插图上色，当然需要额外的花费。当时的问题是要确保物品颜色呈现的准确性。例如，斯瓦默丹出现前，荷兰最重要的作者约翰内斯·戈达尔（Johannes Goedaert）在一本关于昆虫的书中，为他的《自然变态，或……毛虫的历史记录》(*Metamorphosis naturalis ofte historische beschrijvinghe van ... wormen*，3卷本，1662年，1667年，1669年）一书增加了一个前言，说如果买家想要的话，他可以亲自为插图着色，这是一种隐含的真实性保证。[1]显然，梅里安与出版商签订了合同来完成类似的事情。卢菲斯《安汶珍奇屋》中的许多铜版都被水彩染过，它们最终落到梅里安的手中，当顾客想要为他们的书中插图着色的时候，梅里安可以将这些版画作为模板使用。[2]（20世纪70年代在彼得堡发现了梅里安的手稿，其中包含卢菲斯书中的54幅彩色标本插图，因此有人断言她负责了卢菲斯书中许多原画的绘制，但这种说法仍然可信度不高。[3]）

梅里安在出版她自己的书时充分利用了这几种商业方法。她的书包含了60幅对开纸尺寸的关于苏里南自然物品的版画，每一页上都

---

[1] Goedaert, *Metamorphosis Naturalis*; Landwehr, *Studies in Dutch Books with Coloured Plates*, 26.
[2] 这无疑是正确的解释，见 Waals, "Met boek enplaat," 224。众所周知，"梅里安女士"用卢菲斯书的雕版为顾客上色，参见 Landwehr, *Studies in Dutch Books with Coloured Plates*, 28。
[3] Valiant, "Merian," 472; Davis, *Women on the Margins,* 178–179; 参见 Rumphius, *Ambonese Curiosity Cabinet*, lxxxix.

有文字：昆虫变态，1705 年。科默林协助她找到了相关生物合适的拉丁语名字。这本书最著名的特点在于绘制处于植物上的昆虫（不仅包括它们的卵和毛虫状态，有时还包括它们的蛹以及成虫形态），这也是它们通常被发现时的状态。同时她还绘制其他动物的插图，包括蜥蜴、蛇和蜘蛛。在许多图片中，这些生物的比例大小是不正确的，其中一些与书页上描绘的其他动物相比显得过大或过小，尽管它们都令人印象深刻，而且"栩栩如生"。[1] 正如一位评论家所指出的，"其中一些类似于刺绣设计，特别是被称为鳗鱼画（peinture à l'anguile）的风格"——她可能考虑到了市场的因素。为了完成这些书，梅里安似乎和出版商签订了合同，因为她确定这些书是用质量最好的纸张做出来的精装印本，并且保证这些纸张无论是否已上色，都能在她的住处［位于教堂街（Kerkstraat），在莱顿街（Leidschestraat）和镜子街（Spiegelstraat）之间］附近买到。当有订单需要上色时，她可能还需要女儿多萝西娅的帮助，但最好的第一版现在被认为是由梅里安亲自完成的。为了在她死后家族事业能够继续经营，她的女儿乔安娜负责了第二版的印刷工作，并由阿姆斯特丹的书商奥斯特韦克（J. Oosterwyk）负责出版。她的另一个女儿多萝西娅出版了她关于昆虫的插图著作的第三卷。[2] 梅里安也知道制作底版所依据的原始图纸是最值钱的，现在已知共有 3 套这样"原件"：一套（部分）在圣彼得堡，一套在大英图书馆（斯隆特藏部），还有一套在温莎的皇家藏品中。但即使是印刷版也非常昂贵，因为据说沙皇彼得在 1717 年买了她的两卷书，花费了 3000 荷兰盾。还有一件事令沙皇印象深刻，他得到了多萝西娅的服务，多萝西娅后来搬到圣彼得堡成为宫廷画家。

范·里德、卢菲斯和梅里安的著作提醒我们，没有一本书仅是作者自己思想的产物。特别是在自然史和医药等事业中，需要咨询众多

---

[1] 有关某个人的描述，参见 Davis, *Women on the Margins*, 178–191。
[2] Landwehr, *Studies in Dutch Books with Coloured Plates*, 28.

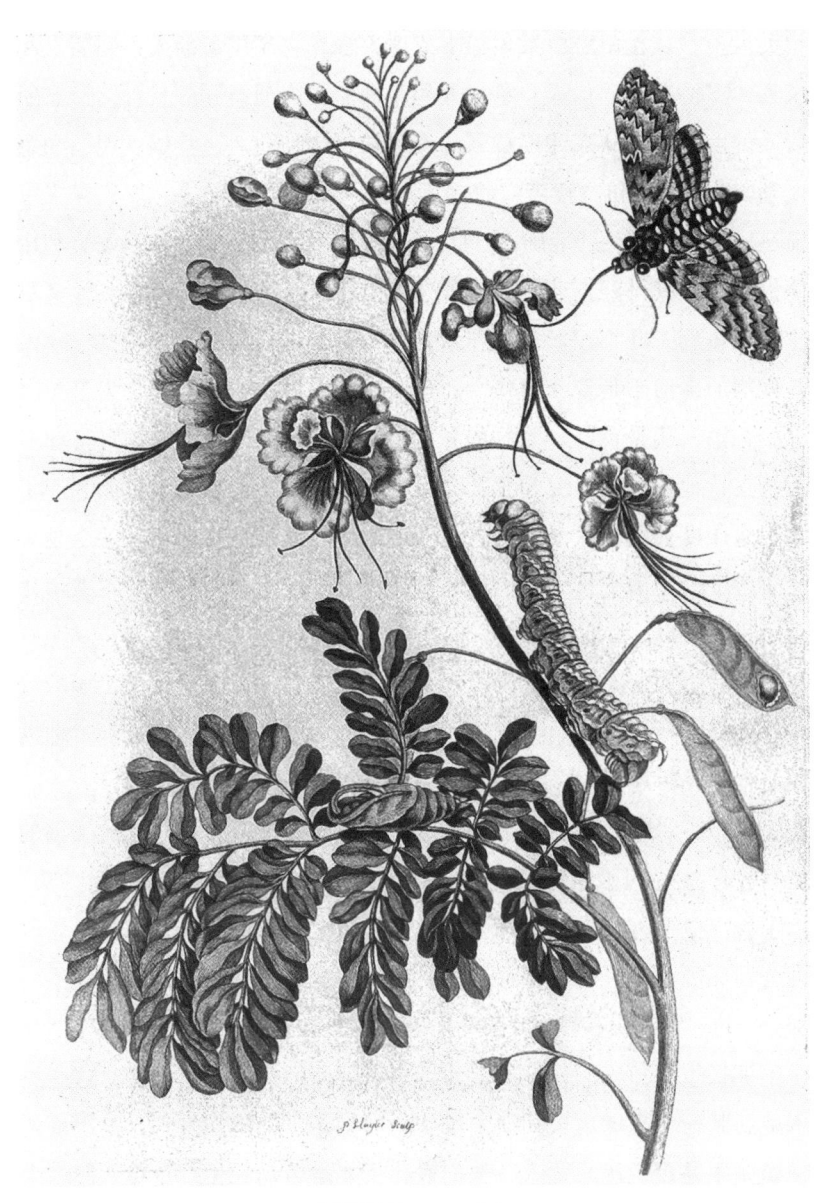

第八章　把印度群岛的花园搬回荷兰　439

红蝴蝶（Flos pavpnis）

摘自玛丽亚·西比拉·梅里安《论苏里南昆虫的繁殖与变态》（*Dissertatio de generatione et metamorphosibus insectorum Surinamensium*），惠康信托图书馆供图，伦敦

相关人士，从在田野中采集标本或评论自然物品用途的人，到朋友和家人、支持者和通信人、掌钱人和印刷商、版刻家和颜料师。专家通信人的网络可以从东印度群岛的最远端延伸到荷兰、英国、德国和意大利。"作者"和"读者"都在不断地咨询彼此的熟人，以确保文字描述、图片和颜色的准确性。此外，到了17世纪后期，许多编纂和传播信息的步骤已经商业化，尽管个人爱好和声誉仍然很重要。大多数作者只得到了几本出版的书作为报酬——与之前的几代人一样——因此他们的生活不是依靠写作，而是依靠其他的事业，无论是为公司服务、行医，还是参与自然物的私人贸易。范·里德有足够的财富和权力来支持他自己的研究和出版，尽管毫无疑问，他尽最大可能利用了荷兰东印度公司的大老板们。卢菲斯依赖外界的支持，有时甚至是荷兰东印度公司的支持，但他从来没有权力及影响力来出版一本关于自己研究的书籍。然而，像梅里安这样的情况，作者同时也是手艺人（有足够的信用来支持前期成本），可能会自己全权负责整个图书出版的业务，并获得所有回报。荷兰东、西印度公司的董事们乐于见到这种纵向融合的成功范例，这也是他们所追求的。

但是，尽管商业支持了在全球范围内的移民以及这些人的手稿的撰写，但这些例子也提醒我们，商业利益有时也会与交换发生冲突。除了极少数例外，自然史和医学方面的研究工作最好被看作荷兰东印度公司和苏里南公司内部私人贸易的一部分，而不是其商业政策的一部分。范·戈恩斯不喜欢吹捧马拉巴尔的东西，因为它们似乎使锡兰显得不那么重要；当然他宁愿砍伐适应了环境的树木，也不愿让这些树木威胁到荷兰东印度公司对上等香料的垄断；梅里安发现，苏里南的种植园主是野蛮愚蠢之人，他们对除了奴隶劳动、生产蔗糖、攫取金钱之外的其他事情都不感兴趣，尽管他们周围的世界充满了奇迹；克劳狄乌斯甚至因为与法国耶稣会士分享开普敦的自然史资料而被判叛国罪；卢菲斯的手稿在他那个时代也通常被当作秘密文件。如果没有荷兰东、西印度公司这样的商业企业，他们的研究工作是不可能进行的，但他们的工作往往是以身体、精神和金钱为代价的，为了将来能从这些爱好者那里得到回报而承担成本。尽管如此，他们持续关注事物的真相和效用——常常被对造物主的赞美所掩盖——突显了一个事实：掌管公司的商人，包括那些希望降低医药成本以及那些以花园和珍奇屋为乐的人，主宰着他们的世界。

第九章

东亚医药学的翻译与传播

东亚的医药

> 一旦双方就一项交易达成一致，彼此都不会违背各自的承诺。在一般的商业交易中……不守承诺，烦人的诉讼便会接踵而至；但在这里，担保人不确定的合同就好比变化无常的天空中的云一样永远不会被打破。在约定的时间内，无论盈利或亏损，销售或购买都会得到兑现。大阪的大商人，即使在日本也是首屈一指的。他们的精神高尚，这也是他们的经营手法。
>
> ——井原西鹤《日本永代藏》
> （Ihara Saikaku, *The Japanese Family Storehouse*），1688年

荷兰东印度公司派威廉·坦恩·赖恩博士前往日本，这既非他们的最初计划，也非坦恩·赖恩博士的个人主动意愿，甚至都不是政策的一部分，原本的政策是在荷兰东印度公司的控制范围内采集亚洲医药或者为荷兰的爱好者们搜集外来物品。他是应日本政府的要求乘船前往。1667年，执政的幕府将军德川家纲（Tokugawa Ietsuna）要求荷兰东印度公司派出一名具有植物学和化学经验的医生前来日本。1668年

4月1日又重申了这一要求。[1]到了17世纪70年代中期，获得任命的坦恩·赖恩发现自己深深地卷入欧洲和东亚医学之间极具挑战性的对话之中。通过他在日本的工作，欧洲人第一次了解了针灸疗法；对日本人来说，他们将更多地了解化学药物以及为什么欧洲人不区分阴阳两脉。

日本人对欧洲医学的认识

日本人很早就知道了欧洲的医学实践。16世纪初，明帝国掌控的"朝贡贸易"体系被私人贸易所取代，新的私人贸易形式把中国商人带到了日本，把日本商人则带到东亚和东南亚的许多地方。[2]然而，私人贸易的增长也给海盗和新的中间人的参与提供了机会，因此，葡萄牙商人很快找到了去往日本的航路。1543年，第一批3名葡萄牙人到达了种子岛（位于九州岛的南部），当时他们所乘坐的中国的海盗船只被风暴吹到了那里。大约从1555年开始，葡萄牙在东亚的经营便从中国南部的澳门开始了。考虑到日本人和华人彼此间在海上的不信任与日俱增，葡萄牙人设法成为两国贸易的中间人，用中国丝绸交换日本白银，获利大概在2~4倍。[3]16世纪后期从中国引进的采矿和熔炼新技术使日本的白银产量大幅度增加。尽管中国经济已逐渐货币化，但即使这样也不能满足中国对白银的需求。所以西班牙人在16世纪60年代后期抵达菲律宾后，就派遣满载秘鲁白银的船只横渡太平洋，与华

---

[1] Dorssen, "Ten Rhijne," 149, 提到了日本将军要求荷兰东印度公司派送一位内科医生，但是多尔森（Dorssen）没能在巴达维亚的档案中找到这些要求；主要细节见于 Iwao, "Willem ten Rhijne," 16–17; 更多细节参见 Heniger, *Van Reede*, 54–56。感谢栗山茂久（Shigehisa Kuriyama）告知并提供给我岩尾（Iwao）的文章。感谢绢川朋美（Tomomi Kinukawa）的翻译及解释，感谢梅川纯代（Sumiyo Umekawa）和彭妮·巴雷特（Penny Barret）的文字翻译。

[2] 确实，亚洲包括日本在内的领航员，引导了许多早期的荷兰航海，虽然从1630年后情况发生了逆转，荷兰东印度公司的许多雇员以及自由的荷兰人开始在日本前往东南亚的船上担任向导。参见 Davids, "Navigeren in Azië," 19–22。

[3] Kato, "Unification," 213–214.

商进行交换贸易。[1]（这种贵金属经由太平洋航线运抵中国的数量，极有可能远多于从欧洲经由印度洋航线运抵中国的数量。[2]）但葡萄牙人每年只派遣一艘大船来处理与日本的事务，这艘大船交易了一段时间后便乘风返航到澳门。因此，欧洲人对日本的了解是通过传教士而不是商人。反过来，日本人对欧洲事物的了解也多是通过传教士。

第一位去往日本的耶稣会传教士是方济各·沙勿略（Fracis Xavier）。他在马六甲遇到 3 名逃离九州鹿儿岛的日本男子后，便决定前往日本。他用葡萄牙语教导那 3 名日本人，并为他们洗礼。这 3 个日本人陪同沙勿略率领的一个小分队乘坐一艘中国帆船前往日本，最终于 1549 年抵达他们家乡的海湾。当地的大名（藩主）款待了他们，并希望随后能够有商人到来，尽管商人更喜欢在九州岛沿岸的平户进行贸易。到 1551 年沙勿略离开时，葡萄牙传教士和商人已经在九州站稳脚跟。他不仅留下了许多天主教皈依者，还在岛上的几个地方以及与本州岛隔海峡而望的山口打下了基础。为了吸引葡萄牙贸易，另一位藩主，大村纯忠（Sumitada），平户附近的大村的统治者，给耶稣会士提供土地和住所，并强制他的家臣皈依天主教。1567 年，他在一个名为长崎的小渔村建造了一座天主教教堂。这一了不起的举动，使得大村纯忠成为九州岛最重要的大名之一。其他人很快开始效仿他，包括在日本战国时期崛起的最重要的领袖织田信长（Oda Nobunaga），他需要一支能够与佛教徒敌人对抗的力量。在接下来的几十年里，耶稣会士的传教事业蒸蒸日上。到了 16 世纪 90 年代早期，随着葡萄牙和西班牙的合并，西班牙人也将方济各会和多明我传教士引介至日本。[3]

传教士也带来了欧洲的医疗。路易斯·德·阿尔梅达（Luís de

---

[1] 《萨拉戈萨条约》迫使西班牙放弃了马鲁古群岛，但是在 1565 年，西班牙人占领了菲律宾的宿务，并声称该地位于条约所画界线的东部，1571 年他们把马尼拉定位为在远东的主要基地。

[2] Prakash, "Precious Metal Flows," 84–85. 有关最新的对欧亚交换的权威分析，参见 De Vries, "Connecting Europe and Asia,"他认为"当欧洲人绕过好望角进入亚洲水域，他们遇到了一片广阔的市场，通过航线与欧洲相连。亚洲市场广阔，货币化扩张（不是现代意义上的程度深）迅速，与欧洲无法建立平衡（同书第 96—97 页）。

[3] 相关事件的叙述，参见 Boxer, *Christian Century*。有关日本人对欧洲人的看法，参见 Toby, "'Indianness' of Iberia."

Almeida）是最早在日本行医的欧洲人之一，他与耶稣会士一起来到日本。阿尔梅达出生于里斯本的一个"新基督教"家庭，受过良好的教育（尽管不知道在哪里）。他既是内科医生，又是外科医生。然而，当他以商人的身份前往印度群岛时，他显然与一群耶稣会传教士乘坐的是同一艘船，并决定继续与他们一起前往日本。大约在1555年，他以俗人修士的身份定居在沙勿略建立的一个基地上。这一基地位于九州岛东侧丰后国的府内（Funai，现在的大分）。在大名的许可下，他开始在当地行医。这便为不久之后建立的一个有着多种病房的大型医疗院所奠定了基础。他的外科治疗尤其成功，他精于处理枪伤——日本当时刚开始使用欧洲枪械造成的——以及被称为"cander"的疾病，日本人对此通常诊断为肿胀或痈。阿尔梅达甚至建立了一个培训医生的体系。到1558年，这个体系发展成类似医学院的机构，里面的学生（既有耶稣会士也有日本人）在那里接受理论和实践教育。[1]当方济各会（传教士）进入这个国家时，他们也建立了医院，其中至少有两家在京都。[2]到了16世纪90年代，医学交流已成常见现象。阿尔梅达的一位学生，皈依天主教后改名为保罗·德·托诺明（Paul de Tonomine）的僧人，最初接受的是日本医学教育，后来在府内的耶稣会基金会负责医学。[3]在16世纪的最后25年，一名葡萄牙外科医生转变方向，采纳了日本人的习惯，并取名经宇（Keyu），他最终在大城市大阪行医。[4]也许最有影响的是栗崎道喜（Kurisaki Dōki），他在1590年，即8岁那年被送上船前往菲律宾，从此在菲律宾接受外科教育，并于1617年回到长崎，在那里建立了自己的外科流派。[5]

然而，从那以后，日本政府对欧洲的影响力日益产生怀疑。当时，就像当地的许多大名一样，伟大的藩主织田信长发现基督教和贸易对

---

[1] Charles, "L'introduction," 93–98; Nogueira, "Luís de Almeida," 227–234.
[2] Bowers, *Western Medical Pioneers*, 15–16.
[3] Charles, "L'introduction," 98.
[4] Nogueira, "Luís de Almeida," 235.
[5] Vos, "From God to Apostate."

于建立国家政权是非常有用的。但他的继任者丰臣秀吉（Hideyoshi）却提出了其他的观点。为了巩固他对整个日本的控制，在16世纪80年代中期，丰臣秀吉把注意力转向九州及其附近地区。他发现天主教正被用来建立一个以耶稣会士为主要领袖的国中之国。此外，在方济各会到来后，由于耶稣会和方济各会之间的相互仇视，他了解到许多关于这两个团体的运作和计划的情况。1597年，丰臣秀吉命令耶稣会士离开日本。他烧毁教堂，处决了一些天主教徒，并禁止任何封建首领信奉这种新宗教。此后不久，他的去世最终中断了这些法令的严格执行。他的继任者，德川幕府第一任将军德川家康（Tokugawa Ieyasu），起初并没有与天主教徒发生矛盾，但很快就开始不信任他们，他怀疑天主教徒支持他的主要竞争对手丰臣秀赖（Hideyori）。1614年，德川家康发布公告，禁止天主教并驱逐所有传教士，摧毁所有教堂，并迫使所有日本皈依者放弃信仰。1616年，德川家康去世后，他的儿子兼继承人德川秀忠（Tokugawa Hidetada）颁布了一项更严厉的法令，禁止任何日本人信奉天主教或与天主教传教士有任何关系，违者即处死罪。数百人，也许是数千人被迫害，他们承受着可怕的痛苦。在德川秀忠的儿子兼继承人德川家光（Tokugawa Iemitsu）的统治下，这种迫害变本加厉，尤其以位于九州岛的长崎为最。[1]

荷兰人正是在这种日益增长的猜疑氛围中出现的。他们的第一位代表于1600年到达日本。一位名叫威廉·亚当斯（Will Adams）的英国领航员是慈爱号（Liefde）的幸存高级军官。这艘船是最早驶出鹿特丹的船只之一，试图向西航行到达香料群岛；这艘船被暴风雨吹到了府内的海岸，当时，幸存的船员已处于饥饿的边缘。日本人上船时，只有少数人能站立起来。亚当斯得到日本当局的信任，后来成为德川幕府（Bakufu，字面意思为军事统帅的"营帐政府"）的造船大师。亚当斯也成为德川家康认识外国人、了解日本以外的世界的顾问。

---

[1]　关于对这些事件的回忆，参见 Endo, *Silence*。

通过亚当斯，以及将军与奥兰治亲王之间彼此互相承认平等关系的书信往来，新成立的荷兰东印度公司于1605年获得了与日本贸易的权利。1609年，在雅各布斯·斯派克斯（他本人在平户一直待到了1621年——后成为邦修斯在爪哇的熟人之一）的领导下，荷兰东印度公司在平户建立了一个商馆。斯派克斯和他的朋友亚当斯设法成功建立了良好的日荷关系。1613年，英国东印度公司也在平户成立了商馆，但在随后的10年中领导能力不断下降，直至1621年幕府将其撤消。在此期间，这两家公司都利用平户作为私掠船巡逻基地来袭击葡萄牙和西班牙的船运。[1]

但在一种越来越不信任的氛围中，幕府封锁了日本与世界大部分地区的联系。西班牙人被日本视为主要的担心对象，并于1624年被驱逐出境。1635年，日本商人也被禁止前往朝鲜和琉球群岛；1636年，任何远赴海外的日本人都被禁止回国。为了避免更多无法控制的交流，在日本的外国人被禁止学习日语，所有的商议，无论是关于买卖还是其他事务，都必须经由翻译筛选后报告政府。1637年，长崎附近天主教徒开始暴乱，爆发了岛原（Shimabara）之乱，这一事件在一定程度上是由税收惩罚引起的。叛乱分子被迫躲在城墙后，随后便被屠杀，最终促使日本政府消灭了天主教的所有公共标志。葡萄牙人被指责煽动叛乱，并于1638年被驱逐出境。从澳门派出的外交使团解释说他们与叛乱没有关系，竟也被斩首，同行的53名船员也未能幸免于难，只有13名同船成员被送回汇报这件事。

这些事件也对荷兰东印度公司造成了影响。叛乱期间，荷兰东印度公司从军事上支持幕府，后来据其敌人传言，他们也参加了长崎居民按照幕府要求被迫举行的年度仪式"绘踏"（Efumi），所有居民被迫践踏基督或圣母与圣婴的肖像。（荷兰人一直声称，他们不受这种做法的约束，尽管他们采取了一切预防措施，并搜寻船上有关基督教

---

[1] Kato, "Unification," 213–221. 相关最新的叙述，参见 Milton, *Samurai William*。

出岛，约 1670 年（左上方的花园后不断发展成为植物园）

惠康信托图书馆供图，伦敦

的一切标志，甚至包括带有十字的旗帜，在进入日本疆域后，把所有标志都藏起来，直到他们离开日本。）但是幕府驱逐葡萄牙人的做法使得长崎的商人陷入了绝望，他们请求将军把荷兰人从平户迁往长崎。1641 年，荷兰人被迫来到了长崎。[1] 在长崎，一小部分荷兰东印度公司的职员被允许常年居住在名为出岛（Deshima）的人工岛上。"出岛"这个名字来源于"扇"这个词，因为这个岛确实是按扇形建造的，宽约 200 英尺，面向城市的一侧长 560 英尺，港口一侧长 700 英尺（约15700 平方码，总共约 32 英亩）。西侧的一个登陆门可以打开，以便小船卸下转运公司船只的货物。整个岛屿被一堵高高的木墙包围，上面有两排铁钉；沿海一侧贴着警告标志，以此让所有的船只远离。时时都会有卫兵在岛上巡逻。在这里，荷兰人（自费）为他们的日本监工、卫兵和翻译建造了生活区、仓库、花园和宿舍；荷兰人向日本付租金，还需支付从城市里通过竹筒运送淡水的费用。一座石桥把岛屿和陆地连接起来，所有的步行往来都在每一端驻守的日本哨兵的密切监视下进行。如果得到许可的话，日本人可以进出——毫无疑问，他们中的许多人被荷兰人称为"矮子"（dwarskijkers），或是为幕府的监督员工

---

[1] 关于 1641 年至 1672 年间在日本的荷兰贸易的概述，参见 Boxer, "Jan Compagnie in Japan," 148-155。

作的间谍"目付"（metsuke）——除特殊情况，荷兰人都被限制在岛上。[1] 这座城市是幕府直接控制的5座城市之一，有两名奉行（bugyō，也就是荷兰人所说的"长官"）管理着这座城市，一个住在幕府的都城江户（现在的东京），另一个在长崎；两人每6个月左右交换一次驻地。为了进一步监督奉行，幕府另派遣一位官员驻扎在长崎，即代官（daikwan）。代官的级别低于奉行，但却独立于奉行之外。这个城市的会所（Kaishō）负责监督日常事务。在长崎地方官的掌握下，荷兰东印度公司官员在出岛监督每年来访的船只卸货，并监督日本商人拍卖货物。每年冬天，商馆的长官——实质上是另一种形式的囚禁——都会前往江户拜访将军。

尽管锁国政策（sakoku）带来了种种困难，但是一些日本人依然对欧洲的知识，尤其是天文学和医学十分有兴趣。反对基督教的运动意味着研究欧洲文化是有风险的，但一些学者依旧坚持从事相关研究。曾教授过西方天文学的林吉左卫门（Hayashi Kichizaemon）在1646年因被怀疑是基督教徒而被处决。他很可能编纂了《乾坤弁说》（Kenkon bensetsu），这部著作不仅解释了西方计算天文学，而且还根据宏观与微观的对应关系解释了欧洲占星学和占星医学的方法。然而，这部作品的编著能够得到公众的赞扬要归功于克里斯多旺·费雷拉（Christovao Ferreira）。在严刑拷打下，费雷拉被迫放弃了耶稣会传教士身份。他改名为泽野忠庵（Chūan Sawano），成为一名审讯官，并担任幕府的顾问，他建议尝试与外国人打交道并了解他们的文化。大约在1650年，在他生命的最后时刻，他对《乾坤弁说》进行润色，在这本书可能疑为虚构的前言里这样说：这本书是从耶稣会传教士带来的书籍中摘录的，这些传教士试图在1643年自行偷渡到日本，数年后这本书被移交到了泽野忠庵手里进行翻译。（但是，这本著作并没有被任何已知的出版物所记录，因此，有一种假说认为它是由林吉左卫

---

[1] 有关对这个岛屿更为详细的英文描述，参见 Goodman, *Japan*, 18–24。

门从数个资料中摘录内容拼凑而成的。）前言提到，泽野忠庵把它"翻译"成日语，他用罗马字母的发音把这些日本单词记录下来。数年后，大约在1656年，一位名为西吉兵卫（Kichibei Nishi）的官方翻译大声朗读了这本著作，而另一位新儒学学者兼内科医生向井元升（Genshō Mukai）则用日本文字写了出来，并加以评论。据说西吉兵卫是向井元升的学生兼女婿。[1] 向井元升是与西吉兵卫一同学习研究的，尽管他依旧是一名正统的新儒学学者及神道信徒。向井元升严厉地批评这部作品缺乏恰当的哲学基础。正如他所理解的，他向他的日本读者解释说，西方人"仅在处理表象和效用的技巧上有独创性，但对形而上学的东西一无所知，在关于天堂与地狱的理论中走入歧途。由于他们无法理解理气（li-ch'i）或阴阳的意义，他们关于物质现象的理论是庸俗和粗糙的。但最终庸俗吸引了更多无知的群众，同时使他们震惊"。换句话说，吸引向井元升的是"普遍有效的西方天文学测量"，他大方赞扬了这种测量的准确性和独创性，同时也考虑到"因为自己的琐碎和庸俗而注重表象"。[2]

这些评论表明中国古代思想在日本的持续影响力。中国的古代思想常常把道德、自然和医学的统一视为理想。但是也有许多人鼓励构建一个更加独立的日本的自然观，能将欧洲的学术元素融入其中。在德川幕府的统治下，日本经历了一段漫长的和平时期。除了武士外，大多数人的生活越来越富裕。[3] 被驱逐的武士的年轻子孙们常常试图成为内科医生、教师和权贵的顾问。如果一切顺利，一旦能成为像大名那样大藩主的医生和顾问，随后甚至可能恢复他们的武士地位。此外，在17世纪中叶，这个国家从"一群形形色色的高级官员和顾问"那里找到了自己的发展方向，这些人"都不是身居高位的权贵"，这意味着他们不得不努力合作以保持政府的完好无缺，因此如果他们能够

---

[1] Nogueira, "Luís de Almeida," 235.
[2] Nakayama, *Japanese Astronomy*, 88–98, 引文在第91、92页。
[3] Hanley, *Everyday Things*.

达成一致的话，日本能够接受新的国家形式。[1]所以，很多学者致力于创造一种文化，以求用学问来取代原始的军事力量。在他们的努力下，许多人试图创造一种更具有日本特色的意识形态，在过去的几十年间，他们致力于建立一种质朴而健全的儒家思想体系，这为尖锐甚至时而激烈的辩论提供了治学的恰当方式和内容。[2]

因此，许多身居要职的日本学者兼内科医生开始致力于将中国的学说原理与他们自己的目的相结合。在这个过程中，他们尤其关注通过欧洲医学知识重铸知识体系的可能性。[3]在过去的几个世纪里，一些日本作者研究和翻译了许多重要的中医文献。[4]当然，他们并不是漫无目的的。至少从15世纪开始，一些译介至日本的中医著作就已证明了中医原理适应日本环境。例如，16世纪最重要的日本医学作者之一曲直濑道三（Manase Dōsan）创作了《切纸》（Kirigami，部分内容于1542年确定，其余部分写于1566—1581年之间）。他曾在声名卓著的足利学校（School of Ashikaga）学习儒学和道家经典，他的指导老师田代三喜（Tashiro Sanki）在15世纪末曾在中国待了12年。因此，曲直濑道三是在诸如朱丹溪和李杲（即李东垣，字明之）等中国明代的作家所阐扬的阴阳医学中成长起来的。[5]但在曲直濑道三自己的著作中，他将医学和宗教分开，将医学与佛教分开，强调诊断和治疗比宇宙学更为重要。虽然对于葡萄牙人而言曲直濑道三很知名，曲直濑道三也对葡萄牙的医学很感兴趣，但是他的作品没有任何明显受西方影响的痕迹。尽管如此，在他的著作中显示出的各种实际利益引发了17世纪初对药典的重新思考，虽然药典仍然以中药为基础，但吸收了一些欧洲元素。[6]

---

[1] Totman, *Early Modern Japan*, 126.
[2] Ooms, *Tokugawa Ideology*.
[3] Otsuka, "Chinese Medicine in Japan," 328–334.
[4] 详见 Goble, "Medicine and New Knowledge."
[5] 感谢罗维前（Vivienne Lo）对两个人物的识别。
[6] Macé, "Évolution de la médecine japonaise." 有关1600年以前日本医学的英文记载，参见 Fujikawa, *Japanese Medicine*, 1–33; Bowers, *Western Medical Pioneers*, 3–10; 以及 Vos, "From God to Apostate."

研究欧洲天文学的学者也开始重视欧洲医学。泽野忠庵、西吉兵卫以及向井元升开始向出岛的荷兰人学习，赞赏他们描述的精确性和独创性，但没有称赞他们的哲学原理。1648 年 7 月，泽野忠庵至少两次前往出岛拜访荷兰人，询医问药并观摩了一名日本官员的随从的腿部手术，以便他能学习并施行同样的手术，10 月，他通过走私得到一只独角兽的角（eenhoorn），但船上的药剂师告诉他这是犀牛角，而不是独角兽角。他去世时留下了一部关于葡萄牙和西班牙外科学的著作《南蛮流外科秘传书》(*Nanban-ryū geka hidensho*)，该著作后来于 1696 年印刷出版，1705 年重印时书名为《阿兰陀外科指南》(*Orandaryū geka shinan*)。[1] 据说是泽野忠庵把欧洲医学传授给了西吉兵卫。[2]

在这些研究者中，翻译是一个重要的群体。1641 年，当荷兰商馆从平户迁至长崎时，8 名日籍翻译也加入他们的行列，不久，另两名已经居住在长崎的日本翻译也加入了进来，这两人分别是：贞方利右卫门（曾是中文翻译，后来转为荷兰文翻译）和西吉兵卫（曾担任葡萄牙人的翻译）。1643 年又任命了一位翻译。1656 年，这一群体又进一步规范及扩大，后来又增加了口译员（在 1672 年之前的一段时间内），并引入了"大翻译"（ōtsūji，高级口译）和"小翻译"（kotsūji，初级口译）的划分。大约有 20 个家庭组建了一家协会或股份公司，分享收益并将业务传给后代，由一到两名督查员负责监督他们的活动。[3] 荷兰东印度公司的职员经常抱怨笔译员的荷兰语水平很差，但无论语言上多么糟糕，许多交易还是需要每天处理。很明显，大多数与商业交易有关的工作，一些翻译利用他们不断发展的能力去发现更多关于"红毛"野蛮人的常识。

不久之后的 1650 年，一位荷兰东印度公司的外科医生带着浓厚的兴趣来到江户，从而引发了一场对荷兰医学和外科学的小规模的轰动。

---

[1] Vos, "From God to Apostate," 25.
[2] Nogueira, "Luís de Almeida," 235.
[3] Yoshida, "Rangaku," 62–67.

卡斯帕·尚贝格尔（Caspar Schamberger）1623 年出生在莱比锡，并在家乡作为学徒从事外科实习，随后在三十年战争中获得了大量的从医经验。[1] 加入荷兰东印度公司后，他被派往出岛，在那里，他陪同特使安德里斯·弗里修斯（Andries Frisius）前往幕府所在地开展外交活动。（荷兰人曾与被日本人讨厌的葡萄牙人签订了一项条约，为了表示日本的不满，幕府将军拒绝了来自荷兰东印度公司的年度馈赠。）然而，当他们到达江户时，将军德川家纲病了，他们不得不花几个月的时间等待被接见。（弗里修斯最终说服幕府，该条约是无关紧要的。）在江户期间，宫廷的一些高级官员找到尚贝格尔去处理各种不适症状。他非常成功，以至于他被要求再待 6 个月来传授他的外科知识，这促成一种"加须波留流外科"（Kasuparu-ryū geka）的形成。一部佚名作品［《红毛外科学》（Kōmō-geka）］描述了他使用软膏、药膏和贴膏的方法；与他一起学习研究的翻译猪俣传兵卫（Inomata Dembei）在其他 6 名翻译的帮助下撰写了另外两篇作品：《加须波留外科书》（Kaspar-ryū-i-sho）和《阿兰陀外科书》（Oranda-geka-sho）。猪俣传兵卫的学生河口良庵（Kawaguchi Ryan）发挥了特别重要的作用，他在 20 年间将卡斯帕的方法传播到了京都、本州北部以及四国，并于 1661 年发表了另一本关于卡斯帕方法的著作。[2]

在尚贝格尔访问江户后，作为长崎长官之一的井上筑后守政重（Inoue Chikugo-no-kami）命令荷兰东印度公司向他递交葡萄牙文的解剖学和本草著作［尚贝格尔最终向他提供了一本伦贝特·多东斯的《香药本草书》（Herbarius oft cruidt-boeck）］，1654 年，在井上筑后守政重的监督下，几本荷兰文的解剖学作品被翻译为葡萄牙文。[3] 同年，已跟随荷兰东印度公司的外科医生汉斯·琼森（Hans Jonson）学习多年的向井元升被要求编纂一本关于荷兰外科学方法的书［《红毛

---

[1] 除非特别指出，关于尚贝格尔的信息来自 Michel, *Schamberger*。
[2] Bowers, *Western Medical Pioneers*, 30.
[3] Beukers, "Dodonaeus in Japanese," 286–287; Bowers, *Western Medical Pioneers*, 30–31.

流外科秘要》(kōmō-ryū-geka-hōmō)];15年后,他创作了一部13卷的药用植物学专著。[1]此外,在出岛的尚贝格尔继任者们在此后经常受到访客的骚扰,这些访客通常是大名的私人医生,他们想学习荷兰的医药和外科学。其中一位名叫波多野玄洞(Hatano Gentō),17世纪50年代末他在前往江户的途中,向出岛的外科医生要了一份证明,证明他曾接受过他们的训练,此后数年外科医生又颁发了数份这样的证明,其中一些被保存至今。[2]岚山甫安(Arashiyama Hoan),平户大名的医生,也得到了一份这样的证明。随后,他的一名学生桂川甫筑(Katsuragawa Hochiku)开创了一种名为桂川家(Katsuragawa School)的医学流派,将荷兰的方法融入其中。岚山甫安证明的签署人之一是外科医生丹尼尔·布施(Daniel Busch),1662—1666年,他在出岛为荷兰东印度公司服务,他得到长崎官员的授权,可以探访并治疗该市的病人。[3]1668年,另一份证明被授予了翻译西吉兵卫;随后他前往江户修习医学和外科,发展了一种名为"西流"(Nishi ryu)的流派,将中国、葡萄牙和荷兰的实践结合在一起。[4]与荷兰外科医生一起学习研究也促成了教科书的产生:楢林镇山[Narabayashi Chinzan,又名新五兵卫(Shingohei)],是威廉·霍夫曼(Willem Hoffman,1671—1675年间出岛的首席外科医生)的学生,后来成为一个全职的西方医学教育者和实践者。他来自最著名的内科医生兼翻译家族。1706年,他出版了一部6卷的著作,名为《红夷外科宗传》(Kōi geka sōden);其中第三卷关于手术操作,这显然是以安布罗斯·帕雷(Ambrose Paré)的作品为基础的。[5]较之荷兰的外科手术技术,日本人对荷兰的药物更持

---

[1] 关于这些信息,感谢曾经的一位博士生绢川朋美,见《明治针灸医学志》,3: 48, 1: 24。同时参见 Bowers, *Western Medical Pioneers*, 30。
[2] 参见 Wolfgang Michel, "Zu den im 17. Jahrhundert durch die Dejima–Chirurgen ausgestellten Ausbildungszeugnissen," *Studies in Languages and Cultures* (Faculty of Languages and Cultures, Kyushu University) 19 (2003): 137–155, http://www.flc.kyushu–u.ac.jp/~michel/publ/aufs/69/69.htm。
[3] Bowers, *Western Medical Pioneers*, 31。
[4] Gulik, "Dutch Surgery in Japan," 43, 信息由绢川朋美提供。
[5] Fujikawa, *Japanese Medicine*, 42; Bowers, *Western Medical Pioneers*, 29; Beukers, "Dodonaeus in Japanese," 285; Beukers, "Invloed," 19。

怀疑态度。这本书的第四卷以一个"介绍性的评论"开头，解释了所描述的荷兰治疗程序之所以被简化，是因为它们没有什么意义。[1]

但在17世纪60年代后期，许多日本人对除外科手术之外的荷兰医学知识表现出了浓厚兴趣。其中有一人名为稻叶正则（Inaba Masanori），是尚贝格尔在江户成功治愈的痛风病病人之一，他也是小田原藩（Odawara）的藩主、谱代大名以及老中（rōjyū，幕府中的资深议员或"长者"）。西吉兵卫在出岛学习期间，稻叶正则就开始对西方医学产生兴趣：荷兰东印度公司商馆日常账目的管理人（Daghregister）在1668年的报告中说，稻叶正则在同年订购了几本荷兰人的医学书籍，包括一本解剖学著作［《解剖镜》（*Spiegel der anathomie*）］和一本植物学著作［《植物图鉴》（*Hortus Eystettensis*）］。[2] 此外，1667年11月，长崎的奉行也要求荷兰东印度公司商馆的长官给他派遣内科医生——不是外科医生。1668年，在荷兰商馆的长官前往江户进行每年一次的拜访时，奉行又重提派遣内科医生的要求，此后不久又再次提及。第三次提及时，日本翻译给荷兰人留下的印象是：将军想让他们派一名私人医生给他，但这并不是目的。[3] 大名稻叶正则希望请一名荷兰医生来满足自己的需要，这似乎才是这一请求的真正目的。[4]

荷兰医生在日本

直到1672年，十七人董事会才终于处理了"来自长崎奉行"的请求——派遣"一位对药用植物了如指掌的优秀的内科医生"[5]。一开始，董事并没有对日本人的请求迅速给予答复，而且1672年的荷兰局势极

---

[1] Gulik, "Dutch Surgery in Japan," 44.
[2] Beukers, "Dodonaeus in Japanese," 286–287.
[3] Heniger, *Van Reede*, 55–56; Iwao, "Willem ten Rhijne," 17, 引用 "Daghregister van't Comptoir Nagasackij," 保存于海牙档案馆（Algemeen Rijksarchiven, The Hague），1676(1667)年1月，1668年4月1日。有关18世纪出岛商馆的日常记录已被出版，但17世纪的还未被出版。我曾经在原始的"Daghregister"类目中核对过这些例子，虽然我阅读的是关于威廉·坦恩·赖恩访问期间的相关档案。
[4] Iwao, "Willem ten Rhijne," 16.
[5] Dam, *Beschryvinge van de Oostindische Companie*, bk. 2, pt. 1: 453.

其糟糕，这也为不采取行动提供了许多理由。但在 1672—1674 年期间，荷兰和日本之间的商业交换方式发生了变化，导致出岛商馆的收入大幅下降。以前，荷兰东印度公司将物品拍卖给出价最高的竞标者，主要是以白银进行交换（这反过来又促进亚洲其他贸易交换的发展）。以此带来了巨大的利润：1671 年，公司利润的 65% 来自日本贸易（相当于 150 多万荷兰盾）。但是幕府开始担心日本白银的大量流出。因此，1672 年，他们提高了白银的汇率，并强制实行了"市法商买"［Shihō Shōbai，荷兰人称其为贸易税（taxatie handel）］。日本官员通过贸易税来决定出售物品的价格。这些举措使出岛的利润减少了一半多一点（降至 30% 左右）。商馆的长官把这新制度归咎于稻叶正则。[1] 也许，十七人董事会为了安抚幕府，特别是稻叶正则，随后他们于 1672 年 5 月 9 日发布了日本医生职位的招募信息。

1672 年 10 月至 1673 年 2 月间，阿姆斯特丹商会考虑派 5 名内科医生前往日本。[2] 其中 2 名医生已获得医学博士学位，另外 3 名医生身份不明。[3] 两人中一位是阿德里安·范·德·普尔（Adriaan van der Poel）。他出生于 1642 年前后，在海牙生活并行医。在住校一周多后，他于莱顿大学获得医学博士，其博士论文关于心绞痛。[4] 另一位是威廉·坦恩·赖恩。相比之下后者年轻得多，但显然更具资格，而且他未婚，因此可以无约束地前往日本生活。坦恩·赖恩出生于 1649 年，[5] 在他的家乡代芬特尔的雅典学院学习（1665 年），随后在弗拉讷克大

---

[1] Boxer, "Jan Compagnie in Japan," 164–166, 180–181: Beukers, "Dodonaeus in Japanese," 287.
[2] Heniger, *Van Reede*, 54–56.
[3] Pieter Boddens, Daniel Godtke, and Samuel Manteau.
[4] 范·德·普尔于 1667 年 4 月 21 日注册入学，1667 年 5 月 2 日进行论文答辩，参见 *Album studiosorum Lugduno Batavae*; Molhuysen, *Bronnen*, vol. 3.
[5] 林德博姆给出的确定的出生日期是 1649 年 1 月 2 日（Lindeboom, *Dutch Medical Biography*, 1622）另外一条传记记录给出的受洗日子是 1649 年 1 月 19 日（NNBW, 6: 1213），斯豪特（D. Schoute）于 1937 年在关于他的传记（*Opuscula selecta Neerlandicorum de arte medica*, 14: xl–li）中指出，代芬特尔的城市档案管理员记录的受洗的日子是 1649 年 1 月 14 日；其他传记条目显然错误地把他受洗的日期提前了 2 年，参见 Dorssen, "Ten Rhijne," 以及 L. S. A. M. von Römer's entry in NNBW, 9: 861–863。在 "Klapper hervormde dopen Deventer" 中，我无法在代芬特尔的档案馆中找到关于他受洗的记录，虽然我找到了关于他的母亲和兄弟的记录（"Berentien," on 6 May 1655）。

学就读（1666年），最后前往莱顿大学，于1688年3月被录取。[1]西尔维乌斯发展了酸和碱在疾病的起因和治疗方面的理论后，坦恩·赖恩对化学医学和希波克拉底医学的价值都深深着迷，第二年他在西尔维乌斯的指导下发表了一篇论文，其兴趣充分体现在这篇论文中，这篇论文论证了希波克拉底是如何在他的一些想法中预见到了化学家的出现。[2]（另一名教授，笛卡尔的编辑，弗洛伦修斯·斯凯尔，很快就在一份出版物上提出同样的观点，坦恩·赖恩认为这是剽窃，尽管他们可能都把自己的主张归功于西尔维乌斯。）坦恩·赖恩非常了解他的同学斯瓦默丹，并与弗雷德里克·鲁谢成为值得信赖的挚友。坦恩·赖恩同样成为一个优秀的植物学家。像许多荷兰的医科学生一样，他于1670年7月14日在法国费用较低的安格斯大学（University of Angers）获得医学博士学位；很可能就在当时，他在巴黎参观了主官医院（Hôtel-Dieu），随后回到阿姆斯特丹并加入了内科医生协会。[3]但1672年的战争几乎摧毁了这个国家，这位年轻的博士在日本找到了工作。坦恩·赖恩后来提到十七人董事会的成员彼得·范·丹（Pieter van Dam）成了他的赞助人：也许是范·丹聘用了坦恩·赖恩。[4]1673年2月6日，商会对他进行了任命。他获得了商人的品级和薪水，在等待前往东方的途中，应商会的要求，他提高了吹玻璃的技能——这是制造化学工作设备所需的。[5]

1673年6月，坦恩·赖恩乘船前往巴达维亚，同船的还有152名水手、106名士兵、5名妇女和10名儿童。这艘船在10月中旬安全到

---

[1] Slee, *Illustre School te Deventer*; Fockema Andreae and Meijer, *Album studiosorum Franekerensis*, no. 6918; *Album studiosorum Lugduno Batavae*, 3 March 1668; 作为一名学生，他在1665年冬季假装皈依归正教派，1668年2月10日以优异成绩毕业后前往莱顿（"Lidmaten-en attestatieboek," Rijksarchief Deventer）。
[2] Ten Rhijne, *Exercitatio physiologica in celebrem Hippocratis textum de vet. Med.*; 被重印出版为 Ten Rhijne, *Meditationes in magni Hippocratis textum xxiv. de veteri medicina*。
[3] Amsterdam archive, P.A. 27/20: "Nomina Medicorum 1641–1753"; Carrubba, "Latin Document"; Dorssen, "Ten Rhijne," 142。
[4] 坦恩·赖恩后来把他关于麻风病的研究献给了范·丹。
[5] Heniger, *Van Reede*, 56. 参见 G. F. Pop 的文章（1869），收录于 Dorssen, "Ten Rhijne," 142–143。

达开普敦中转站；在那里，坦恩·赖恩借机调查了当地的自然史。[1] 他搜集了当地的植物标本，连同图纸，后来被送到了但泽的雅各布·布雷内那里；他还观察了当地人的习俗和语言。在长达一个月的停泊后，这艘船驶向巴达维亚，在海上度过了 6 个月后于 1674 年 1 月底前后，也就是坦恩·赖恩 25 岁生日之后不久，到达巴达维亚。在旅程的第二阶段，坦恩·赖恩险些死于一场由瘟疫引起的高烧——几乎一半的船员都未能幸免于难——但他通过大量服用沙拉斯阁下（Monsiegneur Charras）的毒蛇肉制成的锭剂（Trochischi de viperis），找到了恢复健康的方法，这种治疗处方他随后开给了其他人。在巴达维亚度过了隆冬和春天之后，他随后航行前往日本。1674 年 3 月，在巴达维亚一年前所建成的解剖演示教室里，他发表了一篇演讲，谈论了化学和植物学的古老和尊严。[2]

坦恩·赖恩曾和别人认真讨论过他在日本所期望的医学实践，其中一位对话者是巴达维亚的新教牧师赫尔曼·巴斯科夫（Hermann Busschoff）。巴斯科夫对亚洲的艾灸产生了浓厚的兴趣，并向坦恩·赖恩解释了针灸。大约 20 年前，巴斯科夫到达巴达维亚，这之前他在台湾岛服务［在台湾岛，他发现当地人讲的新港（Sinkang）方言令人费解，所以无法使他们皈依基督教］，随后于 1657 年返回巴达维亚。第二年年初，他成为巴达维亚 5 位新教牧师之一。在东方期间，他饱受痛风等疾病的折磨。[3] 但他的妻子伊丽莎白·巴尔盖斯（Elizabeth Bargeus）成功地说服他让一个"印度女医生"（他这样称呼那位医生）按照她的方式来医治他。巴尔盖斯在他的脚和膝盖上大约 20 处进行艾灸，历时约半个小时，很好地缓解了他的痛苦。艾是一种"非常柔软、

---

[1] 关于坦恩·赖恩的记载，参见 Dorssen, "Ten Rhijne and Leprosy," 5–12; Dorssen, "Ten Rhijne"; *Opuscula selecta Neerlandicorum de arte medica*, 14: xl–li; Stiefvater, *Die akupunkter des Ten Rhijne*; Snelders, "Ten Rhyne."

[2] "Discursus Navigatorius de Chymiae et Botaniae Antiqutate & Dignitate, QuemAnno MDCLXXIV. ix. Kalendarum Martii in Auditorio Anatomico, quod est apud Jacatrenses Batavos," Ten Rhijne, *Dissertatio de arthritide*, 193–269; 有关解剖学教室，参见 Dorssen, "Ten Rhijne," 150–152。

[3] Buschof, *Moxibustion*, 3–9.

毛茸茸的物质",是由"某种干燥过的本草"(他无法识别辨认)制成的,是按照中国人及日本人的秘方制作的,尤其是中国人"用它做了一笔好生意"。艾草被制成"一种小的颗粒……跟白豌豆大小类似,它一端有点锋利,另一端相对平整;他们把它平整的一端放在要燃烧的地方,用燃着的(檀)香把锋利的一端点燃"。它很快燃烧起来,只留下一点油在皮肤上。[1]显然,在坦恩·赖恩的敦促下——可能是在他的帮助下——巴斯科夫完成了关于艾灸的手稿,并将其送回乌特勒支出版,由此引发了一场欧洲关于艾草与艾灸的激烈辩论。反过来,巴斯科夫也敦促坦恩·赖恩在到达日本后去了解更多关于艾灸和针灸的操作方法。

1674年6月20日,坦恩·赖恩与被任命为出岛商馆新长官的马丁努斯·西泽(Martinus Caesaer)一同前往日本,并在7月的最后一天与公司的长官抵达出岛。8月2日星期四,当时仍在任的公司官员注意到了一位杰出的医学博士"带着他所有关于医药和其他业务的专门知识"来到了这里,他是被荷兰东印度公司的长官派去为日本"王国"服务的。翻译早就发现了他的到来,反复问了很多问题。他们对他带来的珍奇品特别感兴趣,如麝香、血珊瑚和琥珀。[2]两个月后,奉行亲自拜访了这位博士。[3]在上一次交易期间,一位名叫牛込忠左卫门(Ushigome Chūzaemon)的奉行询问了一系列医学问题,这些问题被提交给了坦恩·赖恩。11月12日,牛込忠左卫门的两名官员和一些内科医生前来解惑,但西泽认为,由于他们无法理解荷兰语,他们不知道翻译提供给他们的解释是否正确。他还认为,翻译的医学知识尚不充分,既不能了解坦恩·赖恩的想法,也无法利用好他的知识。代表团显然也带来了以中文书写的医学文本,但由于坦恩·赖恩不懂中文,尽

---

[1] Busschof and Roonhuis, *Two Treatises*, 8–9, 73, 74, 75–76.
[2] Algemeen Rijksarchief ("ARA"), The Hague, Het Archief van de Nederlandse factorij in Japan ("NFJ"), "Deshima Dagregisters," vol. 87 (29 October 1673–19 October 1674).
[3] Thursday, 4 October: ARA, NFJ, vol. 88 (20 October 1674–7 November 1675).

管他花了很长时间、做出了最大的努力去沟通，但仍然无法理解。两天后，西泽写道，坦恩·赖恩和资深外科医生威廉·霍夫曼每天都在尽最大努力回答翻译人员提出的问题，尽管他们仍然认为对话者难以理解他们。[1]

要找到合适的日语词汇来表达坦恩·赖恩的语言是十分困难的。特别是当涉及医学的解释原理而非外科手术的演示方法时，长期的语言历史和对身体以及自然力量的假设是各方观点的基础，这些原理如果不经额外的、长期且困难的讨论无法被准确翻译。即使是直接借用——双方都只是记录下对方发音近似的词语，例如药草制剂——它也很难实现知识交流与交换。尽管如此，这些与坦恩·赖恩合作的博学的口译员对荷兰语和西方医学的了解比坦恩·赖恩最初意识到的还要深刻。其中最出色的是本木庄太夫（Shōdayū Motogi）。虽然坦恩·赖恩最初对本木庄太夫的荷兰语应用能力表示怀疑，但他逐渐认识到本木庄太夫是一个具有良好医学知识和敏锐头脑的人，后来在一份出版物中对他表示赞赏。另一位后来受到坦恩·赖恩称赞的翻译是岩永宗古（Iwanaga Sōko），他是向井元升（曾是研究欧洲天文学和外科手术的领军人物之一）的学生。岩永宗古和其他内科医生一起住在出岛，其中包括长崎的四名首席医生之一的柳如卓（Yanagi Nyotaku）。[2]

岩永宗古显然是在为更大规模的实践做准备，几天后的 11 月 17 日，翻译根据另一名奉行冈野孙九郎（Okano Magokuro）的命令，又向坦恩·赖恩提出了另外 160 个问题。坦恩·赖恩被要求在一个月内与翻译合作准备答案，这样他们就可以带着这些答案进行一年一度的江户之行。[3] 这 165 个问题和答案的文本被保存下来，并于 1976 年出版。[4] 现存的内容收录在由桂川甫筑编纂的《阿兰陀药方杂书》（*Oranda*

---

[1] 来自关于这一记录的日文摘要，参见 Iwao, "Willem ten Rhijne," 5–6.
[2] Iwao, "Willem ten Rhijne," 7.
[3] ARA, NFJ, vol. 88.
[4] Iwao, "Willem ten Rhijne," 23–90; 同时参见 Michel, "Ten Rhijne," 81–83.

yakuō zasshū）第一卷中的一章。岚山甫安后来创办了一所医学学校，这所学校中一名叫桂川甫筑的学生获得了荷兰的外科证书。桂川甫筑将他的文章描述为"由岩永宗古代表政府向一位荷兰内科医生提出的问题中得出的病理学、医药学等方面的记录。虽然有些细节不确定，但所有东西都记录了下来"[1]。即使有人说共8名翻译准备了答案，荣誉最终还是授予了岩永宗古。[2] 岩永宗古肯定在一定程度上为坦恩·赖恩准备了他可以回答得了的问题，因此，甚至在开始翻译之前，就已经做了相当多的准备工作了。

大多数问题涉及欧洲人如何应对特定的医疗条件和如何制成被推荐的药物。但欧洲人处理这些状况时有许多前提条件。例如，第一个问题问为什么在诊断时荷兰人只感受（号脉）左手的桡动脉脉搏。[3] 在回答时，坦恩·赖恩解释说，他们左右手腕的脉搏都能感觉得到，认为这两个脉都能被识别出来。翻译继续把他说的话记录下来，"这是因为脉搏是血液的循环，是来自心脏的"。他可能没有说脉搏和血液循环是一样的，而是说脉搏是血液循环的结果。但翻译继续记录，且更准确地写道："因为脉搏的根源在心脏，感觉右手腕或左手腕的脉搏都会产生同样的结果。"下一个问题更深入地探讨可比性的问题，询问荷兰人如何区分痈的阴型和阳型（性温和性寒）。[4] 岩永宗古的问题不仅探究了欧洲人如何区分阴阳症状——当然他们是无法区分的——而且还常常涉及"痈"的概念，这是另一个概念上的困扰（混成一团的东西）。根据1847年的一部词典，日语中关于这种症状的单词也可以被翻译为"aposteme"（法语），"swelling"（英语），或者"ettergeswell"

---

[1] Iwao, "Willem ten Rhijne," 10.
[2] 他们是中山作左卫门（Nakayama Sakuzaemon）、中岛清左卫门（Nakajima Seizaemon）、名村八左卫门（Namura Hachizaemon）、楢林新右卫门（Narabayashi Shin'uemon）、横山与三右卫门（Yokoyama Yosaburō）、富永市良兵卫（Tominanga Ichirobei）、本木庄太夫，以及加福吉左卫门（Kahuku Kichizaemon）。
[3] 关于脉诊在西方以及亚洲应用的评论，参见 Kuriyama, *Expressiveness of the Body*, 以及 Kuriyama, "Pulse Diagnosis"；同时参见 Hsu, "Science of Touch, Part I," 以及 Hsu, "Science of Touch, Part II."
[4] Iwao, "Willem ten Rhijne," 23. 同时参见英文摘要 Otsuka, "Ten Rhyne"；Carrubba and Bowers, "First Treatise," 372。

（荷兰语，意为脓肿）。[1]在当时的荷兰或欧洲其他地方，这并不是医疗实践中一个需要特别关注的重要问题（尽管在中世纪，脓肿一直是人们关注的焦点），但岩永宗古对"痈"的强烈兴趣在他提出的许多问题中都很明显地反映出来。翻译官似乎把"痈"看作许多常见疾病的征兆。一个世纪前，阿尔梅达一直在治疗"cander"这种日本常见病。这种病的症状是"肿胀或长痈"。[2]人们可能会猜测，翻译关心的是欧洲人是如何识别出人体内多余的"气"积聚的地方的，这些气就像是皮下的一种"肿胀"。[3]一部关于"卡斯帕学派"的日本外科著作——由猪俣传兵卫（他曾经是与尚贝格尔一同学习的翻译）所写的书已经出版了，讨论了关于脓肿的问题，例如，这本书据说要讨论"脓肿的起源以及在伤口治疗中使用膏药的问题"[4]。事实上，坦恩·赖恩所提出的许多治疗办法都描述了膏药、软膏和其他外用药的使用情况。坦恩·赖恩反而认为日本医学关注"隐藏在肉体深处的血液旋涡"[5]。考虑到许多翻译都接受了荷兰外科的培训，因此，他们希望从卡斯帕学派"脓肿"这个角度来讨论他们所关注的最普遍的一个病因，因为他们担心凝聚的气会转化为"脓肿"。

就他自己而言，坦恩·赖恩似乎试图与提问的人达成谅解，以他自己对疾病的一般原因的理解，带有善意地回答有关"痈"的问题。例如，在回答第二个问题时，翻译把他说的理解为"荷兰人区分了4种不同的'痈'产生的原因——由血液引起的；由精神抑郁引起的；由肝脏疾病引起的；由湿气引起的"。人们可能会将这些疾病的原因重新描述为血液、激情、消化和环境。如此看来，坦恩·赖恩似乎是在试图告诉对话者他自己的理论，这些理论则又深受他的导师西尔维乌

---

[1] 感谢大道寺庆子（Keiko Daidoji）让我关注到了这条记录，参见 Eishun Murakami, *Sango Binran* ("A Guide to Three Languages")。这个症状的特点被翻译为德文的"geschwulsten"，即肿胀或者肿块，参见 Michel, "Ten Rhijne," 81。
[2] Nogueira, "Luís de Almeida," 232.
[3] 根据栗山茂久（Shigehisa Kuriyama），这一时期的日本医学对淤塞极为关注，"凝结障碍"，使用的词语包括疔（chō）、癪（shaku）、穴（ketsu）以及凝（kori），参见 Kuriyama, "Katakori."
[4] Gulik, "Dutch Surgery in Japan," 42.
[5] Carrubba and Bowers, "First Treatise," 374–375.

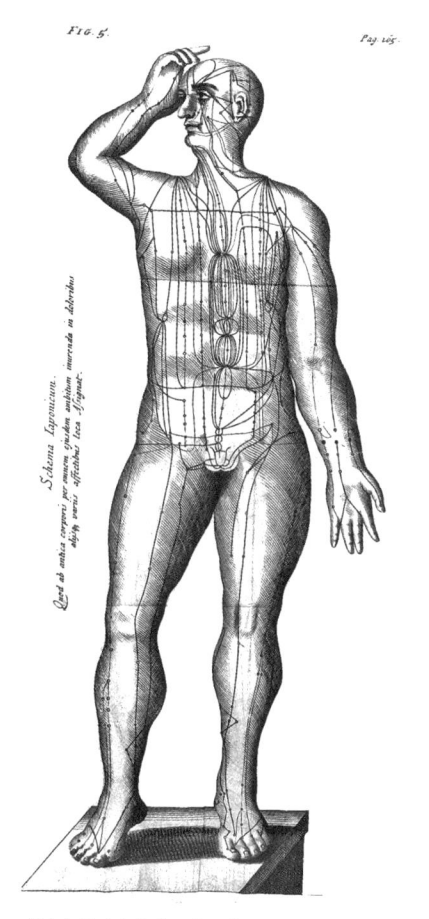

第九章　东亚医药学的翻译与传播　463

带有经络和穴位的日本人像图，用以针灸和艾灸

摘自威廉·坦恩·赖恩《论关节炎》（*Dissertatio de arthritide*），1683年，惠康信托图书馆供图，伦敦

斯的强烈影响，在讨论非自然要素之前，他首先考虑了浓度和酸度都很高的血液所引起的慢性和致残性问题。例如，他在回答第五个问题（关于如何对持续存在的痛进行内部治疗）时，他区别的"痛"被认为包括湿气累积导致的"湿邪"（muddy wetness）以及因为血液累积并伴随疼痛的"血液浑浊"。第十个问题的答案是："发烧时，全身的血

液变得浑浊。血液混浊是痛的一种表现。"[1]这种"血液浑浊"让人想起了西尔维乌斯的观点，即酸性血液的血浆是如何变稠并引起包括发烧和慢性疾病等各种疾病。尽管存在根本性的误解，但要走得更远也意味着要进行长期且真诚坦率的交流。然而，最终，也许从这次交流中得到的最清晰的信息是药物清单。事实上，坦恩·赖恩将继续在他访问期间进行有关自然史和植物学的对话。

坦恩·赖恩也向翻译和内科医生提出了一些问题，他们与坦恩·赖恩分享了他们的一些医学观点，特别是解释他们的艾灸与针灸方法，后来坦恩·赖恩用拉丁文把这些信息传到了欧洲。[2]他写道，"嫉妒的日本人"不愿与任何人，特别是外国人分享他们的技艺之谜，他们把他们的书藏在箱子里，就"像最神圣的珍宝"。但是，各种中医学书籍，包括经络和穴位的真实图解，都已落入出岛的荷兰东印度公司的某个人手中。这些文献一直被忽视，直到坦恩·赖恩到来并获得了它们，因为坦恩·赖恩与受过良好教育的日本医生一起准备问题，他有机会咨询一个懂中文的日本医生（岩永宗古），以便理解文字和图片。不幸的是，由于翻译本木庄太夫对荷兰语的了解有限，许多原作无法翻译。在坦恩·赖恩看来，他只吞吞吐吐地说了"几个荷兰语单词以及一些不完整的表述"，尽管他"在医疗事务上比其他翻译有着更多的经验，但同时他也更狡猾"[3]。坦恩·赖恩设法让岩永宗古把中文翻译成日文，本木庄太夫再把日文译成荷兰文，然后坦恩·赖恩将其翻译为拉丁文。中文文献中大部分内容都描述了东亚医学的历史和实践。[4]然后，他用 4 张人物剖面图演示这些内容，其中包括两名日本人、两

---

[1] Iwao, "Willem ten Rhijne."
[2] 有关对 Ten Rhijne, *Dissertatio de arthritide*, 145–191 中的 "Mantissa Schematica" 和 "De Acupunctura" 的英文翻译，参见 Carrubba and Bowers, "First Treatise," 以及德文的 Stiefvater, *Die akupunkter des Ten Rhijne*; Michel, "Ten Rhijne," 85–107（关于 "De acupunctura"); 以及 Michel, "Ten Rhijne" (for "Mantissa")。关于它们的评论，参见 Michel, "Ten Rhijne"; Michel, "Frühe Westliche Beobachtungen"; Bivins, *Acupuncture*, 48–65; 以及 Lu and Needham, *Celestial Lancets*, 270–276。
[3] Carrubba and Bowers, "First Treatise," 376–378.
[4] Carrubba and Bowers, "First Treatise," 378–386.

名中国人，每一对都展示出身体的正面和背面。[1]施针的穴位用绿色的圆点标记，艾灸点用红色的点标记。后来他告诉读者，他还有许多其他的人物展示"剖面"，如果这些内容值得购买的话，他将出版这些人像图。

坦恩·赖恩赞赏日本医生的能力。了解在何处施针以及使用艾条并避免受伤需要很多知识，所以他将这些日本医生比作那些不用绕道就能找到目的地的船长。[2]他解释说，中国人和日本人，特别是日本人，用艾灸和针灸来治疗大多数疾病。同时，他们也厌恶静脉切开术，因为这种手术在排出患病血液的同时也排出了健康血液，致使寿命缩短。[3]因此，他认为，日本人发明了从血液中排出杂质和"风"（会导致疼痛）的两种方法。坦恩·赖恩认为，他们的方法与希波克拉底的方法是一致的，希波克拉底曾敦促医生用烧灼术清除血液中的"风"，以减轻疼痛。[4]虽然中国人和日本人不了解解剖学，但他们"在过去的数个世纪里在血液循环方面的学习和教学可能比欧洲医生独立或作为一个群体所做的要多得多。他们把整个医学的基础建立在这种循环原理上"[5]。虽然他认为剖面图中的经络可能是偶然发展起来的，但毫无疑问，这些穴位表明了血管与"血液的细微联结，这些细微的连接之处也是受污染风侵袭的痛苦之地"。基于这样的想法，坦恩·赖恩撰写了一篇关于在欧洲外科手术和针灸中自己使用针以及操作针灸的论文。[6]

坦恩·赖恩和他的日本同事间的交流得到了回报。他们在一起工作了一个月，这对所有人来说一定是一件累人的事情。12月16日，奉行亲自拜访了坦恩·赖恩。在通往出岛的桥的尽头，长官西泽和其他官

---

[1] Carrubba and Bowers, "First Treatise," 376–377; 最初的是 "Mantissa Schematica"，见于 Ten Rhijne, *Dissertatio de arthritide*, 145–168。
[2] Carrubba and Bowers, "First Treatise," 374–375.
[3] 对这一主题的现代思考，参见 Kuriyama, "Bloodletting."
[4] Carrubba and Bowers, "First Treatise," 377, 378, 引自 Hippocrates, "On Winds," 4, 以及 "Aphorisms," sec. 8, aphorism 6。
[5] Carrubba and Bowers, "First Treatise," 375, 376; 他相信他们永远不会偏离的内容是 "Daykio"（379）。
[6] Carrubba and Bowers, "First Treatise," 377, 386–396.

员迎接了他，护送他前往东印度公司总部赴宴。据报道，日本人很快就给予了坦恩·赖恩更多的赞美。他们询问荷兰的天气有多冷，因为听说荷兰人冬天穿两到三层衣服，等等。坦恩·赖恩为荷兰东印度公司所赢得的善意是显而易见的，以至于在12月21日，西泽决定，尽管费用高昂，但他应该为坦恩·赖恩加入江户旅团做好准备。坦恩·赖恩对于医学翻译的重要性也使他获得了一些当地的特权。例如，1675年2月7日，其中最优秀的两位[本木庄太夫和横山与三右卫门（Yokoyama Yozauemon）——荷兰人称其为"Brasman"（放荡堕落之人）]，陪同他以及一名荷兰药剂师前往长崎一家药店，他们在那里讨论了各种药物。在接下来的两天里，他们继续围绕药物讨论。[1]

2月12日，坦恩·赖恩和其他6名荷兰官员一起踏上了每年前往江户幕府的旅程。荷兰长官和几个随行人员（通常总共是4人）被要求每年进行一次这样为期一个月的长途旅行，由大批日本卫兵和官员护送（费用由荷兰东印度公司承担）。在江户，他们向将军和他的家臣赠送礼物，提交一份关于外部世界的报告，并承诺继续保持良好的行为，以换取他们与日本人进行贸易的权利，有时他们还被要求唱歌、跳舞或以其他方式出洋相。[2]

3月15日他们抵达江户，第二天，前任翻译、学习欧洲天文学和医学的西吉兵卫拜访了坦恩·赖恩。西吉兵卫现更名为"玄甫"（Genpo），并从1673年起，担任幕府的医生。他奉奉行之命前来，带着他主人的礼物，对此，坦恩·赖恩表示了感谢。西泽建议将坦恩·赖恩派往宫廷指导药物和医药事宜，西玄甫同意转达这一信息并为此奔走。第二天，他们有机会回顾了在长崎时坦恩·赖恩被问到的医学问题的答案。第三天，西玄甫和老中稻叶正则的一名内科医生访问了坦恩·赖恩，并向他询问了乳腺癌的几个问题。之前荷兰使团来到江户

---

[1] ARA, NFJ, vol. 88.
[2] 有关这些旅程的记载，参见 Goodman, *Japan*, 25–31。

第九章　东亚医药学的翻译与传播　　467

时，也讨论过癌症（1673 年 4 月 23 日与 1674 年 4 月 30 日，第一次讨论时，这名妇女很可能接受了外科医生霍夫曼的检查），虽然她仍然活着，但癌症已经扩散到了她整个胸部。第五天，西玄甫又来了，第六天，也就是 3 月 20 日，坦恩·赖恩和高级外科医生霍夫曼接到消息，准备去拜访伊豆（Izu）的藩主松平伊豆守（Matudaira Izu no Kami）。在那里，他们看到一个十五六岁的男孩，他看起来皮包骨头，由于右腿严重脓肿、发着高烧，所以无法行走。坦恩·赖恩检查了他，认为这个男孩用他的治疗方法仍然可以治愈，但男孩拒绝尝试荷兰医学，只能等死。两天后，即 3 月 23 日，两名荷兰医生拜访了老中堀田备前守（Hotta Bizen no Kami，备前的藩主），堀田抱怨手指和脚指甲疼痛。回到他们的住处后，坦恩·赖恩准备了药品并送到他那里。然而，直到当时，回长崎的安排还在进行中，坦恩·赖恩是被召唤至奉行处去告别的荷兰人之一；就在同一天（3 月 31 日），西玄甫拜访了他们，并与西泽和坦恩·赖恩共进晚餐。他进一步询问了治疗乳腺癌的最佳方法，坦恩·赖恩对此进行了详细解释。[1] 第二天，地位仅次于将军的一位水户的藩主，中纳言德川光圀（Mito Chūnagon Mitsukuni），将药物样本寄给了坦恩·赖恩，询问它们的名字，坦恩·赖恩以书面的方式回复了他。又过了一天，一群日本医生拜访坦恩·赖恩，并提出了更多的问题（可能是为了完成 165 个问题和答案的文本），他耐心地做出了回答，这些日本医生同时写下了他的答案。4 月 6 日，荷兰人终于离开江户，5 月 14 日返回出岛。[2]

回来后，坦恩·赖恩依旧被咨询，但压力比以前小得多。再也没有正式的书面问题了，在贸易战的日常记录中只找到了几个提到他的条目。在重新定居出岛的大约两周后，一名助理翻译从奉行处来到这

---

[1]　显然，关于这个问题，日本人认为欧洲的外科方法比较有用：关于"加须波留外科"的一部日本著作，《红毛外科学》，其中有一章关于"胸部的石头"；另一部，岚山南安的关于外科学的两卷著作，也描述了"胸部的石头"；第三部，楢林镇山（他认识坦恩·赖恩）基于帕雷的著作，也收录了关于"胸癌"的部分片段。感谢绢川朋美提供的信息。
[2]　ARA, NFJ, vol. 88, 15 March–14 May; Iwao, "Willem ten Rhijne," 9–11.

里，获得了与坦恩·赖恩在江户给予老中堀田备前守相同的药物，堀田备前守身体状况有所好转；一个月后，主要首席翻译富永市良兵卫（Tominaga Ichirobei，"Mierobe"）为其中一位藩主索要药品。6月底，翻译本木庄太夫向坦恩·赖恩咨询了一位妇女的病症，她在分娩后发高烧（可能是产褥热）时失去了知觉。坦恩·赖恩解释说，他只有在检查过她之后才能给出建议，奉行同意了。在见到她之后，坦恩·赖恩认为她并非失去所有知觉，并给她一些药物，他希望治疗成功，借此提高荷兰医学的声誉。有人指出，在11月15日坦恩·赖恩奉命准备丁香油，送往江户。[1]

在此期间，坦恩·赖恩继续帮助那些有兴趣学习荷兰医学的人。12月5日，首席翻译富永市良兵卫从荷兰东印度公司长官的箱子里取走一本解剖书籍——《施皮格尔的剧本》（*Opera Spiegel*）（这是稻叶正则在1668年要求编写的一部作品——见上文），富永市良兵卫向长官询问他是否可以拿走这本书（当然是"可以"）。1676年1月10日，他带着这本书回来了，并把它带到奉行那里，然后与医生（其中一些在江户）对其进行了讨论。他告诉坦恩·赖恩，他们有很多问题，希望与他仔细讨论。事实确实如此，12月17日有3名医生前来咨询他。他们还得到了喝"蒸馏水"的机会，"蒸馏水"可能是坦恩·赖恩的老师西尔维乌斯发明的一种新型医药混合物：琴酒（genever）。[2]这本书是当时所能够获得的最好的解剖学概要之一。《施皮格尔的剧本》这本书很大、很厚，插图精美，是由阿德里安·范·登·施皮格尔（Adriaan van den Spiegel）搜集，由弗拉讷克大学植物学和解剖学教授约翰内斯·安东尼德·范·德·林登（Johannes Antonides van der Linden）编辑，由阿姆斯特丹的大出版商约翰内斯·布劳（Johannes Blaeu）印刷

---

[1]　"Soo wanneer daar een goede kuire wort aengedaan, het grootelÿx tot reputatie vanonse genes kun streeken sal"：ARA, NFJ, vol. 88, 29 May, 23 June, 引文来自 30 June; vol. 89 (7 November 1675–27 October 1676)，15 November。

[2]　ARA, NFJ, vol. 89, 5 December 1675, 10, 17 January 1676。

出版的。施皮格尔曾在16世纪末前往莱顿学习医学，然后又转到博洛尼亚和帕多瓦，在那里他一直担任解剖学和外科学教授，直至1625年去世。他最重要的两部作品都是去世后出版的：《论人类胎儿的形成》（*De formato foetu*，1626年）和《论人体结构十书》[*De humani corporis fabrica libri decem*，1627年由他的学生丹尼尔·布克里修斯（Daniel Bucretius）编辑出版]。第一部主要由大量精心绘制的全页铜版画组成，第二本收录的全页铜版画有100多幅。《施皮格尔的剧本》一书被献给了荷兰东印度公司一些著名的管理者和董事，这部巨著不仅搜集了相关的研究作品和印版，还在其中补充了卡斯帕·阿塞利（Caspar Aseli）关于乳糜管、威廉·哈维的《心血运动论》、约翰内斯·瓦莱乌斯关于乳糜和血液的运动，以及施皮格尔关于间日疟、痛风、体内蠕虫和植物学等内容。[1]众所周知，作为主要翻译之一、曾与坦恩·赖恩一起工作的本木庄太夫，写了一本关于解剖学的小书（《阿兰陀经络筋脉脏腑图解》），这是日本第一本关于西方解剖学的专著，它比著名的杉田玄白（Sugita Genpaku）翻译的《解体新书》（*Tahel Anatomia*）早了整整一个世纪；[2]据说，本木庄太夫是三位对坦恩·赖恩关于施皮格尔的研究提出质疑的医学翻译之一。

大约过了一个月，坦恩·赖恩再次与长官约翰内斯·坎普休斯（Johannes Camphuis）一同前往江户，他们于2月27日出发，4月14日抵达。[3]西玄甫于17日来访。两天后，一位大藩主青木东御守（Aoki Tōmi no kami）的使节来询问有关装蒸馏水（可能是蒸馏器）的容器的问题，坦恩·赖恩解释了它们的操作方法。[4]然而，到此时，坦恩·赖恩受够了处处受限无法发挥自己能力的现状。他期望为将军效力，却

---

[1] Spiegel, *Opera*.
[2] Otsuka, "Ten Rhyne," 258; Iwao, "Willem ten Rhijne," 12. 关于《解体新书》，参见 Kuriyama, "Between Mind and Eye"；Kuriyama, "Visual Knowledge."
[3] 坎普休斯后来记录了那年前往江户的旅程，这比往年花费的时间更长，部分是因为队伍中多了两个额外的人（总共6人），其中一人就是坦恩·赖恩，参见 Dam, *Beschryvinge van de Oostindische Companie*, bk. 2, pt. 1: 643–644。
[4] ARA, NFJ, vol. 89, 27 February, 14 April.

被幕府礼貌地搪塞了过去。他给长官坎普休斯写了一封长信，叙述了他的处境。坦恩·赖恩解释说，当他到达日本时，奉行牛込忠左卫门向他提出了一些问题，对此他也得到了对方的感谢。另一位奉行冈野孙九郎认为这是一种不同的医学理论，但是冈野孙九郎似乎也很满意，因为他没有进一步提问其他问题了。在到达江户的第一时间，他也受到了幕府代表的调查——由西玄甫和老中稻叶正则的医生组成——并且牛込忠左卫门命令他出诊，特别是一个患有晚期乳腺癌的妇女以及一个腿上患有晚期脓肿的年轻男子。然而，结果显然并不能让日本人满意，因为从那以后，没有人再提问了。令坦恩·赖恩感到沮丧的是，他的专业能力竟然是通过这类病例的成功与否来判定的。他认为，一些不知姓名的人似乎在散布谎言、含沙射影，他们严重影响了他成功的可能性。尽管他像所有自由的人一样热爱自由，就如同热爱生命一样，但如果为了荷兰东印度公司的利益，他愿意成为奴隶。因此，他把自己交到了坎普休斯的手里，要求他运用自己的影响力，向幕府的人解释，并威胁将病例提交给将军，以此来打破沉默。[1]

几天后，坎普休斯记录道，他诚恳地请求翻译横山与三右卫门，让他向上提出坦恩·赖恩的情况。坎普休斯想要明确的是，坦恩·赖恩不仅是一名内科医生，还是荷兰十七人董事会应将军以及将军幕僚的请求从荷兰特地派过来的医学专家。[2] 4月22日，西玄甫再次来访，听取关于如何治疗足部疼痛的建议。3天后，本木庄太夫代表奉行前来询问他所带来的一些药物的使用情况。他们还进一步讨论了坦恩·赖恩的情况。两天后，也就是4月27日，坦恩·赖恩出现在坎普休斯和将军德川家纲的会面场合，但却一无所获。

坎普休斯和坦恩·赖恩的处境可能出乎日本人的意料。日本方面

---

[1] ARA, NFJ, vol. 89, 20 April. 这封信句法难度很高，因此我对伊丽丝·布勒因（Iris Bruyn）给我的如何完善翻译的建议表示感谢。

[2] ARA, NFJ, vol. 89; 这封长信被复录至4月20日的Daghregister，坎普休斯对"Brasman"的记载被收录在了4月24日的Daghregister。

可能从来没有想过，他们让荷兰东印度公司派一名医生的请求，会被解释为在将军家安置一名荷兰东印度公司的医生。这不仅预设了荷兰医学的优越性——至少在某些情况下荷兰医学有着更好的疗效——而且还为新的阴谋打开了大门，而这种阴谋本来就是不受欢迎的。然而，坎普休斯明确其观点时，日本方面似乎是想表明他们是多么尊重这位医生——尽管他们并没有给予坎普休斯所希望的职位。在会面的第二天，将军幕僚派遣一名信使——大老井伊直澄（Tairō Ii Naozumi）来向坎普休斯表示感谢，坎普休斯负担了跟随坦恩·赖恩学习医学的幕府将军医生的一些费用；同一天，坦恩·赖恩受邀参观将军的马厩，就一些问题提出建议。（荷兰东印度公司曾在1668年送了两匹波斯马作为礼物，并与当地马杂交，为将军培育了优质的马种。）[1] 坎普休斯和一名日本高级官员也在第二天（4月29日）谈了很久，再次讨论了坦恩·赖恩博士的情况。坎普休斯再次解释说，坦恩·赖恩已经证明了他的卓越，并在9年前十七人董事会收到幕府及其幕僚的要求（eÿsen）后，他便被荷兰派出。坎普休斯还解释了最近为报告坦恩·赖恩的情况所做的努力。西玄甫在这个月的最后一天再次来访，两天后，一位日本医生在下午拜访了他。这位医生和荷兰代表团在奉行的城堡里讨论，并向他们展示了大量不同的草药以及询问坦恩·赖恩有关它们的情况，在他不得不离开之前，坦恩·赖恩已具体说明了其中约一半草药的情况。荷兰人回到他们的住所后，西玄甫通过翻译发来致谢，老中稻叶正则的两名私人医生前来询问关于推荐给他的一些药物的更多信息。此后的每一天，都会有高级别的日本医生前来向坦恩·赖恩询问问题：例如，5月4日，来自奉行冈野孙九郎的一名特使和翻译一起询问了他们10年来一直在思考的香脂和油的情况。第二天，在他们离开的前夕，坦恩·赖恩甚至先接待了老中稻叶正则的两名私人医生的来访，随后才接待了幕府将军的医生，他们带来了鱼干和米酒作为礼物。

---

[1] Iwao, "Willem ten Rhijne," 13.

为荷兰人服务的日本厨师和翻译对此印象深刻：他们认为这样的礼物是前所未有的。但是，当荷兰代表团于 5 月 6 日启程前往长崎时，坦恩·赖恩还是同他们一起离开了。[1] 日本一些最杰出的医生曾广泛而深入地咨询过他。他们似乎对坦恩·赖恩印象深刻，并向他表示了敬意。尽管因为我们不了解他们的情况，不可能知道坦恩·赖恩在他们进一步的考验中是否使他们满意，但坦恩·赖恩并没有得到他想要的职位。也许这一切都是误会。

坦恩·赖恩在日本其余的时间里没有留下什么记录。他于 1676 年 6 月 7 日抵达出岛。3 周后，奉行拜访了荷兰东印度公司的职员，公司举行晚宴招待了奉行，并与他分享了一些蒸馏水。在宴会上，奉行询问了坦恩·赖恩关于心脏的治疗方法。他回答得很好，这是有记载的，大概是解释了西尔维乌斯的药酒，这款药酒被认为是一种兴奋剂。此后再没有他在出岛期间的更多记录。他于 10 月 27 日启航离开，于 1676 年 12 月 13 日抵达巴达维亚。[2]

对坦恩·赖恩任命的误解使荷兰东印度公司和幕府之间出现更多的不信任。十七人董事会收到的信息是，坦恩·赖恩在自愿且谦恭地向他们提供医学指导后，被允许离开日本，但他没有得到任何补偿，甚至没有得到一句感谢。[3] 他们对此事件更为深刻的解释是，奉行极力要求他们派遣一位"医学专家"，鉴于坦恩·赖恩除了是一位医学专家外，还是一位优秀的植物学家，于是他们派遣了这位极富学问又有能力的人。但日本人"几乎没有任用他，像对待普通外科医生一样对待他"，并反对他，甚至忽视他的努力，让他"不带任何感激地离开"。这引发了出岛贸易站的管理人对幕府翻译的一连串抱怨。[4] 这一切都表明，他们把问题归咎于高级翻译横山与三右卫门。

---

[1] ARA, NFJ, vol. 89, 22, 25, 27, 28, 29, 30 April, 2, 4, 5, 6 May.
[2] ARA, NFJ, vol. 89, 7, 28 June.
[3] Coolhaas, *Generale missiven*, 4: 159–160.
[4] Dam, *Beschryvinge van de Oostindische Companie*, bk. 2, pt. 1: 453.

第九章　东亚医药学的翻译与传播　　473

亚洲医学出版物在欧洲的传播

因为坦恩·赖恩被派去日本的唯一目的是为将军效力，所以当他回到巴达维亚后，荷兰东印度公司的职员似乎不知道该怎么处理他。[1] 他于 1677 年 1 月 12 日当选为教会执事，并于 7 月 28 日代替一名被派往中国的商人担任麻风病人收容所的两名管理人之一。在接下来的两年里，他促使市议会成员意识到需要一个新的机构，因为他们在 1679 年 5 月决定在皮尔默伦德岛上建造一座新的麻风病院。[2] 对于坦恩·赖恩而言，他发起了诉讼，要求追回他认为欠他的那笔钱。

但在 1677—1679 年间，坦恩·赖恩投入更多时间深入研究自然。他帮助范·里德研究马拉巴尔的植物。他还用拉丁文写了几部著作，并把它们寄给他的朋友弗雷德里克·鲁谢以便在阿姆斯特丹出版。[3] 此外，坦恩·赖恩还协助克莱尔研究亚洲的药用植物及其使用方法。当然，克莱尔本人几乎拥有巴达维亚所有的医疗头衔。1676 年底，就在坦恩·赖恩返回巴达维亚之前的几个星期，克莱尔又被任命为城市主医院的药剂师（当然待遇十分丰厚），并在 1681 年获得了麻风病人的督查员职位。但有人认为，克莱尔觉得像坦恩·赖恩这样受过良好教育的医生的存在对他造成了威胁，但这种说法可能不太恰当。[4] 在坦恩·赖恩看来，如果他想要有任何进展，他就需要克莱尔的支持。因此，1679 年 2 月，巴达维亚委员会向十七人董事会提交的一份报告中提到了他们两人一起从事的植物学工作，这是因为他们收到了范·里德的《马拉巴尔植物志》的第一卷，该卷由十七人董事会连同一份关于荷兰东印度公司的药品和医疗装备的手册一起寄来的。在委员会的回复中，他们

---

[1] Dorssen, "Ten Rhijne," 156–159.
[2] Dorssen, "Ten Rhijne," 173.
[3] 1680 年 2 月 20 日坦恩·赖恩从巴达维亚寄往欧洲的给卡斯帕·西贝利厄斯（Caspar Sibelius）的信中包含了寄送到欧洲的著作的列表（根据 1681 年 3 月 25 日的一封信，fol. 73, 1681 年 2 月 20 日），fols. 52–53，以及给同一人 1680 年 11 月 7 日的信，fol. 64,（11 月？）1680, fol. 68, BL Sloane 2729。提到的最后一部著作从未被出版。
[4] Haan, "Cleyer," 171.

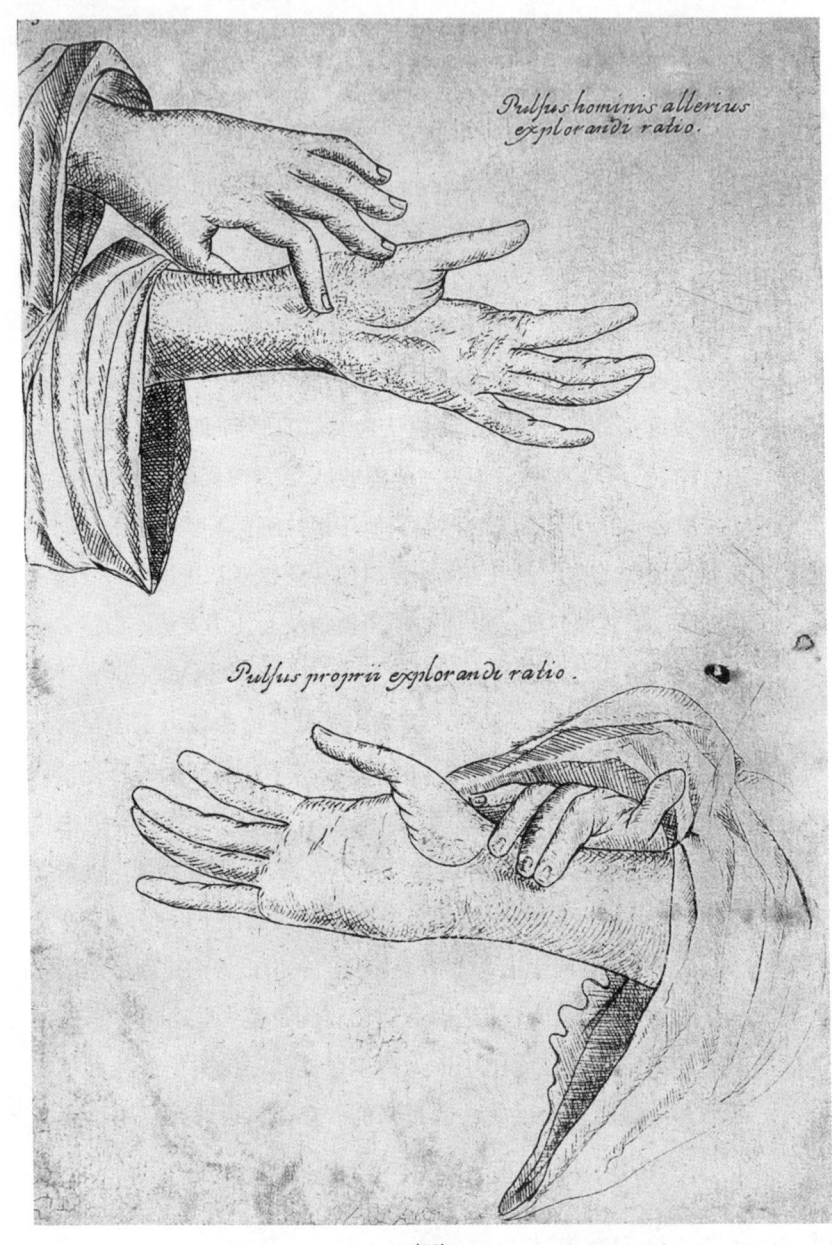

把脉

摘自安德里斯·克莱尔《中医指南》（*Specimen medicinae Sinicae*），1682 年
惠康信托图书馆供图，伦敦

提到了克莱尔和坦恩·赖恩正合作用这些草药充实荷兰东印度公司的医药箱。[1]

也有明确的迹象表明，在1677—1679年期间，坦恩·赖恩协助了克莱尔的医学研究，借助这些研究，克莱尔才得以出名：出版有关中国脉搏学说的作品。该著作来源于克莱尔与在中国的耶稣会传教士的通信。荷兰人很少与中国有长期的直接接触。

然而，他们学到的中医知识在出版之前大部分都掌握在克莱尔手中。克莱尔与耶稣会的联系主要是通过柏应理进行的。柏应理出生在梅赫伦，是一位讲荷兰语的比利时人。包括柏应理在内的3个来自低地国家的年轻人于1654年访问鲁汶，在那里他们受到了志愿参加中国传教运动的激励，特别是已经开始的卫匡国（Martino Martini）。也许克莱尔和柏应理第一次在阿姆斯特丹的相遇是在宗教宽容的17世纪50年代中期，当时年轻的传教士们在那里居住了几个星期，等待着前往里斯本的船只。更有可能的是，他们是在17世纪50年代后期或17世纪60年代初在中国相遇的。柏应理服务于东南地区，包括福州，1662年10月，台湾被国姓爷收复后的几个月，一支荷兰舰队抵达福州，试图与新政权清王朝结盟（郑氏反对清朝），开放贸易，在接下来的两年里，荷兰人和清朝的关系都很好。[2] 柏应理欢迎荷兰人来福州，并在一段时间内充当线人，为他们提供有关中国政治和贸易情况（并通过信件向剧作家冯德尔和阿姆斯特丹的出版商约翰内斯·布劳表示亲切的问候）。[3] 他可能是在福州遇到了克莱尔，因为克莱尔于1662年1月9日随荷兰东印度公司一起出航。作为一名士兵，克莱尔很可能被直接派往中国支援对郑氏的军事行动。[4]（1663年11月，荷兰东印度公司与清军联合，强行将郑成功从金门和厦门驱逐，迫使他于1664年撤回

---

[1] Coolhaas, *Generale missiven*, 4: 294–295.
[2] Wills, *Pepper, Guns and Parleys*, 28–104. 荷兰东印度公司的确帮助清廷把郑成功的儿子驱逐出厦门和金门。
[3] Demaerel, "Couplet and the Dutch," 98–101.
[4] Kraft, "Mentzel, Couplet, Cleyer," 196.

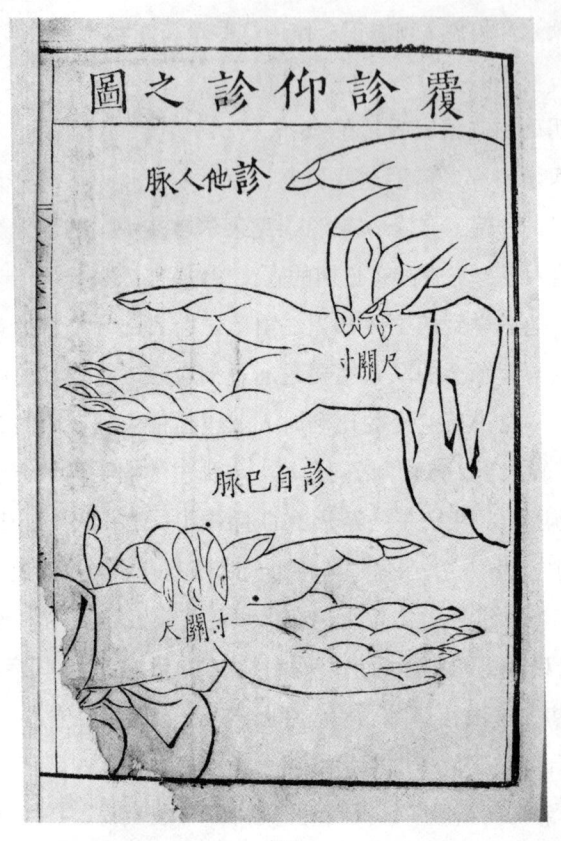

把脉

摘自《图注王叔和脉诀》，木刻画，1554年，惠康信托图书馆供图，伦敦

台湾。）显然在 1666 年时，柏应理和克莱尔彼此认识：1664 年，康熙皇帝迫于儒家和那些害怕外国势力介入的人的压力，镇压基督徒，逮捕了汤若望和另外两位著名耶稣会士，其余的传教士先是被带到北京，然后在 1666 年被带到广州，在那里，一个荷兰代表团在前往北京的途中遇到了他们。在给代表团的一封关于他们情况的信中，柏应理对两位"特殊朋友"致以最好的问候，这两位"特殊朋友"之一便是克莱

尔。[1] 当时，柏应理已经对中医产生了浓厚的兴趣。[2]

柏应理和克莱尔继续通信，柏应理给他送去信息，克莱尔给他送去报纸、药品、金钱，并索要中医著作，特别是有关中国脉搏方法的手稿。[3]［1670 年，克莱尔负责处理东亚耶稣会士寄往欧洲的邮件，在巴达维亚搜集信件，并将邮包转交给位于阿姆斯特丹的出版商布劳或克莱门特·费斯库尔（Clement Verschoor）或安特卫普的巴尔塔萨·莫雷图斯（Balthasar Moretus），然后由他们打开邮包并把信件派送出去。[4]］

克莱尔从柏应理那里获得的材料中包括由中国传教使团中的波兰籍成员卜弥格（Michael Boym）对中医的翻译和分析：卜弥格的作品主要向欧洲人介绍中医知识。[5]1658 年，卜弥格在暹罗（今泰国）遇到了柏应理，当时两人都在去中国的路上（卜弥格是作为明朝的使节到欧洲游历后返回中国的途中）。在那几年里，根据他在中国的工作，他发表了一篇关于中国植物的短文，并提到他正在准备写一本关于中医、中国脉诊和预后方法的书。[6] 在暹罗，卜弥格给了柏应理一篇关于脉搏的论文，这篇论文连同一包信件以及可能是一份中草药的清单，都被柏应理转交给了巴达维亚公司的总督马策伊克［可能是通过公司在暹罗的商馆的长官让·德·里克（Jan de Ryck）的介绍］，以便在欧洲出版。这篇关于脉搏的论文由于没有找到合适的出版商而散佚，但药物清单在耶稣会士和荷兰人——比如说克莱尔和坎普休斯甚至可能还有坦恩·赖恩等人——的手稿中流传了下来，他们都得到过马策伊克的支

---

[1] Demaerel, "Couplet and the Dutch," 102.
[2] Golvers, *Rougement*, 530–531.
[3] Kajdan´ski, "Boym," 166–67.
[4] Demaerel, "Couplet and the Dutch," 110–112; Begheyn, "Letter from Cleyer."
[5] Pelliot, "Boym"；Kajdan´ski, "Boym."
[6] Boym, *Flora Sinensis*; 我参考了大英图书馆中约瑟夫·班克斯（Joseph Banks）的副本；关于卜弥格的著作，参见 Szczesniak, "Writings of Boym," 492–494。在 Boym, *Briefve Relation*, 73 中，他宣布正在准备研究中医，认为中医是一门独特的艺术，通过把脉预测病人未来的病症，它早在基督耶稣诞生之前几个世纪就存在了，并且在中国流传，中医与欧洲医学完全不同，绝对令人钦佩。这可能就是阿塔纳修斯·基尔舍（Athanasius Kircher）在 1667 年出版的关于中国的著作中提到的卜弥格的著作，虽然他质疑这部著作是否被出版，参见 Kajdan´ski, "Boym," 162–163。有关对该书的利用，参见 Szczesniak, "Writings of Boym."

持，很明显他们誊录了副本。[1]1659 年，卜弥格去世，此后数年，柏应理搜集了卜弥格的一些手稿，以及其兄弟会成员们完成的中医学译著。他将这些资料卖给了克莱尔。

很可能是坦恩·赖恩协助克莱尔完成了最早由卜弥格搜集的中国药用植物的研究工作，就像他曾帮助范·里德研究马拉巴尔的植物一样。但是，坦恩·赖恩似乎也协助克莱尔处理、研究从柏应理那里获得的其他手稿，编辑后用拉丁语润色，因为克莱尔对东亚的医药实践并没有什么特别的了解，而且和范·里德一样，他拉丁文的写作能力并不出色。这一成果——《中医指南》(The Specimen medicinae Sinicae, sive opuscula medica ad mentem Sinensium) 在医生塞巴斯蒂安·斯海弗（Sebastian Scheffer）的帮助下于 1682 年在法兰克福出版，克莱尔的名字作为编辑出现在书名页上。由于出版商在项目完成之前就离世了，最终的出版物没有前言、献词和封面页，并且印刷出版后的各卷包含的章节各不相同，顺序也不一致。[2]（此外，由于卜弥格的名字没有出现在《中医指南》一书中，但是却出现了克莱尔的名字，因此克莱尔——自 1730 年出版后——就开始受到剽窃的指控，尽管自 20 世纪 30 年代以来，有几位学者开始澄清这项指控。[3]）

书名页的记录将《中医指南》分为 6 个部分（opuscula）。但事实上，它只包含了所提到的部分内容，还有一份根本没有出现在书名页

---

[1] 这部匿名著作可能是卜弥格撰写的，参见 *Les sécrets de la médecine des Chinois consistent en la parfaite connaissance du pouls*（Grenoble, 1671; 1676 年意大利文版在米兰出版，1707 年英文版在伦敦出版）。有关这部著作的记载，参见 Grmek, *Reflects de la sphygmologie*, 59–64. Demaerel, "Couplet and the Dutch," 96–97; Kajdan'ski, "Boym," 174–180; Kraft, "Mentzel, Couplet, Cleyer," 185–187。坦恩·赖恩极有可能至少拥有其中的一些中文文献和图片，在日本他翻译了这些材料，在到坦恩·赖恩手里之前，这些材料先由卜弥格搜集并送到了巴达维亚。

[2] 有关《中医指南》的出版、原始手稿部分列表以及重制的给十七人董事会的献词，参见 Kraft, "Mentzel, Couplet, Cleyer," 164–169, 189–194。

[3] 这一指控由巴耶尔（Gottlieb Siegfried Bayer）提出，参见 Gottlieb Siegfried Baye, *Museum Sinicum*（Petersburg, 1730）(见 Kraft, "Mentzel, Couplet, Cleyer," 159–161), Kraft and Pelliot, "Boym," 145, 提出了更容易接受的观点；但对克莱尔的性格仍然存在质疑，参见 Kajdan´ski, "Boym," 165–167。

第九章　东亚医药学的翻译与传播　　479

打算用于克莱尔的《中医指南》(1682年)的书名页插图，显示一名中医正在把脉
柏林国立图书馆允准复制

上的药物清单。[1]第一部分包含4个小节，由对王叔和以及传说中的黄帝的著作的翻译组成——现代的评论家认为这极有可能是《脉诀》(*Mo Chüeh*)或《脉经》(*Sphygmological Instructions*)在中世纪晚期的一个版本《脉象指针》。[2]第二部分包括《中药》(*Medicamenta simplicia, quae à Chinensibus ad usum medicum adhibentur*)。这一部分包含289个条目，每个条目都简要说明了一种中药的性质和它们在各种情况下的用途；很可能这是卜弥格的手稿中流传出来的植物目录。[3]正如我们已经看到的，很可能坦恩·赖恩已经协助克莱尔整理了这一节。第三部分也分为好几个小节：由一名"博学的欧洲人"搜集的一篇关于脉搏的论文，1686年重印出版的卜弥格的《医论》(*Clavis medica*，后文会再提及)，一些信件、医药信息，包括显示针灸和艾灸所使用的经络和穴位解剖图表。第四部分是根据舌苔进行诊断的短文，并配有37幅图。第一、第三和第四部分的内容几乎可以肯定是以卜弥格的手稿为基础的。[4]然而，第一部分的拉丁语风格与第三部分是不同的，克莱尔后来有说到，他是在一个博学的欧洲人的帮助下，把零散的第三部分拼凑成一个整体：[5]这个未具名的人无疑就是坦恩·赖恩。[6]尽管有种种困难，《中医指南》成为欧洲人一睹中医实践的基本文献之一，比如，它成为约翰·弗洛耶(John Floyer)研究脉搏的灵感来源。[7]

然而，当手稿还在前往欧洲的路上时，坦恩·赖恩和克莱尔已经

---

[1] 藏于大英图书馆的副本中，现存的4个部分都被分别标页，《中医指南》的不同版本把它们按不同的顺序集合在一起。在这里我接受了什切希尼亚克(Szczesniak)和凯丹斯基(Kajdan´ski)的讨论，参见 Szczesniak, "Writings of Boym," 508–513, 以及 Kajdan´ski, "Boym," 他们都参考了大英图书馆的副本。有关基于不同版本的内容（显然不包括对中药样本的研究），参见 Grmek, *Reflects de la sphygmologie*, 70–72。有关卜采尔通过学院的一位成员以及法兰克福的一个朋友将著作出版，参见 Kraft, "Mentzel, Couplet, Cleyer," 162–169。

[2] Lu and Needham, *Celestial Lancets*, 277.

[3] 独立标页的54页版本，见 Cleyer, *Specimen medicinae Sinicae*。但在《中医指南》的书名页上，它并未被提及。对相关概述的最新研究强调了这个植物学理论的重要性，参见 Kajdan´ski, "Boym."

[4] Kajdan´ski, "Boym," 169–170, 180–185.

[5] Grmek, *Reflects de la sphygmologie*, 72.

[6] 同时需要指出的是，坦恩·赖恩对《中医指南》的内容并没有太多的了解，他从1681年12月12日的一封信中才了解到这个事情，参见 letter of Ten Rhijne to Sibelius, 25 February 1683, fols. 130–131, Sloane 2729。

[7] Szczesniak, "Floyer"; Grmek, *Reflects de la sphygmologie*; Hsu, "Science of Touch, Part I"; Hsu, "Science of Touch, Part II"; Lu and Needham, *Celestial Lancets*, 282–284.

闹翻了。在 1681 年 3 月写给阿姆斯特丹朋友的一封信中，坦恩·赖恩抗议道，在有关中医脉搏研究一事上，克莱尔已经排挤了他一段时间，甚至诋毁了他在欧洲圈子中的名声，尽管他可以从克莱尔的信中证明，是克莱尔违反了他们的工作约定（stipulatie）。真相是，坦恩·赖恩在没有任何人帮助的情况下汇编了所有关于脉搏的作品并撰写评论，但克莱尔寄回荷兰供出版的手稿副本却把其中一部分删除了。坦恩·赖恩感慨时代太微妙了，以至他无法揭露整个故事，所以他很快转变了话题。[1] 但毫无疑问，他的意思是克莱尔压下了他对中国诊脉的评论，因为他在 1681 年写信给亨利·奥尔登堡，提到他把一份关于脉搏的论文寄给了阿姆斯特丹的朋友（见下文）。两年后，他写道，这件事仍然很危险，以至他无法做出解释，但他再次提到，他已经把柏应理搜集的部分汇编成文献，这部分内容变成了《中医指南》。[2] 一个月后（1683 年 3 月 21 日），他在一封给朋友约翰内斯·格伦费尔特（Johnnes Groenevelt）的信（请他把他的信转交给伦敦皇家学会）中说道："关于脉搏的论文集是由安德里斯·克莱尔在德意志出版的（他所做的不过是花钱买了一本'翻译'），但在欧洲没有一个翻译能够完成。我曾为此费尽心思，但仍有一些谜团尚未揭晓，但我希望学术界有朝一日能够参与其中。"[3] 在 1683 年晚些时候，他直接向伦敦皇家学会抱怨，那篇关于中国人如何把脉的论文，以及尚未完全完成的评论，已以其他人名义出版，尽管这份协议是出于善意和先见之明拟定的。他原以为他的观点和努力会如事先商定的那样得到公开承认，尽管当时的政治和国内事务会暂时与此相抵触。但是，耶稣会士柏应理当时埋头于这些事务，并在不久之后将返回欧洲，承诺将在适当的时候解释所有的事情。[4]

然而，在他 1681 年 3 月的信中的"附言"部分，坦恩·赖恩注意

---

[1] Sloane 2729, letter of Ten Rhijne to Sibelius, 25 March 1681.
[2] Sloane 2729, letter of Ten Rhijne to Sibelius, 25 February 1683, fols. 130–131.
[3] 翻译并收录于皇家学会的信件集，参见 LBC.8, fols. 447–448。
[4] Royal Society of London, LBC.9, 374–75, copy of letter of Ten Rhijne to Secretary Francis Aston, 25 August 1683.

到，克莱尔送往阿姆斯特丹的文献中，有一份更完整的关于脉搏的中国文献的副本和其他著作。[1] 这些文献是对中医的综合描述，而不是像《中医指南》那样的翻译。门采尔也急于让自然珍奇学院出版这第二部著作。[2] 他们通过自然珍奇学院的杂志《医药物理珍品录》找到了出版途径，这部作品于1686年出版，书名是《医论》。[3]《医论》主要由两篇论文组成——其中之一可能是坦恩·赖恩声称自己写的关于脉象的讨论，以及卜弥格撰写的3篇序言，这3篇序言谈论了他对脉搏的研究以及关于中药的论文（第一篇和最后一篇于1658年在暹罗完成），此外在序言中还附有一段匿名"注释"（同样，可能是由坦恩·赖恩完成的）。这本书的确是打开第一本著作和更多中医知识的"钥匙"，因为它不是在试图翻译中医作品，而是用欧洲读者能够理解的方式，仔细地解释了中医实践背后的原理。[4] 门采尔这次也确保了适当的人得到他们应得的荣誉，正如他所了解的那样：书名页把卜弥格列为作者，克莱尔作为著作的搜集者，柏应理把作品带到欧洲并更正了其中的错误。（1682年初，在返回欧洲的途中，柏应理在巴达维亚停留了一段时间，在那里他与克莱尔和坦恩·赖恩交谈。坦恩·赖恩对他在阿姆斯特丹的朋友说，柏应理是和蔼可亲、善于交际的，也是与他们分享研究的好同事，但他们也应该记住他是耶稣会士。[5]）但克莱尔肯定没有提及坦恩·赖恩的名字。相反，克莱尔继续诽谤他：根据一份给斯海弗的信件，克莱尔已将他的著作送到自然珍奇学院出版，因为坦恩·赖恩和

---

[1] Sloane 2729, letters of Ten Rhijne to Sibelius, 25 March 1681 and 25 February 1683, fols. 73, 130–131. 这似乎确认了德·哈恩（De Haan）的记载，即克莱尔的一位德国亲戚——沃格尔（Vogel）1681年5月携带手稿离开了巴达维亚，证明这并不是1682年的《中医指南》，而是1686年的《医论》，参见 Haan, "Cleyer," 454. 虽然通常认为柏应理把手稿带到了欧洲，当他于1682年自中国返回时，这份手稿似乎通过克莱尔的关系网络传到欧洲，参见 Foss, "European Sojourn," 116–119; 有关辩驳，参见 Kraft, "Mentzel, Couplet, Cleyer," 170–172。
[2] Kraft, "Mentzel, Couplet, Cleyer," 169–175.
[3] Boym and Cleyer, *Clavis medica ad Chinarum doctrinam de pulsibus*.
[4] 佩利奥（Pelliot）质疑《中医指南》和《医论》是否都是由卜弥格出版的(Pelliot, "Boym")，这个观点得到了格尔梅克（Grmek, *Reflects de la sphygmologie*）的支持，Lu and Needham, *Celestial Lancets*, 277–286 还引用了这个观点，并最终在 Kajdan′ski, "Boym." 中得到了确认。另一方面，什切希尼亚克认为《中医指南》和《医论》这两个版本的卜弥格的作品（Szczesniak, "Writings of Boym," esp. 513）都是错误的，虽然两者在文本和插图上重复内容甚多。
[5] Sloane 2729, Ten Rhijne to Sibelius, 25 February 1683, fol. 130–131.

他在阿姆斯特丹的"奴隶"（mancipiis）禁止克莱尔的作品在那里印刷出版。[1]

除了他们的个人分歧外，坦恩·赖恩已经判定克莱尔没有诚实地交易。1682年初，遇到柏应理后不久，克莱尔以商人的身份前往日本，并被冠以"日本商馆第三管理人"（Derde Opperhoofd van Japan）的称号。但在此之前从未有过第三管理人的职位，这强烈地表明这次旅行是由克莱尔在巴达维亚委员会有权势的朋友组织的，目的是为了他的个人利益。然而，在他于1682年启程前往日本后，印度群岛议会检查了他的账簿，发现他欠了3万荷兰盾的债，这促使他们重新对巴达维亚城堡的药房进行监督，让城堡外科医生（而不是城堡内科医生）担任经理，同时将城市药剂师的职位外包出去。[2] 尽管存在这些财务问题，在1684年3月回到巴达维亚后，克莱尔还是建造了一座大房子，据报道它是巴达维亚最大、最宏伟、当时最昂贵的房子。一年后，他又获得了在日经商的资格。1685年8月底，当他抵达出岛时，他发现日本人再次改变了贸易体系：他们提高了荷兰货物的价格，并允许货物公开拍卖，但对该公司每年从日本带走的钱财设定了14万荷兰盾的上限。克莱尔以走私活动对此进行回应。当长崎的官员发现后，克莱尔的许多日本同伙被处死（有些人被钉在十字架上），克莱尔被驱逐出境，并勒令他不得再次入境，否则将被处死；他于1686年12月19日离开日本，后来有传言称他抵达巴达维亚时持有一袋袋金币。尽管十七人董事会发起调查，但巴达维亚的政府为克莱尔找了借口，他从未受到惩罚。[3]

坦恩·赖恩与克莱尔的争执似乎并没有影响坦恩·赖恩在印度议

---

[1] （从1684年早期开始的）摘录重印于 *Michael Bernhard Valentini inIndia literata; seu dissertationes epistolicae de plantis, arboribus, … etc.* (Frankfurt, 1716), 432a–b, 被引用于 Szczesniak, "Writings of Boym," 516–517。同时参见 Kraft, "Mentzel, Couplet, Cleyer," 166–167。关于早期版本的克莱尔对坦恩·赖恩声誉的攻击，参见 Dorssen, "Ten Rhijne," 215–228。因为克莱尔并没有《中医指南》的副本，因此他提及的是《医论》以及斯海弗对出版的帮助。
[2] Bruijn, "Ship's Surgeons," 125.
[3] 有关克莱尔，参见 Haan, "Cleyer."

会中的声誉，因为他们任命他为重要的六人委员会成员，该委员会于1679年被派往苏门答腊的西海岸去调查萨立达（Silida）的金银矿。这些矿山已经被开采了大约10年，利润所剩无几，但十七人董事会仍决定派60多名矿工到那里去，以获得更多矿产。不到两个月，坦恩·赖恩作为该委员会的代表回到巴达维亚，提交了长达390页的报告，说明这些矿山矿藏已经很少并且开采难度很大。1680年5月，新的职员又被派往矿山，其中包括坦恩·赖恩和赫尔曼·格里姆博士。当坦恩·赖恩回到苏门答腊岛时，他发现，很多从事这项工作的雇工因严重发烧而卧病在床。[1]

但是，坦恩·赖恩并没有让他和克莱尔的争论妨碍他自行出版手稿。在苏门答腊，他的弟弟也加入了他的行列，他的弟弟是一名荷兰东印度公司的外科医生，他给哥哥带来了从阿姆斯特丹的朋友们那里获取的信息，并给他带来了一份礼物——关于让-巴蒂斯特·塔韦尼耶（Jean-Baptiste Tavernier）印度群岛之旅的两卷记录。从苏门答腊的矿山回来后，坦恩·赖恩继续自己的研究。例如，他学习阿拉伯语，要求给他寄送埃珀尼厄斯（Erpenius）的语法书和"多语种词典"（Lexicon Polyglotton）或其他词典，以及德意志、法国、英格兰、丹麦、意大利等地的学会（collegium curiosorum，我们称之为科学院）的出版物。[2]此外，他还坚持要核查他以前写过的著作。在17世纪70年代后期，他曾向他在莱顿的学生时代的朋友弗雷德里克·鲁谢寄送了一些手稿，打算出版。但是他几乎没有从鲁谢或他的其他朋友那里得到回信，他开始怀疑出版商们不感兴趣。（不知是因为克莱尔的影响，还是因为它们看起来就不太畅

---

[1] Dorssen, "Ten Rhijne," 174–178; Coolhaas, *Generale missiven*, 4: 385, 418.
[2] Letter of Ten Rhijne to Sibelius, Sloane 2729, 25 March 1681, fol. 73. Thomas Erpenius, *Arabicae linguae tyrocinium*, edited by J. Golius (Leiden, 1656) 及其他版本对这个请求表示的质疑；其他研究包括 *Les six voyages de Jean Baptiste Tavernier: qu'il a fait en Turquie, en Perse, et aux Indes, pendant l'espace de quarante ans*, 1676年首次出版，坦恩·赖恩将它寄回，因为他已经有了一本。

销，但具体原因不清楚。[1]）

因此，在 1681 年 7 月，坦恩·赖恩写信给皇家学会的秘书亨利·奥尔登堡。他以前的老师西尔维乌斯与奥尔登堡保持着联系，正如他学生时代的朋友们一样，比如赖尼尔·德·格拉夫。坦恩·赖恩一定听闻英国名家愿意与像他这样的人交流。他告诉奥尔登堡，他有各种观察，他都愿意与人交流分享，他还向荷兰寄去了一篇关于日本艾灸和针灸的用途以及中国人脉诊用途的论文，他希望这篇论文在英国发表。[2]坦恩·赖恩的信大约 5 个月后到达伦敦。由于奥尔登堡刚刚去世，所以于 1681 年（或者是 1682 年）1 月 18 日，这封信被西奥多·哈克（Theodore Haak）带到了皇家学会的一次会议上。信的内容引起了很大的讨论。坦恩·赖恩曾经提到过艾条是由艾蒿制成的，弗雷德里克·斯莱尔（Frederick Slare）证实，当他把艾蒿晒干并吹去灰尘时，他用艾蒿的纤维制成了"一种艾条"，艾蒿是英国常见的一种蒿属植物。托马斯·亨肖（Thomas Henshaw）认为，艾条的优点只在于焚烧和灼烧，但罗伯特·胡克认为，这种植物本身的属性中可能有某些"特殊的优点"，也许就在它的"固态油"。会长克里斯托弗·雷恩爵士（Sir Christopher Wren）也注意到中国人关于脉搏的相关内容，中国人"对号脉非常在意，"不仅在手腕上，"而且在身体的其他不同部位，通过脉诊他们好似对这种疾病有了重大发现"。即使是古人也可能比现代欧洲医生更了解脉诊的使用，也许盖伦关于脉诊的论述还没有完全被理解。胡克随后建议，在号脉时，人们可以辨别出身体各部分的不同状态。雷恩认为，动脉中的脉搏不同于心脏的跳动，而且由于动脉被三层肌肉所覆盖，所以脉搏不同部位的运动

---

[1] 例如，letter of Ten Rhijne to Sibelius, 17 December 1681, fol. 92, Sloane 2729, 回应了 1680 年的一封信。在 1682 年或 1683 年 3 月 21 日的一封给他的朋友约翰内斯·格伦费尔特的信（被翻译并收录到了皇家学会的信件集）中，坦恩·赖恩解释了出版暂停的原因，一是由于十七人董事会中两名成员，即巴克尔（Backer）和凯列斯（Kelies）的去世导致，"这两名董事负责出版事宜"，二是由于"一些人的嫉妒（他们自己无所作为，而且妨碍别人的作为）"（Royal Society, LBC.8, fols. 446–448）。

[2] Royal Society, *Letter Book*, LBC.8.240–242; 但总结未被出版，见 Hall and Hall, *CHO*, 13: 368. 写这封信时，他还不确定知道《中医指南》能被出版，因此在此强调了他思考哪些将被纳入到他自己的书中。

确实可能包含重要的信息。[1]

这段对话清楚地表明，英国医学名家非常了解经由荷兰人转述的有关亚洲医学的信息。坦恩·赖恩第一次接触艾灸是在巴达维亚遇见巴斯科夫时，当时，他鼓励巴斯科夫把自己的经历写下来。巴斯科夫将由此写成的短篇论文和艾条样本寄给他在乌特勒支的儿子（一名律师）。他的儿子在1674年用荷兰文出版了他父亲的书，并且开始出售他父亲送给他的艾条。奥兰治亲王的秘书康斯坦丁·惠更斯等人注意到了这件事，于是写信给皇家学会的亨利·奥尔登堡，并寄去了一本书。惠更斯与还在印度群岛的巴斯科夫建立了联系，[2] 同时建议英国驻海牙大使威廉·坦普尔爵士（Sir William Temple）使用艾灸治疗痛风，后者的病情也因之得到了很大的缓解。[3] 荷兰显微镜学家安东尼·列文虎克很快将注意力转向用他的显微镜来研究艾条，并向皇家学会提交了一份相关报告。[4] 因此，应皇家学会的要求，巴斯科夫的论文译本在1676年出版。德文版于1677年在布雷斯劳（弗罗茨瓦夫）出版。[5] 名家们对艾灸的兴趣很快也使托马斯·西德纳姆（Thomas Sydenham）在他关于痛风的书中提到了艾灸。[6]

关于针灸的简短评论也引起了人们对那一主题的兴趣。威廉·皮索在1658年编辑的邦修斯的《自然史》中有这样一段观察："我现在要开始讲述在日本发生的事情，它超越了那些奇迹（miracula）。针对慢性头痛、肝脾梗阻、胸膜炎等病症，他们用银或铜针刺穿所提到的

---

[1] Birch, *History of the RS*, 4: 119–120, 122.
[2] Wrop, *Briefwisseling van Constantijn Huygens*, letters no. 7001 (6 January 1676) and no. 7011 (24 February 1676).
[3] Wrop, *Briefwisseling van Constantijn Huygens*, vol. 6, 1663–1687, 368–369, 371. 他的故事出版于 Temple, *Miscellanea*, 189–238: "An Essay upon the Cure of the Gout by Moxa. Written to Monsieur de Zulichem. Nimmeguen June 18, 1677"；坦普尔的故事总结于 Rosen, "Sir William Temple and the Therapeutic Use of Moxa for Gout in England"［虽然罗森（Rosen）并未意识到"Zulichem"就是惠更斯］。
[4] A. Leeuwenhoek, letter of 14 May 1677, *Philosophical Transactions* 12, no. 136 (June 25, 1677), 899–895 [sic for 905]. 列文虎克有一本巴斯科夫著作的副本，参见 Palm, "Italian Influences on Antoni van Leeuwenhoek," 161–162.
[5] Busschof and Roonhuis, *Two Treatises*; Buschof, *Moxibustion*.
[6] Sydenham, *Tractatus de podagra*, trans. as Sydenham, *Treatise Concerning the Gout*. 这一段出现在倒数第三节，很可能是后来补加的。

器官，这些针的厚度并不比琴弦（cythrarum）粗多少，它们缓慢而轻轻地穿过上述器官，直到针从另一边出来，我在爪哇也看到了这类现象。"[1] 这份报告不是邦修斯的原始稿件，因此，很有可能是皮索后来从别人的报告中增补的内容之一。[2] 1669 年，亨利·奥尔登堡在《哲学汇刊》上翻译并发表了"《关于日本的一些观察》(*Some Observations Concerning Iapan*)。这些观察来自一位在那个国家居住多年的智者"，这篇文章由 20 篇评论组成；第八篇评论道："那里有许多药水，以及温泉，居民们用它们治疗疾病。他们有特定的药物，但他们不放血。他们充分地利用小棍子，在顶端涂上青蒿或芥子草粉并放上棉花，然后将其点燃。此外，他们总是喝烈酒。"[3] 文章对中国人的把脉方法几乎一无所知，只知道中国人在检查上花了很多时间和精力。

因此，奥尔登堡要求学会的弗朗西斯·阿斯顿部长（Secretary Francis Aston）积极跟进这封信。他不仅马上回信给坦恩·赖恩，还去查看坦恩·赖恩提供的联系方式。约翰内斯·格罗费尔特，这位来自他家乡的老朋友、莱顿的医学专家，现居于伦敦，查看是否能买到这些论文。他和约翰·霍顿（Johan Houghton）在几天内就完成了这些事情。[4] 阿斯顿被要求尽快回应此事，他确实也这样做了，邀请坦恩·赖恩向学会提供他对亚洲医学或自然史的更深入的观察，并给他列出了他们感兴趣的主题清单。与此同时，格罗费尔特写信给他和坦恩·赖恩在阿姆斯特丹共同的朋友卡斯帕·西贝利厄斯，要求将这篇论文寄给他，这篇论文在 3 月底被寄到伦敦。[5] 4 月 5 日的会议上，阿斯顿向学会报告了这件事，在接下来的一次周例会上，他还报告了他在审阅手

---

[1] Bontius, *Tropische geneeskunde*, 286, 我个人的翻译。略区别于原翻译，参见该书第 287 页，以及 Carrubba and Bowers, "First Treatise," 394, 并被转引于 Lu and Needham, *Celestial Lancets*, 270。
[2] 不见于 Sherard 186。坦恩·赖恩后来对此进行评论并更正，尤其提到了"stylus"就是一枚金针而非铜针，它也并未穿透器官。参见 Carrubba and Bowers, "First Treatise," 394。
[3] *Philosophical Transactions* 4, no. 49 (19 July 1669): 983–986, 引文在第 984 页。并不清楚原记录 "communicated in French by M.I.," 出自哪里。虽然记录是法文的，但作者很可能是荷兰人或德意志人。
[4] 阿斯顿也迅速地给在牛津的罗伯特·普洛特（Robert Plot）写信，告知他坦恩·赖恩的信，参见 Gunther, *Early Science in Oxford*, 12: 26。
[5] Sloane 2729, Groenevelt to Sibelius, 24 January, 31 March 1682, fols. 109, 116–117。

稿并考虑出版等进度。[1]6月底，格罗费尔特向西贝利厄斯报告说，皇家学会计划出版坦恩·赖恩的论文，并要求把坦恩·赖恩的照片寄送过来，以便采用雕版印画作封面。[2]一年后，1683年5月这本书终于出版了。[3]

这份手稿可能超出了学会的预期：最终印刷出版的拉丁文和荷兰文文献占了334页。它不仅包含了坦恩·赖恩关于针灸的研究，而且几乎包括了他所有的其他研究，除了对中医脉搏知识的评论（很可能已经收录在了《医论》中）之外，由巴斯科夫撰写的导读是关于痛风的概论（关于痛风治疗的那一节，包括艾灸）；4张日本剖面图显示了用以艾灸和针灸的穴位，还包括对日本医学的简短描述；对针灸的讨论；对坦恩·赖恩航行至亚洲途中船上发生的瘟疫热的描述；以及3篇杂文。[4] 这篇著作的长篇摘要很快被发表在英国皇家学会的《哲学汇刊》上，这部作品是以坦恩·赖恩改编自日本同事的理论开头的："作者，治疗痛风……断言骨膜（Periosteum）和骨头之间的胀气（Flatus）或风是导致那些无法忍受的痛苦的罪魁祸首……而且，所有的治疗方法都应该趋向于驱散这些胀气。"[5]

这份出版物引起了欧洲许多内科医生的兴趣。不久，一本荷兰文译本出版了，[6]出于政治原因流亡到荷兰的英国内科医生约翰·洛克（Johan Locke）送给坦恩·赖恩的朋友卡斯帕·西贝利厄斯一本书（可能是在伦敦出版的版本），西贝利厄斯曾帮助出版这本书。西贝利厄斯给洛克写了一封信，指出坦恩·赖恩已经证实，艾蒿确实是艾叶的合适替代品，西贝利厄斯本人常用它来"烧灼疼痛但没有发炎的部位"

---

[1] Birch, *History of the RS*, 4: 140, 143.
[2] Sloane 2729, 27 June 1682, fols. 122–123.
[3] Sloane 2729, fol. 140 (30 May 1683). 皇家学会于1683年5月9日要求把这本书的副本收藏在图书馆中，参见Birch, *History of the RS*, 4: 204. 因此这个副本仍然存在，虽然缺少关于它的注解。
[4] Ten Rhijne, *Dissertatio de arthritide*.
[5] *Philosophical Transactions* 13, no. 148 (10 June 1683), 221 [sic for 222]–235, 引文来自第221页。摘要见"Mr. Gold"，来自阿斯顿给普洛特的一封信，参见Gunther, *Early Science in Oxford*, 12: 35.
[6] Ten Rhijne, *Verhandelinge van het Podagra en Vliegende Jicht… Chineese Japanse wijse om door het branden van Moxa en het steken met een Goude Naald, alle ziekten en voornamelijk het Podagra te genesen. Door den Heer W. Ten Rhyne, Med. Doct. etc.* (Amsterdam: Jan ten Hoorn, 1684).

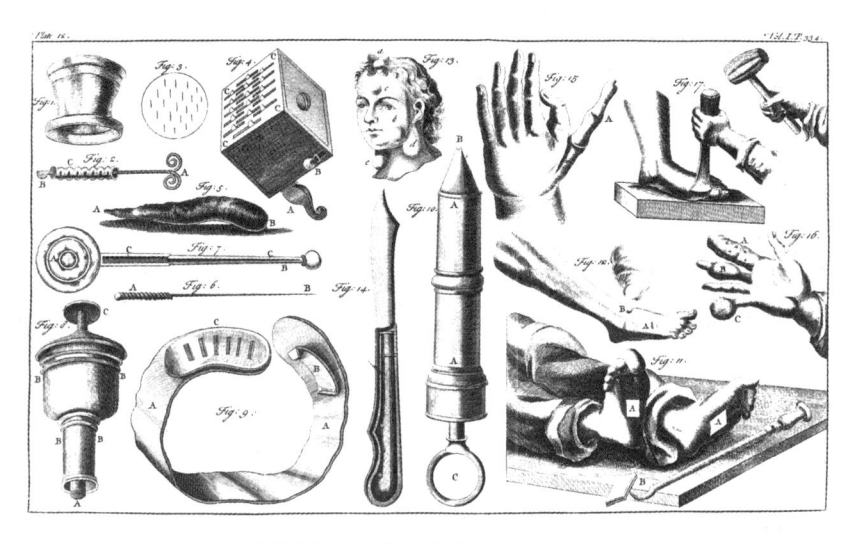

外科手术工具中针灸用的针和锤（图6、7）

摘自洛伦茨·海斯特《外科手术体系概论》（Lorenz Heister, *A General System of Surgery*），1743 年
惠康信托图书馆供图，伦敦

以及治疗痛风。两年后，西贝利厄斯为洛克摘录了一封坦恩·赖恩信件中的部分内容，其中解释说："艾条烧灼法可以无须顾忌多加使用，尽管日本人在这方面做得太过了。我自己……通常使用 3 次，除非疼痛是持久的以及疾病的原因复杂不明。我将在适当的时间和地点撰写关于烧灼治疗的笔记；我刚才被其他事情弄得心烦意乱。"[1]欧洲对针灸的兴趣也逐渐增长。[2]在坦恩·赖恩的研究出版 40 多年后，洛伦茨·海斯特著名的《德国外科百科全书》收录了关于针灸的章节，其中附有从坦恩·赖恩的书中摘录的针的插图。然而，海斯特对此表示怀疑："人们不禁要问，这些聪明的民族怎么能如此重视这些疗法呢？"他叹了口气。[3]

---

[1] De Beer, *Correspondence of John Locke*, letters 785 (4 October 1684), 2: 635, and 858 (4 August 1686), 3: 23.
[2] Guyonnet, "Saint Sébastien, patron des acupuncteurs": Feucht, "Akupunktur"; Rosenberg, "Ten Rhyne's De acupuntura", Michel, "Frühe Westliche Beobachtungen."
[3] Rosen, "Lorenz Heister on Acupuncture," 387.

此外，在坦恩·赖恩的书出版后不久，另一名服务于荷兰东印度公司的医生访问日本，并证实了许多坦恩·赖恩的观察。18 世纪恩格尔贝特·肯普弗（Engelbert Kaempfer）的研究比坦恩·赖恩的更广为人知，但他采取了类似的方法来解释针灸和艾灸，并解释它们为什么起作用。肯普弗来自德国的莱格（Lemgo），于 1683 年加入瑞典驻波斯公使馆，试图建立贸易关系，但在经历了种种失望之后，他于 1685 年加入荷兰东印度公司，接着以一名内科医生的身份前往阿巴斯港（Bander Abbas）的商馆，服务至 1688 年。[1] 在证明了自己的价值之后，肯普弗来到巴达维亚，他在出岛工作了两年（从 1690 年秋到 1692 年秋）。然后他回到欧洲，并于 1693 年 11 月在莱顿大学获得了医学博士学位，其博士论文研究了他观察过的 10 种异国生物（*Decadem observationum exoticarum*），例如一种使霍尔木兹周边地区和波斯湾大部分地区的人群染病的蠕虫，被称为龙线虫（dracunculus），在波斯被称为"Mouminahi"的木乃伊，以及针灸。针灸被他称为"日本治疗结肠的方法"，日本人称结肠为疝气，它源于肠胃、肠系膜、大网膜、腹膜和腹部肌肉的气体，针使之得以排出体外，从而缓解疼痛。他证实，艾条是"一种中日两国用于烧灼的物质"，通过溶解"受疾病影响的物质"或把它逼出来"溶解在气体中"而起作用。[2]1694 年，肯普弗返回家乡，1698 年成为利珀领地（Count of Lippe）的君主弗里德里希·阿道夫（Friedrich Adolf）的私人医生。其名声是通过 1712 年出版的著作《海外政治物理医学奇谈五部曲》（*Amoenitatum exoticarum politico-physico-medicarum fasciculi V*）确立的，书中包含了他在波斯和日本生活期间对当地的许多重要见解，其中第三部是他医学论文的扩展版本，包括他对针灸的看法。[3]

---

[1] 关于他的生活，参见 Haberland, *Kaempfer*。
[2] Bowers and Carrubba, "Doctoral Thesis of Kaempfer," 303–310. 这是关于"痛"的另一条参考。
[3] 有关他对针灸和艾灸的评论，参见 Kaempfer, *Exotic Pleasures*, 108–138。有关他的植物学研究，参见 Werger–Klein, "Kaempfer, Botanist."

第九章　东亚医药学的翻译与传播　491

对坦恩·赖恩来说，尽管他对克莱尔很生气，但他仍然保留了在巴达维亚的职位。当他于1681年12月结婚时，他被任命为司法委员会（Council of Justice）成员以及"荷兰东印度公司的内科医生"。[1]1681年3月，他进入司法委员会——这让他在接下来的几年里忙得不可开交——8月，他被任命为离岸的皮尔默伦德岛上新麻风病院的医生（与克莱尔、路易斯·德·凯泽和两名外科医生一起）。以这种身份，他成为该市麻风病的首席检察官，他搜寻受害者（麻风病患者）并命令他们到岛上（除非他们禁闭在家也能维持生计）接受护理，直到他们死亡。这种疾病对这个城市的居民造成严重的困扰。坦恩·赖恩担任首席诊断医生，负责判断不健康皮肤的各种表现是否为麻风病或其他疾病，如梅毒，以及在麻风病病例中的症状。在担任麻风病院"外部掌管人"的头5年里，坦恩·赖恩写了一篇关于亚洲麻风病的论文（*Asiatise Melaatsheid*），并于1687年在阿姆斯特丹发表。从这篇论文可以看出，他十分注意鉴别各类疾病。[2]到1690年，每年约有170名病人在医院接受治疗，其中包括大约7名"欧洲人和克里奥尔人"以及164名"当地人和中国人"；隔离在家中的人数大致相同（但欧洲人的比例更大）。坦恩·赖恩显然对使用亚洲的治疗方法保持着相当开放的态度，因为他邀请了一位来自望加锡岛的医生，坦恩·赖恩认为这位医生治愈了一些患者，并在皮尔默伦德岛试验了他的治疗方法。但是，尽管试验在1691年8月14日就开始了，但这位叫"萨拉·雅格拉"（Sara Jagera）的医生却不幸于11月5日去世，在得出明确结果之前试验被迫终止。[3]1684年，坦恩·赖恩也成为巴达维亚体育馆的馆长。1673年他在开普敦停留时对当地进行了记述，基于这些实践的过程和内容，

---

[1] "Medecijnen doctor ten dienste der E. Comp."，参见1681年12月13日他与朱劳·伊丽莎白·瓦森伯格（Juffrow Elizabeth Wassenborgh）的婚姻公证，Sloane MS 2729, fol. 96。根据1687年9月9日西贝利厄斯给洛克的一封信，坦恩·赖恩道歉没有写信，因为他正在为病故的妻子哀悼（因此她可能去世于1687年早期），参见De Beer, *Correspondence of John Locke*, letter 961, 3: 266。可知他再婚，但再无更多信息。

[2] Ten Rhijne, *Verhandelinge van de Asiatise melaatsheid*. 英文翻译，参见*Opuscula selecta Neerlandicorum de arte medica*, vol. 14。

[3] Dorssen, "Ten Rhijne and Leprosy," 257–259; Dorssen, "Ten Rhijne," 186.

1686年，他在瑞士的沙夫豪森出版了一本专著（后于1732年出版英文译本，翻译者可能是约翰·洛克）。这本书很可能是在他的一名内科医生朋友的帮助下才得以出版的，这位内科医生是约翰·雅各布·韦普弗（Johan Jacob Wepfer）；其中最著名的内容是坦恩·赖恩早期对霍屯督女性生殖器的描述，这些描述被后世引用。[1]他还继续在法院工作，卷入商人约翰·彼得和他的妻子科尼莉亚·克诺尔［Cornelis Cnoll，在日主要荷兰商人之一科内利斯·范·尼恩鲁德（Cornelis van Nijnroode）和他的日本小妾苏莉西亚（Surishia）的女儿］之间的丑闻纠纷。彼得控诉坦恩·赖恩是一名醉汉。[2]坦恩·赖恩于1700年在巴达维亚去世。

有关东亚医学和自然史的书籍的出版是无数人际往来的结果，在坦恩·赖恩的事例中，从阿姆斯特丹到巴达维亚，接着到出岛和江户，再到中国的城市，然后回到阿姆斯特丹、法兰克福和伦敦，这些联系跨越全球。其中涉及许多著名及匿名的人：坦恩·赖恩儿时的朋友，他的老师，他的赞助人，他在一段时期内的朋友和对手，东印度公司的长官，一位在巴达维亚的牧师的妻子以及在乌特勒支的牧师的儿子，一位匿名的当地女医生，奥兰治亲王的秘书，英国驻荷兰大使，出岛贸易站的荷兰首领，幕府将军，长崎统治者，许多日本医学学者和翻译，在中国的波兰和佛兰德斯籍耶稣会士，不知名的中医，名医如托马斯·西德纳姆和约翰·洛克，伦敦和阿姆斯特丹以及但泽和柏林的专家，出版商和书商——更不用说来往于海上的商船了。类似的网络也深入地参与解读这些浮于表面的事实，并决定了这些事实在多大程度上可以被信任和使用。人类的力量在各方都发挥了作用，不仅是欧洲知识分子。因此，许多早期现代书籍的"作者身份"问题，当然还有医学的新发展，都是很容易被解释的。

但是，坦恩·赖恩、克莱尔和其他人理解和解释他们在亚洲遇到

---

[1] Ten Rhijne, *Schediasma*; Ten Rhijne, "Account of the Cape," 4: 768–782.
[2] Blussé, *Bitter Bonds*, 154.

的医疗实践和文献的方式也很有启发意义。当然，他们也很想知道其他哪些疗法可能会起作用。为此，他们亲自尝试，并常常决定采用新方法。然而，描述药物和器械以及解释用法，只是他们研究的一部分，因为他们也希望能够解释这些做法如何起作用，大概是为了让读者放心。但是这些解释都是根据他们自己对自然基本原理的理解来构建的，并转化成了唯物主义的语言。像"元气"（pneuma）、"精神"、"气"甚至"撞击的物质"这样的词可能指的是类似于中国"气"这样的东西，但即使是在《医论》这样的著作中解释这样的概念时，也是用唯物主义的方式来解释的。没有人完美地阐述并翻译东亚的观点。同样的情况也适用于其他人解读欧洲方式的情况，比如日本的翻译和医生们试图理解坦恩·赖恩对血液的血清沉淀物的看法，这些短语在我们看来是"混浊的血液"。许多事物从一种语言转换到了另一种语言，但它们都是客观世界的事物：普通的名词、形容词和动词，它们指的是感官告诉我们的东西。抽象概念的转换就不那么容易了，并且只能以一种混乱的方式实现。误解和建议可能是有创意的，比如当约翰·弗洛耶的想象被"中国人比欧洲人在脉搏上了解得更多"的想法所吸引时，他发明了脉搏表（pulse watch）。但是，准确地计算脉搏与中医号诊是完全不同的。在翻译出能让他人理解的"为什么"这件事上，文化反而使其变得异常困难。但是，对于有用的商品或如何制作这些商品的交易而言则全然没有障碍。全球贸易鼓励物质交换。

第十章

实践出真知

> 现在我似乎听到哲学家们不同意我的观点。但他们说，真正的不幸，是全神贯注于愚蠢、犯错、被欺骗而浑然不觉，这是像人一样生活……如果能满足自己的本性，那么没有什么是不快乐的。
>
> ——伊拉斯谟《愚人颂》
> (Erasmus, *The Praise of Folly*)

从 17 世纪的最后 30 年开始一直持续到 18 世纪，在荷兰出现了一个保守的回应时期。灾害之年（rampjaar，1672 年）摧毁了这个国家，经济和民族自信都发生了天翻地覆的变化。许多人将这些问题归咎于入侵前的执政者——他们被视为对国家安全漠不关心的议会党及带有亲法倾向的人，他们在宗教和哲学上持自由派观点。归正教派的积极分子自认为是抵御由法国国王路易十四领导的天主教帝国主义的堡垒，也是反对利用他们的同胞中过度的唯理智论甚至无神论从事颠覆活动的堡垒。在新的秩序建立后，年轻的奥兰治的威廉成为执政，对前议会党领袖约翰·德·维特及其兄弟科内利斯的同党实施报复，清洗了德·维特在市、省和国家各级政府中的支持者。虽然他总体上还是把政治置于宗教教义之前，但威廉依然小心翼翼地避免冒犯那些强烈支持他的宗教保守派，并避免冒犯对抗天主教敌人的军事力量。这个国家仍然存在着严重的分裂，一边是保守主义者，另一边是自称为真正自由党的人，包括阿姆斯特丹的自由派摄政以及他们在其他城市的盟友。在关于上帝和自然的激烈辩论中，自然主义哲学家和内科医生仍处于风口浪尖，他们通常被誉为各种唯物主义思想的传播者，有时却因败坏道德和扰乱公共秩序而遭到强烈谴责。

新哲学的困境

出于对看似深奥的观点的关注，如斯宾诺莎主义、笛卡尔主义、柯塞尤斯主义（Cocceianism）等，人们很快弄清楚了新秩序对于支持这些观点的人的意义，对莱顿大学的教授而言也是如此。尽管从法律上来讲，威廉并没有在管理机构中获得任何职位，但他对大学事务的影响却远远超过他的政党权利，甚至被称为"大学管理者的领袖"（Opper-Curator）——几乎所有的教授任命都需要他亲自批准。在接下来的几年里，随着他的敌人在战场上被击退，他有更多的时间关注当地事务，并希望抑制理性辩论来支持道德共识。曾被威廉4次任命为校长管理该校学术事务的保守派神学家弗雷德里克·施潘海姆（Fredrik Spanheim），于1676年向威廉提交了一系列他认为是严重谬论的清单。早在1673年，施潘海姆在谴责特奥多尔·克拉宁（Theodoor Craanen）教授（后从教授哲学转向教授医学）的笛卡尔主义观点时，已经得到了大学管理者的支持。1675年，大学管理者处罚了两名神学博士，因为他们在一次辩论中对施潘海姆做出了恶劣的行为；保守派甚至遭到了人身攻击。在威廉同意的情况下，施潘海姆撰文把所有信仰上帝的人——不仅是基督教徒——都一致愤恨并且反对的事情全部列举出来，并让大学管理者禁止在授课时或出版物中传播这些观点主张。被针对的几位教授开始抗议，甚至通过出版小册子来团结他们的盟友，对此大学管理者也采取了行动。年近80岁的神学家亚伯拉罕·海德努斯

（Abraham Heidanus）为他们所有人承担责任，并被解雇。[1] 直到1689年，神学系仍然掌握在沃修斯（当时笛卡尔在乌特勒支最著名的对手）的追随者手中。有一段时间，学生和其他感兴趣的团体，如科内利斯·庞德谷，通过打扰甚至打断施潘海姆及其盟友的讲座来支持海德努斯及其追随者，笛卡尔主义以及其他类似的观点只能在私人课程和医学院中继续讨论。但是保守派赢得了公开辩论的胜利。[2]

同样，在全国范围内，同情笛卡尔主义以及倾向于新哲学运动的人继续集会、阅读和讨论，有时还发表他们的观点，但是这些观点通常一经发表就受到攻击。[3] 一个例子是关于巴尔塔萨·贝克尔（Balthasar Bekker）的，他是一位加尔文派牧师，17世纪90年代初被赶出他的办公室。17世纪50年代，他还在格罗宁根大学和弗拉讷克大学学习期间，在关于笛卡尔观点的争论最激烈的时候，贝克尔开始致力于新哲学。1668年，在笛卡尔主义被公众最广泛地接受的时候，他出版了一本关于笛卡尔主义的著作，论述了笛卡尔的标准立场：它永远不会对宗教构成威胁，因为哲学和宗教的基础是不同的。但他两年后提出的成人教义引发了激烈争论，因为他采取了与莱顿大学神学教授约翰内斯·柯塞尤斯（Joannes Coccejus）的《圣经》批评学说一致的立场，后者强调神学植根于上帝与人类立约的概念，将神学与哲学分离开来，并依赖于新的解读经文的批评方法。（因为柯塞尤斯主义者驳斥亚里士多德解释经文的术语，而他们可以自由地支持新的哲学观点，如笛卡尔主义。）在多次搬迁之后，贝克尔于1679年定居在阿姆斯特丹。17世纪80年代初，他参与了一场由于几颗彗星的出现而引发的令人激动的争论。像鹿特丹的皮埃尔·贝尔（Pierre Bayle）等新哲学的支持者一

---

[1] 关于海德努斯，参见由汉斯·范·鲁勒尔（Hans van Ruler）编订的条目，Bunge et al., *Dictionary*, 1: 397–402。
[2] Sassen, "Intellectual Climate," 8; Ruestow, *Physics*, 75–88; *Willem III en de Leidse Universiteit*, 12–13; Israel, *Radical Enlightenment*, 29.
[3] 相关记载，如果要把"激进的启蒙运动"与斯宾诺莎联系在一起的话，参见 Israel, *Radical Enlightenment*。

样，贝克尔出版了一本小册子，争辩说彗星不是任何超自然事物出现的预兆或迹象。到了 17 世纪 80 年代后期，他着手参与一项庞大的工程，计划回顾《圣经》时代以来的所有历史，以证明所谓女巫的力量主要是迷信的结果。他采取笛卡尔的立场，认为物质和精神只能在人类身上结合，所以魔鬼（一个没有物理身体的生物）无法干预自然。只有上帝拥有改变自然进程的力量，当需要影响人类的精神时，只有善良的天使才能执行上帝的旨意。《圣经》各章节很清楚地表明了魔鬼是存在的，但是上帝把他锁在地狱里。《圣经》的其他部分只是以借喻的形式提到他和其他邪恶灵魂，并非从字面上直接提及。因此"如果人们不相信魔法的存在，就不会有魔法"[1]。

尽管收到了预先的警告，但贝克尔的《被迷惑的世界》（*Betoverde weereld*，共 4 卷，分别于 1691 年与 1693 年出版）前两卷出版时引起了轩然大波，宗教传统主义者指责他是无神论者的代理人，鼓吹一种温和的自然主义世界观。阿姆斯特丹的教会法庭——已分裂为保守的沃修斯主义者与笛卡尔-柯塞尤斯主义者——详细讨论了处置方案。在与贝克尔进行了为期数月的会面后，法庭的成员完成了一份 10 页的文件来"澄清"贝克尔的立场。这份发表于 1692 年初的文件实际上是按照已达成一致的方向"纠正"了他的立场，当然贝克尔本人也参与其中。但这引发了进一步的争议，荷兰北部宗教会议在 1692 年 7 月谴责了他的前两卷，宣称贝克尔不适合担任牧师的职务，甚至把他驱逐出宗教团体。贝克尔并未让步，而是愤怒地回应，迫使阿姆斯特丹市长暂停了他的职务以维持稳定，但市政当局仍需继续支付他的薪水。作为反击，贝克尔出版了他的作品的后两卷。这部书出现了许多荷兰文以及其他国家语言的版本，成为不信奉传统宗教的人所主导的早期启蒙运动经典。1694 年，威廉三世试图使这些争端非政治化，让荷兰议

---

[1] 引自 Israel, *Radical Enlightenment*, 381; 有关贝克尔的事务，参见同书第 378–392 页，以及安德鲁·菲克斯（Andrew Fix）的条目，见于 Bunge et al., *Dictionary*, 1: 74–77.

会遵循阿姆斯特丹的做法：在教会的所有事务中给予沃修斯主义者和柯塞尤斯主义者同等的名额，包括牧师的任命。[1] 这一政策有助于平息事态。到 18 世纪初，归正教派内部的思想分歧不再像前几代人那样激烈或明显。

尽管如此，在整个 17 世纪末到 18 世纪初的欧洲，人们仍可从这些人的观点中感受到威胁的存在。"笛卡尔主义"问题成堆，许多笛卡尔主义者也被称为"斯宾诺莎主义者"。把斯宾诺莎当作替罪羊很容易，因为他最著名的口号是"上帝抑或自然"（Deus sive natura），把上帝与自然等同起来，从而破坏了当时流行的上帝高于自然的宗教原则。这个传统的宗教原则认为上帝创造了为人类提供福祉的世界，赋予了我们渴求天赐救赎的不朽灵魂，宣称若要得到救赎就必须遵从的诫命，赐给了由奇迹支撑的持续启示，并且这些奇迹可以取代一切来自自然规律的东西。17 世纪 70 年代中期，在莱顿大学，笛卡尔主义的支持者被压制，与此同时，斯宾诺莎本人在海牙受到当地宗教会议及其政治盟友的密切监视，以至于他生命的最后 18 个月里实际上是与世隔绝的（他于 1677 年 2 月去世）。尽管如此，他的伙伴们依然在 1678 年秘密出版了他的最后一部作品，引起一片哗然。17 世纪 80 年代，许多荷兰哲学家和神学家开始对由斯宾诺莎的"腐败"观点主导的、影响广泛的、非正式的地下运动深感忧虑，因为这场运动不仅玷污了许多受过良好教育的自由主义者，而且玷污了普通民众。斯宾诺莎的名字开始与最近一位历史学家所称的"激进启蒙运动"（Radical Enlightenment）密切相关。[2]

面对这样的威胁，一些笛卡尔主义者退缩了。内科医生贝尔内·尼乌文泰特（Bernerd Nieuwentijt）便是其中之一。[3] 他比贝克尔晚出生 20

---

[1] Vermij, *Calvinist Copernicans*, 357.
[2] Israel, *Radical Enlightenment*, esp. 286–294, 307–327.
[3] 参见 Vermij, *Bernard Nieuwentijt*; Berkel, *Helden*, 以及 Palm, *History of Science in the Netherlands*, 77–79, 543–545; Vermij, *Calvinist Copernicans*, 349–358; 以及韦尔米（Vermij）的条目，见于 Bunge et al., *Dictionary*, 733–736.

年，于1654年出生在荷兰北部一个名为西格拉夫代克（Westgraftdijk）的小村庄，他的父亲是一位归正教派牧师。1675年2月，尼乌文泰特进入莱顿大学学习医学，但很快就因为行为不端而被勒令退学，但更为可能的原因是他在大学里支持笛卡尔主义者并试图反抗保守派的镇压行为。于是他转到了乌特勒支大学，开始学习医学和法律，并于1678年获得医学学位，其学位论文［《论阻塞》（*De Obstructione*）］显示出他对笛卡尔的小体论（corpuscularianism）的偏爱。随后他回到家乡行医并获得很好的声誉。1682年，他获得附近更大的市镇皮尔默伦德（就在阿姆斯特丹北部）的城市内科医生的职位。两年后，他与一位船长的富裕遗孀伊娃·莫恩斯（Eva Moens）结婚，同年当选为市议会议员。进入18世纪，他成为当地摄政之一，自1702年成为市长后，又8次当选市长。同时，他也证明了自己是一位有能力的数学家：在17世纪80年代后期至90年代早期，他发明了一种计算无穷小量的方法，参与了关于莱布尼茨1694年和1696年的著作中解释新微积分的争论。然而，突然在某一时刻，他认为他一直尊奉的笛卡尔主义使他误入歧途，使他接受了一种近乎无神论的观点，于是他又回到了捍卫宗教的立场上。在由此创作的多卷著作中，尼乌文泰特放弃了以前的哲学立场，但他对事实调查仍抱有兴趣。《正确使用深思世界使无神论者和异教徒信服》（*Het regt gebruik der wereltbeschouwingen ter overtuiginge van ongodisten en ongelovingen aangetoont*，1714年首次出版，之后许多版本相继出现）[1]不是一部关于神学学说的著作，因为除了针对无神论者和异教徒，特别是斯宾诺莎和他的追随者外，它没有攻击其他任何宗教立场。这部著作成为这一时期最受欢迎的图书之一，也是一部关于自然神学（或称"物理神学"）的有力著作，从自然的秩序、和谐和天意等方面证明了全能而仁慈的上帝的存在。

---

[1] 例如，1718年的英文翻译删去了绝大多数展示《圣经》所忽略的超自然的起源的章节；1725年的法文版本是基于英文翻译的；1722年的德文版本据说更忠实于尼乌文泰特的原版（之后还出现了另一个德文版本）。

上帝的造物过程证明了上帝的存在这一基本观点历史悠久，并且得到了奥古斯丁的支持。雷蒙·塞邦的著作，蒙田关于塞邦的论文，诸如卡茨和惠更斯的庄园诗等文学作品，戈达尔、斯瓦默丹和梅里安以及当时最著名的学者关于昆虫的著作，英国博物学家和牧师约翰·里的长文《上帝在造物工作中的智慧》(The Wisdom of God Manifested in the Works of Creation，1691 年）等一系列作品赋予了这一观点的现代形式。尼乌文泰特发现他可以用他非常喜欢的新科学的证据来反驳笛卡尔主义者和斯宾诺莎主义者形而上学的思辨。他参考了许多作者以及自己利用气泵和透镜的实验（大部分实验是在他与皮尔默伦德居民一起建立的实验"学院"中完成的），进而表达他自己的立场，即基本经验（grond-ondervindingen）会促使对自然的宏观概括。因为这些对自然的概括需要通过实验（proef-ondervindingen）来证实，当它们被证实时，确定性就会随之而来。从这个意义上说，他认为他的数学研究也是从经验中得出的。演绎法只能向我们展示人类心灵的独创性。他还认为，他能够证明按字面解读《圣经》的正确性（相对于柯塞尤斯主义者），因为他用自己的方法揭示了其中的一些解释和评论能够预示和印证他那个时代的一些发现，这意味着超人类的知识（启示）促成了《圣经》。此外，他认为，就像当我们相信其他人的实验报告一样，信仰对真实知识的增长也是至关重要的，由此可得，对《圣经》的信仰也是值得信赖的。[1] 在百科全书中详细阐述造物的细节时，尼乌文泰特还相信，他这是在证明自然的奇迹不可能是偶然形成的。因此，他重新引入了目的论：这是有计划和有目的造物的证据，表明上帝是全智的、仁慈的以及万能的（同时承认上帝的应许和怜悯只能从自然中得到证实）。他的《确定性的基础》(Gronden van zekerheid，1720 年）在他去世后两年发表，进一步论证了只有从经验方法中才能得到真正的确定性。

---

[1] Bunge et al., *Dictionary*, 734.

赫尔曼·布尔哈弗的教育

其他人则是逆向而行，从宗教自然观到强调自然理性。其中就包括了一个与莱顿大学有着密切联系的最著名的医学教授——赫尔曼·布尔哈弗。在当时，他极力倡导密切关注描述性事实而不是推测其终极原因。作为一名17世纪80年代末、90年代初的哲学和神学学生，他被当时关于宇宙根本秩序的激烈辩论所吸引，并提倡任何特定的自然哲学的伦理含义应表明其物理原理是否正确。然而，虽然他从未放弃个人祷告，但渐渐地，他不再依赖形而上学，而是依赖观察和经验，将其作为世界上真实事物的最佳指南，尽管这并不会促进对上帝的理解。他教导他的许多学生，推测事物的原因是不必要的，甚至是误导人的。

作为一个打算从事宗教事业的年轻人，布尔哈弗的公共事业开始于他与归正教派中被称为温和保守派的结盟。但是，他未能在教会活动中取得任何进展，在转而从事医学教学之后，他转向了所谓的自然哲学中温和的激进派。他的父亲雅各布斯（Jacobus）是归正教派的牧师，与特里赫兰德斯（Triglandus）的孙子小雅各布斯·特里赫兰德斯（Jacobus Triglandus, Jr.）有联系。特里赫兰德斯曾与雅各布斯·雷维乌斯一起，领导了17世纪40年代在莱顿大学对笛卡尔的攻击。作为神学院的一名年轻教员，小特里赫兰德斯通过禁止教授笛卡尔主义来支持施潘海姆为实现和平所做的努力。雅各布斯·布尔哈弗确信赫尔曼精通拉丁语和希腊语，而小特里赫兰德斯则用希伯来语和迦勒底语（Chaldean）给这名年轻人教授私人课程。[1] 在他父亲去世后不久，布尔哈弗于1683年14岁时在莱顿大学注册成为哲学和神学专业的本科生，得到了培养神职人员的奖学金资助。在之后的自传体笔记《短论》（*Commentariolus*）的章节中，布尔哈弗写到了他对亚里士多德学派的

---

[1] Sassen, "Intellectual Climate," 8.

哲学教授沃尔费德·森古尔德（Wolferd Senguerd）的感激之情。[1]1675年在理智辩论最激烈的时候，森古尔德因为被认为是一个办事可靠的哲学传统主义者而被任命为教授。但他很快提出了一些新的论证方法，推翻了大多数形而上学概念的基础，但同时也支持他的同事布尔查德斯·德·沃尔德在1675年提出的实验自然哲学，以此获得关于自然运行的更多确定性。1679年，森古尔德与约翰·约斯滕·范·米森布鲁克（Johan Joosten van Musschenbroek）发明了一种新的空气泵，后来成为大多数空气实验仪器的模型。[2] 当布尔哈弗成为他的学生时，森古尔德正忙着出版一本关于自然哲学的书［《自然哲学》（*Philosophia naturalis*），1680年］，这本书捍卫法国哲学家皮埃尔·伽桑狄以基督教的伊壁鸠鲁主义形式提出的真空和原子论，同时他也在编纂有关各种实验调查的争论［《实验调查》（*Inquisitiones experimentales*），1690年］。[3] 森古尔德教授这个年轻人"辩证法、形而上学、地球仪的使用以及政治学"，同时还主持了他的前5次公开辩论。[4]

尽管如此，1689年，古典语言教授雅各布斯·赫罗诺维厄斯（Jacobus Gronovius）安排布尔哈弗——当时他还是一名学生——在大学的大礼堂里发表公开演讲攻击伽桑狄，言外之意是森古尔德认为伊壁鸠鲁无法提供任何东西。作为这篇演讲的奖励，大学管理者授予布尔哈弗一枚金质奖章，上面有一段特别的铭文：他们至少认可他的观点，他甚至一直在为他们辩护。[5] 这篇演讲是对当时的研究中关于伊壁鸠鲁新观点的批判，新观点没有任何真正证据，这一批判得到了虔敬派的支持，并被认为是一次爱国主义行为。如果我们对他的言语信以

---

[1] 布尔哈弗在去世之前撰写的关于他生活的一些简短记载也被舒尔滕斯（Schultens）作为他葬礼演说的一部分出版（Schultens, *Oratio Academica*）；它们之后被结集为"Commentariolus"，并与英文翻译一起重新出版，参见 Lindeboom, *Herman Boerhaave*, 377–386。
[2] Clercq, *Sign of the Lamp*.
[3] 参见由格哈德·贝托尔德·维森费尔德（Gerhard Berthold Wiesenfeldt）编订的条目，in Bunge et al., *Dictionary*, 2: 911–914。
[4] Lindeboom, *Herman Boerhaave*, 379. 1686年11月至1687年7月的3次争论，见"Dementehumana"，被认为在哲学上无关轻重，但它们意味着他从森古尔德那里学习了强有力的反笛卡尔主义元素的方法，参见 Thijssen-Schoute, *Nederlands Cartesianisme*, 255。
[5] Sassen, "Intellectual Climate," 4–6.

为真，就会觉得布尔哈弗完全摒弃了伊壁鸠鲁的观点。他说，历史充满了各种想法，它们看似辉煌无比，实则极度荒谬，例如和他同时的两位未具名的作者，可能是霍布斯和斯宾诺莎，布尔哈弗认为"他们对上帝和人类灵魂持有可怕的观点"。同样，伊壁鸠鲁的唯物主义教义并不像伽桑狄曾经错误主张的那样高尚，而是会导致暴饮暴食、性放纵，以及各种放荡和罪恶。在批判了伊壁鸠鲁的伦理学之后，布尔哈弗转向自然哲学："因为他的伦理学源于他的物理教义，我们应该考虑他在这个问题上的教义。"伊壁鸠鲁彻底的唯物主义使他深感不安："造成人文科学和文化灾祸的根源主张精神是由不同结构的原子组成的群体。"布尔哈弗重申，这一教义最近被"罪孽最深重的罪人从地狱中唤回"，并再次暗示他指的是难以启齿的霍布斯和斯宾诺莎——他们教导说，除了物质没有任何东西像不朽的灵魂一样存在；因此，他们"毫不犹豫地教导说，永恒的幸福存在于从一个愿望到下一个愿望的发展"。但这是"一个令人发指的罪恶的观点，它剥夺了我们所有神圣和特别渴望的东西"！在这样的教义中，"快乐的避难所"变成了"痛苦的神殿"。幸运的是，在莱顿大学，"真正宗教的神圣誓言"在"共和国的创建者和教授"的帮助下，"对抗并防范着那些作恶者"。布尔哈弗相信，这些创建者和教授，"为了拯救和保护这个危机四伏的共和国，拯救和保护我们正受到围攻的宗教，拯救和保护我们崇高的艺术和科学，将受到我们谦卑崇拜的至高无上的上帝长久而幸福的保护"[1]。布尔哈弗感受到了时代的脉搏，充斥着对不道德的唯物主义的恐惧，但又充满了正义和爱国的气息。

在他的演讲中，最重要的一段是他从对伊壁鸠鲁伦理学的思考转向了对伊壁鸠鲁物理学的思考。在证明了伦理是可怕的之后，他声称它们起源于"伊壁鸠鲁的物理教义"，因此必然是同样糟糕的。也就

---

[1] Kegel–Brinkgreve and Luyendijk–Elshout, *Boerhaave's Orations*, 32, 40, 51, 52, 53. 同时参见该书中这个演说的引言，第 18–31 页。

是说，布尔哈弗正引导他的听众用自然哲学对伦理生活的影响而不是用自然哲学本身的标准和证据来衡量唯物主义的自然哲学。换句话说，他采用了正确的理性原则，这些理性原则是他从古典教育中吸取的。既然"善"包含在"真"之中，那么任何违背对人的生活中善的教导也一定是不真实的。

然而，关于这一插曲的谜团依然存在。由于攻击伽桑狄的自然哲学，布尔哈弗公开背弃了他以前的哲学教授。[1]他的《短论》提到了他在1687年被几何和三角的"魅力（dulcedine prolectante）所迷住"，这也许意味着他已经向笛卡尔主义靠拢了。[2]总之，所有证据都表明，他似乎已经开始从森古尔德向他的同事、前门诺派和笛卡尔形而上学的支持者德·沃尔德转移了，后者曾是西尔维乌斯的学生之一，并以攻击亚里士多德主义的论文而获得学位。[3]德·沃尔德随之成为布尔哈弗攻读哲学博士学位的导师（1690年12月答辩）。在这些早期阶段，布尔哈弗显然认为笛卡尔关于精神和身体的区别是一个原则，他可以从这个原则出发对一元论哲学以及把身体知识放于第一位的哲学发起攻击，因为他的博士论文的主题就是精神和身体的区别（*De distinctione mentis a corpore*），重复了对伊壁鸠鲁、霍布斯和斯宾诺莎等一元论观点的严厉批评。[4]也许在17世纪80年代后期，当他向德·沃尔德的观点靠拢时，他被迫重新卷入笛卡尔和伽桑狄之间的旧辩论。[5]然而，德·沃尔德并不是一个简单的半笛卡尔主义者：他还是斯宾诺莎的熟人，且不时会表现为斯宾诺莎观点的坚定捍卫者。[6]此外，布尔哈弗最为感激的一位医学教授卢卡斯·沙赫特（Lucas Schacht）不

---

[1] 这一点被 Sassen, "Intellectual Climate," 5, 以及 Kegel–Brinkgreve and Luyendijk–Elshout, *Boerhaave's Orations*, 20 所提及。
[2] Lindeboom, *Herman Boerhaave*, 379.
[3] Thijssen–Schoute, *Nederlands Cartesianisme*, 54. 这个论文的题目为 "On nature" (De natura)。
[4] Thijssen–Schoute, *Nederlands Cartesianisme*, 255; Sassen, *Geschiedenis van de Wijsbegeerte*, 224; Lindeboom, *Herman Boerhaave*, 24.
[5] 有关德·沃尔德，见格哈德·贝托尔德·维森费尔德编订的条目 in Bunge et al., *Dictionary*, 2: 1041–1044.
[6] Israel, *Radical Enlightenment*, 310–311.

仅肯定了笛卡尔的原则，而且还"捍卫了年轻的斯宾诺莎不会反对的主张"[1]。因此，在赫罗诺维厄斯邀请布尔哈弗发表演讲时，得以通过学生之口将他不同意的观点表达出来，他希望通过在公开场合的承诺让布尔哈弗浪子回头。

不过，这篇演说是布尔哈弗最后一次含蓄地援引正当理性来判定自然哲学。在后来的几年里，他采取了与笛卡尔相似的立场，只评论那些可以通过感官和自然理性来了解的真相。其中一个原因是他的老师，尤其是德·沃尔德的影响。但是在他的晚年，布尔哈弗还记得，他对所有基于第一原理的争论越来越轻视。从罗马的克莱门特开始，他一直在努力按照年代顺序阅读"教父"，对早期作家的"朴素"印象深刻，对经院哲学家，甚至是笛卡尔主义者后来用"微妙"以及哲学辩论将神学腐蚀而感到惋惜，并由此开始了与上帝及其追随者和解这一根本目标相矛盾的更为激烈的争论。简而言之，他认识到形而上学对真正理解《圣经》文献中的简单教义来说是一个不够坚实的基础。事实上，正如他后来所说，他计划攻读神学博士学位，并发表演讲，主题是为什么在早期有如此多未受过教育的人（ab indoctis）皈依基督教，而受过高等教育的现代人却很少。[2]

年轻的布尔哈弗开始涉及其他研究，表明他的兴趣逐渐从形而上学转移。毕业后为了谋生，他从1690年夏天到1691年年底在大学图书馆工作，对从"放荡者"伊萨克·沃修斯的遗产中购买的大量书籍和手稿进行编目，这是第一次将"现代思想家"带入大学。[3] 同时，他的导师兼赞助人，同时也曾是大学管理委员会的秘书扬·范·登·伯格（Jan van den Berg），敦促布尔哈弗学习医学，认为他或许可以以此谋生。[4] 在学习和研究医学时，布尔哈弗继续按照他前导师德·沃尔德教

---

[1] Sassen, "Intellectual Climate," 10.
[2] 来自 "Commentariolus" 的评论，见 Lindeboom, *Herman Boerhaave*, 379–380, 382。
[3] Israel, *Radical Enlightenment*, 127–128; Kegel–Brinkgreve and Luyendijk–Elshout, *Boerhaave's Orations*, 54–55.
[4] Lindeboom, *Herman Boerhaave*, 27.

授的方式工作。也许是在沃尔德的影响下，布尔哈弗也将数学教授给了"最有能力的年轻人"（lectissimis juvenibus）。但在他自己的打算中，他学习医学显然只因为自然知识，而不是出于临床实践的目的。他阅读和理解这些医学作者的时候，就像在对待神学家一样：按照历史年代顺序，从希波克拉底开始到"英国的希波克拉底"托马斯·西德纳姆，并对后者的印象尤其深刻。因为布尔哈弗可以随时接触到曾生活在英国的沃修斯的有关书籍，这使得他有机会了解托马斯·西德纳姆。布尔哈弗还阅读和学习了解剖学书籍，并参加了关于公开解剖的讲座［当时由安东尼乌斯·努克（Antonius Nuck）组织］，但除了查尔斯·德雷林考特的几个医学讲座——可能是以医学知识为基础——之外，他没有参加其他医学教授的讲座。尽管他读过赫尔曼的《植物志》，并花了几个小时在莱顿大学植物园采集及研究野外植物，但他并没有听过保罗·赫尔曼关于植物学和药物的讲座。[1] 他还不分昼夜地解剖动物并研究化学。那时，他的方法是批判性地阅读，并辅以物理演示和化学实验。这也是当时对自然科学最好的介绍方式，也是进行自学最好的方法。尽管他仍计划继续攻读神学博士学位，但他对自己的知识充满足够信心并决定攻读医学学位。[2] 1693 年，他前往哈尔德韦克，同年 7 月，以一篇题为《观察病人排泄物中疾病迹象的效用》（De utilitate explorandorum in aegris excrementorum ut signorum）获得了医学学位。[3]

然而，由于当时有人暗示他曾发表过一些危险的观点，布尔哈弗想在教会谋得席位的长期愿望几乎立刻破灭。在 1737 年去世前回顾起这一事件时，布尔哈弗隐晦地写道："正当从海尔德兰的大学回到莱顿之际，他被无辜地诋毁了，因为有人没有对他形成正确的看法，从这

---

[1] 赫尔曼的植物学课程汇编，由他的学生洛塔尔·苏姆巴赫（Lothar Zumbach）于 1690 年出版，题为 *Florae Lugduno Batavae flores*，参见 Heniger, "Some Botanical Activities," 2–3。
[2] Lindeboom, *Herman Boerhaave*, 380–382.
[3] Thijssen–Schoute, *Nederlands Cartesianisme*, 254.

个事件他预见到他想在教堂成为一名教士的愿望遇到了障碍。"[1]特别是当他作为一名刚毕业的医学博士回来后，有人回应并附和他对当代自然哲学充满同情的谈话，当然，内科医生们也站在支持这一系列唯物主义的立场的前列，甚至在17世纪50年代使笛卡尔主义合而为一。此外，当时莱顿的内科医生们刚刚引进了牛顿的自然哲学，布尔哈弗也对此着迷了好几年。17世纪80年代在荷兰流亡的一位苏格兰人詹姆斯·达尔林普尔爵士（Sir James Dalrymple）与神学家（也是布尔哈弗的老师）特里赫兰德斯成为朋友。在达尔林普尔的建议下，毫无疑问也得益于特里赫兰德斯的支持［以及威廉三世的宗教顾问吉尔伯特·伯内特主教（Bishop Gilbert Burnett）打消了亲王可能还持有的一切疑虑］，大学管理者在1691年任命了另一名苏格兰人阿奇博尔德·皮特凯恩（Archibald Pitcairne）担任医学院的一个职位。皮特凯恩是热衷于将牛顿自然哲学原理应用于医学的早期代表人之一，他鼓励许多医学生撰写支持牛顿主义的论文并答辩。但是在1693年夏天——大约是布尔哈弗在哈尔德韦克获得博士学位的时候——皮特凯恩回到爱丁堡度假，在那里有了第二段婚姻，并再也没有回到莱顿，这引起了大学管理者的愤怒。[2]皮特凯恩或许并不喜欢莱顿：毕竟，作为苏格兰保守党人（托利党人），他在政治上和宗教上都反对威廉三世，而牛顿的一些原理会引起宗教保守派的担忧。牛顿学说包括对数学和哥白尼主义（以及笛卡尔主义）、原子论和虚空（如伊壁鸠鲁和伽桑狄）的推崇，引用机械原理来解释自然的所有变化，最重要的是以实验而不是形而上学的思辨作为探究自然的基本方法，与笛卡尔主义和伊壁鸠鲁主义主要的不同是，牛顿学说允许一个有别于现有造物主的上帝的存在。[3]然而，

---

[1]　"E Gelrica academia Leydam reverso accidit insonti, nec opinanti, aliquid, unde praevidebat," in Lindeboom, *Herman Boerhaave*, 382.
[2]　*Willem III en de Leidse Universiteit*, 13–14.
[3]　有关皮特凯恩，详见 Guerrini, "Tory Newtonians"; Guerrini, "Pitcairne"; Brown, "Medicine in the Shadow of the Principia."有关新牛顿主义（使得科学更适合于神学家的哲学），详见 Jacob, "Christianity and the Newtonian Worldview."

在当时的氛围下，这种观点很容易被解释为支持"大自然是唯一值得研究的事物"的立场。

因此，布尔哈弗的一位同事后来将他回到莱顿时遇到的困难称作一个巨大的、近乎滑稽的误会。1738年11月，阿尔伯特·舒尔滕斯（Albert Schultens）在布尔哈弗葬礼上讲了一个故事。刚在哈尔德韦克获得医学博士学位的布尔哈弗，在乘船经由运河回莱顿的途中，他无意中听到了几个乘客对斯宾诺莎的谴责。根据舒尔滕斯的说法，布尔哈弗询问这些人是否真的读过斯宾诺莎的东西，由此我们可以推断，布尔哈弗犯了一个常见错误，他试图把一场政治对话变成一场学术辩论。在这种情况下他就会暗示自己熟悉斯宾诺莎的研究，而谈话显然无法进行了。但舒尔滕斯也说道，有人曾经以赞同的态度倾听了这场讨论，询问了这位新科医学博士的名字，并仔细地把它写在了自己的笔记本上。在布尔哈弗和乘客们在莱顿下船后，谣言开始传开，说他是一个秘密的斯宾诺莎主义者。"哦，多么不实的指控！突如其来的灾祸出卖了你。"纪念他的人如此评论。人们一般认为，是这一插曲终结了布尔哈弗在教会里任职的机会。[1] 也许，鉴于布尔哈弗对研究自然身体的新热情，对他的指控使他朝着目标更近了一步，这一步比他或他的朋友后来想要承认的更近。然而，考虑到布尔哈弗后来为自己的清白所做的辩解，以及舒尔滕斯讲述的故事对他生活产生的重大影响（毫无疑问，这是布尔哈弗亲口说出来的），也许这使他深刻地意识到，通过言语来判断一个人的品质是危险的，此后他便非常谨慎地对待此类事情。

在接下来的10年里，人们除了知道布尔哈弗留在了莱顿外，对他的生活一无所知。由于在教会没有任何前途，布尔哈弗转向行医。当一位与威廉三世关系密切的贵族邀请他搬到海牙时，布尔哈弗拒绝了，

---

[1] "O calumnia! Quis Te pestium teterrimam peperit." 有关船上的情节，参见 Schultens, *Oratio academica*, 22–24。

显然他不想卷入宫廷和议会之间虚情假意的游戏。他后来说，留在莱顿，让他可以自由地继续他的研究，而不必假装相信他没有做过的事，也不必否认他做过的事。他忙于探访病人（他之前对此没有任何经验），辅导学生数学，进行化学实验，阅读医学和宗教方面的著作。[1] 至于医学院，在17世纪90年代，大学管理者和威廉三世经常无法就新的任命达成一致意见，最终使双方精疲力竭，搁置了相关事宜。1690年，卡雷尔·梅奇去世后，雅各布·勒·莫尔（Jacob le Mort）接管了化学教学工作，但威廉三世没有批准他担任教授。1693年，随着皮特凯恩的离开以及努克的去世，只剩下了两名教授，在吸引其他知名内科医生填补空缺职位的各种努力失败后，大学管理者选择了弗雷德里克·德克斯（Frederik Dekkers，莱顿当地的一名内科医生，也是一位平庸的教师）和霍弗特·比德洛（Govert Bidloo，解剖学专家，同时也是国王的私人内科医生，因此大多数时间不在莱顿）。1695年赫尔曼去世后，接替他的是来自阿姆斯特丹植物园的鲁谢的一个助手——彼得吕斯·霍顿，这是一个有一定经验但并非特别杰出的人。1697年德雷林考特的去世摧毁了医学院。加之这一时期在读学生人数下降和出现了财政危机等经济问题，使情况更加恶化。[2]

为了增加医学院的学生人数，布尔哈弗再次走向台前。1701年，他被任命为莱顿大学医学院的讲师。这一职位低于教授，工资只有教授的四分之一，其职责是与学生一起阅读经典文献，使他们熟悉标准的资料来源。在向他介绍这一职位时，授予他职位的人显然依旧认为他最大的优势是他对文献和哲学的了解。但这一次，他小心翼翼地避免了哲学和神学方面的争论。

布尔哈弗利用任命的机会发表演说，建议研究希波克拉底——这位赞扬临床表现的力量的英雄。布尔哈弗当时已经倡导对疾病以及身

---

[1] Lindeboom, *Herman Boerhaave*, 382–383.
[2] Ultee, "Politics of Appointment," 171–172.

体病源进行仔细的描述性研究，也致力于追求事物真相而不是对最终原因进行猜测。他坚决反对哲学上的正当理性对于认识自然事物的意义：没有什么东西应该以美德来判断，应该清除头脑中所有的先验判断，以便对客观世界做出全面和正确的判断。[1]他的演讲以攻击"基于理论思考而不参考任何实践经验的科学"开始，在演讲的最后部分，他又回到了这个主题。那些以"自然、相似物、运动和小体形态的一般原理"开始的人，随后转为支持用于真相的"分析性思维以及使用看似合理的推理"，从他们的猜测中发现治疗的规则，把医学建立在"他们想象的假象"的基础上，只会让自己失望，也会伤害他们的病人。要纠正医学错误，就需要内科医生效仿希波克拉底，将自然视为"调查研究客观世界的唯一指南"。要做到这一点，人们必须"摆脱一切宗派主义，不受任何先入为主的观念的束缚，（并且）不带任何学术偏见"。只有这样，调查研究人员"才能学习、接受和讲述他实际真正看到的东西"。希波克拉底本人只是简单地对一种疾病做了"清晰的描述"，然后提出了一种"经过彻底检验并被各种不同情况证实"的治疗方法。近年来，英格兰的托马斯·西德纳姆正确地还原了希波克拉底的这种方法。对描述性细节的关注强调在报道事实时，必须采用一种"简洁、清晰地称述主题"的文体，从而加强对描述性细节的关注和重视。只有事实才能"决定观点，反之并不如此"。[2]

布尔哈弗主张先从事实开始，然后才能应用自然理性来确定它们的意义。尽管他有时确实为这一立场提供了进一步的哲学支持，但这一主张一直贯穿于他之后的职业生涯。例如，他在1703年的另一次演讲［《论医学中机械方法的有用性》(On the Vsefulness of the Mechanical Method in Medicine)］中便这样做了。此外，他的教学非常成功，以至于受到了其他大学的邀请，这促使莱顿大学管理者给他

---

[1] 确实，这场演说被描述为"培根哲学"，参见 Kegel–Brinkgreve and Luyendijk–Elshout, *Boerhaave's Orations*, 55。
[2] Kegel–Brinkgreve and Luyendijk–Elshout, *Boerhaave's Orations*, 引文在第 68、80、69、73、78、70、80 页。

第十章 实践出真知　　511

布尔哈弗在大学主楼的大厅里上课

赫尔曼·布尔哈弗《论比较物理学》（*De comparando certo in physicis*）书名页，1715 年
惠康信托图书馆供图，伦敦

增加薪水,并承诺他将是空缺的医学教授职位的第一人选,这次演讲就是为了庆祝这一承诺。在演讲中,他称赞力学是一门"几乎超人类的科学",因为它给予人类得以根据一些简单而又确定的原理来移动任何物体的力量。然而,在这门学科中,人们也必须首先通过感官感知"在每个人身体中观察到的结果"。一旦每具身体中的大量事实被发现,那么一系列几何类的论点"将会发现更多的东西,而仅仅依靠感官的帮助是不可能的"。从这两种方法中,我们可以清楚地看到,"人的身体在本质上与我们所看到的整个宇宙是一样的"。然后,他描述了通过观察、显微镜研究、活体动物血管结扎、将水银注入死亡的身体、对疾病的仔细观察以及比较解剖学等手段发现的与人体有关的许多真相。通过使用这些方法,马尔皮吉等人已经表明,身体是由简单的血管和"机械部分",如腺体和肌肉构成的。希波克拉底也发现,身体也只是由这两类物质组成。因为流经简单血管通道的是液体,内科医生也需要从水力学和化学中学习如何研究它们。通过这样的调查研究,甚至可以设计出新的治疗方法。在这样的观点下,没有必要援引先天的力量,更不需超自然力量的干预来解释所有必要的东西,甚至是生命本身。[1]

人们允许内科医生把正当理性放在一边,毕竟后者关心的是治疗身体而不是引导灵魂。然而,对于布尔哈弗提供的机械解释,人们存在一致的反对意见:思想影响身体的能力。事实上,无论是谁做出这样的评注,都是假设"精神"与身体是不同的,而且认为精神是由别的物质组成的。于是布尔哈弗问了一个问题:"谁能找到精神或者思维的基本构成部分中的奇妙关系的秘密呢?"换句话说,还没有一个二元论者提供一个令人满意的解释来说明精神和身体是如何相互作用的。那是因为无法通过感官对这些事物的来源进行调查研究,因此超出了我们的理解范围。他仍然相信形而上学的思辨对于解决这样的问题不

---

[1] Kegel–Brinkgreve and Luyendijk–Elshout, *Boerhaave's Orations*, 95, 96, 99, 102.

仅无用，而且毫无意义，因为即使假设精神可以控制身体，"一旦思维能力影响了我们的身体，那么它所带来的每一种影响都是完全涉及身体的、有形的"。因此，首要原因并不在于是否涉及肉体。内科医生只需感知到身体的状况，"并仔细检查和引导它"走向健康。这就足够了：内科医生不需要知道终极原因，只需要知道身体受到的影响。[1] 布尔哈弗在其医学教科书《医学原理》(*Institutiones medicae*，第一版，1708 年)的开头表达了同样的观点，他说，"人是由身体和精神组成的，彼此统一"，但"两者的本质非常不同……因此，身体和精神都有生命，但是行动和感情彼此互异"。正如几乎每个人都同意的那样，"在精神和身体的特定思想和感情之间存在着一种相互的联系和一致性，其中思想的变化总会导致感情的变化，反之亦然"。在对笛卡尔近乎准确的解读中，他总结道："如果不考虑它们各自的本质，我们无法理解或解释身体和精神如何相互作用的方式；我们只能通过观察它们对彼此的影响来评论它们而不是解释它们。"[2]

因此，布尔哈弗这部即将成为医学界著作的作品与之前有很大差异。他把医学原理分成 5 个部分：自然要素和基于自然要素的身体的自然功能；病理学；症候学；卫生学；治疗学。然而，相较于以前的教科书，如费内尔的著作，布尔哈弗的著作最大的变化在于第一部分的内容，这部分通常被称为"生理学"。有关 4 种元素或体液（humor），有关正式或最终原因，有关感官或力量，有关对自然的、动物的或神经精神，或其他任何与基本原理相关的古典教义，布尔哈弗都只字不提。他甚至——极大程度地——忽略了关于理性（或精神）和激情的话题。相反，他解释了内科医生必须知道的可观察到的固体和液体的一切知识。他详述了实验生理学这一部分，对原理的其他 4 个部分（病理学、症候学、卫生学、治疗学）做了简要的论述，但也从

---

[1] Kegel–Brinkreve and Luyendijk–Elshout, *Boerhaave's Orations*, 114.
[2] Translation, Boerhaave, *Academical Lectures*, 65–66.

唯物主义观点出发,强调的是医学是什么以及怎么样,而不是为什么。例如,在简短地回顾了医学史之后,他给学生读者讲了教科书上的一课:"由此看来,医学的艺术在古典时期是在收集被观察到的病症的过程中建立起来的,后来人们解释了这些病症的影响以及在理性的协助下梳理了其原因;前者(解释)带有坚定的信念,是无可争辩的;没有任何东西比经验证明更确定的了,而后者(因果推理)则带有更多的怀疑和不确定。"由于密切关注"经验证明",布尔哈弗眼中的英雄希波克拉底和哈维极大地推进了知识的进步,而盖伦则用他精巧的推理破坏了古典时期的医学教义。要在医学中发现真理,所有的知识都必须建立在感官经验的基础上,这意味着"只有通过机械和物理实验,才能解释人体内纯粹的物质"。或者,正如他所强调的,关于首要病因的讨论"既不可能,也没有用处,更没有必要由内科医生进行调查研究"。因此,内科医生应该将自己限定于唯物主义解释的范围内,因为这些解释是建立在经由自然和实验哲学的解剖、化学和力学的演示证明的基础上的。[1]

布尔哈弗希望执业医生也能提倡简化治疗。他不仅称赞希波克拉底对描述临床病例的所有细节的关注,还认为特定的症状指向特定的生理病因。因此,有相同症状的人所患疾病及其原因是相同的。通常通过药物,有时还会辅以其他疗法来改变病因以达到治疗效果,而这种治疗方法对于病症相同的疾病是一样的。年龄、性别、社会阶层和其他变量可能使人或多或少地易受特定生理过程的影响。但是,无论是国王还是王后,公爵还是农民,商人还是仆人,任何患有同一种疾病的人都应用同样的方法来治疗。这种观点与古典时期的观点截然相反。古典时期的观点认为,由于每个人的气质性情不同,生活环境也不同,每个病人的病因都有一个独特的来源,往往需要不同的治疗方法。当布尔哈弗出版关于疾病治疗的教科书时,他把书名定为《格言》

---

[1] Boerhaave, *Academical Lectures*, 63, 71, 74.

(*Aphorisms*，1709年）。不但书名是对希波克拉底的模仿，内容也是如此，他列出了观察疾病以及成功的治疗方法的结果。再次，他的主题是怎么样，而不是为什么：是观察和经验，而不是推测原因或长篇大论地解释治疗模式与它们为什么起作用。

尽管布尔哈弗只强调知识和自然理性，但他的思想中依然包含不朽的灵魂以及上帝对人类和其他造物的合法设计——但很显然，他隐藏了对神性的看法。[1] 他认为所有知识都是物质实体作用于其他事物（其中一些我们称之为"想法"）的运动的结果，从这一点上看，布尔哈弗不太可能是彻底的哲学唯物主义者。在他的职业生涯后期，布尔哈弗写到了希波克拉底的生命的活力（impetum faciens）或体内的活力（enormon），这是一种灵魂的能力，能把灵魂和身体结合在一起。但是，正如一位历史学家所言，这"是内科医生也无法接近的"。在上帝的造物中，人类的生命有一个"生命的开端"，但从那之后，就完全是按照机械原理来发展。[2] 后来人们说，布尔哈弗每天早晨祈祷，在他最后的书面文字中，他提到要在"全能者"（Ominpotens）的命令下离开尘世。[3] 然而，至少在1700年后他发表的公开声明中，他认为他无法通过5种感官来搜集关于上帝的本性、意志或计划，所以这样的事情是不可知的。从保守主义的神学立场到哲学立场还有很长的路要走，而他是以一个学生的身份开始的。

从布尔哈弗作为医学教授的第一部著作中可以清楚地看出他坚持实事求是的方法。他的机会在1709年到来，当时的植物学教授不幸离世，他随后要求得到霍顿在医学院的职位（他曾被承诺为第一候选人）。由于他并非以了解植物学而闻名，学术界对此很惊讶。这甚至可能让他自己也大吃一惊，因为在就任该职位时，布尔哈弗发表了一篇

---

[1] 关于他的宗教概念指导其科学观念的最强有力的论证，参见 Knoeff, *Boerhaave*, 虽然我对此仍保持怀疑态度。
[2] Luyendijk–Elshout, "Mechanicisme contra vitalisme," 20–22.
[3] Burton, *Life and Writings of Boerhaave*, 53; Lindeboom, *Herman Boerhaave*, 386.

18 世纪早期的莱顿大学植物园

赫尔曼·布尔哈弗《植物索引》（*Index plantarum*）书名页，1710 年，惠康信托图书馆供图，伦敦

关于医学的简单演讲，这是一出关于医学简单概念的精彩修辞剧，鼓吹了许多在之前几次演讲中提到的相同主题，但几乎没有表现出任何对植物学的熟悉，相关的实际行为与日常工作事项就更不用说了。[1] 当时这一职务有许多更有资格的候选人。霍顿去世的消息一经传开，著名的卡斯帕·科默林就获得了加薪以让他留在阿姆斯特丹。有传言说，

---

[1] 参见 Kegel–Brinkgreve and Luyendijk–Elshout, *Boerhaave's Orations*, 121–144。

但泽的约翰·菲利普·布雷内可能是最好的接替者,他与坦恩·赖恩、卢菲斯、克莱尔等一起发表了对植物的描述,而苏黎世的约翰·雅各布·朔伊希策(Johann Jacob Scheuchzer)——与德国和英国的博物学家有密切的联系,同时也是一位自然收藏家、高山植物专家——即将被大学管理董事会的一些成员推上这个位置,特别是大学管理者兼外交家彼得·瓦尔克尼尔(Pieter Valkenier)。但布尔哈弗的长期导师扬·范·登·伯格在一次势均力敌的投票中促成了对他的任命。在外人看来,明显就是植物学界的地方利益压倒了国际利益。[1]

然而,布尔哈弗决心不再让莱顿大学的声誉恶化,他就像布道一样努力工作以掌握这一学科的具体知识。他煞费苦心地编写了一份关于莱顿大学植物园内植物的记录,很快编制出了一个目录〔《植物索引》(*Index plantarum*),1710 年〕,其中包含了大约 3700 种植物,其中许多植物是第一次被记录在案。尽管它被称为"一件无关紧要的作品",就如布尔哈弗本人写道,虽然他已竭尽自己的所能,但就其植物学意义而言并没有达到他的期望,然而,这对一个以前除了植物元素之外没有接受其他更多训练的人来说仍是一项令人印象深刻的成就。[2] 尽管他雄心勃勃地要重新安排植物的布局,使之符合约瑟夫·皮顿·德·图内福尔的体系,但他所做的不过是沿着花坛边缘种植了一些新植物,苗圃则一如赫尔曼安排、霍顿修改过的原貌,展现了罗伯特·莫里森(Robert Morrison)的果实分类体系(一种基于种子和果实的分类)。但是,跟随着他的前辈们的脚步,他很快就把注意力转移到了花卉上。就像在赫尔曼的《荷兰的天堂》一书于 1689 年出版后,英国内科医生汉斯·斯隆在 1690 年写的那样,"人们开始寻找迄今所有方法的问题,只按照花卉来排列",尽管"我说不清这项工作还要持续多久"。威廉·谢拉德(William Sherard)不仅编辑了赫尔曼的著作,

---

[1] Ultee, "Politics of Appointment."
[2] Heniger, "Some Botanical Activities," 4–5. 亦可参见 Hunger, "Boerhaave als natuurhistoricus," 36–37。

还让布尔哈弗了解塞巴斯蒂安·瓦利安（SéBbstian Valliant），他引导布尔哈弗接受了瓦利安关于花的各部分可以与人类和动物的性器官相提并论的观点，此后卡尔·林奈（1735年曾与布尔哈弗一起进行过研究）将其发展为最具影响力的一种研究方法。虽然布尔哈弗认为植物园温室的自然收藏品已经腐烂成泥，但他通过采集与搜集矿物、珊瑚、动物和其他自然标本以尽最大努力来重建这些收藏。为此，他要求大学管理者寻求荷兰东、西印度公司以及海军的支持。在特地向大学申明他的所有权后，布尔哈弗还把自己的收藏保存在温室的两个绿色箱子里。此外最重要的是，他立即写信给欧洲各地的植物学家索要种子和标本，并建立起了广泛的学术关系网。[1]

基于医学唯物主义的伦理秩序

布尔哈弗对最终原因保持沉默是许多学生视其为一位伟大的老师的原因之一。这些学生的宗教背景可能是加尔文教派、圣公会、路德教派、天主教、杨森教派、犹太教、门诺教派、无神论或任何其他教派，但他们从来不关心布尔哈弗的宗教取向。布尔哈弗的批评者注意到：弗拉讷克的教授安达拉（R. Andala）在他的《无罪辩护与救世主哲学》（Apologia pro vera et saniore philosophia，1718年）一书中，指责布尔哈弗是一个怀疑论者和无神论者。[2] 英国内科兼外科医生丹尼尔·特纳（Daniel Turner）抨击布尔哈弗的《论性病》（Treatise on the Venereal Disease，1729年）仅仅是经验性的，因为这本著作处理的是症状而不是原因。[3] 布尔哈弗在公开场合拒绝推测的态度使他获得了来自18世纪最著名的，或者说是最臭名昭著的唯物主义者朱利

---

[1] 引自 Wijnands, "Hortus Auriaci," 62; 关于他的活动的详细描述，参见 Heniger, "Some Botanical Activities," 以及 Stearn, "Influence of Leyden," 147–150。
[2] Sassen, *Geschiedenis van de wijsbegeerte*, 224.
[3] Turner, *Essay on Gleets*.

安·奥弗雷·德·拉·梅特里（Juien Offray de la Mettrie）的赞赏。在成为唯物主义者之前，拉·梅特里似乎对布尔哈弗被视作无宗教信仰者而感到尴尬。在他1739年与1740年翻译的布尔哈弗的《医学原理》中，拉·梅特里收录了一篇《赫尔曼·布尔哈弗先生的生活》(*Vie de Monsieur Herman Boerhaave*)，他在文中直接谈到了布尔哈弗对首要原因保持沉默的问题。他引用了布尔哈弗的演讲《论作为医生荣耀的奴役》("On Servitude as the Physicians' Glory"，1730)中的论述——这篇演讲词描述了内科医生为了治愈病人，需要理解自然并与自然合作——拉·梅特里解释说，如果"是为了让人觉得这位博学的教授无法认识到世界上发生的所有事情的其他原因"，并对此发表评论的话，是一种粗鲁的行为。布尔哈弗认识到了定律"被印刻在人体的每一个部位"，因而在援引"自然"时，人们不应怀疑他是没有宗教信仰的人。[1]拉·梅特里的精神生活正是他对自己未来生活的设想的证明。然而，10年后，拉·梅特里完成了这部8卷本的《医学原理》译本，并附带了评论，在其中他将布尔哈弗解释为一个唯物主义者。[2]甚至可能理解了布尔哈弗关于大脑和精神关系的意义后，拉·梅特里自己转而成为一个明确的唯物主义者。[3]

然而，对布尔哈弗那一代的一些医学生来说，拒绝评论善与真之间的关系是不够的：他们希望从自然真理中理解人类行为。为此，继续讨论自然是如何促使人们行为的——对激情的理解——仍然是至关重要的。伯纳德·曼德维尔是与布尔哈弗同时代在莱顿大学学习并研究医学的人之一，他的观点要激进得多。（因为他搬到伦敦，用当地的通用语言写作，他经常被误认为是英国人。）曼德维尔认为，仔细研究自然可以为人类的行为提供指导，尽管这与过时的伦理哲学无关，而与

---

[1] "Vie de M. Herman Boerhaave," in Boerhaave, *Institutions de médecine de Mr. Herman Boerhaave, traduites du Latin en françois par M. de la Mettrie* (Paris: Huart et Briasson, 1740), 42–45.
[2] Thomson, "La Mettrie."
[3] Wellman, "La Mettrie's Institutions."

在一个由"聪明的政治家"管控的体制内对激情的适当追求有关，后者将保证公众受益。他的研究就像布尔哈弗甚至尼乌文泰特和贝克尔的研究一样，表明了医学和自然史的发现是如何推动宗教和政治的辩论的，即使在保守的回应时期也是如此。

曼德维尔比布尔哈弗晚一年出生，他来自一个医生-地方治安法官家庭。其父系三代都是医学博士，同时他们也在奈梅亨市从政。他母亲的家庭服务于所在的城市，外祖父是鹿特丹海军部的海军上尉，伯纳德出生于1670年，1667年，他们搬到了这个城市。搬到那里后不久，他的父亲就成了城市的内科医生、市医院董事会的成员、邻近斯希兰（Schieland）辖区的市议员以及民兵部队的一名中尉。[1] 可以肯定的是，曼德维尔夫妇非常支持缔约国反宗教和拥护共和政体的价值观，反对在伯纳德出生不久后就占主导地位的加尔文主义正统教义和君主制的势力。例如，曼德维尔一家与阿德里安·佩茨（Adriaan Paets）极为相熟，后者是鹿特丹议会党的前领导人之一，曾是市议会议员及驻西班牙大使，也是宗教和政治自由的坚定支持者。[2] 鉴于他的各种公民义务，伯纳德的父亲与佩茨以及这个圈子里的其他人保持密切往来，而他的外祖父（伯纳德也是以他的名字命名的），曾在海军部与佩茨一起服役。[3] 佩茨帮助组织了鹿特丹的学院会（Collegiant）运动，这是他的成就之一。从17世纪20年代和30年代在莱顿附近的莱茵斯堡开始，学院会的成员组成了一个由反神职人员的宗教异见者为主要成员的流动团体，他们聚会的目的是进行自我宗教教育以及自由宗教讨论。在17世纪中叶年轻的佩茨加入他们时，他们的千禧主义（Millenarian）倾向正在衰退，越来越多的人倾向于更世俗的理性主义；许多像佩茨

---

[1] 有关曼德维尔的家族谱系，参见 Kaye, Fable, 1: xvii, 2: 380–385。
[2] Roldanus, "Adraen Paets."
[3] 从1660年起，佩茨在马斯海军部拥有一项职位，并从1669年起成为委员会的一员（参见 Roldanus, "Adraen Paets," 137），伯纳德·费哈尔（Bernard Verhaar）船长从1628年起就在鹿特丹海军部服务，在1668年时仍然相当活跃。（参见 Kaye, Fable, 2: 383。）亦可参见 Dekker, "Private Vices, Public Virtues," 481–483。

那样的人甚至被索齐尼主义（Socinianism）所感动。尽管他们是在讨论小组中会面的，比如英国的贵格会（Quakers，他们在鹿特丹也有一个很大的社区），但佩茨的学院会同伴们坚决反对贵格会个人灵感的宗教倾向；佩茨本人写了一篇反对启示的论文。[1] 相反，佩茨与鹿特丹的商人及学院会成员扬·布雷登伯格（Jan Bredenburg）分享了许多想法。1672 年，扬·布雷登伯格传阅了一份坚定捍卫因果决定论和理性的手稿，认为它们比《圣经》更具指导作用，从而在大学里引起了一场大辩论；不久，布雷登伯格也展示了他对斯宾诺莎哲学的理解。[2] 佩茨也认识斯宾诺莎，他利用他在鹿特丹的关系接触了权势极大的共和党人及理论家彼得·德·赫罗特（Pieter de Groot）。[3] 在 1686 年去世之前，佩茨做了大量工作，使真正自由党的价值观在鹿特丹发扬光大，并使它们在奥兰治主义复兴时期依然保持活力。

像佩茨这样年长的议会党领导人不仅对曼德维尔的政治成长，还对他的正规教育产生影响。1681 年，作为鹿特丹的市长，佩茨在路易十四摧毁了色当的新教学院之后，帮助两名法国新教知识分子，即皮埃尔·朱里厄（Pierre Jurieu）和皮埃尔·贝尔（Pierre Bayle）前往鹿特丹。[4] 他们使得当地的拉丁语学校得以转变成曼德维尔就读的雅典学院，在朱里厄与贝尔发生争吵之前曼德维尔在那里上学。[5] 但到曼德维尔离开的 1685 年，也就是《枫丹白露敕令》（即《废除南特敕令》，导致数千胡格诺派难民向北迁移）颁布之年，朱里厄认为自己是加尔文主义正统思想的主要代言人，反对贝尔关于容忍和击败"迷信"的呼吁。从朱里厄那里，曼德维尔了解了加尔文主义的立场：救赎是不可能通过人类的理性或意志获得的。曼德维尔的评论者经常评论他对美德的

---

[1] 有关佩茨对当地贵格会的反对，参见 Hull, *Benjamin Furly and Quakerism in Rotterdam*, 41–42, 146, 182–183。
[2] 详见 Fix, *Prophecy and Reason*, 215–246; Slee, *Rijnsburger Collegianten*, 238–266; Israel, *Radical Enlightenment*, 342–358。
[3] Kerkhoven and Blom, "De la Court en Spinoza," 160.
[4] Thijssen–Schoute, *Uit de republiek der letteren*, 112–114; Hazewinkel, "Pierre Bayle à Rotterdam," 21–25.
[5] 关于最新的记载，参见 Israel, *Radical Enlightenment*, 331–341。

高标准。正如托马斯·霍恩（Thomas Horne）所言："曼德维尔在他的研究中始终坚持着严格的伦理标准，（但）这是人类无法达到的。"[1] 从贝尔那里，曼德维尔吸收了对人类动机抱有怀疑、尖锐态度的知识怀疑主义，以及认识到伦理美德与人们是否称自己为基督徒几乎或根本没有关系。

除了在真正自由党的政治观点以及贝尔、朱里厄等人的教导下成长之外，曼德维尔还通过医学研究深刻理解了哲学范畴中的笛卡尔主义和实证科学。[2]1685年9月，15岁的曼德维尔被莱顿大学哲学系录取，并在随后的10月，即《废除南特敕令》颁布的那个月前前往莱顿大学学习。[3] 在1689年的哲学训练即将完成之际，他的答辩论文《论动物的活动》(*De brutorum operationibus*)指出动物缺乏感情（敏感性）——这是一种极端的"笛卡尔主义"立场。[4] 在17世纪90年代困难时期到来之前他转到了医学院。德雷考科特虽已年老，但仍是一位杰出的医学学者；努克正在进行一系列令人印象深刻的解剖学演示；赫尔曼在大学教授植物学，并在该市的圣则济利亚医院（Caeciliagasthuis）教临床医学；德马齐乌斯教授化学课程，直到1690年去世；杰出的临床医生沙赫特当时刚刚去世。他们都强调详细调查自然的重要性以及这些研究对人类康复的作用。两年后，曼德维尔成功通过了题为《论腐烂乳糜的形成》(*De chylosi vitiata*)的医学论文答辩，只比布尔哈弗晚3个月，因此他们相识时，布尔哈弗肯定还是一个学生。他认为，按照布尔哈弗和其他莱顿大学师生所熟悉的思路，腐烂乳糜的形成或者不良消化，会导致忧郁症和躁郁症。当胃通过内层的中空神经接收动物气血（animal spirits）时，消化的"胃内发酵"（Stomachiack Ferment）

---

[1] Horne, *Social Thought of Mandeville*, 22（他很不幸地发现这一根源是詹森主义而不是加尔文主义）。亦可参见 Dekker, "Private Vices, Public Virtues," 493; Kaye, *Fable*, 1: xlv–lii; 以及 Burtt, *Virtue Transformed*, 132–133, 143。

[2] 对曼德维尔观点的一种解释与共和主义及笛卡尔主义并无太大关联，从医学以及自然史的角度强调知识self与他对斯宾诺莎著作的了解程度有关（虽然仅仅是提及）。亦可参见 Israel, *Radical Enlightenment*, 623–627。

[3] Kaye, *Fable*, 1: xviii.

[4] Thijssen–Schoute, "Diffusion européene des idées de Bayle," 192.

就发生了。这些气血是由精细、粗劣两种微粒组成的。对于恰当的发酵，两者的平衡是必要的。大脑在思考时也会消耗较精细的微粒，而粗劣微粒则会在运动中被身体消耗掉。如果一个人思考太多或锻炼太少，胃中的粗劣微粒就会堆积起来，导致消化"变酸"。[1] 曼德维尔的生理学观点可以追溯到帕拉塞尔苏斯主义以及学过的解剖学，他的老师努克对淋巴系统的研究，范·海尔蒙特对消化和发酵这些问题的兴趣，笛卡尔的小体论，西尔维乌斯的酸碱理论以及布尔哈弗后来编纂的关于血管分泌物的一般学说。

在其从事医学研究期间，曼德维尔和他的父亲卷入了家乡的一场激烈的政治事件：科斯特曼暴乱（Costerman Riot）及其余波。1689年奥兰治亲王成为英国国王后，鹿特丹的保守派进一步展示了他们的力量。曼德维尔父子反对他们，主张驱逐代表威廉三世管理鹿特丹的法务官员（baljuw）雅各布·范·祖伊伦·范·尼韦尔特（Jacob van Zuijlen van Nievelt）势力。范·祖伊伦当时代表威廉三世管理鹿特丹，众所周知，他是一个腐败和专横的官员，他将更保守的加尔文教神职人员吸纳到告密者和政治支持者的阵营中。有一天晚上，范·祖伊伦发现一些年轻富有的民兵在值班时拿着一桶没有交税的酒提神，但在随后的混战中，范·祖伊伦的一名税务员被砍死了。民兵科斯特曼被指控为凶手并被处决。[2] 憎恶范·祖伊伦并认他是好管闲事的、贪婪的、敲诈的暴君和宗教伪君子的人开始聚集在一起策划推翻他。伯纳德·曼德维尔和他的父亲也在反对阵营中。1690年10月5日，在猛烈抨击范·祖伊伦的讽刺诗——其中一首可能是曼德维尔创作的——的怂恿煽动下，一群人聚集在法警的房子前，用大炮轰开了大门，有组织、有计划地洗劫了这个地方，甚至推倒了大楼的石头门面。第二天，市政

---

[1] Kaye, *Fable, 1: xviii–xix; Molhuysen, Bronnen*, 4: *206. 这些引文选自曼德维尔有关其理论的一段简短描述，参见 *Treatise on the Hypochondriack and Hysterick Passions* (1711)，120–121。
[2] Dekker, "Private Vices, Public Virtues," esp. 483–84; 有关这些事件的完整记录，参见 Hazewinckel, *Geschiedenis van Rotterdam*, 1: 247–263。

府解雇了范·祖伊伦。随之而来的是针对这位法务官员任职期内各种罪行的起诉。当威廉三世将案件转移到荷兰和泽兰高等法院时，曼德维尔的党派似乎对打赢这场官司渐生悲观。在高等法院，威廉三世控制了诉讼程序，并宣布范·祖伊伦无罪释放。鹿特丹市议会也被迫支付巨额罚款。威廉随后将所有同情旧议会党思想观点的人驱逐出市政府，并安插进了他自己的人，包括保守的加尔文主义者和这位复职的法务官员。范·祖伊伦对他的对手进行了报复。例如，1693年初，他的敌人老曼德维尔就被逐出城外；鹿特丹的真正自由党最终偃旗息鼓。[1]

当时，伯纳德已经完成了他的医学博士课程，于是前往伦敦并开始行医。[2] 他再次尝试写作出版这项事业已经是10年后了。他用拉丁文写了一首支持反权势集团运动（antiestablishment）的诗，赞扬了当时正因医疗事故受到内科医生协会（College of Physicians）审判的一位莱顿大学医学院学长（以及威廉·坦恩·赖恩的朋友）约翰内斯·格伦费尔特："一支完整的大学军团，一个智力低下的主持人，/他们神经质的能力无非是为了夸耀。"曼德维尔相信格伦费尔特已经发现了斑蝥和樟脑对治疗泌尿系统疾病的真正和有效的用途，但是内科医生协会的官员们从未通过实践来验证这些有用的药物。相反，他们愚蠢并徒劳地依赖旧的、保守的医学观点的同时，阻碍像格伦费尔特这样的创新者。[3] 带着对大学审查人员的愤怒，曼德维尔表达了伦敦许多其他医生的共同观点。

除了行医之外，他开始从事翻译工作以补贴收入。1703—1704年，他翻译出版了英文版的让·德·拉·封丹（Jean de la Fontaine）的《寓言》（Fables）、《伊索寓言集》（Aesop's Fables）以及一首模仿法国嘲

---

[1] Dekker, "Private Vices, Public Virtues," 485, 494; 亦可参见 Israel, Dutch Republic, 857–858, 他认为这是真正自由党衰落的一个例子。

[2] 1693年11月17日，在内科医学院的一次会议上，他被任命为伦敦的7位从业医生之一，尽管这并未得到学院的批准。参见 "Annals of the College of Physicians of London," vol. 6, fols. 88–89; 以及 Clark, History of the Royal College, 2: 450。

[3] Groenevelt, Tutus cantharidum in medicinâ usus internus; Ward, "Unnoted Poem"; Cook, Trials, 199–200.

讽作家保罗·斯卡龙（Paul Scarron）的长诗《台风》（Typhon）。他匿名发表了取笑当权者的另一首讽刺诗《抱怨的蜂巢，或无赖变为老实人》（A Grumbling Hive, Or Knaves Turn'd Honest），这首诗最终让他声名狼藉（丧失了公民权）。这首诗的开头就描述道，"宽敞的蜂巢里聚居着许多蜜蜂，/他们的生活奢华而又舒适"，接着赞扬了王国的法律和军事实力、科学和工业、政府体系，以及蜂巢的其他荣耀。他们是忙碌的蜜蜂，"数以百万的蜜蜂无不纷纷尽力，努力满足/彼此的欲望和虚荣"，尽管它们中很多都是无赖，"以卑劣的手法，狡猾地/把他们善良邻居的劳作转化为己用"。事实上，"所有的行业和地方都存在欺骗，/没有一个职业不含有谎言"，无论是法律、医药、教堂、军队、政府部长，等等。为了惩罚穷困、诚实而又勤劳的人，正义不止一次向财富和强权倾斜。然而，尽管"每个部分都充满了恶行，/但整个蜂巢却是一个天堂；/……这就是这个蜂巢的福分，/共同的罪行合谋使其变得强大"。换句话说，"美德……已与恶行结成朋友"。普遍的美善可能来自个人腐败，这是通过聪明的管理来实现的："这是国家的技艺，它维持着国家整体/即使每个分支都在抱怨。"贪得无厌、挥霍、奢侈、骄傲、嫉妒、虚荣、愚昧、浮躁与反复无常使数以百万计的人受益，并鼓励物质生活的改善。"因此，恶行孕育了机智精明，/随着时代与勤勉一起前行，/给生活带来了重重方便/……/其威力无比，即使是赤贫者/生活得比往日的富人还要舒适。"[1]

尽管如此，虽然他们繁荣昌盛，蜜蜂还是抱怨蜂巢的恶行，尽管他们知道自己也是骗子，但他们还是高呼期盼别人的诚实和美德。最后，被愤慨所感动的霍韦（Jove）"除掉/那个正在大声抱怨的蜂巢中的全部欺诈"，这产生了一系列的影响：物价暴跌；法庭静默无声；美善的博士在全国范围内自筹经费研发真正的治疗方法；懒惰的神职人员辞职而其余的则照顾穷困之人；政府部长们靠工资生活而非贿赂

---

[1] 本节以及下一节中的引文，参见 Kaye, *Fable*, 1: 17–37。

和官职特权；漂亮的衣服、马匹、马车和房屋都被卖掉了；军队从外国驻地被调回，只有在必要的时候才为祖国作战；等等。当然，这导致经济崩溃，随之而来的是艺术和科学的终结；蜂巢人口减少，领土缩小，敌人从四面八方向它们施压，造成巨大的生命损失，而剩下的蜜蜂为了生活必需品只能长期辛勤工作。寓意是："那就别抱怨了：只有傻瓜才会竭力／来建设一个伟大而诚实的蜂国。"就像野生的葡萄藤攀爬蔓延，使其他植物窒息而死，但一旦"枯萎而被切断"，却能生产出优质的葡萄酒，"所以恶行亦可带来益处，／当它被正义修剪约束时"。

《抱怨的蜂巢》隐含了两个观点。第一个是，"理性"只存在于自然理性而非正当理性中，这是包括布尔哈弗在内的许多内科医生和哲学家普遍接受的观点。国家正常运作的基础不是判断道德层面上正确的东西，而是可以根据自然理性来考虑的物质。第二个观点则更为激进，认为激情支配人性，布尔哈弗对此却保持沉默。换句话说，曼德维尔继续拥护共和的议会党、反奥兰治的真正自由党以及贝尔的观点。这些观点支持人们在由聪明的"国家技工"管理的有纪律的统治范围内行事，从而使大部分人得到蓬勃发展。作为一部"转瞬即逝"的娱乐作品，当时这首诗并没有引起公众太多的关注。9 年后，曼德维尔在他的诗句中加入了一些散文的解释以使他的批评意图更明确，形成了第一版的《蜜蜂的寓言：或个人恶行与公众利益》(The Fable of the Bees: Or, Private Vices, Publick Benefits)，并于 1714 年夏天安妮女王（Queen Anne）去世前一个月出版。尽管在 1714 年末出版了《蜜蜂的寓言》第二版，但这仍然是匿名的和无人注意的作品——至少在公开场合是这样。然而，透过诗句，曼德维尔的观点实质上与真正的唯物主义观点是完全一致的。

曼德维尔的观点在其他著作中得到了更清晰地阐述，他提倡实证调查而非理性辩论的认识论。例如，曼德维尔在 1709 年一篇题为《妇女塔特勒》("The Female Tatler")的文章中宣称，在医学领域，"大学学习与治疗病人并不相关"[1]。在同年出版的《揭下面具的圣母》(*The Virgin Unmask'd*)中，年迈的姨妈通过介绍生活的真实经历，不断打破侄女对未来的美好希望和丰富的想象。在他的《论忧郁情绪和歇斯底里情绪》(*Treatise of the Hypochondriack and Hysterick Passions*，1711年)中，曼德维尔阐述了经验在医学中的意义。在书中，曼德维尔的替身被命名为菲洛皮里奥(Philopirio)或自称为"经验的情人"。[2] "医学的"作用是"通过对病人的不懈照顾、不厌其烦的耐心，以及审慎而勤勉的观察来实现的"。希波克拉底，这位细致的观察者，是他的英雄。"这就是观察，朴素的观察，不加解释或推理，"他重申，"观察创造了艺术。"他再次重申："构成艺术的是观察，而不是推理。"菲洛皮里奥拒绝沉溺于假说或者"推断瘟热的原因和发热点"；他为古老的"经验主义"教派辩护，反对盖伦和其他人的批评；他赞成有系统地观察，但反对"医学中的猜测"；他还嘲笑当时尝试用数学解释医学的新潮流。医学知识无法从阅读和推理中习得，而是要从经验中获取。这也意味着一位内科医生应该专门擅长治疗一种疾病，以便积累尽可能多的经验。另一方面，一位名叫米索梅东(Misomedon，这个名字字面的意思是"监护人的仇敌")的人，被描述为"一个有学问的人，这使医学成为他的特别研究对象"[3]。米索梅东认为他从精读中学到了关于健康和疾病的所有知识。在这种情况下，卖弄学问的是病人，而不是医生：医生知道病人的措辞，但这些表述是根据医生的医疗经验来解释的，而生病的绅士则是根据他的阅读来解释他的经历。米索梅东试图根据自己的书本知识而非临床经验这种倒退的方法来治疗自己，只会使自己的疾病恶化。

但是，如果医学的核心是经验而非解释，那么医生就不能通过说出正确的话来向病人证明他的能力。许多事情是可以被理解的，但语

---

[1] Goldsmith, *Private Vices*, 44.
[2] Mandeville, *Treatise the Hypochondriack and Hysterick*, xi.
[3] Mandeville, *Treatise the Hypochondriack and Hysterick*, 35, 38, 60, 55, 56–58, 59, 172– 205, 44, ix.

言的不足使之无法准确地传达给其他人。"在任何一种语言中没有词语可以用来解释许多事情中的百分之一的细微差异，而这些差异对于熟练的人来说，是显而易见的，也是容易察觉的。"例如，菲洛皮里奥在米索梅东家中看到的那幅画似乎是凡·代克（Van Dyke）的原作，但菲洛皮里奥无法确切地解释他为什么这么认为。曼德维尔的解决方案是，病人也必须依靠经验而不是语言：如果一位内科医生直截了当地说，他的预测被证明是正确的，那么"接下来你可以信任他"。病人米索梅东最终被说服了，相信治疗病人之于医学，就像战争是进行防御一样。一个人表现出了勇气和能力，另一个却只有技巧。[1] 曼德维尔没有通过合理的推理来帮助病人，而是提供专家级的帮助来操纵物质性质以提供治疗。当时的许多医生都在宣扬同样的观点：以我们的成果来判断自身，而不是以我们的言谈或外表来评判自身。

但曼德维尔也考虑以激情的力量来支配自然理性。因为如果内科医生不是通过提供建议——通过诉诸理性——而只是通过提供基于自然经验的专家治疗方法来治疗病人，如果病人一旦拒绝接受内科医生的这些专门知识，那么又会发生什么？就像米索梅东的情况一样？曼德维尔的答案是诉诸病人的激情。因此，他的医学论文以关于自豪的讨论为开端。最后他说，在奥古斯都时代，尽管恶行比比皆是，但美德总能被完全理解。[2] 菲洛皮里奥通过机智而诚实的言谈使他的病人摆脱了对身体的过度忧虑。对话本身就成为一种治疗工具。菲洛皮里奥利用米索梅东的自尊心，最终诱使他听从医生的建议，而不是自己的推理。[3] 曼德维尔只有通过恭维和机智的谈话，以最大的激情（自豪）工作，诱使他的病人相信医生的合理建议，才能使病人康复。根据他的经验（建立在荷兰医学理论的基础上），菲洛皮里奥让米索梅东执行一个涉及饮食和锻炼、洗澡以及呕吐的养身方案和加强药物治疗，使

---

[1] Mandeville, *Treatise the Hypochondriack and Hysterick*, 61–62, 71, 68.
[2] Mandeville, *Treatise the Hypochondriack and Hysterick*, 332.
[3] 有关更深入的思考，参见 McKee, "Honeyed Words."

他恢复了健康。就像摄政应对处理"国家技艺"一样,由内科医生适当调节激情会带来物质上的好处。

曼德维尔将这一观点应用到内科医生身上。治疗的开始不在于内科医生的正当理性,而在于激情,在于他对名誉和收入的追求。[1]因此,应该允许内科医生向公众宣传他能够治愈什么,因为内科医生的激情可以通过开发更好的治疗方法得到满足,从而收获良好的声誉和提高收入。曼德维尔本人不怯于宣传他的专业知识。例如,他关于忧郁症和躁郁症的论文建议读者通过书商与他联系。曼德维尔极力否认这种公开宣传是骗人的,他争辩说,当精通治疗某一特定疾病的医师向公众、病人和其他医师宣传自己时,病人和医生都能受益:"如果一个记述了一种瘟热的普通内科医生,在未经临床实验就故意声称他有治疗方法,那么这是一个庸医的行为,因为除了教育启发以及对他人有益的目的之外,他还有一个目的,即让自己比以前更加出名,显然,我也怀着同样的目的。"[2]但他并不是庸医,因为他取得了好的治疗结果。因此,庸医和优秀的医生之间的区别不在于品德高下,而在于是否具备真正有效地干预大自然的能力。

这些医学观点促进了所谓的临床医学专业的发展。他们不得不玩一场复杂的游戏,同时在两条战线上进攻,与经验主义者和理性主义者划清界限。由于偏爱经验,他们不支持简单的经验主义者。例如,在曼德维尔关于躁郁症的论文中,菲洛皮里奥攻击米索梅东的妻子波利西卡(Polytheca)和她的女儿对药物的依赖,相反,她们应该改变她们的生活方式。然而,他有自己的做事方式,菲洛皮里奥为他的病人调配了自己的药品,就像一位经验主义者一样。不过,在他的案例中,这是为了确保药品的纯洁性以及为病人节省费用。医学教育起了重要作用,而仅仅是经验性的教育则没有任何作用;希波克拉底赋予学生

---

[1] 例如,*True Meaning of the Fable of the Bees*, 106。
[2] Mandeville, *Treatise the Hypochondriack and Hysterick*, xiii.

的是以前的经验，以及正确描述和识别疾病的可靠知识，还有最佳治疗方法。为使这位聪明医生的专业观察和经验成为真正医学知识的根源，曼德维尔打算排除那些有学问的人的干预。这些伪理性主义者无论是医学保守派还是读书太多的病人，他们对医学的推理都缺乏恰当的经验，或者他们认为他们可以通过某种道德判断来预测最好的结果。人们需要从经验开始（包括描述经验的文字），然后只需要加上自然理由来决定如何应用这些知识。这是这一时期"临床"或"实验"医学的基础，其目的是使医生的专业知识超越病人以及过度理性主义的内科医生的专业知识。

其他的临床医生也会很大程度上同意曼德维尔所说的话。例如，布尔哈弗在18世纪20年代正处于他作为教授的鼎盛期，他向自己学生灌输了这样的专业知识。1714年，除了植物学教授之外，他还成为医学教授，并在圣则济利亚医院教授临床课程（尽管直到18世纪30年代，他提供临床课程的主要对象是私人学生而非普通的医学学生），[1] 1718年，他也接任了化学教授，为此他编写了一本教科书，再次强调经验和实验（解释了超过220个实验，大部分是关于植物化学的）。[2] 通过担任教师和临床医生不断累积的经验，布尔哈弗获得了杰出声誉和大笔财产，他于1729年辞去植物学和化学的教授职位。他依旧拒绝涉足有争议的哲学主题，仍然致力于倡导事实经验和自然理性。

但同时，由于曼德维尔开始认为自然理性是我们思考的激情的结果——或者换句话说，我们认为的"理性"是对我们的经验、激情和兴趣的因果关系的合理说明——他成了一个政治争议论者。1720年，他发表了《关于宗教、教会和国民幸福的自由思想》（*Free Thoughts on Religion, the Church, and National Happiness*）。1723年春，在辉格党人罗伯特·沃波尔（Robert Walpole）腐败但有效地担任首相期间，

---

[1] Beukers, "Clinical Teaching."
[2] Klein, "Experimental History"; Knoeff, *Boerhaave*.

他出版了另一版本的《蜜蜂的寓言》，增加了散文评论，并附加了两篇论文——《关于慈善与慈善学校的论文》以及《对社会本质的探究》——这些举措立即招致公共秩序力量的攻击。米德塞克斯大陪审团对《蜜蜂的寓言》以及抨击神职人员和慈善学校的几封卡托（Cato）的新闻信函的出版商提出指控；7月底，《伦敦日报》刊登了一封致"C勋爵"（Lord C）的公开信，[1]攻击卡托和《蜜蜂的寓言》。曼德维尔在同一份报纸上为他的书辩护，将辩护文章出版并在公众中传播，1724年初另一版本的《蜜蜂的寓言》出版，并附加致C勋爵的信和他的辩护书。他很快还出版了两部激烈评论社会的著作——《为公共烦恼的中肯辩护》（*A Modest Defense of Publick Stews*，1724年）以及《对泰伯恩频繁处决的原因调查》（*An Enquiry into the Causes of the Frequent Executions at Tyburn*，1725年）。《蜜蜂的寓言》的再版也是在这些年，并于1728年出版了《蜜蜂的寓言》的第二部分。

恰好那时，曼德维尔对慈善学校运动进行攻击，这清楚地表达了他立场的严肃性，从而表明他对大陪审团的指控及其对所谓的公共道德力量日益猛烈的反击。他宣称："由总督、专家以及其他慈善学校的拥护者主导的到处涌现的暴力指控和激烈论争都是针对（《蜜蜂的寓言》），到处都是总督、大师和其他慈善学校拥护者（对寓言）的反对。"这篇文章以关于慈善的沉思开头，称"我们对自己真诚的爱……把纯洁的爱转移到别人身上，并没有通过友谊或血缘的纽带与我们联系在一起"。他认为，这些慈善学校并非真正建立在真正自我否定的行为之上，而是建立在获得荣誉和公众尊重的雄心壮志之上，比如根据富豪约翰·拉德克利夫（John Radcliffe）博士的意愿送出的华丽礼物。曼德维尔宣称"因骄傲和虚荣建造起的医院比所有美德还要多"。此外，这样的礼物往往弊大于利："慈善活动提倡懒惰，其散漫范围太广对英联邦几乎没有什么好处，只会滋生游手好闲者并杜绝勤勉。"他敦

---

[1] 此人可能是格兰维尔伯爵（Lord Cartaret），枢密院议长，沃波尔在辉格党内的主要对手。

促说，虽然无助的人需要救济，但大多数寻求慈善的人主要需要一份工作。至于慈善学校本身，它们会让"穷人变得更有道德的"期望成为一种幻想。犯罪和不文明的原因是多方面的，但并非源于无知：事实上，最坏的罪犯往往是最有眼光、最有知识的。"技艺制造的流氓多于蠢蛋，一般而言，恶行无论在哪里都比文学艺术和科学更占主导"；的确，反之亦然，因为"无知……被认为是虔诚之母，我们肯定会发现，没有哪个地方比最不识字、最贫穷的乡下人有更多更普遍的天真和诚实了"[1]。尽管应该增加大学应用学科的教授人数（牛津和剑桥的无用神职人员已人满为患），但学校不是提升儿童道德的地方。同样的骄傲、竞争和对荣誉的热爱激励着无赖以及最诚实的士兵。造成这种差别的不是教育，而是环境。

曼德维尔的"辩护"甚至更尖锐地宣称，激情支配着人类的行为。他的分析"描述了人类激情的本质和症状，识别出它们的力量和伪装；并在最黑暗的隐秘处追寻自爱；并很有把握地补充说，这超越了其他任一伦理体系"。他只是在"寻找事物的真正原因"。因此，他的研究是在表明，最重要的政治危险在于让路给那些认为可以通过理性使人变得更道德的人。主张这种立场的人是最坏的伪君子，应该告诉他们"看看自己的家，审视一下自己的良心，要对老是抱怨自己或多或少的罪过而感到羞愧"。尽管一个伟大而奢华的国家的利益不可避免地会带来"不便，这是地球上任何政府都无法补救的……一位有技巧的政治家能够巧妙管理私人恶行，能够将私人恶行转化为公共利益"[2]。真正的政治家，在个人野心而非无私慈善的引导下，通过利用人类行动的真正机制——"私人恶行"（或激情），来获得公共利益。

提交给大陪审团的陈述证实了这一点，大陪审团愤怒地与他争辩：为了确保新教继承必须站在全能者的一边，需要"镇压亵渎神明罪行

---

[1] Kaye, *Fable*, 1: 401, 253, 260–268, 269, 272.
[2] Kaye, *Fable*, 1: 405, 408, 409, 411–412.

和污神明的行为"。曼德维尔不仅攻击了教会及其神职人员、大学以及其他学校,还攻击了"被推荐的奢侈品、贪婪、骄傲以及其他各种恶习"。但除此之外,他还被谴责为一个决定论者,"断言绝对命运",否认"世上全能的政府"。[1] 简而言之,曼德维尔的反对者认为曼德维尔关于人性的论点导致一些后果:承认自然决定了我们的命运,造成无神论和罪恶的发展,从而带来了政治危险。

曼德维尔描述的世界是许多人不能接受的,它美丽又可怕。医学之所以取得进步,是因为研究者以基于唯物主义的人类状况为研究对象,并密切关注描述性的细节。这不仅显示了生命、疾病和死亡的框架,而且也展示了那些被称为激情的自然力量能够决定我们的"精神"体验:我们的欲望,甚至我们的思想。通过对自然界动植物的仔细调查,通过尝试各种可能产生良好效果的新诊断方法、新治疗方法和记录详细的临床实验,人们能够发现真正有效的新治疗方法,这一切都是因为医生希望能够借他们的有效治疗方法提高名气来增加他们的收入,以更好地满足他们的激情。如果回溯自然史的发展,曼德维尔可能会把好奇心当作一种激情,但更多的是另外一些激情,这些陈列在自然珍奇屋中的来自大庄园和小花园的外来物品,展示了拥有者与那些陌生而遥远的地方之间的联系,并为之带来了财富。这些类型的知识也植根于对事物的仔细描述,植根于其精确细节,植根于发现、培育和保存它们的技术手段。这些收藏所体现的财富和专业知识,不仅是为多数人本性渴望的高地位的标志,而且也是他们为了达到最高职位所应获得的各种困难技能的标志,如建立共识和稳步履行承诺的能力,调集足够资源对抗或击倒敌人的能力,最重要的是发现和管理信息的能力。祖国的统治者不是依靠征收土地使其变得富裕而强大,而是通过他们发明和掌握交换事物的最新技术以及实物的有形符号,例如汇票和账簿。因此,他们的激情,特别是置于政治关系体系中的激

---

[1] Kaye, *Fable*, 1: 384–385.

情，改变了历史发展的特定方向。这种历史方向改变的标识是，人们在融入迅速发展的货币经济过程中改善了物质生活，还有人们不断增长的对物体以及自然真相客观性的认识。

当然，大多数人倾向于将前两个世纪解读为一种二元轨迹：更好的知识与"迷信"的减少是因为新的实验科学和哲学启蒙的兴起，而不断增长的物质经济仅仅为那些希望献身于推动思想进步的人提供了谋生手段。例如，布尔哈弗接受了这样一个观点——要想知道医生需要什么，最好的方法就是假设知识只依赖感官获得（即物质），并且自然理性才能支配这些知识并从简单的公理中得出它的暗含之意。没有必要去探究事物的基础，这只会导致对立的形而上学立场之间引发混乱和敌意。还有像尼乌文泰特这样的人，他们把变化看作上帝的旨意。他们更愿意相信他们是出于谦卑但又高贵的动机开始工作的，包括寻找上帝意志的迹象，而不是出于对这个世界上财富的渴望，或者想要超越或支配他人，即使这恰恰是带来的结果之一。

然而，曼德维尔、布尔哈弗和尼乌文泰特一致认为，应该培养自然经验知识，并不是因为这样能使人更具道德，而是能使人更加专业。知识工作产生物质成果。作为一名医生，曼德维尔之所以比其他人更优秀，并不是因为他比其他堕落的人更有道德，而是因为他从某个方面对现实世界进行了深入的研究。他获得了关于身体和激情的更多知识，这样他就能为他的病人带来物质上的好处。这位专家医生就像"娴熟的政治家"，通过"灵巧的管理"，可以将个人恶习转化为公共利益。其他同时代的人也为一些观点辩护，认为人类生活和健康所必需的一切东西都是在没有上帝或灵魂的情况下，从自然中产生的，这些人中就包括哈雷大学的弗里德里希·霍夫曼（Friedrich Hoffmann）。大多数人在他们的思想中走得很远，捍卫了物质主义、莱布尼茨动力论等物理假说，这些假说为他们分析上帝与自然之间的关系提供了一些线索。霍夫曼的同事格奥尔格·斯塔尔（Georg Stahl）发现，如果没有理性和上帝如何控制物质世界的理论，有关物质世界的假设是不完整的。[1] 但布尔哈弗和罗马大学（Collegio della Sapienza）的乔治·巴利维（Georgio Baglivi）对此并不认同，例如，巴利维曾极力主张："医学的两个主要支柱是理性和观察，但观察是理性必须指向的思路……从已经说过的话来看，不仅医学的起源，而且任何坚实的知识，都主要来自经验。"[2] 布尔哈弗不仅赞扬了巴利维，他还把其他新哲学的拥护者加入了他的研究中，如弗朗西斯·培根、罗伯特·贝尔、艾萨克·牛顿和托马斯·西德纳姆。那些他试图模仿的人都把理性作为观察、经验和实验的补充，而不是将后者视作前者的补充。这位新的实验医师比经验主义者优越，并不是因为他运用了经验主义所没有的理性，而是因为他有从所有来源搜集到的更优越的经验。他也比教条主义者更为优越，因为他拒绝进行超出观察范围的推测。在这两种情况下，促使他比其他人做得更好的是他的自信，确信有能力把事情做好，即使这会让德行的说教者感到不安。

---

[1] 详见 Geyer-Kordesch, "Passions and the Ghost."
[2] Baglivi, *Practice of Physick*, 9, 15. 该书翻译自他的 *De praxi medica ad priscam observandi rationem revocanda...* (Rome: Typis Dominici Antonii Herculis, 1696)。

第十一章

结论与比较

> 有死的人的思想，常是不定的，我们人的计谋常是无常的。
> ——《智慧篇》(*Book of Wisdom*)，第9章第14条

医学和自然史显然是近代早期兴起的重要科学，不仅在荷兰共和国，甚至在整个欧洲都是如此。历经150多年，从克鲁修斯到布尔哈弗，通过使用五官并辅之以理性而得到的知识，荷兰知识分子据此找到了各种各样的方法，希望以此来描述和解释自然。知识不仅有实用性，而且兼具品位和鉴赏力。准确的描述性知识所展现出来的力量和乐趣不仅受到新哲学的主要提倡者的赞扬，也被关注欧洲科学的其他学者所重视，例如对这些问题极感兴趣的日本学者。许多提倡者承认，由于这种知识植根于身体经验，因此其来源并非抽象的理性，而是激情。因此，旧的认知方式的倡导者担心，新科学提供的解释必然会偏离对不朽灵魂固有的良善的认识，从而导致混乱和无神论。但新哲学仍然激起人们的兴趣，引起公众的注意，并在权力中心区域确立了自己的地位。

人们在新哲学中所看重的东西与商业所蕴含的价值观念是一致的。商人对自然真相产生浓厚的兴趣，因为自然真相对商业也是不可或缺的。其他许多对身体经验有着充分认识的人，尤其是医生，也是如此。当然，新哲学与交易本身无关。然而，与欧洲商业密切相关的生活方

式将注意力集中在自然对象上。搜集事实引发了极大的兴奋与轰动，但它不仅依赖于大量的时间、精力、专门知识、经验与金钱的投入，而且还需要协同工作。即便一些看似微不足道的信息，也必须通过大型网络的协作才能够获得。因此，耗费巨大的人力努力搜集新旧信息并进行鉴别并不是一项简单的任务。用现代科学史学家的话来说，近年来，我们对知识的生产开展了许多出色的研究，但也需要指出，积累与交换的方式改变了所产生的知识的种类。获取知识的优势在于促进人与人之间的交流，使这种交流穿越文化边界，甚至无须改变人们对世界的深刻看法，而关于自然的概念和理论则深受当地文化价值如宗教或哲学观点等的影响，并且这些概念和理论并不容易被置换。[1] 因此，所谓的科学革命与第一次全球经济的发展同时发生并不是偶然的。世界把秘鲁的银矿与中国和欧洲联系在一起，把加勒比海的甘蔗种植园和东南亚的肉豆蔻生长区域与奴隶劳工及奢侈消费品联系在一起，把在咖啡馆和演讲厅中流传着的大量新信息与书籍以及流行于欧洲的花园、珍奇屋和解剖学教室的自然物联系起来。

在前几代人中，对细节进行研究的做法常被谴责为错误和罪恶的。但为什么这种研究似乎总能令人满意？原因并不在于提出了更好的概念，而在于改变优先次序。随着商业城市以及城市的金融资本在城市所在的更大的政治体系中重要性越来越突出，城市商人的价值观，包括他们的知识价值观，在整个社会中日益占主导地位。康斯坦丁·惠更斯关于其乡间庄园霍夫维克的长篇赞歌清楚地表达了这一观点。在这首乡间田园诗（hofdicht）中，惠更斯以不同的方式赞扬了他的花园，他遵循了一些罗马诗人提出的主题，而最重要的主题则是由16世纪80年代的利普修斯所提出的：花园是一个逃避世俗事务（隐居）的地方，博学者在那里可以重构思想、锻炼身体。但这首诗的一些观点表

---

[1] Nelson, *On the Roads*; Huff, *Rise of Early Modern Science*; Kuriyama, *Expressiveness of the Body*; G. E. R. Lloyd, *The Ambitions of Curiosity*.

现出惠更斯的诚实，他明白乡村生活的纯净是一种理想化。诗篇的末尾，一个土生土长的"满口傻话的人"指责他花了一大笔钱把有用的草原变成纯粹享乐和奢侈的地方。他用惯常的辩护回应这些批评，他说，这不仅是一个忙碌于事务之人应该得到的，而且他需要这样一个充满"温和、好客、知识、智慧、虔诚、宽容和欢乐"的地方。他补充说，他的钱是诚实地赚来的。但他并没有直接赢得这场辩论，也没有简单地断定乡村是高尚的而城市则是虚伪的。因此，这首最伟大的乡间诗总结道："城市也是一个美好的地方。"[1]他深知，他得以从忙碌的俗世中解脱完全得益于在城市里的商业冒险。

因此，发生在荷兰共和国的事情也同样发生在欧洲其他地方。例如，威尼斯共和国在其经济和政治力量的巅峰时期，帕多瓦大学以培养发展新科学而闻名于世，因此，当时参议院不顾保守派的反对任命新科学的主要人物为教授。在那里，反经院哲学蓬勃发展；在那里，维萨里开展了他著名的解剖学研究；在那里，伽利略进行了他的早期研究，而与他相邻的就是兵工厂的造船工人。伽利略后来还因居住在佛罗伦萨的美第奇府邸而闻名，这是另一个（曾经）由商人统治的地方，尽管这个地方并不像他所希望的那样独立于天主教会。即使在像那不勒斯和罗马这样的地方，新哲学也在对物质世界有浓厚兴趣的富人的资助下蓬勃发展起来。当然，吸引这些有钱人关注的主要还是医学和自然史。[2]新哲学在西班牙也得到了正在进行商业扩张的商人和贵族的进一步推动。[3]在德语国家，新哲学渗透到了奥格斯堡、汉堡和罗斯托克等大商业中心，甚至还渗透到了正试图推进国家商业发展的王室宫廷。事实上，在中小盟国中被称为"重商主义"（cameralism）的经济发展计划，即有力地利用了政治体的概念，并把重点放在了当地

---

[1] Vries, "Country Estate Immortalized," 引文在第 97 页。
[2] 有关在本节以及下一节中提到地区的重要研究中，我仅列举了一些最广为人知的著作。关于意大利，参见 Eamon, *Science and Secrets*; Meli, "Authorship and Teamwork"; 以及 Freedberg, *Eye of the Lynx*。
[3] Cañizares–Esguerra, "Iberian Science"; Pérez, *Asclepio renovado*; Bueno, *Los Señores*; Goodman, *Power and Penury*.

自然资源的开发上。[1]在瑞典，类似的关注还启发林奈提出了他的简单方法，帮助学生和外行人在野外调查时对有用的植物进行描述，并由此诞生了双名法体系。[2]

在法国，君主政体试图在宗教战争之后刺激国家进一步发展，在此过程中，红衣主教黎塞留（Richelieu）任命接受过新医学和自然史训练的人来负责他在巴黎建立的花园——他还鼓励在花园里进行化学教学——以及负责他在首都建立的促进商业和科学发展的机构，如地址办公室（Office of Address，Bureau d'Adresse），这里也是泰奥夫拉斯特·勒诺多（Théophraste Renaudot）的研究院。[3]17世纪中叶，热衷于研究新科学的人成立了非正式社会团体，他们聚集在一起，围绕在写信者马兰·梅森、亨利-路易斯·阿贝尔·德·蒙莫尔（Henri-Louis Habert de Montmor）和梅尔基塞代奇·泰夫诺特周围。在他们的会议中，参与者可以讨论和见证，甚至参与示威活动。虽然没有得到巴黎大学的支持，但路易十四的财政大臣科尔贝还是于1666年创建了科学院（Academy of Sciences），这是他为法国增加财政收入计划的一部分。科尔贝让院士们研究王国地图，制定疏浚河流和港口的计划，以及研究自然史。此后不久，他在卡昂特许成立的学院也从事医学和自然史的研究。[4]在英格兰、苏格兰和爱尔兰，新科学的发展也受到了城市和宫廷的功利主义和兴趣品位的刺激，包括许多的早期"科学家"，如花匠特雷德斯坎特（Tradescant）父子、内科医生威廉·吉尔伯特（William Gilbert）、威廉·哈维以及托马斯·布朗爵士（Sir Thomas Browne）。17世纪中叶的哈特利布人士圈（Hartlib Circle）和牛津哲学学会（Oxford Philosophical Society）都关注医学和自然史议题，1660

---

[1] Moran, "German Prince–Practitioners"; Smith, *Business of Alchemy*; Munt, "Impact of Dutch Cartesian Medical Reformers."
[2] Koerner, *Linnaeus*.
[3] Wellman, *Making Science Social*; Solomon, *Public Welfare, Science and Propaganda*; Howard, "Guy de la Brosse and the Jardin."
[4] Lux, *Patronage and Royal Science*; Stroup, *Company of Scientists*; Brown, *Scientific Organizations*.

年的伦敦皇家学会以及后来在都柏林和爱丁堡成立的科学学会也是如此。[1] 无须诧异于内科医生、药剂师和其他与医学和自然史有关的人构成了早期皇家学会中的最大群体，因为这一群体的口号是"实用"。因此，也无须惊讶于整个欧洲绝大多数近代早期的"科学家"对研究、思考身体对象充满了浓厚的兴趣。[2]

但是，所有这些国家的内科医生、艺术家、爱好者和学者们并不是简单地举例说明共性，而是努力建立共性。数年来，他们旅行游历，互相了解，偶尔或频繁地交换信件、书籍和标本。[3] 例如，尽管存在宗教和政治分歧，荷兰和意大利的许多艺术家彼此仍保持联系，荷兰人与伊比利亚人、俄国人、斯堪的纳维亚人、法国人也是如此；荷兰人与德意志人之间的联系甚至更为紧密；即使是对于发动了3次战争的英格兰人、苏格兰人和爱尔兰人，荷兰人与他们的联系也非常密切。

荷兰的发明家，如科内利斯·德雷贝尔等人在尼德兰革命期间在英国发展各自的事业，而英国内战时期流亡的保皇党人，如罗伯特·莫里（Robert Moray）辗转在荷兰共和国从事化学和类似的工作，他从同为在外流亡的化学家查理二世手中获得了皇家学会的特许状。从任何一个国家的角度来看，学识渊博的人沿着既定的贸易路线频繁来往总是引人注目的。由于人们能够交换描述性信息并进行归纳概括，因此新科学声称自己是一种普遍的调查方法，即使参与其中的人对其概念基础存在疑虑或异议。找出真相的最好方法是与他人沟通，而城市之间通过密集的信息交流网络相互连接。因此，在整个欧洲，有类似想法的人总能频繁、持续地相遇，从而促进了知识分子"运动"的发展。

---

[1] Webster, *Great Instauration*; Frank, *Harvey*; Hunter, *Establishing the New Science*; Hoppen, *Common Scientist*; Cunningham, "Sir Robert Sibbald."
[2] 有关一位科学史学家开始承认这一点的例子，参见 Westfall, "Science and Technology."
[3] Iliffe, "Foreign Bodes"；Cook and Lux, "Closed Circles?"；Secord, "Knowledge in Transit."

但事实是，这些艺术家极为重视收藏，他们不仅亲自搜集收藏品，还急切地从其他各类人那里搜寻感兴趣的物品。正如罗伯特·博伊尔在他早期的关于热情的研究《论实验自然哲学的效用》(*Of the Usefulness of Experimental Naturall Philosophy*，大部分基于医学上的期待）中所说的：

> 我们也不应该仅仅指望，在类似中国人这样心灵手巧的民族的著作中，关于医学治疗部分的内容会有所改善；但是，如果人们对观察和实验稍加关注的话，医生的知识可能得到显著的增长，这部分得益于助产士、理发师、老妇人、帝王和其他不识字的人的实践，这些人自然地介入了我们的医学；部分得益于印度人和其他野蛮民族，甚至也包括某些欧洲民族，在这些地方大多数人都是文盲和穷人，他们的生活中没有医生。也有一些地方，行医者从未在学校或者书中学习过医学技艺，因此他们不会鲁莽冒失地去完成一些事情，因为这对于接受诊治的病人而言是有害的，甚至是致命的，但这些行医者的行为对有学识的睿智的观察者来说可能是很好的线索；此外，在充斥着文盲行医者的地方，常常也会有一些具体的细节，这也许是最好的资料。[1]

正如博伊尔及其同时代人所熟知的，近代早期的医学和科学革命涉及世界各地的许多人，他们来自不同的社会阶层，具有不同的背景和教育，四处寻找知识——仅是简单、好奇、出人意料的知识——而像博伊尔这样的"睿智的观察者"则试图更深入地弄清这些真相的原理、功用和伦理价值。这位艺术大师走向外界，从其他人那里搜集信息、积累信息，并相互交换信息。

当时，这位艺术家所积累的经验是建立在熟悉（kennen）的知识基

---

[1] Boyle, *Usefulnesse of Experimental Naturall Philosophy*, 2: 220–221.

础上的，而不是基于因果解释（weten）的知识。严谨的自然细节的激情在解剖学家和自然历史学家的研究中极为明显。这些激情在关于天文学、机械工程以及数学的精确描述中也存在对应之物。用20世纪以来的眼光来看，这是一个理论物理、虚拟现实和宗教复兴的时代，科学始于物质真相而不是理论，但这一观点有时也似乎过于武断。但是，在对知识的意义进行概括之前应高度重视物质本身，这对于快速、准确地判断世俗事件仍然是必要的，也是现代信息经济赖以存在的基础。即使是在他们的思辨理论中，调查研究人员也在自觉地寻找"次要"原因，即寻找对事情发生方式的解释，而不是因果逻辑。

尽管遍布全球的贸易网络为人们贡献了信息，在世界各地的商业城市中，自然的知识正在被积累和交换，但是这些知识资本需要人们有意识地投资，奉献他们的时间、注意力、精力和收入，从而获取并交换物品及信息。有时候交换能够间接地带来经济利益，比如克鲁修斯或西尔维乌斯接受高薪聘请就任教授时，德·比尔斯把他的秘密出售给布拉邦特省的议会时，鲁谢把他的珍奇屋出售给俄国沙皇时。但即使如此，他们多年的巨大努力和投资也仅能获得相对微小的回报。大多数情况下，就像小斯瓦默丹，他们得到的回报远不及在对自然的调查研究中消耗的时间和金钱。因此，从经济上讲，自然对象和客观知识的积累是一种不断投入消耗剩余财富的活动，而对其再投资反映了这些调查研究人员对物质世界知识的持续关注。因此，新哲学的发展不仅依赖于各自的个人承诺，有时还依赖于荷兰东印度公司的董事、富商甚至奥兰治亲王等欧洲王室贵族的赞助和庇护。[1] 许多赞助人自己也从事自然研究——或至少搜集关于自然的物品、标本和书籍——还赞赏那些为了人类的利益、教化和快乐而进行艰难的调查研究、发现新事物的人。作为赞助人，王子、富商以及那些投入金钱和精力的人

---

[1] 有关对庇护研究的案例，参见 Biagioli, "Galileo's System of Patronage"; Moran, *Patronage and Institutions*; and Findlen, *Possessing Nature*。

对客观知识的欣赏是一致的。新哲学并非源于贵族习俗的荣耀，而是源于商业灌输的客观价值观。

日本的翻译似乎也是如此，他们也参与了商业活动。毫无疑问，大阪、福州、科钦以及亚洲其他地方的商人也高度重视客观自然知识的价值。但是在这些地方，商人的地位比牧师、官员、战士要低得多，与政府几乎没有任何关联。因此，他们最看重的各类知识很难成为主导。欧洲之外的人的思想、知识、智力并没有什么异常，但他们中的大多数人就跟许多欧洲人一样，认为最高形式的自然知识是对事情因果逻辑的解释，因此他们将注意力转向原因而不是精确描述现象。正如新儒家学者兼内科医生向井元升在他对欧洲人天文学知识的研究中所言，欧洲人"仅在处理表象和效用的技巧上有独创性，但对形而上学的东西一无所知，在关于天堂与地狱的理论中走入歧途"[1]。这比那些反对笛卡尔或伽利略的欧洲教士和牧师表述得更为清楚。

因此，转变对于自然知识的关注点的过程并非一帆风顺，需要经历斗争，甚至是不断的斗争。这些斗争不仅体现在对事物知识的重要性这一概念的驳斥，同时也体现在对它的含义的争议中。然而，它对于解决现实和紧迫的物质生活问题、满足感官、认识真实存在的自然世界、安慰心灵等方面具有重要作用，这是那些积极生活的人所不能否认的。新科学并不总是简单地敲响智慧之门，也并不是简单地要求与其他知识进行平等对话、取得同等地位，而是新科学总是以多样化的形式出现。它有时会出现在饮食中，比如让身体感觉变强壮的食物和药物，有时又出现在能够给眼睛和鼻子带来愉悦的鲜花中。新科学对保护生命和恢复健康有着明显的效用，这是一个特别有力的论据。贸易公司的成立当然不是为了无私地追求知识，但公司的雇员却有意无意地推动着对自然进行极为艰巨的调查，并把世界上所有的实用信息联系在一起。全球科学发轫于全球经济兴起时。这肯定不是巧合。

---

[1]　Nakayama, *Japanese Astronomy*, 91.

参考文献

MANUSCRIPT SOURCES

BRITISH LIBRARY

Sloane 1235: "Collegium Chymicum Secretum / A / D. Carolo de Maes apud Lugdunenses." 1675 and 1676

Sloane 2729, containing letters of Willem ten Rhijne

PLANT SCIENCES LIBRARY OF OXFORD

Sherard 179: listed as Hermann's journal in Dutch of botanical expedition from Cape of Good Hope, August 1685 to January 1686; it is the journal of the first expedition to Namaqualand led by Simon van der Stel

Sherard 186: "Jacobi Bontii medici arcis ac civitatis Bataviae Novae in Indiis ordinarii exoticorum Indicorum centuria prima"

ROYAL SOCIETY OF LONDON

Letter Books, LBC.8 and 9

ROYAL COLLEGE OF PHYSICIANS, LONDON

"Annals of the College of Physicians of London"

ALGEMEEN RIJKSARCHIEF, THE HAGUE

Het Archief van de Nederlandse factorij in Japan (hereafter "NFJ"), "Deshima Dagregisters," vols. 87 (29 October 1673–19 October 1674), 88 (20 October 1674–7 November 1675), and 89 (7 November 1675–27 October 1676)

VOC-archives, 1.04.02, inventory no. 147

MUNICIPAL ARCHIVES

Amsterdam, "Ordonantie boeck, 1638–1718," P.A. 27/1; "Stukken betreffende de oprichting 1638; met retroacta, 1550–1637," P.A. 27/14; "Nomina et series inspectorum Collegii medici, 1637–1797," P.A. 27/17; "Nomina medicorum, 1641–1753," P.A. 27/20

Delft, Afd. 1, no. 1981, "Chirurgÿnsgilde-boek met de ampliatien, alteratien en 'gevolge van dien zeedert den Jaeren 1584. tot den Jaeren 1749 Inclusive'"
Deventer, "Klapper hervormde dopen Deventer"; "Lidmaten- en attestatieboek"
Haarlem, Collegium Medico-Pharmaceuticum, K. en O. II, 106; K. en O. II, 112
The Hague, "Statuta autographa collegii medicorum Hagiensium. anno 1658," 488/1 (a printed version of which is at 488/6, "Bijlagen bij de 'acta collegii,' 1658–1774")
Utrecht, "Vol. I: "Acta et decreta Collegii medici, 1706–1783," 41/suppl. 144

WEB SITES

Materials by Wolfgang Michel, http://www.flc.kyushu-u.ac.jp/~michel/publ/articles.html
Jacques de Groote, on the "Libri picturati," http://www.tzwin.be/libri%20picturati.html

REFERENCE SOURCES

Aa, A. J. van der, ed. *Biographisch woordenboek der Nederlanden.* 12 vols. Haarlem: J. J. van Brederode, 1858–78.
Album studiosorum academiae Lugduno Batavae, 1575–1875. The Hague: Martinus Nijhoff, 1875.
Album studiosorum academiae Rheno-Traiectinae, 1636–1886. Utrecht: J. L. Beijers, 1886.
Bunge, Wiep van, Henri Krop, Bart Leeuwenburgh, Han van Ruler, Paul Schuurman, and Michiel Wielema, gen. eds. *The Dictionary of Seventeenth- and Eighteenth-Century Dutch Philosophers.* 2 vols. Bristol: Thoemmes, 2003.
Eloy, N. F. J. *Dictionnaire historique de la médecine ancienne et moderne: ou mémoires disposés en ordre alphabétique pour servir a l'histoire de cette science.* 4 vols. Mons: H. Hoyois, 1778.
The European Union Encyclopedia and Directory, 2004. London: Europa, 2003.
Fockema Andreae, S. J., and Th. J. Meijer. *Album studiosorum Academiae Franekerensis (1585–1811, 1816–1844).* Franeker: T. Wever, 1969.
Gillispie, Charles C., gen. ed. *Dictionary of Scientific Biography.* 18 vols. New York: Scribners, 1970–90.
Health at a Glance: OECD Indicators, 2003. Paris: Organisation for Economic Co-operation and Development, 2003.
An Intermediate Greek-English Lexicon, Founded upon the Seventh Edition of Liddell and Scott's Greek-English Lexicon. 1889. Oxford: Clarendon Press, 1968.
Jensma, G. Th., F. R. H. Smit, and F. Westra, eds. *Universiteit te Franeker, 1585–1811: bijdragen tot de geschiedenis van de Friese hogeschool.* Leeuwarden: Fryske Akademy, 1985.
Kernkamp, G. W. *Acta et dectreta senatus: vroedschapsresolutien en andere bescheiden betreffende de Utrechtsche academie.* Utrecht: Broekhoff, 1936.
Ketner, F. *Album promotorum academiae Rheno-Trajectinae, 1636–1815.* Utrecht: Broekhoff, 1816.
Lindeboom, G. A. *Dutch Medical Biography: A Biographical Dictionary of Dutch Physicians and Surgeons, 1475–1975.* Amsterdam: Rodopi, 1984.

Molhuysen, P. C. *Bronnen tot de geschiedenis der Leidsche universiteit*. 4 vols. The Hague: Martinus Nijhoff, 1913–20.
Nieuw Nederlandsch Biographisch Woordenboek. 10 vols. Leiden: A. W. Sijthoff, 1911–37. [Cited as NNBW.]
Siegenbeek van Heuklelom-Lamme, C. A., and O. C. D. Idenburg-Siegenbeek van Heukelom. *Album scholasticum academiae Lugduno-Batavae, MDLXXV–MCMXL*. Leiden: E. J. Brill, 1941.
Slee, Jacob Cornelius van. *De illustre school te Deventer, 1630–1878*. The Hague: Martinus Nijhoff, 1916.
De Universiteit te Leuven, 1425–1975. Leuven: Universitaire Pers, 1976.
Vries, Jan de. *Nederlands etymologisch woordenboek*. Leiden: E. J. Brill, 1992.

PRIMARY SOURCES AND EDITIONS CITED

Adelmann, Howard B. *Marcello Malpighi and the Evolution of Embryology*. 5 vols. Ithaca, NY: Cornell University Press, 1966.
Albertus Magnus. *On Animals: A Medieval "Summa Zoologica."* Trans. and ed. K. F. Kitcell, Jr., and I. M. Resnick. 2 vols. Baltimore: Johns Hopkins University Press, 1999.
Aristotle. *Nichomachean Ethics*. Trans. J. A. K. Thomson. Baltimore: Johns Hopkins University Press, 1955.
———. *The Works of Aristotle Translated into English*. Rev. ed. Trans. Benjamin Jowett. Oxford: Oxford University Press, 1961.
Bacon, Francis. *Francis Bacon: A Selection of His Works*. Ed. Sidney Warhaft. New York: Odyssey, 1965.
Baglivi, Geo. *The Practice of Physick*. 1696. London: Andr. Bell, 1704.
Barbette, Paulus. *Pest-Beschryving*. 1655. Amsterdam: Jacob Lescailje, 1680.
Barlaeus, Caspar. *Le marchand philosophe de Caspar Barlaeus: un éloge du commerce dans Hollande du siècle d'or: étude, texte et traduction "Du Mercator sapiens."* Trans. and ed. Catherine Secretan. Paris: Honoré Champion, 2002.
———. *Rerum per octennium in Brasilia*. Amsterdam: Joannis Blaeu, 1647.
Birch, Thomas. *The History of the Royal Society of London for Improving of Natural Knowledge from Its First Rise*. Intro. A. Rupert Hall. 1756–57. London: Johnson Reprint, 1968.
Blasius, Gerard. *Anatome animalium*. Amsterdam: Joannis à Someren, 1681.
Boerhaave, Herman. *Academical Lectures*. 6 vols. London: W. Innys, 1743–51.
Bontekoe, Cornelis. *Alle de . . . werken van de heer Corn. Bontekoe*. Amsterdam: Jan ten Hoorn, 1689.
———. *Tractaat van het excellenste kruyd thee / Treatise about the Most Excellent Herb Tea*. In *Opuscula selecta neerlandicorum de arte medica*, 14:118–465. Amsterdam: Sumptibus Societatis, 1937.
Bontius, Jacobus. *An Account of the Diseases, Natural History, and Medicines of the East Indies*. London: T. Noteman, 1769.
———. *De medicina indorum*. Leiden: Franciscus Hackius, 1642.
———. *Tropische geneeskunde / On Tropical Medicine*. In *Opuscula selecta Neerlandicorum de arte medica*. Vol. 10. Amsterdam: Sumptibus Societatis, 1931.

Bos, Erik-Jan. *The Correspondence between Descartes and Henricus Regius*. Utrecht: Zeno, 2002.
Boyle, Robert. "Large Act of Anatomy by de Bils." In *The Works of Robert Boyle*, vol. 1, ed. Michael Hunter and Edward B. Davis, 41–50. London: Pickering and Chatto, 1999.
———. *Usefulnesse of Experimental Naturall Philosophy*. Oxford: Hen. Hall, 1663.
Boym, Michael. *Briefve Relation*. Paris: Sebastian Cramoisy and Gabriel Cramoisy, 1654.
———. *Flora sinensis*. Vienna: Matthaeus Rictius, 1656.
Boym, Michael, Andreas Cleyer, and Philippe Couplet. *Clavis medica ad Chinarum doctrinam de pulsibus*. [Nuremberg], 1686.
Breyne, Jakob. *Exoticarum aliarumque minus cognitarum plantarum centuria prima*. Danzig: D. F. Rhetius, 1678.
[Browne, Richard, prob. author]. *Chirurgorum comes*. London: Edw. Jones, 1687.
Burton, Robert. *Anatomy of Melancholy*. Oxford: H. Crippes, 1621.
Burton, William. *Life and Writings of Herman Boerhaave*. 2nd ed. London: H. Lintot, 1746.
Buschof, Hermann. *Erste Abhandlung über die Moxibustion in Europa: Das Genau Untersuchte und Auserfundene Podagra, Vermittelst Selbst Sicher-Eigenen Genäsung und Erlösenden Hülff-Mittels*. Ed. Michel Wolfgang. Heidelberg: Karl F. Haug, 1993.
Busschof, Herman, and Hermann Roonhuis. *Two Treatises, the One Medical, of the Gout . . . the Other Partly Chirurgical, Partly Medical*. London: H. C., 1676.
Clauder, Gabriel. *Methodus balsamandi corpora humana*. Jena: Oan Bielckium, 1679.
Cleyer, Andreas. *Specimen medicinae Sinicae*. Frankfurt: Joannis Petri Zubrodt, 1682.
Clusius, Carolus. *Aromatum, et simplicium aliquot medicamentorum apud Indos nascentium historia*. Antwerp: Christopher Plantin, 1567.
———. *Aromatum, et simplicium liquot medicamentorum apud Indos nascentium historia*. Intro. M. de Jong, D. A., and Wittop Koning, D.A. 1567. Nieuwkoop: B. de Graaf, 1963.
———. *Exoticorum libri decem: quibus animalium, plantarum, aromatum, aliorumque peregrinorum fructuum historiae describuntur*. Leiden: Plantiana Raphelengius, 1605.
Coolhaas, W. Ph. *Generale missiven van gouverneurs generaal en raden aan Heren XVII der Vereenigde Oostindische Compagnie*. Rijks Gescheidkundige Publicatiën: Groote ser., 9 vols. The Hague: M. Nijhoff, 1960–88.
[Court, Pieter Cornelis de la.] *Interest van Holland, ofte gronden van Hollands-welvaren; aangewezen door V. D. H.* Amsterdam: n.p., 1662.
Dam, Pieter van. *Beschryvinge van de Oostindische Companie*. Rijks Gescheidkundige Publicatiën: Groote ser., vols. 63, 68, 74, 76, 83, 87, 96. Ed. F. W. Stapel and C. W. Th. van Boetzelaer. The Hague: M. Nijhoff, 1927–54.
Davisson, William. *Philosophia pyrotechnica*. Paris: Joan Bessin, 1640.
———. *Le cours de chymie*. Amiens: Michel du Neuf-Germain, 1675.
De Beer, E. S., ed. *The Correspondence of John Locke*. 8 vols. Oxford: Clarendon Press, 1976–89.
De Bils, Louis. *Coppy of a Certain Large Act (Obligatory) of Yonker Louis de Bils*. Trans. John Pell. London, 1659.
Descartes, René. *Oeuvres de Descartes*. Ed. Charles Adam and Paul Tannery. Rev. ed., 1897–1913. Paris: Vrin/C.N.R.S., 1964–76.

―――. *The Philosophical Writings of Descartes*. 3 vols. Ed. and trans. John Cottingham, Robert Stoothoff, and Dugald Murdoch. Cambridge: Cambridge University Press, 1985–91. [Cited as CSM.]

Dioscorides. *The Greek Herbal of Dioscorides*. Ed. Robert R. Gunther. 1934. New York: Hafner, 1959.

Endo, Shusaku. *Silence*. Trans. William Johnson. 1969. London: Peter Owen, 1996.

Engen, John van, trans., and Heiko A. Oberman, intro. *Devotio Moderna: Basic Writings*. New York: Paulist Press, 1988.

Erasmus, Desiderius. *The Praise of Folly*. Trans. Hoyt Hopewell Hudson. 1941. Princeton, NJ: Princeton University Press, 1974.

Goedaert, Johannem. *Metamorphosis naturalis*. 3 vols. Middelburgh: Jacques Fierens, 1660–69.

Groenevelt, Joannes. *Tutus cantharidum in medicinâ usus internus*. London: R. E. Prost, 1703.

Hall, A. Rupert, and Marie Boas Hall, eds. *The Correspondence of Henry Oldenburg*. 13 vols. Madison: University of Wisconsin Press; London: Mansell; Taylor and Francis, 1965–86.

Hermann, Paulus. *Paradisus Batavus, continens plus centum plantas affabré aere incisas et descriptionibus illustratas*. [Ed. William Sherard.] Leiden: Abrahamum Elzevier, 1698.

Huxley, T. H. "On the Natural History of the Man-Like Apes." In *Collected Essays*, vol. 7: *Man's Place in Nature and Other Anthropological Essays*. 1868. London: Macmillan, 1894.

Kaempfer, Engelbert. *Exotic Pleasures: Fascicle III: Curious Scientific and Medical Observations*. Trans. and intro. Robert W. Carrubba. Carbondale: Southern Illinois University Press, 1996.

Kaye, F. B. ed. *Bernard Mandeville, The Fable of the Bees: Or, Private Vices, Publick Benefits*. 1924. 2 vols. Oxford: Clarendon Press, 1957.

Kegel-Brinkgreve, E., and A. M. Luyendijk-Elshout, trans. *Boerhaave's Orations*. Sir Thomas Browne Institute. Leiden: E. J. Brill/Leiden University Press, 1983.

Le Roy, Louis. *Of the Interchangeable Course or Variety of Things in the Whole World*. Trans. R[obert] A[shley]. London: Charles Yetsweirt, 1594.

Liddell and Scott. *An Intermediate Greek-English Lexicon*. 7th ed. 1889. Oxford: Oxford University Press.

Lindeboom, G. A., ed. and comp. *Het cabinet van Jan Swammerdam (1637–1680)*. Amsterdam: Rodopi, 1980.

―――, ed. *The Letters of Jan Swammerdam*. Amsterdam: Swets and Zeitlinger, 1975.

―――, ed. *Observationes anatomicae Collegii privati Amstelodamensis*. Nieuwkoop: B. de Graaf, 1975.

―――, ed. and comp. *Ontmoeting met Jan Swammerdam*. Ontmoetingen met mystici, 3. Kampen: J. H. Kok, 1980.

Linschoten, Jan Huygen van. *Itinerario: voyage ofte schipvaert van Jan Huygen van Linschoten naer Oost ofte Portugaels Indien, 1579–1592*. Amsterdam: Cornelis Claesz., 1596.

―――. *Itinerario: voyage ofte schipvaert van Jan Huygen Van Linschoten naer Oost ofte Portugaels Indien, 1579–1592*. Ed. H. Kern. 5 vols. The Hague: Martinus Nijhoff, 1910–39.

———. *Itinerario: Voyage ofte schipvaert naer Oost ofte Portugaels Indien, 1579–1592*. Gen. ed. H. Terpstra and H. Kern, original ed. 1910–39. 2nd ed. 3 vols. The Hague: Nijhoff, 1955–57.

———. *The Voyage of John Huygen van Linschoten to the East Indies: From the Old English Translation of 1598*. Ed. Arthus Coke and P. A. Tiele. 2 vols. London: Hakluyt Society, 1885.

Lipsius, Justus. *Of Constancie*. 1594. New Brunswick, NJ: Rutgers University Press, 1939.

Lloyd, G. E. R., ed., and J. Chadwick, W. N. Mann, and et al., trans. *Hippocratic Writings*. Harmondsworth: Penguin, 1978.

[Maets, Carolus de]. *Chemia rationalis*. Leiden: Jacobum Mocquee, 1687.

Mandeville, Bernard. *A Treatise of the Hypochondriack and Hysterick Diseases. In Three Dialogues*. 2nd ed., enl. 1711. London: J. Tonson, 1730.

Merian, Maria Sibylla. *Metamorphosis insectorum Surinamensium*. Amsterdam: By the author, 1705.

Montaigne, Michele de. *The Complete Works of Montaigne*. Trans. Donald M. Frame. 1943. Stanford, CA: Stanford University Press, 1989.

Orta, Garcia da. *Colloquies on the Simples and Drugs of India*. New ed. Lisbon, 1895. Trans. with intro. Clements Markham. London: Henry Sotheran, 1913.

———. *Colóquios dos simples, e drogas he cousas mediçinais de India*. Goa: Joannes de Endem, 1563.

———. *Dell'historia de i semplici aromati, et altre cose*. Ed. Carolus Clusius. Venice: Francesco Ziletti, 1589.

Pepys, Samuel. *The Diary of Samuel Pepys*. Transcribed and ed. Latham, Robert, and Williams Matthews. 10 vols. London: G. Bell and Sons, 1972.

Piso, William. *De Indiae utriusque re naturali et medica libri quatuordecim*. Amsterdam: Lodovicum et Danielem Elzevirios, 1658.

Piso, William, and Georg Marcgraff. *Historia naturalis Brasiliae*. Leiden: Franciscum Hackium, Lud. Elzevirium, 1648.

Plato. *The Dialogues of Plato*. 3rd ed. Trans. Benjamin Jowett. Oxford: Oxford University Press, 1892.

Reede, Henricus van, tot Drakenstein. *Hortus indicus Malabaricus*. 12 vols. Amsterdam: Joannis van Someren and Joannis van Dyck, 1678–1703.

Rhijne, Willem ten. *Dissertatio de arthritide*. London: R. Chiswell, 1683.

Römer, L. S. A. M. von, ed. *Epistolae Jacobi Bontii*. Batavia: Gualtherium Kolff, 1921.

Rumphius, Georgius Everhardus. *Amboinsche kruid-boek*. Ed. Joannes Burmann. 6 parts in 4 vols. Amsterdam, The Hague, and Utrecht: François Changuion et al., 1741–55.

———. *The Ambonese Curiosity Cabinet*. Trans. and ed. E. M. Beekman. New Haven and London: Yale University Press, 1999.

———. *D'Amboinsche rariteitkamer*. Amsterdam: François Halma, 1705.

———. *De generale lant-beschrijvinge van het Ambonse gouvernement: ofwel de ambonsche lant-beschrijvinge*. Transcription, notes, glossary, and new biography by W. Buijze. The Hague: W. Buijze, 2001.

Sanches, Francisco. *That Nothing Is Known*. Ed. and trans. Douglas F. S. Thomson, intro. Elaine Limbrick. Cambridge: Cambridge University Press, 1988.

Schrader, Justus. *Observationes et historiae*. Amsterdam: Abraham Wolfgang, 1674.
Schultens, Albert. *Oratio academica*. Leiden: Johannem Luzac, 1738.
Seneca. *Four Dialogues*. Ed. C. D. N. Costa. Warminster: Aris and Phillips, 1994.
Sloane, Hans. *A Voyage to the Islands Madera, Barbados, Nieves, S. Christophers and Jamaica*. London: For the author, 1707.
Smith, Captain John. *The Complete Works*. 3 vols. Ed. Philip L. Barbour. Chapel Hill: University of North Carolina Press, 1986.
Spiegel, Adrian. *Opera*. Ed. Johannes Ant. Vander Linden. Amsterdam: Iohannem Blaeu, 1645.
Spinoza, Benedict de. *Ethics*. Trans. Andrew Boyle, rev. G. H. R. Parkinson. London: Dent, 1993.
Swammerdam, Jan. *Book of Nature; or, The History of Insects*. Trans. Thomas Flloyd, rev. and improved by notes from Reamur and others by John Hill. London: C. G. Seyffert, 1758.
———. *Bybel der natuure /Biblia naturae*. Ed. Herman Boerhaave. Latin trans. Hieronimus David Gaubius. 2 vols. Leiden: Isaak Severinus, 1737.
———. *Ephemeri vita*. Amsterdam: Abraham Wolfgang, 1675.
———. *Historia insectorum generalis*. 2 vols. Utrecht: Meinardus van Dreunen, 1669.
———. *Miraculum naturae sive uteri muliebris fabrica*. Leiden: Severinus Matthaeus, 1672.
Sydenham, Thomas. *Tractatus de podagra et hydrope*. London: Walter Kettilby, 1683.
———. *Treatise Concerning the Gout*. Trans. John Drake. London: Walter Kettilby, 1684.
[Tachard, Guy]. *A Relation of the Voyage to Siam Performed by Six Jesuits*. London: J. Robinson and A. Churchil, 1688.
[Temple, Sir William]. *Miscellanea*. London: Edw. Gellibrand, 1680.
Ten Rhijne, Willem. "An Account of the Cape of Good Hope and the Hottentotes." In *A Collection of Voyages and Travels*, 4:768–82. London: A. and J. Churchill, 1732.
———. *Dissertatio de arthritide*. London: R. Chiswell, 1683.
———. *Exercitatio physiologica in celebrem Hippocratis textum de vet. med.* Leiden: n.p., 1669.
———. *Meditationes in magni Hippocratis textum xxiv. de veteri medicina*. Leiden: J. à Schuylenburgh, 1672.
———. *Schediasma de promontorio bonae spei, ejusve tractus incolis Hottentottis*. Schaffhausen: n.p., 1686.
———. *Verhandelinge van de Asiatise melaatsheid*. Amsterdam: A. van Someren, 1687.
The Travels of Marco Polo. Trans. Ronald Latham. Harmondsworth: Penguin Books, 1958.
The True Meaning of the Fable of the Bees. London: William and John Innys, 1726.
Tyson, Edward. *Orang-Outang, Sive Homo Sylvestris: Or, The Anatomy of a Pygmie Compared with That of a Monkey, an Ape, and a Man*. London: Thomas Bennet and Daniel Brown, 1699.
Valentyn, François. *Oud en Nieuw Oost-Indiën*. Dordrecht and Amsterdam: Joannes van Braam and Gerard onder de Linden, 1724.
Vondel, Joost van den. *Gijsbrecht van Amstel*. Trans. and intro. Kristiaan P. G. Aercke. Ottawa: Dovehouse, 1991.

Warnsinck, J. C. M., ed. *Reisen van Nicolaus de Graaff: gedan naar alle gewesten des werelds beginnende 1639 tot 1687 incluis.* 1930. De Linschoten-Vereeniging 33. The Hague: Nijhoff, 1976.

Waterhouse, Gilbert, ed. *Simon van der Stel's Journal of His Expedition to Namaqualand, 1685–6.* Dublin University Press Series. London: Longmans, Green, 1932.

Wittop Koning, D. A., intro. *Facsimile of the First Amsterdam Pharmacopoeia, 1636.* Nieuwkoop: B. de Graaf, 1961.

Wrop, J. A., ed. *De briefwisseling van Constantijn Huygens (1608–1687).* The Hague: Martinus Nijhoff, 1917.

Yonge, James. *Currus triumphalis.* London: J. Martin, 1679.

SECONDARY SOURCES CITED

Adas, Michael. *Machines as the Measure of Men: Science, Technology, and Ideologies of Western Dominance.* Ithaca, NY: Cornell University Press, 1989.

Åkerman, Susanna. *Queen Christina of Sweden and Her Circle: The Transformation of a Seventeenth-Century Philosophical Libertine.* Leiden: E. J. Brill, 1991.

Alpers, Svetlana. *The Art of Describing: Dutch Art in the Seventeenth Century.* Chicago: University of Chicago Press, 1983.

Andel, M. A. van. *Chirurgijns, vrije meesters, beunhazen en kwalkzalvers: de chirurgijnsgilden en de praktijk der heelkunde (1400–1800).* 1941. The Hague: Martinus Nijhoff, 1981.

———. "Introduction." In *Opuscula selecta Neerlandicorum de arte medica.* Vol. 14. Amsterdam: Nederlansche Tijdschfit voor Geneeskunde, 1937.

———. "Plague Regulations in the Netherlands." *Janus* 21 (1916): 410–44.

Andrade, Tonio. "Political Spectacle and Colonial Rule: The *Landdag* on Dutch Taiwan, 1629–1648." *Itinerario* 21 (1997): 57–93.

Appadurai, Arjun, ed. *The Social Life of Things: Commodities in Cultural Perspective.* Cambridge: Cambridge University Press, 1986.

Ashworth, William B., Jr. "Emblematic Natural History of the Renaissance." In *The Cultures of Natural History*, ed. N. Jardine, J. A. Secord, and E. Spary, 17–37. Cambridge: Cambridge University Press, 1995.

———. "The Habsburg Circle." In *Patronage and Institutions: Science, Technology and Medicine at the European Court, 1500–1750*, ed. Bruce T. Moran, 137–67. Woodbridge: Boydell, 1991.

———. "Natural History and the Emblematic World View." In *Reappraisals of the Scientific Revolution*, ed. David C. Lindberg and Robert S. Westman, 303–32. Cambridge: Cambridge University Press, 1990.

Attewell, Guy. "India and the Arabic Learning of the Renaissance: The Case of Garcia D'Orta." M.A. thesis, Warburg Institute, London: University of London, 1997.

Attwater, Rachel. *Adam Schall: A Jesuit at the Court of China, 1592–1666.* London: Geoffrey Chapman, 1963.

Auerbach, Erich. *Mimesis: The Representation of Reality in Western Literature.* Trans. Willard R. Trask. 1957. Princeton, NJ: Princeton University Press, 1974.

Augerius Gislenus Busbequius, 1522–1591: Vlaams humanist en keizerlijk gezant. Koninklijke Vlaamse Academie voor Wetenschappen, Letteren en Schone Kunsten van België. Brussels: Paleis der Academiën, 1955.

Aveling, James H. *The Chamberlens and the Midwifery Forceps: Memorials of the Family and an Essay on the Invention of the Instrument*. 1882. New York: Arno, 1977.

Baar, Mirjam de, Machteld Löwensteyn, Marit Monteiro, and A. Agnes Sneller, eds. *Anna Maria Schurman (1607–1678): een uitzonderlijk geleerde vrouw*. Zutphen: Walburg, 1992.

———. *Choosing the Better Part: Anna Maria Van Schurman (1607–1678)*. Trans. Lynne Richards. Dordrecht: Kluwer, 1996.

Backer, Christian M. E. de. *Farmacie te Gent in de late middeleeuwen: apothekers en receptuur*. Hilversum: Verloren, 1990.

Bakhtin, Mikhail M. *Rabelais and His World*. Trans. Helene Iswolsky. Cambridge, MA: MIT Press, 1968.

Balbian Verster, J. F. L. de. *Burgemeesters van Amsterdam in de zeventiende en achttiende eeuw*. Zutphen: W. J. Thieme en Cie, 1932.

Baldwin, Martha. "Alchemy and the Society of Jesus in the Seventeenth Century: Strange Bedfellows?" *Ambix* 40 (1993): 41–64.

Barend-van Haeften, Marijke. *Oost-Indië gespiegeld: Nicolaas de Graaf, een schrijvend chirurgijn in dienst van de VOC*. Zutphen: Walburg, 1992.

Barge, J. A. J. *De oudste inventaris der oudste academische anatomie in Nederland*. Leiden: H. E. Stenfert Kroese's, 1934.

Barnett, Frances Mason. "Medical Authority and Princely Patronage: The Academia Naturae Curiosorum, 1652–1693." Ph.D. diss., University of North Carolina at Chapel Hill, 1995.

Baron, Hans. *The Crisis of the Early Italian Renaissance: Civic Humanism and Republican Liberty in an Age of Classicism and Tyranny*. 2nd ed. Princeton, NJ: Princeton University Press, 1966.

Barrera, Antonio. "Local Herbs, Global Medicines: Commerce, Knowledge, and Commodities in Spanish America." In *Merchants and Marvels: Commerce, Science, and Art in Early Modern Europe*, ed. Pamela H. Smith and Paula Findlen, 163–81. New York: Routledge, 2002.

Barth, Michael. "Huygens at Work: Annotations in His Rediscovered Personal Copy of Hooke's *Micrographia*." *Annals of Science* 52 (1995): 601–13.

Bassani, Ezio, and Letizia Tedeschi. "The Image of the Hottentot in the Seventeenth and Eighteenth Centuries: An Iconographic Investigation." *Journal of the History of Collections* 2 (1990): 157–86.

Baumann, E. D. *François Dele Boe Sylvius*. Leiden: E. J. Brill, 1949.

———. "Job van Meekren." *Nederlandsch Tijdschrift voor Geneeskunde* 67 (1923): 456–79.

———. *Johan van Beverwijck in leven en werken geschetst*. Dordrecht: Revers, 1910.

———. *Uit drie eeuwen Nederlandse geneeskunde*. Amsterdam: H. Meulenhoff, n.d.

Bayly, C. A. *Empire and Information: Intelligence Gathering and Social Communication in India, 1780–1870*. Cambridge: Cambridge University Press, 1996.

Beagon, Mary. *Roman Nature: The Thought of Pliny the Elder*. Oxford: Clarendon Press, 1992.

Beekman, E. M. *Troubled Pleasures: Dutch Colonial Literature from the East Indies, 1600–1950*. Oxford: Clarendon Press, 1996.

Begheyn, Paul. "A Letter from Andries Cleyer, Head Surgeon of the United East India Company at Batavia, to Father Philips Couplet, S.J., Missionary in China, 1669." *Lias* 20 (1993): 245–49.

Benedict, Barbara M. *Curiosity: A Cultural History of Early Modern Inquiry*. Chicago: University of Chicago Press, 2001.

Berendts, Ans. "Carolus Clusius (1526–1609) and Bernardus Paludanus (1550–1633): Their Contacts and Correspondence." *Lias* 5 (1978): 49–64.

Bergvelt, Ellinoor, and Renée Kistemaker, eds. *De wereld binnen handbereik: Nederlandse kunst- en ariteitenverzamelingen, 1585–1735*. Zwolle: Waanders /Amsterdams Historisch Museum, 1992.

Berkel, Klaas van. *Citaten uit het boek der natuur: opstellen over Nederlandsewetenschapsgeschiedenis*. Amsterdam: B. Bakker, 1998.

———. "Citaten uit het boek der natuur: zeventiende-eeuwse Nederlandse naturaliënkabinetten en de ontwikkeling van de natuurwetenschap." In *De wereld binnen handbereik: Nederlandse kunst-en rariteitenverzamelingen, 1585–1735*, ed. Ellinoor Bergvelt and Renée Kistemaker, 169–91. Zwolle: Waanders Uitgevers/Amsterdams Historisch Museum, 1992.

———. "Descartes in debat met Voetius: de mislukte introductie van het Cartesianisme aan de Utrechtse universiteit (1639–1645)." *Tijdschrift voor de Geschiedenis der Geneeskunde, Natuurwetenschappen, Wiskunde en Techniek* 7 (1984): 4–18.

———. *Isaac Beeckman (1588–1637) en de mechanisering van het wereldbeeld*. Amsterdam: Rodopi, 1983.

Berkel, Klaas van, Albert van Helden, and Lodewijk Palm, eds. *A History of Science in the Netherlands: Survey, Themes, and Reference*. Leiden: E. J. Brill, 1999.

Berman, Morris. *The Reenchantment of the World*. Ithaca, NY: Cornell University Press, 1981.

Beukers, Harm. "Acid Spirits and Alkaline Salts: The Iatrochemistry of Franciscus Dele Boë, Sylvius." *Sartoniana* 12 (1999): 39–58.

———. "Clinical Teaching in Leiden from Its Beginning until the End of the Eighteenth Century." In *Clinical Teaching Past and Present*, ed. H. Beukers and J. Moll, 139–52. Amsterdam: Rodopi, 1989.

———. "Dodonaeus in Japanese: Deshima Surgeons as Mediators in the Early Introduction of Western Natural History." In *Dodonaeus in Japan: Translation and the Scientific Mind in Tokugawa Period*. Ed. W. F. vande Walle, 282–97. Leuven: Leuven University Press, 2001.

———. "Invloed van de Zuidnederlanse chirurgie op de Noord-Nederlandse in de zestiende eeuw." Manuscript.

———. "Het laboratorium van Sylvius." *Tijdschrift voor de Geschiedenis der Geneeskunde, Natuurwetenschappen, Wiskunde en Techniek* 3 (1980): 28–36.

———. "Mechanistiche principes bij Franciscus Dele Boë, Sylvius." *Tijdschrift voor de Geschiedenis der Geneeskunde, Natuurwetenschappen, Wiskunde en Techniek* 5 (1982): 6–15.

———. "Terug naar de wortels." Oegstgeest: Drukkerij de Kempenaer, 1989.
Bezemer-Sellers, Vanessa. "Clingendael: An Early Example of a Le Nôtre Style Garden in Holland." *Journal of Garden History* 7 (1987): 1–42.
———. "The Bentinck Garden at Sorgvliet." In *The Dutch Garden in the Seventeenth Century*, ed. John Dixon Hunt, 99–129. Dumbarton Oaks Colloquium on the History of Landscape Architecture, 12. Washington, DC: Dumbarton Oaks, 1990.
———. "Condet Aurea Saecula: The Gardens of Frederik Hendrik." In *Princely Display: The Court of Frederick Hendrik of Orange and Amalia Van Solms*, comp. and ed. Marika Keblusek and Jori Zijlmans, 126–42, 223–24. The Hague: Historical Museum; and Zwolle: Waanders, 1997.
Bénézet, Jean-Pierre. *Pharmacie et médicament en Méditerranée occidentale (treizième-seizième siècles)*. Paris: Honoré Champion, 1999.
Biagioli, Mario. *Galileo Courtier: The Practice of Science in the Culture of Absolutism*. Chicago: University of Chicago Press, 1993.
———. "Galileo's System of Patronage." *History of Science* 28 (1990): 1–62.
———. "Knowledge, Freedom, and Brotherly Love: Homosociality and the Accademia Dei Lincei." *Configurations* 3 (1995): 139–66.
Bivins, Roberta. *Acupuncture, Expertise, and Cross-Cultural Medicine*. Houndsmill, Basingstoke: Palgrave, 2000.
Black, Jeremy. *The British Abroad: The Grand Tour in the Eighteenth Century*. New York: St. Martin's Press, 1992.
———. *The British and the Grand Tour*. London: Croom Helm, 1985.
———. *A Military Revolution? Military Change and European Society, 1550–1800*. Basingstoke: Macmillan Education, 1991.
Black, William George. *Folk-Medicine: A Chapter in the History of Culture*. London: Folklore Society, 1883.
Blécourt, Willem de. *Termen van Toverij: De veranderende betekenis Van Toverij in Noordoost-Nederland tussen de zestiende en twintigste eeuw*. Nijmegen: SUN, 1990.
———. "Witch Doctors, Soothsayers and Priests: On Cunning Folk in European Historiography and Tradition." *Social History* 19 (1994): 285–303.
Bloch, Dorete. "Whaling in the Faroe Islands, 1584–1994: An Overview." In *The North Atlantic Fisheries, 1100–1976: National Perspectives on a Common Resource*, ed. Poul Holm, David J. Starkey, and Jón Th. Thór, 49–61. Studia Atlantica, 1. Esbjerg: Fiskerimuseet, 1996.
Blom, H. W. "*Felix Qui Potuit Rerum Cognoscere Causas:* Burgersdijk's Moral and Political Thought." In *Franco Burgersdijk (1590–1635): Neo-Aristotelianism in Leiden*, ed. E. P. Bos and H. A. Krop, 119–50. Studies in the History of Ideas in the Low Countries. Amsterdam: Rodopi, 1993.
Blom, H. W., and I. W. Wildenberg, eds. *Pieter de la Court in zijn tijd: aspecten van een veelzijdig publicist (1618–1685)*. Amsterdam: APA—Holland University Press, 1986.
Blussé, Léonard. *Strange Company: Chinese Settlers, Mestizo Women and the Dutch in VOC Batavia*. Verhandelingen KITLV 122. Dordrecht: Foris, 1986.
———. *Bitter Bonds: A Colonial Divorce Drama of the Seventeenth Century*. Trans. Diane Webb. Princeton, NJ: Markus Wiener, 2002.

Boheemen, F. C. van, and Th. C. J. van der Heijden. *De westlandse rederijkerskamers in de zestiende en zeventiende eeuw.* Amsterdam: Rodopi, 1985.

Bonfield, Lloyd. "Affective Families, Open Elites and Strict Family Settlements in Early Modern England." *Economic History Review*, 2nd ser., 39 (1986): 341–54.

Bono, James J. *The Word of God and the Languages of Man: Interpreting Nature in Early Modern Science and Medicine*, vol. 1: *Ficino to Descartes*. Madison: University of Wisconsin Press, 1995.

Boogaart, Ernst van den. *Civil and Corrupt Asia: Images and Text in the "Itinerario" and the "Icones" of Jan Huygen van Linschoten.* Chicago: University of Chicago Press, 2003.

Boogman, J. C. "The *Raison d' État* Politician Johan de Witt." *Low Countries History Yearbook* 11 (1978): 55–78.

Boorstin, Daniel J. *The Discoverers.* New York: Random House, 1983.

Booy, Engelina Petronella de. *Kweekhoven der wijshied: basis- en vervolgonderwijs in de steden van de provincie Utrecht van 1580 tot het begin der negentiende eeuw.* Stichtse Historische Reeks, 5. Zutphen: Walburg, 1980.

———. *De weldaet der scholen: het plattelandsonderwijs in de provincie Utrecht van 1580 tot het begin der negentiende eeuw.* Stichtse Historische Reeks, 3. Utrecht: n.p., 1977.

Borkenau, Franz. "The Sociology of the Mechanistic World-Picture." Zur Soziologie des mechanistischen Weltbildes. 1932. Trans. Richard W. Hadden. *Science in Context* 1 (1987): 109–27.

Bos, E. P., and H. A. Krop, eds. *Franco Burgersdijk (1590–1635): Neo-Aristotelianism in Leiden.* Studies in the History of Ideas in the Low Countries. Amsterdam: Rodopi, 1993.

Bosman-Jelgersma, Henriëtte A., "Augerius Clutius (1578–1636), apotheker, botanicus en geneeskundige." *Kring voor de Geschiedenis van de Pharmacie in Benelux, Bulletin* 64 (1983): 55–62.

———. "Clusius en Clutius." *Kring voor de Geschiedenis van de Pharmacie in Benelux, Bulletin* 64 (1983): 6–10.

———. "Dirck Outgaertsz Cluyt." *Farmaceutisch Tijdschift voor België* 53 (1976): 525–48.

———. *Pieter van Foreest: de Hollandse Hippocrates, 1521–1597.* Heiloo: Vereniging Oud Heiloo, 1984.

———. *Vijf eeuwen Delftse apothekers: een bronnenstudie over de geschiedenis van de farmacie in een Hollandse stad.* Amsterdam: Ronald Meesters, 1979.

———, ed. *Petrus Forestus Medicus.* Krommenie: Knijnenberg, 1996.

Bosman-Jelgersma, Henriëtte A., and H. L. Houtzager. "De balseming van Prins Willem van Oranje." *Kring voor de Geschiedenis van de Pharmacie in Benelux, Bulletin* 66 (1984): 47–50.

Bossy, John. "Moral Arithmetic: Seven Sins into Ten Commandments." In *Conscience and Casuistry in Early Modern Europe*, ed. Edmund Leites, 214–34. Cambridge: Cambridge University Press, 1988.

Bourdieu, Pierre. *Distinction: A Social Critique of the Judgment of Taste.* Trans. Richard Nice. Cambridge, MA: Harvard University Press, 1984.

Bouwsma, William J. *Concordia Mundi: The Career and Thought of Guillaume Postel (1510–1581).* Cambridge, MA: Harvard University Press, 1957.

---. "Lawyers and Early Modern Culture." *American Historical Review* 78 (1973): 303–27.
Bowers, John Z. *Western Medical Pioneers in Feudal Japan*. Baltimore: Johns Hopkins University Press, 1970.
Bowers, John Z., and Robert W. Carrubba. "The Doctoral Thesis of Engelbert Kaempfer on Tropical Diseases, Oriental Medicine, and Exotic Natural Phenomena." *Journal of the History of Medicine* 25 (1970): 270–310.
Boxer, Charles R. *The Christian Century in Japan, 1549–1650*. Berkeley: University of California Press, 1951.
---. *The Dutch in Brazil, 1624–1654*. Oxford: Clarendon Press, 1957.
---. "Jan Compagnie in Japan, 1672–1674, or Anglo-Dutch Rivalry in Japan and Formosa." In *Papers on Portuguese, Dutch, and Jesuit Influences in Sixteenth- and Seventeenth-Century Japan: Writings of Charles Ralph Boxer*, comp. Michael Moscato, 147–211. Washington, DC: University Publications of America, 1979.
---. *Two Pioneers of Tropical Medicine: Garcia d'Orta and Nicolás Monardes*. London: Wellcome Historical Medical Library/Hispanic and Luso-Brazilian Councils, 1963.
Bredekamp, Horst. *The Lure of Antiquity and the Cult of the Machine: The Kunstkammer and the Evolution of Nature, Art and Technology*. German ed. 1993. Trans. Allison Brown. Princeton, NJ: Markus Wiener, 1995.
Bredero, G. A. *The Spanish Brabanter: A Seventeenth-Century Dutch Social Satire in Five Acts*. Trans. H. David Brumble, III. Binghamton, NY: Center for Medieval and Early Renaissance Texts and Studies, 1982.
Brienen, Rebecca P. "Art and Natural History at a Colonial Court: Albert Eckhout and Georg Marcgraf in Seventeenth-Century Dutch Brazil." Ph.D. diss., Northwestern University, 2002.
Brienen, T., ed. *De nadere reformatie en het gereformeerd piëtisme*. The Hague: Boekcentrum, 1989.
Brockbank, William. "Sovereign Remedies: A Critical Depreciation of the Seventeenth-Century London Pharmacopoeia." *Medical History* 8 (1964): 1–14.
Brockliss, Laurence, and Colin Jones. *The Medical World of Early Modern France*. Oxford: Clarendon Press, 1997.
Broecke, Steven Vanden. "The Limits of Influence: Astrology at Louvain University, 1520–1580." Ph.D. diss., Katholieke Universiteit Leuven, 2000.
Brooke, John Hedley. *Science and Religion: Some Historical Perspectives*. The Cambridge History of Science Series. Cambridge: Cambridge University Press, 1991.
Brooke, John Hedley, Margaret J. Osler, and Jitse M. van der Meer, eds. *Science in Theistic Contexts: Cognitive Dimensions*. Osiris. Chicago: University of Chicago Press, 2001.
Brothwell, Don, and Patricia Brothwell. *Food in Antiquity: A Survey of the Diet of Early Peoples*. Expanded ed. 1969. Baltimore: Johns Hopkins University Press, 1998.
Brotton, Jerry. *The Renaissance Bazaar: From the Silk Road to Michelangelo*. Oxford: Oxford University Press, 2002.
Brown, Christopher. *Dutch Paintings*. London: National Gallery Publications, 1983.
Brown, Harcourt. *Scientific Organizations in Seventeenth Century France (1620–1680)*. 1934. New York: Russell and Russell, 1967.

Brown, Theodore M. "Medicine in the Shadow of the *Principia*." *Journal of the History of Ideas* 48 (1987): 629–48.
Brownstein, Daniel Abraham. "Cultures of Anatomy in Sixteenth-Century Italy." Ph.D. diss., University of California at Berkeley, 1996.
Brugmans, H., ed. *Gedenkboek van het Athenaeum en de Universiteit van Amsterdam, 1632–1932*. Amsterdam: Stadsdrukkerij, 1932.
Bruijn, Iris Diane Rosemary. "Ship's Surgeons of the Dutch East India Company in the Eighteenth Century: Commerce and the Progress of Medicine." Ph.D. diss., Rijksuniversiteit te Leiden, 2004.
Bruijn, J. R. "Dutch Fisheries: An Historiographical and Thematic Overview." In *The North Atlantic Fisheries, 1100–1976: National Perspectives on a Common Resource*, ed. Poul Holm, David J. Starkey, and Jón Th. Thór, 105–20. Studia Atlantica, 1. Esbjerg: Fiskerimuseet, 1996.
Bruijn, J. R., and E. S. van Eyck van Heslinga. *Muiterij: oproer en berechting op schepen van de VOC*. Haarlem: De Boer Maritiem, 1980.
Bruijn, J. R., F. S. Gaastra, I. Schöffer, and A. C. J. Vermeulen, assist. *Dutch-Asiatic Shipping in the Seventeenth and Eighteenth Centuries*. Vol. 1: *Introductory Volume*. Rijks Geschiedkundige Publicatiën. The Hague: Martinus Nijhoff, 1987.
Buchan, James. *Frozen Desire: The Meaning of Money*. New York: Farrar, Straus, and Giroux, 1997.
Budge, Ernest A. Wallis. *Amulets and Talismans*. New York: University Books, 1961.
Bueno, Mar Rey. *Los señores del fuego: destiladores y espagiricos en la corte de los Austrias*. Madrid: Ediciones Corona Borealis, 2002.
Bulbeck, David, Anthony Reid, Lay Cheng Tan, and Yiqi Wu, comp. *Southeast Asian Exports since the Fourteenth Century: Cloves, Pepper, Coffee, and Sugar*. Leiden: Koninklijk Instituut voor Taal-, Land-en Volkenkunde Press, 1998.
Burnett, Charles. "Astrology and Medicine in the Middle Ages." *Bulletin of the Society for the Social History of Medicine* 37 (1985): 16–18.
Burney, Ian Adnan. "Viewing Bodies: Medicine, Public Order, and English Inquest Practice." *Configurations* 2 (1994): 33–46.
Burtt, Shelly. *Virtue Transformed: Political Argument in England, 1688–1740*. Cambridge: Cambridge University Press, 1992.
Bury, J. B. *The Idea of Progress: An Inquiry into Its Origin and Growth*. Intro. Charles A. Beard. New York: Dover, 1955.
Busbecq, Ogier Ghiselin de. *The Life and Letters of Ogier Ghiselin de Busbecq: Seigneur of Bousbecque, Knight, Imperial Ambassador*. 2 vols. Ed. and trans. Charles Thornton Forster and F. H. Blackburne Daniell. London: Kegan Paul, 1881.
Buzon, Frédéric de. "Science de la nature et théorie musicale chez Isaac Beeckman (1588–1637)." *Revue d'Histoire des Sciences* 38 (1985): 97–120.
Bylebyl, Jerome J. "Commentary on Early Clinical Teaching at Padua." In *A Celebration of Medical History*, ed. Lloyd G. Stevenson, 200–211. Baltimore: Johns Hopkins University Press, 1982.
———. "Galen on the Non-Natural Causes of Variation in the Pulse." *Bulletin of the History of Medicine* 45 (1971): 482–85.

———. "The Manifest and the Hidden in the Renaissance Clinic." In *Medicine and the Five Senses*, ed. W. F. Bynum and Roy Porter, 40–60. Cambridge: Cambridge University Press, 1993.

———. "The Medical Meaning of *Physica*." In *Renaissance Medical Learning: Evolution of a Tradition*, ed. Michael R. McVaugh and Nancy G. Siraisi. *Osiris*, 2nd ser., 6 (1990): 16–44.

———. "Medicine, Philosophy, and Humanism in Renaissance Italy." In *Science and the Arts in the Renaissance*, ed. John W. Shirley and F. David Hoeniger, 27–49. Washington, DC: Folger Shakespeare Library, 1985.

———. "*De Motu Cordis*: Written in Two Stages? Response." *Bulletin of the History of Medicine* 51 (1977): 140–50.

———. "The School of Padua: Humanistic Medicine in the Sixteenth Century." In *Health, Medicine and Mortality in the Sixteenth Century*, ed. Charles Webster, 335–70. Cambridge: Cambridge University Press, 1979.

Bynum, Caroline Walker. *The Resurrection of the Body in Western Christianity*. New York: Columbia University Press, 1995.

———. "Wonder." *American Historical Review* 102 (1997): 1–26.

Caciola, Nancy. "Mystics, Demoniacs, and the Physiology of Spirit Possession in Medieval Europe." *Comparative Studies in Society and History* 42 (2000): 268–306.

Calabi, Donatella. *The Market and the City: Square, Street and Architecture in Early Modern Europe*. Trans. Marlene Klein. Aldershot: Ashgate, 2004.

Campbell, Mary B. *The Witness and the Other World: Exotic European Travel Writing, 400–1600*. Ithaca, NY: Cornell University Press, 1988.

Cañizares-Esguerra, Jorge. "Iberian Science in the Renaissance: Ignored How Much Longer?" *Perspectives on Science* 12 (2004): 86–124.

Carlino, Andrea. *Books of the Body: Anatomical Ritual and Renaissance Learning*. Trans. John Tedeschi and Anne C. Tedeschi. Chicago: University of Chicago Press, 1999.

Carreras y Artau, Tomás, and Joaquín Carreras y Artau. *Historia de la filosofía Española: filosofía Cristiana de los siglos trece al quince*. 2 vols. Madrid: Real Academia de Ciencias Exactas, Fisicas y Naturales, 1939–43.

Carrillo, Jesús. "From Mt. Ventoux to Mt. Masaya: The Rise and Fall of Subjectivity in Early Modern Travel Narrative." In *Voyages and Visions: Towards a Cultural History of Travel*, ed. Jaś Elsner and Joan-Pau Rubiés, 57–73. London: Reaktion, 1999.

Carrubba, Robert W. "The Latin Document Confirming the Date and Institution of Wilhelm ten Rhyne's M.D." *Gesnerus* 39 (1982): 473–76.

Carrubba, Robert W., and John Z. Bowers. "The Western World's First Detailed Treatise on Acupuncture: Willem ten Rhijne's *De acupunctura*." *Journal of the History of Medicine* 29 (1974): 371–97.

Chancey, Karen. "The Amboyna Massacre in English Politics, 1624–1632." *Albion* 30 (1998): 583–98.

Chaney, Edward. *The Evolution of the Grand Tour: Anglo-Italian Cultural Relations since the Renaissance*. London: Frank Cass, 1998.

———. *The Grand Tour and the Great Rebellion: Richard Lassels and "The Voyage to Italy" in the Seventeenth Century*. Geneva: Slatkine, 1985.

Charles, Pierre. "L'introduction de la médecine européene au Japon par les Portugais au seizième siècle." In *Primeiro Congresso da Historia da Expansão Portuguesa no Mundo*, 2:89–105. Lisbon: Ministério das Colónias, 1938.

Charles-Dawbert, Françoise. "Libertine, littérature clandestine et privilège de la raison." *Recherches sur le Dix-septième Siècle* 7 (1984): 45–57.

Chartier, Roger, ed. *Passions of the Renaissance*. Vol. 3 of *A History of Private Life*. Gen. ed. Phillipe Ariès and Georges Duby. Trans. Arthur Goldhammer. Cambridge, MA: Harvard University Press, Belknap, 1989.

Chaudhuri, K. N. *Asia before Europe: Economy and Civilisation of the Indian Ocean from the Rise of Islam to 1750*. Cambridge: Cambridge University Press, 1990.

Chijs, J. A. van der. *De Nederlanders te Jakatra*. Amsterdam: Frederik Muller, 1860.

Clark, George N. *A History of the Royal College of Physicians of London*. 2 vols. Oxford: Clarendon Press, 1964–66.

Clark, W. B., and Meradith T. McMunn, eds. *Beasts and Birds of the Middle Ages: The Bestiary and Its Legacy*. Philadelphia: University of Pennsylvania Press, 1989.

Clercq, Peter de. *At the Sign of the Oriental Lamp: The Musschenbroek Workshop in Leiden, 1660–1750*. Rotterdam: Erasmus, 1997.

Cohen, H. F. *Quantifying Music: The Science of Music at the First Stage of the Scientific Revolution, 1580–1650*. Dordrecht: Reidel, 1984.

Cole, F. J. *A History of Comparative Anatomy: From Aristotle to the Eighteenth Century*. London: Macmillan, 1944.

———. "Leeuwenhoek's Zoological Researches." *Annals of Science* 2 (1937): 1–46, 185–235.

Cole, John R. *The Olympian Dreams and Youthful Rebellion of René Descartes*. Urbana: University of Illinois Press, 1992.

Colie, Rosalie L. *Light and Enlightenment: A Study of the Cambridge Platonists and the Dutch Arminians*. Cambridge: Cambridge University Press, 1957.

———. *"Some Thankfulnesse to Constantine": A Study of English Influence upon the Early Works of Constantijn Huygens*. The Hague: Martinus Nijhoff, 1956.

Cook, Harold J. "Bernard Mandeville." In *A Companion to Early Modern Philosophy*, ed. Steven Nadler, 469–82. Oxford: Blackwell, 2002.

———. "Bernard Mandeville and the Therapy of the 'Clever Politician.'" *Journal of the History of Ideas* 60 (1999): 101–24.

———. "Body and Passions: Materialism and the Early Modern State." *Osiris* 17 (2002): 25–48.

———. "Boerhaave and the Flight from Reason in Medicine." *Bulletin of the History of Medicine*, 74 (2000): 221–40.

———. "The Cutting Edge of a Revolution? Medicine and Natural History near the Shores of the North Sea." In *Renaissance and Revolution: Humanists, Scholars, Craftsmen and Natural Philosophers in Early Modern Europe*, ed. J. V. Field and Frank A. J. L. James, 45–61. Cambridge: Cambridge University Press, 1993.

———. *The Decline of the Old Medical Regime in Stuart London*. Ithaca, NY: Cornell University Press, 1986.

———. "Global Economies and Local Knowledge in the East Indies: Jacobus Bontius

Learns the Facts of Nature." In *Colonial Botany: Science, Commerce, and Politics in the Early Modern World*, ed. Londa Schiebinger and Claudia Swan, 100–118, 299–302. Philadelphia: University of Pennsylvania Press, 2005.

———. "Good Advice and Little Medicine: The Professional Authority of Early Modern English Physicians." *Journal of British Studies* 33 (1994): 1–31.

———. "Living in Revolutionary Times: Medical Change under William and Mary." In *Patronage and Institutions: Science, Technology, and Medicine at the European Court, 1500–1750*, ed. Bruce T. Moran, 111–35. Woodbridge: Boydell, 1991.

———. "Medical Communication in the First Global Age: Willem ten Rhijne in Japan, 1674–1676," *Disquisitions on the Past and Present* 11 (2004): 16–36.

———. "The Moral Economy of Natural History and Medicine in the Dutch Golden Age." In *Contemporary Explorations in the Culture of the Low Countries*, ed. William Z. Shetter and Inge Van der Cruysse, 39–47. Publications of the American Association of Netherlandic Studies, 9. Lanham, Md.: University Press of America, 1996.

———. "Natural History and Seventeenth-Century Dutch and English Medicine." In *The Task of Healing: Medicine, Religion and Gender in England and the Netherlands, 1450–1800*, ed. Hilary Marland and Margaret Pelling, 253–70. Rotterdam: Erasmus, 1996.

———. "The New Philosophy and Medicine in Seventeenth-Century England." In *Reappraisals of the Scientific Revolution*, ed. David C. Lindberg and Robert S. Westman, 397–436. Cambridge: Cambridge University Press, 1990.

———. "The New Philosophy in the Low Countries." In *The Scientific Revolution in National Context*, ed. Roy Porter and Mikuláš Teich, 115–49. Cambridge: Cambridge University Press, 1992.

———. "Physical Methods." In *Companion Encyclopedia of the History of Medicine*, ed. W. F. Bynum and Roy Porter, 939–60. London: Routledge, 1993.

———. "Physicians and Natural History." In *Cultures of Natural History*, ed. Nicholas Jardine, James Secord, and Emma Spary, 91–105. Cambridge: Cambridge University Press, 1996.

———. "Physick and Natural History in Seventeenth-Century England." In *Revolution and Continuity: Essays in the History and Philosophy of Early Modern Science*, ed. P. Barker and R. Ariew, 63–80. Studies in Philosophy and the History of Philosophy, 24. Washington, DC: Catholic University of America Press, 1991.

———. "Time's Bodies: Crafting the Preparation and Preservation of Naturalia." In *Merchants and Marvels: Commerce, Science and Art in Early Modern Europe*, ed. Pamela H. Smith and Paula Findlen, 223–47. London: Routledge, 2002.

———. *Trials of an Ordinary Doctor: Joannes Groenevelt in Seventeenth-Century London*. Baltimore: Johns Hopkins University Press, 1994.

———. "Das Wissen von den Sachen." Trans. into German by Jan Neersö. In *Seine Welt Wissen: Enzyklopädien in der Frühen Neuzeit*, ed. Ulrich Johannes Schneider, 81–124. Darmstadt: WBG, 2006.

Cook, Harold J., and David S. Lux. "Closed Circles or Open Networks? Communicating at a Distance during the Scientific Revolution." *History of Science* 36 (1998): 179–211.

Coolhaas, W. Ph. "Notes and Comments on the So-Called Amboina Massacre." In *Dutch*

Authors on Asian History, ed. M. A. P. Meilink-Roelofsz, M. E. van Opstall, and G. J. Schutte,198–240. Dordrecht: Foris, 1988.

Copenhaver, Brian P. "Natural Magic, Hermetism, and Occultism in Early Modern Science." In *Reappraisals of the Scientific Revolution*, ed. David C. Lindberg and Robert S. Westman, 261–301. Cambridge: Cambridge University Press, 1990.

Corn, Charles. *The Scents of Eden: A History of the Spice Trade*. London: Kodansha International, 1999.

Cunningham, Andrew. *The Anatomical Renaissance: The Resurrection of the Anatomical Projects of the Ancients*. Aldershot: Scolar Press, 1997.

———. "Fabricius and the 'Aristotle Project' in Anatomical Teaching and Research at Padua." In *The Medical Renaissance of the Sixteenth Century*, ed. Andrew Wear, Roger K. French, and Ian M. Lonie, 195–222, 330–31. Cambridge: Cambridge University Press, 1985.

———. "Sir Robert Sibbald and Medical Education, Edinburgh, 1706." *Clio Medica* 13 (1978): 135–61.

Dankmeijer, J. *De biologische studies van René Descartes*. Leidse Voordrachten. Leiden: Universitaire Pers, 1951.

———. "Les travaux biologiques de René Descartes (1596–1650)." *Archives Internationales d'Histoire des Sciences* 16 (1951): 675–80.

Dannenfeldt, Karl H. "Egyptian Mumia: The Sixteenth-Century Experience and Debate." *Sixteenth Century Journal* 16 (1985): 163–80.

———. "Wittenberg Botanists during the Sixteenth Century." In *The Social History of the Reformation*, ed. Lawrence P. Buck and Jonathan W. Zophy, 223–48. Columbus: Ohio State University Press, 1972.

Dash, Mike. *Tulipomania: The Story of the World's Most Coveted Flower and the Extraordinary Passions It Aroused*. New York: Crown, 1999.

Daston, Lorraine. "Baconian Facts, Academic Civility, and the Prehistory of Objectivity." *Annals of Scholarship* 8 (1991): 337–63.

———. "Marvelous Facts and Miraculous Evidence in Early Modern Europe." In *Questions of Evidence: Proof, Practice, and Persuasion across the Disciplines*, ed. James Chandler, Arnold I. Davidson, and Harry Harootunian, 243–74. Chicago: University of Chicago Press, 1994.

———. "The Moral Economy of Science." *Osiris* 10 (1995): 3–24.

———. "Speechless." In *Things That Talk: Object Lessons from Art and Science*, ed. Lorraine Daston, 9–24, 375–76. New York: Zone Books, 2004.

Daston, Lorraine, and Peter Galison. "The Image of Objectivity." *Representations* 40 (1992): 81–128.

Daston, Lorraine, and Katharine Park. *Wonders and the Order of Nature, 1150–1750*. New York: Zone Books, 1998.

Davids, C. A. "Navigeren in Azië: de uitwisseling van kennis tussen Aziaten en navigatiepersoneel bij de voorcomagnieën en de VOC, 1596–1795." In *VOC en cultuur: wetenschappelijke en culturele relaties tussen Europa an Azië ten tijde vande Verenigde Oostindische Compagnie*, ed. J. Bethlehem and A. C. Meijer, 17–37. Amsterdam: Schiphouwer en Brinkman, 1993.

———. *Zeewezen en wetenschap: de wetenschap en de ontwikkeling van de navigatietechniek in Nederland tussen 1585 en 1815*. Amsterdam: De Bataafsche Leeuw, 1986.

Davis, Natalie Zemon. "Rabelais among the Censors (1940s, 1540s)." *Representations* 32 (1990): 1–32.

———. *Women on the Margins: Three Seventeenth-Century Lives*. Cambridge, MA: Harvard University Press, 1995.

Dear, Peter. "A Mechanical Microcosm: Bodily Passions, Good Manners, and Cartesian Mechanism." In *Science Incarnate: Historical Embodiments of Natural Knowledge*, ed. Christopher Lawrence and Steven Shapin, 51–82. Chicago: University of Chicago Press, 1998.

———. "Miracles, Experiments, and the Ordinary Course of Nature." *Isis* 81 (1990): 663–83.

Debus, Allen G. *Chemistry and Medical Debate: Van Helmont to Boerhaave*. Canton, MA: Science History Publications, 2001.

———. "Sir Thomas Browne and the Study of Colour Indicators." *Ambix* 10 (1962): 29–36.

Deerr, Noel. *The History of Sugar*. 2 vols. London: Chapman and Hall, 1949–50.

Defilipps, Robert A. "Historical Connections between the Discovery of Brazil and the Neotropical Brazilwood, *Cesalpinia Echinata* Lam." *Archives of Natural History* 25 (1998): 103–8.

Dekker, Rudolf M. "Dutch Travel Journals from the Sixteenth to the Early Nineteenth Centuries." *Lias* 22 (1995): 277–99.

———. *Humour in Dutch Culture of the Golden Age*. Basingstoke: Palgrave, 2001.

———. *Lachen in de gouden eeuw: een geschiedenis van de Nederlandse humor*. Amsterdam: Wereldbibliotheek, 1997.

———. "'Private Vices, Public Virtues' Revisited: The Dutch Background of Bernard Mandeville." Trans. Gerard T. Moran. *History of European Ideas* 14 (1992): 481–98.

DeLancey, Julia A. "Dragonsblood and Ultramarine: The Apothecary and Artists' Pigments in Renaissance Florence." In *The Art Market in Italy, Fifteenth–Seventeenth Centuries*, ed. Marcello Fantoni, Louisa C. Matthew, and Sara F. Matthews-Grieco, 141–50. Modena: Franco Cosimo Panini, 2003.

Delaunay, Paul. "Pierre Belon Naturaliste." *Bulletin de la Société d'Agriculture, Sciences et Arts de la Sarthe* 41 (1923–24): 13–39.

Demaerel, Paul. "Couplet and the Dutch." In *Philippe Couplet, S.J. (1623–1693): The Man Who Brought China to Europe*, ed. Jerome Heyndrickx, 87–120. Nettetal: Steyler-Verlag, 1990.

Demaitre, Luke. "Domesticity in Middle Dutch 'Secrets of Men and Women.'" *Social History of Medicine* 14 (2001): 1–25.

Demiriz, Yildiz. "Tulips in Ottoman Turkish Culture and Art." In *The Tulip: A Symbol of Two Nations*, ed. Michiel Roding and Hans Theunissen, 57–75. Utrecht and Istanbul: M. Th. Houtsma Stichting, Turco-Dutch Friendship Association, 1993.

Dennis, Michael Aaron. "Graphic Understanding: Instruments and Interpretation in Robert Hooke's *Micrographia*." *Science in Context* 3 (1989): 309–64.

Deschamps, Léon. "Pierre Belon: naturaliste et explorateur." *Revue de Géographie* 21 (1887): 433–40.

Des Chene, Dennis. *Physiologia: Natural Philosophy in Late Aristotelian and Cartesian Thought.* Ithaca, NY: Cornell University Press, 1996.

De Vries, Jan. "Connecting Europe and Asia: A Quantitative Analysis of the Cape-Route Trade, 1497–1795." In *Global Connections and Monetary History, 1470–1800*, ed. Dennis O. Flynn, Arturo Giráldez, and Richard von Glahn, 35–106. Aldershot: Ashgate, 2003.

———. *The Dutch Rural Economy in the Golden Age, 1500–1700.* New Haven and London: Yale University Press, 1974.

———. *European Urbanization, 1500–1800.* Harvard Studies in Urban History. Cambridge, MA: Harvard University Press, 1984.

———. "The Netherlands and the New World: The Legacy of European Fiscal, Monetary, and Trading Institutions for New World Development from the Seventeenth to the Nineteenth Centuries." In *Transferring Wealth and Power from the Old to the New World: Monetary and Fiscal Institutions in the Seventeenth through the Nineteenth Centuries*, ed. Michael D. Bordo and Roberto Cortés-Conde, 100–139. Cambridge: Cambridge University Press, 2001.

———. "On the Modernity of the Dutch Republic." *Journal of Economic History* 33 (1973): 191–202.

De Vries, Jan, and Ad van der Woude. *The First Modern Economy: Success, Failure, and Perseverance of the Dutch Economy, 1500–1815.* Cambridge: Cambridge University Press, 1997.

———. *Nederland, 1500–1815: de eerste ronde van moderne economische groei.* Amsterdam: Balans, 1995.

Déré, Anne Claire. "Profil d'in artiste chimiste du dix-huitième siècle: les manuscrits de Dom Malherbe." *Archives Internationales d'Histoire des Sciences* 45 (1995): 298–310.

Diedenhofen, Wilhelm. "'Belvedere,' or the Principle of Seeing and Looking in the Gardens of Johan Maurits Van Nassau-Siegen at Cleves." In *The Dutch Garden in the Seventeenth Century*, ed. John Dixon Hunt, 49–80. Dumbarton Oaks Colloquium on the History of Landscape Architecture, 12. Washington, DC: Dumbarton Oaks, 1990.

———. "Johan Maurits and His Gardens." In *Johan Maurits Van Nassau-Siegen, 1604–1679: A Humanist Prince in Europe and Brazil*, ed. Ernst van den Boogaart with H. R. Hoetink and P. J. P. Whitehead, 197–236. The Hague: Johan Maurits van Nassau, 1979.

Dijkstra, Jan Gerard. *Een epidemiologische beschowing van de Nederlandsche pest-epidemieën der zeventiende eeuw.* Amsterdam: Volharding, 1921.

Dixhoorn, Arjan van, and Benjamin Roberts. "Edifying Youths: The Chambers of Rhetoric in Seventeenth-Century Holland." *Paedagogica Historica* 39 (2003): 325–37.

Dobell, Clifford. *Antony Van Leeuwenhoek and His "Little Animals."* New York: Russell and Russell, 1958.

Dolan, Brian. *Exploring European Frontiers: British Travellers in the Age of Enlightenment.* Basingstoke: Macmillan, 2000.

———. *Ladies of the Grand Tour.* London: HarperCollins, 2001.

Dorssen, J. M. H. van. "Dr. Willem Ten Rhijne and Leprosy in Batavia in the Seventeenth Century." *Janus* 2 (1897–98): 252–60, 355–64.

———. "Willem Ten Rhijne." *Geneeskunde Tijdschrift voor Nederlands Indië* 51 (1911): 134–228.

Dorsten, J. A. van. *Poets, Patrons, and Professors: Sir Philip Sidney, Daniel Rogers, and the Leiden Humanists*. Leiden: Leiden University Press; and Oxford: Oxford University Press, 1962.

Dorsten, J. A. van, and Roy Strong. *Leicester's Triumph*. Leiden: Leiden University Press; and Oxford: Oxford University Press, 1964.

Duhr, Joseph. *Un Jésuite en Chine: Adam Schall, astronome et conseiller impérial (1592–1666)*. Brussels: L'Édition Universelle; and Paris: Desclée de Brower, 1936.

Duke, A. C. "Building Heaven in Hell's Despite: The Early History of the Reformation in the Towns of the Low Countries." In *Britain and the Netherlands: Church and State since the Reformation*, vol. 7, ed. A. C. Duke and C. A. Tamse, 45–75. The Hague: Martinus Nijhoff, 1981.

Duke, Alastair. "The Ambivalent Face of Calvinism in the Netherlands, 1561–1618." In *Reformation and Revolt in the Low Countries*, 269–93. London: Hambledon, 1990.

———. "Salvation by Coercion: The Controversy Surrounding the 'Inquisition' in the Low Countries on the Eve of the Revolt." In *Reformation and Revolt in the Low Countries*, 152–74. London: Hambledon, 1990.

Dumon, Ir. A. "De betekenis van de Busbecq in de ontwikkeling van de plantkunde gedurende de zestiende eeuw." In *Augerius Gislenus Busbequius, 1522–1591: Vlaams humanist en keizerlijk gezant*, 24–37. Koninklijke Vlaamse Academie voor Wetenschappen, Letteren en Schone Kunsten van België. Brussels: Palais der Academiën, 1954.

Eamon, William. "New Light on Robert Boyle and the Discovery of Colour Indicators." *Ambix* 27 (1980): 204–9.

———. *Science and the Secrets of Nature: Books of Secrets in Medieval and Early Modern Culture*. Princeton, NJ: Princeton University Press, 1994.

Ebert, Christopher. "Dutch Trade with Brazil before the Dutch West India Company, 1587–1621." In *Riches from Atlantic Commerce: Dutch Transatlantic Trade and Shipping, 1585–1817*, ed. Johannes Postma and Victor Enthoven, 49–75. Leiden: Brill, 2003.

Ehring, Franz. "Leprosy Illustration in Medical Literature." *International Journal of Dermatology* 33 (1994): 872–83.

Elias, Norbert. *Time: An Essay*. Trans. Edmund Jephcott. 1987. Oxford: Blackwell, 1992.

Elsner, Jaś, and Joan-Pau Rubiés. "Introduction." In *Voyages and Visions: Towards a Cultural History of Travel*, ed. Jaś Elsner and Joan-Pau Rubiés, 1–56. London: Reaktion, 1999.

Emmer, P. C. "The West India Company, 1621–1791: Dutch or Atlantic?" In *Companies and Trade*, ed. Leonard Blussé and Femme Gaastra, 71–95. Leiden: Leiden University Press, 1981.

Engelhardt, Dietrich v. "Luca Ghini (Um 1490–1556) und die Botanik des 16. Jahrhunderts: Leben, Initiativen, Kontakte, Resonanz." *Medizinhistorisches Journal* 30 (1995): 3–49.

Ergun, Nilgün, and Özge Iskender. "Gardens of the Topkapi Palace: An Example of Turkish Garden Art." *Studies in the History of Gardens and Designed Landscapes* 23 (2003): 57–71.

Evans, R. J. W. *Rudolph II and His World: A Study in Intellectual History, 1576–1612*. Oxford: Clarendon Press, 1973.

Evers, Meindert. "The Illustre School at Harderwyk, 1600–1647." *Lias* 12 (1985): 81–113.

Farber, Paul. "The Development of Taxidermy and the History of Ornithology." *Isis* 68 (1977): 550–66.
Febvre, Lucien. *The Problem of Unbelief in the Sixteenth Century: The Religion of Rabelais*. 1st French ed., 1942. Trans. Beatrice Gottlieb. Cambridge, MA: Harvard University Press, 1982.
Feliú, Carmen Añon. "The Restoration of the King's Garden at Aranjuez." In *The Authentic Garden: A Symposium on Gardens*, ed. Leslie Tjon Sie Fat and Erik de Jong, 97–102. Leiden: Clusius Foundation, 1991.
Ferrari, Giovanna. "Public Anatomy Lessons and the Carnival: The Anatomy Theatre of Bologna." *Past and Present* 117 (1987): 50–106.
Feucht, G. "Die Akupunktur im Europa des Neunzehn Jahrhunderts." *Erfahrungs-Heilkunde: Zeitschrift für die Ärztliche Praxis* 25 (1976): 459–63.
Feuer, Lewis S. "Science and the Ethic of Protestant Ascetism: A Reply to Professor Robert K. Merton." *Research in Sociology of Knowledge, Sciences and Art: A Research Annual* 2 (1979): 1–23.
———. *The Scientific Intellectual: The Psychological and Sociological Origins of Modern Science*. New York: Basic Books, 1963.
Feyerabend, Paul K. *Science in a Free Society*. London: NLB, 1978.
Figueiredo, John M. de. "Ayurvedic Medicine in Goa according to European Sources in the Sixteenth and Seventeenth Centuries." *Bulletin of the History of Medicine* 58 (1984): 225–35.
Findlen, Paula. *Possessing Nature: Museums, Collecting and Scientific Culture in Early Modern Italy*. Berkeley: University of California Press, 1994.
Fischel, Walter J. "The Spice Trade in Mamluk Egypt: A Contribution to the Economic History of Medieval Islam." 1958. In *Spices in the Indian Ocean World: An Expanding World: The European Impact on World History, 1450–1800*, ed. M. N. Pearson, 157–74. Aldershot: Variorum, 1996.
Fix, Andrew C. *Prophecy and Reason: The Dutch Collegiants in the Early Enlightenment*. Princeton, NJ: Princeton University Press, 1991.
Fock, C. Willemijn. "Kunst en rariteiten in het Hollandse interieur." In *De wereld binnen handbereik: Nederlandse kunst- en rariteitenverzamelingen, 1585–1735*, ed. Ellinoor Bergvelt and Renée Kistemaker, 70–91. Zwolle: Waanders Uitgevers/Amsterdams Historisch Museum, 1992.
Force, James E. "The Origins of Modern Atheism." *Journal of the History of Ideas* 50 (1989): 153–62.
Ford, Brian J. *The Leeuwenhoek Legacy*. Bristol: Biopress; and London: Farrand, 1991.
———. *Single Lens: The Story of the Simple Microscope*. New York: Harper and Row, 1985.
———. "The Van Leeuwenhoek Specimens." *Notes and Records of the Royal Society* 36 (1981): 37–59.
Foss, Theodore Nicholas. "The European Sojourn of Philippe Couplet and Michael Shen Fuzong, 1683–1692." In *Philippe Couplet, S.J. (1623–1693): The Man Who Brought China to Europe*, ed. Jerome Heyndrickx, 121–40. Nettetal: Steyler-Verlag, 1990.
Fothergill-Payne, Louise. "Seneca's Role in Popularizing Epicurus in the Sixteenth Cen-

tury." In *Atoms, Pneuma, and Tranquillity: Epicurean and Stoic Themes in European Thought*, ed. Margaret J. Osler, 115–33. Cambridge: Cambridge University Press, 1991.

Fournier, Marian. *The Fabric of Life: Microscopy in the Seventeenth Century*. Baltimore: Johns Hopkins University Press, 1996.

———. "The Fabric of Life: The Rise and Decline of Seventeenth-Century Microscopy." Ph.D. diss., Universiteit Twente, 1991.

Foust, Clifford M. *Rhubarb: The Wondrous Drug*. Princeton, NJ: Princeton University Press, 1992.

Frank, Robert G., Jr. *Harvey and the Oxford Physiologists: Scientific Ideas and Social Interaction*. Berkeley: University of California Press, 1980.

Freedberg, David. *The Eye of the Lynx: Galileo, His Friends, and the Beginning of Modern Natural History*. Chicago: University of Chicago Press, 2002.

———. "Science, Commerce, and Art: Neglected Topics at the Juncture of History and Art History." In *Art in History, History in Art: Studies in Seventeenth-Century Dutch Culture*, ed. D. Freedberg and J. de Vries, 377–428. Santa Monica, CA: Getty Center for the History of Art and the Humanities, 1991.

French, Roger K. *Ancient Natural History: Histories of Nature*. London: Routledge, 1994.

———. "Berengario da Carpi and the Use of Commentary in Anatomical Teaching." In *The Medical Renaissance of the Sixteenth Century*, ed. Andrew Wear, Roger K. French, and Ian M. Lonie, 42–74, 296–98. Cambridge: Cambridge University Press, 1985.

———. *Dissection and Vivisection in the European Renaissance*. Aldershot: Ashgate, 1999.

———. "Harvey in Holland: Circulation and the Calvinists." In *The Medical Revolution of the Seventeenth Century*, ed. Roger French and Andrew Wear, 46–86. Cambridge: Cambridge University Press, 1989.

———. "The Languages of William Harvey's Natural Philosophy." *Journal of the History of Medicine* 49 (1994): 24–51.

———. "Pliny and Renaissance Medicine." In *Science in the Early Roman Empire: Pliny the Elder, His Sources and Influence*, ed. R. French and F. Greenaway, 252–81. Totowa, NJ: Barnes and Noble, 1986.

Frijhoff, Willem. "Het Amsterdamse Athenaeum in het academische landschap van de zeventiende eeuw." In *Athenaeum illustre: elf studies over de Amsterdamse Doorluchtige School, 1632–1877*, ed. E. O. G. Haitsma Mulier, C. L. Heesakers, P. J. Knegtmans, A. J. Kox, and T. J. Veen, 37–65. Amsterdam: Amsterdam University Press, 1997.

———. "Deventer en zijn gemiste universiteit: het Athenaeum in de sociaal-culturele geschiedenis van Overijssel." *Overijsselse Historische Bijdragen* 97 (1982): 45–79.

———. "The Emancipation of the Dutch Elites from the Magic Universe." In *The World of William and Mary: Anglo-Dutch Perspectives on the Revolution of 1688–89*, ed. Dale Hoak and Mordechai Feingold, 201–18. Stanford, CA: Stanford University Press, 1996.

———. "Le médecin selon Jacques Cahaignes (1548–1612): autour de deux soutenances en médecine à Caen au debut du dix-septième siecle." *Lias* 10 (1983): 193–215.

———. *La société Néerlandaise et ses gradués, 1575–1814: une recherche sérielle sur le statut des intellectuels à partir des registres universitaires*. Amsterdam: APA—Holland University Press, 1981.

Fruin, R. *The Siege and Relief of Leyden in 1574*. Trans. Elizabeth Trevelyn, intro. George Macaulay Trevelyan. The Hague: Martinus Nijhoff, 1927.
Fuchs, Thomas. *The Mechanisation of the Heart: Harvey and Descartes*. Trans. Marjorie Grene. Rochester, NY: University of Rochester Press, 2001.
Fujikawa, Y. *Japanese Medicine*. Trans. John Ruhräh. 1911. New York: Paul B. Hoeber, 1934.
Funkenstein, Amos. *Theology and the Scientific Imagination from the Middle Ages to the Seventeenth Century*. Princeton, NJ: Princeton University Press, 1986.
Gaastra, Femme S. *Bewind en beleid bij de VOC: de financiële en commerciële politiek van de bewindhebbers, 1672–1702*. Zutphen: Walburg Pers, 1989.
———. *De gescheidenis van de VOC*. 2nd ed. Zutphen: Walburg Pers, 1991.
Gadamer, Hans-Georg. *Truth and Method*. 2nd ed., rev. Trans. Garrett Barden and John Cumming, rev. Joel Weinsheimer and Donald G. Marshall. 1975. New York: Crossroad, 1989.
Galison, Peter. "Judgment against Objectivity." In *Picturing Science, Producing Art*, ed. Caroline A. Jones and Peter Galison, 327–59. New York: Routledge, 1998.
Galluzzi, Paolo. "Art and Artifice in the Depiction of Renaissance Machines." In *The Power of Images in Early Modern Science*, ed. Wolfgang Lefèvre, Jürgen Renn, and Urs Schoepflin, 47–68. Basel: Birkhäuser, 2003.
Gannal, Jean Nicolas, and R. Harlan, trans. and eds. *History of Embalming, and of Preparations in Anatomy, Pathology, and Natural History; Including an Account of a New Process for Embalming*. Philadelphia: Judah Dobson, 1840.
Garber, Daniel. *Descartes Embodied: Reading Cartesian Philosophy through Cartesian Science*. Cambridge: Cambridge University Press, 2001.
———. "Science and Certainty in Descartes." In *Descartes: Critical and Interpretive Essays*, ed. M. Hooker, 114–51. Baltimore: Johns Hopkins University Press, 1978.
Garcia Sánchez, Expiración, and Angel López y López. "The Botanic Gardens in Muslim Spain." In *The Authentic Garden: A Symposium on Gardens*, ed. Leslie Tjon Sie Fat and Erik de Jong, 165–76. Leiden: Clusius Foundation, 1991.
Garin, Eugenio. *Astrology in the Renaissance: The Zodiac of Life*. Italian ed., 1976. Trans. Carolyn Jackson, June Allen, and Clare Robertson. London: Routledge and Kegan Paul, 1983.
Gelderblom, Oscar, and Joost Jonker. "Completing a Financial Revolution: The Finance of the Dutch East India Trade and the Rise of the Amsterdam Capital Market, 1595–1612." Paper published on the Internet, 2004. http://www.iisg.nl/~lowcountries/2004-2.pdf.
Gelderen, Martin van. "The Machiavellian Moment and the Dutch Revolt: The Rise of Neostoicism and Dutch Republicanism." In *Machiavelli and Republicanism*, ed. Gisela Bock, Quentin Skinner, and Maurizio Viroli, 205–23. Cambridge: Cambridge University Press, 1990.
———. *The Political Thought of the Dutch Revolt, 1555–1590*. Cambridge: Cambridge University Press, 1992.
Gelder, Roelof van. "Leifhebbers en geleerde luiden: Nederlandse kabinetten en hun bezoekers." In *De wereld binnen handbereik: Nederlandse kunst- en rariteitenverzamelingen, 1585–1735*, ed. Ellinoor Bergvelt and Renée Kistemaker, 259–92. Zwolle: Waanders Uitgevers/Amsterdams Historisch Museum, 1992.

———. "Paradijsvogels in Enkhuisen." In *Souffrir pour parvenir: de wereld van Jan Huygen van Linschoten*, ed. Roelof van Gelder, Jan Parmentier, and Vibeke Roeper, 30–50. Haarlem: Arcadia, 1998.

———. "De wereld binnen handbereik: Nederlandse kunst- en rariteitenverzamelingen, 1585–1735." In *De wereld binnen handbereik: Nederlandse kunst- en rariteitenverzamelingen*, 1585–1735, ed. Ellinoor Bergvelt and Renée Kistemaker, 15–38. Zwolle: Waanders Uitgevers/Amsterdams Historisch Museum, 1992.

Gentilcore, David. "Contesting Illness in Early Modern Naples: *Miracolati*, Physicians and the Congregation of Rites." *Past and Present* 148 (1995): 117–48.

Geyer-Kordesch, Johanna. "Passions and the Ghost in the Machine: Or What Not to Ask about Science in Seventeenth- and Eighteenth-Century Germany." In *The Medical Revolution of the Seventeenth Century*, ed. Roger French and Andrew Wear, 145–63. Cambridge: Cambridge University Press, 1989.

Geyl, A. *De geschiedenis van het roonhuysiaansch geheim*. Rotterdam: Meidert Boogaerdt, 1905.

Gijswijt-Hofstra, Marijke. "The European Witchcraft Debate and the Dutch Variant." *Social History* 15 (1990): 181–94.

Gijswijt-Hofstra, Marijke, and Willem Frijhoff, eds. *Witchcraft in the Netherlands from the Fourteenth to the Twentieth Century*. Trans. Rachel M. J. van der Wilden-Fall. History of the Low Countries, 1. Rotterdam: Universtaire Pers, 1991.

Glamann, Kristof. *Dutch-Asiatic Trade, 1620–1740*. Copenhagen: Danish Science Press; and The Hague: Martinus Nijhoff, 1958.

Glete, Jan. *War and the State in Early Modern Europe: Spain, the Dutch Republic and Sweden as Fiscal-Military States, 1500–1660*. London: Routledge, 2002.

Gøbel, Erik. "Danish Companies' Shipping to Asia, 1616–1807." In *Ships, Sailors and Spices: East India Companies and Their Shipping in the Sixteenth, Seventeenth, and Eighteenth Centuries*, ed. Jaap R. Bruijn and Femme S. Gaastra, 99–120. Amsterdam: NEHA, 1993.

Goble, Andrew Edmund. "Medicine and New Knowledge in Medieval Japan: Kajiwara Shōzen (1266–1337) and the 'Man'anpō.'" *Nihon Ishigaku Zasshi: Journal of the Japan Society of Medical History* 47 (2001): 193–226, 432–52.

Godelier, Maurice. *The Enigma of the Gift*. Trans. Nora Scott. Cambridge: Polity Press, 1999.

Gogelein, A. J. F. *Hortus, horti, horto*. Pamphlet. Leiden: Rijksherbarium/Hortus Botanicus, 1990.

Goldgar, Anne. *Impolite Learning: Conduct and Community in the Republic of Letters, 1680–1750*. New Haven and London: Yale University Press, 1995.

———. "Nature as Art: The Case of the Tulip." In *Merchants and Marvels: Commerce, Science, and Art in Early Modern Europe*, ed. Pamela H. Smith and Paula Findlen, 324–46. New York: Routledge, 2002.

Goldsmith, M. M. *Private Vices, Public Benefits: Bernard Mandeville's Social and Political Thought*. Cambridge: Cambridge University Press, 1985.

Goldthwaite, Richard A. *Wealth and the Demand for Art in Italy, 1300–1600*. Baltimore: Johns Hopkins University Press, 1993.

Golinski, Jan. *Making Natural Knowledge: Constructivism and the History of Science*. Cambridge: Cambridge University Press, 1998.

―――. "A Noble Spectacle: Phosphorus and the Public Cultures of Science in the Early Royal Society." *Isis* 80 (1989): 11–39.

Golvers, Noël. *François de Rougement, S.J., Missionary in Ch'ang-Shu (Chiang-Nan): A Study of the Account Book (1674–1676) and the Elogium*. Leuven: Leuven University Press, Ferdinand Verbiest Foundation, 1999.

Goodman, David C. *Power and Penury: Government, Technology, and Science in Philip II's Spain*. Cambridge: Cambridge University Press, 1988.

Goodman, Grant K. *Japan: The Dutch Experience*. London: Athlone, 1986.

Goody, Jack. *The Culture of Flowers*. Cambridge: Cambridge University Press, 1993.

Goonewardena, K. W. *The Foundation of Dutch Power in Ceylon, 1638–1658*. Amsterdam: Djambatan, 1958.

Gouk, Penelope. *Music, Science and Natural Magic in Seventeenth-Century England*. New Haven and London: Yale University Press, 1999.

Graaf, H. J. de. *De regering van Sultan Agung, vorst van Mataram, 1613–1645, en die van zijn voorganger Panembahan Séda-Ing-Krapjak, 1601–1613*. Verhandelingen van Het Koninklijk Instituut voor Taal-, Land- en Volkenkunde. The Hague: Martinus Nijhoff, 1958.

Grafton, Anthony. "The Availability of Ancient Works." In *The Cambridge History of Renaissance Philosophy*, gen. ed. Charles B. Schmitt, ed. Quentin Skinner, Eckhard Kessler, assoc. ed. Jill Kraye, 767–91. Cambridge: Cambridge University Press, 1988.

―――. *Bring Out Your Dead: The Past as Revelation*. Cambridge, MA: Harvard University Press, 2001.

―――. *Cardano's Cosmos: The Worlds and Works of a Renaissance Astrologer*. Cambridge, MA: Harvard University Press, 1999.

―――. "Civic Humanism and Scientific Scholarship at Leiden." In *The University and the City: From Medieval Origins to the Present*, ed. Thomas Bender, 59–78. New York: Oxford University Press, 1988.

―――. *Defenders of the Text: The Traditions of Scholarship in an Age of Science, 1450–1800*. Cambridge, MA: Harvard University Press, 1991.

―――. *Joseph Scaliger: A Study in the History of Classical Scholarship*. Vol. 1: *Textual Criticism and Exegesis*. Oxford: Clarendon Press, 1983.

Grafton, Anthony, and Lisa Jardine. *From Humanism to the Humanities: Education and the Liberal Arts in Fifteenth- and Sixteenth-Century Europe*. London: Duckworth, 1986.

Granovetter, Mark S. "The Strength of Weak Ties." *American Journal of Sociology* 78 (1973): 1360–80.

Gregory, Tullio. "Pierre Charron's 'Scandalous Book.'" In *Atheism from the Reformation to the Enlightenment*, ed. Michael Hunter and David Wootton, 87–109. Oxford: Clarendon Press, 1992.

Grell, Ole Peter. "Caspar Bartholin and the Education of the Pious Physician." In *Medicine and the Reformation*, ed. Ole Peter Grell and Andrew Cunningham, 78–100. London: Routledge, 1993.

Grene, Marjorie, ed. *Spinoza: A Collection of Critical Essays*. Modern Studies in Philosophy. Garden City, NY: Doubleday, Anchor Press, 1973.

Grmek, Mirko Drazen. *Les reflets de la sphygmologie chinoise dans la médecine Occidentale*. Extrait de la Biologie Médicale, Numéro Hors Série. Paris: Specia, 1962.

Grove, Richard. *Green Imperialism: Colonial Expansion, Tropical Island Edens and the Origins of Environmentalism, 1600–1860*. Cambridge: Cambridge University Press, 1995.

———. "Indigenous Knowledge and the Significance of South-West India for Portuguese and Dutch Constructions of Tropical Nature." *Modern Asian Studies* 30 (1996): 121–43.

———. "The Transfer of Botanical Knowledge between Asia and Europe, 1498–1800." *Journal of the Japan-Netherlands Institute* 3 (1991): 160–76.

Guerrini, Anita. "Archibald Pitcairne and Newtonian Medicine." *Medical History* 31 (1987): 70–83.

———. "The Tory Newtonians: Gregory, Pitcairne, and Their Circle." *Journal of British Studies* 25 (1986): 288–311.

Gulik, T. M. van. "Dutch Surgery in Japan." In *Red-Hair Medicine: Dutch-Japanese Medical Relations*, ed. H Beukers, A. M. Luyendijk-Elshout, M. E. van Opstall, and F. Vos, 37–50. Amsterdam: Rodopi, 1991.

Gungwu, Wang. "Merchants without Empire: The Hokkien Sojourning Communities." In *The Rise of Merchant Empires: Long-Distance Trade in the Early Modern World, 1350–1750*, ed. James D. Tracy, 400–421. Cambridge: Cambridge University Press, 1990.

Gunn, M., and L. E. Codd. *Botanical Exploration of Southern Africa: An Illustrated History of Early Botanical Literature on the Cape Flora; Biographical Accounts of the Leading Plant Collectors and Their Activities in Southern Africa from the Days of the East India Company Until Modern Times*. Cape Town: A. A. Balkema for the Botanical Research Institute, 1981.

Gunther, R. T. *Early Science in Oxford*. Vol. 12. Oxford: Oxford University Press, 1939.

Guyonnet, Georges. "Saint Sébastien, patron des acupuncteurs." *Histoire de la Médecine* 8, no. 1 (1958): 65–68.

Haan, Frits de. "Uit oude notarispapieren, II: Andries Cleyer." *Tijdschrift voor Indische Taal-, Land- en Volkenkunde* 46 (1903): 423–68.

Haberland, Detlef. *Engelbert Kaempfer, 1651–1716: A Biography*. Trans. Peter Hogg. London: British Library, 1996.

Hacking, Ian. *The Emergence of Probability: A Philosophical Study of Early Ideas about Probability, Induction and Statistical Inference*. Cambridge: Cambridge University Press, 1975.

———. *Historical Ontology*. Cambridge, MA: Harvard University Press, 2002.

———. "The Participant Irrealist at Large in the Laboratory." *British Journal of the Philosophy of Science* 39 (1988): 277–94.

Hadden, Richard. *On the Shoulders of Merchants: Exchange and the Mathematical Conception of Nature in Early Modern Europe*. Albany, NY: State University of New York Press, 1994.

Haitsma Mulier, Eco. "A Controversial Republican: Dutch Views on Machiavelli in the Seventeenth and Eighteenth Centuries." In *Machiavelli and Republicanism*, ed. Gisela Bock, Quentin Skinner, and Maurizio Viroli, 247–63. Cambridge: Cambridge University Press, 1990.

———. "The Language of Seventeenth-Century Republicanism in the United Provinces: Dutch or European?" In *The Language of Political Theory in Early-Modern Europe*, ed. Anthony Pagden, 179–95. Cambridge: Cambridge University Press, 1987.

———. *The Myth of Venice and Dutch Republican Thought in the Seventeenth Century*. Trans. Gerard T. Moran. Assen: Van Gorcum, 1980.

Haks, Donald. "Family Structure and Relationship Patterns in Amsterdam." In *Rome, Amsterdam: Two Growing Cities in Seventeenth-Century Europe*, ed. Peter van Kessel and Elisja Schulte, 92–103. Amsterdam: Amsterdam University Press, 1997.

Hall, Thomas S. "Descartes' Physiological Method: Position, Principles, Examples." *Journal of the History of Biology* 3 (1970): 53–79.

Halleux, Robert, and Anne-Catherine Bernès. "La cour savante d'Ernest de Bavière." *Archives Internationales d'Histoire des Sciences* 45 (1995): 3–29.

Hamilton, Alastair. *The Family of Love*. Cambridge: James Clark, 1981.

Hanley, Susan B. *Everyday Things in Premodern Japan: The Hidden Legacy of Material Culture*. Berkeley: University of California Press, 1997.

Hansen, Julie V. "Resurrecting Death: Anatomical Art in the Cabinet of Dr. Frederik Ruysch." *Art Bulletin* 78 (1996): 663–79.

Harkness, Deborah E. *John Dee's Conversations with Angels: Cabala, Alchemy, and the End of Nature*. Cambridge: Cambridge University Press, 1999.

Harley, David. "Historians as Demonologists: The Myth of the Midwife-Witch." *Social History of Medicine* 3 (1990): 1–26.

Harris, Steven J. "Confession-Building, Long-Distance Networks, and the Organization of Jesuit Science." *Early Science and Medicine* 1 (1996): 287–318.

Harrison, J. B. "Europe and Asia." In *The New Cambridge Modern History*, vol. 4: *The Decline of Spain and the Thirty Years War, 1609–1648/9*, ed. J. P. Cooper, 644–71. Cambridge: Cambridge University Press, 1970.

Harrison, Mark. "Medicine and Orientalism: Perspectives on Europe's Encounter with Indian Medical Systems." In *Health, Medicine and Empire: Perspectives on Colonial India*, ed. Biswamoy Pati and Mark Harrison, 37–87. Hyderabad: Orient Longman, 2001.

Harrison, Peter. "Curiosity, Forbidden Knowledge, and the Reformation of Natural Philosophy in Early Modern England." *Isis* 92 (2001): 265–90.

Hart, Marjolein C. 't. "Freedom and Restrictions: State and Economy in the Dutch Republic, 1570–1670." In *Economic and Social History in the Netherlands*, 105–30. Het Nederlandsch Economisch-Historisch Archief, 4. Amsterdam: NEHA, 1993.

———. *The Making of a Bourgeois State: War, Politics and Finance during the Dutch Revolt*. Manchester: Manchester University Press, 1993.

Harte, N. B., ed. *The New Draperies in the Low Countries and England, 1300–1800*. New York: Oxford University Press, 1998.

Harth, Erica. *Cartesian Women: Versions and Subversions of Rational Discourse in the Old Regime*. Ithaca, NY: Cornell University Press, 1992.

Harting, P. "George Everard Rumphius." In *Album der natuur*, ed. P. Harting, D. Lubach, and W. M. Logeman, 1–15. Haarlem: H. D. Tjeenk Willink, 1885.

Harwood, John T. "Rhetoric and Graphics in *Micrographia*." In *Robert Hooke: New Studies*, ed. Michael Hunter and Simon Schaffer, 119–47. Woodbridge: Boydell, 1989.

Hatfield, Gary. "Descartes' Physiology and Its Relation to His Psychology." In *The Cambridge Companion to Descartes*, ed. John Cottingham, 335–70. Cambridge: Cambridge University Press, 1992.

———. "Metaphysics and the New Science." In *Reappraisals of the Scientific Revolution*, ed. David C. Lindberg and Robert S. Westman, 93–166. Cambridge: Cambridge University Press, 1990.

Haver Droeze, J. J. *Het Collegium medicum Amstelaedamense, 1637–1798.* Haarlem: De Erven F. Bohn, 1921.

Hazewinckel, H. C. *Geschiedenis van Rotterdam.* 4 vols. 1940–42. Zaltbommel: Europese Bibliotheek, 1974–75.

———. "Pierre Bayle à Rotterdam." In *Pierre Bayle: le philosophe de Rotterdam*, ed. Paul Dibon, 20–47. Amsterdam: Elsevier, 1959.

Heckscher, William S. *Rembrandt's "Anatomy of Dr. Nicolaas Tulp": An Iconological Study.* New York: New York University Press, 1958.

Heel, S. A. C. Dudok van, I. C. E. Wesdorp, T. Beijer, J. N. Keeman, Henriëtte A. Bosman-Jelgersma, and G. Nolthenius de Man. *Nicholaes Tulp: The Life and Work of an Amsterdam Physician and Magistrate in the Seventeenth Century.* 2nd ed. Trans. Karen Gribling. Amsterdam: Six Art Promotion, 1998.

Heijer, Henk den. *De geschiedenis van de WIC.* Zutphen: Walburg, 1994.

Heinecke, Berthold. "The Mysticism and Science of Johann Baptista Van Helmont (1579–1644)." *Ambix* 42 (1995): 65–78.

Helden, Albert van. *The Invention of the Telescope.* Transactions of the American Philosophical Society, vol. 67, pt. 4. Philadelphia: American Philosophical Society, 1977.

Hellinga, G. "Geschiedenis der [. . .] gasthuizen te Amsterdam." *Nederlandsch Tijdschrift voor Geneeskunde* 77, nos. 1–3 (1933): 528–43, 1410–24, 3042–54.

Helm, Jürgen. "Protestant and Catholic Medicine in the Sixteenth Century? The Case of Ingolstadt Anatomy." *Medical History* 45 (2001): 83–96.

Helms, Mary W. "Essay on Objects: Interpretations of Distance Made Tangible." In *Implicit Understandings: Observing, Reporting, and Reflecting on the Encounters between Europeans and Other Peoples in the Early Modern Era*, ed. Stuart B. Schwartz, 355–77. Cambridge: Cambridge University Press, 1994.

Hendrix, Lee, and Thea Vignau-Wilberg. *Nature Illuminated: Flora and Fauna from the Court of the Emperor Rudolph II.* Los Angeles: J. Paul Getty Museum, 1997.

Heniger, Johannes. "De eerste Nederlandse wetenschappelijke reis naar Oost-Indië, 1599–1601." *Leids Jaarboekje* 65 (1973): 27–49.

———. *Hendrik Adriaan van Reede tot Drakenstein (1636–1691) and Hortus Malabaricus: A Contribution to the History of Dutch Colonial Botany.* Rotterdam: A. A. Balkema, 1986.

———. "Some Botanical Activities of Herman Boerhaave, Professor of Botany and Director of the Botanic Garden at Leiden." *Janus* 58 (1971): 1–78.

———. "Der wissenschaftliche Nachlass von Paul Hermann." *Wissenschaftliche Zeitschrift der Martin-Luther-Universität Halle-Wittenberg* 18 (1969): 527–60.

Higman, B. W. "The Sugar Revolution." *Economic History Review* 53 (2000): 213–36.

Hingston Quiggin, A. *A Survey of Primitive Money: The Beginnings of Currency.* Intro. A. C. Haddon. London: Methuen, 1949.

Hirschman, Albert O. *The Passions and the Interests: Political Arguments for Capitalism before Its Triumph.* Princeton, NJ: Princeton University Press, 1977.

Hobhouse, Penelope. *Plants in Garden History.* London: Pavilion Books, 1992.

Hoboken, W. J. van. "The Dutch West India Company: The Political Background of Its Rise and Decline." In *Britain and the Netherlands*, vol. 1, ed. J. S. Bromley and E. H. Kossmann, 41–61. London: Chatto and Windus, 1960.

Hoeven, J. van der. "Het chirurgijn-gilde te Deventer." *Nederlands Tijdschrift voor Geneeskunde* 78, no. 2 (1934): 1547–59.

Hollingsworth, Mary. *The Cardinal's Hat: Money, Ambition and Housekeeping in a Renaissance Court.* London: Profile Books, 2004.

Holthuis, L. B. *Marcgraf's (1648) Brazilian Crustacea.* Zoologische Verhandelinen, 268. Leiden: National Natuurhistorisch Museum, 1991.

Honour, Hugh. *The European Vision of America.* Cleveland, OH: Cleveland Museum of Art, 1975.

Hoopes, Robert. *Right Reason in the English Renaissance.* Cambridge, MA: Harvard University Press, 1962.

Hoorn, Robert-Jan van. "On Course for Quality: Justus Lipsius and Leiden University." In *Lipsius in Leiden: Studies in the Life and Works of a Great Humanist on the Occasion of His 450th Anniversary*, ed. Karl Enenkel and Chris Heesakkers, 73–92. Bloemendaal: Florivallis, 1997.

Hooykaas, R. *Humanisme, science, et réforme: Pierre de la Ramée (1515–1572).* Leyden: E. J. Brill, 1958.

———. *Religion and the Rise of Modern Science.* Grand Rapids, MI: William B. Eerdmans, 1972.

———. "The Rise of Modern Science: When and Why?" *British Journal for the History of Science* 20 (1987): 453–73.

Hoppen, K. Theodore. *The Common Scientist in the Seventeenth Century: A Study of the Dublin Philosophical Society, 1683–1708.* Charlottesville: University Press of Virginia, 1970.

Hopper, Florence. "Clusius's World: The Meeting of Science and Art." In *The Authentic Garden: A Symposium on Gardens*, ed. Leslie Tjon Sie Fat and Erik de Jong, 13–36. Leiden: Clusius Foundation, 1991.

———. "Daniel Marot: A French Garden Designer in Holland." In *The Dutch Garden in the Seventeenth Century*, ed. John Dixon Hunt, 131–58. Dumbarton Oaks Colloquium on the History of Landscape Architecture, 12. Washington, DC: Dumbarton Oaks Research Library and Collection, 1990.

———. "The Dutch Classical Garden and André Mollet." *Journal of Garden History* 2 (1982): 25–40.

Horne, Thomas A. *The Social Thought of Bernard Mandeville: Virtue and Commerce in Early Eighteenth-Century England.* New York: Columbia University Press, 1978.

Hoskins, Janet. *Biographical Objects: How Things Tell the Stories of People's Lives.* New York: Routledge, 1998.

Houghton, W. E. "The English Virtuoso in the Seventeenth Century." *Journal of the History of Ideas* 3 (1942): 51–73, 190–219.

Houtzager, H. L. *Medicyns, vroedwyfs en chirurgyns: schets van de gezondheidszorg in Delft en beschrijving van het theatrum anatomicum aldaar in de zestiende en zeventiende eeuw.* Amsterdam: Rodopi, 1979.

Houtzager, H. L., and Michiel Jonker, eds. *De snijkunst verbeeld: Delftse anatomische lessen nader belicht.* Voorburg: Reinier de Graaf Groep; and Zwolle: Waanders, n.d.

Howard, Rio. "Guy de la Brosse and the Jardin des Plantes in Paris." In *The Analytic Spirit*, ed. Harry Woolf, 195–224. Ithaca, NY: Cornell University Press, 1981.

Hsu, Elizabeth. "Towards a Science of Touch, Part I: Chinese Pulse Diagnostics in Early Modern Europe." *Anthropology and Medicine* 7 (2000): 251–68.

———. "Towards a Science of Touch, Part II: Representations of the Tactile Experience of the Seven Chinese Pulses Indicating Danger of Death in Early Modern Europe." *Anthropology and Medicine* 7 (2000): 319–33.

Huberts, Fr. de Witt. *De Beul en z'n werk.* Amsterdam: Andries Blitz, 1937.

Huerta, Robert D. *Giants of Delft: Johannes Vermeer and the Natural Philosophers; The Parallel Search for Knowledge during the Age of Discovery.* Lewisburg, PA: Bucknell University Press, 2003.

Huff, Toby E. *The Rise of Early Modern Science: Islam, China, and the West.* 2nd ed. 1993. Cambridge: Cambridge University Press, 2003.

Huisman, Frank. "Civic Roles and Academic Definitions: The Changing Relationship between Surgeons and Urban Government in Groningen, 1550–1800." In *The Task of Healing: Medicine, Religion and Gender in England and the Netherlands, 1450–1800*, ed. Hilary Marland and Margaret Pelling, 69–100. Rotterdam: Erasmus, 1996.

———. "Itinerant Medical Practitioners in the Dutch Republic: The Case of Groningen." *Tractrix* 1 (1989): 63–83.

———. "Shaping the Medical Market: On the Construction of Quackery and Folk Medicine in Dutch Historiography." *Medical History* 43 (1999): 359–75.

———. *Stadsbelang en standsbesef: gezondheidszorg en medisch beroep in Groningen, 1500–1730.* Rotterdam: Erasmus, 1992.

Hull, William I. *Benjamin Furly and Quakerism in Rotterdam.* Lancaster, PA: Swarthmore College, 1941.

Hunger, F. W. T. "Bernardus Paludanus (Berent ten Broecke) (1550–1633)." *Janus* 32 (1928): 353–64.

———. "Boerhaave als natuurhistoricus." *Nederlands Tijdschrift voor Geneeskunde* 63, no. 1A (1919): 36–44.

———. "Charles de L'Escluse (Carolus Clusius), 1526–1609." *Janus* 31 (1927): 139–51.

———. *Charles de L'Escluse: Carolus Clusius, Nederlandsche kruidkundige, 1526–1609.* 2 vols. The Hague Martinus Nijhoff, 1927–42.

Hunt, Edwin S., and James M. Murray. *A History of Business in Medieval Europe, 1200–1550.* Cambridge: Cambridge University Press, 1999.

Hunt, John Dixon. "The Garden in the City of Venice: Epitome of State and Site." *Studies in the History of Gardens and Designed Landscapes* 19 (1999): 46–61.

Hunter, Michael. *Establishing the New Science: The Experience of the Early Royal Society.* Woodbridge: Boydell, 1989.

Hutchinson, G. Evelyn. "Attitudes toward Nature in Medieval England: The Alphonso and Bird Psalters." *Isis* 65 (1974): 5–37.

Iliffe, Robert. "Foreign Bodies: Travel, Empire and the Early Royal Society of London." *Canadian Journal of History* 33, 34 (1998, 1999): 357–85, 23–50.

———. "The Masculine Birth of Time: Temporal Frameworks of Early Modern Natural Philosophy." *British Journal for the History of Science* 33 (2000): 427–53.

Israel, Jonathan I. *Dutch Primacy in World Trade, 1585–1740*. Oxford: Oxford University Press, 1989.

———. *The Dutch Republic: Its Rise, Greatness, and Fall, 1477–1806*. Oxford: Clarendon Press, 1995.

———. *Radical Enlightenment: Philosophy and the Making of Modernity, 1650–1750*. Oxford: Oxford University Press, 2001.

Iwao, Seiichi. "Dutch Physician Willem ten Rhijne and Early Western Medicine in Japan." [In Japanese.] *Bulletin of the Japan-Netherlands Institute* 1 (1976): 1–90.

Jacob, James R., and Margaret C. Jacob. "The Anglican Origins of Modern Science: The Metaphysical Foundations of the Whig Constitution." *Isis* 71 (1980): 251–67.

Jacob, Margaret C. "The Church and the Formulation of the Newtonian World-View." *Journal of European Studies* 1 (1971): 128–48.

———. "Christianity and the Newtonian Worldview." In *God and Nature: Historical Essays on the Encounter between Christianity and Science*, ed. David C. Lindberg and Ronald L. Numbers, 238–55. Berkeley: University of California Press, 1986.

———. *The Cultural Meaning of the Scientific Revolution*. Philadelphia: Temple University Press, 1988.

———. *The Newtonians and the English Revolution, 1689–1720*. Ithaca, NY: Cornell University Press, 1976.

Jacob, Margaret C., and Matthew Kadane. "Missing, Now Found in the Eighteenth Century: Weber's Protestant Capitalist." *American Historical Review* 108 (2003): 20–49.

Jaki, Stanley L. *The Origin of Science and the Science of Its Origin*. South Bend, IN: Regency/Gateway, 1979.

James, Susan. *Passion and Action: The Emotions in Seventeenth-Century Philosophy*. Oxford: Clarendon Press, 1997.

Jansma, Jan Reinier. *Louis de Bils en de anatomie van zijn tijd*. Hoogeveen: C. Pet, 1919.

Jardine, Lisa. *Worldly Goods: A New History of the Renaissance*. New York: Nan A. Talese/Doubleday, 1996.

Jaspers, Karl. *Spinoza*. Ed. Hannah Arendt. Trans. Ralph Manheim. New York: Harcourt Brace Jovanovich, Harvest, 1974.

Jeanselme, E. "L'Oeuvre de J. Bontius." Paper presented at the Sixth International Congress of the History of Medicine (Leiden-Amsterdam, 18–23 July 1927), 209–222. Anvers: De Vlijt, 1929.

Jones, Ellis. "The Life and Works of Guilhelmus Fabricius Hildanus (1560–1634)." *Medical History* 4 (1960): 112–34, 196–209.

Jones, Richard F. *Ancients and Moderns: A Study of the Rise of the Scientific Movement in Seventeenth-Century England*. 1936. St. Louis, MO: Washington University Press, 1961.

Jones, Whitney R. D. *William Turner: Tudor Naturalist, Physician and Divine*. London: Routledge and Kegan Paul, 1988.

Jong, Erik de. "'Netherlandish Hesperidies': Garden Art in the Period of William and Mary, 1650–1702." In *The Anglo-Dutch Garden in the Age of William and Mary/De Gouden Eeuw Van de Hollandse Tuinkunst*. Special double issue of *Journal of Garden History*, vol. 8, nos. 2 and 3, ed. John Dixon Hunt and Erik de Jong, 15–40. London: Taylor and Francis, 1988.

———. "Nature and Art: The Leiden Hortus as 'Musaeum.'" In *The Authentic Garden: A Symposium on Gardens*, ed. Leslie Tjon Sie Fat and Erik de Jong, 37–60. Leiden: Clusius Foundation, 1991.

———. Natuur en Kunst: *Nederlandse Tuin- en Landschapsarchitechtuur, 1650–1740*. 1993. Amsterdam Thoth, 1995.

———. "For Profit and Ornament: The Function and Meaning of Dutch Garden Art in the Period of William and Mary, 1650–1702." In *The Dutch Garden in the Seventeenth Century*, ed. John Dixon Hunt, 13–48. Dumbarton Oaks Colloquium on the History of Landscape Architecture, 12. Washington, DC: Dumbarton Oaks Research Library and Collection, 1990.

Jongh, E. de. *Questions of Meaning: Themes and Motif in Dutch Seventeenth-Century Painting*. Trans. Michael Hoyle. 1995. Leiden: Primavera, 2000.

Jorink, Eric. "'Het boeck der natuere': Nederlandse geleerden en de wonderen van Gods schepping, 1575–1715." Ph.D. diss., University of Groningen, 2003.

Jouanna, Jacques. *Hippocrates*. Trans. M. B. DeBevoise. Medicine and Culture. Baltimore: Johns Hopkins University Press, 1999.

Joy, Lynn S. "Epicureanism in Renaissance Moral and Natural Philosophy." *Journal of the History of Ideas* 53 (1992): 573–83.

———. *Gassendi the Atomist: Advocate of History in an Age of Science*. Cambridge: Cambridge University Press, 1987.

Jurriaanse, M. W. *The Founding of Leyden University*. Trans. J. Brotherhood. Leiden: E. J. Brill, 1965.

Kajdański, Edward. "Michael Boym's *Medicus Sinicus*." *T'Oung Pao* 73 (1987): 161–89.

Kambouchner, Denis. *L'homme des passions: commentaires sur Descartes*. 2 vols. Paris: Albin Michel, 1995.

Kaplan, Benjamin J. "'Remnants of the Papal Yoke': Apathy and Opposition in the Dutch Reformation." *Sixteenth Century Journal* 25 (1994): 653–69.

Karsten, Mia C. *The Old Company's Garden at the Cape and Its Superintendents*. Cape Town: Maskew Miller, 1951.

Kato, Eiichi. "Unification and Adaptation: The Early Shogunate and Dutch Trade Policies." In *Companies and Trade*, ed. Leonard Blussé and Femme Gaastra, 207–29. Leiden: Leiden University Press, 1981.

Kaufmann, Thomas DaCosta. *The Mastery of Nature: Aspects of Art, Science, and Humanism in the Renaissance*. Princeton, NJ: Princeton University Press, 1993.

Kaye, Joel. *Economy and Nature in the Fourteenth Century: Money, Market Exchange, and the Emergence of Scientific Thought*. Cambridge: Cambridge University Press, 1998.

Keay, John. *The Spice Route: A History*. London: John Murray, 2005.

Keele, K. "Leonardo da Vinci's Influence on Renaissance Anatomy." *Medical History* 8 (1964): 360–70.
Kenny, Neil. *The Uses of Curiosity in Early Modern France and Germany.* Oxford: Oxford University Press, 2004.
Keohane, Nannerl O. *Philosophy and the State in France: The Renaissance to the Enlightenment.* Princeton, NJ: Princeton University Press, 1980.
Kerkhoven, J. M., and H. W. Blom. "De la Court en Spinoza: Van correspondenties en correspondenten." In *Pieter de la Court in zijn tijd: aspecten van een veelzijdig publicist (1618–1685),* ed. H. W. Blom and I. W. Wildenberg, 137–60. Amsterdam: APA—Holland University Press, 1986.
Keuning, J. "Ambonese, Portuguese and Dutchmen: The History of Ambon to the End of the Seventeenth Century." Translated; Dutch version 1956. In *Dutch Authors on Asian History,* ed. M. A. P. Meilink-Roelofsz, M. E. van Opstall, and G. J. Schutte, 362–97. Dordrecht: Foris, 1988.
Kiers, Judikje, and Fieke Tissink. *The Golden Age of Dutch Art: Painting, Sculpture, Decorative Art.* London: Thames and Hudson, 2000.
King, Lester S. *The Road to Medical Enlightenment, 1650–1695.* New York: American Elsevier, 1970.
Kinukawa, Tomomi. "Art Competes with Nature: Maria Sibylla Merian (1647–1717) and the Culture of Natural History." Ph.D. diss., University of Wisconsin-Madison, 2001.
Kish, George. "*Medicina, Mensura, Mathematica:* The Life and Works of Gemma Frisius, 1508–1555." *Publication of the Associates of the James Ford Bell Collection,* 4. Minneapolis, MN, 1967.
Klashorst, G. O. van de. "'Metten schijn van monarchie getempert': de verdediging van het stadhouderschap in de partijliteratuur, 1650–1686." In *Pieter de la Court in zijn tijd: aspecten van een veelzijdig publicist (1618–1685),* ed. H. W. Blom and I. W. Wildenberg, 93–136. Amsterdam: APA—Holland University Press, 1986.
Klein, P. W., and J. W. Veluwenkamp. "The Role of the Entrepreneur in the Economic Expansion of the Dutch Republic." In *Economic and Social History of the Netherlands,* 27–53. Het Nederlandsch Economisch-Historisch Archief, 4. Amsterdam: NEHA, 1993.
Klein, Ursula. "Experimental History and Herman Boerhaave's Chemistry of Plants." *Studies in the History and Philosophy of Biological and Biomedical Sciences* 34 (2003): 533–67.
Klever, W. N. A. "Spinoza's Life and Works." In *The Cambridge Companion to Spinoza,* ed. Don Garrett, 13–60. Cambridge: Cambridge University Press, 1996.
Klooster, Wim. *The Dutch in the Americas, 1600–1800: A Narrative History with the Catalogue of an Exhibition.* Providence, RI: John Carter Brown Library, 1997.
Knaap, Gerrit. "Headhunting, Carnage and Armed Peace in Amboina, 1500–1700." *Journal of the Economic and Social History of the Orient* 46 (2003): 165–92.
Knoeff, Rina. *Herman Boerhaave (1668–1738): Calvinist Chemist and Physician.* Amsterdam: Koninklijke Nederlandse Akademie van Wetenschappen, 2002.
Koeningsberger, H. G. "Why Did the States General of the Netherlands Become Revolutionary in the Sixteenth Century?" In Koeningsberger, *Politicians and Virtuosi: Essays in Early Modern History,* 63–76. London: Hambledon, 1986.

Koerner, Lisbet. *Linnaeus: Nature and Nation*. Cambridge, MA: Harvard University Press, 1999.
Kooi, Christine. "Popish Impudence: The Perseverance of the Roman Catholic Faithful in Calvinist Holland, 1572–1620." *Sixteenth Century Journal* 26 (1995): 75–85.
Kooijmans, Luuc. *De doodskunstenaar: de anatomische lessen van Frederik Ruysch*. Amsterdam: Bert Bakker, 2004.
Kossmann, E. H. "The Development of Dutch Political Theory in the Seventeenth Century." In *Britain and the Netherlands*, vol. 1, ed. J. S. Bromley and E. H. Kossmann, 91–110. London: Chatto and Windus, 1960.
———. *Politieke theorie en geschiedenis: verspreide opstellen en voordrachten*. Amsterdam: Bert Bakker, 1987.
———. *Politieke theorie in het zeventiende-eeuwse Nederland*. Verhandeling der Koninklijke Nederlandse Akademie van Wetenschappen, Afd. Letterkunde. Amsterdam: N.V. Noord-Hollandsche Uitgevers Maatschappij, 1960.
———. "Popular Sovereignty at the Beginning of the Dutch Ancien Regime." *Low Countries History Yearbook* 14 (1981): 1–28.
Kraft, Eva S. *Andreas Cleyer tagebuch des kontors zu Nagasaki auf der insel Deschima*. Bonner Zeitschrift für Japanologie. Bonn, 1985.
———. "Christian Mentzel, Philippe Couplet, Andreas Cleyer und die Chinesische Medizin: Notizen aus Handschriften des Siebsehn Jahrhunderts." In *Fernöstliche Kultur: Wolf Haenisch Zugeeignet von Sienem Marburger Studienkreis*, 158–96. Marburg: N. G. Elwert, 1975.
Kranenburg, H. A. H. *De zeevisscherij van Holland in den tijd der Republiek*. Amsterdam: H. J. Paris, 1946.
Kraye, Jill. "Moral Philosophy." In *The Cambridge History of Renaissance Philosophy*, gen. ed. Charles B. Schmitt, ed. Quentin Skinner, Eckhard Kessler, assoc. ed. Jill Kraye, 303–86. Cambridge: Cambridge University Press, 1988.
Kroeskamp, H. "De Chinezen te Batavia (±1700) als exempel voor de Cristenen van West-Europa?" *Indonesië: tweemaandelijks tijdscrift gewijd aan het Indonesisch cultuurgebied* 6 (1952/3): 346–71.
Kroon, J. E. *Bijdragen tot de geschiedenis van het geneeskundig onderwijs aan de Leidsche Universiteit, 1575–1625*. 1911. The Hague: J. Couvreur, [c. 1920].
Kuhn, Thomas S. *The Structure of Scientific Revolutions*. 1962. International Encyclopedia of Unified Science. Chicago: University of Chicago Press, 1967.
Kuijlen, J., C. S. Oldenburger-Ebbers, and D. O. Wijnands. *Paradisus Batavus: bibliografie van plantencatalogi van onderwijstuinen, particuliere tuinen en kwekerscollecties in de Noordelijke en Zuidelijke Nederlanden (1550–1839)*. Wageningen: Pudoc, 1983.
Kuriyama, Shigehisa. "Between Mind and Eye: Japanese Anatomy in the Eighteenth Century." In *Paths to Asian Medical Knowledge*, ed. Charles Lesley and Allan Young, 21–43. Berkeley: University of California Press, 1992.
———. *The Expressiveness of the Body and the Divergence of Greek and Chinese Medicine*. New York: Zone Books, 1999.
———. "Interpreting the History of Bloodletting." *Journal of the History of Medicine* 50 (1995): 11–46.

———. "The Japanese Complaint of Katakori and the Puzzle of Local Diseases." Unpublished paper.

———. "Pulse Diagnosis in the Greek and Chinese Traditions." In *History of Diagnostics: Proceedings of the Ninth International Symposium on the Comparative History of Medicine East and West*, ed. Yosio Kawakita, 43–67. Osaka: Taniguchi Foundation, 1987.

———. "Visual Knowledge in Classical Chinese Medicine." In *Knowledge and the Scholarly Medical Traditions*, ed. Don Bates, 205–34. Cambridge: Cambridge University Press, 1995.

Kusukawa, Sachiko. "*Aspectio divinorum operum*: Melanchthon and Astrology for Lutheran Medics." In *Medicine and the Reformation*, ed. Ole Peter Grell and Andrew Cunningham, 33–56. London: Routledge, 1993.

———. *The Transformation of Natural Philosophy: The Case of Philip Melanchthon*. Cambridge: Cambridge University Press, 1995.

Lach, Donald F. *Asia in the Making of Europe*. 2 vols. in 5. Chicago: University of Chicago Press, 1965–77.

Lachmann, Richard. *Capitalists in Spite of Themselves: Elite Conflict and Economic Transitions in Early Modern Europe*. Oxford: Oxford University Press, 2000.

Landes, David S. *Revolution in Time: Clocks and the Making of the Modern World*. Cambridge, MA: Belknap Press of Harvard University Press, 1983.

Landwehr, John. *Studies in Dutch Books with Coloured Plates Published 1662–1875: Natural History, Topography and Travel Costumes and Uniforms*. The Hague: Dr. W. Junk, 1976.

Lane, Frederic C. "The Mediterranean Spice Trade: Further Evidence of Its Revival in the Sixteenth Century." In *Spices in the Indian Ocean World*, ed. M. N. Pearson, 111–20. An Expanding World: The European Impact on World History, 1450–1800. Aldershot: Ashgate, 1996.

———. "Pepper Prices before da Gama." In *Spices in the Indian Ocean World*. ed. M. N. Pearson, 85–92. An Expanding World: The European Impact on World History, 1450–1800. Aldershot: Ashgate, 1996.

———. *Venice: A Maritime Republic*. Baltimore: Johns Hopkins University Press, 1973.

Latour, Bruno. *Pandora's Hope: Essays on the Reality of Science Studies*. Cambridge, MA: Harvard University Press, 1999.

———. *Science in Action: How to Follow Scientists and Engineers through Society*. Cambridge, MA: Harvard University Press, 1987.

Latour, Bruno, and Steve Woolgar. *Laboratory Life: The Construction of Scientific Facts*. 1979. Princeton, NJ: Princeton University Press, 1986.

Laughran, Michelle A. "Medicating with or without 'Scruples': The 'Professionalization' of the Apothecary in Sixteenth-Century Venice." *Pharmacy in History* 45 (2003): 95–107.

Law, John. "On the Methods of Long-Distance Control: Vessels, Navigation and the Portuguese Route to India." In *Power, Action and Belief: A New Sociology of Knowledge?* ed. John Law, 234–63. Sociological Review Monograph, 32. London: Routledge, 1986.

Le Goff, Jacques. "Merchant's Time and Church's Time in the Middle Ages." In *Time, Work, and Culture in the Middle Ages*, 29–42. French ed. 1977. Trans. Arthur Goldhammer. Chicago: University of Chicago Press, 1980.

Lennon, Thomas M. *The Battle of the Gods and Giants: The Legacies of Descartes and Gassendi, 1655–1715*. Princeton, NJ: Princeton University Press, 1993.

Lennon, Thomas M., and Patrica Ann Easton. *The Cartesian Empiricism of François Bayle*. New York: Garland, 1992.

Lesger, Clé. "Intraregional Trade and the Port System in Holland, 1400–1700." In *Economic and Social History in the Netherlands*. Het Nederlandsch Economisch-Historisch Archief, vol. 4, 186–218. Amsterdam: NEHA, 1993.

Leupe, P. A. *Georgius Everardus Rumphius: Ambonsch natuurkundige der zeventiende eeuw*. Amsterdam: C. G. van der Post, 1871.

———. "Letter Transport Overland to the Indies by the East India Company in the Seventeenth Century." Dutch version, 1870. In *Dutch Authors on Asian History*, ed. M. A. P. Meilink-Roelofsz, M. E. van Opstall, and G. J. Schutte, 77–90. Dordrecht: Foris, 1988.

Levi, Anthony. *French Moralists: The Theory of the Passions, 1585 to 1649*. Oxford: Clarendon Press, 1964.

Lieberman, Victor. "Some Comparative Thoughts on Premodern Southeast Asian Warfare." *Journal of the Economic and Social History of the Orient* 46 (2003): 215–25.

Lieburg, Martin van. *Nieuw licht op Hendrik van Deventer (1651–1724)*. Rotterdam: Erasmus, 2002.

Lieburg, M. J. van. "De genees- en heelkunde in de Noordelijke Nederlanden, gezien vanuit de stedelijke en chirurgijnsgilde-ordonnanties van de zestiende eeuw." *Tijdschrift voor de Geschiedenis der Geneeskunde, Natuurwetenschappen, Wiskunde en Techniek* 6 (1983): 169–84.

———. "Isaac Beeckman and His Diary-Notes on William Harvey's Theory on Blood-circulation (1633–1634)." *Janus* 69 (1982): 161–83.

———. *Het medisch onderwijs te Rotterdam (1467–1967)*. Amsterdam: Rodopi, 1978.

———. "Pieter van Foreest en de rol van de stadsmedicus in de Noord-Nederlandse steden van de zestiende eeuw." In *Pieter van Foreest: een Hollands medicus in de zestiende eeuw*, ed. H. L. Houtzager, 41–72. Amsterdam: Rodopi, 1989.

———. "Zacharias Sylvius (1608–1664), Author of the *Praefatio* to the First Rotterdam Edition (1648) of Harvey's *De motu cordis*." *Janus* 65 (1978): 241–57.

Lindeboom, G. A. "Het Collegium privatum Amstelodamense (1664–1673)." *Nederlands Tijdschrift voor Geneeskunde* 119, no. 32 (1975): 1248–54.

———. *Descartes and Medicine*. Amsterdam: Rodopi, 1979.

———. *Florentius Schuyl (1619–1669) en zijn betekenis voor het Cartensianisme in de geneeskunde*. The Hague: Martinus Nijhoff, 1974.

———. *Herman Boerhaave: The Man and His Work*. Foreword by E. Ashworth Underwood. London: Methuen, 1968.

———. "Jan Swammerdam als microscopist." *Tijdschift voor de Geschiedenis der Geneeskunde, Natuurwetenschappen, Wiskunde en Techniek* 4 (1981): 87–110.

———. "Leeuwenhoek and the Problem of Sexual Reproduction." In *Antoni van Leeuwenhoek, 1632–1723*, ed. L. C. Palm and H. A. M. Snelders, 129–52. Amsterdam: Rodopi, 1982.

———. "Medical Education in the Netherlands, 1575–1750." In *The History of Medical Education*, ed. C. D. O'Malley, 201–16. Berkeley: University of California Press, 1970.

Lindeman, Ruud, Yvonne Scherf, and Rudolf M. Dekker, comp. *Reisverslagen van Noord-Nederlanders uit het zestiende tot begin negentiende eeuw.* Rotterdam: Universiteitsdrukkerij Erasmus Universiteit, 1994.

Linebaugh, Peter. "The Tyburn Riot against the Surgeons." In *Albion's Fatal Tree: Crime and Society in Eighteenth-Century England*, ed. Douglas Hay, Peter Linebaugh, John G. Rule, E. P. Thompson, and Cal Winslow, 65–117. New York: Pantheon, 1975.

Lint, J. de. "Comment Jan de Doot, forgeron, s'opéra d'un calcul de la vessie." *Asculape* 18 (1928): 50–53.

Lloyd, G. E. R. *The Ambitions of Curiosity: Understanding the World in Ancient Greece and China.* Cambridge: Cambridge University Press, 2002.

Lombard, Denys. "Questions on the Contact between European Companies and Asian Societies." In *Companies and Trade*, ed. Leonard Blussé and Femme Gaastra, 179–87. Leiden: Leiden University Press, 1981.

Lonie, Ian M. "The 'Paris Hippocratics': Teaching and Research in Paris in the Second Half of the Sixteenth Century." In *The Medical Renaissance of the Sixteenth Century*, ed. Andrew Wear, Roger K. French, and Ian M. Lonie, 155–74, 318–26. Cambridge: Cambridge University Press, 1985.

Lorch, Maristella de P. "The Epicurean in Lorenzo Valla's *On Pleasure.*" In *Atoms, Pneuma, and Tranquillity: Epicurean and Stoic Themes in European Thought*, ed. Margaret J. Osler, 89–114. Cambridge: Cambridge University Press, 1991.

Lovejoy, Arthur O. *Reflections on Human Nature.* Baltimore: Johns Hopkins University Press, 1961.

Lu, Gwei-Djen, and Joseph Needham. *Celestial Lancets: A History and Rationale of Acupuncture and Moxa.* 1980. New intro. Vivienne Lo. London: RoutledgeCurzon, 2002.

Lucas, Alfred. *Ancient Egyptian Materials and Industries.* 4th ed. Rev. J. R. Harris. London: Edward Arnold, 1962.

Lucassen, Jan. *Migrant Labour in Europe, 1600–1900: The Drift to the North Sea.* Trans. Donald A. Bloch. London: Croom Helm, 1987.

Lugli, Adalgisa. *Naturalia et mirabilia: Il collezionismo enciclopedico nelle wunderkammern d'Europa.* Milan: Gabriele Mazzotta, 1983.

Lunsingh Scheurleer, Th. H. "Un amphithéâtre d'anatomie moralisée." In *Leiden University in the Seventeenth Century: An Exchange of Learning*, ed. Th. H. Lunsingh Scheurleer and G. H. M. Posthumus Meyjes, 217–77. Leiden: Universitaire Pers/E. J. Brill, 1975.

Lunsingh Scheurleer, Th. H., and G. H. M. Posthumus Meyjes, eds. *Leiden University in the Seventeenth Century: An Exchange of Learning.* Leiden: Universitaire Pers Leiden/E. J. Brill, 1975.

Lux, David S. *Patronage and Royal Science in Seventeenth-Century France: The Académie de Physique in Caen.* Ithaca, NY: Cornell University Press, 1989.

Luyendijk-Elshout, Antonie M. "Death Enlightened: A Study of Frederik Ruysch." *Journal of the American Medical Association* 212, no. 1 (1970): 121–26.

———. "Mechanicisme contra vitalisme: de school van Herman Boerhaave en de beginselen van het leven." *Tijdschrift voor de Geschiedenis der Geneeskunde, Natuurwetenschappen, Wiskunde en Techniek* 5 (1982): 16–26.

MacDonald, Michael. "*The Fearefull Estate of Francis Spira:* Narrative, Identity, and Emotion in Early Modern England." *Journal of British Studies* 31 (1992): 32–61.

Macé, Mieko. "Évolution de la médecine japonaise face au modèle chinois: des origines jusqu'au milieu du dix-huitième siècle—l'autonomie par la synthèse." In *Cipango: Cahiers d'Études Japonaises*, 111–60. Paris: Publications Langues'O, 1992.

MacFarlane, Alan. *The Culture of Capitalism*. Oxford: Blackwell, 1987.

MacGregor, Arthur, "Collectors and Collections of Rarities in the Sixteenth and Seventeenth Centuries." In *Tradescant's Rarities: Essays on the Foundation of the Ashmolean Museum, 1683*, ed. A. MacGregor, 70–97. Oxford: Clarendon Press, 1983.

———, ed. *Tradescant's Rarities: Essays on the Foundation of the Ashmolean Museum, 1683, with a Catalogue of the Surviving Early Collections*. Oxford: Clarendon Press, 1983.

Het machtige eyland: Ceylon en de V.O.C. The Hague: SDU, 1988.

MacIntyre, Alasdair. *After Virtue: A Study in Moral Theory*. Notre Dame, IN: University of Notre Dame Press, 1981.

Maczak, Antoni. *Travel in Early Modern Europe*. Trans. Ursula Phillips. Cambridge: Polity Press, 1995.

Magalhães Godinho, Vitorino. "Le repli vénitien et égyptien et la route du Cap, 1496–1533." In *Spices in the Indian Ocean World*, ed. M. N. Pearson, 93–110. An Expanding World: The European Impact on World History, 1450–1800. Aldershot: Variorum, 1996.

Mak, J. J. *De rederijkers*. Amsterdam: P. M. van Kampen en Zoon, 1944.

Manning, John. *The Emblem*. London: Reaktion, 2002.

Marland, Hilary, ed. *The Art of Midwifery: Early Modern Midwives in Europe*. London: Routledge, 1993.

———. "*Mother and Child Were Saved*": *The Memoirs (1693–1740) of the Frisian Midwife Catharina Schrader*. Trans. Hilary Marland. Amsterdam: Rodopi, 1987.

Marnef, Guido. *Antwerp in the Age of Reformation: Underground Protestantism in a Commercial Metropolis, 1550–1577*. Trans. J. C. Grayson. Baltimore: Johns Hopkins University Press, 1996.

Martines, Lauro. *Power and Imagination: City-States in Renaissance Italy*. 1979. New York: Vintage Books, 1980.

Masson, Georgina. *Italian Gardens*. London: Thames and Hudson, 1966.

Mauss, Marcel. *The Gift: Forms and Functions of Exchange in Archaic Studies*. Trans. Ian Cunnison, intro. E. E. Evans-Pritchard. New York: W. W. Norton, 1967.

McAdoo, H. R. *The Structure of Caroline Moral Theology*. London: Longmans, Green, 1949.

McCusker, John J., and Cora Gravesteijn. *The Beginnings of Commercial and Financial Journalism: The Commodity Price Currents, Exchange Rate Currents, and Money Currents of Early Modern Europe*. NEHA, 3rd ser., 11. Amsterdam: NEHA, 1991.

McGahagan, T. A. "Cartesianism in the Netherlands, 1639–1675: The New Science and the Calvinist Counter-Reformation." Ph.D. diss., University of Pennsylvania, 1976.

McKee, Francis. "Honeyed Words: Bernard Mandeville and Medical Discourse." In *Medicine in the Enlightenment*, ed. Roy Porter, 223–54. Amsterdam: Rodopi, 1995.

Meadow, Mark A. "Merchants and Marvels: Hans Jacob Fugger and the Origins of the

Wunderkammer." In *Merchants and Marvels: Commerce, Science, and Art in Early Modern Europe*, ed. Pamela H. Smith and Paula Findlen, 182–200. New York: Routledge, 2002.

Meerbeeck, P. J. van. *Recherches historiques et critiques sur la vie et les ouvrages de Rembert Dodoens (Dodonaeus)*. 1841. Utrecht: HES, 1980.

Meijizen Nihon Igakushi. [In Japanese.] 1955–64. 4 vols.

Meilink-Roelofsz, M. A. P. *Asian Trade and European Influence in the Indonesian Archipelago between 1500 and about 1630*. The Hague: Martinus Nijhoff, 1962.

———. "Aspects of Dutch Colonial Development in Asia in the Seventeenth Century." In *Britain and the Netherlands in Europe and Asia*, ed. J. S. Bromley and E. H. Kossmann, 56–82. London: Macmillan; New York: St. Martin's Press, 1968.

Meli, Domenico Bertoloni. "Authorship and Teamwork around the Cimento Academy: Mathematics, Anatomy, Experimental Philosophy." *Early Science and Medicine* 6 (2001): 65–95.

Melion, Walter S. *Shaping the Netherlandish Canon: Karel van Mander's Schilder-Boeck*. Chicago: University of Chicago Press, 1991.

Merians, Linda E. "What They Are, Who We Are: Representations of the 'Hottentot' in Eighteenth-Century Britain." *Eighteenth-Century Life* 17 (1993): 14–39.

Merton, Robert K. "Science and the Economy of Seventeenth Century England." *Science and Society* 3 (1939): 3–27.

———. *Science, Technology and Society in Seventeenth Century England*. 1938. New York: Harper and Row, 1970.

Meyer, A. W. "Leeuwenhoek as Experimental Biologist." *Osiris* 3 (1937): 103–22.

Michel, Wolfgang. "Frühe Westliche Beobachtungen zur Moxibustion und Akupunktur." *Sudhoffs Archiv* 77 (1993): 193–222.

———. *Von Leipzig nach Japan: Der Chirurg und Handelsmann Caspar Schamberger (1623–1706)*. Munich: Iudicium, 1999.

———. "Willem ten Rhijne und die Japanische Medizin (I)." *Studien zur Deutschen und Französischen Literatur* 39 (1989): 75–125.

———. "Willem ten Rhijne und die Japanische Medizin (II)." *Studien zur Deutschen und Französischen Literatur* 40 (1990): 57–103.

Mikkeli, Heikki. *Hygiene in the Early Modern Medical Tradition*. Humaniora Series, 305. Helsinki: Finnish Academy of Science and Letters, 1999.

Miller, Peter N. *Peiresc's Europe: Learning and Virtue in the Seventeenth Century*. New Haven and London: Yale University Press, 2000.

Miller, Susan. "Jean-Antoine Fraisse at Chantilly: French Images of Asia." *East Asian Library Journal* 9 (2000): 1–77.

Milroy, James, and Lesley Milroy. "Linguistic Change, Social Network and Speaker Innovation." *Journal of Linguistics* 21 (1985): 339–84.

Milroy, Lesley. *Language and Social Networks*. 2nd ed. Oxford: Basil Blackwell, 1987.

Milroy, Lesley, and Sue Margrain. "Vernacular Language Loyalty and Social Network." *Language in Society* 9 (1980): 43–70.

Milroy, Lesley, and James Milroy. "Social Network and Social Class: Toward an Integrated Sociolinguistic Model." *Language in Society* 21 (1992): 1–26.

Milton, Giles. *Nathaniel's Nutmeg: Or, The True and Incredible Adventures of the Spice Trader Who Changed the Course of History.* New York: Farrar, Straus, and Giroux, 1999.

———. *Samurai William: The Adventurer Who Unlocked Japan.* London: Hodder and Stoughton, 2002.

Mintz, Sidney W. *Sweetness and Power: The Place of Sugar in Modern History.* New York: Viking, 1985.

Moch, Leslie Page. *Moving Europeans: Migration in Western Europe since 1650.* Bloomington: Indiana University Press, 1992.

Moer, A. van der. *Een zestiende-eeuwse Hollander in het verre oosten en het hoge noorden: leven, werken, reizen en avonturen van Jan Huyghen van Linschoten (1563–1611).* The Hague: Martinus Nijhoff, 1979.

Mokyr, Joel. *The Gifts of Athena: Historical Origins of the Knowledge Economy.* Princeton, NJ: Princeton University Press, 2002.

Momigliano, Arnaldo. "Ancient History and the Antiquarian." *Journal of the Warburg and Courtauld Institutes* 13 (1950): 285–315.

Mooij, Annet. *De polsslag van de stad: 350 jaar academische geneeskunde in Amsterdam.* Amsterdam: Arbeiderspers, 1999.

Moore, Cornelia Niekus. "'Not by Nature but by Custom': Johan van Beverwijck's *Van de Wtnementheyt des Vrouwelicken Geslachts.*" *Sixteenth Century Journal* 25 (1994): 633–51.

Moran, Bruce T. *The Alchemical World of the German Court: Occult Philosophy and Chemical Medicine in the Circle of Moritz of Hessen (1572–1632).* Sudhoffs Archiv, suppl. 29. Stuttgart: Franz Steiner Verlag, 1991.

———. *Chemical Pharmacy Enters the University: Johannes Hartmann and the Didactic Care of "Chymiatria" in the Early Seventeenth Century.* Madison, WI: American Institute of the History of Pharmacy, 1991.

———. "Court Authority and Chemical Medicine: Moritz of Hessen, Johannes Hartmann, and the Origin of Academic *Chemiatria.*" *Bulletin of the History of Medicine* 63 (1989): 225–46.

———. *Distilling Knowledge: Alchemy, Chemistry, and the Scientific Revolution.* Cambridge, MA: Harvard University Press, 2005.

———. "German Prince-Practitioners: Aspects in the Development of Courtly Science, Technology, and Procedures in the Renaissance." *Technology and Culture* 22 (1981): 253–74.

———. "Privilege, Communication, and Chemiatry: The Hermetic-Alchemical Circle of Moritz of Hessen-Kassel." *Ambix* 32 (1985): 110–26.

———, ed. *Patronage and Institutions: Science, Technology and Medicine at the European Court, 1500–1750.* Woodbridge: Boydell, 1991.

Morford, Mark. "The Stoic Garden." *Journal of Garden History* 7 (1987): 151–75.

———. *Stoics and Neostoics: Rubens and the Circle of Lipsius.* Princeton, NJ: Princeton University Press, 1991.

Mortier, Marijke. "Het wereldbeeld van de Gentse almanakken, zeventiende en achttiende eeuw." *Tijdschrift voor Sociale Geschiedenis* 35 (1984): 267–90.

Mosse, George L. "Changes in Religious Thought." In *The New Cambridge Modern His-*

tory, vol. 4: *The Decline of Spain and the Thirty Year's War, 1609–48/59*, ed. J. P. Cooper, 169–201. Cambridge: Cambridge University Press, 1970.

Motley, John Lothrop. *History of the United Netherlands: From the Death of William the Silent to the Synod of Dort*. 4 vols. London: J. Murray, 1860–67.

———. *The Rise of the Dutch Republic: A History*. 3 vols. London: J. Chapman, 1856.

Moulin, Daniel de. "Paul Barbette, M.D.: A Seventeenth-Century Amsterdam Author of Best-Selling Textbooks." *Bulletin of the History of Medicine* 59 (1985): 506–14.

Mout, M. E. H. N. "'Heilige Lipsius, bid voor ons.'" *Tijdschrift voor Geschiedenis* 97 (1984): 195–206.

Mout, Nicolette. "The Family of Love (Huis des Liefde) and the Dutch Revolt." In *Britain and the Netherlands*, vol. 7, ed. A. C. Duke and C. A. Tamse, 76–93. The Hague: Martinus Nijhoff, 1981.

———. "'Which Tyrant Curtails My Free Mind?': Lipsius and the Reception of De Constantia (1584)." In *Lipsius in Leiden: Studies in the Life and Works of a Great Humanist on the Occasion of His 450th Anniversary*, ed. Karl Enenkel and Chris Heesakkers, 123–40. Bloemendaal: Florivallis, 1997.

Moyer, Ann. "The Astronomers' Game: Astrology and University Culture in the Fifteenth and Sixteenth Centuries." *Early Science and Medicine* 4 (1999): 228–50.

Mueller, Reinhold C. *The Venetian Money Market: Banks, Panics, and the Public Debt, 1200–1500*. Baltimore: Johns Hopkins University Press, 1997.

Mukerji, Chandra. *From Graven Images: Patterns of Modern Materialism*. New York: Columbia University Press, 1983.

Muldrew, Craig. *The Economy of Obligation: The Culture of Credit and Social Relations in Early Modern England*. Basingstoke: Macmillan; and New York: St. Martin's Press, 1998.

Mulligan, Lotte. "Robert Boyle, 'Right Reason,' and the Meaning of Metaphor." *Journal of the History of Ideas* 55 (1994): 235–57.

Munro, John H. "Bullionism and the Bill of Exchange in England, 1272–1663: A Study in Monetary Management and Popular Prejudice." In *The Dawn of Modern Banking*, 169–215. Center for Medieval and Renaissance Studies, University of California, Los Angeles. New Haven and London: Yale University Press, 1979.

Munt, Annette Henriette. "The Impact of Dutch Cartesian Medical Reformers in Early Enlightenment German Culture 1680–1720." Ph.D. diss., University College London, 2004.

Muntschick, Wolfgang. "Ein Manuscript von Georg Meister, dem Kunst- und Lustgärtner, in der British Library." *Medizin-Historisches Journal* 19 (1984): 225–32.

Murray, John J. *Flanders and England: A Cultural Bridge; The Influence of the Low Countries on Tudor-Stuart England*. Antwerp: Fonds Mercator, 1985.

Nadler, Steven. *Spinoza: A Life*. Cambridge: Cambridge University Press, 1999.

Nakayama, Shigeru. *A History of Japanese Astronomy: Chinese Background and Western Impact*. Cambridge, MA: Harvard University Press, 1969.

Napjus, J. W. *De hoogleeraren in de geneeskunde aan de hogeschool en het Athenaeum te Franeker*. Ed. G. A. Lindeboom. Nieuwe Nederlandse Bijdragen tot de Geschiedenis der Geneeskunde en der Natuurwetenschappen, 15. Amsterdam: Rodopi, 1985.

Nauert, Charles G., Jr. *Agrippa and the Crisis of Renaissance Thought*. Illinois Studies in the Social Sciences, 55. Urbana: University of Illinois Press, 1965.

———. "Humanists, Scientists, and Pliny: Changing Approaches to a Classical Author." *American Historical Review* 84 (1979): 72–85.

Nave, F. de, and D. Imhof, eds. *Botany in the Low Countries (End of the Fifteenth Century—ca. 1650): Plantin-Moretus Museum Exhibition*. The Plantin-Moretus Museum and the Stedelijk Prentenkabinet Publication 27. Antwerp: Snoek-Ducaju and Zoon, 1993.

Néel, Marguerite. *Descartes et la Princesse Élisabeth*. Paris: Éditions Elzévir, 1946.

Nelson, Benjamin. *On the Roads to Modernity: Conscience, Science, and Civilisation; Selected Writings*, ed. Toby E. Huff. Totowa, NJ: Rowman and Littlefield, 1981.

Neri, Janice L. "From Insect to Icon: Joris Hoefnagel and the 'Screened Objects' of the Natural World." In *Ways of Knowing: Ten Interdisciplinary Essays*, ed. Mary Lindemann, 23–51. Leiden: Brill, 2004.

Newman, William R. *Gehennical Fire: The Lives of George Starkey, an American Alchemist in the Scientific Revolution*. Cambridge, MA: Harvard University Press, 1994.

———. *The "Summa Perfectionis" of Pseudo-Geber*. Leiden: E. J. Brill, 1991.

Niebyl, Peter H. "The Non-Naturals." *Bulletin of the History of Medicine* 45 (1971): 486–92.

———. "Sennert, Van Helmont, and Medical Ontology." *Bulletin of the History of Medicine* 45 (1971): 115–37.

Nieto-Galan, Agustí. "Calico Printing and Chemical Knowledge in Lancashire in the Early Nineteenth Century: The Life and 'Colours' of John Mercer." *Annals of Science* 54 (1997): 1–28.

Nogueira, Fernando A. R. "Garcia de Orta, Physician and Scientific Researcher." In *The Great Maritime Discoveries and World Health*, ed. Mário Gomes Marques and John Cule, 251–63. Lisbon: Escola Nacional de Saúde Pública, 1991.

———. "Luís de Almeida and the Introduction of European Medicine in Japan." In *The Great Maritime Discoveries and World Health*, ed. Mário Gomes Marques and John Cule, 227–36. Lisbon: Escola Nacional de Saúde Pública, 1991.

North, Douglass C., and Robert Paul Thomas. *The Rise of the Western World: A New Economic History*. Cambridge: Cambridge University Press, 1973.

Nutton, Vivian. "Dr. James's Legacy: Dutch Printing and the History of Medicine." In *The Bookshop of the World: The Role of the Low Countries in the Book-Trade, 1473–1941*, ed. Lotte Hellinga, Alistair Duke, Jacob Harskamp, and Theo Hermans, 207–17. 't Goy-Houten: HES and De Graaf, 2001.

———. "Hellenism Postponed: Some Aspects of Renaissance Medicine, 1490–1530." *Sudhoffs Archiv* 81 (1997): 158–70.

———. "Hippocrates in the Renaissance." In *Die Hippokratischen Epidemien: Theorie—Praxis—Tradition*, gen. ed. Gerhard Baader and Rolf Winau, 420–39. Sudhoffs Archiv, suppl. 27. Stuttgart: Franz Steiner Verlag, 1989.

———. "Pieter van Foreest and the Plagues of Europe: Some Observations on the *Observationes*." In *Pieter van Foreest: een Hollands medicus in de zestiende eeuw*, ed. H. L. Houtzager, 25–39. Amsterdam: Rodopi, 1989.

———. "'Prisci Dissectionum Professores': Greek Texts and Renaissance Anatomists." In *The Uses of Greek and Latin: Historical Essays*, ed. A. C. Dionisotti, Anthony Grafton, and Jill Kraye, 111–26. London: Warburg Institute, 1988.

———. "Wittenberg Anatomy." In *Medicine and the Reformation*, ed. Ole Peter Grell and Andrew Cunningham, 11–32. London: Routledge, 1993.

Oestreich, Gerhard. *Neostoicism and the Early Modern State*, ed. Brigitta Oestreich and H. G. Koenigsberger, trans. David McLintock. Cambridge: Cambridge University Press, 1982.

Ofek, Haim. *Second Nature: Economic Origins of Human Nature*. Cambridge: Cambridge University Press, 2001.

Ogborn, Miles. "Streynsham Master's Office: Accounting for Collectivity, Order and Authority in Seventeenth-Century India." *Cultural Geographies* 13 (2006): 127–55.

Ogilvie, Brian W. *The Science of Describing: Natural History in Renaissance Europe*. Chicago: University of Chicago Press, 2006.

Ogilvie, Sheilagh C., and Markus Cerman, eds. *European Proto-Industrialization*. Cambridge: Cambridge University Press, 1996.

Oldenburger-Ebbers, Carla. "Notes on Plants Used in Dutch Gardens in the Second Half of the Seventeenth Century." In *The Dutch Garden in the Seventeenth Century*, ed. John Dixon Hunt, 159–73. Dumbarton Oaks Colloquium on the History of Landscape Architecture, 12. Washington, DC: Dumbarton Oaks Research Library and Collection, 1990.

Olmi, Giuseppe. "From the Marvellous to the Commonplace: Notes on Natural History Museums (Sixteenth-Eighteenth Centuries)." In *Non-Verbal Communication in Science prior to 1900*, ed. Renato G. Mazzolini, 235–78. Florence: Leo S. Olschki, 1993.

———. "Science-Honour-Metaphor: Italian Cabinets of the Sixteenth and Seventeenth Centuries." In *The Origins of Museums: The Cabinet of Curiosities in Sixteenth- and Seventeenth-Century Europe*, ed. Oliver Impey and Arthur MacGregor, 5–16. Oxford: Clarendon Press, 1985.

O'Malley, Charles D. *Andreas Vesalius of Brussels, 1514–1564*. Berkeley: University of California Press, 1964.

O'Neill, Onora. *A Question of Trust: The BBC Reith Lectures, 2002*. Cambridge: Cambridge University Press, 2002.

Ooms, Herman. *Tokugawa Ideology: Early Constructs, 1570–1680*. Princeton, NJ: Princeton University Press, 1985.

Opsomer, J. E. "Un botaniste trop peu connu: Willem Quackelbeen (1527–1561)." *Bulletin de la Société Royale de Botanique de Belgique* 93 (1961): 113–30.

———. "Notes complémentaires sur les plantes envoyées de Turquie en 1557 par le botaniste Quackelbeen." *Bulletin de la Société Royale de Botanique de Belgique* 103 (1970): 5–10.

Ørum-Larsen, Asger. "Uraniborg—the Most Extraordinary Castle and Garden Design in Scandinavia." *Journal of Garden History* 10 (1990): 97–105.

Otsuka, Yasuo. "Chinese Traditional Medicine in Japan." In *Asian Medical Systems: A Comparative Study*, ed. Charles Leslie, 322–40. Berkeley: University of California Press, 1976.

———. "Willem ten Rhyne in Japan." [In Japanese with English abstract.] In *Rangaku in Japanese Culture*, 251–59. Tokyo: Tokyo University Press, 1971.

Ottenheym, Koen. "The Amsterdam Ring Canals: City Planning and Architecture." In *Rome, Amsterdam: Two Growing Cities in Seventeenth-Century Europe*, ed. Peter van Kessel and Elisja Schulte, 33–49. Amsterdam: Amsterdam University Press, 1997.

Otterspeer, Willem. *Groepsportret met dame: het bolwerk van de vrijheid, de Leidse Universiteit, 1575–1672*. Amsterdam: Bert Bakker, 2000.

———. "The University of Leiden—an Eclectic Institution." *Early Science and Medicine* 6 (2001): 324–33.

Pabbruwe, H. J. *Dr Robertus Padtbrugge (Parijs 1637—Amersfoort 1703), dienaar van de Verenigde Oost-Indische Compagnie, en zijn familie*. Kloosterzande: Drukkerij Duerinck, 1996.

Pagden, Anthony. *European Encounters with the New World: From Renaissance to Romanticism*. New Haven and London: Yale University Press, 1993.

Pagel, Walter. *From Paracelsus to Van Helmont: Studies in Renaissance Medicine and Science*. Ed. Marianne Winder. Collected Studies Series, 235. London: Variorum, 1986.

———. "Helmont, Johannes (Joan) Baptista Van." In *Dictionary of Scientific Biography*, vol. 6, ed. C. C. Gillispie, 253–59. New York: Scribners, 1972.

———. *Jean Baptista Van Helmont: Reformer of Science and Medicine*. Cambridge: Cambridge University Press, 1982.

———. *Paracelsus: An Introduction to Philosophical Medicine in the Era of the Renaissance*. New York: S. Karger, 1958.

Palm, L. C. "Italian Influences on Antoni van Leeuwenhoek." In *Italian Scientists in the Low Countries in the Seventeenth and Eighteenth Centuries*, ed. C. S. Maffioli and L. C. Palm, 147–63. Amsterdam: Rodopi, 1989.

———. "Leeuwenhoek and Other Dutch Correspondents of the Royal Society." *Notes and Records of the Royal Society* 43 (1989): 191–207.

Palmer, Richard. "Medical Botany in Northern Italy in the Renaissance." *Journal of the Royal Society of Medicine* 78 (1985): 149–57.

———. "Pharmacy in the Republic of Venice in the Sixteenth Century." In *The Medical Renaissance of the Sixteenth Century*, ed. Andrew Wear, Roger K. French, and Ian M. Lonie, 100–117, 303–12. Cambridge: Cambridge University Press, 1985.

Parel, Anthony J. *The Machiavellian Cosmos*. New Haven and London: Yale University Press, 1992.

Park, Katharine. "The Criminal and the Saintly Body: Autopsy and Dissection in Renaissance Italy." *Renaissance Quarterly* 47 (1994): 1–33.

———. "The Life of the Corpse: Division and Dissection in Late Medieval Europe." *Journal of the History of Medicine* 50 (1995): 111–32.

———. "The Organic Soul." In *The Cambridge History of Renaissance Philosophy*, gen. ed. Charles B. Schmitt, ed. Quentin Skinner, Eckhard Kessler, assoc. ed. Jill Kraye, 464–84. Cambridge: Cambridge University Press, 1988.

———. "Relics of a Fertile Heart: The 'Autopsy' of Clare of Montefalco." In *The Material Culture of Sex, Procreation, and Marriage in Premodern Europe*, ed. Anne L. McClanan and Karen Rosoff Encarnación, 115–33. Basingstoke: Palgrave, 2001.

Park, Katharine, and Eckhard Kessler. "The Concept of Psychology." In *The Cambridge History of Renaissance Philosophy*, gen. ed. Charles B. Schmitt, ed. Quentin Skinner,

Eckhard Kessler, assoc. ed. Jill Kraye, 455–63. Cambridge: Cambridge University Press, 1988.

Parker, Geoffrey. *The Dutch Revolt.* Rev. ed., 1977. Harmondsworth: Penguin, 1985.

———. "The Dutch Revolt and the Polarization of International Politics." In *The General Crisis of the Seventeenth Century*, ed. Geoffrey Parker and Lesley M. Smith, 57–82. London: Routledge and Kegan Paul, 1978.

———. *The Military Revolution: Military Innovation and the Rise of the West, 1500–1800.* Cambridge: Cambridge University Press, 1988.

———. "New Light on an Old Theme: Spain and the Netherlands, 1550–1650." *European History Quarterly* 15 (1985): 219–37.

Parker, John. *The World for a Marketplace: Episodes in the History of European Expansion.* Minneapolis: Associates of the James Ford Bell Library, 1978.

Parry, J., and M. Bloch, eds. *Money and the Morality of Exchange.* Cambridge: Cambridge University Press, 1989.

Partington, J. R. *A History of Chemistry.* Vol. 2. London: Macmillan, 1961.

Pas, Peter W. van der. "The Earliest European Descriptions of Japan's Flora." *Janus* 61 (1974): 281–95.

Pater, C. de. *Petrus Van Musschenbroek (1692–1761): Een Newtoniaans natuuronderzoeker.* Utrecht: Drukkerij Elinkwijk, 1979.

Pavord, Anna. *The Tulip.* New York: Bloomsbury, 1999.

Pearson, M. N., ed. *Spices in the Indian Ocean World.* An Expanding World: The European Impact on World History, 1450–1800. Aldershot: Ashgate, 1996.

Peitz, William. "The Problem of the Fetish." *Res: Anthropology and Aesthetics* 9, 13, 16 (1985–88): 5–17, 23–45, 105–23.

Pelling, Margaret, and Charles Webster. "Medical Practitioners." In *Health, Medicine and Mortality in the Sixteenth Century*, ed. Charles Webster, 165–235. Cambridge: Cambridge University Press, 1979.

Pelliot, Paul. "Michel Boym." *T'Oung Pao* 31 (1935): 95–151.

———. *Notes on Marco Polo.* Vol 1. Paris: Imprimerie Nationale, Librairie Adrien-Maisonneuve, 1959.

Pérez, Miguel López. *Asclepio renovado: alquimia y medicina en la España moderna (1500–1700).* Madrid: Ediciones Corona Borealis, 2003.

Pies, Eike. *Willem Piso (1611–1678): Begründer der Kolonialen Medizin und Leibarzt des Grafen Johann Moritz von Nassau-Siegen in Brasilien: Eine Biographie.* Düsseldorf: Interma-orb, 1981.

Pintard, René. *Le libertinage érudit dans la première moitié du dix-septième Siècle.* Paris: Boivin, 1943.

Pocock, J. G. A. *The Machiavellian Moment: Florentine Political Thought and the Atlantic Republican Tradition.* Princeton, NJ: Princeton University Press, 1975.

Pol, Elfriede Hulshoff. "The Library." In *Leiden University in the Seventeenth Century: An Exchange of Learning*, ed. Th. H. Lunsingh Scheurleer and G. H. M. Posthumus Meyjes, 395–459. Leiden: Universitaire Pers Leiden / E. J. Brill, 1975.

Pollmann, Judith. *Religious Choice in the Dutch Republic: The Reformation of Arnoldus Buchelius, 1565–1641.* Manchester: Manchester University Press, 1999.

Pomata, Gianna. "Menstruating Men: Similarity and Difference of the Sexes in Early Modern Medicine." In *Generation and Degeneration: Tropes of Reproduction in Literature and History from Antiquity through Early Modern Europe*, ed. Valeria Finucci and Kevin Brownless, 109–52. Durham, NC: Duke University Press, 2001.

Pomata, Gianna, and Nancy G. Siraisi, eds. *Historia: Empiricism and Erudition in Early Modern Europe*. Cambridge, MA: MIT Press, 2005.

Pomeranz, Kenneth. *The Great Divergence: China, Europe, and the Making of the Modern World Economy*. Princeton, NJ: Princeton University Press, 2000.

Pomian, Krzysztof. *Collectors and Curiosities: Paris and Venice, 1500–1800*. Trans. Elizabeth Wiles-Portier. Cambridge: Polity in association with Basil Blackwell, 1990.

Pop, G. F. *De geneeskunde bij het Nederlandsche zeewezen (geschiedkundige nasporingen)*. Weltevreden-Batavia: G. Kolff, 1922.

Popkin, Richard H. *Isaac la Peyrère (1596–1676): His Life, Work, and Influence*. Leiden: E. J. Brill, 1987.

———. *The History of Scepticism from Erasmus to Descartes*. Rev. ed., 1964. New York: Harper and Row, 1968.

Porto, Paulo A. "'*Summus Atque Felicissimus Salium*': The Medical Relevance of the *Liquor Alkahest*." *Bulletin of the History of Medicine* 76 (2002): 1–29.

Post, Regnerus Richardus. *The Modern Devotion: Confrontation with Reformation and Humanism*. Leiden: E. J. Brill, 1968.

Posthumus, N. W. *De geschiedenis van de Leidsche lakenindustrie*. 3 vols. The Hague: Martinus Nijhoff, 1908–39. 3 vols.

———. *Inquiry into the History of Prices in Holland*. 2 vols. Leiden: E. J. Brill, 1946–64.

Postma, Johannes. *The Dutch in the Atlantic Slave Trade, 1600–1815*. Cambridge: Cambridge University Press, 1990.

———. "Suriname and Its Atlantic Connections, 1667–1795." In *Riches from Atlantic Commerce: Dutch Transatlantic Trade and Shipping, 1585–1817*, ed. Johannes Postma and Victor Enthoven, 287–322. Leiden: Brill, 2003.

Postma, Johannes, and Victor Enthoven, eds. *Riches from Atlantic Commerce: Dutch Transatlantic Trade and Shipping, 1585–1817*. Leiden: Brill, 2003.

Prakash, Om. "The Dutch East India Company in the Trade of the Indian Ocean." In *India and the Indian Ocean, 1500–1800*, ed. Ashin Das Gupta and M. N. Pearson, 185–200. New Delhi: Oxford University Press, 1987.

———. "Precious Metal Flows in Asia and World Economic Integration in the Seventeenth Century." In *The Emergence of a World Economy*, ed. W. Fischer, R. Marvin McInnis, and J. Schneider, Part 1: 1500–1850, 83–96. Weisbaden: Franz Steiner Verlag, 1986.

Prest, John. *The Garden of Eden: The Botanic Garden and the Re-Creation of Paradise*. New Haven and London: Yale University Press, 1981.

Prins, Johanna, Bettina Brandt, Timothy Stevens, and Thomas Shannon, eds. *The Low Countries and the New World(s): Travel, Discovery, Early Relations*. Lanham, MD: University Press of America, 2000.

Proctor, Robert. "Anti-Agate: The Great Diamond Hoax and the Semiprecious Stone Scam." *Configurations* 9 (2001): 381–412.

Prokhovnik, Raia. *Spinoza and Republicanism*. Houndmills: Palgrave, 2004.
Raben, Remco. "Batavia and Columbo: The Ethnic and Spatial Order of Two Colonial Cities, 1600–1800." Ph.D. diss., Rijksuniversiteit te Leiden, 1996.
Ramakers, Rozemarijn. "Het Caecilia Gasthuis te Leiden: onderwijs instituut en verpleeginrichting, 1636–1799." Ph.D. diss., Rijksuniversiteit te Leiden, 1989.
Ramón-Laca, L. "Charles de l'Écluse and *Libri Picturati* A. 16–30." *Archives of Natural History* 28 (2001): 195–243.
Ramsay, G. D. *The City of London in International Politics at the Accession of Elizabeth Tudor*. Manchester: Manchester University Press, 1975.
Rather, L. J. "The 'Six Things Non-Natural': A Note on the Origin and Fate of a Doctrine and a Phrase." *Clio Medica* 3 (1968): 337–47.
Raven-Hart, R., trans. and ed. *Germans in Dutch Ceylon*. Colombo: Ceylon Government Press, 1953.
Read, Conyers. *Mr. Secretary Walsingham and the Policy of Queen Elizabeth*. Vol. 1. Oxford: Clarendon Press, 1925.
Reddy, William M. *Money and Liberty in Modern Europe: A Critique of Historical Understanding*. Cambridge: Cambridge University Press, 1987.
———. *The Navigation of Feeling: A Framework for the History of Emotions*. Cambridge: Cambridge University Press, 2001.
———. *The Rise of Market Culture: The Textile Trade and French Society, 1750–1900*. Cambridge: Cambridge University Press, 1984.
Reeds, Karen Meier. *Botany in Medieval and Renaissance Universities*. Harvard Dissertations in the History of Science. New York: Garland, 1991.
Regin, Deric. *Traders, Artists, Burghers: A Cultural History of Amsterdam in the Seventeenth Century*. Assen: Van Gorcum, 1976.
Reid, Anthony. "Early Southeast Asian Categorizations of Europeans." In *Implicit Understandings: Observing, Reporting, and Reflecting on the Encounters between Europeans and Other Peoples in the Early Modern Era*, ed. Stuart B. Schwartz, 268–94. Cambridge: Cambridge University Press, 1994.
———. *Southeast Asia in the Age of Commerce, 1450–1680*. Vol.1: *The Lands below the Winds*. New Haven and London: Yale University Press, 1988.
Rekers, Bernard. *Benito Arias Montano, 1527–1598: Studie over een groep spiritualistische humanisten in Spanje en de Nederlanden, op grond van hun briefwisseling*. Groningen: V. R. B. Kleine, 1961.
Rink, Oliver A. *Holland on the Hudson: An Economic and Social History of Dutch New York*. Ithaca, NY: Cornell University Press, 1986.
Roberts, Michael. *The Military Revolution, 1560–1660*. Belfast: M. Boyd, 1956.
Rodis-Lewis, Geneviève. "Descartes' Life and the Development of His Philosophy." In *The Cambridge Companion to Descartes*, ed. John Cottingham, 21–57. Cambridge: Cambridge University Press, 1992.
———. *Descartes: Biographie*. Paris: Calmann-Lévy, 1995.
———. *Descartes: His Life and Thought*. Trans. Jane Marie Todd. Ithaca, NY: Cornell University Press, 1998.

Rodríguez-Salgado, M. J. *The Changing Face of Empire: Charles V, Philip II and Habsburg Authority, 1551–1559*. Cambridge: Cambridge University Press, 1988.

Roldanus, C. W. "Adriaen Paets, een republikein uit de nadagen." *Tijdschrift voor Geschiedenis* 50 (1935): 134–66.

Römer, L. S. A. M. von. *Dr. Jacobus Bontius*. Bijblad op het Geneeskundig Tijdschrift voor Nederlandsch-Indië. Utigegeven door de Vereeniging tot Bevordering der Geneeskundige Wetenschappen in Nederlandsch-Indië. Batavia: G. Kolff, 1932.

Rooden, Peter T. van. "Contantijn L'Empereur's Contacts with the Amsterdam Jews and His Confutation of Judaism." In *Jewish-Christian Relations in the Seventeenth Century: Studies and Documents*, ed. J. van den Berg and Ernestine G. E. van der Wall, 51–72. Dordrecht: Kluwer, 1988.

Rookmaaker, L. C. *The Zoological Exploration of Southern Africa, 1650–1790*. Rotterdam: A. A. Balkema, 1989.

Rosen, George. "Lorenz Heister on Acupuncture: An Eighteenth Century View." *Journal of the History of Medicine* 30 (1975): 386–88.

———. "Sir William Temple and the Therapeutic Use of Moxa for Gout in England." *Bulletin of the History of Medicine* 44 (1970): 31–39.

Rosenberg, Dorothy B. "Wilhelm ten Rhyne's 'De acupunctura': An 1826 Translation." *Journal of the History of Medicine* 34 (1979): 81–84.

Rossi-Reder, Andrea. "Wonders of the Beast: India in Classical and Medieval Literature." In *Marvels, Monsters, and Miracles: Studies in the Medieval and Early Modern Imaginations*, ed. Timothy S. Jones and David A. Sprunger, 53–66. Kalamazoo, MI: Studies in Medieval Culture, 2002.

Rowen, Herbert H. *John de Witt, Grand Pensionary of Holland, 1625–1672*. Princeton, NJ: Princeton University Press, 1978.

Ruestow, Edward G. "Images and Ideas: Leeuwenhoek's Perception of the Spermatozoa." *Journal of the History of Biology* 16 (1983): 185–224.

———. "Leeuwenhoek and the Campaign against Spontaneous Generation." *Journal of the History of Biology* 17 (1984): 225–48.

———. *The Microscope in the Dutch Republic: The Shaping of Discovery*. Cambridge: Cambridge University Press, 1996.

———. "Piety and the Defense of Natural Order: Swammerdam on Generation." In *Religion, Science, and Worldview: Essays in Honor of Richard S. Westfall*, ed. Margaret J. Osler and Paul Lawrence Farber, 217–41. Cambridge: Cambridge University Press, 1985.

———. *Physics at Seventeenth and Eighteenth Century Leiden*. The Hague: Martinus Nijhoff, 1973.

———. "The Rise of the Doctrine of Vascular Secretion in the Netherlands." *Journal of the History of Medicine* 35 (1980): 265–87.

Ruggiero, Guido. *Binding Passions: Tales of Magic, Marriage, and Power at the End of the Renaissance*. New York: Oxford University Press, 1993.

Ruler, J. A. van. *The Crisis of Causality: Voetius and Descartes on God, Nature and Change*. Leiden: E. J. Brill, 1995.

———. "Franco Petri Burgersdijk and the Case of Calvinism within the Neo-Scholastic

Tradition." In *Franco Burgersdijk (1590–1635): Neo-Aristotelianism in Leiden*, ed. E. P. Bos and H. A. Krop, 37–65. Studies in the History of Ideas in the Low Countries. Amsterdam: Rodopi, 1993.

Rumphius Gedenkboek, 1702–1902. Haarlem: Koloniaal Museum, 1902.

Rupp, Jan C. C. "Matters of Life and Death: The Social and Cultural Conditions of the Rise of Anatomical Theatres, with Special Reference to Seventeenth Century Holland." *History of Science* 28 (1990): 263–87.

Russell, Andrew W., ed. *The Town and State Physician in Europe from the Middle Ages to the Enlightenment*. Wolfenbüttel: Herzog August Bibliothek, 1981.

Sahlins, Marshall. *Culture and Practical Reason*. Chicago: University of Chicago Press, 1976.

Salisbury, Joyce E. *The Beast Within: Animals in the Middle Ages*. New York: Routledge, 1994.

———, ed. *The Medieval World of Nature: A Book of Essays*. New York: Garland, 1993.

Santing, Catrien. "*De Affectibus Cordis et Palpitatione*: Secrets of the Heart in Counter-Reformation Italy." In *Cultural Approaches to the History of Medicine: Mediating Medicine in Early Modern and Modern Europe*, ed. Willem de Blécourt and Cornellie Usborne, 11–35. Houndsmills: Palgrave, 2003.

———. "*Doctor philosophus*: humanistische geleerdheid en de professionalisering van de vroegmoderne medicus." In *Medische geschiedenis in regionaal perspectief: Groningen, 1500–1900*, ed. Frank Huisman and Catrien Santing, 23–48. Rotterdam: Erasmus, 1997.

———. *Geneeskunde en humanisme: een intellectuele biographie van Theodoricus Ulsenius (c. 1460–1508)*. Rotterdam: Erasmus, 1992.

Sarasohn, Lisa T. "Epicureanism and the Creation of a Privatist Ethic in Early Seventeenth-Century France." In *Atoms, Pneuma, and Tranquillity: Epicurean and Stoic Themes in European Thought*, ed. Margaret J. Osler, 175–95. Cambridge: Cambridge University Press, 1991.

———. "Motion and Morality: Pierre Gassendi, Thomas Hobbes and the Mechanical World-View." *Journal of the History of Ideas* 46 (1985): 363–79.

———. "Nicolas-Claude Fabri de Peiresc and the Patronage of the New Science in the Seventeenth Century." *Isis* 84 (1993): 70–90.

Sargent, Thomas J., and François R. Velde. *The Big Problem of Small Change*. Princeton, NJ: Princeton University Press, 2002.

Sarton, George. *The History of Science and the New Humanism*. Cambridge, MA: Harvard University Press, 1937.

———. "Rumphius, Plinius Indicus (1628–1702)." *Isis* 27 (1937): 242–57.

Sassen, Ferd. *Geschiedenis van de wijsbegeerte in Nederland*. Amsterdam: Elsevier, 1959.

———. "The Intellectual Climate in Leiden in Boerhaave's Time." In *Boerhaave and His Time: Papers Read at the International Symposium in Commemoration of the Tercentenary of Boerhaave's Birth*, ed. G. A. Lindeboom, 1–16. Leiden: E. J. Brill, 1970.

———. "De reis van Marin Mersenne in de Nederlanden (1630)." In *Mededelingen van de Koninklijke Vlaamse Academie voor Wetenschappen*. Letteren en Schone Kunsten Van België, Klasse der Letteren, vol. 16, no. 4. Brussels: Paleis der Academiën, 1964.

———. "De reis van Pierre Gassendi in de Nederlanden (1628–1629)." In *Mededelingen der Koninklijke Nederlandse Akademie van Wetenschappen.* Afd. Letterkunde, Nieuwe Reeks, vol. 23, no. 10, 263–307. Amsterdam: N.V. Noord-Hollandsche Uitgevers Maatschappij, 1960.

Saunders, Jason Lewis. *Justus Lipsius: The Philosophy of Renaissance Stoicism.* New York: Liberal Arts Press, 1955.

Sawday, Jonathan. *The Body Emblazoned: Dissection and the Human Body in Renaissance Culture.* London: Routledge, 1995.

Saxby, T. J. *The Quest for the New Jerusalem: Jean de Labadie and the Labadists, 1610–1744.* Dordrecht: Kluwer, 1987.

Schaffer, Simon. "Experimenters' Techniques, Dyers' Hands, and the Electric Planetarium." *Isis* 88 (1997): 456–83.

Schama, Simon. *The Embarrassment of Riches: An Interpretation of Dutch Culture in the Golden Age.* New York: Knopf, 1987.

Schenkeveld, Maria A. *Dutch Literature in the Age of Rembrandt: Themes and Ideas.* Amsterdam: John Benjamins, 1991.

Schepelern, H. D. "The Museum Wormianum Reconstructed: A Note on the Illustration of 1655." *Journal of the History of Collections* 2 (1990): 81–85.

———. "Naturalienkabinett oder Kunstkammer: Der Sammler Bernhard Paludanus und Sein Katalogmanuskript in der Königlichen Bibliothek in Kopenhagen." *Nordelbingen, Beiträge zur Kunst- und Kulturgeschichte* 50 (1981): 157–82.

———. "Natural Philosophers and Princely Collectors: Worm, Paludanus, and the Gottorp and Copenhagen Collections." In *The Origins of Museums: The Cabinet of Curiosities in Sixteenth- and Seventeenth-Century Europe,* ed. O. Impey and A. MacGregor, 121–27. Oxford: Clarendon Press, 1985.

Schiebinger, Londa. *The Mind Has No Sex? Women in the Origins of Modern Science.* Cambridge, MA: Harvard University Press, 1989.

Schierbeek, A. *Antoni van Leeuwenhoek: leven en werken.* 2 vols. Lochem: De Tijdstroom, 1950–51. 2 vols.

———. *Jan Swammerdam: zijn leven en zijn werken.* Lochem: De Tijdstroom, 1946.

———. *Measuring the Invisible World: The Life and Works of Antoni van Leeuwenhoek FRS.* Intro. M. Rooseboom. New York: Abelard-Schuman, 1959.

Schmidt, Benjamin. *Innocence Abroad: The Dutch Imagination and the New World, 1570–1670.* Cambridge: Cambridge University Press, 2001.

Schmitt, Charles B. *Studies in Renaissance Philosophy and Science.* London: Variorum Reprints, 1981.

Schnapper, Antoine. *Le géant, la licorne et la tulipe: collections françaises au dix-septième siècle.* Paris: Flammarion, 1988.

Schneider, Maarten. *De Nederlandse krant, 1618–1978: van "nieuwstydinghe" tot dagblad.* 4th ed. In collaboration with Joan Hemels. 1943. Baarn: Het Weredvenster, 1979.

Schnurmann, Claudia. *Atlantische Welten: Engländer und Niederländer im Amerikanisch-Atlantischen Raum, 1648–1713.* Köln: Böhlau, 1998.

———. "Representative Atlantic Entrepreneur: Jacob Leisler, 1640–1691." In *Riches from Atlantic Commerce: Dutch Transatlantic Trade and Shipping, 1585–1817,* ed. Johannes Postma and Victor Enthoven, 259–83. Leiden: Brill, 2003.

Schoute, Dirk. *De geneeskunde in den dienst der Oost-Indische Compagnie in Nederlandsch-Indië*. Amsterdam: J. H. de Bussy, 1929.

Schultz, Bernard. *Art and Anatomy in Renaissance Italy*. Ann Arbor, MI: UMI Research Press, 1985.

Schultze-Hagen, Karl, Frank Steinheimer, Ragnar Kinzelbach, and Christoph Gasser. "Avian Taxidermy in Europe from the Middle Ages to the Renaissance." *Journal für Ornithologie* 144 (2003): 459–78.

Schulz, Eva. "Notes on the History of Collecting and of Museums in the Light of Selected Literature of the Sixteenth to the Eighteenth Century." *Journal of the History of Collections* 2 (1990): 205–18.

Schupbach, William. *The Paradox of Rembrandt's "Anatomy of Dr. Tulp."* Medical History Supplements, 2. London: Wellcome Institute for the History of Medicine, 1982.

Schwartz, Stuart B. "A Commonwealth within Itself: The Early Brazilian Sugar Industry, 1550–1670." In *Tropical Babylons: Sugar and the Making of the Atlantic World, 1450–1680*, ed. Stuart B. Schwartz, 158–200. Chapel Hill: University of North Carolina Press, 2004.

Secord, James A. "Knowledge in Transit." *Isis* 95 (2004): 654–72.

Segal, Sam. "The Tulip Portrayed: The Tulip Trade in Holland in the Seventeenth Century." In *The Tulip: A Symbol of Two Nations*, ed. Michiel Roding and Hans Theunissen, 9–24. Utrecht: M. Th. Houtsma Stichting; and Istanbul: Turco-Dutch Friendship Association, 1993.

Seifert, Arno. *Cognitio Historica: Die Geschichte als Namengeberin der Frühnneuzeitlichen Emperie*. Berlin: Duncker and Humblot, 1976.

Seters, W. H. van. "De voorgeschiedenis der stichting van de eerste Amsterdamse hortus botanicus." In *Zes en veertigste jaarboek genootschap Amstelodamum*, 34–45. Amsterdam, 1954.

Shackelford, Jole. "Tycho Brahe, Laboratory Design, and the Aim of Science: Reading Plans in Context." *Isis* (1993): 211–30.

———. *A Philosophical Path for Paracelsian Medicine: The Ideas, Intellectual Context, and Influence of Petrus Severinus: 1540/2–1602*. Copenhagen: Museum Tusculanum Press, University of Copenhagen, 2004.

Shank, Michael H. *"Unless You Believe, You Shall Not Understand": Logic, University, and Society in Late Medieval Vienna*. Princeton, NJ: Princeton University Press, 1988.

Shapin, Steven. "Descartes the Doctor: Rationalism and Its Therapies." *British Journal for the History of Science* 33 (2000): 131–54.

———. "The House of Experiment in Seventeenth-Century England." *Isis* 79 (1988): 373–404.

———. "'The Mind Is Its Own Place': Science and Solitude in Seventeenth-Century England." *Science in Context* 4 (1991): 191–218.

———. *The Scientific Revolution*. Chicago: University of Chicago Press, 1996.

———. *A Social History of Truth: Civility and Science in Seventeenth-Century England*. Chicago: University of Chicago Press, 1994.

Shapiro, Alan E. *Fits, Passions and Paroxysms: Physics, Method, and Chemistry in Newton's*

Theory of Colored Bodies and Fits of Easy Reflection. Cambridge: Cambridge University Press, 1993.
Shapiro, Barbara J. *A Culture of Fact: England, 1550–1720*. Ithaca, NY: Cornell University Press, 2000.
———. "Latitudinarianism and Science in Seventeenth Century England." *Past and Present* 40 (1968): 16–41.
———. "Law and Science in Seventeenth-Century England." *Stanford Law Review* 21 (1968–69): 727–66.
———. *Probability and Certainty in Seventeenth-Century England: A Study of the Relationship between Natural Science, Religion, History, Law, and Literature*. Princeton, NJ: Princeton University Press, 1983.
Shepherd, John Robert. *Statecraft and Political Economy on the Taiwan Frontier, 1600–1800*. Stanford, CA: Stanford University Press, 1993.
Sherman, Nancy. *The Fabric of Character: Aristotle's Theory of Virtue*. Oxford: Clarendon Press, 1989.
Sherrington, Charles S. *The Endeavour of Jean Fernel*. Cambridge: Cambridge University Press, 1946.
Silver, Larry, and Pamela H. Smith. "Splendor in the Grass: The Powers of Nature and Art in the Age of Dürer." In *Merchants and Marvels: Commerce, Science, and Art in Early Modern Europe*, ed. Pamela H. Smith and Paula Findlen, 29–62. New York: Routledge, 2002.
Simmel, Georg. *On Individuality and Social Forms: Selected Writings*. Ed. and intro. Donald N. Levine. Chicago: University of Chicago Press, 1971.
Singer, Thomas C. "Hieroglyphs, Real Characters, and the Idea of Natural Language in English Seventeenth-Century Thought." *Journal of the History of Ideas* 50 (1989): 49–70.
Siraisi, Nancy G. *The Clock and the Mirror: Girolamo Cardano and Renaissance Medicine*. Princeton, NJ: Princeton University Press, 1997.
———. *Taddeo Alderotti and His Pupils: Two Generations of Italian Medical Learning*. Princeton, NJ: Princeton University Press, 1981.
Sirks, M. J. "Rumphius, the Blind Seer of Amboina." Trans. Lily M. Perry. In *Science and Scientists in the Netherlands Indies*, 295–308. New York: Board for the Netherlands Indies, Surinam, and Curaçao, 1945.
Skinner, Quentin. *The Foundations of Modern Political Thought*. 2 vols. Cambridge: Cambridge University Press, 1978.
Slee, J. C. van. *De Rijnsburger collegianten*. Haarlem: De Erven F. Bohn, 1895.
Sluijs, C. A. van der. *Puritanisme en nadere reformatie*. Kampen: De Groot Goudriaan, 1989.
Smit, J. W. "The Netherlands and Europe in the Seventeenth and Eighteenth Centuries." In *Britain and the Netherlands in Europe and Asia*, ed. J. S. Bromley and E. H. Kossmann, 13–36. London: Macmillan; and New York: St. Martin's Press, 1968.
Smith, Pamela. *The Body of the Artisan: Art and Experience in the Scientific Revolution*. Chicago: University of Chicago Press, 2004.
———. *The Business of Alchemy: Science and Culture in the Holy Roman Empire*. Princeton, NJ: Princeton University Press, 1994.

———. "Science and Taste: Painting, Passions, and the New Philosophy in Seventeenth-Century Leiden." *Isis* 90 (1999): 421–61.
Smith, Wesley D. *The Hippocratic Tradition*. Ithaca, NY: Cornell University Press, 1979.
Smith, Woodruff D. "Complications of the Commonplace: Tea, Sugar, and Imperialism." *Journal of Interdisciplinary History* 23 (1992): 259–78.
Snapper, I. *Meditations on Medicine and Medical Education*. New York: Grune and Stratton, 1956.
Snelders, H. A. M. "Ten Rhyne, Willem." In *Dictionary of Scientific Biography*, genl. ed. C. C. Gillispie, 13:282–83. New York: Charles Scribner's Sons, 1976.
Solomon, Howard. *Public Welfare, Science, and Propaganda in Seventeenth-Century France: The Innovations of Théophraste Renaudot*. Princeton, NJ: Princeton University Press, 1972.
Solomon, Julie Robin. *Objectivity in the Making: Francis Bacon and the Politics of Inquiry*. Baltimore: Johns Hopkins University Press, 1998.
Soltow, Lee, and Jan Luiten van Zanden. *Income and Wealth Inequality in the Netherlands, Sixteenth–Twentieth Century*. Amsterdam: Het Spinhuis, 1998.
Spierenburg, Pieter. *The Spectacle of Suffering: Executions and the Evolution of Repression: From a Preindustrial Metropolis to the European Experience*. Cambridge: Cambridge University Press, 1984.
Stagl, Justin. *A History of Curiosity: The Theory of Travel, 1550–1800*. Chur: Harwood Academic, 1995.
Stannard, Jerry. "Natural History." In *Science in the Middle Ages*, ed. David Lindberg, 429–60. Chicago: University of Chicago Press, 1978.
Stapel, F. W. *Geschiedenis van Nederlandsch-Indië*. Amsterdam: J. M. Meulenhoff, 1930.
———. *De gouveneurs-generaal van Nederlandsch-Indië in beeld en woord*. The Hague: W. P. Stockum and Zoon, 1941.
Steadman, Philip. *Vermeer's Camera Obscura: Uncovering the Truth behind the Masterpieces*. Oxford: Oxford University Press, 2001.
Stearn, William T. "The Influence of Leyden on Botany in the Seventeenth and Eighteenth Centuries." *British Journal for the History of Science* 1 (1962): 137–58.
Stearns, Carol Z., and Peter N. Stearns, eds. *Emotion and Social Change: Toward a New Psychohistory*. New York: Holmes and Meier, 1988.
Steele, Robert. *Mediaeval Lore from Bartholomaeus Anglicus*. Preface William Morris. New York: Cooper Square, 1966.
Steendijk-Kuypers, J. *Volksgezondheidszorg in de zestiende en zeventiende eeuw en Hoorn: een bijdrage tot de beeldvorming van sociaal-geneeskundige structuren in een stedelijke samenleving*. Rotterdam: Erasmus, 1994.
Steensgaard, Niels. *The Asian Trade Revolution of the Seventeenth Century: The East India Companies and the Decline of the Caravan Trade*. Chicago: University of Chicago Press, 1974.
Stegeman, Saskia. "How to Set Up a Scholarly Correspondence: Theodorus Janssonius van Almeloveen (1657–1712) Aspires to Membership of the Republic of Letters." *Lias* 20 (1993): 227–43.

Steneck, Nicholas H. *Science and Creation in the Middle Ages: Henry of Langenstein (d. 1397) on Genesis.* Notre Dame, IN: University of Notre Dame Press, 1976.
Stewart, Alan. "The Early Modern Closet Discovered." *Representations* 50 (1995): 76–100.
Stiefvater, Erich W. *Die Akupunkter des Ten Rhijne.* Ulm: Karl F. Haug, 1955.
Stimson, Dorothy. "Amateurs of Science in Seventeenth Century England." *Isis* 31 (1939–40): 32–47.
———. "Puritanism and the New Philosophy in Seventeenth Century England." *Bulletin of the History of Medicine* 3 (1935): 321–34.
Stols, Eddy. "The Expansion of the Sugar Market in Western Europe." In *Tropical Babylons: Sugar and the Making of the Atlantic World, 1450–1680,* ed. Stuart B. Schwartz, 237–88. Chapel Hill: University of North Carolina Press, 2004.
Stomps, Th. J. "De geschiedenis van de Amsterdamse Hortus." *Ons Amsterdam* 3, no. 8 (August 1951): 206–14.
Stone-Ferrier, Linda A. *Images of Textiles: The Weave of Seventeenth-Century Dutch Art and Society.* Ann Arbor, MI: UMI Research Pres, 1985.
Stoye, John. *English Travellers Abroad, 1604–1667: Their Influence in English Society and Politics.* Rev. ed. New Haven and London: Yale University Press, 1989.
Stroup, Alice. *A Company of Scientists: Botany, Patronage, and Community at the Seventeenth-Century Parisian Royal Academy of Sciences.* Berkeley: University of California Press, 1990.
Stuart, David. *The Plants That Shaped Our Gardens.* London: Francis Lincoln, 2002.
Stuiveling, Garmt. *A Sampling of Dutch Literature: Thirteen Excursions into the Works of Dutch Authors.* Trans. and adapted James Brockway. Hilversum: Radio Nederland Wereldomroep, n.d.
Stuijvenberg, J. H. van. "'The' Weber Thesis: An Attempt at Interpretation." *Acta Historiae Neerlandicae* 8 (1975): 50–66.
Subrahmanyam, Sanjay. "Dutch Tribulations in Seventeenth-Century Mrauk-U." In *From the Tagus to the Ganges: Explorations in Connected History,* 200–247. New Delhi: Oxford University Press, 2005.
Subrahmanyam, Sanjay, and Luís Filipe F. R. Thomaz. "Evolution of Empire: The Portuguese in the Indian Ocean during the Sixteenth Century." In *The Political Economy of Merchant Empires: State Power and World Trade, 1350–1750,* ed. James D. Tracy, 298–331. Cambridge: Cambridge University Press, 1991.
Sutarjadi, Prof. Dr., Wahjo Dyatmiko, and et al., eds. *Proceedings of the International Congress on Traditional Medicine and Medicinal Plants, October 15–17, 1990, Denpasar-Bali, Indonesia.* Surabaya: Yayasan Widya Husada, Fakultas Farmsi, Universitas Airlangga, 1993.
Swan, Claudia. *Art, Science, and Witchcraft in Early Modern Holland: Jacques de Gheyn II (1565–1629).* Cambridge: Cambridge University Press, 2005.
———. *The Clutius Botanical Watercolors: Plants and Flowers of the Renaissance.* New York: Harry N. Abrams, 1998.
———. "Lectura-Imago-Ostensio: The Role of the *Libri Picturati* A.18–A.30 in Medical Instruction at the Leiden University." In *Natura-cultura: l'interpretazione del mondo fisico*

nei testi e nelle immagini, ed. Giuseppe Olmi, Lucia Tongiorgi Tomasi, and Attilio Zanca, 189–214. Florence: Leo S. Olschki, 2000.

Swetz, Frank J. *Capitalism and Arithmetic: The New Math of the Fifteenth Century.* Trans. David Eugene Smith. La Salle, IL: Open Court, 1987.

Szamosi, Geza. "Polyphonic Music and Classical Physics: The Origin of Newtonian Time." *History of Science* 28 (1990): 175–91.

Szczesniak, Boleslaw. "John Floyer and Chinese Medicine." *Osiris* 11 (1954): 127–56.

———. "The Writings of Michael Boym." *Monumenta Serica: Journal of Oriental Studies* 14 (1949–55): 481–538.

Taylor, Jean Gelman. "Europese en Euraziatische vrouwen in Nederlands-Indië in de VOC-Tijd." In *Vrouwen in de Nederlandse koloniën*, ed. J. Reijs et al. Zevende Jaarboek voor Vrouwengeschiedenis, 10–33. Nijmegen: SUN, 1986.

———. *The Social World of Batavia: European and Eurasian in Dutch Asia.* Madison: University of Wisconsin Press, 1983.

Temkin, Owsei. "The Role of Surgery in the Rise of Modern Medical Thought." *Bulletin of the History of Medicine* 25 (1951): 248–59.

Ten Brink, J. *Dirck Volckertsen Coornhert en zijne wellevenskunst.* Amsterdam: Binger, 1860.

Ten Doesschate, G. *De Utrechtse Universiteit en de geneeskunde, 1636–1900.* Nieuwkoop: B. de Graaf, 1963.

Terpstra, H. *De opkomst der westerkwartieren van de Oost-Indische Compagnie (Suratte, Arabië, Perzië)* The Hague: Martinus Nijhoff, 1918.

Terwen-Dionisius, Else M. "Date and Design of the Botanical Garden in Padua." *Journal of Garden History* 14 (1994): 213–35.

Thijssen-Schoute, C. L. "La diffusion européenne des idées de Bayle." In *Pierre Bayle: le philosophe de Rotterdam*, ed. Paul Dibon, 150–95. Amsterdam: Elsevier, 1959.

———. *Nederlands Cartesianisme*. 1954. Utrecht: Hes Uitgevers, 1989.

———. *Uit de republiek der letteren: elf studiën op het gebied der ideeëngeschiedenis van de gouden eeuw.* The Hague: Martinus Nijhoff, 1967.

Thomas, Nicholas. *Entangled Objects: Exchange, Material Culture, and Colonialism in the Pacific.* Cambridge, MA: Harvard University Press, 1991.

Thompson, E. P. "The Moral Economy of the English Crowd in the Eighteenth Century." *Past and Present* 50 (1971): 76–136.

Thomson, Ann. "La Mettrie, lecteur et traducteur de Boerhaave." *Dix-Huitième Siècle* 23 (1991): 23–29.

Thorndike, Lynn. *A History of Magic and Experimental Science.* 8 vols. New York: Columbia University Press, 1923–58.

Thornton, John. *Africa and Africans in the Making of the Atlantic World, 1400–1800.* 2nd ed. Cambridge: Cambridge University Press, 1998.

Throsby, David. *Economics and Culture.* Cambridge: Cambridge University Press, 2001.

Tjessinga, J. C. *Enkele gegevens omtrent Adriaan Pauw en het slot van Heemstede.* 2 vols. Heemstede: Vereniging Oud-Heemstede-Bennebroek, 1948–49.

Tjon Sie Fat, Leslie. "Clusius' Garden: A Reconstruction." In *The Authentic Garden: A Symposium on Gardens*, ed. Leslie Tjon Sie Fat and Erik de Jong, 3–12. Leiden: Clusius Foundation, 1991.

Toby, Ronald P. "The 'Indianness' of Iberia and Changing Japanese Iconographies of Other." In *Implicit Understandings: Observing, Reporting, and Reflecting on the Encounters between Europeans and Other Peoples in the Early Modern Era*, ed. Stuart B. Schwartz, 323–51. Cambridge: Cambridge University Press, 1994.

Tompsett, D. H., foreword by Cecil Wakeley, J. Dobson, historical intro. *Anatomical Techniques*. Edinburgh: E. and S. Livingstone, 1956.

Totman, Conrad. *Early Modern Japan*. Berkeley: University of California Press, 1993.

Tracy, James D. *A Financial Revolution in the Habsburg Netherlands: Renten and Renteniers in the County of Holland, 1515–1565*. Berkeley: University of California Press, 1985.

———. *Holland under Habsburg Rule, 1506–1566: The Formation of a Body Politic*. Berkeley: University of California Press, 1990.

Travis, Anthony S. *The Rainbow Makers: The Origins of the Synthetic Dyestuffs Industry in Western Europe*. Bethlehem, PA: Associated University Presses, 1993.

Trevor-Roper, Hugh R. "The Paracelsian Movement." In *Renaissance Essays*, 149–99. London: Fontana Press, 1986.

Tribby, Jay. "Cooking (with) Clio and Cleo: Eloquence and Experiment in Seventeenth-Century Florence." *Journal of the History of Ideas* 52 (1991): 417–39.

Tuchscherer, Michel. "Coffee in the Red Sea Area from the Sixteenth to the Nineteenth Century." In *The Global Coffee Economy in Africa, Asia, and Latin America, 1500–1989*, ed. William Gervase Clarence-Smith and Steven Topik, 50–66. Cambridge: Cambridge University Press, 2003.

Tuck, Richard. "Grotius and Selden." In *The Cambridge History of Political Thought, 1450–1700*, ed. J. H. Burns, with Mark Goldie, 499–529. Cambridge: Cambridge University Press, 1991.

———. "The 'Modern' Theory of Natural Law." In *The Languages of Political Theory in Early-Modern Europe*, ed. Anthony Pagden, 99–119. Cambridge: Cambridge University Press, 1987.

———. *Philosophy and Government, 1572–1651*. Cambridge: Cambridge University Press, 1993.

Ultee, Maarten. "The Politics of Professorial Appointment at Leiden, 1709." *History of Universities* 9 (1990): 167–94.

Uragoda, C. G. *A History of Medicine in Sri Lanka From the Earliest Times to 1948*. Colombo: Sri Lanka Medical Association, 1987.

Valiant, Sharon. "Maria Sibylla Merian: Recovering an Eighteenth-Century Legend; Essay Review." *Eighteenth-Century Studies* 26 (1993): 467–79.

Van Damme, Stéphane. *Descartes*. Paris: Presses de Sciences Politiques, 2002.

Vanpaemel, Geert. *Echo's van een wetenschappelijke revolutie: de mechanistische natuurwetenschap aan de Leuvense Artesfaculteit (1650–1797)*. Verhandelingen van de Koninklijke Academie voor Wetenschappen, Letteren, en Schone Kunsten van België, Klasse der Wetenschappen. Brussels: Paleis der Academiën, 1986.

———."Rohault's *Traité de Physique* and the Teaching of Cartesian Physics." *Janus* 71 (1984): 31–40.

Varey, Simon, and Rafael Chabrán. "Medical Natural History in the Renaissance: The Strange Case of Francisco Hernández." *Huntington Library Quarterly* 57 (1994): 124–51.

Varey, Simon, Rafael Chabrán, and Dora B. Weiner, eds. *Searching for the Secrets of Nature: The Life and Works of Dr. Francisco Hernández.* Stanford, CA: Stanford University Press, 2000.

Väth, Alfons. *Johann Adam Schall von Bell S.J.: Missionar in China, Kaiserlicher Astronom und Ratgeber am Hofe von Peking, 1592–1666.* 2nd ed. In collaboration with Louis van Hee, S.J. 1933. Monumenta Serica Monograph Series, 25. Nettetal: Steyler-Verlag, 1991.

Veen, Ernst van. "How the Dutch Ran a Seventeenth-Century Colony: The Occupation and Loss of Formosa, 1624–1662." *Itinerario* 20 (1996): 59–77.

Veen, Jaap van der. "Met grote moeite en kosten: de totstandkoming van seventiende-eeuwse verzamelingen." In *De wereld binnen handbereik: Nederlandse kunst- en rariteitenverzamelingen, 1585–1735*, chief ed. Ellinoor Bergvelt and Renée Kistemaker, 51–69. Zwolle: Waanders Uitgevers/Amsterdams Historisch Museum, 1992.

Veendorp, H. "Dirck Outgerszoon Cluyt, ±1550–1598, hortulanus, imker en apotheker te Leiden." *N.R.C. Ochtendblad*, 3 December 1939.

Veendorp, H., and L. G. M. Baas Becking. *Hortus Academicus Lugduno Batavus, 1587–1937: The Development of the Gardens of Leyden University.* Haarlem: Enschedaiana, 1938.

Velde, A. J. J. van de. "Bijdrage tot de studie der werken van den geneeskundige Cornelis Bontekoe." *Koninklijke Vlaamsche Academie voor Taal en Letterkunde, Verslagen en Mededeelingen* (1925): 3–48.

Verbeek, Theo. *Descartes and the Dutch: Early Reactions to Cartesian Philosophy, 1637–1650.* Carbondale: Southern Illinois University Press, 1992.

———. "Descartes and the Problem of Atheism: The Utrecht Crisis." *Nederlands Archief voor Kerkgeschiedenis* 71 (1991): 211–23.

———. "Les passions et la fièvre: l'idée de la maladie chez Descartes et quelques cartésiens néerlandais." *Tractrix* 1 (1989): 45–61.

———, ed. and trans. *La querelle d'Utrecht: René Descartes et Martin Schoock.* Paris: Les Impressions Nouvelles, 1988.

Verbeke, Gerard. "Ethics and Logic in Stoicism." In *Atoms, Pneuma, and Tranquillity: Epicurean and Stoic Themes in European Thought*, ed. Margaret J. Osler, 11–24. Cambridge: Cambridge University Press, 1991.

Verlinden, Charles. *The Beginnings of Modern Colonization: Eleven Essays with an Introduction.* Trans. Yvonne Freccero. Ithaca, NY: Cornell University Press, 1970.

Vermeij, Geerat J. *Nature: An Economic History.* Princeton, NJ: Princeton University Press, 2004.

Vermij, R. H. "Bijdrage tot de bio-bibliografie van Johannes Hudde." *Gewina* 18 (1995): 25–35.

———. *The Calvinist Copernicans: The Reception of the New Astronomy in the Dutch Republic, 1575–1750.* Amsterdam: Koninklijke Nederlandse Akademie van Wetenschappen, 2002.

———. *Secularisering en natuurwetenschap in de zeventiende en achttiende eeuw: Bernard Nieuwentijt.* Amsterdam: Rodopi, 1991.

———, ed. and comp. *Bernard Nieuwentijt: een zekere, zakelijke wijsbegeerte.* Geschiedenis van de Wijsbegeerte in Nederland, 12. Baarn: Ambo, 1988.

Vermij, R. H., and L. C. Palm. "John Chamberlayne als vertaler van Antoni van Leeuwenhoek." *Gewina* 15 (1992): 234–42.

Vidal, Fernando. "Brains, Bodies, Selves, and Science: Anthropologies of Identity and the Resurrection of the Body." *Critical Inquiry* 28 (2002): 930–74.

Vivenza, Gloria. "Renaissance Cicero: The 'Economic' Virtues of *De Officiis* I, 22 in Some Sixteenth Century Commentaries." *European Journal of the History of Economic Thought* 11 (2004): 507–23.

Vongsuravatana, Raphaël. *Un Jésuite à la cour de Siam*. Paris: Éditions France-Empire, 1992.

Vos, Frits. "From God to Apostate: Medicine in Japan before the Caspar School." In *Red-Hair Medicine: Dutch-Japanese Medical Relations*, ed. H. Beukers, A. M. Luyendijk-Elshout, M. E. van Opstall, and F. Vos, 9–26. Amsterdam: Rodopi, 1991.

Vredenburch, W. C. A. Baron van. *Schets van eene geschiedenis van het Utrechtsche studentenleven*. Utrecht: A. Oosthoek, 1914.

Vries, Willemien B. de. "The Country Estate Immortalized: Constantijn Huygens' *Hofwijck*." In *The Dutch Garden in the Seventeenth Century*, ed. John Dixon Hunt, 81–97. Dumbarton Oaks Colloquium on the History of Landscape Architecture, 12. Washington, DC: Dumbarton Oaks Research Library and Collection, 1990.

Vroom, N. R. A. *A Modest Message: As Intimated by the Painters of the "Monochrome Banketje."* 2 vols. Transl. Peter Gidman. Schiedam: Interbook International, 1980.

Vugs, J. G. *Leven en werk van Niels Stensen (1638–1686): onderzoeker van het zenuwstelsel*. Leiden: Universitaire Pers, 1968.

Waals, Jan van der. "Met boek en plaat: het boeken- en atlaassenbezit van verzamelaars." In *De wereld binnen handbereik: Nederlandse kunst- en rariteitenverzamelingen, 1585–1735*, chief ed. Ellinoor Bergvelt and Renée Kistemaker, 205–31. Zwolle: Waanders Uitgevers/Amsterdams Historisch Museum, 1992.

Waite, Gary K. "The Anabaptist Movement in Amsterdam and the Netherlands, 1531–1535: An Initial Investigation into Its Genesis and Social Dynamics." *Sixteenth Century Journal* 18 (1987): 249–65.

———. "The Dutch Nobility and Anabaptism, 1535–1545." *Sixteenth Century Journal* 23 (1992): 458–85.

Wake, C. H. H. "The Changing Pattern of Europe's Pepper and Spice Imports, ca. 1400–1700." *Journal of European Economic History* 8 (1979): 361–403.

———. "The Volume of European Spice Imports at the Beginning and End of the Fifteenth Century." *Journal of European Economic History* 15 (1986): 621–35.

Ward, H. Gordon. "An Unnoted Poem by Mandeville." *Review of English Studies* 7 (1931): 73–76.

Wartofsky, Marx. "Action and Passion: Spinoza's Construction of a Scientific Psychology." In *Spinoza: A Collection of Critical Essays*, ed. Marjorie Grene, 329–53. Garden City, NY: Anchor/Doubleday, 1973.

Waszink, Jan. "Inventio in the Politica: Commonplace-Books and the Shape of Political Theory." In *Lipsius in Leiden: Studies in the Life and Works of a Great Humanist on the Occasion of His 450th Anniversary*, ed. Karl Enenkel and Chris Heesakkers, 141–62. Bloemendaal: Florivallis, 1997.

Waterbolk, E. H. "The 'Reception' of Copernicus's Teachings by Gemma Frisius (1508–1555)." *Lias* 1 (1974): 225–42.

Watson, Gilbert. *Theriac and Mithridatium: A Study in Therapeutics.* London: Wellcome Historical Medical Library, 1966.

Weber, Max. *The Protestant Ethic and the Spirit of Capitalism.* First German ed. 1904. Trans. Talcott Parsons, foreword R. H. Tawney. 1930. New York: Scribner's, 1958.

Webster, Charles. *The Great Instauration: Science, Medicine and Reform, 1626–1660.* 1975. New York: Holmes and Meier, 1976.

———. *From Paracelsus to Newton: Magic and the Making of Modern Science.* Cambridge: Cambridge University Press, 1982.

———. "Water as the Ultimate Principle in Nature: The Background to Boyle's *Sceptical Chymist.*" *Ambix* 13 (1966): 96–107.

Wee, Herman van der. *The Growth of the Antwerp Market and the European Economy, Fourteenth–Sixteenth Centuries.* 3 vols. The Hague: Martinus Nijhoff, 1963.

———. "Structural Changes in European Long-Distance Trade, and Particularly in the Re-Export Trade from South to North, 1350–1750." In *The Rise of Merchant Empires: Long-Distance Trade in the Early Modern World, 1350–1750*, ed. James D. Tracy, 14–33. Cambridge: Cambridge University Press, 1990.

Weevers, Theodoor. *Poetry of the Netherlands in Its European Context, 1170–1930.* London: Athlone Press, 1960.

Welch, Evelyn. "The Art of Expenditure: The Court of Paola Malatesta Gonzaga in Fifteenth-Century Mantua." *Renaissance Studies* 16 (2002): 306–17.

Wellisch, Hans (Hanan). "Conrad Gessner: A Bio-Bibliography." *Journal of the Society for the Bibliography of Natural History* 7 (1975): 151–247.

Wellman, Kathleen. "La Mettrie's *Institutions de Medecine*: A Reinterpretation of the Boerhaavian Legacy." *Janus* 72 (1985): 283–303.

———. *Making Science Social: The Conferences of Théophraste Renaudot, 1633–1642.* Norman: University of Oklahoma Press, 2003.

Werger-Klein, K. Elke. "Engelbert Kaempfer, Botanist at the VOC." In *Engelbert Kaempfer: Werk und Wirkung*, ed. Detlef Haberland, 39–60. Stuttgart: Franz Steiner, 1993.

Weschler, Lawrence. *Boggs: A Comedy of Values.* Chicago: University of Chicago Press, 1999.

Wessels, J. W. *History of the Roman-Dutch Law.* Grahamstown, Cape Colony: African Book, 1908.

Westfall, Richard S. "Science and Technology during the Scientific Revolution: An Empirical Approach." In *Renaissance and Revolution: Humanists, Scholars, Craftsmen and Natural Philosophers in Early Modern Europe*, ed. J. V. Field and Frank A. J. L. James, 63–72. Cambridge: Cambridge University Press, 1993.

Westman, Robert S. "The Astronomer's Role in the Sixteenth Century: A Preliminary Study." *History of Science* 18 (1980): 105–47.

Weyde, A. J. van. "Collegium Medicum Ultrajectinum." *Nederlandsch Tijdschrift voor Geneeskunde* 66, no. 2 [B] (1922): 2600–2608.

Wheelock, Arthur K. *Perspective, Optics, and Delft Artists around 1650.* New York: Garland, 1977.

Whitaker, Katie. "The Culture of Curiosity." In *The Cultures of Natural History*, ed. N. Jardine, J. A. Secord, and E. Spary, 75–90. Cambridge: Cambridge University Press, 1996.
White, Lynn, Jr. "Medical Astrologers and Late Medieval Technology." *Viator* 6 (1975): 295–308.
Whitehead, P. J. P. "The Biography of Georg Marcgraf (1610–1643/4) by His Brother Christian, Translated by James Petiver." *Journal of the Society for the Bibliography of Natural History* 9 (1979): 301–14.
———. "The Original Drawings for the *Historia Naturalis Brasiliae* of Piso and Marcgrave (1648)." *Journal of the Society for the Bibliography of Natural History* 7 (1976): 409–22.
Whitehead, P. J. P., and M. Boeseman. *A Portrait of Dutch Seventeenth Century Brasil: Animals, Plants and People by the Artists of Johan Maurits of Nassau*. Koninklijke Nederlandse Akademie van Wetenschappen, Verhandelingen, Afd. Natuurkunde, 2nd ser., vol. 87. Amsterdam: North-Holland, 1989.
Whitehead, P. J. P., G. van Vliet, and W. T. Stearn. "The Clusius and Other Natural History Pictures in the Jagiellon Library, Kraków." *Archives of Natural History* 16 (1989): 15–32.
Wijnands, D. O. *The Botany of the Commelins: A Taxonomical, Nomenclatural and Historical Account of the Plants Depicted in the Moninckx Atlas and in the Four Books by Jan and Caspar Commelin on the Plants in the Hortus Medicus Amstelodamensis, 1682–1710*. Rotterdam: A. A. Balkema, 1983.
———. "Commercium Botanicum: The Diffusion of Plants in the Sixteenth Century." In *The Authentic Garden: A Symposium on Gardens*, ed. Leslie Tjon Sie Fat and Erik de Jong, 75–84. Leiden: Clusius Foundation, 1991.
———. "Hortus Auriaci: The Gardens of Orange and Their Place in Late Seventeenth-Century Botany and Horticulture." In *The Anglo-Dutch Garden in the Age of William and Mary / De gouden eeuw van de Hollandse tuinkunst*. Special double issue of *Journal of Garden History*, vol. 8, nos. 2 and 3, ed. John Dixon Hunt and Erik de Jong, 61–86. London: Taylor and Francis, 1988.
Wildenberg, I. W. "Appreciaties van de Gebroeders De la Court ten tijde van de Republiek." *Tijdschrift voor Geschiedenis* 98 (1985): 540–56.
Willem III en de Leidse Universiteit: Catalogus van de tentoonstelling gehouden in het Academisch Historisch Museum te Leiden. Exhibition catalog. Prepared by W. Otterspeer and L. van Poelgeest. Leiden: Academisch Historisch Museum, 1988.
Williams, Wes. "'Rubbing Up against Others': Montaigne on Pilgrimage." In *Voyages and Visions: Towards a Cultural History of Travel*, ed. Jaś Elsner and Joan-Pau Rubiés, 101–23. London: Reaktion, 1999.
Wills, John E., Jr. *Pepper, Guns, and Parleys: The Dutch East India Company and China, 1622–1681*. Cambridge, MA: Harvard University Press, 1974.
Wilson, Catherine. *The Invisible World: Early Modern Philosophy and the Invention of the Microscope*. Princeton, NJ: Princeton University Press, 1995.
———. "Visual Surface and Visual Symbol: The Microscope and the Occult in Early Modern Science." *Journal of the History of Ideas* 49 (1988): 85–108.
Wilson, M. L., Th. Toussaint van Hove-Exalto, and W. J. J. van Rijssen, eds. *Codex Witsenii: Annotated Watercolours . . . in the Country of Namaqua Undertaken in 1685-6*. Cape Town: Iziko Museums; and The Netherlands: Davidii Media, 2002.

Wilson, Stephen. *The Magical Universe: Everyday Ritual and Magic in Pre-Modern Europe.* London: Hambledon, 2000.
Wit, H. C. D. de, "Georgius Everhardus Rumphius." In *Rumphius Memorial Volume*, ed. H. C. D. de Wit, 1–26. Baarn: Uitgeverij en Drukkerij Hollandia, 1959.
———, ed. *Rumphius Memorial Volume.* Baarn: Uitgeverij en Drukkerij Hollandia, 1959.
Wittop Koning, D. A. *De handel in geneesmiddelen te Amsterdam tot omstreeks, 1637.* Ph.D. diss. Purmerend: J. Muusses, 1942.
———. "De oorsprong van de Amsterdamse pharmacopee." *Pharmeceutisch Weekblad* 85 (28 October 1950): 801–3.
———. "De voorgeschiedenis van het Collegium Medicum te Amsterdam." *Jaarboek Amstelodamum* (1947): 1–16.
———. "Wondermiddelen." *Kring voor de Geschiedenis van de Pharmacie in Benelux* 67 (1985): 1–17.
Wojcik, Jan W. *Robert Boyle and the Limits of Reason.* Cambridge: Cambridge University Press, 1997.
Woltjer, J. J. "Introduction." In *Leiden University in the Seventeenth Century: An Exchange of Learning*, ed. Th. H. Lunsingh Scheurleer and G. H. M. Posthumus Meyjes, 1–19. Leiden: Universitaire Pers Leiden / E. J. Brill, 1975.
Wood, Thomas. *English Casuistical Divinity during the Seventeenth Century: With Special Reference to Jeremy Taylor.* London: SPCK, 1952.
Woodall, Joanne. "In Pursuit of Virtue." In *Virtus: Virtuositeit en kunstliefhebbers in de Nederlanden*, ed. Jan de Jong, Dulcia Meijers, Mariët Westermann, and Joanna Woodall, 7–24. Zwolle: Waanders Uitgevers, 2004.
Wootton, David. "Lucien Febvre and the Problem of Unbelief in the Early Modern Period." *Journal of Modern History* 60 (1988): 695–730.
———. *Paolo Sarpi: Between Renaissance and Enlightenment.* Cambridge: Cambridge University Press, 1983.
Wright, Peter W. G. "A Study in the Legitimisation of Knowledge: The 'Success' of Medicine and the 'Failure' of Astrology." In *On the Margins of Science: The Social Construction of Rejected Knowledge*, ed. Roy Wallis. Sociological Review Monograph, no. 27, 85–101. Keele: University of Keele, 1979.
Wrigley, E. A. "A Simple Model of London's Importance in Changing English Society and Economy, 1650–1750." *Past and Present* 37 (1967): 44–70.
Yates, Frances A. *Astraea: The Imperial Theme in the Sixteenth Century.* London: Routledge and Kegan Paul, 1975.
———. *The French Academies of the Sixteenth Century.* 1947. London: Routledge, 1988.
———. *Giordano Bruno and the Hermetic Tradition.* 1964. New York: Vintage Books, 1969.
———. *The Occult Philosophy in the Elizabethan Age.* London: Routledge and Kegan Paul, 1979.
Yoshida, Tadashi. "The Rangaku of Shizuki Tadao: The Introduction of Western Science in Tokugawa Japan." Ph.D. diss., Princeton University, 1974.
Zagorin, Perez. "Francis Bacon's Concept of Objectivity and the Idols of the Mind." *British Journal for the History of Science* 34 (2001): 379–93.
Zanden, Jan Luiten van. "Economic Growth in the Golden Age: The Development of the

Economy of Holland, 1500–1650." In *Economic and Social History in the Netherlands*. Het Nederlandsch Economisch-Historisch Archief, vol. 4, 5–26. Amsterdam: NEHA, 1993.

———. "Op zoek naar de 'Missing Link': hypothesen over de opkomst van Holland in de late middeleeuwen en de vroegmoderne tijd." *Tijdschrift voor Sociale Geschiedenis* 14 (1988): 359–86.

———. *The Rise and Decline of Holland's Economy: Merchant Capitalism and the Labour Market*. Manchester: Manchester University Press, 1993.

Zandvliet, Kees. *The Dutch Encounter with Asia, 1600–1950*. Zwolle: Rijksmuseum Amsterdam / Waanders, 2002.

———. *Mapping for Money: Maps, Plans and Topographic Paintings and Their Role in Dutch Overseas Expansion during the Sixteenth and Seventeenth Centuries*. Amsterdam: Batavian Lion International, 1998.

Zuylen, J. van. "De microscopen van Antoni van Leeuwenhoek." In *Van Leeuwenhoek herdacht*, ed. H. L. Houtzager and L. C. Palm. Serie-Uitgave van het Genootschap Delfia Batavorum, no. 8, 57–69. Amsterdam: Rodopi, 1982.

———. "The Microscopes of Antoni van Leeuwenhoek." *Journal of Microscopy* 121 (March 1981): 309–28.

———. "On the Microscopes of Antoni van Leeuwenhoek." *Janus* 68 (1981): 159–98.

索 引

（索引页码为原书页码，即本书边码）

A

Academia Naturae Curiosorum（Leopoldina）自然珍奇学院（利奥波第那科学院）321–22, 331, 369

Accademia dei Lincei 猞猁之眼国家科学院 289

Achudem, Itti 伊蒂·阿丘德姆 313

Acosta, Christoval: *Trata de las drogas y medicinas de las Indias orientales*（1578）克里斯托弗·达·科斯塔：《论东印度群岛的药品和医学》（1578年）200

Acosta, Joseph de: *Historia natural y moral de las Indias*（1590）何塞·德·阿科斯塔：《西印度群岛的自然与道德历史》（1590年）126

acupuncture 针灸 4, 221–22, 354–56, 368, 371–75. 同时参见"中医"

Adams, William 亚当·斯密 128, 342

Africa 非洲 128–29

Ai（Banda Islands）艾岛（班达群岛）182

Alberti, Leon Battista 莱昂·巴蒂斯塔·阿尔伯蒂 14, 25–26

Alcalá de Henares 埃纳雷斯堡 96–97

alchemists 炼金师 216. 同时参见"医药化学""《药理》"

Alciati, Andrea 安德烈亚·阿尔恰蒂 219

Aldrovandi, Ulisse 乌利塞·阿尔德罗万迪 29

Alexander the Great 亚历山大大帝 9, 47, 87

Almeida, Luis de 路易斯·德·阿尔梅达 341, 353

Alpino, Prosper: *De medicina Aegyptiorum*（1591）普罗斯珀·阿尔皮诺：《埃及医学》（1591年）200, 209

Alva, Duke of 阿尔瓦公爵 99–102

amateur 自爱 72

Ambon（Fort Victoria）安汶（维多利亚堡）62–63, 185

Ambona massacre 安汶大屠杀 188

amour-propre（self-love）自爱 70, 253

Amsterdam 阿姆斯特丹

　　apothecaries 药剂师 141–42, 162

　　Collegium Medicum 医生协会 162

　　commerce and 商业与 57–58, 71–72

　　and Dutch Revolt 与荷兰八十年战争 57–58

　　education 教育 68–69

　　medical practitioners 行医者 135–39, 142–45, 154–63

　　public cultural institutions 公共文化机构 86, 172

Anabaptists 再浸礼派 89, 94

anatomy, 40, 300, 350. 解剖。同时参见"艺术"；"医药"

　　investigative methods 医学调研方法 276–92

　　moral lessons 伦理课程 164–70, 173–74

　　preserving bodies for study 保存躯体用于研究 268–76

　　public demonstrations 公开演示 35–36, 112–15, 163–64, 274–75

　　regulations 规章 36

　　specimen preparation 标本制作 267, 278–81

teaching 教学 35–39, 163–74
anatomy theaters 解剖学教室
　　Amsterdam 阿姆斯特丹 163–64, 171–73
　　décor 陈设 169–70
　　memento mori 记住死亡 165–66
　　Rotterdam 鹿特丹 274–75
Anglo-Dutch Alliance 英荷联盟 185–88
Angola 安哥拉 212, 214
animals：transporting 动物：运输 326. 同时参见"自然品"
Antidotarium Nicolai《小型解毒方》151
Antwerp 安特卫普
　　arts and sciences 艺术与科学 15–16
　　commercial importance 商业重要性 12
　　Familists 家庭主义者 95
　　impact of Dutch Revolt 荷兰八十年战争的影响 57–58
　　Niewe Beurs (Exchange) 新市场 49
　　spice trade 香料贸易 12–13
apothecaries 药剂师 2, 9, 22, 141–42, 267. 同时参见"行医者"
　　and natural history 与自然史 29–31
　　regulation 规章 151, 161–62
　　relations with physicians 与内科医生的联系 150–52
　　shops 商店 143
Aquapendente, Fabricius ab 阿夸彭登泰的法布里休斯 113
Arawaks 阿拉瓦克人 335
Aristotle/Aristotelianism 亚里士多德/亚里士多德主义 43, 47, 146, 198, 230, 252, 258, 261, 287, 296, 380
　　Politics《政治学》69
Arminians 阿明尼乌派 157, 310
　　and Cartesianism 与笛卡尔主义 261–62
Arminius, Jacobus 雅各布斯·阿米尼乌斯 155–56
aromatics. 芳香物质，同时参见《药理》
art 艺术
　　anatomical illustration 解剖插图 164–65

botanical illustration 植物插图 118, 328–29
　　memento mori 记住死亡 164–67
　　natural history illustrations 自然史插图 201–2, 216
　　representational 具象派的 17–20
　　still life 静止的生命 166
Aseli, Caspar 卡斯帕·阿塞利 359
Ashikaga school 足利学校 346
Aston, Francis 弗朗西斯·阿斯顿 372–73
astrology：medical 占星术：医学 146–47, 344
Athenaeum (Amsterdam) 雅典学院（阿姆斯特丹）134–35, 162–63, 172, 282, 286, 320
　　inaugural address 就任演说 68–73
Athenaeum (Deventer) 雅典学院（代芬特尔）349
Averroës, Ibn Rushd 伊本·鲁世德·阿维罗伊 33
Averroism 阿维罗伊主义 246
Avicenna 阿维森纳 128
Azores 亚速尔 124

B

Bacon, Francis 弗朗西斯·培根 40, 44, 48, 72, 172, 409
Baglivi, Georgio 乔治·巴利维 409
Baillet, Adrien 阿德里安·巴耶 230
Banda Islands 班达群岛
　　English traders 英国商人 182, 184
　　spice trade 香料贸易 180–81
　　VOC control 荷兰东印度公司的控制 180–91
Bandar Abbas (Gamron) 阿巴斯港 63
Bantam (Java) 万丹（爪哇）184
Barbaro, Daniele 达尼埃莱·巴尔巴罗 27–28

索 引

barber-surgeons 理发师—外科医生 142. 同时参见"行医者"
Barbette, Paulus 保罗·巴尔贝特 149, 150, 272, 274, 275
Barentsz, Willem 威廉·巴伦支 123
Barlaeus, Casparus 卡斯帕·巴莱乌斯 157, 172, 210, 214, 252, 258, 262
    dedication of new anatomy theater 新解剖学实验室的献词 171–74
    and Tulp 与郁金香 135
    on wisdom and commerce 关于智慧与商业 68–73
Bartolinus, Thomas 托马斯·巴托林 115, 274
Batavia (Jakarta) 巴达维亚（雅加达）179, 185, 188–89
    anatomical theater 解剖学实验室 350
    botanical garden 植物园 321
    hospital 医院 192, 197
    leprosy 麻风病 362
    local medicines 当地医学 304–5
    medical shop 医疗商店 306–7
    sieges 围城 193, 195
Bathyány, Baron Balthasar de 巴尔塔萨·德·巴蒂亚尼男爵 102
Batticaloa (East Indies) 拜蒂克洛（东印度群岛）305
Bax, Joan 琼·巴克斯 307, 317, 321
Bayle, Pierre 皮埃尔·贝尔 380, 399, 402
Becher, Johann Joachim 约翰·约阿希姆·贝歇尔 54, 216
Beeckman, Isaac 伊萨克·贝克尔曼 228–30, 232, 234
    and Descartes 与笛卡尔 231
Behr, Johann von der 约翰·冯·德·贝尔 317–18
Bekker, Balthasar 巴尔塔萨·贝克尔 397
Betoverde weereld (1691–93)《被迷惑的世界》(1691—1693 年) 380–81
Belon, Pierre 皮埃尔·贝隆 73, 130

Les observations (1553)《对奇特事物的观察》(1553 年) 200
Benavides Carillo, Luis de, Marques de Caracena 卡拉塞纳侯爵，路易斯·德·贝纳维德斯·卡里略 275
Bentinck, Hans Willem 汉斯·威廉·本廷克 325
Berg, Jan van den 扬·范·登·伯格 386–87, 395
Bergen, Agenita van 阿格妮塔·范·贝尔亨 192
Beverningk, Hieronymus 希罗尼穆斯·贝弗宁克 320–21, 325
Beverwijck, Johan van 约翰·范·贝韦维克 154, 174, 216
    Kort bericht (1636)《简论瘟疫的预防》(1636 年) 148
    Schat der Gesontheyt (1636)《健康宝典》(1636 年) 148
Bicker League 比克尔联盟 158, 172
Bidloo, Govert 霍弗特·比德洛 389
Bijlius, Hubertus 胡贝图斯·比柳斯 168
bills of exchange 期票 52
Bils, Louis de 路易斯·德·比尔斯 278, 415
    lifelike embalming 逼真的防腐处理 271–76
Binnengasthuis (Leiden) 内城医院（莱顿）286
Bins, Anna 安娜·宾斯 86
Bitter, Johan 约翰·彼得 326, 376
Blaeu, Johannes 约翰内斯·布劳 363, 365
Blasius, Gerard 杰勒德·布拉修斯 150, 163, 285
Block, Agnes 阿格尼丝·布洛克 325
Block, Jacob 雅各布·布洛克 133
Blocq, Adrian 阿德里安·布洛克 193
bodies: preserving 躯体：保存 268–76
body-mind relationship 身体与精神的关系 392
    Cartesian 笛卡尔的 237–43, 385–86

dualism 二元论 385–86
role in health 对于健康的作用 242–43
body-soul relationship 身体与灵魂的关系 44–45. 同时参见"基督教升学"; "灵魂"
　　Cartesian 笛卡尔的 245–47, 251, 253–59
　　Christian understanding 基督教认识 35–36, 36
　　dualism 二元论 247–49
Boerhaave, Herman 赫尔曼·布尔哈弗 2, 4, 390–92, 397, 408–9
　　Aphorisms（1709）《格言》（1709 年）394
　　Apologia pro vera et saniore philosophia（1718）《无罪辩护与救世主哲学》（1718 年）396–97
　　botany 植物学 394–96
　　clinical medicine 临床医学 389, 403
　　De distinctione mentis a corpore《精神和身体的区别》386
　　De utilitate explorandorum in aegris excrementorum ut signorum（1693）《观察病人排泄物中疾病迹象的效用》（1693 年）387
　　demonstration from experience 经验实证 389–93
　　descriptive accuracy 描述性精确 410
　　education 教育 383–90
　　funeral oration 葬礼 388–89
　　on Gassendi 关于伽桑狄 385
　　Index plantarum（1710）《植物索引》（1710 年）396
　　Institutiones（1708）《医学原理》（1708 年）392–93, 397
　　and Swammerdam 与斯瓦默丹 278
　　Treatise on Venereal（1729）《论性病》（1729 年）397
Boerhaave, Jacobus 雅各布斯·布尔哈弗 383–84

Bontekoe, Cornelis 柯奈利斯·庞德谷 2, 57, 324, 379
　　acids and alkalis 酸与碱 297–98
　　benefits of tea 茶叶的益处 293–97
　　Tractat van . . . thee（1678）《论茶的优点》（1678 年）293–95
Bontius, Cornelis 科内利斯·邦修斯 193
　　natural history 自然史 372
Bontius, Geraerdt 杰拉尔德·德·邦特（邦修）110–12, 147, 191
　　teaching duties 教学任务 120
Bontius, Jacobus 雅各布斯·邦修斯 2, 4, 216, 244, 258, 304, 342
　　botany 植物学 191–92
　　and Coen 与科恩 175–76
　　De conservanda valetudine《论健康保护：基于对话形式的印度群岛生活方式观察》196–98
　　De medicina Indorum（1642）《印度群岛医学》（1642 年）209
　　in East Indies 在东西印度群岛 176–77, 191–94
　　local medicine 当地医学 194–200, 202–4, 207–9, 217
　　Methodus medendi（1629）《论东印度群岛疾病的正确治疗方法》（1629 年）195–96, 199–200, 207, 209
　　natural history of East Indies 东印度群岛自然史 194–200
　　natural history of Java 爪哇自然史 199–200
　　Notae in Garciam ab Orta《加西亚·达·奥尔塔札记》198–99
　　Observationes《望诊精选》195
　　on Orta 关于奥尔塔 202–3
　　Piso's borrowings from 皮索的借用 219–25, 330
　　sources 来源 200–207
　　tea 茶叶 220–21, 293
Bontius, Jan 扬·邦修斯 191

Bontius, Reinier 赖尼尔·邦修斯 155, 191
Bontius, Willem 威廉·邦修斯 191, 193
botanical gardens 植物园 4, 26–28, 32,
　　111–12, 115, 117–20, 130, 191. 同时参
　　见"花园"
　　Amsterdam 阿姆斯特丹 162–63, 320,
　　　327, 329
　　Batavia（Jakarta）巴达维亚（雅加达）
　　　321
　　demand for naturalia 对自然物品的需求
　　　318–20
　　Leiden 莱顿 111–12, 115, 117–20, 130,
　　　191, 318–20, 326–27
　　Padua 帕多瓦 26–28, 117
Botanists 植物学家 2, 104
botany 植物学
　　education 教育 26–28
　　enthusiasm for 热情 31–32
　　of Malabar 马拉巴尔的 310–17
　　medical 医学的 26–27, 112
　　new plants 新植物 9–10, 23, 26, 73–75
　　public lessons 公开课程 163
　　teaching 教学 151–53
Both, Pieter 皮特·博斯 183, 184
Botto, Apu 阿普·博托 313
Botto, Ranga 兰加·博托 313
Bourignon, Antoinette 安托瓦尼特·布里尼
　　翁 302
Boyle, Robert 罗伯特·博伊尔 177, 302,
　　409
　　and Bils method 与比尔斯的方法
　　　274–75
　　Experiments . . . Touching Colours
　　　（1664）《涉及色彩的实验和思考》
　　　（1664 年）298
　　Of the Usefulness of Experimental
　　　Naturall Philosophy《论实验自然哲
　　　学的效用》414
　　preservation of bodies 躯体保存 279–80
Boym, Michael 卜弥格

Chinese medicine 中医 365–67
Clavis medica（1686）《医论》（1686 年）
　　367, 369, 373
and Specimen medicinae Sinicae（1682）
　　和《中医指南》（1682 年）366–67
Brancion, Jean de 让·德·布朗雄 99, 101
Brasavola, Antonius Musa 安东尼乌斯·穆
　　萨·布拉萨沃拉 270, 279
Brazil 巴西, 参见"荷属巴西"; "格奥尔
　　格·马克格雷夫"
Breda 布雷达 104, 228
Bredero, G. A. G. A. 布雷德罗
　　The Spanish Brabanter（1617）《西班牙
　　　式的布拉邦特人》（1617 年）54,
　　　252
Breyne, Jacob 雅各布·布雷内 350
　　Exoticarum plantarum centuria prima
　　　（1678）《外来植物：第一批百种》
　　　（1678 年）321
Breyne, Johann Philipp 约翰·菲利普·布
　　雷内 394
Broecke, Berent ten 贝伦特·泰恩·布勒
　　克, 参见"伯纳德斯·帕鲁达努斯"
Broecke, Pieter van den 彼得·范·登·布
　　勒克 63
Brosterhuysen, Johannes 约翰内斯·布罗斯
　　特赫伊森 152, 162
Bruegel, Pieter: Alchemist 彼得·勃鲁盖尔:
　　《炼金师》169–70
Brunfels, Otto 奥托·布伦费尔斯 90
　　Herbarum vivae icones（1530–36）《本草
　　　写生图谱》（1530—1536 年）32
Bucretius, Daniel 丹尼尔·布克里修斯 358
Burgersdijk, Franco 佛朗哥·布格尔斯戴克
　　258, 260
Burhān Nizām Shāh, Sultan of
　　Ahmandnagar 布尔汉·尼扎姆·沙阿,
　　艾迈德纳格苏丹 96
Burman, Frans 弗兰斯·伯曼 241, 261
Burman, Johannes 约翰内斯·伯曼 332

Busbecq, Ogier Ghiselin de 奥吉尔·吉斯林·德·布斯贝克 73–75, 102
Busschoff, Hermann 赫尔曼·巴斯科夫 350–51, 371–73

C

cabinets/wunderkammer 珍奇屋 28–30, 116, 214. 同时参见"收藏品与收藏"
    enthusiasm for 热情 304–5
    Fugger's 富格尔的 28, 30
    Leiden（le Cabinet des Indies）莱顿（印度群岛的珍奇屋）120, 214, 319–20
    Swammerdam's 斯瓦默丹的 281, 287
cacao 可可 211, 294
Caesaer, Martinus 马丁努斯·西泽 351–52, 356, 357
Calceolari, Francesco 弗朗切斯科·卡佐拉里 29–31
Calamus aromaticus（sweet flag）菖蒲 198–99
Calvin, John 约翰·加尔文 89
Calvinists/Calvinism 加尔文主义者/加尔文主义 95, 154, 158, 183
    and Cartesianism 与笛卡尔主义 261–62
    and the new science 与新科学 82–84
    predestination 预定论 155–56
    and University of Leiden 与莱顿大学 108–10
Camões, Luis de 路易斯·德·卡蒙斯 97–98
Campanella, Thomas 托马索·康帕内拉 241
Camphuis, Johannes 约翰内斯·坎普休斯 359–60, 360
Cape Koikhoi（Hottentots）科伊科伊人（霍屯督人）308, 323, 376
Cape of Good Hope 好望角 61, 192, 323–24
    acclimatizing plants 驯化植物 308, 320–21
capitalism 资本主义 262–64

capitalists 资本家 60
carbuncles/cander 痈 353–54
Caron, François 弗朗索瓦·卡隆 221, 222
carpological system 果实分类体系 396
Cartesianism 笛卡尔主义 379–82, 399–400
    body/mind dualism 身体/精神二元论 385–86
    impact 影响 260–66
    materialism 唯物主义 293
    and medicine 与医学 300–301
case histories 医案 24, 40
Casearius, Johannes 约翰内斯·卡塞阿里乌斯 312, 314–15
Catholics 天主教 84, 154, 167
Cats, Jacob 雅各布·卡茨 172, 382
Centuries（case histories）《百章》（医案）24
Cesi, Prince Frederico 弗雷德里科·切西王子 289
Ceylon 锡兰 9, 124
    medicinal herbs 草药 306–7
    naturalia 自然物品 317
    pharmacopoeia 药典 324
Chamberlen, Hugh（senior）老休·钱伯伦 150
chambers of rhetoric 修辞院 86
Charles I, King of England 查理一世，英国国王 247, 249
Charles II, King of England 查理二世，英国国王 293, 413
Charles V, Holy Roman Emperor 查理五世，神圣罗马帝国皇帝 12, 55, 87, 92, 101
Charras, Monseigneur："Trochischi de viperis," 沙拉斯阁下：毒蛇肉制成的锭剂 350
Charron, Pierre 皮埃尔·沙朗 246, 250
    Of Wisdom（1601）《论智慧》（1601 年）241
chemistry 化学 267, 300. 同时参见"医药

化学"
China 中国
 Christians 基督教徒 363–65
 Jesuits in 耶稣会士 362–66
 merchants 商人 362–63
 trade 贸易 339–40
Chinese medicine 中医 4. 同时参见"针灸""艾灸"
 Jesuit reports on 耶稣会士的报告 363–66
 pulse doctrine 脉搏原理 331, 362–66
Chinzan, Narabayashi（Shingohei）楢林镇山（新五兵卫）348
cholera morbus 霍乱 175–76, 192
Christian theology 基督教神学，同时参见"身体 / 灵魂关系"；"自然神学"
 Augustinian 奥古斯丁的 90
 Church Fathers 神父 386
 and commerce 与商业 69–73
 Counter-Remonstrant 反抗辩主义者 230
 covenant 盟约 55
 Epicurean 伊壁鸠鲁 384
 and human understanding 与人类的理解 34–35
 Puritan 清教徒 57
 salvation 救赎 95, 155–56
 soul 灵魂 35–36, 245–47
 universalism 普救论 96
Christina, Queen of Sweden 克里斯蒂娜, 瑞典女王 224, 293
 and Descartes 与笛卡尔 251–52, 255, 259
Chūan 泽野忠庵
 Nanban-ryū（1696）《南蛮流外科秘传书》（1696 年）346
 Oranda-ryū geka shinan（1705）《阿兰陀外科指南》（1705 年）346
Chūzaemon, Ushigome 牛込忠左卫门 351, 359
civic humanism 公民人文主义 71

classification 分类 218–19
 carpological 果实 396
 Ezhava 埃扎瓦 313–14
Claudius, Hendrik 亨德里克·克劳狄乌斯 323–24, 338
Cleyer, Andreas 安德里斯·克莱尔 307–8, 315–16, 321–23, 331, 394
 Asian medicine 亚洲医学 308–9, 362
 in Batavia 在巴达维亚 369–70
 dispute with Ten Rhijne 与坦恩·赖恩的争论 368–71
 and Jesuits 与耶稣会士 363–66
 and leprosarium 与麻风病院 375
 Specimen medicinae Sinicae（1682）《中医指南》（1682 年）366–69
clinical medicine 临床医学 403–5
 descriptive investigation 描述性调研 389–90
 emphasis 强调 174
 simplified treatment 简单治疗 393–94
 teaching 教学 149–50
cloth industry 制布业 298–300
Clusius, Carolus（Charles de l'Escluse）卡罗勒斯·克鲁修斯 2, 4, 32, 112, 129–30, 168, 192, 218, 232, 320, 415
 autograph inscription, 100plate 亲笔签名，插图
 descriptive accuracy 描述性精确 410
 edition of Orta 对奥尔塔著作的编辑 126, 128, 198–99, 206
 education 教育 84–87, 91–93
 Leiden botanical garden 莱顿大学植物园 117–20
 natural history 自然史 90–93, 96–98, 102–4
 peregrinatio academica 学术朝圣之旅 87–92
 Rariorum plantarum historia（1601）《珍稀植物历史》（1601 年）130
 and religious upheavals 与宗教动乱

93–96
>tulips 郁金香 75
Cluyt, Augerius 奥格留斯 152
Cluyt, Dirk Outgers 克拉迪斯 120, 151
>Leiden botanical garden 莱顿大学植物园 117–20
Cocceianism 柯塞尤斯主义 379–82
Cocceius, Johannes 约翰内斯·柯塞尤斯 55, 380
Cochin 科钦 415
>chemical laboratory 化学实验室 311
cochineal（dye）胭脂虫（染料）211, 298
Codex Vindobonensis《药典》74
Coen, Jan Pietersz. 扬·彼得森·科恩 191, 205, 305
>death 死亡 175–76, 194
>governor generalship 总督职位 184
>violence 暴力 190–91, 193
>and VOC monopoly 与荷兰东印度公司的垄断 182–91
coffee 咖啡 3, 66–67, 190, 294
Colbert, Jean Baptiste 让-巴普蒂斯特·科尔贝 412–13
collections and collecting 收藏品与收藏 2, 72. 同时参见"珍奇屋"
>catalogues 目录 30–31
>Johannes van Heurne 约翰内斯·赫尔尼乌斯 168–69
>Leiden University 莱顿大学 120
>Marcgraf's 马克格雷夫的 213–14
>naturalia 自然物品 28–31, 141–42
>Pieter Pauw 彼得·波夫 169
>popularity 流行 129–30, 142, 282–83
>sale of Paludanus's 帕努达鲁斯收藏的出售 129–30
Collège Royal（Paris）巴黎皇家学院 72
Collegio della Sapienza（Rome）罗马大学 409
Collegium Chirurgicum（The Hague）海牙外科医生协会 150, 320

Collegium medico-chirurgicum（Utrecht）乌特勒支内外科医生协会 144
Collegium Medico-Pharmaceuticum（Haarlem）哈勒姆医药师协会 150
Collegium medico-practicum（Leiden）莱顿行医者协会 149–50
Collegium Medicum（Amsterdam）阿姆斯特丹内科医生协会 162, 224, 320
Collegium Medicum Privatum（Amsterdam）阿姆斯特丹私人医生协会 286
Collegium Pharmaceuticum（The Hague）海牙药剂师协会 150
Collegium Trilingue（Louvain）三语学院 87
Columbus, Christopher 克里斯托夫·哥伦布 2, 12, 13
Commelin, Caspar 卡斯帕·科默林 320, 334, 394
>and *Metamorphosis insectorum*（1705）《苏里南昆虫变态图谱》（1705 年）335–36
Commelin, Jan 扬·科默林 2, 320, 324, 329
commerce 商业 2, 30–31, 49–57, 78, 335–38. 同时参见"金融工具"
>and credibility 与可信度 53–54
>and Dutch Revolt 与荷兰八十年战争 57–58
>and economic transformation 与经济转变 3–6
>and knowledge 与知识 135–36, 410–12
>and moral qualities 与道德品质 71
>and science 与科学 3–6
>and wisdom 与智慧 71–72
contracts and credit 合同与信用 55–56
>early practices 早期实践 49–51
>global 全球的 3–6
>long-distance 长距离 11–13
>Low Countries 低地国家 8–12
>values 价值 68

commodities 商品
　　price information 价格信息 51–52
　　trading 交易 52–53
communications 交流，同时参见"交换"
　　clarity 清楚 56–57
　　postal services 邮政服务 51–52
Compagnie van Verre 远方公司 128
confectioners 糖果师 31
Confucianism 儒学 345, 346
connoisseurship 鉴赏能力 15, 77–78
consumer revolution 消费革命 3, 13–14, 39
consumption 消费，参见"消费革命""禁止挥霍浪费法令"
contra-naturals 反自然物品 145
Coolhaes, Caspar 卡斯帕·库西斯 106
Coolmans, Nicolaes 尼古拉斯·科尔曼斯 129
Coornhert, Dirk Volckertsz: *Coopman* (1580) 德克·沃尔克特茨·科恩赫特：《商人》(1580年) 69–70
Cordus, Valerius: *Dispensatorium* 瓦勒里乌斯·科达斯：《纽伦堡药典》31
Coromandel 科罗曼德尔 11, 63, 66–67, 362
Cosimo de' Medici 科西莫·德·美第奇 287
Cosimo III, de' Medici, Duke 杜克·科西莫三世·德·美第奇公爵 331
Costa, Christovão da 克里斯托弗·达·科斯塔 99
Costerman Riot 科斯特曼暴乱 400
Council of Justice 司法委员会 375
Council of the Indies 东印度委员会 369–70
Council of Trent (1563) 特伦托大公会议 (1563年) 93–94
Counter-Reformation 反宗教改革 82, 313
Counter-Remonstrants 反抗辩主义者 156–58, 164, 167, 169, 171–73, 188, 191, 230, 244–45. 同时参见"抗辩主义者"
Couplet, Philippe, S.J. 柏应理 323–24, 363–69

　　and Boym 与卜弥格 365–66
Court of Justice (Dutch East Indies) 司法委员会 (荷属东印度) 192–93, 376
Cousijn, Stefan: *Hortus Regius Honselaerdicensis* 斯特凡·库辛斯：《洪塞勒代克皇家植物园》328–29
Craanen, Theodore 特奥多尔·克拉宁 379
credibility 可信度 176–77
　　and science 与科学 53–56
credit 信用 55–56
Cremonini, Cesare 切萨雷·克雷莫尼尼 246
Croix, Laurentius de 劳伦修斯·德·克鲁瓦 168
Croll, Oswald 奥斯瓦尔德·克罗尔 270
curiosity 好奇 16

D

D'Acquet, Hendrik 切萨雷·克雷莫尼尼 331–32
Daelmans, Aegidius: *De nieuw hervormde geneeskonst* (1687) 劳伦修斯·德·克鲁瓦：《新改革的基于酸碱基础上的医药》(1687年) 324
Dam, Pieter van 奥斯瓦尔德·克罗尔 350
De la Court, Pieter: *Interest van Holland* (1662) 彼得·德·拉·库尔：《荷兰的利益，或者荷兰繁荣的基础》(1662年) 262–64
De la Court brothers 德·拉·库尔兄弟 4, 262
　　Consideratien van staat (1662)《国家的考虑》(1662年) 263–64
　　Politike (1662)《政治论谈》(1662年) 263–64
De Plantage (Amsterdam) 德普兰德基 (阿姆斯特丹) 320
De Star (Amsterdam) 星辰 (阿姆斯特丹) 141

De Volder, Burchardus 布尔查德斯·德·沃尔德 384, 385–87
Dekkers, Frederik 弗雷德里克·德克斯 389
Delft 代尔夫特 57, 62
Dembei, Inomata 猪俣传兵卫 353
Descartes, Francine 弗朗辛·笛卡尔 231, 237
Descartes, Pierre 皮埃尔·笛卡尔 227
Descartes, René 勒内·笛卡尔 2, 4, 47, 55, 149, 302, 333–34, 350, 380, 386, 388
　body/mind dualism 身体/精神二元论 246–49, 251, 385–86
　causes of disease 病因 242–43
　and Christina of Sweden 与瑞典的克里斯蒂娜 251–52, 255, 259
　Compendium musicae《音乐纲要》228–29
　De homine（1662）《论人》（1662年）234, 235, 261
　De mundo（unpublished）《世界》（未出版）233
　Discours de la méthod（1637）《谈谈方法》（1637年）235–36, 239
　Dutch years 荷兰岁月 227–37, 259–61
　early years 早年 227–29
　Essays《论文》244
　existence of God 上帝的存在 230, 238, 245–46
　Geometry（1649）《几何》（1649年）285
　imagination 想象 253
　importance of experience 经验的重要性 233, 236–37, 238
　innate ideas 先天观念 241–42
　Les passions de l'âme（1649）《光学论》（1649年）252–59, 263
　mathematico-physics 数学 231
　medical disputes 医学争论 243–47
　medical studies 医学研究 233–37
　Meditations（1641）《第一哲学沉思集》（1641年）239, 242–43, 246, 253
　method explained 方法解释 237–43
　natural knowledge 自然知识 230–35
　Optics《光学论》234
　passions 激情 226, 247–52
　physiology 生理学 256–58
　pineal gland 松果体 235, 256
　Principia philosophiae（1644）《哲学原理》（1644年）247, 256–58
　Regulae（1684）《探求真理的指导原则》（1684年）232
　role of imagination 想象的作用 237
　sources 来源 258–59
description 描述 22–24, 98–99, 103–4, 126–28, 155, 172–74, 198–200, 218–19, 233, 237–39, 300–303, 396, 410
　distinctions among specimens 标本之间的差异 224
　emphasis on 强调 202
Deshima 出岛 346–47, 351, 361, 370, 374
Desiderus Erasmus 伊拉斯谟，参见"鹿特丹的伊拉斯谟"
Desmarets, Daniel 丹尼尔·德马雷 317, 325
Deventer, Hendrik van 亨德里克·范·德芬特 334
Deyman, Joannes 约翰内斯·戴曼 282
diarrhea 痢疾 216–17
Diet of Worms（1521）沃尔姆斯会议（1521年）89
Dinet, Father, S.J. 神父迪内 246
Dioscorides 狄奥斯科里迪斯 22, 73–74, 110, 120, 279
　Codex Vindobonensis《药典》74
　Materia Medica《药理》97–98
Dircksdr., Gherytgen 盖里特根·迪尔克斯德 154
discovery 发现 5–6, 233
diseases 疾病

cander/carbuncles 痈 353–54
cholera morbus 霍乱 175–76
descriptions 描述 23–24
dysentery 痢疾 193–94, 216–17, 297
ship-board 船上 178
tropical 热带的 178, 194–99, 216–17
Dodoens, Rembert 伦贝特·多东斯 32
Cruydeboeck（1554）《本草书》（1554年）101, 111–12, 130, 347–48
Dodonaeus 多东斯，参见"伦贝特·多东斯"
Does, Franck van der 弗兰克·范·德·杜斯 129, 130
Does, Jan van der 扬·范·德·杜斯 106, 107, 109, 171
Dōki, Kurisaki 栗崎道喜 341
domestic medicine 国内医药 136–39
Don Jan of Austria 奥地利的唐·扬 275
Dōsan, Manase: *Kirigami* 曲直濑道三：《切纸》346
Drebbel, Cornelis 科内利斯·德雷贝尔 289, 298, 413
Drelincourt, Charles 查尔斯·德雷林考特 309, 387, 389, 399
drugs/medicines 药品/药物，参见"医药化学"；《药理》
Dürer, Albrecht 阿尔布雷希特·丢勒 17, 333
Durie, Andrew 安德鲁·迪里 194, 196–97, 202
Durie, Robert 罗伯特·迪里 196
durion 榴梿 222–24
Dutch Brazil 荷属巴西 210–13
celebration of importance 重要的庆祝 214–19
natural history 自然史 210
Dutch East India Company 荷兰东印度公司，参见"荷兰东印度公司"（VOC）
Dutch Republic 荷兰共和国 1–4, 57–58, 107, 115. 同时参见"联省"

commercial expansion 商业扩张 60–62
education 教育 68–69
fiscal arrangements 财政安排 59–60
intellectual entrepôt 知识中心 225
intra-Asian trade 亚洲区域内贸易 60–62
at peak of power 力量顶峰 412
public behavior 公共行为 53–54，同时参见"禁止挥霍浪费法令"
religious upheavals 宗教动乱 155–57
wealth 财富 226–27, 262
Dutch Revolt（1568–1648）荷兰八十年战争（1568—1648年）3, 55, 106, 262
refugees 难民 57–58
success of 成功 60
dyeing and bleaching 印染与漂白 267
interest in 兴趣 298–300
litmus test 石蕊测试 298
dysentery 痢疾 193–94
remedy 治疗 216–17, 297

E

East Indies 东印度群岛 4, 8, 129, 141. 同时参见"自然史"
Anglo-Dutch relations 英荷关系 187–88
Chinese in 华人在 205–6
diseases 疾病 196–99
health hazards 危害健康 178
Japanese 日本人 187–88
knowledge and wealth 知识与财富 176–77
medicine 医学 2, 202–4, 207–9
ecclesiastical questions: and civil authority 教会问题：与市政当局 87–89. 同时参见"基督教神学"
economics 经济学
capitalist forms 资本家的类型 55–56, 262–64

labour theory of value 劳工理论的价值 43
military fiscalism "军事财政主义" 225
wealth of nations 国民财富 60
Edingus, Johannes 约翰内斯·埃丁格斯 87, 90
Efumi 踏绘 343
Elizabeth, Princess Palatine 帕拉丁的伊丽莎白公主 129, 255, 333–34
aromatics 芳香物质 270–73
and Bils method 与比尔斯的方法 271–76
and Descartes 与笛卡尔 227, 247–52, 257–58
embalming/mummification 防腐/木乃伊化 269–71
emblem books 寓意画册 102–4, 219
Emden 埃姆登 105
empirics 经验主义 136, 159–61
Enkhuizen 恩克赫伊森 57, 62, 117, 120–22, 126
Enlightenment 启蒙运动 49, 381
Radical 激进的 264, 381
Ent, George 乔治·恩特 234–35
Ephemerides《星历》323
Epicurus/Epicureanism 伊壁鸠鲁/伊壁鸠鲁主义 229, 249–50, 255, 258, 264, 384, 386, 388
Erasmus of Rotterdam 鹿特丹的伊拉斯谟 34, 82, 85, 169
Erastus, Thomas 托马斯·埃拉斯图斯 87
exchange 交换 2, 48–49, 78–81, 411
and clarity of speech 与演讲的清晰度 56–57
information 信息 51–52, 225, 413–14
transformative capacity 转变的资本 42–44
Eyck, Jan van 扬·凡·艾克 17, 292
Ezhava classification 埃扎瓦的分类 313–14

F

Fabricius, Guilielmus 威廉·法布里 115
fact(s) 事实 177, 389–94, 409, 414
etymology 词源 16–17
gathering 搜集 410–11
value of 价值 208
factories 商馆
Banda Islands 班达群岛 181
Chinese 华人的 184–85
Deshima 出岛 351
English 英国的 63, 184–86, 186
Hirado 平户 342
Portuguese 葡萄牙的 362
Fagel, Caspar 卡斯帕·法赫尔 321, 325, 327–28
Faliede Bagijnenkerk 披着罗缎斗篷的贝干诺派教堂 113–14
Familists (Family of Love) 家庭主义者（爱之家）94–96, 107–8
Fernel, Jean 让·费内尔 31, 146–47, 393
Fijbeecq, Joachim 约阿希姆·菲贝克尔 309
financial instruments 金融工具 52–53. 同时参见 "商业"
flea glasses 跳蚤显微镜 289–90
florilegia (flower guides)《图谱》（花卉指南）77–78
Floyer, John 约翰·弗洛耶 368, 377
Foglia, Pietro (Matthew of Saint Joseph) 彼得罗·福利亚（圣若瑟教堂的马修）312–15
Fonseca, Vincent de, Archbishop of Goa 文森特·德·丰塞卡，果阿大主教 121
Fonteyn, Nicolaes: *Institutiones pharmaceuticae*（1633）尼古拉斯·丰坦：《药典》（1633年）161
Fonteyn, Rem Anthonisz. 雷姆·安东尼斯·丰坦 151–52, 161–62
Foreest, Pieter van 彼得·范·福雷斯特 24, 110, 113, 117, 148

De incerto（1589）《尿液诊断》（1589年）159–60

　　embalming 防腐 271

　　and iatrochemistry 与医药化学 147

Forestus 福雷斯特，参见"彼得·范·福雷斯特"

Fort Geldria（Pulicat），63 赫尔德里亚（布利格德）

Franeker 弗拉讷克 145，148，229–30，349，397

Frederick Hendrick, Prince of Orange 弗雷德里克·亨德里克，奥兰治亲王 169，230，262

Frederick Wilhelm, Great Elector 腓特烈·威廉，选帝侯 321

Frederik of the Palatinate（Winter King）普法尔茨的选帝侯弗里德里希五世（冬王）129，156，247

Friedrich, Duke of Würtemberg-Teck 符腾堡—泰克公爵弗里德里希 116，129–30

Frisius, Andries 安德里斯·弗里修斯 347

Frisius, Gemma 赫马·弗里修斯 122，146

Fuchs, Leonhard 莱昂哈特·福克斯 90

　　De historia stirpium（1542）《植物自然史》（1542年）32，90–91

Fugger, Hans Jacob 汉斯·雅各布·富格尔 28，30

Fugger, Jacob 雅各布·富格尔 93，98–99

Fugger, Johann Jakob 约翰·雅各布·富格尔 29，32

Fugger family 富格尔家族 28，93，115，121

Funai（Kyushu）府内（九州岛）341

Fuzhou 福州 415

G

Galen/Galenic medicine 盖伦/盖伦的医学 37，39，97–98，110–11，146，261，277，371，393

Galilei, Galileo 伽利略 55，83，234，289，412

Galle（East Indies）加勒（东印度群岛）305

Gama, Vasco da 瓦斯科·达·伽马 2，8，11

Gamron（Bandar Abbas）阿巴斯港 63

Garber, Daniel 丹尼尔·加伯 232，236

gardens 花园 25–28，99–100. 同时参见"植物园"

　　canal 运河 152

　　consumer revolution 消费革命 25–26

　　depictions of 描绘 328–29

　　enthusiasm for 热情 304–5

　　estate 庄园 317–18

　　exotic botanicals 外来植物 3，304–5，317–18，326–29

　　herbarius（dry garden/hortus siccus）《植物志》（干燥的花园/植物标本室）26

　　hothouses 温室 326–27

　　orangeries 橘园 327

　　pleasure 休闲 77

　　private 私人 25–26，152

　　Renaissance Italy 文艺复兴时期的意大利 25–28

　　as retreats 隐居 411

Gassendi, Pierre 皮埃尔·伽桑狄 231，232，234，239，250，258，386，388

　　Epicureanism 伊壁鸠鲁主义 229，384–85

Genpaku, Sugita: Tahul Anatomia 杉田玄白：《解体新书》359

Gentō, Hatano 波多野玄洞 348

Geraerts, Sara 萨拉·海拉斯 192

Gesner, Conrad 康拉德·格斯纳 28–29，75

　　Catalogus plantarum（1542）《植物目录》（1542年）32

Gheyn, Jacques de, II 雅各布斯·德·戈恩二世 118

gift exchanges 礼物交换 206–7

Glauber, Johann 约翰·格劳贝尔 149

global economy 全球经济 411
Gnosticism 诺斯替诺主义 35
Goa 果阿 61, 121-22, 124, 184
Goedaert, Johannes 约翰内斯·戈达尔 382
 Metamorphosis naturalis ofte historische beschrijvinghe van … wormen《自然变态，或……毛虫的历史记录》335
Goens, Rijklof van 赖克洛夫·范·戈恩斯 305, 309-11, 315, 320, 338
Goetjens, Abraham 亚伯拉罕·戈埃特延斯 309
Goetkint, Antoni Jacobsz. 安东尼·雅各布斯·格特金特 312, 315
Gold Coast（Africa）黄金海岸（非洲）126
Golius, Jacobus 雅各布斯·戈里乌斯 232
Gomarus, Franz 弗兰斯·霍马勒斯 155-57
goods 商品 14, 70-71, 225
Goodyer, John 约翰·古迪尔 279
Gool, Pieter van（Coelestinus of Saint Liduina）彼得·范·古尔，圣利迪纳的克勒斯蒂努斯 312
Graaf, Regnier de 赖尼尔·德·格拉夫 2, 277, 281, 292
Graaff, Nicolaas de 尼古拉斯·德·格拉夫
 Oost-Indise spiegel（1701）《东印度镜像》（1701 年）180
 Reisen（1701）《尼古拉斯·德·格拉夫世界旅行记》（1701 年）179-80
Graff, Johann 约翰·赫拉夫 333
Grimm, Herman 赫尔曼·格里姆 370
 Thesaurus medicus（1677）《锡兰岛医药宝典》（1677 年）315
grocers 杂货商 9, 141
Groen, Jan van der : Nederlandtsen hovenier（1669）扬·范·德·格伦：《荷兰花匠》（1669 年）318
Groenevelt, Johannes 约翰内斯·格伦费尔特 368, 372, 401
Gronovius, Jacobus 雅各布斯·赫罗诺维厄斯 384, 386

Grotius, Hugo 胡果·格劳秀斯 157, 172, 242
 Mare liberum（1609）《海洋自由论》（1609 年）70-71
Guild of Saint Lucas 圣路加公会 141
Guinea Coast（Africa）几内亚海岸（非洲）210, 214
Gutschoven, Gerard van 杰勒德·范·古茨肖文 275-76

H

Haarlem 哈勒姆
 cloth industry 制布业 299
 Collegium Medico-Pharmaceuticum 医药师协会 150 162
Hackius, Franciscus 弗朗西斯·阿基乌斯 209
Hagen, Steven van der 史蒂文·范·德·哈根 184
Hague, The 海牙 150, 162
handbooks : medical 医疗手册 136-39
Hapsburgs 哈布斯堡 57, 92, 99
 and the Low Countries 与低地国家 93-94, 104
Harderwijk 哈尔德维克 145, 147-48
Hartmansz., Hartman 哈特曼·哈特曼斯 133
Hartogvelt, Joannes 约安内斯·哈尔托赫韦尔特 163
Hartzoeker, Nicolaas 尼古拉斯·哈左耶克 302
Harvey, William 威廉·哈维 236, 287, 393, 413
 De motu cordis（1628）《心血运动论》（1628 年）234-35, 359
Heereboord, Adriaan 阿德里安·海尔伯德 260, 263
Heidanus, Abraham 亚伯拉罕·范·海登

261, 379
Heinsius, Nicolaas 尼古拉斯·海恩修斯 224
Heister, Lorenz：*General System of Surgery, A*（1743）洛伦茨·海斯特：《外科手术体系概论》（1743 年）373–74
Helmont, Johan Baptista van 约翰·巴普蒂斯塔·范·海尔蒙特 295–96, 400
Heniger, Johann 约翰·赫尼格 311, 313–14
Henrice, Dorothea Maria 多萝西娅·玛丽亚·亨莱斯 335–36
  herbals 本草书 31–32
  Dutch 荷兰的 130
Heren XVII（Gentlemen Seventeen）十七人董事会（十七绅士）62, 64–65, 178–79, 187, 190, 285, 309, 315, 350
  and Bontius 与邦修斯 191–92, 209
  and Coen 与科恩 188
  and corruption 与腐败 323
  East Indies headquarters 东印度总部 184–86
  inquiry into Cleyer 对克莱尔的调查 370
  interest in medicine 对医药的兴趣 207, 306–7
  interest in natural history 对自然史的兴趣 192, 199–20, 316–17
  and Japan 与日本 349, 360
  and use of force 与武力的使用 183
Heren XIX（Gentlemen Nineteen）十九人董事会（十九绅士）210, 212
Hermann, Paulus 保卢斯·赫尔曼 2, 309, 312, 314, 319–20, 325, 387, 389, 399
  Paradisus Batavus（1689）《荷兰的天堂》（1689 年）396
Hernández, Francisco 弗朗西斯科·埃尔南德斯 32, 217–18
Herolt, Johanna Helena, née Graff 乔安娜·海伦娜·赫罗尔特·奈·格拉夫 329, 334–35, 336
Heurne, Johannes van 约翰内斯·赫尔尼乌斯 110–11, 147, 171, 192

anatomy teaching 解剖教学 168–70
  collection 收藏 168–69
  Institutiones medicinae（1592）《医药原理》（1592 年）111
Heurne, Justus 于斯特斯·赫尔尼乌斯 192
Heurne, Otto 奥托·赫尔尼乌斯 149, 155, 192, 244
Hidetada 德川秀忠 342
Hideyori 丰臣秀赖 342
Hideyoshi：and Jesuits 丰臣秀吉：与耶稣会士 341–42
Hildanus, Guilhelmus Fabricius 威廉·法布里 24
Hippocrates/Hippocratic tradition 希波克拉底/希波克拉底传统 23–24, 37, 110, 155, 349–50, 356, 387, 389–94, 403
  commitment to 致力于 111, 147
  Epidemics《论流行病》24
  treatment of wounds 对伤口的处理 115
Hirado 平户 346
Hoan, Arashiyama 岚山甫安 348, 352
Hobbes, Thomas 托马斯·霍布斯 264, 384–85, 386
Hochiku, Katsuragawa 桂川甫筑 348
  Oranda yakuō zasshū《阿兰陀药方杂书》352
Hoffman, Willem 威廉·霍夫曼 348, 351–52
Hogelande, Johan van 约翰·范·霍格兰德 117, 232
Hollandus, Isaac 伊萨克·霍兰德斯 139
Hollandus, Johan Isaac 约翰·伊萨克·霍兰德斯 139
Honselaarsdijk（palace）洪塞勒斯代克（王宫）317, 318
Hooft, Pieter Cornelisz. 彼得·科内利斯·霍夫特 68–73, 105, 171, 232, 252–53
Hoogeveen, Catharina van 瑟琳娜·范·霍赫芬 305

Hooke, Robert 罗伯特·胡克 292, 371
　　Micrographia（1665）《显微图谱》（1665年）289–90
Hoorn 霍恩 57, 62
Horne, Joannes van 约翰内斯·范·霍恩 272, 274, 277–78, 281, 286, 293, 305
Hortus Malabaricus《马拉巴尔植物志》311–17, 329
Hotta, Rōjū, Bizen no Kami 老中堀田备前守 357–58
Hotton, Petrus 彼得吕斯·霍顿 320, 389, 394, 396
Houtman, Cornelis de 科内利斯·德·豪特曼 122, 124, 164
Houtman, Frederick de 弗雷德里克·德·豪特曼 122, 164
Hudde, Johannes 约翰内斯·胡德 284–85, 290
Huis ten Bosch（palace）登博斯宫（王宫）318
Huis ter Nieuberg（palace）纽伯勒宫（王宫）318
huisvater《家庭手册》137
humanists/humanism 人文主义者/人文主义 22, 48
　　Erasmian 伊拉斯谟的 83
　　and law 与法律 87
　　medical 医学的 24
　　and refinement 与精致 14–15
Huydecoper van Maarseveen, Joan 琼·海德科珀·范·马尔塞芬 307, 317, 320–21, 329
Huygens, Christiaan 克里斯蒂安·惠更斯 285, 290, 292
Huygens, Constantijn 康斯坦丁·惠更斯 162–63, 172, 224, 232–33, 243, 371–72, 382
Hyperius, Andreas 安德烈亚斯·希佩里乌斯 87–90
Hypnerotomachia poliphili（1499）《寻爱绮梦》（1499年）30

I

iatrochemistry 医药化学 139–41, 235, 295–96, 349–50. 同时参见 "化学" "医学"
　　and mumia 与沥青 270–71
　　opposition to 反对 159–61
　　teaching 教学 147–49
Ietsuna, Shōgun 德川家纲将军 347, 360
Ieyasu, Tokugawa shōgun 德川家康将军 342
Illustrious School（Deventer）雅典学院（代芬特尔）231
Illustrious School（Rotterdam）雅典学院（鹿特丹）399
Illustrious School（Utrecht）雅典学院（乌特勒支）232, 244
Imperato, Ferrante 费兰特·伊佩拉托 29, 31, 129
Inaba, Rōjū 老中稻叶正则 359, 360
India 印度 8, 61
information 信息 51–52, 57, 202–9, 222–24, 376–77
information economy 信息经济 208–9, 414–15
　　circulation 流通 209
　　exchange 交换 51–52, 225, 413–14
Inoue, Chikugo-no-kami 井上筑后守政重 347–48
Inquisition 宗教裁判所 120
interest（s）利益 58, 68–73, 262–64
　　etymology and meanings 词源与意思 45–46
Iwanaga 岩永宗古 354–56

J

Jacobsz., Laurens 劳伦兹·雅各布斯 105
Jakarta 雅加达, 同时参见 "巴达维亚（雅加达）"
    VOC headquarters 荷兰东印度公司总部 185
Jansz., Steven 史蒂文·扬斯 152
Jansz., Thonis 托尼斯·扬斯 151–52
Japan 日本 63
    botany 植物学 323
    carbuncles/cander 痈 353–54
    Caspar school 卡斯帕学派 353
    and Chinese concepts 与华人的概念 346
    and Christianity 与基督教 341–42, 344
    Christians 基督教教徒 343
    closed country (sakoku) 锁国 341–44
    Dutch factories 荷兰商馆 346–47
    European contacts 欧洲的联系 339–42
    and European medicine 与欧洲医学 339–49, 344, 351–54, 357–60
    medicine 医学 4, 221–22, 356
    mining and smelting 采矿和熔炼 340
    pharmacopoeia《药典》345
    and Portuguese 与葡萄牙人 340–43, 343
    trade with China 与中国的贸易 339
    Western cosmography 西洋宇宙论 344
Java 爪哇 128, 176
    leprosy 麻风病 323
    natural history 自然史 199–200, 210
Jesuits 耶稣会士 84, 227, 234, 241, 246, 264, 293, 323–24, 333, 338, 368–69
    in China 在中国 362–66
    in East Indies 在东印度群岛 187
    in Japan 在日本 340–42
    veneration of the Sacred Heart 崇敬基督圣心 256
Jesuits' bark 耶稣会士树皮（金鸡纳树皮）294

joint-stock companies 联合股份公司 63–64
Jordaen, Laurens 劳伦斯·约尔丹 273

K

Kaempfer, Engelbert: *Amoenitatum* (1712) 恩格尔贝特·肯普弗:《海外政治物理医学奇谈五部曲》(1712年) 374–75
Kagoshima (Kyushu) 鹿儿岛（九州）340
Kechelius, Samuel 塞缪尔·克切柳斯 213–14
Keijser, Louis de 路易斯·德·凯泽 375
Keyu, Dr. 经宇 341
Kichibei 西吉兵卫 346
Kichizaemon, Hayashi: *Kenkon bensetsu* 林吉左卫门:《乾坤弁说》344–45
Kiggelaer, Frans: *Horti medici* (1697–1701) 弗兰斯·基格拉尔:《阿姆斯特丹植物园所藏珍稀植物》(1697—1701年) 329
Kint, Adraen 阿德里安·金特 133
Knorr von Rosenroth 克诺尔·冯·罗森罗特 142
knowledge 知识
    and commerce 与商业 135–36
    conveying 传输 207–9
    and credibility 与可信度 176–77
    and description 与描述 408
    direct experience 直接经验 98
    empirical 经验主义的 409
    investigative techniques 调研技术 267–68, 413–14
    natural 自然的 230–35
    networks 网络 176
    objective 客观的 19–20, 40–41
    and production technologies 与生产技术 267–68, 300–303
    role of observation 观察的作用 236
    scientific 科学的 45–46
    and the senses 与感官 237–39

sources 来源 200–207
theories of 理论 131–32
transformative capacity 转变的能力 240
understanding of 理解 39–41
and wealth 与财富 415
Korea 朝鲜 342
Kramer, Gerard（Mercator）杰勒德·墨卡托 122
Kyoto 京都 341

L

l'Escluse, Charles de 克鲁修斯，参见"卡罗勒斯·克鲁修斯"
La Flèche（Jesuit college）拉弗莱什的耶稣会学院 227, 246
Labadie, Jean de 让·德·拉巴迪 333, 334
Labadists 拉巴迪主义者 333–35
Laet, Johannes de 约翰内斯·德·拉埃特 215
Lannoy, Philippe de 菲利普·拉努瓦 48
latitudinarianism 宗教信仰自由主义 84, 262
Laurens, André du 安德烈·杜·洛朗斯 166
Le Mort, Jacob 雅各布·勒·莫尔 389
Le Roy, Henricus 亨利克斯·勒卢阿
Le Roy, Louis 路易斯·勒卢阿 72
Lebrija/Nebrija, Elio Antonio de 埃里奥·安东尼奥·德·内布里哈 22, 97
Leeuwarden 莱瓦顿 162
Leeuwenhoek, Antoni 安东尼·列文虎克 292–93, 301, 372
Leibniz, Gottfried Wilhelm 戈特弗里德·威廉·莱布尼茨 230, 234, 253
Leiden 莱顿 349. 同时参见"植物园"
cloth industry 织布业 298–99
le Cabinet des Indies 印度群岛发珍奇屋 319–20
Leiden, University of 莱顿大学的，同时参见"植物园"；"珍奇屋"

anatomy teaching 解剖教学 112–15, 164–70
anatomy theater 解剖学教室 113–15
Boerhaave at 布尔哈弗在 389–96
Cartesianism 笛卡尔主义 260–61
clinical teaching 临床教学 151
curriculum 课程 106–7, 145–48
founding 建立 4, 82, 104–5
medical faculty 医学院 110–13
professors 教授 107–8
religious controversies 宗教争议 107–10, 164–67, 171
and Sylvius 与西尔维乌斯 148–50
values 价值 105–10, 131
leprosarium 麻风病院 375
leprosy 麻风病 323, 362, 375
Li Gao 李杲 346
Libri de piscibus（1554–55）《海洋鱼类全志》（1554—1555 年）32
Clusius's contributions 克鲁修斯的贡献 91–92
liefhebber 兴趣家 72
Linnaeus, Carl 卡尔·林奈 218–19, 396
Linschoten, Jan Huygen van 扬·哈伊根·范·林斯霍滕 117
in Goa 在果阿 121–22
Itinerario（1596）《旅行日记》（1596 年）124–28, 200
Northeast Passage 东北海路 123
on sea routes 在海上 123
specimens 标本 129
Lipperhey, Hans 汉斯·利派尔希 289
Lipsius, Justus 尤斯图斯·利普修斯 2, 48, 95, 107–12, 117, 146, 169, 206, 411
Lobelius（Mattias l'Obel）马蒂亚斯·德·洛比留斯 32
Locke, John 约翰·洛克 373, 376
Loenen, Frans van 弗兰斯·范·勒嫩 133
Louis XIV, King of France, 323, 399 路易十四，法国国王 412–13

Louvain 鲁汶 146
    and Bils method 与比尔斯的方法 275–76
    and Cartesianism 与笛卡尔主义 261–62
    university 大学 104
Low Countries 低地国家，同时参见"荷兰共和国"；"联省"
    economic activities 经济活动 8–12
    education 教育 85–86
    geography 地理 6–7
    and Hapsburg rule 与哈布斯堡王朝的统治 93–94
    religious toleration 宗教容忍 87–89, 99
    resistance to Hapsburgs 抵制哈布斯堡王朝 99–102
        spread of horticultural ideas 园艺观点的传播 99–100
Luciads《卢济塔尼亚人之歌》97–98
Lucretius 卢克莱修 302
Lull, Raymond 雷蒙德·勒尔 33
Luther, Martin 马丁·路德 89
Lutherans/Lutheranism 路德教/路德主义 84, 167, 172
lymphatic system 淋巴系统 274, 281–82, 400

M

Macao 澳门 340, 343, 362
Maccovius, Johannes 约翰内斯·麦科维乌斯 229–30
Machiavelli, Niccolò 尼科洛·马基雅维利 240–41
Madagascar 马达加斯加 128
Maets, Carel 卡雷尔·梅奇 279, 389
Maetsuyker, Joan 琼·马策伊克 314–15, 331
Magokurō, Okano 冈野孙九郎 352, 359–60
Malabar 马拉巴尔 9, 63, 98, 305, 338

    natural history 自然史 310–17
Malacca 马六甲 61
Maldive Islands 马尔代夫群岛 124
Malpighi, Marcello 马尔切洛·马尔皮吉 333, 391
    microscopy 显微镜学 290
Mandeville, Bernard 伯纳德·曼德维尔 4, 397–409
    De brutorum operationibus（1689）《论动物的活动》（1689年）399
    De chylosi vititia《论腐烂乳糜的形成》399–400
    education 教育 397–400
    Enquiry（1725）《对泰伯恩频繁处决的原因调查》（1725年）406
    Essay on Charity（1723）《关于慈善与慈善学校的论文》（1723年）406–7
    Fable of the Bees（1714）《蜜蜂的寓言》（1714年）402
    Fable, Part II（1728）《蜜蜂的寓言》第二部分（1728年）406
    Female Tatler, The《妇女塔特勒》402
    Free Thoughts on Religion《关于宗教、教会和国民幸福的自由思想》406–7
    "Grumbling Hive, The"（1705）《抱怨的蜂巢，或无赖变为老实人》（1705年）401–2
    Modest Defense（1724）《为公共烦恼的中肯辩护》（1724年）406
    Search into the Nature of Society（1723）《对社会本质的探究》（1723年）406
    Treatise of the Hypochondriack（1711）《论忧郁情绪和歇斯底里情绪》（1711年）403–4
    Typhon《台风》401
    Virgin Unmask'd（1709）《揭下面具的圣母》（1709年）402–3
Mandeville, Sir John 约翰·曼德维尔爵士 47

Manhattan 曼哈顿 214
Manicheanism 摩尼教 33, 35
Mannerist outlook 矫饰主义观点 102–4
manuscripts 手稿 20–22
Manutius, Aldus：Dioscorides of 1499 阿尔杜斯·马努提乌斯：对狄奥斯科里迪斯著作的出版，1499 年 22
mapmaking 地图制作 122–23
Marcgraf, Georg 格奥尔格·马克格雷夫 210, 213–16
    in Angola 在安哥拉 214
    collecting 收藏 213–14
    Historia naturalis Brasiliae（1648）《巴西自然史》（1648 年）215–16
    Piso's borrowings from 皮索的借用 218–19, 224–25
Marel, Jacob 雅各布·马雷尔 333
Margaret of Parma 帕尔马公爵夫人玛格丽特 93–94, 99
Marie de Brimeu, Princess of Chimay 玛丽·德·布里默，希迈王妃 117
Marnix, Philip 菲利普·马尼斯 48
Martini, Martino 卫匡国 363
Mary of Hungary 匈牙利的玛丽 101
Masanori, Inaba 稻叶正则 348
Masulipatnam（1611）马苏利帕特南（1611 年）63
Mataram, King of 马打蓝国王 193
materia medica《药理》22, 40. 同时参见"医学"
    aromatics 芳香物质 270–73
    Asian 亚洲的 128, 305–9
    bezoar stones 胃石 191, 203
    Ceylonese 锡兰的 308–9
    Chinese 华人的 365–67
    Classical 古典的 22–23
    compounds 化合物 24–25
    East Indies 东印度群岛 203–4
    from New World 来自新世界 99
    oil of turpentine/terebinth 笃耨香油 278–81
    opiates 麻醉剂 216, 294, 324
    regulation of sale 销售章程 136
    simples 样本 22–23, 270
    South Asian 南亚的 98
    teaching 教学 26–27
    theriac 解毒药 24–25
    "Trochischi de viperis" 毒蛇肉制成的锭剂 350
materialism 唯物主义 245–47
Mattheus, Philip 菲利普斯·马托伊斯 286
Matthew of Saint Joseph（Pietro Foglia）圣约瑟夫教堂的马修（彼得罗·福利亚）312–15
Mattioli, Pietro Andrea Gregorio 彼得罗·安德里亚·格雷戈里奥·马蒂奥利 22, 73–74, 120
Matudaira, Izu no Kami 松平伊豆守 357
Maurits of Nassau, of Brazil 拿骚的莫里斯，巴西 210, 215, 289
    and Brazil 与巴西 212–15
    estate gardens 庄园花园 318
Maurits of Nassau, Prince of Orange 拿骚的莫里斯，奥兰治亲王 122–23, 129, 152, 156–58, 164, 169, 191, 228–29
    trade with Japan 与日本的贸易 342
Maximilian II, Holy Roman Emperor 马克西米利安二世，神圣罗马帝国皇帝 102, 111–12
Mechelen 梅赫伦 99–102
medical chemistry 医学化学，参见"医药化学"
medical education 医学教育，同时参见"解剖学"
    botany 植物学 151–53
    Leiden 莱顿 110–13
medical practitioners 行医者 2–3. 同时参见"药剂师"
    Amsterdam 阿姆斯特丹 153–54
    barber surgeons 理发师—外科医生 142

cooperation among 之间的合作 150–51
exact descriptions 精确描述 174
regulation 贵族 154–63
ships' surgeons 船上的外科医生 178–80
surgeons 外科医生 142–45, 150–51
use of Latin 拉丁文的使用 161
Medici family 美第奇家族 26, 28, 412
Medicine 医学，同时参见"解剖学""植物园""医药化学""《药理》""精确描述" 267–68
Antique 古代的 22–23
Asian 亚洲的 308–9, 362
and Cartesianism 与笛卡尔主义 300–301
descriptive accuracy 描述性精确 410
diagnosis 诊断 146
domestic 本国的 136–39
East Indies 东印度群岛 2, 202–3, 207–9
enthusiasm for 热情 31
Far Eastern 远东的 4
hygiene 卫生 146
impact of commerce 商业的影响 4
market for 市场 135–39
and materialism 与唯物主义 407–8
private trade 私人贸易 338
prognosis 预后 146
publishing on Asian 有关亚洲的出版 361–77
pursuit of knowledge 对知识的追求 176–77
treatments 治疗 146
understanding non-European 理解非欧洲人 376–77
Meekren, Job van 乔布·范·米克伦 149, 150
Meester, Jeremiah de 杰里迈亚·德·梅斯特 193
Mehmed Ⅱ, Sultan 苏丹穆罕默德二世 25
Meister, Georg 格奥尔格·迈斯特 321, 323, 324–25

memento mori 记住死亡 164–67
Mentzel, Christian 克里斯蒂安·门采尔 321–23, 369
Mercator（Gerard Kramer）墨卡托 122
Merchants 商人
oligarchs 执政者 58
values of 价值观 17, 40, 57
Merian, Maria Sybilla 玛丽亚·西比拉·梅里安 214, 329, 336–38, 382
Der paupen wunderbare verwandelung（1679–1717）《奇妙的毛虫变态》（1679—1717 年）333
Eucleria（1673）《欧拉利亚》（1673 年）334
Metamorphosis insectorum Surinamensium（1705）《自然变态，或……毛虫的历史记录》（1705 年）332–33, 335–36
Neues blumenbuch（1680）《新花卉图鉴》（1680 年）333
Merian, Matthias, the Elder 老马托伊斯·梅里安 333
Mersenne, Marin 马兰·梅森 47, 229, 231, 232, 233, 234, 235–36, 412
Mettrie, Julian Offray de la 朱利安·奥弗雷·德·拉·梅特里 397
Meysner, Paulus 保卢斯·迈斯纳 313
microscopes 显微镜 267, 289
microscopy 显微镜学 267, 289–92, 300
and mechanistic theory 与机械论 302–3
Middelburg 米德尔堡 57
Collegium Medicum 内科医生协会 162
and VOC 与荷兰东印度公司 62
Milanen, Willem 威廉·米兰恩 212
Minne, Karl de 卡雷尔·德·明纳 136
Minten, Adriaen 阿德里安·明滕 202
Miscellanae curiosa medico-physica《医药物理珍品录》331
missionaries: Dutch 使团：荷兰 181
Mitsukuni, Mito Chūnagon 中纳言德川光

囡 357–58
Moens, Eva 伊娃·莫恩斯 382
Moluccas 马六甲 9, 181, 187
Monardes, Nicolás, 32, 101
　　New World medicines 南北美洲医学 99
Monconys, Balthasar de 巴尔达萨·德·蒙克内 142
money 货币 50–52
Moninckx Atlas《莫宁克斯地图集》329, 334
Montaigne, Michel de 米歇尔·德·蒙田 48, 82, 109, 241, 250, 382
　　Essays（1576）《随笔集》（1576 年）33–34
Montano, Benito Arias 贝尼托·阿里亚斯·蒙塔诺 95–96
Montmor, Henri-Louis Habert de 亨利-路易斯·阿贝尔·德·蒙莫尔 412
Montpellier, University of 蒙彼利埃大学 32, 90–92
moral economy 道德经济 41, 43
　　scientific 科学的 45
moral philosophy 伦理哲学 239–40, 259
　　Cartesian reshaping 笛卡尔主义的重塑 255–58
　　Dutch 荷兰的 226
　　and rationalism 与理性主义 239–43
　　and the passions 与激情 261–65
Moretus, Balthasar 巴尔塔萨·莫雷图斯 365
Moritz, Prince of Hessen-Kassel 黑森-卡塞尔的莫里斯亲王 118, 141
Morrison, Robert 罗伯特·莫里森 396
Motogi, Shōdayū 本木庄太夫 352
　　"Anatomical charts of Holland"《荷兰解剖学图表》359
Moucheron, Balthasar 巴尔塔萨·德·毛赫龙 122–23
moxa 艾 351
　　artemisia 艾属植物 373

moxibustion 艾灸 4, 350–51, 354–56, 368, 374–75. 同时参见"中医在日本"371–72
Muider Kring 穆登圈 171–72, 212–13, 231, 252–53
Mukai, Genshō 向井元升 345–48, 352, 415–16
mumia 沥青 269–71
mummification/embalming 木乃伊化/防腐 269–71
　　Bils method 比尔斯的方法 271–76
Münster, Peace of（1648）《明斯特和约》（1648 年）107, 212, 214
Munting, Abraham 亚伯拉罕·蒙廷 327
Muscovy（Russia）俄国 23
　　trade 贸易 122–23
museums 博物馆, 同时参见"珍奇屋"
Musschenbroek, Johan Joosten van 约翰·约斯滕·范·米森布勒克 384

N

Naaldwijk（palace）诺德维克（王宫）318
Nagasaki 长崎
　　Bugyō of 奉行 348–49
　　Christians 基督教徒 340, 343
　　Dutch factory 荷兰商馆 346–47
　　medicine in 医学 341
　　physicians 内科医生 352
Nannius, Petrus 彼得吕斯·南纽斯 87
national debt 国债 59–60
natural history 自然史 21–23, 300, 372. 同时参见"卡罗勒斯·克鲁修斯"
　　and apothecaries 与药剂师 29–31
　　Asia 亚洲 304
　　Cape of Good Hope 好望角 309, 317, 350
　　and classification 与分类 313–14
　　descriptive accuracy 描述性精确 267–68, 410

Dioscorides 狄奥斯科里迪斯 22,
　　73–74, 97–98, 110, 120, 279
Dutch investigations 荷兰人的调研
　　304–5
East Indies 东印度群岛 120–32,
　　194–200, 210, 330
　　empirical knowledge of 经验知识 409
　　illustrations 插图 201–2, 216
　　Java 爪哇 199–200, 210
　　Malabar 马拉巴尔 310–17
　　Pliny 普林尼 200
　　preserving specimens 标本保存 268–69
　　private trade 私人贸易 338
　　pursuit of knowledge 对知识的追求
　　　176–77
　　and VOC 与荷兰东印度公司 192,
　　　199–200, 338
natural magic 自然魔法 137–39
natural philosophy 自然哲学
　　experimental 实验的 285, 384
　　and mathematical modelling 与数学建
　　　模 228
　　mechanistic theories 机械理论 228, 388
　　methodologies 方法论 232–33
　　Newtonian 牛顿主义 387, 388
　　and objectivity 与客观性 20
　　and sensory evidence 与感官证据 260
　　and theory of knowledge 与知识理论
　　　131–32
natural theology 自然神学 32–33, 33,
　　382–83. 同时参见 "基督教神学"
naturalia 自然物品
　　acclimatization of plants 植物的驯化
　　　325–29
　　collections 收藏品 28–31
　　dodo bird 渡渡鸟 221
　　interest in 兴趣 304–5
　　jack fruit 菠萝蜜 222–24
　　market for 市场 317–25
　　private trade 私人贸易 30, 317–18

transporting 运输 325–26
naturals 自然事物 145–46. 同时参见 "生
　　理学"
Naudé, Gabriel 加布里埃尔·诺代 246
navigation 航海 122–23
Nebrija/Lebrija, Elio Antonio de 埃里
　　奥·安东尼奥·德·内布里哈 22, 97
Neck, Jacob van 雅各布·范·内克 126–27
Negombo (East Indies) 尼甘布（东印度群
　　岛）305
neo-Aristotelianism 新亚里士多德主义 260
neo-Confucianism 新儒学 415–16
neo-Epicureanism 新伊壁鸠鲁主义 258
neo-Platonism 新柏拉图主义 35, 140, 258
neo-Stoicism 新斯多葛主义 258
Netherlands, The 尼德兰, 参见 "荷兰共和
　　国"; "联省"
New Netherland Company 新尼德兰公司
　　214
new philosophy 新哲学 1, 246, 408. 同时参
　　见 "哲学"
　　difficulties of 困难 379–83
　　values of commerce 商业价值 410–11
Newton, Isaac 艾萨克·牛顿 388, 409
Niclaes, Hendrick 亨德里克·尼可拉斯
　　94–95
Nieuwe Amsterdam 新阿姆斯特丹 214
Nieuwe Beurs (Exchange) 新市场 49
Nieuwentijt, Bernard 伯纳德·尼乌文泰特
　　397, 409
　　Gronden van zekerheid (1720)《确定性
　　　的基础》(1720年) 383
　　Het regt gebruik der
　　　wereltbeschouwingen (1714)《正确
　　　使用深思世界使无神论者和异教徒
　　　信服》(1714年) 381–83
Nievelt, Jacob van Zuijlen 雅各布·范·祖
　　伊伦·范·尼韦尔特 400
Nishi, Kichibei (Genpo) 西吉兵卫（玄甫）
　　345, 348, 357, 359–60

Nishi-method 西方法 348
Nobunaga（lord/daimyō）织田信长（藩主 / 大名）341
non-naturals 非自然事物 145–46，197
Noordeinde（palace）努尔登堡宫 318
Northeast Passage 东北海路 123，128
Nova Zembla 新地岛 123
Nuck, Antonius 安东尼乌斯·努克 387, 389, 399–400
nutmeg 肉豆蔻（仁）10, 186–87
 medicinal properties 行医者 126–27
 price slump 价格暴跌 189
Nyotaku, Yanagi 柳如卓 352

O

objectivity 客观性 17–20, 22, 42, 57, 81, 131–32, 198–200, 256–57, 415–16
 and credibility 与可信度 176–77
 descriptive naturalism 描述性自然主义 174
 interest in 兴趣 131–32
 value 价值 39–41
Observations（case histories）《观察记录》（医案）24
Odierna, Gianbatista 詹巴蒂萨·奥迪耶纳 289
Odysseus（*Odyssey*）奥德修斯（《奥德赛》）46–47, 48, 87
Oldenbarnevelt, Johan van 约翰·范·奥尔登巴内费尔特 62, 156–58, 164, 184
Oldenburg, Henry 亨利·奥尔登堡 290–91, 368, 371–72
Oldendorp, Johannes 约翰·奥尔登多普 87
Oldenland, Hendrik Bernard 亨德里克·伯纳德·奥尔兰德 324
Olinda（Brazil）奥林达（巴西）212
Onrust（Jakarta）恩日斯岛（雅加达）185
optical devices 光学设备 291–92. 同时参见

"显微镜学"
 flea glasses 跳蚤显微镜 289–90
 microscopes 显微镜 267, 289
 telescopes 望远镜 289
orang kaya 当地的领主 181–82
orangeries 橘园 327
Orangists 奥兰治主义者 156, 158, 188
Orta, Garcia da 加西亚·达·奥尔塔 32
 Bontius on 邦修斯 197–200
 Clusius's edition 克鲁修斯的编辑 126, 128
 Colóquios（1563）《印度香药谈》（1563 年）96–99
Ōsaka 大阪 415
Oude Compagnie（Old Company）老公司 128–29
Outshoorn, Margaretha de Vlamimg van 玛格丽莎·德·弗拉明·范·奥特斯霍恩 158

P

Padtbrugge, Robert 罗伯特·帕特布鲁格 315, 331
 Ceylonese medicines 锡兰医药 305–9
Padua 帕多瓦 412. 同时参见 "植物园"
 clinical teaching 临床教学 149
 university 大学 113, 115
Paets, Adriaan 阿德里安·佩茨 398–99
paleography 书法 20–22
Paludanus, Bernardus 伯纳德斯·帕鲁达努斯 2, 4, 119, 148, 218
 botanist 植物学教 116–17
 education 教育 115
 and Linschoten's *Itinerario*（1596）林斯霍滕的《旅行日记》（1596 年）124–28
 sale of collection 收藏品的出售 129–30
 travels 旅行 115–16

Pandito, Vinaique 维纳伊克·潘迪托 313
Paracelsus 帕拉塞尔苏斯 140–41, 295
  Die cleyne chirurgerie（1568）《外科手册及医院实践》（1568 年）140
  Die groote chirurgie（1555）《外科大全》（1555 年）140
  Idea medicinae（1571）《医学理念》（1571 年）146
  and mumia 与沥青 270
Paré, Ambrose 安布罗斯·帕雷 348
  embalming 防腐 271
Parent, Abraham 亚伯拉罕·帕朗 273, 274
Passe, Chrispijn van der 克里斯潘恩·范·德·帕斯 138
  Hortus floridus（1614）《花园》（1614 年）77
passions 激情 44–45, 405–8
  and actions 与行动 397–409
  Cartesian 笛卡尔主义 250–51
  Descartes's theory 笛卡尔的理论 247–52
  materialistic theories 唯物主义理论 226
  of the soul 灵魂的 252–59
patrons/patronage 赞助人 72, 415
Paul of Aegina 埃伊纳的保罗 111
Pauw, Adriaan, Heer van Heemstede 阿德里安·波夫，海姆斯泰德领主 77
Pauw, Pieter 彼得·波夫 2, 129, 155, 192, 203, 233, 244, 301
  anatomical demonstrations 解剖演示 112–15
  anatomy teaching 解剖教学 164–67, 171
  collection 收藏品 169
  death 死亡 130
  Leiden botanical garden 莱顿植物园 118–20
  professorship 教授 117
  teaching duties 教学责任 120
Pauw, Reinier 赖尼尔·波夫 112, 164

Pauwels, Hendrik 亨德里克·保韦尔斯 192
Peasants' Revolt（1525）农民起义 140
Peiresc, Nicolas-Claude Fabri de 尼古拉斯-克劳德·法布里·德·佩雷斯克 130, 229
Pellicier, Bishop 佩利西耶大主教 91
pepper 胡椒 186, 206
  demand 需求 190
Pérez, Luís 路易斯·佩雷斯 95
Perpetual Edict（1540）《1540 年永久敕令》55
Perrenot, Antoine 安托万·佩勒诺 93–94
Persia 波斯 63
Pescadores Islands 澎湖列岛 362
Peter of Dort 多特的彼得 136
Peyrère, Isaac de la 伊萨克·德·拉·佩雷尔 305
pharmacopoeia《药典》31
  Augsburg 奥格斯堡 162
  Ceylonese 锡兰的 324
  enforcement 执行 162
  Institutiones pharmaceuticae（1633）《药典》（1633 年）161
  Japanese 日本的 345
Philip Ⅱ, King of Spain 菲利普二世，西班牙国王 92–93, 99–100, 105–7, 112, 120, 141, 218
philosopher's stone 贤者之石 139–40
Philosophical Transactions《哲学汇刊》280, 292
  "Some Observations Concerning Iapan"《关于日本一些观察》372
philosophy : political 哲学：政治的 261–65. 同时参见 "新哲学"
phlebotomy/venesection 静脉切开术/放血 296–97, 356
physicians 内科医生 2, 22
  case histories 医案 24, 40
  civic 城市的 148, 286
  consultations 就诊 23–24

regulation 规章 145, 151
　　relations with apothecaries 与药剂师的
　　　　关系 150–52
　　ships' 船上的 178–80
　　syllabus 大纲 110–13
physiology 生理学 145–46
　　circulation of the blood 血液流通 149,
　　　　356
　　lymphatic system 淋巴系统 149
　　and mechanistic theory 与机械论 302–3
Pietersgasthuis 彼得医院, 参见 "内城
　　医院"
Pietersz., Claes 克拉斯·彼得斯, 参见 "尼
　　古拉斯·杜尔"
pineal gland 松果体 235, 256
Piso, Willem 威廉·皮索 212–14, 293
　　and Bontius 与邦修斯 330, 372
　　De Indiae utriusque（1658）《论东西印
　　　　度自然史和医药的十四本书》（1658
　　　　年）210, 218–25
　　local medicine 当地医学 217
　　medicine of Brazil 巴西医学 216–21
　　sources 来源 218–25
Pitcairne, Archibald 阿奇博尔德·皮特凯恩
　　388, 389
plague（1624–25）瘟疫（1624—1625 年）
　　161, 191
Plancius, Petrus 彼得吕斯·普朗修斯
　　122–23
Plante, Franciscus : *Mauritias*（1647）朗西
　　斯·普兰特:《莫里斯》（1647 年）214
Plantin, Christophe 克里斯托弗·普朗坦
　　95–96, 108
plants 植物, 同时参见 "植物学"
　　acclimatization 驯化 325–29
　　depictions of 描绘 118, 328–29
　　interest in exotic 对外来植物的兴趣
　　　　304–5
　　transporting 运输 325–26
Plato 柏拉图 45, 146, 259. 同时参见 "新柏
拉图主义"
　　dialogues 对话 239
　　Republic, The《理想国》69
　　Timaeus《蒂迈欧篇》243
Plautus 普劳图斯 202
Pléiade poets 七星诗社 171
Plemp, Vopiscus Fortunatus 伏庇斯古
　　斯·福图内特斯·普兰皮乌斯 162,
　　233–34, 235, 261
Pliny the Elder 老普林尼 9, 32, 97–98
　　Historia naturalis《自然史》21–22
Polo, Marco 马可·波罗 8, 47
Pomponazzi, Pietro 彼得罗·蓬波纳齐 246
porcelain 瓷器 142
Porta, Giambattista della 詹巴蒂斯塔·德
　　拉·波尔塔 138–39
Portugal 葡萄牙
　　Inquisition 宗教裁判所 96–97
　　and Japan 与日本 340–43
　　overseas enterprises 企业 13
　　and spice trade 与香料贸易 11–12,
　　　　60–61
　　trading forts 贸易据点 62–63
Portuguese Indies 葡属印度 124, 184, 187
　　and VOC 与荷兰东印度公司 305
positivism 实证主义 5, 98
Post, Frans 弗兰斯·波斯特 214, 216
postal services 邮政服务 51–52
Postel, Guillaume 纪尧姆·波斯特尔 96
predestination 预定论 155–56
Primrose, James 詹姆斯·普里姆罗斯 234
Prince of Jakarta（Pangeran）雅加达王子
　　185
Priuli, Girolamo 吉罗拉莫·普留利 11–12
prognosis 预后 146
promissory notes 期票 52
Protestantism 新教主义 95
　　ethic 伦理 83–84
Pulau Ai（Banda Islands）艾岛（班达群岛）
　　184

Pullas, Frau 普拉斯夫人 325
pulse doctrines 脉搏原理 353, 366, 371–74
　　Galen on 盖伦 371
Pumerend：leprosarium 皮尔默伦德岛：麻风病院 323, 362, 375
Puritan theology 清教神学 57, 83–84, 158

Q

Quackelbeen, Willem 威廉·夸克贝恩 73–74
quacks（kwakzalvers）冒充医生的骗子 136–37
Quakers 贵格会 398
Quickelberg, Samuel 塞缪尔·奎奇伯格 28, 30
Quincault, Guillemette 吉耶梅特·昆科 85

R

Rabelais, François：*Gargantua*（1532–52）弗朗索瓦·拉伯雷：《巨人传》（1532—1552 年）23, 34, 82, 91
Radical Enlightenment 激进的启蒙运动 264, 381
Raey, Johannes de 约翰内斯·德·拉伊 261
Raleigh, Sir Walter 雷利爵士 104, 122
Ramus, Petrus 彼得吕斯·拉米斯 48, 93
Rau, Johannes 约翰内斯·劳 150
Ray, John 约翰·雷 314
　　Wisdom of God（1691）《上帝在造物工作中的智慧》（1691 年）382
Reael, Laurens 劳伦斯·雷尔 183
Recife（Brazil）累西腓（巴西）212, 217
Reede, Hendrik Adriaan van 亨德里克·阿德里安·范·里德 2, 313, 315, 329, 336–38

　　commander of Malabar 马拉巴尔指挥官 310–11
　　Malabar botany 马拉巴尔植物学 310–17, 362
　　plant hunting 采集植物 323–25
Reformation 宗教改革 82
　　and education 与教育 85–86
Reformed church 归正教会 70, 95, 105, 154, 157, 158, 276, 333, 378, 381
　　Synod of Dort（1618–19）多特会议（1618—1619 年）156
regents/regenten 摄政 58, 134, 154, 226–27
Regius, Henricus 亨利克斯·勒卢阿 232, 314
　　and Descartes 与笛卡尔 244–48
　　Physiologica（1641）《生理学或健康知识》（1641 年）245
　　Responsio《回应》246
Rembrandt van Rijn：*Anatomy Lesson of Dr. Tulp, The*（1632）伦勃朗·范·莱茵：《尼古拉斯·杜尔博士的解剖课》（1632 年）171–73, 233
Remonstrants 抗辩主义者 156–57, 172, 173, 260. 同时参见 "反抗辩主义者"
Renaissance 文艺复兴 39, 49
　　civic humanism 公民人文主义 71
　　natural philosophy 自然哲学 20
　　and objectivity 与客观性 20
　　secular values 世俗价值观 13–14
Renaudot, Théophraste 泰奥夫拉斯特·勒诺多 412
Reneri, Henri 亨利·雷内里 231–33, 243–44
republicanism 共和主义 262–64
Reti, Iman 伊曼·雷蒂 330
Revius, Jacobus 雅各布斯·雷维乌斯 260, 383–84
Revocation of the Edict of Nantes（1685）《废除南特敕令》（1685 年）399
Rhazis 拉齐 128

Rhijne, Willem ten 威廉·坦恩·赖恩 2, 4, 321, 322, 394, 401
 account of the Cape 关于开普敦的记录 375–76
 Asiatise melaatsheid（1687）《亚洲麻风病》（1687年）375
 dispute with Cleyer 与克莱尔的争论 368–71
 early years 早年 349–50
 Edo 江户 356–60
 Hortus Malabaricus《马拉巴尔植物志》315–16, 362
 in Japan 在日本 351–61
 Japanese patients 日本的病人 357
 medical botany of China 中药植物 366
 and moxibustion 与艾灸 371–72
 and Royal Society 与皇家学会 371–72, 374
 Sumatra 苏门答腊 370
 teaching Dutch medicine 讲授荷兰医学 358–59
rhubarb 大黄 22–23
Richelieu, Cardinal 红衣主教黎塞留 412
Riebeeck, Jan Anthonisz van 扬·安东尼斯·范·里贝克 308
Riedt, Johannes van 约翰内斯·范·雷德特 325
Rijkius, H. 莱鸠斯 168
Rijnsburger Collegianten 莱茵斯堡学院会 285
Rijswijkse Bos (palace) 赖斯韦克森林（王宫）318
Rivet, André 安德烈·里韦 230–31
Rohault, Jacques: *Traité de physique*（1671）雅克·罗奥：《物理论集》（1671年）261
Rondelet, Guillaume: *De piscibus*（1554–55），纪尧姆·朗德勒：《海洋鱼类全志》（1554—1555年）32, 91–92
Ronsard, Pierre de 彼埃尔·德·龙沙 93

Roonhuyse, Hendrick van 亨德里克·范·罗恩赫伊斯 149, 150
Rostock 罗斯托克 412
Rotterdam 鹿特丹 57
 anatomical theater 解剖学教室 274–75
 and VOC 与荷兰东印度公司 62
Royal Society 皇家学会 41, 413. 同时参见"科学革命"
 and Chinese medicine 与中医 371–72
 microscopy 显微镜学 290–91
 preservation of bodies 躯体保存 279–80
 pulse doctrine 脉搏原理 368–69, 371–74
Royen, Cornelis van 科内利斯·范·罗延 175
Rudolph II, Holy Roman Emperor 鲁道夫二世，神圣罗马帝国皇帝 96, 102, 111–12, 141
Ruelle, Jean de la 让·德·拉·吕埃勒 22, 97
Rumphius, Georgius Everhardus 乔治乌斯·埃弗哈德斯·卢菲斯 2, 329–38, 366, 394
 Amboinsch dierboek《安汶动物志》332
 Ambonsche historie（1679）《安汶历史，自其成为荷兰东印度公司第一块殖民地至1664年》（1679年）331
 D'Amboinsche rariteitkamer（1705）《安汶珍奇屋》（1705年）329, 331–32, 335
 Generale lant-beschrijvinge（1678）《荷兰东印度公司安汶殖民地概览》（1678年）331, 332
 Herbarium Amboinense《安汶本草志》331
 Het Amboinsche kruid-boek（1741–50）《安汶香药书》（1741—1950年）329
Rumphius, Paul August 保卢斯·奥古斯特·卢菲斯 331

Run（Banda Islands）伦岛（班达群岛）182
Ruysch, Frederik 弗雷德里克·鲁谢 2, 150, 320, 334, 350, 362, 370, 389, 415
   Dilucidatio valvularum（1665）《淋巴系统的瓣膜》（1665年）281–82
Ryck, Jan de 扬·德·里克 366
Ryōan, Kawaguchi：Caspar Dempō 河口良庵：卡斯帕方法 347
Ryuku Islands 琉球群岛 342

S

Salamanca 萨拉曼卡 96–97
Sanki, Tashiro 田代三喜 346
Sarpi, Paolo 保卢斯·萨尔皮 19
Sawano, Chūan（Christovao Ferreira）泽野忠庵（克里斯多旺·费雷拉）344
Scaliger, Caesar Joseph：*Book of Subtleties* 约瑟夫·凯撒·斯卡利杰：《论精巧》126
Scaliger, Justus Joseph 约瑟夫·尤斯图斯·斯卡利杰 99, 108, 130
Scarron, Paul 保卢斯·斯卡龙 401
Schacht, Lucas 卢卡斯·沙赫特 386
Schagen, Franciscus van 弗朗西斯·范·德·沙根 149
Schall, Adam 汤若望 363
Schamberger, Caspar 卡斯帕·尚贝格尔 347–48, 353
Scheffer, Sebastien 塞巴斯蒂安·斯海弗 369
   and *Specimen medicinae Sinicae*（1682）与《中医指南》（1682年）366
Scheuchzer, Johann Jacob 约翰·雅各布·朔伊希策 395
Schmalkaldic League 施马尔卡尔登联盟 87
Schooten, Frans van, Jr. 小弗兰斯·范·斯霍滕 285
Schouten, Wouter 沃特·斯豪滕 306
Schrevelius, Ewaldus 瓦尔德·斯克里韦尔斯 202
Schultens, Albert 阿尔伯特·舒尔滕斯 388–89
Schurman, Anna Maria 安娜·玛丽亚·范·斯许尔曼 333–34
Schuyl, Florentius 弗洛伦修斯·斯凯尔 261, 350
science 科学 45–46
   and credibility 与可信度 54–55, 176–77
   emergence of modern 近代科学的兴起 40–41
   empirical 经验主义的 399
   experimental 实验的 408
   and knowledge economy 与知识经济 1
   priority of experience 经验的优先 5–6
   and wealth 与财富 412
Scientific Revolution 科学革命 1, 49, 228, 411. 同时参见"皇家学会"
   origins 起源 82–84
   role of religion 宗教的作用 4
   and search for knowledge 与对知识的搜寻 5–6
Screvels, Anneken 安内肯·斯克里韦尔斯 202
seamen：life at sea 水手：海上生活 177–80
Sebond, Raymond 雷蒙·塞邦 382
   Theologia naturalis（1436）《自然神学》（1436年）33–34
Seneca 塞涅卡 109, 256
   De vita beata《论幸福生活》249–50
Senguerd, Arnold 阿诺尔德·森古尔德 244–45
Senguerd, Wolferd 沃尔费德·森古尔德
   Inquisitiones experimentales（1690）《实验调查》（1690年）384
   Philosophia naturalis（1680）《自然哲学》（1680年）384
Serampore 塞拉姆坡 63
Serapion 谢拉皮翁 128

Sextus Empiricus 塞克斯都·恩披里柯 259
Seyn, Arnold 阿尔诺德·塞因 314, 316
Sherard, William 威廉·谢拉德 396
 Paradisus Batavus（1689）《荷兰的天堂》（1689 年）325
Shimabara Revolt（1637）岛原起义（1637 年）343
Shōdayū 本木庄太夫 354–56, 356
Sibelius, Caspar 卡斯帕·西贝利厄斯 372–73
Sint Ursulaclooster 圣·厄休拉修道院 112
Six family 西克斯家族 134
Slabberaen, Adriaan 阿德里安·斯拉贝兰 133
Slade, Matthew 马修·斯拉德 286
slavery 奴隶制度 186–87, 204–5, 321
 East Indies 东印度群岛 179–80, 186–87
 and sugar 与糖 210
Sloane, Hans 汉斯·斯隆 41, 325–26, 396
Smith, Adam 亚当·斯密 60, 263
Snell, Rudolph 鲁道夫·斯内尔 110, 146
Socinianism 索齐尼主义 398
Socrates 苏格拉底 34, 239
Sōko, Iwanaga 岩永宗古 352
Soleander, Reinerus 赖尼尔·索林德 24
Sommelsdyck, Cornelis van Aerssen van 科内利斯·范·埃森·范·索默尔斯代克 334
Sommelsdyck family 索默尔斯代克家族 334
Sondermann 松尔德曼，参见"赖尼尔·索林德"
Sorbière, Samuel de 塞缪尔·德·索尔比耶 271–72
Sosius, Thomas 托马斯·索西乌斯 108
soul 灵魂 44–45. 同时参见"身体/灵魂的关系"
 Christian understanding 基督教的理解 35–36
 disputes over nature 关于自然的争论 245–47

 and passions 与激情 252–59
Sousa, Martim Affonso 马蒂姆·阿丰索·德·索萨 96–97
Spanheim, Frederik 弗雷德里克·施潘海姆 379, 383
Specx, Jacobus 雅各布斯·斯派克斯 193, 202, 222, 342
 and Japan 与日本 220–22
Sperling, Otto 奥托·施佩林 149
Speult, Herman van 赫尔曼·范·斯普乌尔特 188
Spice Islands 香料群岛 9, 11, 12, 61, 176, 180, 342
 Dutch routes 荷兰的航路 123–24
spice trade 香料贸易 8–13
 Dutch participation 荷兰人的参与 120–23
 routes 航路 9, 11–12
 typical cargo 典型的货物 122
spicers 香料商人 9
spices 香料 3. 同时参见"咖啡""糖""茶叶""烟草"
 nutmeg 肉豆蔻（仁）10, 126–27, 186–87, 189
 pepper 胡椒 186, 190, 206, 311
Spiegel, Adriaan van den 阿德里安·范·登·施皮格尔
 De formato foetu（1626）《论人类胎儿的形成》（1626 年）358–59
 De humani corporis（1627）《论人体结构十书》（1627 年）358
 Opera Spiegel《施皮格尔的剧本》358–59
Spinoza, Benedict 本尼迪克特·斯宾诺莎 2, 4, 285, 314, 382, 384–86, 388
 Deus sive natura，"上帝抑或自然" 381
 Ethics（1675）《伦理学》（1675 年）264
 Tractatus theologico-politicus（1670）《神学政治论》（1670 年）264
Spinozism 斯宾诺莎主义 379–82, 388–89

Stahl, Georg 格奥尔格·斯塔尔 409
States General 执政 62, 64–65
States of Brabant 布拉邦特议会 415
States of Holland and Zeeland 荷兰与泽兰的议会 106
States Party (True Freedom) 议会党（真正自由党）158, 262, 378, 398–400, 402
Stel, Simon van der 西蒙·范·德·斯泰尔 321, 323–25
Stelluti, Francesco 弗朗西斯·斯泰卢蒂 289
Steno, Nicolas 尼古拉斯·斯泰诺 277, 286
Stoicism 斯多葛主义 249–50, 255
Storm, Dorothea, née Kreps 多萝西娅·斯托姆·奈·克雷普斯 329
Straten, Willem van der 威廉·范·德·施特拉滕 149, 244
Stuijvenberg, J. H. van 范·斯托伊芬伯格 84
Suárez, Francisco 弗朗西斯科·苏亚雷斯 230
sugar 糖 31, 190. 同时参见"咖啡""香料""茶叶""烟草"
    medical benefits 医药益处 216
    plantations 种植园 335
    and slavery 与奴隶制度 210
    spread of production 生产的传播 9–13
Suleiman the Magnificent 苏莱曼大帝 73
Sumatra 苏门答腊 222, 370
Surat 苏拉埃特 63
surgeons 外科医生 142–45
    fees 收费 144
    medical degrees 医学学位 150
    regulation 规章 151
    ships' 船上的 178–80
Surinam 苏里南 214, 334–35
Swammerdam, Jan 扬·斯瓦默丹 2, 285–86, 305, 350, 382, 415
    Bybel der natuure《自然圣经》278
    Chemia rationalis (1687)《化学原理》(1687 年) 279

cochineal (dye) 胭脂虫（染料）298
education 教育 277–78
empiricism 经验主义 301–2
entymology 昆虫学 287–88
Historia insectorum (1669)《昆虫志》(1669 年) 287, 300–301
microscopy 显微镜学 290
specimen preparation 标本制作 278–81, 284–85, 292
Swammerdam, Jan Jacobsz. senior 老斯瓦默丹 141–42, 221
Sydenham, Thomas 托马斯·西德纳姆 372, 376, 387, 409
    descriptive investigation 描述性调研 390
Sylvius, François dele Boë 弗朗索瓦·德勒·波·西尔维乌斯 2, 174, 235, 261, 272, 277, 286, 293, 301, 324, 354, 385, 415
    acids and alkali theory 酸碱理论 298, 400
    and Helmontian tradition 与海尔蒙特传统 295–96
    at Leiden 在莱顿 148–50
    and Ten Rhijne 与坦恩·赖恩 349–50
Synod of Dort (1618–19) 多特会议（1618—1619 年）156, 164, 184

T

Tachard, Guy 居伊·塔查尔 324
Tacitus 塔西佗 109, 206
Tairō Ii, Hakibe no Kami Naozumi 大老井伊箱根守直澄 360
Taiwan 台湾 181, 350, 362
Tanckius, Joachim 约阿希姆·坦基乌斯 270
taste 品味
Tavernier, Jean-Baptiste 让-巴蒂斯特·塔韦尼耶 370

taxation 征税 59–60
Tayouan（Taiwan）大员（台湾）362
tea 茶叶 3, 66–67, 222, 267, 324.
 benefits 益处 293–95
 descriptions 描述 220–21
Teixeira, Pedro 彼得罗·特谢拉 203
Tentzel, Andreas：*Medicina diastatica*（1629）安德里斯·滕策尔：《医药的糖化》（1629 年）270
Ternate, Sultan of 特尔纳特苏丹 63
Tesselschade, Maria Visscher 玛丽亚·泰塞尔沙德 171–72
 Theologia naturalis（1480）《自然神学》（1480 年）33
 Théologie naturelle（1569）《自然神学》（1569 年）33
Theophrastus 泰奥弗拉斯托斯 110
Thévenot, Melchisédech 梅尔基塞代奇·泰夫诺特 277, 286, 302, 412
Thirty Years' War 三十年战争 142, 248, 347
Tholinx, Arnoldus 阿尔诺德·托林克斯 163
tobacco 烟草 12, 155, 211, 294.
Tokagawa shōguns 德川幕府的将军 345
Tōmi no Kami, Aoki 青木东御守 359
Tonomine, Paul de 保罗·德·托诺明 341
Tournefort, Joseph Pitton 皮顿·德·图内福尔 325, 396
trading ventures 贸易企业，同时参见"旅行"
 early Dutch 早期的荷兰人 61–62, 123–29
 East Indies 东印度群岛 164
 impact of new routes 新航路的影响 11–12
 information and specimens 信息与标本 129–30
 and material exchange 与物质交换 377
 organization of 组织 64–66
 and scientific method 与科学方法 5–6

typical cargo 典型的货物 122
Tranquebar 特兰奎巴 63
travel：Grand Tour 旅行：壮游 48. 同时参见"贸易企业"
transformative capacity 转变的能力 46–49
Triglandus, Jacobus 雅各布斯·特里赫兰德斯 260
Triglandus, Jacobus, Jr. 小雅各布斯·特里赫兰德斯 383–84, 387–88
tropical diseases 热带疾病 178, 196–99, 216–17
 cholera morbus 霍乱 175–76
 study of 研究 194–96
tulips 郁金香 73, 157–58
 appeal 请求 75
 Semper Augustus 永恒的奥古斯都 75–78
 trade 贸易 77–78
Tulp, Nicolaes 尼古拉斯·杜尔 2, 154, 164, 172, 221, 281–82, 301
 anatomical demonstrations 解剖演示 134–35
 anatomy teaching 解剖教学 173–74
 Calvinism 加尔文主义 135
 education 教育 154–55
 Observationes medicarum（1641）《医学观察》（1641 年）155
 and pharmacopoeia 与《药典》161–62
 political activities 政治活动 158–59
 portraits 肖像画 158–59
 regulation of medical practice 行医规章 159–63
 religious bigotry 宗教顽固 159
 sermons 布道 171
 and tulips 与郁金香 157–58
Turkey 土耳其 73–75
Turner, Daniel 丹尼尔·特纳 397
Twelve Years' Truce 12 年休战期 156, 185

U

United Provinces 联省 122, 210. 同时参见 "荷兰八十年战争""低地国家"
    creation 创建 108
    governance 统治 57–58
    national debt 国债 59–60
    rise of science 科学的兴起 82–83
    truce with Hapsburgs 与哈布斯堡王朝的合约 156
uroscopy 验尿 159–61
Usselincx, Willem 威廉·乌塞林克 70
usury 高利贷 70
Utrecht 乌特勒支 108, 145, 149, 243–44
    Collegium medico-chirurgicum 内外科医生协会 144
    Collegium Medicum 内科医生协会 162
Utrecht, Union of（1579）乌特勒支同盟（1579年）108
Uyttenbogaert, Johannes 约翰内斯·乌伊藤博加特 219

V

Valckenburg, Adriaan van 阿德里安·范·瓦尔肯伯格 168, 235
Valckenier, Gillis 希利斯·法尔克纳 285
Valentyn, François : *Oud en Nieuw Oost-Indien*（1724–26）弗朗索瓦·瓦连京：《旧新东印度群岛》（1724—1726年）332
Valkenier, Pieter 彼得·法尔克纳 395
Valla, Lorenzo 乔治·瓦拉 22
    De voluptate《论快乐》35
Valliant, Sébastian 塞巴斯蒂安·瓦利安 396
Valois 瓦卢瓦王朝 92
Van Beuningen, Coenraad 昆拉德·范·博伊宁根 285–86

van Houchaert（Gent）卡里乌斯拉丁学校（根特）86
Veer, Gerrit de 赫里特·德·维尔 130
Veldener, Johan : *Herbarius in Dietsche*（1484）约翰·费尔德纳：《德意志本草书》（1484年）32
Vellosa, Gonzalo de 贡萨洛·德·韦洛萨 12
Velthuysen, Lambert van 兰伯特·范·费尔特惠森 261
venesection/phlebotomy 放血/静脉切开术 296–97, 356
Venice 威尼斯 12, 412
Verhoeff, Pieter 彼得·韦尔霍夫 182
Vermeer, Johannes 约翰内斯·维米尔 291
Verschoor, Clement 克莱门特·费斯库尔 365
Vesalius, Andreas 安德雷亚斯·维萨里 113, 412
    De humani corporis fabrica（1543）《人体的构造》（1543年）37–39, 164–67
    Epitome《概要》115
    pineal gland 松果体 235
Vick, Franciscus de 弗朗西斯库斯·德·维克 163
Vierde Schipvaart（Fourth voyage）第四次航行 129
Vincent, Levinus 莱温努斯·文森特 334
Vira Kerala Varma, Raja of Cochin 英勇的踏努尔王国，科钦王公 310
Virgil 维吉尔 202
    Georgics《农事诗》152
virtuoso 大师 72
Visscher, Anna 安娜·菲舍尔 171
Visscher, Roemer : *Sinnepoppen* 勒默尔·菲舍尔：寓意画册 171
VOC（Verenigde Oostindische Compagnie）荷兰东印度公司 60, 141–42, 164, 225, 415
    and Bandanese 与班达人 181–83

control of spice trade 控制香料贸易 176
and East India Company 与英国东印度公司 185–86, 188
East Indies headquarters 东印度群岛总部 184–86
founding 建立 62
imports 进口 65–68
and information economy 与信息经济 208
internal organization 内部组织 63–65
and Japan 与日本 220–22, 342–44
medical provision 医药供应 177–80, 191–92, 306–7, 316–17
mortality rates 死亡率 178
and natural history 与自然史 338
pattern of business 商业模式 65
and Portuguese trade 与葡萄牙人的贸易 62–63, 305
recruiters（volkhouders）招募者 177
risings against 起义反抗 189, 193–94
ruling by spectacle 镜像统治 181
securing Banda Islands 控制班达群岛 180–91
ship-board employees 船上的雇员 177–80
spice trade monopoly 香料贸易的垄断 186–91, 189–90
Voetians 修斯主义者 379, 380, 381
Voetius, Gysbertus 吉斯伯图斯·沃舍斯 244–46, 334
Volder, Burchardus de 布尔查德斯·德·沃尔德 285
Vondel, Joost van den 约斯特·范·登·冯德尔 171, 191, 214, 363
　　Gijsbrecht van Amstel《如特洛伊废墟般的阿姆斯特丹》172
　　Lucifer《魔鬼》159
Vorstius, Adolphus 阿道夫·沃尔斯图斯 191, 320
Vorstius, Aelius Everhardus 埃利乌斯·埃弗哈德斯·沃尔斯图斯 155, 191
Vosburg, Gelmer 耶尔默·沃斯伯格 314
Vossius, Gerhard Joannes 赫拉德·约安内斯·沃修斯 157, 171, 172, 386, 387
Vossius, Isaac 伊萨克·弗修斯 259
voyages of discovery 航海发现，参见"贸易企业"
Vrij, Frederick de 弗雷德里克·德·弗莱 158
　　Anatomia（1622）《解剖学》（1622年）173
Vrijburg Palace 自由城堡 214
Vroech, Eva 伊娃·范·德·弗勒赫 157
Vulcanus, Bonaventure 博纳旺蒂尔·武尔坎努斯 108

W

Waghenaer, Lucas Jansz. 卢卡斯·扬松·瓦格赫纳 121
Walaeus, Johannes 约翰内斯·瓦莱乌斯 235, 359
Wang Shuhe：*Tuzhu Wang Shuhe Maijue*（1554）王叔和《图注王叔和脉诀》（1554年）365
Wassenaer, Nicolas 尼古拉斯·瓦塞纳 75
West India Company（WIC）荷兰西印度公司 70, 141–42, 164, 214, 225, 335
and Angola 与安哥拉 212
and Brazil 与巴西 212–15
Heren XIX（Gentlemen Nineteen）十九人董事会（十九绅士）210
West Indies 西印度群岛 4, 8, 141
news from 新闻 210–25
sugar 糖 12–13, 190
William, Duke, Landgrave of Hessen-Kassel 威廉公爵，黑森-卡塞尔的领主 117
William I, Prince of Orange 威廉一世，奥

兰治亲王 101–2, 104, 105, 169
William Ⅱ, Prince of Orange 威廉二世, 奥兰治亲王 262, 263
William Ⅲ, Prince of Orange 威廉三世, 奥兰治亲王 262, 317, 324, 378, 381
 and Boerhaave 与布尔哈弗 389
 Hortus Regius Honselaerdicensis《洪塞勒斯代克皇家植物园》328–29
William the Silent 沉默者威廉, 参见"威廉一世, 奥兰治亲王"
Winsemius, Menelaus 墨涅拉俄斯·温斯米厄斯 233
Winter King 冬王, 参见"普法尔茨的选帝侯弗里德里希五世（冬王）"
Wirtsung, Christoph : *Medicijnboec*（1589）克里斯托夫·威尔松:《医学书》（1589年）138
Withoos, Alida 阿利达·维索斯 327, 329
Witsen, Gerrit Jacob 赫里特·雅各布·威特森 164
Witsen, Jonas 乔纳斯·威特森 334
Witsen, Nicolaas 尼古拉斯·威特森 334
Witt, Cornelis 科内利斯·德·维特 378
Witt, Jacob de 雅各布·德·维特 133
Witt, Johann de 约翰·德·维特 262, 305, 334, 378
 Waedye van lyf-renten（1671）《生命年金的价值与债券赎回的比较》（1671年）285
Witte, Willem de 威廉·德·维特 309
Wittenberg, Burchardus 布尔查德斯·威滕伯格 274
Wittich, Christopher 克里斯托夫·维特斯 261

women 妇女
 intellectual capacities 知识能力 333–34
 medical concerns 医药关注 203–4
 roles 作用 58
Worm, Ole 沃雷·沃尔姆 130

X

Xavier, St. Francis 方济各·沙勿略 340
Ximénes, Francisco 弗朗西斯科·西斯内罗斯 218

Y

Yamaguchi（Honshu）山口（本州岛）340
Yemen 也门 190
Yozauemon, Yokoyama（Brasman）横山与三右卫门 356, 359–61

Z

Zanoni, Giacomo : *Virdarium Orientale*（1675）贾科莫·扎诺尼:《东方花园》（1675年）312
Zheng Chenggong（Coxinga）郑成功（国姓爷）363
Zheng Zhilong 郑芝龙 362
Zhu Danxi 朱丹溪 346

图书在版编目（CIP）数据

交换之物：大航海时代的商业与科学革命 /（美）柯浩德著；徐晓东译 .-- 北京：中信出版社，2022.3
书名原文：Matters of Exchange: Commerce, Medicine, and Science in the Dutch Golden Age
ISBN 978-7-5217-3473-7

Ⅰ.①交… Ⅱ.①柯…②徐… Ⅲ.①荷兰—中世纪史—研究 Ⅳ.①K563.3

中国版本图书馆 CIP 数据核字（2021）第 174026 号

© 2007 by Harold J. Cook
Originally published by Yale University Press
Simplified Chinese translation copyright © 2021 by CITIC Press Corporation
ALL RIGHTS RESERVED

本书仅限中国大陆地区发行销售

交换之物：大航海时代的商业与科学革命

著　　者：[美] 柯浩德
译　　者：徐晓东
出版发行：中信出版集团股份有限公司
　　　　　（北京市朝阳区惠新东街甲 4 号富盛大厦 2 座　邮编　100029）
承　印　者：唐山楠萍印务有限公司

开　　本：787mm×1092mm　1/16　　印　张：41.75　　字　数：381 千字
版　　次：2022 年 3 月第 1 版　　　　印　次：2022 年 3 月第 1 次印刷
京权图字：01-2021-5301
书　　号：ISBN 978-7-5217-3473-7
定　　价：128.00 元

版权所有·侵权必究
如有印刷、装订问题，本公司负责调换。
服务热线：400-600-8099
投稿邮箱：author@citicpub.com